LECTURAS SOBRE DERECHO DEL MEDIO AMBIENTE

MARÍA DEL PILAR
GARCÍA PACHÓN
(ed.)

LECTURAS SOBRE DERECHO DEL MEDIO AMBIENTE

TOMO XX

UNIVERSIDAD EXTERNADO DE COLOMBIA

Lecturas sobre derecho del medio ambiente. Tomo XX / Luis Guillermo Acero Gallego [y otros] ; María del Pilar García Pachón (editora). -- Bogotá : Universidad Externado de Colombia. 2020.
654 páginas : gráficos ; 24 cm.

Incluye referencias bibliográficas.

ISBN: 9789587904673

1. Medio ambiente – Colombia – Jurisprudencia 2. Protección del medio ambiente -- Aspectos jurídicos – Colombia 3. Licencias ambientales –Colombia 4. Áreas protegidas -- Aspectos jurídicos – Colombia 4. COVID-19 (Enfermedad) -- Aspectos ambientales -- Colombia I. García Pachón, María del Pilar, editora II. Universidad Externado de Colombia III. Título

333.7 SCDD 21

Catalogación en la fuente -- Universidad Externado de Colombia. Biblioteca. EAP.
Octubre de 2020

ISBN 978-958-790-467-3

Calle 12 n.º 1-17 Este, Bogotá
Teléfono (57 1) 342 0288
publicaciones@uexternado.edu.co
www.uexternado.edu.co

Primera edición: octubre de 2020

Diseño de cubierta: Departamento de Publicaciones
Corrección de estilo: José Ignacio Curcio Penen
Composición: Marco Robayo
Impresión y encuadernación: DGP Editores S.A.S.
Tiraje: de 1 a 1.000 ejemplares

Impreso en Colombia
Printed in Colombia

LUIS GUILLERMO ACERO GALLEGO
ÁNGELA MARÍA AMAYA ARIAS
ÓSCAR DARÍO AMAYA NAVAS
CONSTANZA BEJARANO RAMOS
LORENA CABRERA IZQUIERDO
ÁLVARO HERNANDO CARDONA GONZÁLEZ
EDUARDO DEL VALLE MORA
CLAUDIA GAFNER-ROJAS
WILLIAM IVÁN GALLO APONTE
MARÍA DEL PILAR GARCÍA PACHÓN
LUIS FELIPE GUZMÁN JIMÉNEZ
JORGE IVÁN HURTADO MORA
JULIANA HURTADO RASSI
ROBERTO LASTRA MIER
RODRIGO MACIEL CABRAL
JAVIER ALFREDO MOLINA ROA
CAROLINA MONTES CORTÉS
JORGE ANDRÉS OBANDO MORENO
DIANA GERALDINE QUEVEDO NIÑO
ALBA R. VERGARA

CONTENIDO

Acciones Colectivas	Acciones populares y de grupo
ACNUR	Alto Comisionado de las Naciones Unidas para los Refugiados
AIPP	Asociación Internacional para la Participación Pública
AMEM	Área de Manejo Especial de La Macarena
AMP	Área Marina Protegida
ANLA	Autoridad Nacional de Licencias Ambientales
AP	Áreas Protegidas
BBC	British Broadcasting Corporation
BBNJ	Biodiversity Beyond National Jurisdiction
CAHDP	Carta Africana de Derechos Humanos y de los Pueblos
CAHD	Convención Americana de Derechos Humanos
CAR	Corporación Autónoma Regional de Cundinamarca
CARS	Corporaciones Autónomas Regionales y de Desarrollo Sostenible.
CARDER	Corporación Autónoma Regional de Risaralda.
CCA	Código Contencioso Administrativo
CDB	Convenio sobre la Diversidad Biológica
CDMB	Corporación Autónoma Regional para la Defensa de la Meseta de Bucaramanga
CELAC	Comunidad de Estados Latinoamericanos y Caribeños
Cerrejón	Empresa Carbones del Cerrejón
CFHBD	Cese al Fuego y de Hostilidades Bilateral y Definitivo
CGP	Código General del Proceso
CIDH	Comisión Interamericana de Derechos Humanos
CIDSE	Alianza Internacional de Organizaciones Católicas para el Desarrollo (Coopération Internationale pour le Développement et la Solidarité, por sus siglas en francés)
CITES	Convención sobre el Comercio Internacional de Especies Amenazadas de Fauna y Flora Silvestres

CLIA	Asociación Internacional de Líneas de Cruceros (por sus siglas en ingles).
CMA	Cumbre Mundial por la Alimentación
CMNUCC	Convención Marco de Naciones Unidas para el Cambio Climático
CNR	Consejo Nacional de la Reincorporación
CNUDM	Convención de las Naciones Unidas sobre el Derecho del Mar
CNUMAD	Conferencia de las Naciones Unidas sobre el Medio Ambiente y el Desarrollo
Codechocó	Corporación Autónoma Regional para el Desarrollo Sostenible del Chocó
CODEPAS	Comité por las Defensa del Páramo de Santurbán
COE	Consejo de Europa
COEA	Carta de la Organización de Estados Americanos
COI	Comisión Oceanográfica Intergubernamental.
Comité DESC	Comité de Derechos Económicos, Sociales y Culturales
CONPES	Consejo Nacional de Política Económica y Social
COP	Conferencia de las Partes
Cormacarena	Corporación para el Desarrollo Sostenible del Área de Manejo Especial de la Macarena
Corponor	Corporación Autónoma regional de la Frontera Nororiental
Corpourabá	Corporación para el Desarrollo Sostenible del Urabá
Corte IDH	Corte Interamericana de Derechos Humanos
COVID-19	Coronavirus Disease 2019
CPACA	Código Contencioso Administrativo y de lo Contencioso Administrativo
CRQ	Corporación Autónoma Regional del Quindío
DAA	Diagnóstico Ambiental de Alternativas
DAMCRA	Dirección de Asuntos Marinos, Costeros y Recursos Acuáticos
DMI	Distrito de Manejo Integrado
DPS	Departamento Administrativo de la Prosperidad Social
EIA	Estudio de Impacto Ambiental

EPA	Environmental Protection Agency
FAO	Food and Agriculture Organization (Organización de la Naciones Unidas para la Alimentación y la Agricultura)
FARC	Fuerzas Armadas Revolucionarias de Colombia
FGN	Fiscalía General de la Nación
GEI	Gases Efecto Invernadero
IA	Inteligencia Artificial
IBAMA	Instituto Brasileiro do Meio Ambiente e dos Recursos Naturais Renováveis
ICEMS	Comisión Internacional para la Seguridad Electromagnética
ICTA	Atlas de Justicia Ambiental de Instituto de Ciencia y Tecnología Ambiental
IGAC	Instituto Geográfico Agustín Codazzi
IIDP	Instituto Iberoamericano de Derecho Procesal
INCAP	Instituto de Nutrición para Centroamérica y Panamá
INCODER	Instituto Colombiano de Desarrollo Rural
INDERENA	Instituto Nacional de los Recursos Naturales Renovables y del Ambiente
INDNR	Pesca Ilícita No Regulada e Indocumentada
IODE	Sistema Mundial de Observación de Océanos y Programa de Intercambio Internacional de Datos e Información Oceanográfico
IPCC	Grupo Intergubernamental de Expertos sobre el Cambio Climático
ISA	Autoridad Internacional de los Fondos Marinos (por sus siglas en inglés)
IUCN	International Union for the Conservation of Nature
IUU	Illegal, Unreported and Unregulated Fishing (Pesca ilícita No Regulada e Indocumentada)
LAPG	Ley de Acciones Populares y de Grupo
MADS	Ministerio de Ambiente y Desarrollo Sostenible
MARPOL	Convenio Internacional para Prevenir la Contaminación por los Buques
MAVDT	Ministerio de Ambiente, Vivienda y Desarrollo Territorial

Minambiente	Ministerio de Ambiente y Desarrollo Sostenible
Minsalud	Ministerio de Salud y Protección Social
MMyV	Mecanismo de Monitoreo y Verificación
MMA	Ministerio del Medio Ambiente
MVCT	Ministerio de Vivienda, Ciudad y Territorio
NAMA	Acciones de Mitigación Apropiadas por País (por sus siglas en inglés)
OBSAN	Observatorio de Seguridad Alimentaria y Nutricional de la Universidad Nacional de Colombia
OCA	Observatorio de Conflictos Ambientales
OCDE	Organización para la Cooperación y el Desarrollo Económico
ODS	Objetivos de Desarrollo Sostenible
OEA	Organización de Estados Americanos
OIT	Organización Internacional del Trabajo
OMI	Organización Marítima Internacional
OMM	Organización Meteorológica Mundial
OMS	Organización Mundial de la Salud
ONG	Organización No Gubernamental
ONG/OSC	Foro para la Soberanía Alimentaria
ONGS	Organizaciones no gubernamentales
ONU	Organización de las Naciones Unidas
OPS	Organización Panamericana de la Salud
ORARBO	Observatorio Regional Ambiental y de Desarrollo Sostenible del Río Bogotá
OROP	Organizaciones Regionales de Ordenación Pesquera
PEDT	Programas de Desarrollo con Enfoque Territorial
PF-I	Protocolo Facultativo I al Pacto Internacional de Derechos Civiles y Políticos
PGN	Procuraduría General de la Nación
PIDCP	Pacto Internacional de Derechos Civiles y Políticos
PIDESC	Pacto de los Derechos Económicos, Sociales y Culturales
PIMA	Plan Integral de Manejo Ambiental.
PISDA	Planes Integrales Comunitarios y Municipales de Sustitución y Desarrollo Alternativo
PMAI	Plan de Manejo Ambiental Integral

PNIS	Programa Nacional Integral de Sustitución de Cultivos de Uso Ilícito
PNN	Parques Nacionales Naturales
PNUD	Programa de las Naciones Unidas para el Desarrollo
PNUMA	Programa de Naciones Unidas para el Medio Ambiente
POMCA	Plan de Manejo y Aprovechamiento de Cuencas
RAE	Real Academia Española.
REDD+	Reducción de Emisiones Provenientes de la Deforestación y la Degradación de Bosques
RRI	Reforma Rural Integral
RUIA	Registro Único de Infractores Ambientales
SDA	Secretaría Distrital de Ambiente
SINA	Sistema Nacional Ambiental
SPNN	Sistema de Parques Nacionales Naturales
SPOA	Sistema de Información Nacional Ambiental de la Fiscalía
TCU	Tribunal de Contas da União (Brasil)
TEDH	Tribunal Europeo de Derechos Humanos
UAESPNN	Unidad Administrativa Especial del Sistema de Parques Nacionales Naturales
UAF	Unidad Agrícola Familiar
UNESCO	Organización de las Naciones Unidas para la Educación, la Ciencia y la Cultura
UNICEF	Fondo de las Naciones Unidas para la Infancia
VITAL	Ventanilla Integral de Trámites Ambientales en Línea
WHOI	Woods Hole Oceanographic Institution
WWF	World Wide Fund for Nature (Fondo Mundial para la Naturaleza)
ZFJN	Zonas Fuera de la Jurisdicción Nacional
ZRC	Zonas de Reserva Campesina
ZVTN	Zonas Veredales Transitorias de Normalización

Hace ya veinte años que el Departamento de Derecho del Medio Ambiente de la Universidad Externado de Colombia inició la colección Lecturas sobre Derecho del Medio Ambiente. En esa época, su creador, Óscar Darío Amaya Navas, se preguntaba por el papel del derecho en la preservación de la naturaleza, indicando que debía consistir en evitar su deterioro, impulsar sanciones efectivas para contrarrestarlo y desarrollar incentivos eficaces en el marco de una política coherente con el medio ambiente (Amaya Navas, 2000).

Desde el primer tomo de la colección hemos sido testigos de la forma en que el derecho ambiental ha cubierto no solo las acciones que Amaya vislumbraba sino muchas más, pues a medida que se incrementa la crisis ambiental son diversos los asuntos objeto de intervención del derecho, con el fin de lograr la preservación del entorno natural, que sigue siendo el objetivo central de esta rama del ordenamiento jurídico.

En todos estos años la colección ha mantenido varios de sus aspectos característicos, el primero de ellos, y quizás el más importante, ha sido la apertura de esta rama del ordenamiento jurídico a diferentes enfoques, pues así lo exige la estirpe pluralista, democrática y liberal del Externado. Es claro que los autores han gozado de autonomía para identificar los temas y el alcance de sus investigaciones de forma que los lectores pueden encontrar en cada uno de los tomos diversos puntos de vista en los análisis jurídicos realizados. Sin dogmatismos, sin líneas directrices y sin condicionamientos, más allá de los formales y de técnica jurídica que permiten validar su calidad, valiosos escritos de distintas fuentes han nutrido la colección, dando a conocer múltiples perspectivas del derecho ambiental, desde estudios jurídico-históricos y jurisprudenciales, hasta análisis de casos y evaluaciones normativas nacionales y extranjeras.

Otro aspecto característico de las Lecturas es que constituyen el espacio ideal para que los profesores den a conocer los resultados de sus investigaciones, lo que resalta su doble rol de profesores-investigadores, y corrobora que no solo tienen conocimiento práctico sino que han dedicado parte de su ejercicio profesional a la investigación jurídica y al aporte doctrinal en derecho ambiental, todo ello sin obstaculizar las contribuciones de otros expertos que permiten acceder al conocimiento que se genera en otras universidades e instituciones nacionales y extranjeras.

La periodicidad es otra característica destacable. Mediante un ejercicio planificado, riguroso y permanente la colección se incrementa anualmente, lo que exige convocar a los autores, solicitar a los pares la revisión de los artículos, editar los textos y publicarlos en el tiempo que corresponde, con el fin de llenar las expectativas de aquellos especialistas en la materia que esperan conocer los resultados de las investigaciones para actualizarse con sus contenidos y estar al tanto de las nuevas tendencias del derecho ambiental.

Mediante una permanente evaluación metodológica el Departamento de Derecho del Medio Ambiente ha desarrollado los parámetros necesarios para construir adecuadamente los capítulos que conforman cada tomo de la colección y, en asocio con el Departamento de Publicaciones de la universidad, llevar a cabo un estricto control editorial, además de una revisión de pares externos ciegos que avalan la calidad de los textos.

Otros factores que han evolucionado a la par con el progreso de la colección incluyen la calidad de los investigadores del Departamento, los años de experiencia reflejados en los roles que desempeñan los escritores en el sector público y privado, los logros académicos, el crecimiento y maduración del grupo de investigación, y su incidencia a nivel nacional, regional y global.

En 2020, año plagado de situaciones difíciles, la colección no se detuvo, y a pesar de los acontecimientos, logra de nuevo dar a conocer los resultados del Grupo de Investigación de Derecho del Medio Ambiente y de los profesores e investigadores del Departamento.

Este tomo se inicia con el capítulo de la profesora Ángela María Amaya Arias, quien describe y analiza las nuevas tendencias del derecho ambiental y las respuestas que esta rama del ordenamiento jurídico ha ideado para hacer frente a los retos que impone una naturaleza cambiante.

Por su parte, el profesor e investigador Eduardo del Valle analiza el Acuerdo de Escazú y el licenciamiento ambiental, permitiéndole al lector ahondar en su contenido, a la vez que realiza una propuesta sobre la forma en que se podría ajustar el instrumento administrativo de comando y control de cara a la posible ratificación del Acuerdo.

En esta oportunidad en mi artículo analizo el principio de prevención en materia ambiental, aclarando su alcance, contenido y características, y resaltando su importancia en la gestión de los riesgos que se generan en el marco de actividades de impacto ambiental, así como la forma en que la Corte Constitucional y el Consejo de Estado lo han entendido y aplicado.

En su artículo el investigador Javier Molina analiza la evolución de la política de gestión de áreas protegidas en Colombia, que fue objeto de un cambio fundamental en la última década del siglo XX, y estudia las normas que regulan el licenciamiento ambiental de proyectos dentro de las áreas protegidas, así como sus implicaciones en materia de competencias y límites tanto a nivel nacional como regional.

Este año Claudia Gafner Rojas dedicó parte de sus esfuerzos investigativos a examinar la forma en que las cortes de derechos humanos europea y americana han incorporado los asuntos ambientales en sus decisiones. Entre los aspectos estudiados destaca la identificación de los principales problemas conocidos por los tribunales, el perfil de los demandantes, y las razones del reconocimiento o rechazo de sus pretensiones.

A su vez, los investigadores William Gallo Aponte y Rodrigo Maciel Cabral dedican su estudio a las licitaciones públicas sostenibles con las que se busca aliviar los problemas sociales, económicos y ambientales mediante procesos más sustentables. Los autores se enfocan en los casos de Brasil y Colombia, e identifican en ambos países la forma en que las licitaciones públicas han incluido algunos presupuestos dirigidos a lograr la sostenibilidad.

El creador de la colección y actual magistrado del Consejo de Estado, Óscar Darío Amaya Navas, estudia los compromisos ambientales del Acuerdo de Paz, y constata que dentro de la agenda de la negociación no se incluyó expresamente ningún aspecto relacionado con el medio ambiente ni con los recursos naturales, con lo cual pone de manifiesto sus logros y vacíos.

A su vez, Luis Felipe Guzmán Jiménez y Diana Geraldine Quevedo estudian las dimensiones de la justicia ambiental en relación con los conflictos socioambientales y con el conflicto armado colombiano, así como las oportunidades y retos de la implementación del Acuerdo de Paz, situación que genera retos y oportunidades en el marco del posconflicto, en particular en el desarrollo de la investigación y juzgamiento de los delitos contra los recursos naturales.

Por su parte, Álvaro Hernando Cardona analiza las celebraciones ambientales, describiendo algunos de los días que han sido designados, mayoritariamente por Naciones Unidas, para resaltar diversas problemáticas ambientales que merecen acción global o regional.

Lorena Cabrera Izquierdo, Roberto Lastra Mier y Alba R. Vergara estudian los delitos ambientales desde la perspectiva de las políticas nacionales de protección de los recursos naturales entre 2000 y 2018, para lo cual verifican su evolución y su tipificación legislativa.

Constanza Bejarano indaga por el papel del derecho internacional en la protección de los océanos, los principales problemas que lo afectan, la institucionalidad desarrollada con el fin de dar respuesta a la problemática, a la vez que identifica algunas de las falencias del marco internacional que dificultan alcanzar los objetivos de protección propuestos.

Tomando como referencia un tema de absoluta actualidad, la profesora e investigadora Carolina Montes Cortés analiza los riesgos que tienen para la salud los residuos biológicos o infecciosos durante la pandemia de COVID-19, y la necesidad de que la ciudadanía y los prestadores del servicio de aseo en Colombia los gestionen adecuadamente.

Juliana Hurtado Rassi dedica su artículo a analizar las medidas de conservación y uso sostenible de las zonas marinas situadas fuera de la jurisdicción nacional, lo que la lleva a resaltar la necesidad de avanzar en el conocimiento y cuantificación de la riqueza que representan para las naciones los océanos y los mares con el fin de lograr su acertada protección.

En esta ocasión el profesor Luis Guillermo Acero analiza las acciones colectivas y la importancia que suponen para los asuntos ambientales, así como sus características procesales, la forma en que la figura rompe con los esquemas tradicionales y los problemas que ello genera en materia procesal.

A su turno, Jorge Iván Hurtado Mora se concentra en la valoración jurisprudencial de los conflictos ambientales, y delimita los alcances del derecho a la participación en algunos casos relevantes como la delimitación del páramo de Santurbán, el río Atrato como sujeto de derecho y el arroyo Bruno.

Jorge Andrés Obando investiga las repercusiones de los conflictos ambientales en la seguridad y la soberanía alimentarias, a la vez que analiza los factores que generan inseguridad alimentaria en el país, y la forma como la Corte Constitucional ha resuelto las demandas que se han presentado al respecto en sede de tutela.

Como se puede observar, en esta oportunidad los aportes al tomo XX de Lecturas sobre Derecho del Medio Ambiente provienen exclusivamente de los profesores e investigadores del Departamento de Derecho del Medio Ambiente, algunos de los cuales ya habían participado en el tomo I, mientras que otros debutan en la presente entrega, hecho que refleja el permanente progreso de una verdadera escuela de derecho ambiental.

Durante los veinte años que cumple la colección he desempeñado diversos roles en su construcción por lo que me llena de satisfacción apreciar el exitoso resultado de este ejercicio colectivo de investigación, y presenciar cómo se afirma y robustece con el paso del tiempo el estudio del derecho ambiental en la Universidad Externado de Colombia.

Mediante estas líneas deseo agradecer profundamente a los investigadores nacionales y extranjeros que con sus aportes han logrado consolidar la colección, así como a los lectores de cada uno de los tomos que le han dado continuidad a la labor.

Finalmente, agradezco al Departamento de Publicaciones su apoyo irrestricto, y sobre todo al Dr. Juan Carlos Henao, rector de nuestra casa de estudios, por la confianza que siempre deposita en el Departamento, lo que nos permite evolucionar cada día y aportar nuevos desarrollos al estudio del derecho del medio ambiente.

María del Pilar García Pachón
Directora
Departamento de Derecho del Medio Ambiente.

ÁNGELA MARÍA AMAYA ARIAS

Nuevas tendencias en el derecho ambiental: avances y desafíos

SUMARIO

RESUMEN

Este artículo tiene por objetivo conocer y analizar las nuevas tendencias del derecho ambiental, entendidas como las respuestas de esta disciplina a los modernos retos y desafíos ambientales de las sociedades actuales, por lo cual se analizan cuestiones como el fin de la certidumbre, la relación entre la ciencia y el derecho, el surgimiento de nuevas tecnologías y sujetos de derechos, la innovación y la justicia ambiental como retos para esta disciplina, y se exponen algunas de las diferentes formas en las que se ha dado respuesta a estos desafíos.

PALABRAS CLAVE

Derecho ambiental, nuevas tecnologías, nuevas tendencias, sujetos de derecho.

ABSTRACT

This article aims to present and address the new trends in Environmental Law, understood as the responses of this discipline to the new environmental challenges of today's societies. Topics such as the end of certainty, the relationship between science and law, the emergence of new technologies and new subjects of rights, innovation and environmental justice will be analyzed as challenges for this discipline, and some of the different ways in which these challenges have been answered will be exposed.

KEYWORDS

Environmental Law, New Technologies, New Trends, Subjects of Rights.

INTRODUCCIÓN

El derecho ambiental es una de las ramas más complejas, expansivas y dinámicas del ordenamiento jurídico, un derecho "posmoderno"; sobre todo por la propia naturaleza transversal y funcional de la necesaria interiorización de los objetivos ambientales en el seno del conjunto de las políticas públicas y las acciones administrativas (Mellado Ruiz, 2019: 71). Esta naturaleza transversal ha provisto de "porosidad" y apertura a esta disciplina que, además, es un nexo de convergencia entre la ecología, la evolución científico-técnica y la regulación de los comportamientos humanos. Así, el derecho ambiental "no es solo el derecho del ambiente o de la intervención humana sobre las relaciones ecológicas, sino uno de los presupuestos ineluctables de la propia pervivencia de la existencia sobre la Tierra" (Mellado Ruiz, 2019: 71).

A partir de estos presupuestos esenciales resaltados por el autor, es lógica

> ... la permeabilidad de las normas ambientales a cuantos avances científicos, técnicos, sociales, etc., que han ido surgiendo en los diferentes ámbitos de regulación pública. Y también a los nuevos paradigmas, enfoques y posibilidades de protección y tutela (Mellado Ruiz 2019: 72).

Este es el objetivo de la presente investigación: indagar acerca de la forma en que estos nuevos avances, paradigmas, enfoques, posibilidades y desafíos están afectando al derecho ambiental desde su concepción integral, y cómo está respondiendo esta disciplina a las nuevas tendencias.

Teniendo en mente dicho objetivo, este artículo parte de la siguiente premisa: existen situaciones, tanto fácticas como jurídicas, que le imponen al derecho la necesidad de transformarse. Y es que las herramientas jurídicas tradicionales no han sido suficientes, o no han podido dar una respuesta efectiva, a los nuevos desafíos, por lo que el derecho ha debido adecuarlas con el fin de hacerlas compatibles con un contexto sustancialmente diferente a aquel en el que fueron creadas (Rincón Córdoba, 2016); además, el derecho debe crear nuevas formas que antes no se había planteado para responder a las nuevas situaciones que hoy debe enfrentar.

Este artículo es principalmente descriptivo por lo que presenta el panorama actual del derecho ambiental, su realidad, y los retos y perspectivas que inciden directamente en el papel que le corresponde desempeñar, aunque no pretende abordar exhaustivamente todos los aspectos, pues cada uno es suficiente para elaborar un extenso estudio. En esta investigación se presenta una revisión general de las nuevas situaciones que debe afrontar el derecho ambiental, y se suministran herramientas bibliográficas que permiten continuar con el interés académico que despierta el tema.

El artículo se divide en dos partes: en primer lugar se presentan, de manera general, las características de la sociedad actual desde una perspectiva jurídico ambiental (I), y en segundo lugar se aborda la respuesta que el derecho, específicamente el derecho ambiental, ha dado –o intentado dar– a los nuevos retos (II).

I. CARACTERÍSTICAS DE LA SOCIEDAD ACTUAL DESDE UNA PERSPECTIVA JURÍDICO AMBIENTAL

En esta primera sección no se pretende, como es lógico, abordar todas las transformaciones que ha sufrido la sociedad en los últimos años, pues eso desbordaría el objetivo y alcance del estudio; sin embargo, es evidente que en los últimos veinte años el progreso científico, las nuevas tecnologías y la relevancia de la sociedad como actor en las políticas públicas, han puesto de presente una realidad cada vez más compleja, dinámica y global, cuyas implicaciones abarcan todos los ámbitos de la vida cotidiana, y particularmente la gestión ambiental. Así, para esta primera sección se seleccionaron algunas situaciones relevantes que presentan desafíos importantes para el derecho ambiental, tales como el fin de la incertidumbre y la relación cada vez mayor entre ciencia y derecho ambiental (A); el surgimiento de nuevas tecnologías (B); la preocupación por nuevos sujetos de derecho (C); la visibilidad, las redes sociales y el activismo ciudadano en la gestión ambiental (D); la crisis ambiental (E), y, en el caso colombiano, el contexto del posacuerdo y su relación con el medio ambiente (F).

A. EL FIN DE LA CERTIDUMBRE Y LA RELACIÓN ENTRE LA CIENCIA Y EL DERECHO

Estas cuestiones pueden parecer evidentes, pues es claro que vivimos en un mundo que parece dominado por una incertidumbre que se expande por todos los espacios de la actuación y el pensamiento humanos (Esteve Pardo, 2009). Así, una de las principales características del mundo actual, que se traduce en todos los niveles de gestión, incluyendo la gestión ambiental, es que el "desconocimiento de las consecuencias es un presupuesto innegable del llamado desarrollo y progreso" (Rincón Córdoba, 2016). De esa manera, la denominada sociedad global del riesgo no solamente debe enfrentar las consecuencias inesperadas del desarrollo científico y técnico, sino también, de forma inquietante, los límites del conocimiento humano (Darnaculleta i Gardela, Esteve Pardo, y Spiecker gen. Döhmann, 2015).

Además, lo anterior va ligado al progreso de la técnica y la ciencia, y la forma en que el derecho debe responder ante los nuevos riesgos, con importantes desafíos concretos para el derecho ambiental. Como señala Capelleti (2010: 52),

> … justo porque progresamos en lo tecnológico, creamos siempre nuevas fuentes e instrumentos de contaminación ambiental. Justo porque tenemos una economía dinámica, las actividades empresariales y los procesos de producción están en constante movimiento, de manera que los estándares ambientales de cada localidad están obligados a cambiar para adaptarse al continuo nacimiento y extinción de empresas y de establecimientos. Es realmente a causa de nuestra creatividad en el campo de la química que aumentamos continuamente el número de nuevos compuestos químicos cuyos efectos colaterales, siempre desconocidos, pueden develarse dañosos.

La incertidumbre que plantea el avance de la tecnología constituye un reto para el derecho, tanto por las dimensiones de los riesgos, como por la inadecuación de los mecanismos jurídicos para tratar la ausencia o concurrencia de pruebas. La incertidumbre no es ajena a los riesgos para los que ya existe una regulación. Por ejemplo, el incremento en la emisión de determinados contaminantes, y las consecuencias jurídicas que ello comporta, determinan los límites de tolerabilidad así como la fuerza probatoria (Embid Tello, 2013: 106). Precisamente, los riesgos propios del desarrollo tecnológico han modelado la manera en que las sociedades y sus ordenamientos jurídicos aceptan o rechazan la introducción de nuevas tecnologías en la vida cotidiana, de forma que "la noción de incertidumbre e inseguridad ha devenido un tema capital en la esfera política y mediática". Así, el concepto de riesgo se ha convertido en el eje central de la actividad administrativa en particular, y del derecho en general, pero también del cambio de era que se documenta desde la sociología: el tránsito hacia la nueva modernidad, o "modernidad reflexiva" (Embid Tello, 2010).

Como consecuencia, la dimensión instrumental de la labor del jurista, consistente en crear un régimen jurídico que ordene una determinada actividad o sector, lo sitúa en una relación de lógica dependencia con respecto a los especialistas de otros ámbitos del conocimiento, encargados de analizar la realidad que se debe reglamentar (Salinas, 2014). En mi opinión, esa relación de dependencia del derecho con los criterios de la ciencia puede ser considerada desde dos puntos de vista, ambos igualmente interesantes y significativos.

En primer lugar, el reto que suponen para el derecho los nuevos riesgos derivados de los avances científicos y tecnológicos, y la regulación en situaciones de incertidumbre. Como señala Esteve Pardo (2005), el derecho del medio ambiente es un derecho de regulación y gestión de riesgos que se explica y encuentra su sentido en ese modelo de sociedad postmoderna en la que estamos instalados, y que se ha dado en llamar la sociedad del riesgo. Entonces, los riesgos posindustriales propios de la sociedad actual le imponen al derecho ambiental el desafío de tratar con la complejidad científica o técnica, y adoptar decisiones en ese entorno confuso e incierto. Como es evidente, ante el vertiginoso avance del progreso científico es cada vez más difícil determinar y valorar los efectos de los nuevos descubrimientos y aplicaciones relacionados con la salud, el medio ambiente y el entorno en general.

En segundo lugar, ya no se trata concretamente de nuevos riesgos derivados de los avances y progresos tecnológicos y científicos, sino de la remisión normativa al ordenamiento de la técnica, el cual suministrará los insumos necesarios para la toma de decisiones jurídico-ambientales, lo que es cada vez más importante por el surgimiento de las nuevas tecnologías y herramientas que proporcionan información ambiental, como el internet de las cosas, la inteligencia artificial y el Big Data, entre otros. Como se verá más adelante, el derecho ambiental debe responder adecuadamente a estas nuevas herramientas y encontrar los mecanismos jurídicos para regularlas, aprovecharlas y fomentarlas.

Lo anterior permite evidenciar la dependencia científico-técnica del derecho ambiental, el cual, pese a no estar exento de las críticas de la doctrina, ha demostrado su importancia para mantener permanentemente actualizado el régimen jurídico de protección del medio ambiente. Además, una condición imprescindible para que el régimen jurídico que se establezca sea verdaderamente efectivo es que la actividad jurídica esté basada en los datos que proporciona el análisis de la realidad material (Amaya Arias, 2016a: 341).

B. SURGIMIENTO DE TECNOLOGÍAS DISRUPTIVAS[1]

Las nuevas tecnologías, o tecnologías disruptivas, surgidas en los últimos años son tanto una oportunidad como una herramienta fundamental –aunque no única– para apoyar la toma de decisiones en materia ambiental. Por ejemplo, nuevas y eficientes tecnologías pueden ayudar a reducir las emisiones netas y a crear un mundo más limpio: actualmente están disponibles soluciones tecnológicas para más del 70% de las emisiones actuales. En muchos lugares la energía renovable es la fuente más barata, y los vehículos eléctricos están a punto de generalizarse (Naciones Unidas, n.d.). Pero los impactos no son solo en materia de energía, pues estas tecnologías disruptivas pueden reducir los GEI en otros sectores como el transporte, la agricultura, el sector forestal, la construcción y la industria, además de propiciar el desarrollo de ciudades sostenibles (Rolnick et al., 2019).

Actualmente existen incontables aplicaciones de nuevas tecnologías que se centran en la gestión ambiental: blockchain para el seguimiento de ciertos bienes (minería[2] y recursos pesqueros[3]); sensores remotos para la planificación, el monitoreo y la protección de especies amenazadas[4], y para la lucha

---

1 Apartes de esta sección son extraídos de A. M. AMAYA ARIAS. "La sostenibilidad ambiental de las nuevas tecnologías: Respuestas desde el Derecho Ambiental" (en prensa), Bogotá, Universidad Externado de Colombia.

2 La *startup* tecnológica Everledger tiene como objetivo vender una forma más segura e inmutable de rastrear las raíces y el valor de los diamantes mediante el uso de blockchain y otras tecnologías emergentes para construir un libro de contabilidad digital compartido y a prueba de manipulaciones de las piedras (RICADELA, 2019).

3 El Proyecto de Blockchain para la Trazabilidad de la Cadena de Suministro está rastreando el pescado desde la embarcación hasta el supermercado y está utilizando tecnología digital en los sectores de atún fresco y congelado de la región del Pacífico Occidental y Central para fortalecer la gestión de la cadena de suministro (WWF, 2018a).

4 WWF e Intel están utilizando IA para monitorear tigres salvajes en China (WWF, 2018b).

contra la deforestación[5]; así como para monitorear el pago por servicios ambientales, entre muchos otros ejemplos.

No obstante, si bien los beneficios potenciales de la IA para el medio ambiente son ilimitados, también puede haber consecuencias imprevistas (Rejeski, Reynolds y Wright, 2018: 5). Los autores sostienen que a medida que el funcionamiento de los sistemas de IA se vuelve más complicado y *opaco*[6], es necesario comenzar a considerar los efectos no intencionados que puede tener en nuestro entorno, y el papel de la gobernanza para mitigarlos (2018: 5) Así, como al ser humanos sus creadores existen ciertas consecuencias o efectos no intencionados por lo que de todas maneras la IA es imperfecta. En algunos casos se la ha señalado de racista[7], y de funcionar como una *caja negra* (*black box*)[8], por la dificultad para explicar la forma en que toma las decisiones. A continuación se presentan algunos ejemplos de esos efectos no intencionados:

– El caso "Dieselgate". En septiembre de 2015 la compañía alemana de carros Volkswagen estuvo en el centro de un escándalo ambiental. Los ingenieros de la compañía programaron deliberadamente un software de regulación de emisiones para manipular los resultados de las pruebas en sus automóviles con motor diésel, anunciados ampliamente como "modelos diésel limpios". El software podía reconocer cuándo se estaban probando los niveles de emisiones de los automóviles y activar los controles de emisiones de óxido de nitrógeno gases (gases NOx). Sin embargo, una vez en el

---

5 Teléfonos celulares en los árboles del Amazonas, funcionando con energía solar, alertan a los guardabosques sobre la tala ilegal y registran la vida silvestre (Cavanaugh, 2018).

6 Los algoritmos han sido criticados por ser opacos en sus procesos de toma de decisiones. Los usuarios del sistema de IA, e incluso sus programadores, a menudo tienen dificultades para comprender la lógica del *deep learning*. Así, los algoritmos que usan correlaciones para conducir a un resultado o acción determinados por lo general no proporcionan explicación o justificación para el resultado. El proceso de determinar el resultado es a menudo opaco y desconocido, lo que puede reducir la transparencia e inhibir la supervisión de algoritmos (Knight, 2017; Rejeski et al., 2018).

7 Por ejemplo, COMPAS, un software diseñado para analizar el riesgo y la probabilidad de que un criminal reincida, fue criticado por ser racista, ya que el algoritmo determinaba que la probabilidad de reincidir era mayor en la población afroamericana que en la población blanca (Rejeski et al., 2018).

8 Por ejemplo, Deep Patient, un software para predicción y diagnóstico de enfermedades, analiza información y proporciona diagnósticos acertados, pero no tiene un mecanismo de "auto explicación", lo que impide que los profesionales de la salud aprendan la forma en que se llegó a dicho diagnóstico (Rejeski et al., 2018).

camino, los controles de emisiones se desactivaban y las emisiones de NOx aumentaban hasta 40 veces (Davenport y Ewing, 2015) Estudios posteriores indicaron que las emisiones adicionales podían causar más de 1.200 muertes prematuras en Europa, y dar como resultado una pérdida de productividad de €1.9 millones (aproximadamente US $ 2.4 millones) (Chossière et al., 2017).

– En Brasil algunos hackers realizan operaciones de contrabando de alta tecnología, concretamente en el tráfico ilegal de madera. Según Greenpeace y Mongabay, estos hackers ingresan al sistema de trazabilidad de la madera del gobierno y alteran los registros y los permisos de transporte. El volumen de cada envío se registra en una base de datos y se deduce de la asignación anual de madera de una empresa establecida en su plan de gestión, pero aparentemente los hackers han alterado el sistema y modificado los registros de al menos 107 empresas de tala y producción de carbón. Dichas alteraciones permiten que, en cumplimiento de sus planes de manejo, las empresas acrediten sus envíos de madera como legales, aunque en realidad los estén comerciando ilegalmente, lo que empeora el problema de la deforestación (Butler, 2008; Greenpeace, 2008), con lo cual se puede observar que la IA, que inicialmente constituía una herramienta útil para controlar la movilización de la madera, posteriormente se convirtió en la principal fuente de amenaza para los recursos forestales de la región. Cuestión preocupante, si se tiene en cuenta que en Colombia se está implementando un sistema similar (*El Espectador*, 2018) que digitaliza, mediante la creación del salvoconducto único de movilización en línea, el Sistema Nacional de Trazabilidad de la Madera (MADS. Resolución 1909 de 2017) y el libro de operaciones forestales en línea (MADS. Resolución 1971 de 2019).

– Empresas como Google y Microsoft, que están implementando IA y Big Data para reducir, o incluso eliminar, su dependencia de combustibles fósiles, paradójicamente se están asociando con empresas del sector de petróleo y gas para desarrollar soluciones basadas en *machine learning* con el fin de analizar datos para mejorar la exploración, explotación y producción de combustibles fósiles (Matthews, 2018; Merchant, 2019; Vox, 2020).

Ahora bien, en el caso del Big Data es fundamental tener en cuenta que, como señalan las Naciones Unidas,

> ... los datos tienen un enorme potencial para ser utilizados como poderosos recursos para bien. Sin embargo, esto solo sucederá si gobiernos, sector privado, académicos, ciudadanos y otras partes interesadas trabajan juntas para satisfacer las necesidades políticas, flujos de datos, soluciones tecnológicas y experiencia técnica. Es hora de

> que las partes interesadas en todos los dominios se unan en la construcción de un ecosistema digital abierto de datos, algoritmos y ideas para proporcionar evidencia procesable sobre el estado del medio ambiente y las interacciones entre la economía, sociedad y medio ambiente. La evidencia procesable debe ser fácilmente entendida por los tomadores de decisiones, inversores, consumidores y ciudadanos por igual para maximizar la participación, la rendición de cuentas y presión del mercado. Si bien muchas iniciativas digitales son proliferando alrededor del medio ambiente y el uso sostenible de los recursos naturales, su coordinación, propuesta intervenciones y llamados a la acción podrían mejorarse y vincularse de forma más directa a los ODS (UNEP y Science Policy Business Forum, 2019).

Como es evidente, este contexto presenta desafíos importantes para la gestión de la información, especialmente en lo relacionado con la recolección, el manejo y el uso de datos ambientales, algoritmos e insumos. Si bien alrededor del medio ambiente y del uso sostenible de los recursos naturales están surgiendo muchas iniciativas digitales, se requieren acciones para que su coordinación, intervención y acción se enfoquen mejor y de manera más directa para los ODS (UNEP y Science Policy Business Forum, 2019).

C. NUEVOS SUJETOS DE DERECHO

El fenómeno de los nuevos sujetos de derecho evidencia los importantes cambios que se han operado en el mundo jurídico a partir de la década de los años setenta del siglo XX. Desde el surgimiento de los derechos de tercera generación, entre ellos el del medio ambiente, el mundo jurídico ha experimentado una transformación significativa al reconocer que el sujeto de esta nueva manifestación de derechos ya no es el hombre individualmente considerado, sino la colectividad. Este cambio en la titularidad desdibuja el concepto de derecho subjetivo, pues ante bienes que se consideran no apropiables e indivisibles, el papel que se asume en los ámbitos administrativos y judiciales al demandar su protección no es el de legitimado en la causa sino el de representante de la comunidad (Rincón Córdoba, 2016).

En el marco de este contexto, las comunidades étnicas se han configurado como sujetos de especial protección jurídica; incluso han sido reconocidas como un sujeto colectivo étnico, con el fin de reforzar su especial protección frente a intervenciones en sus territorios. En el caso de las comunidades campesinas son cada vez más frecuentes los llamados para que las leyes las reconozcan como sujetos de derecho, es decir, para que se reconozca "la economía campesina como eje diferente a la economía capitalista y el territorio, y [...] la territorialidad como proceso social democrático en sus regiones" (*Prensa Alternativa Cauca*, 2016). Incuso, en 2019 circuló un proyecto de acto legislativo que buscaba reconocer al campesinado como sujeto de derechos, su derecho a la tierra y a la territorialidad, y que además incluía algunas disposiciones sobre la consulta popular (Romero, 2019)[9-10].

Lo mismo sucede con otras colectividades; por ejemplo, en la política pública relacionada con el conflicto armado se reconoce el *sujeto colectivo de derechos*, entendido como una denominación genérica que corresponde a asociaciones, partidos políticos o grupos de personas que han sido objeto de hechos victimizantes, y tienen derecho a reclamar las medidas previstas en el régimen jurídico (Unidad para la Atención y Reparación Integral a las Víctimas, 2014).

Por otra parte, la creciente preocupación por el deterioro ambiental, y el fenómeno del cambio climático que abarca el planeta ha puesto de presente la necesidad de proteger a las generaciones futuras. Es ya conocido el movimiento Fridays for Future, que comenzó en agosto de 2018, después de que Greta Thunberg, de 15 años en ese entonces, y otros jóvenes activistas se sentaran frente al parlamento sueco todos los días durante tres semanas para protestar contra la falta de acción en la crisis climática. Estas tendencias y movimientos advierten la necesidad de generar acciones concretas para preservar las garantías y derechos de las generaciones futuras frente a las afectaciones actuales del medio ambiente.

Incluso, este contexto ya ha permeado la realidad jurídica, como se refleja en los casos Urgenda *vs.* The Netherlands (Holanda), y de *Dejusticia* en la Corte Suprema de Justicia colombiana. En el caso holandés la Corte de Apelaciones de La Haya (2018) confirmó la decisión de primera instancia y le ordenó al Estado reducir para 2020 por lo menos un 25 % sus emisiones de GEI respecto de los niveles de 1990. Según esta jurisdicción, al trazar un objetivo de reducciones menos ambicioso Holanda incumplió el estándar de debida diligencia en la protección de los derechos establecidos en el Convenio

---

9 Dicho proyecto está archivado por vencimiento de términos, conforme al artículo 375 de la Constitución Política, disponible en [https://congresovisible.uniandes.edu.co/proyectos-de-ley/por-medio-del-cual-se/10216/].

10 Respecto del derecho a la consulta previa para las comunidades campesinas y otros temas relacionados con su reconocimiento como sujetos de derecho se han encontrado algunas investigaciones académicas, como las de Mosquera Carvajal y Rivera Quiroga (2014), y Quesada Tovar (2013).

Europeo de Derechos Humanos frente a los riesgos generados por el cambio climático. Uno de los aspectos más interesantes de esta decisión fue que la Corte consideró admisible la acción promovida por una ONG y un grupo de individuos en defensa de los intereses de las generaciones presentes y futuras. Lo anterior supone una comprensión ampliada de la representación de los intereses colectivos, cuya admisibilidad es aún cuestionada en múltiples contextos (Castro Niño, 2019; Verschuuren, 2018).

En el caso colombiano, también emblemático del litigio climático, la Corte Suprema de Justicia admitió una tutela interpuesta por 25 niños y niñas de todo el país, que buscaban la protección de los derechos a gozar de un ambiente sano, frente a la deforestación derivada del incumplimiento de los compromisos adquiridos por el Estado[11]. Sobre este caso se volverá más adelante, cuando se expongan algunas de las respuestas del derecho frente al nuevo contexto.

Finalmente, el caso más llamativo de reconocimiento de nuevos sujetos de derecho es el de los elementos de la biodiversidad, entre ellos los animales, los ríos y los ecosistemas. Como señala Santacoloma-Méndez (2015: 23),

> ... con las nuevas formas que han adoptado los conflictos, así como con la variación de los intereses sociales que evolucionan a la par que lo hace la ciencia y la tecnología, las consideraciones morales sobre entidades diferentes al individuo humano o su necesidad de agruparse para ciertos fines han dado lugar a que se reconozca el valor intrínseco que tienen en determinadas sociedades.

Con antecedentes importantes en otros ordenamientos jurídicos[12], y argumentando un cambio de paradigma del antropocentrismo al biocentrismo, en el contexto colombiano ha empezado una transformación de la visión tradicional de la relación entre los seres humanos y la naturaleza[13]. La visi-

---

11 Corte Suprema de Justicia, STC 4360 de 2018.

12 La Constitución Política del Ecuador es la única que reconoce derechos a la naturaleza (arts. 70 y 71). En Nueva Zelanda se reconoció a un río como sujeto de derechos (BBC Mundo, 2017; *Revista Semana Sostenible*, 2017), y en Argentina se declaró a la chimpancé Cecilia como sujeto de derecho animal no humano (Moreno, 2017).

13 Muchas elaboraciones teóricas de los últimos años hablan de un cambio de paradigma, al dejar de percibir al ser humano como superior a los demás elementos de la naturaleza (antropocentrismo), y empezar a reconocer a la naturaleza por su valor intrínseco, y al hombre como un elemento más de ella (biocentrismo o ecocentrismo). No obstante, persisten las discusiones en cuanto al alcance de dicho cambio de paradigma; cfr. por ejemplo. Gudynas (2010).

bilidad cada vez mayor y más mediática de la importancia de los elementos de la naturaleza, y la falta de garantías del ordenamiento jurídico vigente para protegerlos, han sido factores que han impulsado el surgimiento de esta nueva tendencia que busca salvaguardar los componentes de la biodiversidad por su valor intrínseco. Estas cuestiones han generado innumerables debates académicos y mediáticos[14] y una importante producción investigativa[15], todo con el fin de aportar elementos a esta interesante discusión.

D. VISIBILIDAD, REDES SOCIALES Y OPINIÓN PÚBLICA

La disponibilidad e inmediatez de la información en las redes sociales hacen que cada vez sea más fácil descubrir los conflictos ambientales, establecer quiénes son los responsables y muchas veces castigarlos, lo cual tiene importantes ventajas, pues la sociedad civil se empieza a perfilar como un actor fundamental en la protección del medio ambiente al exponer los conflictos, evidenciar las falencias administrativas e institucionales, y en general, reflejar la importancia del medio ambiente para la sociedad actual. Sin embargo, esto también representa un desafío para la gestión ambiental, pues la presión mediática ejercida por la opinión pública, sumada a la desinformación que muchas veces caracteriza a estas plataformas, inciden negativamente en la forma como la institucionalidad responde a situaciones concretas. Al respecto se pueden identificar tres ejemplos recientes. El primer caso tiene que ver con la licencia otorgada por la ANLA a la multinacional estadounidense HUPECOL para la exploración de hidrocarburos en áreas aledañas a parques nacionales en la zona de La Macarena (Rodríguez y Del Valle Mora, 2016). Ante decenas de versiones polémicas en las redes sociales, incluida una que alertaba respecto de la explotación petrolera en Caño Cristales, tanto el presidente Juan Manuel Santos como el ministro del Medio Ambiente ordenaron, a través de la red social twitter, revisar la decisión, lo cual dio

---

14 Cfr. *La Silla Académica*. "Los derechos a la naturaleza pueden ser más humo que protección", y "Los derechos de la naturaleza se sintonizan con la conciencia ambiental de nuestro tiempo", La Silla Vacía (2020a y 2020b).

15 Una consulta con la expresión "derechos de la naturaleza", realizada el 19 de junio de 2020 en la base de datos electrónica de la biblioteca de la Universidad Externado de Colombia, arrojó 216 resultados. Los criterios para su realización incluyeron publicaciones académicas en idioma español (libros, revistas y comentarios jurisprudenciales) de los años 2015 a 2020.

como resultado su revocatoria (*Portafolio*, 2019). No es cuestión de discutir la conveniencia de proteger el medio ambiente, o de revocar decisiones contrarias a la protección de ecosistemas estratégicos, la cuestión que se pretende resaltar es que la falta de planeación de las autoridades ambientales, sumada a la relevancia del tema, y la presión mediática ejercida por la sociedad a través de las redes sociales pone en evidencia las falencias institucionales, y representa un reto para el sector ambiental respecto de la forma en que toma decisiones y las expone a la sociedad.

El segundo caso tiene que ver con el aprovechamiento sostenible del caimán aguja. La controversia se generó a raíz de que el Gobierno Nacional levantó parcialmente la prohibición para el comercio del caimán aguja o caretabla (*Crocodylus acutus*), en el Distrito de Manejo Integrado de los manglares de la bahía de Cispatá, Tinajones, La Balsa y sectores aledaños, en el departamento de Córdoba. Rápidamente a través de las redes sociales se difundió la tendencia #DuqueRespeteALosCaimanes, como una muestra de la indignación de la sociedad frente a la explotación de dicha especie. No obstante, científicos, y el mismo MADS, tuvieron que explicar que la Resolución 2298 de 2018 permite a las comunidades locales recolectar algunos huevos de la especie para criarlos. Los juveniles se liberan y otra parte se destina al uso sostenible, lo cual solo se puede hacer entre enero y abril en zonas georreferenciadas y con previa autorización. Así, es evidente que el levantamiento de la veda no es generalizado, es decir, no aplica para todo el país, sino que debe ser puesto en práctica en lugares específicos del territorio colombiano, con las comunidades locales de la zona autorizadas por la autoridad regional competente, quedando restringido para los particulares y las entidades. Además, esta medida no aplica para todas las especies de caimanes, sino para una en particular. Es claro, entonces, que esta forma de aprovechamiento encaja dentro del aprovechamiento sostenible de los recursos naturales, y está amparada por el marco jurídico nacional e internacional (como el Convenio CITES) (Benítez Cuartas, 2019; *El Tiempo*, 2019a; The World News, 2019). Este ejemplo demuestra, nuevamente, que la desinformación y la presión ejercida por las redes sociales pueden generar un impacto negativo sobre decisiones ambientales ajustadas a derecho. En este caso, se requiere que la institucionalidad ambiental realice una mejor socialización y haga un manejo acorde de la información.

Finalmente, el tercer caso, similar al anterior, tiene que ver con el tiburón aleta. En los medios de comunicación y las redes sociales los usuarios manifestaron su indignación por la firma de la resolución 350 de 2019 del Ministerio de Agricultura y Desarrollo Rural, que establece unas cuotas de pesca para algunas especies en Colombia. Al respecto varios expertos expusieron sus posiciones, unas a favor y otras en contra; por ejemplo, la Fundación MarViva recomendó revocar dicha resolución, considerando que

> ... incentiva la pesca de especies amenazadas de tiburones y rayas; especies consideradas de alta importancia para la salud de los ecosistemas marinos y por ende de la seguridad alimentaria de las comunidades costeras (*Revista Semana Sostenible*, 2019).

De otro lado, biólogos expertos señalaron que la resolución representa un control necesario para la pesca indiscriminada, argumentando que

> ... si no hay un control efectivo por parte de las autoridades ambientales, un buen uso del conocimiento de la comunidad científica y un respeto por esta información de la clase política, los organismos marinos van seguir sufriendo un declive generalizado en sus poblaciones (*El Tiempo*, 2019b).

En el mismo sentido otro experto señaló que

> ... el debate no debería estar dirigido a la resolución del Ministerio de Agricultura. Se ha publicado en años anteriores y busca, justamente, poner un tope a la pesca incidental. No hacerlo es permitir la captura indefinidamente. Prohibirla es no ser realista, porque los tiburones van a continuar pescándose (Correa y Silva Numa, 2019).

En este artículo no se avala ninguna de las dos posiciones, lo que se pretende es señalar lo importante que es para la gestión ambiental la presión que se ejerce a través de las redes sociales (Nieves, 2019).

Estos tres ejemplos muestran la necesidad de que la institucionalidad tenga en cuenta a la sociedad como un actor relevante a la hora de tomar decisiones en materia ambiental, a través de procesos informativos, divulgativos y participativos para la toma de decisiones, usando a su favor las ventajas que proporcionan las redes sociales; además que no sea solo la población directamente afectada (que se viene incluyendo desde los mandatos de la Constitución de 1991 y de la Ley 99 de 1993), sino la sociedad civil en general.

E. CRISIS: AMBIENTALES, SANITARIAS, ECONÓMICAS

Después de estudiar los datos ambientales de los últimos 40 años científicos de todo el mundo han reconocido que actualmente el planeta se encuentra en una "emergencia climática" (Ripple, Wolf, Newsome y Barnard, 2019). Asimismo, mediante un reporte el IPCC (2019) señaló que se requiere transformar radicalmente las fuentes de energía para evitar un aumento desproporcionado de la temperatura en la Tierra, y estimó que el año 2030 marca el punto de no retorno, lo que demanda acordar una respuesta global para enfrentar la crisis climática.

A este panorama ambiental se suman situaciones económicas, como la crisis de 2009, y sanitarias (y económicas), como la pandemia del COVID-19 durante 2020, que representan retos importantísimos para la protección ambiental. Estas situaciones de crisis plantean a los gobiernos la necesidad de ponderar entre la protección del medio ambiente, la reactivación o fomento de las actividades económicas, la protección de la salud pública prohibiendo la realización de eventos masivos o la garantía del derecho a participar en la gestión ambiental (Amaya Arias, 2020).

Por ejemplo, frente a la reactivación de los sectores económicos en detrimento de la protección ambiental se destaca el caso de la solicitud que veinticinco empresarios de diferentes sectores hicieron al Gobierno Nacional, sugiriéndole tomar ciertas medidas, algunas ambientales, para evitar una crisis económica peor que la causada por las que se han tomado para disminuir la propagación del nuevo coronavirus (Rojas, 2020).

Esta solicitud busca que se reduzca el tiempo que la ANLA toma para otorgar o negar una licencia ambiental, situación que no es nueva para el país pues ya se habían presentado iniciativas que buscaban la disminución de los tiempos de otorgamiento de la licencia ambiental, el cambio al procedimiento oral, dejando atrás la tramitología del procedimiento escrito, con fundamento en la necesidad de darle un impulso a los grandes proyectos de infraestructura y de la industria extractiva que, pese a ser un motor de la economía colombiana, se ven afectados por las demoras en los trámites ambientales exprés (*El Espectador*, 2014; *Revista Semana*, 2014). Es evidente que una modificación de esta índole perjudicaría aún más los resultados de las evaluaciones de impacto ambiental de las actividades, disminuyendo su rigor y calidad.

Otro ejemplo reciente que demuestra la incidencia de las crisis en la protección de las garantías ambientales tiene que ver con los espacios virtuales de participación ciudadana. Dada la coyuntura, recientemente el Ministerio del Interior expidió la Circular Externa CIR2020-29-DMI-1000 del 27 de marzo, que en su numeral (ii) recomienda se promover y permitir el uso de herramientas tecnológicas y canales virtuales mientras dure el aislamiento preventivo obligatorio, entre otros para legalizar las consultas previas con las comunidades étnicas. Esta medida generó bastante polémica, y la Procuraduría General de la Nación solicitó su revocatoria por inconstitucional y por afectar el núcleo esencial del derecho fundamental a la consulta previa de los pueblos étnicos (*Revista Semana Sostenible*, 2020a y 2020b). Finalmente, el Ministerio del Interior derogó dicha Circular (*Revista Catorce6*, 2020).

En el mismo sentido, recientemente un juez de la República admitió una tutela presentada por una asociación de cacaoteros del municipio de Policarpa en Nariño, en la que solicitaban al Juzgado –en medida provisional– que la ANLA suspendiera la audiencia virtual convocada para el 27 de mayo, en la que se iban a analizar los alcances del regreso de la aspersión aérea con glifosato. En dicha tutela se afirmó que las audiencias públicas virtuales no garantizan el derecho a la participación (*El Tiempo*, 2020).

Es evidente que la realización de estos procesos de manera virtual

> ... desconoce que la mayoría de los pueblos étnicos habitan en territorios y regiones que presentan los peores indicadores en materia de desarrollo humano y social, así como las más altas tasas de pobreza en Colombia, a lo que se suman las enormes dificultades en materia de conectividad, cobertura y acceso a las tecnologías de la información y las comunicaciones, entre ellas los servicios de internet, lo que dificultaría el acceso al derecho de manera libre e informada y el desarrollo de las prácticas propias internas de concertación y decisión (*Revista Semana Sostenible*, 2020a).

Desafortunadamente, es inevitable que en este tipo de coyunturas se presenten situaciones que potencialmente afectan los estándares y niveles de protección alcanzados a lo largo de los años. En otra oportunidad se afirmó que en los periodos de crisis

> ... se imponen reajustes transitorios y necesarios, que llevan en algunos casos la aceptación del retroceso, pero siempre en la parte en que éste sea irremediable. No obstante, no es viable aceptar que cualquier situación de crisis legitime a los poderes públicos para derribar todo lo realizado en el campo de la acción social, por lo que la alternativa es la de establecer prioridades en un contexto de recursos escasos con el fin de asegurar el núcleo esencial de las prestaciones (Amaya Arias, 2016a).

Y es en este punto donde encontramos un reto fundamental para el derecho ambiental: ¿cómo enfrentar esas situaciones para evitar la disminución de los niveles de protección ambiental alcanzados? ¿Cómo encontrar los adecuados mecanismos de equilibrio entre la gestión de una crisis de estas características y las garantías ambientales con el fin de garantizar la protección del medio ambiente?

Estos interrogantes resultan fundamentales, pues es evidente que actualmente la necesidad de impulsar el desarrollo económico afectado por la crisis puede representar una carga para las políticas medioambientales y causar una perturbación importante, por ejemplo, en la lucha contra el cambio climático, la gestión y vigilancia ambiental, o la protección de los derechos de las comunidades étnicas. De todas formas, no basta con la invocación genérica de la crisis para justificar dichas medidas, sino que "estas disposiciones deberían motivar su adecuación y proporcionalidad a las circunstancias indicadas" (Vaquer Caballería, 2012: 11).

F. POSACUERDO Y MEDIO AMBIENTE

Otra característica importante de la sociedad actual, específicamente la colombiana, tiene que ver con el contexto del posacuerdo. Después de la firma del Acuerdo de Paz con las FARC en 2016, el país inició la etapa del posacuerdo una de cuyas características principales es el impacto de esa situación en el medio ambiente. Muchos coinciden en reconocer la paradoja que representa la relación entre el medio ambiente y el posconflicto, puesto que si bien la guerra y el conflicto armado tuvieron impactos positivos para el medio ambiente, un proceso de construcción de paz sin tener en cuenta las perspectivas ambientales y de uso sostenible de los recursos naturales puede generar impactos perjudiciales. Esta paradoja se evidencia en el hecho de que, tras el Acuerdo de Paz en muchos de los territorios donde antes dominaba esa guerrilla se incrementó notoriamente la deforestación (Polanco, 2018a; *Revista Semana Sostenible*, 2018). Además, es claro que las FARC ejercían una autoridad de facto sobre esos territorios, estableciendo reglas de manejo ambiental que fueron abandonadas con su salida, problemática que empeoró por la falta de presencia institucional en esas zonas (Johnson, 2019; *Revista Semana*, 2018) Son muchísimos los reportes de los últimos dos años que han puesto en evidencia esta realidad, y es que, en la mayoría de los casos, el posacuerdo ha tenido impactos negativos para el medio ambiente, siendo la deforestación la problemática más importante.

Otra cuestión significativa derivada de ese contexto tiene que ver con la restitución de los territorios abandonados por las víctimas de desplazamiento por el conflicto armado, los cuales, en muchos casos, están ubicados en zonas de protección ambiental (VERDADABIERTA.COM, 2016), lo que implica tensiones importantes entre el derecho fundamental a la restitución y el derecho a gozar de un ambiente sano, las cuales deben ser resueltas por el marco normativo e institucional (Cruz Gutiérrez y Guzmán Rincón, 2016).

Entonces, es evidente que la situación presenta retos importantes para el derecho y la gestión ambiental ya que, como señala Ortega Guerrero, los conflictos ambientales no desaparecen, sino que siguen latentes en los escenarios de construcción de paz (Ortega-Guerrero, 2018). Así, el derecho ambiental debe apoyar la construcción de una paz sostenible y duradera mediante la construcción de un ordenamiento territorial ambiental, el desarrollo de modelos sostenibles que marquen una hoja de ruta hacia una economía verde y que reconozcan las posibilidades que brinda el medio natural, y el fortalecimiento de la gobernanza y la institucionalidad ambiental (Amaya Arias, 2016b; Rodríguez Garavito, Rodríguez Franco y Durán Crane, 2017; UNDP, 2014).

II. RESPUESTAS DEL DERECHO (AMBIENTAL) ANTE ESTAS NUEVAS TENDENCIAS

Ya se expusieron en la primera parte de este artículo algunas características de la sociedad actual que desafían las respuestas tradicionales del ordenamiento jurídico ambiental. Es evidente que las situaciones referidas requieren una respuesta mucho más compleja, caracterizada por la inclusión de reformas legales y económicas, y por transformaciones generales que escapan del campo de acción del derecho ambiental. No obstante, es claro que esta disciplina tiene una responsabilidad importante a la hora de hacer parte de las respuestas, pues en el marco de sus funciones debe aportar herramientas para que todas estas nuevas situaciones se desenvuelvan dentro de parámetros de sostenibilidad, protección de la calidad de vida y mantenimiento de los recursos naturales para las generaciones presentes y futuras. Así, en esta sección, se presentan algunas respuestas concretamente jurídicas que han surgido desde el derecho ambiental y su multidisciplinariedad. No obstante, se insiste en que estas respuestas hacen parte de unas tendencias mucho más integrales del derecho en general, pero en concreto haremos énfasis en las particularidades para la disciplina que nos ocupa. Se analizan, entonces, las decisiones en situación de incertidumbre (A), la innovación jurídica (B), las nuevas formas de regular cuestiones ambientales (C), la justicia ambiental (D), y la protección de nuevos sujetos de derecho (E).

A. DECISIÓN EN SITUACIONES DE INCERTIDUMBRE Y DEPENDENCIA TÉCNICA DEL DERECHO AMBIENTAL

Ya vimos que el derecho, el sistema jurídico, debe responder a los cambios y transformaciones que ocurren en la sociedad. Ante las problemáticas expuestas el derecho se enfrenta a la necesidad de decidir en situaciones de incertidumbre en las que el conocimiento (científico, social, técnico) no proporciona las respuestas para que quien tome una decisión lo haga completamente informado. Es claro, entonces, que las decisiones escapan de las instancias gubernamentales, puesto que las estructuras burocráticas no cuentan con el conocimiento suficiente para comprender lo que deben autorizar, inspeccionar y controlar, y cuando aquello a lo que hay que hacer frente está comenzando ya es demasiado tarde para reaccionar, porque la novedad impone un nuevo escenario.

En ese sentido, la lógica de la administración debe variar, pues ha dejado un escenario de seguridad, y un rol en el que le era posible anticiparse a los peligros, para enfrentar un escenario de incertidumbre y jugar un papel en el que no basta la reacción, sino que se requiere la anticipación a través de competencias encaminadas a la gestión de riesgos, respecto de los cuales solo se tiene conciencia de su potencialidad (Rincón Córdoba, 2016).

Precisamente, ante la inminente transformación que se pide de las instituciones jurídicas clásicas se han desplegado principios y herramientas encaminados a hacer frente a la incertidumbre de la que se habla. Rincón Córdoba (2016) señala ejemplos de estas técnicas, algunas de las cuales se abordarán en las secciones posteriores de este artículo:

a. Generalización de la responsabilidad objetiva como una forma de desplazar la asunción de los riesgos a aquel que asume una actividad científica o tecnológica.

b. En la misma lógica, en el derecho ambiental se ha establecido el principio "el que contamina paga".

c. Al lado de la lógica de prevención propia de la policía administrativa se afinca el llamado principio de precaución.

d. El derecho ambiental, sanitario, alimentario, etc., cada vez más admite la remisión a normas técnicas.

e. Los procedimientos de autorización del desarrollo de una actividad, obra y proyecto ceden a su lógica unilateral para buscar el consenso con los privados, aprovechando que estos tienen el conocimiento y los recursos con los cuales identificar las alternativas menos riesgosas para el ser humano.

f. La instauración de comités o juntas científicas privadas que coadyuvan al sector público en la determinación de si una actividad debe o no adelantarse a través de la realización de conceptos que por la materia terminan siendo vinculantes.

g. La negación del principio de presunción de inocencia en los procesos administrativos sancionatorios, dada la dificultad de imputar responsabilidad.

h. El reconocimiento de derechos económicos que se encuentran condicionados por los cambios tecnológicos y por las certezas que solo el tiempo va arrojando respecto de los impactos que puede generar una actividad, obra o proyecto.

En cuanto al alcance de las decisiones públicas tomadas en situaciones de incertidumbre, Briceño Cháves (2017: 23) señala que

> ... estas decisiones deben ponderar entre la idea del progreso (teniendo en cuenta, siguiendo a Beck, que los procesos de modernización son autónomos) y la decadencia ante lo incierto, sin que pueda acudirse solo al amparo de las reglas de la experiencia para motivar y justificar tales decisiones como precautorias, sino que se acuerdan herramientas como las investigaciones científicas y técnicas, la planeación y planificación y diferentes dispositivos para la gestión de los riesgos.

Ante esta falta de certeza el derecho ambiental debe responder con diferentes instrumentos (legislativos, administrativos o judiciales) o principios, como el principio de precaución, también conocido como principio de cautela.

Desde esa perspectiva jurídica, y de acuerdo con Embid Tello (2010: 93), es claro que al derecho y a sus operadores les compete adoptar muchos tipos de decisiones, "que podrán ser sobre la omisión o rechazo de un determinado riesgo, decisiones previas, relativas a la investigación científica, sus procedimientos o sus materias, o posteriores, como las relativas a las fórmulas de control de riesgos previamente admitidos". Lo anterior plantea importantes interrogantes frente a la legitimidad de las decisiones jurídicas con fundamento científico, su legitimidad democrática y su legitimidad "real", o ante la ciencia.

En cualquier caso, y como se advierte, las decisiones referidas a los riesgos deben contar con el sustrato material de la realidad y, al mismo tiempo, ser democráticamente legítimas, por lo que se requiere de algún tipo de nexo entre el ordenamiento jurídico y el ordenamiento de la técnica (Amaya Arias, 2016a: 335). Lo anterior se corresponde directamente con otro punto de vista desde el cual se puede considerar la relación entre ciencia y derecho, consistente en la dependencia técnica del derecho.

Peña Chacón (2013) ha definido el "principio de objetivación de la tutela ambiental", también llamado "principio de vinculación a la ciencia y a la técnica", como la

> ... obligación de acreditar, mediante estudios técnicos y científicos, la toma de decisiones en materia ambiental, ya sea en relación con actos administrativos individuales o disposiciones de carácter general, tanto legales como reglamentarias, reforzando con ello el deber de contar siempre y en toda situación en donde pueda resultar afectado el ambiente, con estudios técnicos y científicos serios, exhaustivos y comprensivos que garanticen el menor impacto ambiental posible.

Además de las herramientas señaladas para decidir en situaciones de incertidumbre, se suman otras para abordar la relación entre la ciencia y el derecho, por ejemplo, la presunción de conocimiento de ciertas entidades científicas o de investigación, la remisión a conceptos jurídicos indeterminados, como la "mejor tecnología disponible", el "estado de la ciencia" o "los conocimientos científicos en la materia", entre otros (Amaya Arias, 2016a: 337).

Como es evidente, abordar integralmente esta problemática supera las pretensiones de esta investigación, ya que su objetivo es presentar algunas herramientas que el ordenamiento jurídico ha utilizado para responder al reto de tomar decisiones en contextos de incertidumbre.

B. INNOVACIÓN JURÍDICA

En los últimos años el concepto de innovación se ha convertido en una noción frecuente en distintos ámbitos de la sociedad, entre ellos, los sectores público y privado, la industria, los servicios, etc. Este concepto se puede definir como "la concepción e implantación de cambios significativos en el producto, el proceso, el marketing o la organización de la empresa con el propósito de mejorar los resultados" (OECD y Comisión Europea, 2005). La figura de la innovación, propia de procesos principalmente empresariales, ha empezado a transformar otros sectores de la sociedad, como la gestión pública, la economía, la educación, la salud, entre muchos otros.

Como es lógico, el derecho no ha escapado a estas metodologías. Como se ha venido insistiendo, en sociedades (y mercados) complejos, abiertos y evanescentes, y en su posible incorporación de las nuevas técnicas y tendencias, el derecho debe superar, desde una óptica general, el pensamiento monocromo y dicótomo, confiando en los conceptos abiertos y flexibles, y desarrollando sistemas adaptativos de gobernanza y eficacia. Lo cual, aparte de la reflexión sobre su propia innovación, demanda una investigación de su idoneidad para lidiar con la innovación científica, técnica y social "evitando tanto la actitud reticente como la euforia innovativa" (Parejo Alfonso, 2015: 23).

Así, la propia idea de "innovación" va asociada a las de complejidad e incertidumbre, puesto que en el fondo hace referencia a una cierta incursión en el futuro, una actividad novedosa de la que pueden esperarse grandes oportunidades, pero también determinados riesgos (Mellado Ruiz, 2019: 82). Es evidente que el derecho innovador es aquel que, desde la flexibilidad y la adaptabilidad, es capaz de alcanzar dichas oportunidades y objetivos generales, pero conjurando o, al menos, controlando los riesgos (Ponce Solé y Cerrillo i Martínez, 2017).

Como señala Parejo Alfonso, cuando se trata de innovación no sirve, al menos como medio principal, el derecho clásico de intervención, porque las innovaciones no se pueden imponer sino posibilitar o facilitar, siendo lo pertinente la puesta a disposición de condiciones, estructuras e institutos posibilitadores del despliegue de potenciales creativos. Aunque para evitar o, al menos, mitigar los riesgos es indispensable establecer límites, el recurso al *imperium* debe ser la *ultima ratio*, una vez agotadas las posibilidades de la técnica incentivadora. Lo decisivo en el derecho relativo a la innovación es la posibilidad de revisar el camino emprendido, es decir, las soluciones adoptadas, cuando se actualicen riesgos jurídicamente inasumibles (Parejo Alfonso, 2015).

Esta transformación ya ha sido abordada ampliamente en el marco de la gestión pública, por ejemplo en relación con el cambio institucional para un gobierno abierto, con la transparencia y la lucha contra la corrupción, la incorporación de tecnologías sociales en administraciones públicas colaborativas, la mejora regulatoria y la calidad normativa, entre muchos otros ámbitos (Blasco Díaz et al., 2017; Ignacio Criado, 2016; Ponce Solé y Cerrillo i Martínez, 2017).

La cuestión es, por tanto, la posibilidad de que el derecho facilite la innovación sin por ello descuidar la prevención de los riesgos, ni negar la debida protección. En la respuesta a esta pregunta encuentra su justificación la ciencia jurídica de la innovación, que debe hallar las fórmulas que, al tiempo que permiten la innovación, la dirigen preventivamente en términos de garantizar que sus resultados sean tolerables para el bien común, lo que exige la incorporación al derecho de los factores técnicos, económicos, sociales y culturales que impregnan el potencial innovador y su utilización (Parejo Alfonso, 2015).

Entonces, como sucede con las nuevas tecnologías, existe una doble relación entre el derecho y la innovación. En primer lugar, el derecho debe fomentar y regular, cuando corresponda, el desarrollo de estas nuevas herramientas, y en segundo lugar, debe aprovechar la innovación para aportar valor a la sociedad y transformar la forma de resolver conflictos jurídicos.

En ese contexto es cada vez más frecuente el desarrollo de metodologías de *legal design*[16] que aplican herramientas propias del *design thinking* (pensamiento de diseño)[17] a la resolución de problemas legales. Como señala Torres Varela (2020), la primera etapa se caracterizaba por usar el proceso creativo (empatía, síntesis, ideación, prototipado y solución), así como los

---

16 El *legal design* consiste en aplicar el diseño al mundo del derecho para que los sistemas y servicios legales sean usables y satisfactorios, y estén más centrados en el ser humano (Hagan, n.d.).

17 El *design thinking* es un proceso de colaboración mediante el cual se emplean las sensibilidades y los métodos del diseñador para hacer coincidir las necesidades de las personas con lo que es técnicamente posible y con una estrategia comercial viable. En resumen, el pensamiento de diseño convierte la necesidad en demanda. Es un enfoque centrado en el ser humano para la resolución de problemas que ayuda a las personas y organizaciones a ser más innovadoras y creativas (Brown, 2019).

distintos métodos (mapas de servicio, mapas de empatía, técnicas de prototipado rápido, etc.) y actitudes (colaboración radical, cuestionamiento generalizado, mentalidad de principiante, pensamiento visual, etc.) propios del diseño, para aplicarlos a distintos tipos de problemas legales. Ahora bien, una segunda etapa, lo que el autor denomina *Legal Design* 2.0, se caracteriza porque dicha metodología ha pasado de ser la simple aplicación del pensamiento de diseño al derecho para convertirse en una disciplina académica propiamente dicha. Señala Torres Varela (2020) que esta evolución consiste en la creación de artefactos legales, como una sentencia, una resolución o un decreto, y que a pesar de la cantidad de investigación que existe en materia de derecho sustantivo, muy poca investigación aborda el proceso de creación de estos artefactos, sus distintas dimensiones y el sistema en el que interactúan. En ese contexto, el *legal design* busca estudiar cómo deberían ser estos artefactos (legales) para cumplir sus objetivos desde distintas dimensiones (usuarios, negocio, política pública, contexto sistémico, entre otras) (Torres Varela, 2020).

Estas nuevas tendencias todavía no han tenido un desarrollo importante en el derecho ambiental, y si bien la innovación dentro de los procesos ambientales –como eje motor de las políticas públicas tendientes a fomentar la sostenibilidad y a reducir el impacto ambiental– se ha incrementado mediante estrategias como el diseño sostenible, las marcas verdes, el ecoetiquetado o la eficiencia energética, entre otros, no se han desarrollado en el país iniciativas basadas en esas herramientas para desarrollar la normatividad ambiental. Es evidente que en el sector ambiental la normatividad es bastante extensa y compleja, y no siempre logra los objetivos de protección ambiental deseados. Una aproximación desde la metodología del *legal design*, o del *design for policy*[18], tendría en cuenta el usuario final de la normatividad ambiental, que no siempre es un abogado. Por ejemplo, la normatividad relativa al aprovechamiento de frutos secundarios del bosque, o la normatividad relacionada con el procedimiento sancionatorio

---

18 *Design for policy* es el uso del diseño como herramienta para abordar problemas públicos y capturar oportunidades para lograr mejores y más eficientes resultados sociales. Christian Bason (2016) sugiere que el diseño puede ofrecer una reinvención fundamental del arte y el oficio de formular políticas para el siglo xxi. El diseño tiene un potencial significativo, pero en gran parte inexplorado, que va desde desafiar los espacios problemáticos actuales hasta impulsar la búsqueda creativa de nuevas soluciones y dar forma a los artefactos físicos y virtuales de implementación de políticas.

tienen su campo de aplicación en entornos socioeconómicos complejos, y requieren de una pedagogía importante para poder cumplir efectivamente sus fines. Así, una creación o mejora normativa a partir de las diferentes herramientas del *design thinking* podrían incorporar al usuario final de la norma en su creación, mejorando la posibilidad de cumplimiento de las disposiciones.

C. NUEVAS FORMAS DE REGULAR LAS CUESTIONES AMBIENTALES

Las nuevas realidades que presentan retos para el derecho ambiental implican el surgimiento de nuevas formas de regular, nuevos objetos de regulación y nuevos conflictos por resolver. Así, es claro que existen realidades que hacen que el derecho tradicional sea insuficiente, por lo que se requieren formas novedosas de abordar los recientes conflictos y los desafíos jurídicos correspondientes.

Es evidente que, de manera generalizada, en los últimos años ha venido ocurriendo una transformación de la administración pública tradicional hacia una nueva forma de entender la gestión pública en torno a un modelo de Estado abierto y unas administraciones públicas colaborativas. Incluso, se podría afirmar que, desde un punto de vista teórico, estaría emergiendo un nuevo paradigma denominado gobernanza pública inteligente, como una siguiente fase en la evolución de la gestión pública contemporánea, caracterizada por aspectos como el *open government*; la economía colaborativa; la administración abierta, transparente y colaborativa; el uso de herramientas de la web 2.0 (aplicaciones, redes sociales, plataformas colaborativas, etc.); el Big Data y los laboratorios de innovación, entre otros (Ignacio, 2016).

Es indudable que estas innovaciones no solo afectan la gestión pública, sino que deben transformar también el aspecto normativo. Como señala Boix Palop (2020: 225),

> ... el hecho de tener a nuestra disposición herramientas computacionales extraordinariamente avanzadas como nunca habían existido conlleva no solo cambios cuantitativos sino algunas transformaciones de mayor calado, que podríamos considerar cualitativas o, mejor expresado, estructurales, y que afectan a las bases del propio modo de ordenar jurídicamente la realidad de que disponíamos.

Entonces, el marco jurídico se debe transformar de tal manera que proporcione herramientas para el desarrollo de las nuevas tendencias, pero que a su vez permita evaluar y mitigar sus riesgos y los impactos no deseados.

Uno de los desafíos más importantes para la protección ambiental en los últimos años tiene que ver con la efectividad y el cumplimiento de las normas. Es evidente que no es suficiente con la publicación de las normas para garantizar su cumplimiento,

> ... ni solo la mejora de la técnica legislativa puede acabar con el riesgo del incumplimiento generalizado. Las normas, además de ser claras y realistas, deben aspirar a convencer profundamente a sus destinatarios, un objetivo para el cual son precisas medidas tanto mediáticas como educativas (Rivero Ortega, 2019: 16).

Esta es una problemática recurrente en el derecho ambiental. En un reporte reciente Naciones Unidas encontró que

> ... con demasiada frecuencia, la aplicación y el cumplimiento de las leyes y los reglamentos en materia de medio ambiente no están al nivel que se necesita para hacer frente a los problemas ambientales. En ocasiones, las leyes adolecen de normas claras o mandatos necesarios. Otras no están adaptadas a los contextos nacionales y locales y, por lo tanto, no abordan las condiciones sobre el terreno (UNEP, 2019).

Así, en desarrollo de sus funciones de prevención y reparación de daños ambientales, el derecho ambiental debe contar con un marco jurídico y de herramientas que consolide el sustento para la toma de decisiones propias de la disciplina, teniendo en cuenta la interdisciplinariedad que lo caracteriza, y la fuerte dependencia de los criterios de la ciencia y de la tecnología, pues es evidente que los adelantos científicos y tecnológicos, así como sus posibilidades y opciones de aplicación tecnológica están determinando y desafiando constantemente las estructuras jurídicas y administrativas ambientales (Amaya Arias, 2016a).

A continuación se expondrán algunos ejemplos de respuestas, desde el derecho ambiental, ante los nuevos desafíos.

1. PRINCIPIOS AMBIENTALES COMO SOLUCIONES A PROBLEMAS LEGALES

Se trata de una manifestación concreta de la finalidad por excelencia del derecho ambiental, y se puede afirmar que cuenta con las herramientas propias para hacerlo: los principios de precaución y de prevención. En primer lugar, el principio de precaución, pues, como es evidente, la incertidumbre que se genera con el aumento exponencial de nuevas tecnologías y aplicaciones pone de presente un reto: ¿cómo regular sin conocer los efectos que se pueden derivar de estas aplicaciones? (Esteve Pardo, 2009). Es claro que esta respuesta escapa al ámbito de acción del derecho ambiental, por tener un alcance mucho mayor en cuanto los efectos pueden ser sociales, económicos, ecológicos, de salud pública, etc. No obstante, a esta disciplina jurídica le corresponde la tarea de evaluar, desde el punto de vista ambiental, los efectos que pueden producir estos nuevos desarrollos y, en consecuencia, regularlos en la medida de lo posible. Se requiere, entonces, un adecuado uso del principio, no uno que desborde su objetivo y prohíba tajantemente cualquier innovación tecnológica (Castro y McLaughlin, 2019). Es necesario continuar construyendo herramientas que permitan una adecuada interpretación de este principio, mediante el entendimiento de los nuevos desarrollos, su funcionamiento y las potenciales aplicaciones (tanto intencionadas como no intencionadas), y que reduzca, siempre que sea posible, la incertidumbre para la toma de decisiones[19].

De otro lado, el principio de prevención también constituye una herramienta fundamental. En muchos casos son conocidos los impactos ambientales de las nuevas tecnologías pues, como se ha visto, este sector tiene un consumo importante de energía y de emisiones GEI. Por ejemplo, el consumo de energía ha aumentado significativamente con el uso masivo de nuevas tecnologías; el almacenamiento en la nube todavía utiliza estructuras físicas que requieren energía eléctrica para su funcionamiento; la minería de monedas digitales también demanda un uso extremadamente alto de

---

19 El interesante artículo de Mazur (2020) analiza las similitudes entre el derecho ambiental europeo, crucial para la protección del medio ambiente natural, y el derecho europeo de protección de datos, fundamental para el entorno digital. Tiene como punto central el principio de precaución, y las experiencias recopiladas en el área del derecho ambiental en relación con este principio se analizan como una fuente de lecciones aprendidas de las medidas regulatorias adoptadas para enfrentar la incertidumbre científica, no solo en el entorno natural, sino también en el digital.

energía para sus sistemas de enfriamiento; la producción de dispositivos electrónicos genera un impacto en ciertos recursos naturales no renovables como el oro y el coltán, y representa un uso significativo de contaminantes como plomo y mercurio, entre muchos otros elementos que determinan la huella ambiental propia de las nuevas tecnologías (Lopes, 2018).

Finalmente, el principio de no regresión que, como ya se ha expuesto en otras investigaciones (Amaya Arias, 2015, 2016a, 2019), fue formulado por la doctrina jurídico ambiental con ocasión de la Conferencia Internacional Río+20 en 2012. En términos generales, dicho principio busca evitar la supresión normativa o la reducción de sus exigencias por intereses que no logren demostrar ser jurídicamente superiores al interés público ambiental, ya que en muchos casos dichas regresiones podrían derivar en daños ambientales irreversibles.

Como se indicó, la reciente preocupación por el deterioro ambiental se ha intensificado por factores de distinta naturaleza, como las coyunturas socioeconómicas, la inclusión de las generaciones futuras en la toma de decisiones, el desarrollo desmedido del progreso y de la ciencia, y las consecuencias que de ello se derivan, y en general, por la evidencia de que los mecanismos de protección ambiental no han sido suficientes. En respuesta a lo anterior surgió el principio de no regresión como una nueva formulación teórica, con importantes implicaciones en la práctica del derecho ambiental, que consiste en la existencia de una obligación de no hacer, de no retroceder, no afectar los umbrales y estándares de protección ambiental ya adquiridos, no derogar o modificar la normativa vigente, en la medida en que dichas modificaciones conlleven la disminución o afectación negativa de los niveles de protección alcanzados.

No se pretende describir en detalle la aplicación de este principio, por lo que basta con hacer referencia a las otras investigaciones realizadas. Lo que se debe resaltar es que, ante los retos de la realidad actual, como las crisis económicas y la necesidad de fomentar el desarrollo de actividades económicas, este principio se puede convertir en una herramienta útil. Sin embargo, es necesario insistir en que la aplicación del principio de no regresión del derecho ambiental no implica, de ninguna manera, la petrificación de las normas o su rigidez; por el contrario, se trata de generar la flexibilización que requiere el derecho ambiental para responder a los retos de los nuevos contextos (Amaya Arias, 2020).

2. AUTORREGULACIÓN

Principalmente en contextos de incertidumbre científica, como los que se han venido mencionando, la autorregulación y la globalización –dos nuevos conceptos clave de las ciencias sociales– se ofrecen al derecho como armas de doble filo que ponen a prueba la resistencia del complejo entramado institucional creado por el derecho público en torno a la noción de Estado. La autorregulación aparece a menudo en estas situaciones como un instrumento especial y típico para abordar las dificultades: el Estado renuncia a su derecho exclusivo de regulación y actúa en conjunto con la sociedad con el fin de procesar con mayor flexibilidad las singularidades (Darnaculleta i Gardela et al., 2015).

La autorregulación de la industria, de los operadores económicos y de la comunidad científica internacional se ofrece al derecho como una fuente dotada de la autoridad, la eficacia y la flexibilidad temporal y territorial necesarias para mejorar su relación con la incertidumbre. Cuando, por razón de la materia, una decisión jurídica requiere tomar en consideración el estado de los conocimientos científicos disponibles, el derecho tiende a ceder el contenido material de dicha decisión a los expertos. Esta cesión, que en sí misma no constituye ninguna novedad, puede adoptar formas muy distintas, una de ellas es la cesión del poder de decisión a la autorregulación internacional mediante la incorporación o la remisión a lo que establecen organizaciones internacionales de expertos de origen privado en situaciones de incertidumbre científica (Darnaculleta i Gardela, 2015).

Entonces, el desarrollo de la ciencia y la tecnología llevan a una profesionalización y especialización tales que el Estado en ocasiones no alcanza a comprender en todo su detalle. Esto hace que, de común acuerdo, las asociaciones gremiales y de industria emitan las reglas a las que se acogen voluntariamente y que les permiten tener un comportamiento esperado. Un ejemplo se puede encontrar en las regulaciones voluntarias en materia ambiental adoptadas por las entidades financieras, o en los programas de autorregulación que proponen las autoridades ambientales para gestionar factores contaminantes, al que las empresas o gremios se acogen[20] (Robayo Duque, 2019).

---

20 Por ejemplo, la Secretaría. Distrital de Ambiente de Bogotá cuenta con un Programa de Autorregulación Ambiental como instrumento de gestión ambiental, cuyo objetivo principal es la

3. NUEVOS SECTORES Y NUEVOS CONFLICTOS

Como se ha expuesto en estas líneas, el contexto actual implica el surgimiento de nuevos sectores por regular y de nuevos conflictos por resolver, que requieren de una respuesta diferente e innovadora pues, como señala Muñoz Ávila (2020: 211), el derecho ambiental no ha sido suficiente para abordar la complejidad de los conflictos ambientales que se presentan. Se expondrán brevemente algunos ejemplos.

En primer lugar se destaca el caso de las nuevas tecnologías, o tecnologías disruptivas, tema frente al cual el derecho debe generar herramientas adecuadas. Por ejemplo, resulta interesante la reciente investigación de Boix Palop (2020: 223), según la cual

> ... los algoritmos empleados por parte de las administraciones públicas para la adopción efectiva de decisiones han de ser considerados reglamentos por cumplir una función material estrictamente equivalente a la de las normas jurídicas, al reglar y predeterminar la actuación de los poderes públicos.

Adicionalmente, el autor señala que

> ... una vez asumida esta naturaleza jurídica reglamentaria de estas herramientas de programación, se deducen consecuencias jurídicas respecto de cómo han de realizarse los procedimientos de elaboración y aprobación de estos algoritmos, la necesidad de que los mismos estén debidamente publicados como normas jurídicas que son o la exigencia de que existan mecanismos de recurso directo e indirecto frente a los mismos.

Concretamente, como expusimos en otra investigación, la respuesta del derecho ambiental frente a estas tecnologías disruptivas debe ir encaminada hacia tres objetivos: i) evaluar y evitar sus impactos; ii) aprovecharlas, y iii) fomentarlas y no restringirlas. Por su finalidad, el derecho ambiental debe evaluar el desarrollo de estas tecnologías disruptivas, y mitigar y evitar, en la medida de lo posible, los impactos indeseados para el medio ambiente;

---

reducción de las emisiones de los vehículos con motor accionado a diésel, basado en un programa integral de mantenimiento vehicular a las empresas de transporte público colectivo de pasajeros y de transporte de carga, hasta lograr mantenerlo un 20% por debajo del límite establecido en la norma vigente (Resolución 910 de 2008). Este programa encuentra su sustento jurídico en el Decreto Distrital 174 de 2006; cfr. [http://www.ambientebogota.gov.co/web/sda/autorregulacion].

debe aprovecharlas para mejorar la toma de decisiones y la aplicación de la normatividad ambiental con fundamento en información de mejor calidad y fiabilidad, elemento esencial para la gestión ambiental, y, finalmente, como se señaló en el acápite destinado a la innovación, debe fomentar, incentivar y no restringir estos desarrollos.

En segundo lugar, como se mencionó, en el posacuerdo la resolución de tensiones jurídicas representa un reto, que si bien se podría considerar "tradicional", la respuesta "tradicional" del derecho no es suficiente para enfrentarlo. Por ejemplo, frente a la restitución de predios la normatividad protege el derecho fundamental de las víctimas del conflicto armado, pero, cuando esos predios se ubican en espacios naturales jurídicamente protegidos por el Estado la situación es diferente, pues la normatividad se dirige a garantizar el medio ambiente sano y la protección de los recursos naturales. Tradicionalmente la tensión se ha resuelto bajo la premisa de que el interés general prima sobre el interés particular, pero actualmente, ante la importancia de la protección de los derechos de las víctimas, esta respuesta no es suficiente. Así, se requiere que el derecho transforme la visión de un conflicto que supera la dimensión jurídica, e identifique respuestas innovadoras al momento de compatibilizar estos dos derechos fundamentales.

En tercer lugar, como se expuso en el literal E del acápite anterior, dado el aislamiento preventivo obligatorio ordenado por el Gobierno Nacional en el marco de la pandemia del COVID-19, se ha ampliado la discusión en torno al uso de herramientas virtuales para llevar a cabo los procesos participativos de la gestión ambiental (consultas populares, audiencias públicas, delimitación de páramos) que se vieron suspendidos ante la imposibilidad de realizar reuniones presenciales. La alternativa que representa la virtualidad para realizar dichas actuaciones fue fuertemente criticada debido al escaso acceso que las comunidades que viven en territorios alejados tienen a estos medios, lo que derivaría en una vulneración de su derecho fundamental a la participación activa y abierta en las decisiones ambientales que impacten su territorio.

Evidentemente, es imposible realizar los procesos participativos a través de medios virtuales de la misma forma como se desarrollan en los espacios presenciales. No obstante, no se trata de prohibir el uso de estas herramientas pues, dado el contexto actual, es necesario continuar con dichos procesos para garantizar los derechos de las comunidades. Se trata, entonces, de realizar un análisis que aporte respuestas diferentes e innovadoras a los retos actuales, sin disminuir las garantías constitucionales.

Por ejemplo, el paso siguiente debe ser rediseñar los procesos participativos a la luz del marco normativo que regula el tema, pero con el apoyo de nuevas metodologías y herramientas propias de otras disciplinas, como el *legal design*, o el *design for policy*, es decir, mediante enfoques de diseño colaborativo para la innovación de las políticas públicas. Como se expuso, más allá de la herramienta o del proceso, estas disciplinas centran la atención en la persona (el usuario), por lo que su utilización permitirá un abordaje diferente de los problemas públicos, y un mejor aprovechamiento de las oportunidades a fin de lograr mejores y más eficientes resultados sociales.

4. *GREEN NUDGE*

Como se mencionó, uno de los problemas actuales del derecho ambiental tiene que ver con la ineficacia y el incumplimiento de las normas ambientales, frente a lo cual ha surgido una tendencia o estrategia regulatoria denominada enfoque *nudge*, como alternativa a las clásicas de prohibición/control/sanción.

El *nudge* (expresión inglesa traducible como "empujoncito"), consiste en

> ... la posibilidad de desarrollar una suerte de "paternalismo libertario" (curioso oxímoron) que, respetando la libertad de los ciudadanos, oriente inercialmente sus decisiones en la línea considerada correcta por el poder público, sin recurrir a la coacción (policía o actividad de limitación) ni a los incentivos económicos o tangibles (fomento) (Rivero Ortega, 2019: 17).

Esta estrategia se ha venido empleando cada vez con mayor frecuencia en el sector ambiental, bajo la denominación *green nudge*. Frente a los nuevos desafíos y retos ambientales (cambio climático, pérdida de biodiversidad, contaminación, etc.), la integración de los *nudges* en la programación, aprobación, ejecución y seguimiento de las políticas ambientales[21] se presenta

---

21 En palabras de Rivero Ortega (2019: 16), "las políticas públicas deben, pues, proponerse seriamente mejorar el grado de *saliencia* de las normas, un factor destacado por la teoría focal de la conducta normativa. La *saliencia* presupone que la norma se sitúa frente a nuestro foco de atención cuando adoptamos decisiones sobre cómo proceder. Muchos incumplimientos obedecen a la falta de presencia del mensaje normativo en el momento de ser cumplido. Para que los destinatarios

como una oportunidad, a través de nuevas fórmulas de "sensibilización", "promoción" o "concienciación" ciudadana, y como una alternativa al uso de los mecanismos jurídicos clásicos de intervención, ordenación o reacción frente a las agresiones ambientales. Como señala Mellado Ruiz (2019: 73), el derecho ambiental se abre a nuevas herramientas, posibilidades y recursos, "alterando el centro gravitacional de la acción pública desde la imposición, la intervención, el control y la reacción hacia la simplificación e inteligencia de una mejor regulación, el fomento de la colaboración y la corresponsabilización privada" en el mantenimiento de la calidad de vida y unos umbrales altos de sostenibilidad.

Concretamente, el *green nudge* se puede entender como una estrategia de intervención dirigida a orientar inercialmente, a través de "pequeños cambios en el contexto de la elección", las decisiones de las personas en la línea o fines considerados correctos por el poder público, sin recurrir a la coacción, a la intervención directa o a los incentivos económicos de carácter indirecto. Pretende,

> ... encauzar o alterar los comportamientos y actitudes –e incluso los propios hábitos–de las personas, hacia el logro de determinados objetivos (de interés general), es decir, e forma predecible, pero sin forzar la libertad ni la autonomía de aquellas, ni las propias instituciones, sin prohibir, pues, ninguna de las demás opciones posibles de elección (Mellado Ruiz, 2019: 75).

Entonces, lo que esta estrategia busca es facilitar a los ciudadanos la toma de decisiones, y hacer de la "decisión verde" la más fácil, intuitiva o "por defecto", a partir de la más o menos automática percepción de los beneficios, directos o indirectos, de dicha elección. Se trata de que, en el diseño de las políticas públicas (sectoriales) se tenga en cuenta la "dimensión psicológica"[22]

---

de las normas las tengan presentes en el momento preciso en el que deben cumplirlas, no basta, sin embargo, con enfatizar su relevancia mediante campañas informativa y tratamiento mediático de sus razones de ser. Siendo necesaria esta mayor publicidad social –con la sensibilidad adecuada– es preciso convencer mediante un énfasis en la legitimidad de su necesaria adecuación y justicia, cambiando mentalidades previas (a veces muy arraigadas) y transformando arquetipos cognitivos que conspiran contra su respeto".

22 Las bases teóricas de esta estrategia se soportan en la psicología, partiendo de la idea de que el refuerzo positivo y la sugestión indirecta son más efectivos realmente que la prohibición y el castigo a la hora de modificar conductas (Jiménez, 2014), y en la economía conductual, que matiza la clásica consideración del ser humano de nuestro tiempo como *homo economicus*: ser calculador

de los comportamientos, y no solo, como en los últimos tiempos, su "racionalidad económica" (Mellado Ruiz, 2019: 77)[23].

Los *green nudges* se pueden dividir en intervenciones de tipo activo y en intervenciones de tipo pasivo. Las primeras, que influencian la evaluación activa de alternativas antes de tomar una decisión, incluyen las etiquetas ambientales, las normas sociales "verdes" y la decisión activa, y las segundas, que influencian comportamientos habituales y automáticos que no requieren mayor deliberación del sujeto, engloban las opciones "verdes" por defecto (no forzadas), el diseño "verde" y el condicionamiento "verde" (Evans, Eickers, Geene, Todorovic y Villmow, 2017: 26 y ss.).

Finalmente, esta estrategia puede ser de utilidad en diversos ámbitos de la gestión ambiental, entre ellos en la evaluación de impacto ambiental y el control integrado de la contaminación, en la contratación pública ecológica, en la economía circular, en la eficiencia energética y en la sostenibilidad urbana (Mellado Ruiz, 2019). Así, es claro que esta figura se puede convertir en una respuesta del derecho ambiental frente a la problemática de la efectividad de las normas ambientales, insertándose dentro de los nuevos paradigmas de versatilidad y flexibilidad de la acción pública gubernamental (Mellado Ruiz, 2019: 104).

D. JUSTICIA AMBIENTAL

La respuesta de la rama judicial a estos conflictos e insuficiencias en la normatividad ambiental y en el actuar institucional se puede analizar desde dos puntos de vista. El primero tiene que ver con que, debido a la complejidad de los asuntos ambientales en sede judicial, muchos países han optado por crear instancias judiciales especializadas en cuestiones ambientales con el fin de fortalecer una justicia eficiente para resolver ese tipo de conflictos. Más de

---

cuyo principal fin sería maximizar su beneficio (Rivero Ortega, 2019: 18) Así, el *nudge* propone trabajar sobre la arquitectura de las decisiones, para conseguir mejorar los resultados de las políticas públicas.

23 Las principales críticas a esta estrategia se refieren a los riesgos de manipulación, y a su capacidad para cambiar realmente comportamientos profundamente arraigados. Además, se pone en cuestión la falta de neutralidad de los *nudges*, en el sentido de constituir siempre las orientaciones más adecuadas para realizar los objetivos individuales, y las alternativas a las decisiones que cada sujeto tomaría por sí mismo (Rivero Ortega, 2019: 20). Respecto de las consideraciones éticas de esta estrategia cfr. Sánchez Sánchez (2019).

cuarenta países y jurisdicciones subnacionales han establecido procedimientos, cortes y tribunales especializados para abordar las disputas ambientales, con diferentes aproximaciones en cuanto a su estructura, funcionamiento y composición (UNEP, 2019: 204). En la tabla 1 se muestran los países que tienen cortes o tribunales ambientales.

TABLA 1.
PAÍSES CON TRIBUNALES O CORTES AMBIENTALES ESPECIALIZADAS

Year	Countries with specialized national environmental courts	Countries with specialized national environmental tribunals	Countries with specialized national environmental courts and tribunals
1972		Japan, United States	
1992	Greece	Denmark, Ireland, Japan, New Zealand Philippines, Republic of Korea, United States	
2017	Austria, Bangladesh, Bhutan, Bolivia, Brazil, Chile, China, Egypt, El Salvador, Finland, Gambia, Greece, Guatemala, India, Indonesia, Malaysia, New Zealand, Spain, Sri Lanka, Sweden, Thailand, Trinidad and Tobago	Antigua and Barbuda, Costa Rica, Denmark, Guyana, Ireland, Jamaica, Japan, Malta, Mauritius, Paraguay, Peru, Republic of Korea, Samoa, United States	Kenya, Pakistan, Philippines, United Kingdom

Fuente: UNEP (2019: 209).

El rango de enfoques varía drásticamente: algunos países designan jueces que denominan "verdes" pero sin proporcionarles capacitaciones en temas ambientales (p. ej., Brasil); otros les brindan capacitación pero no les asignan casos ambientales (p. ej., el Estado de Nueva York en Estados Unidos), y otros aún entrenan jueces y les asignan específicamente casos ambientales (p. ej., en Indonesia los jueces interesados en juzgar casos ambientales están obligados a participar en un programa de certificación judicial). Algunos países, como Suecia y Nueva Zelanda, permiten la vinculación de expertos técnicos para apoyar a los jueces en los casos ambientales (UNEP, 2019: 204).

Independientemente de su nivel, esas nuevas instancias tienen ventajas en el manejo de los asuntos judiciales, la más importante de las cuales es la especialización temática de los jueces en los asuntos ambientales tanto jurídicos como técnicos. Además, se reconoce que esos espacios especializados pueden proporcionar, entre otros, más eficiencia y eficacia en la resolución de conflictos, mayor visibilidad de la protección ambiental y del acceso a la justicia, uniformidad en la resolución de los conflictos, creatividad y utilización de mecanismos alternativos en la solución de conflictos (Pring y Pring, 2009, 2016).

El segundo punto de vista tiene que ver con el activismo de los jueces en la protección del medio ambiente y los recursos naturales frente a la complejidad de los conflictos ambientales y la ineficacia administrativa en el cumplimiento de sus obligaciones. Ya se mencionó el caso de Urgenda en Holanda, y en el siguiente acápite se exponen algunos ejemplos colombianos que demuestran la transformación del rol del juez en la protección del medio ambiente.

En otra investigación (Amaya Arias, 2016a: 481) se había analizado el poder del juez en materia de políticas públicas, señalando que existen diferentes posiciones frente al papel de los jueces en estos asuntos; por ejemplo, Henao Pérez (2013, 2014) manifiesta que las condiciones sociales han llevado a que el juez constitucional se convierta en actor de las políticas públicas, lo cual debe hacer de forma mesurada pues, en obediencia al principio de separación de poderes –entendido como colaboración armónica–, y sin extralimitaciones, debe ser el primero en respetar sus consecuencias. Además, el juez tiene la obligación de fallar en derecho, y su intervención en las políticas públicas debe contar siempre con dicho sustento y evidenciar su inserción en el ordenamiento jurídico. Con una posición más amplia, Velilla Moreno (2015) señala que en materia de medio ambiente el juez administrativo no se puede limitar a desempeñar un papel pasivo y, por tanto, debe

> ... ser menos conservador, apartándose del paradigma tradicional, neutro y fragmentado en la valoración del caso, y pasar a un paradigma sistémico, consciente de que tiene un deber propio y un poder de dirección, orientados a dar cumplimiento a las finalidades constitucionales de las obligaciones estatales en la protección del medio ambiente.

El autor llega incluso a sugerir que el juez adquiere el papel de docente,

> ... lo que hace que sus decisiones deban incluir, además de la solución de la controversia, una enseñanza conducente a promover la educación ecológica y a concientizar al público respecto de la preservación del medio ambiente.

Por su parte, Cafferatta señala que el juez debe adoptar un rol activo "de tutela preventiva, continua, eficaz, enérgica, anticipatoria, temprana, dinámica, rápida, flexible, vigorosa, colaborador, agente de cambio social".

Todo parece indicar que esta última es la posición adoptada actualmente por los jueces, como señala Guzmán Jiménez (2017: 70), quien considera que el juez constitucional colombiano ha creado unas facultades novedosas pues, además de ser garante de los derechos colectivos, se ha convertido, entre otros, en ordenador de gasto, ha creado autoridades administrativas, ha señalado competencias administrativas para las autoridades, ha fijado plazos de carácter perentorio, ha ordenado la presentación de proyectos de ley y la elaboración de planes de acción. Esta realidad evidencia que el papel del juez popular ha cambiado: el típico declárese o anúlese ha quedado en el pasado, y hoy es un juez proactivo en la formulación de políticas públicas en el marco de un Estado social de derecho, reafirmando la necesidad de una colaboración armónica entre las ramas del poder público.

Estos dos ejemplos –jurisdicción ambiental y activismo judicial en materia ambiental– confirman la transformación del papel del juez en la protección del ambiente y de los recursos naturales, pues ya no es un actor pasivo, sino que ahora, al afrontar nuevos escenarios para gestionar procesos en el marco del litigio estratégico[24], se convierte en protector del interés general en su sentido más amplio, y aunque es indudable que tiene unos impactos positivos para la protección ambiental, desafortunadamente también pueden ser negativos. Específicamente, muchas de las sentencias "activistas" recientes demuestran un grado de desconocimiento de aspectos propios de la disciplina ambiental (jurídicos y extrajurídicos) y del funcionamiento de la institucionalidad ambiental en el país, lo que puede causar traumatismos administrativos, dificultad en el cumplimiento de las órdenes y, en últimas, falta de eficacia de las decisiones.

---

24 El litigio estratégico surge de la conocida clínica jurídica, pero se oxigena con la colectivización, relevancia o trascendencia del caso a plantear. En derecho ambiental tiene relación con la tutela ambiental a los bienes de uso público, o que corresponden a comunidades colectivas protegidas en calidad de resguardos o zonas de reserva en las que desde antaño se han instalado poblaciones particulares. Recoge el material probatorio de comunidades, pueblos o territorios y los lleva al estrado jurídico para obtener una respuesta, que comúnmente es la protección o restitución de derechos, a pesar de que en muchos casos es el Estado el que otorga los permisos de acceso (Mira Olano y Gutiérrez Ossa, 2017).

Por eso es fundamental contar con jueces especializados en materia ambiental, que tengan un conocimiento amplio y suficiente de la complejidad y la transversalidad de las cuestiones ambientales, que cuenten con el apoyo de los expertos técnicos para cada asunto, y que tengan el entrenamiento adecuado que les permita tomar decisiones eficaces y lograr la protección deseada.

E. PROTECCIÓN DE NUEVOS SUJETOS DE DERECHO

Como se señaló en la primera parte de esta investigación, como reflejo de una transformación de la visión de las relaciones de los seres humanos actualmente han surgido nuevos sujetos de derecho. De acuerdo con Ceballos Rosero (2019: 323), al desestructurar las concepciones tradicionales de las personas en el derecho se ha hecho más compleja la teoría de persona jurídica, por lo que plantea

> ... la necesidad de modificar las relaciones jurídicas (injustas) de los seres humanos con estos otros sujetos de derecho, pues una falta de sentido común, ética y ambición desenfrenada, nos ha conducido por un camino trágico, en el que el derecho, visto como un instrumento para la efectivización de la justicia ha sido ineficaz, ha provocado la emergencia ambiental que atravesamos.

Por ejemplo, al ser la colectividad sujeto de derechos y titular del derecho a gozar de un ambiente sano, fue necesario modificar las reglas de reconocimiento y protección de los derechos, pues el titular ya no es una persona individualmente considerada. Este es el caso de las comunidades étnicas y de las comunidades campesinas. En el primer caso, uno de los de los avances logrados partir de las resistencias y reivindicaciones sociales de los pueblos originarios o indígenas ha sido el reconocimiento jurídico de su existencia como sujetos colectivos de derechos,

> ... que no son, como podría pensarse, una *sumatoria de individualidades*, sino un cuerpo social construido a través de la marca histórica común, capaz de identificarse como perteneciente a su hábitat (territorio) y etnia con lazos mucho más fuertes que la simple vecindad o la supervivencia, y que tienen que ver con los afectos para hacer comunidad (Ceballos Rosero, 2019: 329)[25].

---

25 A través de varias sentencias de revisión de tutela (T-428 de 1992, T-380 de 1993 y T-001 de 1994,

En el segundo caso, las comunidades campesinas, ya se expuso la tendencia a considerarlas sujetos de derecho. Al respecto, en la Sesión 73 de la Asamblea General de las Naciones Unidas del 17 de diciembre de 2018 se adoptó la Declaración de derechos de los campesinos y trabajadores de zonas rurales, la cual agrupa a campesinos, indígenas y comunidades que viven y trabajan en zonas rurales, e incluso aplica para las personas que no poseen tierras pero que se dedican a labores agrícolas y de pesca. Este documento también señala los derechos y deberes del Estado y de la población que protege en temas que hasta el momento no habían sido priorizados en las Constituciones de varios países (Polanco, 2018b).

En el caso colombiano, la Corte Constitucional ya había considerado que los campesinos y los trabajadores rurales son sujetos de especial protección constitucional atendiendo, entre otros factores, a las condiciones de vulnerabilidad y discriminación que históricamente los han afectado[26]. No obstante, Colombia fue uno de los Estados que se abstuvo de votar la Declaración de Derechos Campesinos, por lo cual recibió varias críticas de diferentes sectores de la población; incluso varias organizaciones sociales, congresistas y académicos enviaron cartas en dos oportunidades al presidente Iván Duque y a la Cancillería solicitando su respaldo a la Declaración. Sin embargo, el 17 de diciembre el Gobierno de Colombia reiteró su abstención en la Asamblea General. Al respecto, César Augusto Bello, funcionario de la Cancillería de Colombia, manifestó que "(l)a posición de Colombia obró en consonancia con el concepto técnico sectorial allegado al Ministerio de Relaciones Exteriores el 17 de noviembre, para cuya elaboración fueron consultadas diversas entidades del Estado, y en el que se propone que el pronunciamiento de Colombia sea de abstención" (Dejusticia, 2019).

Como señala Dejusticia (2019),

> A pesar de la decisión del Gobierno de abstenerse de votar, la Declaración le da un importante respaldo al campesinado colombiano. Si bien el documento no es de obligatorio cumplimiento, jugará un rol fundamental como herramienta de

---

entre otras) la jurisprudencia constitucional ha establecido la existencia de los sujetos colectivos de derechos desde el principio. La Corte afirma que las comunidades indígenas son sujetos colectivos de derecho y no una simple sumatoria de sujetos individuales que comparten los mismos derechos o intereses difusos o colectivos, sino derechos constitucionales fundamentales como la vida (Ceballos Rosero, 2019: 329).

26 Corte Constitucional. Sentencia C-077 de 2017.

> principios y parámetros de interpretación a la hora de tomar decisiones judiciales, legislativas y/o comunitarias que afecten a la población campesina.

Por su parte, la preocupación por la responsabilidad frente a las generaciones futuras tiene una de sus principales y más desarrolladas expresiones en el concepto de desarrollo sostenible, como ha sido definido por los instrumentos de derecho ambiental internacional, y es a través de los desarrollos conceptuales de este principio que las generaciones futuras se han consolidado como un sujeto de derecho y pueden ser entendidas como

> ... una entidad intangible y sin existencia actual; un sujeto colectivo que es en sí mismo la continuidad de la especie humana y que por su relevancia moral a la luz de los ordenamientos jurídicos urge de reconocimiento para que sea susceptible de gozar de derechos. Así que cada generación está atada a un acontecer continuo y fluido, y recibe de la anterior valores, información y conflictos que determinan su evolución y progreso (Santacoloma-Méndez, 2015: 21).

Brown Weiss (1992: 20), una de las autoras que más ha aportado al debate, afirma que el desarrollo sostenible es un compromiso de equidad con las generaciones futuras, y actúa como un "límite a la inclinación natural de tomar ventaja de nuestro control temporal sobre los recursos de la tierra, y usarlos únicamente para nuestro propio beneficio, sin poner cuidadosa atención sobre lo que dejamos a nuestros hijos y sus descendientes" (Amaya Arias, 2016a: 164).

Un concepto fundamental en este tema es el de *equidad intergeneracional*, según el cual la especie humana comparte el ambiente natural del planeta con otras especies, otras personas, y con las generaciones presentes, pasadas y futuras. De esa manera, los miembros de las generaciones presentes son a la vez los encargados de la estabilidad y la integridad del planeta, con derecho a utilizar sus recursos y beneficiarse de ellos; sin embargo, todas las generaciones tienen el mismo lugar en relación con el sistema natural, y no hay fundamento para preferir ninguna a las demás (Amaya Arias, 2016a: 164).

Este interés por las generaciones futuras y su protección también ha tenido implicaciones en la jurisprudencia colombiana, pues en reiteradas ocasiones ha señalado que "en la época actual, se ha producido una 'ecologización' de la propiedad privada, lo cual tiene notables consecuencias, ya que el propietario individual no solo debe respetar los derechos de los miembros de la sociedad de la cual hace parte (función social de la propiedad) sino que incluso sus facultades se ven limitadas por los derechos de quienes aún no han nacido, esto es, de las generaciones futuras, conforme a la función ecológica de la propiedad y a la idea del desarrollo sostenible" (Amaya Arias 2016: 167). Es decir, se reconoce que los derechos de las generaciones futuras actúan como un límite impuesto al goce de los derechos de las generaciones actuales, y al uso de los recursos naturales, en el contexto del desarrollo sostenible. Así, al estar encuadrado dentro de los llamados derechos humanos de "tercera generación" en el ordenamiento colombiano, el derecho al ambiente se le debe "incluso a las generaciones que están por nacer, toda vez que la humanidad del futuro tiene derecho a que se le conserve, el planeta desde hoy, en un ambiente adecuado a la dignidad del hombre como sujeto universal del derecho" (Amaya Arias 2016: 168)[27].

El caso más reciente es el ya mencionado por Dejusticia, en el que la Corte Suprema de Justicia reconoció la protección de los derechos ambientales de las generaciones futuras. En dicha providencia se expuso que estos derechos se cimientan en el i) deber ético de la solidaridad de la especie, y ii) en el valor intrínseco de la naturaleza, y al respecto señala que:

> [...] El primero, se explica por cuanto los bienes naturales se comparten por todos los habitantes del Planeta Tierra, y por los descendientes o generaciones venideras que aún no los tienen materialmente pero que son tributarios, destinatarios y titulares de ellos, siendo aquéllos, sin embargo, contradictoriamente, cada vez más insuficientes y limitados. De tal forma que sin la existencia actual de un criterio equitativo y prudente de consumo, la especie humana podrá verse comprometida en el futuro por la escasez de recursos imprescindibles para la vida. De esta forma, solidaridad y ambientalismo se "relacionan hasta convertirse en lo mismo".
>
> Así las cosas, la fundamentación de la obligación de solidaridad humana con la naturaleza constituye el contenido esencial de "los verdaderos valores que diariamente le facilitan la vida", tanto en su dimensión presente como futura. Esta idea, instaura una ética dinámica y material de los valores ambientales, ajustada y compatible con "[...] las necesidades de conservación de la naturaleza en el sentido más favorable para mantener [por siempre] la vida de los seres humanos [...]".

27 Cfr. Corte Constitucional. Sentencias C-126 de 1998, M. P.: Alejandro Martínez Caballero; C-526 de 1994, M. P.: Antonio Barrera Carbonell; C-671 de 2001, M. P.: Jaime Araújo Rentería; C-339 de 2002, M. P.: Jaime Araújo Rentería, y C-189 de 2006, M. P.: Rodrigo Escobar Gil.

> El segundo trasciende de la perspectiva antropocéntrica, y se enfoca en criterio "ecocéntrico-antrópico", el cual sitúa al ser humano a la par del entorno ecosistémico, cuya finalidad es evitar el trato prepotente, displicente e irresponsable del recurso ambiental, y de todo su contexto, para satisfacer fines materialistas, sin ningún respeto proteccionista o conservacionista.
>
> El fundamento de la obligación de solidaridad directa con la naturaleza se edifica en un valor, en sí mismo, de ésta, por afinidad con el sujeto cognoscente u "objeto" externo por el que se define, por cuanto el ser humano "forma parte de la naturaleza 'siendo', a su vez, naturaleza".
>
> Esta concepción es la esencia principal sobre la que se asienta el concepto de valor intrínseco del ambiente: el respeto a sí mismo implica, de suyo, "el respeto a la parte de sí mismo que está compuesta por la naturaleza, y de la que formarán parte, a su vez, las futuras generaciones".
>
> Lo planteado, entonces, formula una relación jurídica obligatoria de los derechos ambientales de las generaciones futuras, como la prestación de "no-hacer", cuyo efecto se traduce en una limitación de la libertad de acción de las generaciones presentes, al tiempo que esta exigencia implícitamente les atribuye nuevas cargas de compromiso ambiental, a tal punto que asuman una actitud de cuidado y custodia de los bienes naturales y del mundo humano futuro[28].

Como se puede observar, esta consideración de las generaciones futuras como sujetos de derechos implica un desafío para la disciplina jurídica, toda vez que dada su inexistencia actual no están consideradas por el derecho civil clásico como susceptibles de ostentar derechos.

Por último, como ya se mencionó, ha surgido la reciente tendencia de la declaratoria de la naturaleza, o algunos de sus elementos, como sujetos de derecho. Como señala Santacoloma-Méndez (2015: 23), esta realidad implica

> … reales cambios paradigmáticos en los ordenamientos jurídicos, lo cual evidencia la posibilidad de otorgar derechos a entidades diferentes al ser humano individualmente considerado o a la ficción de la persona jurídica. De este modo, las Naciones y sus diferentes poderes vienen adoptando decisiones para crear o reconocer nuevos sujetos con derechos y sus respectivos mecanismos de acceso a la justicia en aras de construir sociedades más democráticas y equitativas a propósito de una concepción eco-política amplia, dinámica e inclusiva. Esto refleja un cambio

---

28 Corte Suprema de Justicia. STC 4360 de 2018.

cualitativo en la forma en que Latinoamérica viene entendiendo su entorno como un todo del cual hace parte; y ya no como el instrumento que está al servicio del ser humano como una cosa; superando la lógica aristotélica y sus dualidades, en especial la de sujeto-objeto.

En Colombia esta transición se ha dado por vía jurisprudencial. Desde el primer pronunciamiento de la Corte Constitucional en relación con la declaratoria del río Atrato como sujeto de derechos en 2016[29], sucesivos pronunciamientos han abordado las consideraciones de la naturaleza y sus elementos como sujetos de derecho: Oso Chucho (Corte Suprema de Justicia)[30]; Amazonas colombiano (Corte Suprema de Justicia)[31]; páramo de Pisba (Tribunal Administrativo de Boyacá)[32]; ríos Combeima, Cocora y Coello (Tribunal Administrativo del Tolima)[33]; río Cauca (Tribunal Superior de Medellín)[34]; río Pance (Juzgado tercero de ejecución de penas y medidas de seguridad)[35]; río Otún (Juzgado cuarto de ejecución de penas y medidas de seguridad); río La Plata (Juzgado Único Civil Municipal de la Plata, Huila)[36]; río Magdalena (Juzgado Primero Penal de Neiva)[37]; río Pance (Juzgado tercero de ejecución de penas y medidas de seguridad)[38], y Vía Parque Isla de Salamanca (Corte Suprema de Justicia)[39].

Es claro que esta nueva visión de la protección del valor intrínseco de los elementos presenta desafíos importantes para la disciplina jurídica, la cual debe partir de una aproximación innovadora a las categorías tradicionales del derecho civil.

---

29 Acción de tutela T-622 de 2016.

30 Acción de tutela, segunda instancia, frente a un *habeas corpus*, expediente STL12651 del 16 de agosto de 2017.

31 Acción de tutela, STC 4360 de 2018.

32 Ibíd., expediente 2018 00016 del 8 de agosto de 2018.

33 Acción Popular, 30 de mayo de 2019.

34 Acción de tutela, expediente 2019-076 del 17 de junio de 2019.

35 Ibíd., 036 de 2019.

36 Ibíd., 19 de marzo de 2019.

37 Ibíd., 24 de octubre de 2019.

38 Ibíd., expediente 2009-00043 del 12 de julio de 2019.

39 Ibíd., STC 3872 de 2020.

CONCLUSIÓN

La principal conclusión a la que se llega con esta investigación parece evidente: por la complejidad y multidimensionalidad de los nuevos retos que se le presentan, el derecho –ambiental– *tradicional* no es suficiente para abordarlos, por lo que debe avanzar en la construcción de conceptos jurídicos que incorporen construcciones rigurosas e innovadoras dentro de un marco de sostenibilidad y protección de los recursos naturales y de la calidad de vida de las generaciones presentes y futuras, sin perder de vista el potencial de estas nuevas oportunidades para el desarrollo de la sociedad. No es tarea fácil, pero no hay duda de que esta disciplina cuenta con todas las herramientas para emprender el desafío.

Finalmente, es claro que cada uno de los asuntos expuestos en este artículo amerita una investigación y un desarrollo propios pues, como se indicó desde la introducción, la intención no era agotar el tema sino aportar ideas, inquietudes y recursos para motivar, desde la academia, el fortalecimiento de un derecho ambiental cada vez más actual y resiliente.

BIBLIOGRAFÍA

Amaya Arias, Á. M. "Aplicación práctica del principio de no regresión en el derecho ambiental colombiano: especial referencia a la protección de los páramos y las zonas de reserva forestal", en *Lecturas sobre Derecho del Medio Ambiente*, t. xv, Bogotá, Universidad Externado de Colombia, 2015.

Amaya Arias, Á. M. *El Principio de No Regresión en el Derecho Ambiental*, Madrid, Iustel, 2016a.

Amaya Arias, Á. M. "El rol de derecho ambiental en la consolidación de una paz sostenible en Colombia", en *La constitucionalización del derecho administrativo*, t. ii, *El derecho administrativo para la paz*, Bogotá, Universidad Externado de Colombia, 2016b.

Amaya Arias, Á. M. "El Principio de No regresión del derecho ambiental y la Agenda 2030", en *Principios de derecho ambiental y Agenda 2030*, Valencia, Tirant Lo Blanch, 2019.

Amaya Arias, Á. M. "Retos del derecho ambiental: el Principio de No Regresión", 2020, disponible en [https://www.angelamariamaya.com/post/retos-del-derecho-ambiental-el-principio-de-no-regresión].

Bason, C. *Design for Policy. Design for Social Responsibility*, Nueva York, Routledge, 2016.

bbc Mundo. "Whanganui, el río en Nueva Zelanda que tiene los mismos derechos que una persona, 2017, disponible en [http://www.bbc.com/mundo/noticias-39291759], consultada el 16 de noviembre de 2017.

Benítez Cuartas, J. A. "El aprovechamiento sostenible del caimán aguja también es conservación", 25 de enero de 2019, disponible en [http://blogs.eltiempo.com/ambiente-urbano/2019/01/25/aprovechamiento-sostenible-del-caiman-aguja-tambien-conservacion/], consultada el 10 de junio de 2020.

Blasco Díaz et al. *Innovación y sector público: retos y contexto*, Valencia, Tirant lo Blanch, 2017.

Boix Palop, A. "Los algoritmos son reglamentos: la necesidad de extender las garantías propias de las normas reglamentarias a los programas empleados por la administración para la adopción de decisiones", *Revista de Derecho Público: Teoría y Método*, 1, 2020.

Briceño Cháves, A. M. *El principio de precaución en una sociedad de riesgos ambientales*, Bogotá, Universidad Externado de Colombia, 2017.

Brown, T. *Change by Design*, Harper Collins, 2019.

Brown Weiss, E. "In Fairness to Future Generations and Sustainable Development", *American University International Law Review*, n.º 8 (1), 1992.

Butler, R. "Computer hackers are helping illegal loggers destroy the Amazon rainforest", 12 de diciembre de 2008, disponible en [https://news.mongabay.com/2008/12/computer-hackers-are-helping-illegal-loggers-destroy-the-amazon-rainforest/]. consultada el 7 de marzo de 2020.

Cafferatta, N. "El rol del juez", en *Jurisprudencia ambiental: selección y análisis de casos relevantes en América Latina*, Serie de Documentos sobre Derecho Ambiental n.º 16, Ciudad de Panamá: pnuma, disponible en [http://nuestraesfera.cl/wp-content/uploads/2014/06/Jurisprudencia_Ambiental.pdf], consultada el 16 de septiembre de 2020.

Capelleti, M.*¿Jueces legisladores?*, Lima, Comunnitas, 2010.

Castro, D. y M. McLaughlin. "Ten Ways the Precautionary Principle Undermines Progress in Artificial Intelligence", 4 de febrero de 2019, disponible en [https://itif.

org/publications/2019/02/04/ten-ways-precautionary-principle-undermines-progress-artificial-intelligence], consultada el 23 de marzo de 2020.

Castro Niño, N. "'Urgenda contra Países Bajos', un hito en la lucha judicial contra el cambio climático", 6 de febrero de 2019, disponible en [https://www.ambitojuridico.com/noticias/etcetera/educacion-y-cultura/urgenda-contra-paises-bajos-un-hito-en-la-lucha-judicial], consultada el 1.º de junio de 2020.

Cavanaugh, R. "Solar-Powered Cell Phones May Stop Illegal Logging in the Amazon", 26 de marzo de 2018, disponible en [https://www.digitaltrends.com/outdoors/solar-powered-cell-phones-saving-amazon-rainforests/], consultada el 23 de marzo de 2020.

Ceballos Rosero, F. "Otros sujetos de derecho o personas (?)", *Estudios Socio-Jurídicos*, 22(1), 2019, disponible en [https://doi.org/10.12804/revistas.urosario.edu.co/sociojuridicos/a.7576].

Chossière, G. P. et al. "Public health impacts of excess NO x emissions de Volkswagen diesel passenger vehicles in Germany", *Environmental Research Letters*, 12(3), 2017, disponible en [https://doi.org/10.1088/1748-9326/aa5987].

Correa, P. y S. Silva Numa. "Tiburones en un mar de desinformación", 2 de noviembre de 2019, disponible en [https://www.elespectador.com/noticias/medio-ambiente/tiburones-en-un-mar-de-desinformacion/], consultada el 10 de junio de 2020.

Criado Grande, J. I. "Gobernanza inteligente, innovación abierta y tecnologías sociales en unas administraciones públicas colaborativas. ¿Hacia un cambio de paradigma en la gestión pública?", en *Nuevas tendencias en la gestión pública. Innovación abierta, gobernanza inteligente y tecnologías sociales en unas administraciones públicas colaborativas*, Madrid, Instituto Nacional de Administración Pública, 2016.

Criado Grande, J. I. (ed.). *Nuevas tendencias en la gestión pública. Innovación abierta, gobernanza inteligente y tecnologías sociales en unas administraciones públicas colaborativas*, Madrid, inap, 2016.

Cruz Gutiérrez, E. y A. M. Guzmán Rincón. "Restitución de tierras y derecho al medioambiente en Colombia: tensiones y proximidades en torno a la situación de los campesinos en zonas de reserva forestal", *Territorios*, 35, 2016, disponible en [https://doi.org/10.12804/territ35.2016.07].

Darnaculleta i Gardela, M. "Autorregulación normativa y derecho en la globalización", en M. Darnaculleta i Gardela, J. Esteve Pardo e I. Spiecker gen.

Döhmann (eds.). *Estrategias del derecho ante la incertidumbre y la globalización*, Madrid, Marcial Pons, 2015.

Darnaculleta i Gardela, M.; J. Esteve Pardo e I. Spiecker gen. Döhmann (eds.). *Estrategias del derecho ante la incertidumbre y la globalización*, Madrid, Marcial Pons, 2015.

Davenport, C. y J. Ewing. "VW Is Said to Cheat on Diesel Emissions; U.S. to Order Big Recall", *The New York Times*, 18 de septiembre de 2015, disponible en [https://www.nytimes.com/2015/09/19/business/volkswagen-is-ordered-to-recall-nearly-500000-vehicles-over-emissions-software.html?smid=pl-share].

Dejusticia. "La Declaración de Derechos Campesinos sí podría proteger al campesinado colombiano", 19 de diciembre de 2019, disponible en [https://www.dejusticia.org/la-declaracion-de-derechos-campesinos-si-podria-proteger-al-campesinado-colombiano/], consultada el 1.º de junio de 2020.

El Espectador. "Licencias ambientales exprés", 17 de septiembre de 2014, disponible en [http://www.elespectador.com/noticias/medio-ambiente/licencias-ambientales-expres-articulo-517382], consultada el 3 de febrero de 2014.

El Espectador. "Contra el tráfico ilegal de madera desde un computador", 5 de diciembre de 2018, disponible en [https://www.elespectador.com/noticias/medio-ambiente/contra-el-trafico-ilegal-de-madera-desde-un-computador-articulo-827503], consultada el 7 de marzo de 2020.

El Tiempo. "El debate detrás del levantamiento a la veda parcial del caimán aguja", 24 de enero de 2019a, disponible en [https://www.eltiempo.com/vida/medio-ambiente/el-debate-detras-del-levantamiento-a-la-veda-parcial-del-caiman-aguja-318542], consultada el 10 de junio de 2020.

El Tiempo. "Experto habla sobre nuevo decreto de caza de tiburones en Colombia", 30 de octubre de 2019b, disponible en [https://www.eltiempo.com/vida/medio-ambiente/experto-habla-sobre-nuevo-decreto-de-caza-de-tiburones-en-colombia-428942], consultada el 10 de junio de 2020.

El Tiempo. "Juez acepta tutela que suspende audiencia virtual sobre aspersión", 18 de mayo de 2020, disponible en [https://www.eltiempo.com/justicia/servicios/juez-acepta-tutela-que-suspende-audiencia-virtual-sobre-aspersion-496812], consultada el 10 de junio de 2020.

Embid Tello, A. E. *Precaución y Derecho. El caso de los campos electromagnéticos*, Madrid, Iustel, 2010.

Embid Tello, A. E. "La creciente dependencia técnica del derecho ambiental, ¿avance o retroceso en la protección frente a la contaminación industrial?", *Revista de Derecho Ambiental*, 35, 2013.

Esteve Pardo, J. *El desconcierto del Leviatán. Política y derecho ante las incertidumbres de la ciencia*, Barcelona, Marcial Pons, 2009.

Esteve Pardo, J. "El derecho del medio ambiente como derecho de regulación y gestión de riesgos", en *Estudios de derecho ambiental europeo*, Pamplona, Lete Argitaletxea, 2005.

Evans, N.; S. Eickers, L. Geene, M. Todorovic y A. Villmow. "Green Nudging A discussion and preliminary evaluation of nudging as an environmental policy instrument". Berlín, 2017, disponible en [https://pdfs.semanticscholar.org/6367/03c99 9docab1c3910b497cb25d6bfadf22a1.pdf?_ga=2.203464727.60489852.1591800227-1454626528.1591800227].

Greenpeace. "Hackers help destroy the Amazon rainforest", 12 de diciembre de 2008, disponible en [https://storage.googleapis.com/gpuk-archive/blog/forests/hackers-help-destroy-amazon-rainforest-20081212.html], consultada el 7 de marzo de 2020.

Gudynas, E. "La senda biocéntrica: valores intrínsecos, derechos de la naturaleza y justicia ecológica", *Revista Tabula Rasa*, 13, julio-diciembre de 2010.

Guzmán Jiménez, L. F. *El activismo judicial y su impacto en la construcción de políticas públicas ambientales. Análisis de caso en el derecho jurisprudencial de la Corte Constitucional y el Consejo de Estado*, Bogotá, Universidad Externado de Colombia, 2017.

Hagan, M. "Law By Design" (n.d.), disponible en [https://www.lawbydesign.co/], consultada el 17 de junio de 2020.

Henao Pérez, J. C. "El juez constitucional: un actor de las políticas públicas", *Revista de Economía Institucional*, vol. 15, n.º 29, 2013.

Henao Pérez, J. C. "Estado social y derecho administrativo", en *La constitucionalización del derecho administrativo: xv Jornadas Internacionales de Derecho Administrativo*, Bogotá, Universidad Externado de Colombia, 2014.

ipcc. "Global Warming of 1.5 °C. An ipcc Special Report on the impacts of global warming of 1.5 °C above pre-industrial levels and related global greenhouse gas emission pathways, in the context of strengthening the global response to the threat of climate change", 2019, disponible en [https://www.ipcc.ch/site/assets/uploads/sites/2/2019/06/SR15_Full_Report_High_Res.pdf].

Jiménez, J. "Un empujoncito (o la psicología aplicada a las políticas públicas)", *Politikon*, 5 de febrero de 2014, disponible en [https://politikon.es/2014/02/05/un-empujoncito-o-la-psicologia-aplicada-a-las-politicas-publicas/], consultada el 10 de junio de 2020.

Johnson, K. "Las Farc fueron una autoridad ambiental", 2019, disponible en [https://lasillavacia.com/silla-llena/red-de-la-paz/las-farc-fueron-autoridad-ambiental-71180], consultada el 10 de junio de 2020.

Knight, W. "The Dark Secret at the Heart of AI", 11 de abril de 2017, disponible en [https://www.technologyreview.com/s/604087/the-dark-secret-at-the-heart-of-ai/], consultada el 7 de marzo de 2020.

La Silla Vacía. "Los 'derechos a la naturaleza' pueden ser más humo que protección", La Silla Vacía, 4 de febrero de 2020a, disponible en [https://lasillavacia.com/silla-academica/universidad-externado-colombia/los-derechos-naturaleza-pueden-ser-mas-humo], consultada el 4 junio de 2020.

La Silla Vacía. "Los derechos de la naturaleza se sintonizan con la conciencia ambiental de nuestro tiempo" | La Silla Vacía, consultada el 4 de junio de 2020, disponible en [https://lasillavacia.com/silla-academica/universidad-del-rosario/los-derechos-naturaleza-se-sintonizan-conciencia-ambiental].

Lopes, S. "The impact of technologies on the environment", 18 de junio de 2018, disponible en [https://www.bi4all.pt/en/news/en-blog/the-impact-of-technologies-on-the-environment/], consultada el 23 de marzo de 2020.

Matthews, C. "Silicon Valley to Big Oil: We Can Manage Your Data Better Than You, wsj, 24 de julio de 2018, disponible en [https://www.wsj.com/articles/silicon-valley-courts-a-wary-oil-patch-1532424600], consultada el 23 de marzo de 2020.

Mazur, J. "Automated Decision-Making and the Precautionary Principle in EU Law", *Baltic Journal of European Studies*, 9(4), 2020, disponible en [https://doi.org/10.1515/bjes-2019-0035].

Mellado Ruiz, L. "Nuevos enfoques del derecho ambiental desde la metodología *Nudge*", en R. Rivero Ortega y M. Cerezo Prieto (eds.). *Innovación en las normas ambientales*, Valencia, Tirant lo Blanch, 2019.

Merchant, B. "How Google, Microsoft, and Big Tech Are Automating the Climate Crisis", 21 de febrero de 2019, disponible en [https://gizmodo.com/how-google-microsoft-and-big-tech-are-automating-the-1832790799], consultada el 23 de marzo de 2020.

Mira Olano, L. E. y J. A. Gutiérrez Ossa. "Triangulación jurídica, económica y social del delito ambiental frente a la estrategia legal, la jurimetría y el litigio estratégico desde el derecho ambiental en Colombia", *Precedente. Anuario Jurídico*, 11, julio-diciembre de 2017.

Moreno, M. "Cecilia, la primera chimpancé a la que declaran 'persona'", 8 de abril de 2017, disponible en [https://www.elespanol.com/ciencia/medio-ambiente/20170407/206729898_0.html], consultada el 4 de junio de 2020.

Mosquera Carvajal, J. y C. M. Rivera Quiroga. "De la necesidad a la exigencia: reconocimiento integral del campesino como sujeto", Cali, Universidad Santiago de Cali, 2014, disponible en [http://www.indepaz.org.co/wp-content/uploads/2016/05/de-la-necesidad-a-la-exigencia.pdf].

Muñoz Ávila, L. "Enfoques para el abordaje de la conflictividad ambiental en América Latina: la propuesta del Acuerdo de Escazú sobre democracia ambiental", en M. A. Restrepo Medina (ed.). *Interculturalidad, protección de la naturaleza y construcción de paz*, Bogotá, Universidad del Rosario, 2020.

Naciones Unidas (n.d.). "La crisis climática, una carrera que podemos ganar", disponible en [https://www.un.org/es/un75/climate-crisis-race-we-can-win], consultada el 23 de marzo de 2020.

Nieves, J. M. "Ambientalistas de redes sociales", 7 de noviembre de 2019, disponible en [https://www.larepublica.co/analisis/juan-manuel-nieves-r-534481/ambientalistas-de-redes-sociales-2929556], consultada el 10 de junio de 2020.

oecd y Comisión Europea. "Manual de Oslo. Guía para la recogida e interpretación de datos sobre innovación ", 2005, disponible en [http://portal.uned.es/pls/portal/docs/page/uned_main/launiversidad/vicerrectorados/investigacion/o.t.r.i/deducciones fiscales por innovacion/resumen manual de oslo/oecdoslomanual05_spa.pdf].

Ortega-Guerrero, G. A. "El reto de los conflictos ambientales en el escenario del postconflicto en Colombia: reflexiones para la construcción y discusión sobre las perspectivas de paz y derechos ambientales", *Gestión y Ambiente*, 21(2 supl.), 2018, disponible en [https://doi.org/10.15446/ga.v21n2supl.77959].

Parejo Alfonso, L. "Cambio climático, riesgo global, innovación y derecho", en L. Parejo Alfonso (ed.). *El derecho ante la innovación y los riesgos derivados del cambio climático*, Valencia, Tirant lo Blanch, 2015.

Peña Chacón, M. "Los principios de objetivación de la tutela ambiental e irreductibilidad de espacios sometidos a régimen especial de protección y su relación con la prohibición de retroceso", 2013, disponible en [https://huespedes.cica.es/gimadus/25/06-los_principios_de_objetivacion_de_la_tutela_ambiental.html].

Polanco, L. "La deforestación del puente amazónico, otra paradoja de la paz", 2018a, disponible en [https://semanarural.com/web/articulo/la-deforestacion-del-puente-amazonico-otra-paradoja-de-la-paz/620], consultada el 10 de junio de 2020.

Polanco, L. "Estos son los derechos que la onu reconoció a los campesinos del mundo", 2018b, disponible en [https://semanarural.com/web/articulo/consejo-de-derechos-humanos-de-la-onu-aprueba-declaracion-de-derechos-de-los-campesinos-y-trabajadores-de-zonas-rurales/648], consultada el 1.º de junio de 2020.

Ponce Solé, J. y A. Cerrillo i Martínez. "Introducción: innovación buena regulación y prevención de la corrupción", en J. Ponce Solé y A. Cerrillo i Martínez (eds.). *Innovación en el ámbito del buen gobierno regulatorio: ciencias del comportamiento, transparencia y prevención de la corrupción*, Madrid, inap, 2017.

Portafolio. "Licencia para explorar en La Macarena es revocada por la anla", 19 de abril de 2019, disponible en [https://www.portafolio.co/negocios/empresas/licencia-explorar-macarena-revocada-anla-494349], consultada el 10 de junio de 2020.

Prensa Alternativa Cauca. "El campesino como sujeto de derechos", 16 de agosto de 2016, disponible en [https://www.las2orillas.co/campesino-sujeto-derechos/], consultada el 1.º de junio de 2020.

Pring, G. y C. Pring. "Greening Justice. Creating and Improving Environmental Courts and Tribunals", 2009, disponible en [http://www.law.du.edu/documents/ect-study/greening-justice-book.pdf], consultada el 16 de noviembre de 2017.

Pring, G. y C. Pring. "Environmental Courts and Tribunals. A Guide for Policy Makers", 2016, disponible en [http://wedocs.unep.org/bitstream/handle/20.500.11822/10001/environmental-courts-tribunals.pdf?sequence=1&isAllowed=y], consultada el 16 de noviembre de 2017.

Quesada Tovar, C. E. "Derecho a la consulta previa para comunidades campesinas", Bogotá, Universidad Nacional de Colombia, 2013, disponible en [http://www.bdigital.unal.edu.co/9859/1/701683.2013.pdf].

Rejeski, D.; L. Reynolds y S. Wright. "When Software Rules: Rule of Law in the age of artificial intelligence", Washington, 2018, disponible en [https://www.eli.org/sites/default/files/eli-pubs/when-software-rules-web.pdf].

Revista Catorce6. "MinInterior derogó la circular que validaba la realización de consultas previas virtuales", 23 de abril de 2020, disponible en [https://www.catorce6.com/actualidad-ambiental/18593-mininterior-derogo-la-circular-que-validaba-la-realizacion-de-consultas-previas-virtuales], consultada el 10 de junio de 2020.

Revista Semana. "¿Qué pasa con las licencias ambientales exprés?", 27 de septiembre de 2014, disponible en [http://www.semana.com/nacion/articulo/que-pasa-con-las-licencias-ambientales-expres/404177-3], consultada el 3 de febrero de 2015.

Revista Semana. "La ambivalencia ambiental de las farc", 2018, disponible en [https://sostenibilidad.semana.com/medio-ambiente/multimedia/farc-ambivalencia-frente-medio-ambiente/33710], consultada el 10 de junio de 2020.

Revista Semana Sostenible. "El río que tiene los mismos derechos que una persona", 2017, disponible en [http://sostenibilidad.semana.com/medio-ambiente/articulo/rio-whanganui--de-nueva-zelanda-goza-de-los-derechos-de-una-persona/37444], consultada el 16 de noviembre de 2018.

Revista Semana Sostenible. "Deforestación en Colombia después del acuerdo de paz con las Farc", 2018, disponible en [https://sostenibilidad.semana.com/medio-ambiente/articulo/deforestacion-en-colombia-despues-del-acuerdo-de-paz-con-las-farc/41088], consultada el 10 de junio de 2020.

Revista Semana Sostenible. "Piden revocar resolución que permite comercio de aleta de tiburón", 29 de octubre de 2019, disponible en [https://sostenibilidad.semana.com/medio-ambiente/articulo/piden-revocar-resolucion-que-permite-comercio-de-aleta-de-tiburon/47318], consultada el 10 de junio de 2020.

Revista Semana Sostenible. "Procuraduría pide revocar las consultas previas virtuales con pueblos étnicos", 16 de abril de 2020a, disponible en [https://sostenibilidad.semana.com/actualidad/articulo/procuraduria-pide-revocar-las-consultas-previas-virtuales-con-pueblos-etnicos/49969], consultada el 10 de junio de 2020.

Revista Semana Sostenible. "Nunca pedimos consultas previas virtuales al MinInterior: onic, 17 de abril de 2020b, disponible en [https://sostenibilidad.semana.com/

impacto/articulo/nunca-pedimos-consultas-previas-virtuales-al-mininterior-onic/49984], consultada el 10 de junio de 2020.

Ricadela, A. "Blockchain Records Are Forever In Opaque Diamond Market", 12 de julio de 2019, disponible en [https://www.forbes.com/sites/oracle/2019/07/12/blockchain-records-are-forever-in-opaque-diamond-market/#6aa2f1a0270b], consultada el 23 de marzo de 2020.

Rincón Córdoba, J. I. "La licencia ambiental como presupuesto de la actividad minera: de una clásica actividad de policía administrativa a una novedosa forma de gestionar riesgos", en *Minería y desarrollo*, t. ii, *Medio ambiente y desarrollo sostenible*, Bogotá, Universidad Externado de Colombia, 2016.

Ripple, W.; C. Wolf, T. Newsome y P. Barnard. "World Scientists' Warning of a Climate Emergency", *BioScience*, 69(7), 2019, disponible en [https://doi.org/10.1093/biosci].

Rivero Ortega, R. "Innovación para la efectividad de las normas ambientales", en R. Rivero Ortega y M. Cerezo Prieto (eds.). *Innovación en las normas ambientales*, Valencia, Tirant lo Blanch, 2019.

Robayo Duque, A. *Hacia una regulación de riesgo socioambiental y finanzas verdes para entidades financieras en Colombia*, Bogotá, Universidad Externado de Colombia, 2019.

Rodríguez, G. A. y E. del Valle Mora. "Licencia ambiental revocada, ¿y ahora qué?, 2016, disponible en [https://sostenibilidad.semana.com/opinion/articulo/licencia-ambiental-revocada-y-ahora-que/34967], consultada el 10 de junio de 2020.

Rodríguez Garavito, C.; D. Rodríguez Franco y H. Durán Crane. "La paz ambiental: retos y propuestas para el posacuerdo", Bogotá, Centro de Estudios de Derecho, Justicia y Sociedad, Dejusticia, 2017, disponible en [https://www.dejusticia.org/wp-content/uploads/2017/04/fi_name_recurso_924.pdf].

Rojas, T. "Empresarios piden simplificar licencia ambiental y consulta previa", 10 de abril de 2020, disponible en [https://www.eltiempo.com/vida/medio-ambiente/cuarentena-empresarios-piden-simplificar-licencia-ambiental-y-consulta-previa-482604?fbclid=IwAR1FaziQ-mp4Pwz8GbvLMG7Pt6OkrFcbQ78wMpFEHLl4tsYi-wWNvW1XHaBI], consultada el 10 de junio de 2020.

Rolnick, D. et al. "Tackling Climate Change with Machine Learning", 2019, disponible en [https://arxiv.org/abs/1906.05433v2].

Romero, A. "Sujetos de derecho: viabilidad e implicaciones de tres iniciativas", *El Nuevo Siglo*, 22 de septiembre de 2019, disponible en [https://www.elnuevosiglo.com.co/articulos/09-2019-sujetos-de-derecho-viabilidad-e-implicaciones-de-tres-iniciativas], consultada el 1.º de junio de 2020.

Salinas, S. *El cambio climático: entre cooperación y conflicto. Propuesta desde el derecho internacional*, Cizur Menor, Aranzadi, 2014.

Sánchez Sánchez, Z. "¿Es ético el *green nudging* para la mejora de la calidad normativa en materia medio ambiental?", en R. Rivero Ortega y M. Cerezo Prieto (eds.). *Innovación en las normas ambientales*, Valencia, Tirant lo Blanch, 2019.

Santacoloma-Méndez, L. J. "El cambio climático y su relación con las generaciones futuras como sujetos de derecho", *Revista Eleuthera*, 13, 2015, disponible en [https://doi.org/10.17151/eleu.2015.13.2].

The World News. "La comercialización del caimán aguja es un retroceso": usuarios en las redes sociales, 25 de enero de 2019, disponible en [https://twnews.co/co-news/la-comercializacion-del-caiman-aguja-es-un-retroceso-usuarios-en-las-redes-sociales], consultada el 10 de junio de 2020.

Torres Varela, J. F. "'Legal design' 2.0 (diseño legal) como una nueva disciplina académica del derecho", 17 de mayo de 2020, disponible en [https://www.ambitojuridico.com/noticias/columnista-impreso/tic/legal-design-20-diseno-legal-como-una-nueva-disciplina-academica], consultada el 17 de junio de 2020.

undp. "Consideraciones ambientales para la construcción de una paz territorial estable, duradera y sostenible en Colombia", Bogotá, 2014, disponible en [http://www.co.undp.org/content/dam/colombia/docs/MedioAmbiente/undp-co-pazyambiente-2015.pdf].

unep. "Environmental Rule of Law: First Global Report", 2019, disponible en [https://www.unenvironment.org/explore-topics/environmental-rights-and-governance/what-we-do/promoting-environmental-rule-law-0#:~:text=Environmental%20rule%20of%20law%20is,with%20fundamental%20rights%20and%20obligations].

unep y Science Policy Business Forum. "The Case for a Digital Ecosystem for the Environment: Bringing together data, algorithms and insights for sustainable development", 2019, disponible en [https://un-spbf.org/wp-content/uploads/2019/03/Digital-Ecosystem-final-2.pdf].

Unidad para la Atención y Reparación Integral a las Víctimas. "Guía para la Orientación adecuada a víctimas pertenecientes", Bogotá, 2014, disponible en [https://gapv.mininterior.gov.co/sites/default/files/guia_decretos_ley_etnicos.pdf].

Vaquer Caballería, M. "Derechos sociales, crisis económica y principio de igualdad", en *Informe Comunidades Autónomas*, 2011, Barcelona, Instituto de Derecho Público, 2012.

Velilla Moreno, M. A. "El juez contencioso administrativo y la protección del medio ambiente", *Boletín innova 21 "Un compromiso con el medio ambiente"*, Instituto de Estudios del Ministerio Público, 2015.

Verdad Abierta. "¿Y las víctimas que están en zonas de reserva forestal y parques?", 2016, disponible en [http://www.verdadabierta.com/restitucion-de-bienes/6217-y-las-victimas-que-estan-en-zonas-de-reserva-forestal-y-parques], consultada el 15 de noviembre de 2017.

Verschuuren, J. "Urgenda Climate Change Judgment Survives Appeal in the Netherlands", 24 de octubre de 2018, disponible en [https://www.iucn.org/news/world-commission-environmental-law/201810/urgenda-climate-change-judgment-survives-appeal-netherlands], consultada el 1.º de junio de 2020.

Vox. "Google and Amazon are now in the oil business", 2020, disponible en [https://www.vox.com/recode/2020/1/3/21030688/google-amazon-ai-oil-gas], consultada el 1.º de junio de 2020.

wwf. "New Blockchain Project has Potential to Revolutionise Seafood Industry", wwf New Zealand, 8 de enero de 2018a, disponible en [https://www.wwf.org.nz/media_centre/?uNewsID=15541], consultada el 23 de marzo de 2020.

wwf. "Tech for tigers: wwf and Intel test AI technology for monitoring wild tigers in China", 30 de julio de 2018b, disponible en [https://medium.com/wwftogether-possible/tech-for-tigers-wwf-and-intel-test-ai-technology-for-monitoring-wild-tigers-in-china-2a5c93ece73c], consultada el 23 de marzo de 2020.

EDUARDO DEL VALLE MORA

Acuerdo de Escazú y licenciamiento ambiental

SUMARIO

RESUMEN

Este artículo presenta un análisis de los mecanismos actuales de participación en el marco del régimen de licenciamiento ambiental colombiano, y propone ajustes a dichos mecanismos tanto en el trámite de otorgamiento de licencias ambientales como de su respectivo seguimiento y control de cara a la futura ratificación del Acuerdo de Escazú por el Estado colombiano.

PALABRAS CLAVE

Acuerdo de Escazú, mecanismos de participación ciudadana, participación ambiental, licenciamiento ambiental, licencias ambientales.

ABSTRACT

This research text presents an analysis of the current environmental participation mechanisms associated to the Colombian environmental licenses regime, and proposes modifications to said mechanisms during the granting and following up of environmental licenses considering that Colombia will ratify the Escazú Agreement.

KEYWORDS

Escazú Agreement, Public Participation Mechanisms in Environmental Matters, Environmental License, Environmental License Regime.

INTRODUCCIÓN

El presente artículo investigativo fue escrito durante la pandemia causada por el COVID-19, exactamente en el mes de junio del año 2020. Para ese momento aún no ha entrado en vigencia del Acuerdo de Escazú ya se han depositado nueve de las once ratificaciones que se requieren como mínimo para que el acuerdo entre en vigor[1].

Colombia firmó el Acuerdo de Escazú el 11 de diciembre de 2019[2], y aún no se ha iniciado el trámite en la Comisión Segunda del Senado del Congreso de la República. Se espera que el texto del Acuerdo de Escazú sea presentado en la legislatura que comienza en julio de este mismo año[3]. Lo ideal habría sido que el proceso legislativo hubiera empezado durante el primer semestre de 2020, sin embargo, debido a los desafíos generados por la crisis sanitaria del COVID-19 no fue posible radicar el proyecto o, para ser más precisos, se hubiera podido iniciar el trámite, pero existía el riesgo de que el proyecto no prosperara por asuntos administrativos propios de la legislatura que termina. De manera que, para salvaguardar el proceso, el inicio del trámite legislativo se hará en la próxima legislatura.

Para el momento en que este texto sea publicado, posiblemente ya se habrá iniciado el proceso legislativo, habrá avanzado su trámite en el Congreso de la República, y estará cerca de concluir el trámite interno[4]. Una vez se agote el procedimiento requerido para adoptar el Acuerdo de Escazú como una ley en Colombia, en cuyo caso habrá que seguir las reglas propias de los tratados internacionales, Colombia podrá depositar su instrumento ante el depositario el cual según el artículo 25 del Acuerdo de Escazú será el Secretario General de las Naciones Unidas, para cuyo momento posiblemente el mismo ya habrá entrado en vigencia[5].

---

1 Información obtenida de la Alianza por el Acuerdo de Escazú (Escazú Ahora!), disponible en [www.escazúahora.com.co], consultada el 14 de junio de 2020.

2 Ídem.

3 Ídem.

4 El trámite interno requiere la radicación del proyecto de ley ante el Congreso de la República, la aprobación legislativa del mismo, la sanción de la ley por el presidente de la República, la publicación de la ley aprobatoria del Acuerdo de Escazú en el *Diario Oficial* y su posterior control de constitucionalidad por la Corte Constitucional con base en lo dispuesto en el numeral 10 del artículo 241 de la Constitución Política. El proyecto de ley aprobatoria del Acuerdo de Escazú fue presentado el 20 de julio de 2020 ante el Congreso de la República".

5 De acuerdo con la información de la Alianza por el Acuerdo de Escazú (Escazú Ahora!), a la fecha

De manera que en este artículo se busca apostarle a entender los pasos que se deben seguir en Colombia para ajustar el texto del Acuerdo de Escazú a la reglamentación nacional una vez la ratificación sea depositada por el país. Para el momento de escritura de este artículo aún no es claro qué tan dinámico será el proceso reglamentario, como tampoco si en lo que queda del periodo de gobierno del presidente Iván Duque se incorporarán todos los ajustes normativos y reglamentarios necesarios para garantizar la implementación .

Lo más probable es que cualquiera que sea el gobierno que se ocupe de la materia tendrá que organizar la incorporación del Acuerdo de Escazú a la normativa ambiental por ejes temáticos, por ejemplo, instrumentos ambientales, procesos sancionatorios ambientales, procesos de ordenamiento ambiental del territorio. Inclusive, posiblemente será necesario que en dichos ejes temáticos haya subdivisiones como en el caso de los instrumentos ambientales en los que habrá que distinguir entre los mecanismos de participación ciudadana ambiental en los procesos de otorgamiento y verificación de cumplimiento de las licencias ambientales y los mecanismos de participación en los procesos de otorgamiento y verificación de cumplimiento de los permisos, concesiones y autorizaciones menores o independientes.

Igualmente, es posible que algunas voces soliciten revisar la manera como se deben abordar los cambios requeridos por el Acuerdo en procesos como el de licenciamiento ambiental, en el que se debe tener en cuenta el tipo de proyecto: minero, petrolero, de infraestructura, etc., y generar reglas de participación especiales. De manera que parte del debate consiste en analizar los instrumentos actuales y los cambios que serían requeridos para que el Acuerdo de Escazú tenga un impacto real en el país, ya que no tendría sentido ratificar el Acuerdo si las normas se van a mantener iguales a las actuales, en cuyo caso debe señalarse que la firma del Acuerdo de Escazú

---

siete países han presentado el depósito, y se espera que Argentina, Costa Rica y otros países del Caribe hagan lo mismo en los próximos meses. Actualmente han ratificado el Acuerdo de Escazú Antigua y Bermuda (24 de marzo de 2020), Bolivia (26 de julio de 2019), Ecuador (21 de mayo de 2020), Guyana (18 de abril de 2019), Nicaragua (9 de marzo de 2020), Panamá (10 de marzo de 2020), San Vicente y las Granadinas (26 de septiembre de 2019), Saint Kitts y Nevis (26 de septiembre de 2019) y Uruguay (26 de septiembre de 2019). Están pendientes por ratificar Argentina, Brasil, Colombia, Costa Rica, Granada, Guatemala, Haití, Jamaica, México, Paraguay, Perú, República Dominicana y Santa Lucía; cfr. página de la Alianza [www.escazúahora.com.co], consultada el 14 de junio de 2020.

y su posterior ratificación no implica que hoy en día no existan mecanismos de participación ciudadana en materia ambiental en Colombia, por el contrario, sí los hay y variados[6].

El Acuerdo de Escazú constituye la nueva base de la participación ciudadana en materia de licenciamiento ambiental pero no representa su cierre, de forma que habrá que analizar cuáles de los actuales mecanismos de participación cumplen con las disposiciones del Acuerdo como un estándar mínimo, y en qué casos se amerita un ajuste normativo. Ajuste que se debe plantear e incorporar a la regulación nacional en el entendido de que se buscará y propiciará un equilibrio entre (i) la participación ciudadana ambiental, (ii) la autonomía administrativa de la autoridad ambiental que debe adoptar la decisión de si otorga o no la licencia ambiental como su respectivo seguimiento y control, y (iii) el derecho a la libre competencia económica, la libertad económica, y la autonomía empresarial, los cuales se rigen por el principio de la función social y ecológica de la empresa.

Así las cosas, la participación ciudadana debe ser suficiente para garantizar el acceso a la información, y para que los aportes de las comunidades presentes en el área de influencia de los proyectos, y del público en general, sean tenidos en cuenta en el marco del otorgamiento y seguimiento de instrumentos ambientales por parte de la autoridad ambiental, como también para permitir el desarrollo empresarial bajo el marco del principio de desarrollo sostenible reconocido en los artículos 1.º y 6.º del Acuerdo. De manera que el Acuerdo de Escazú aparece en un buen momento de la historia como una herramienta que permite ante todo prevenir los conflictos ambientales[7] y garantizar la libre empresa de forma sostenible, la conexión con el público en general y, al mismo tiempo, la protección del ambiente (Peralta, 2018: 175).

En el anterior marco es que surge la idea de realizar un ejercicio de análisis de un instrumento puntual, en este caso el licenciamiento ambiental, con el fin de entender cuáles son los mecanismos actuales de participación ciudadana, y hasta dónde podrían llegar las necesidades de modificación de

---

6 Los mecanismos de participación actuales se pueden consultar tanto en el texto de Ó. D. Amaya como en el de L. Muñoz y G. A. Rodríguez.

7 Respecto de la relación del Acuerdo de Escazú y la participación ciudadana como mecanismo para evitar conflictos ambientales se recomienda la lectura de los textos de L. Muñoz y G. A. Rodríguez.

los mecanismos de participación ciudadana en el régimen de licenciamiento ambiental de cara a la ratificación del Acuerdo de Escazú.

De manera que en este artículo se presenta una revisión de los mecanismos de participación ciudadana en el régimen de licenciamiento ambiental y se proponen modificaciones al régimen actual de cara a los desafíos que generará la ratificación del Acuerdo de Escazú y su implementación en Colombia. Más vale hacer un análisis sobre la materia que ojalá le sirva de insumo a quien en su momento esté encargado del asunto en el Ministerio de Ambiente y Desarrollo Sostenible como órgano rector del sector ambiental, pues lo más probable es que lo que no encaje directamente en la reglamentación, sea ajustado por los jueces en sede de tutela[8].

I. BREVE INTRODUCCIÓN AL ACUERDO DE ESCAZÚ DE CARA AL RÉGIMEN DE LICENCIAMIENTO AMBIENTAL COLOMBIANO

Lo primero que se debe señalar es que el Acuerdo de Escazú es una manifestación concreta de la aplicación práctica del Principio 10 de la Declaración de Río de Janeiro de 1992 (Barrit, 2019: 18)[9]. El Acuerdo de Escazú propende por establecer un estándar mínimo de garantías para el acceso a la información, la participación pública y el acceso a la justicia en asuntos ambientales, de manera que se permita consolidar estrategias, herramientas y espacios para las comunidades y, en general, para la institucionalidad ambiental (Barrit, 2019: 16)[10].

El estándar mínimo del Acuerdo parte de la base de la nivelación y/o ponderación de dos derechos: el goce al ambiente sano y el desarrollo sostenible (Peralta, 2018: 176), lo cual implica reconocer la libertad de empresa

---

8 Diversos trabajos han demostrado que los ajustes normativos y la implementación de las normas de participación muchas veces se obtienen a partir de decisiones en sede judicial, entre ellos, los trabajos de R. Jiménez González, J. I. Hurtado, G. Mesa, E. Castro y L. M. Muñoz.

9 Si bien la Declaración de Río de 1992 no tenía un poder vinculante, quedó incorporada a la legislación nacional por referencia expresa del artículo 1.º de la Ley 99 de 1993, con lo cual dicho Principio 10 existe en la normativa colombiana.

10 Estos forman parte de los objetivos del Acuerdo de Escazú pero no son los únicos pues, por ejemplo, otro objetivo es la necesidad de garantizar la protección de la vida y la integridad de los actores sociales ambientales.

de manera responsable en su interacción con los recursos naturales y su respectivo aprovechamiento[11].

El Acuerdo de Escazú define como derecho de acceso a la información ambiental el que debe tener la ciudadanía para poder acceder a la información en el marco de la adopción de decisiones que generen algún grado de impacto en los recursos naturales así como su seguimiento (Escazú Ahora, 2019: 55). De igual manera, el Acuerdo aclara que la información ambiental se puede entregar por cualquier medio, esto es, de forma escrita, sonora, visual o electrónica o que sea objeto de registro por cualquier medio, de forma que se puedan conocer los impactos ambientales que generan las actividades humanas, los riesgos asociados a ellos, y las respectivas medidas de manejo y control ambiental que propendan por el cuidado de los recursos naturales y la salud[12].

Asimismo, el Acuerdo se ampara en, y se guía por, una serie de principios generales de derecho como la igualdad, la transparencia, la no regresión, la progresividad, la buena fe, la prevención, la equidad intergeneracional y la publicidad. En el marco de dichos principios cada Estado que firme y ratifique el Acuerdo debe analizar sus mecanismos y reglas de participación en asuntos ambientales, lo cual implica no solo los asuntos en sede administrativa, sino también en sede judicial.

De igual manera, durante el ejercicio de revisión y adopción de los mecanismos de participación, así como del mejoramiento de los existentes, y de acuerdo con lo dispuesto en el Acuerdo, se espera que los Estados adopten las decisiones más favorables de manera que se proteja el derecho al acceso a la información, la participación ambiental, la protección de la vida y la integridad de quienes requieran dicha información y participen activamente en la adopción de decisiones que directa o indirectamente autoricen el uso de recursos naturales.

En su artículo 23 el Acuerdo de Escazú establece que no admite reservas, situación que necesariamente implica que su trámite ante el Congreso de la República no podrá generar restricciones en su aplicación, como ocurrió, por ejemplo, con el Estatuto de Roma adoptado en Colombia por la Ley

---

11 Al momento de adecuar la reglamentación nacional para garantizar la debida implementación del Acuerdo de Escazú en Colombia será necesario realizar una valoración de dicha reglamentación frente a los principios constitucionales de libertad de empresa y función ecológica de la propiedad.

12 Artículos 2.º a 4.º del Acuerdo de Escazú.

742 de 2002 que estableció una reserva consistente en que se aplicaría siete años después de su ratificación respecto de algunas de sus disposiciones. De manera que el Acuerdo de Escazú se deberá debatir y aprobar tal y como está contenido en su texto original[13]. Ello significa que una vez sea aprobado en Colombia, y se presente el depósito de la respectiva ratificación, entrará en vigor el nonagésimo día contado a partir de allí[14].

A su turno, el artículo 13 del Acuerdo de Escazú dispone que cada Estado debe facilitar los medios para garantizar la implementación de las disposiciones, de acuerdo con sus posibilidades y prioridades. A nuestro modo de ver la redacción del artículo es bastante ambigua y general ya que puede llevar a que se ratifique el Acuerdo sin que haya una reacción inmediata del Gobierno Nacional, y que su implementación sea lenta y paulatina. Al margen de ello, lo más probable es que si el Gobierno Nacional no adopta una reglamentación en un tiempo razonable, el público acudirá a los jueces para que, por la vía de las decisiones judiciales, acoplen el proceso de implementación, ya que, como se ve, el acceso a la participación ambiental se está consolidando con gran fuerza en la doctrina internacional como un derecho fundamental objeto de protección bajo acciones constitucionales (Costa y Burdiles, 2019: 210)[15].

De acuerdo con lo anterior, uno de los principales asuntos en que es necesario analizar los pasos a seguir para adecuar la reglamentación nacional de cara a la implementación del Acuerdo de Escazú es el de los proyectos, obras o actividades sujetos a licenciamiento ambiental, ya que son los de mayor interés por su tendencia a ser de mediana y gran envergadura. Ello no significa que no sea indispensable poner especial atención a la implementación del Acuerdo respecto de otros asuntos, como el ordenamiento territorial ambiental, la participación ciudadana en el debate de proyectos de ley de contenido ambiental, y el otorgamiento y seguimiento de permisos, concesiones y autorizaciones ambientales (Gómez, 2018: 64). En dichos

---

13 Artículo 23 ibíd.

14 Artículo 22 ibíd.

15 Vale la pena señalar que la Corte Constitucional ya ha reconocido en sus providencias la participación ciudadana ambiental como un derecho fundamental, por ejemplo, en el caso de la delimitación del páramo de Santurbán. De manera que ya existen precedentes en Colombia que dotarán de fuerza a los jueces para que reconozcan aplicaciones prácticas del Acuerdo de Escazú en el evento de que el Gobierno Nacional no reaccione a la velocidad que el público en general espera de cara a lo que será su implementación.

casos será igual de importante adoptar a nivel legislativo y reglamentario los cambios necesarios para garantizar una debida implementación del Acuerdo en Colombia.

Vale la pena señalar que desde ya que hay autores, como Olmos, que advierten que no será fácil acoplar el Acuerdo a las diferentes jurisdicciones, por cuanto no se tiene la suficiente experiencia como para garantizar de manera efectiva la participación, y porque su implementación requerirá tanto de recursos como de la generación de un conocimiento holístico que permita la efectiva y real garantía de contar con un sistema de mecanismos efectivos de participación ciudadana ambiental (Olmos, 2019: 145).

II. MECANISMOS DE PARTICIPACIÓN CIUDADANA AMBIENTAL EN EL RÉGIMEN DE LICENCIAMIENTO AMBIENTAL COLOMBIANO

Hoy en día el régimen de licenciamiento ambiental colombiano comporta ciertos espacios de participación ciudadana los cuales se corresponden con el alcance participativo introducido por la Constitución (ecológica) de Colombia de 1991 (Amaya, 2016). A continuación se presentará de manera breve el proceso de licenciamiento ambiental, los mecanismos actuales de participación ciudadana ambiental y los espacios en que se requiere de mayores garantías de participación ciudadana ambiental en el marco del seguimiento y el control del régimen de licenciamiento ambiental.

A. RÉGIMEN DE LICENCIAMIENTO AMBIENTAL

1. CONSIDERACIONES PRELIMINARES

El artículo 50 de la Ley 99 de 1993 establece la definición de licencia ambiental, y los artículos 49, 51 y siguientes señalan los casos generales en los que se requiere la licencia ambiental para ejecutar determinados proyectos, obras o actividades.

Con posterioridad a la expedición de la Ley 99 de 1993 se han expedido diferentes decretos reglamentarios sobre la materia, a saber: 1753 de 1994; 1728 de 2002; 1180 de 2003; 1220 de 2005; 500 de 2006; 2820 de 2010 y 2041 de 2014, este último compilado en el Decreto 1076 de 2015 (Cardona, 2019).

Tanto en la Ley 99 de 1993 como en los decretos reglamentarios se ha dejado claro que únicamente requieren licencia ambiental aquellas actividades, obras o proyectos expresamente listados en los referidos decretos, de manera que cualquier actividad, obra o proyecto que no esté listado se entiende que no requiere licencia ambiental. Asimismo, en el caso de proyectos, obras o actividades que venían operando antes de la entrada en vigencia de la Ley 99 de 1993, y que de acuerdo con los mencionados decretos requieren licencia ambiental, los mismos deben contar con el respectivo establecimiento del plan de manejo ambiental, así como de los permisos ambientales menores correspondientes, según los recursos naturales requeridos en dichos proyectos.

Para efectos de solicitar la respectiva licencia ambiental, el solicitante debe realizar un Estudio de Impacto Ambiental (EIA), el cual debe cumplir con los respectivos Términos de Referencia (TdR) y con la metodología para la elaboración y presentación de estudios ambientales.

En relación con los Estudios de Impacto Ambiental no existe una línea clara de hasta dónde o qué tanto se debe involucrar la participación ciudadana en la elaboración de dichos estudios. Si bien el artículo 2.2.2.3.3.3 del Decreto 1076 de 2015 señala que se debe informar a las comunidades el proyecto y su alcance (el cual debe incluir la identificación y valoración de impactos ambientales con sus respectivas medidas de manejo), y que el estudio debe incorporar las propuestas de la comunidad "cuando se consideren pertinentes", en la práctica no existe un criterio o mecanismo de decisión objetivo que permita identificar si una propuesta es o no "pertinente", y si debe o no ser incorporada al respectivo Estudio de Impacto Ambiental con el fin de que la autoridad ambiental la pueda valorar al estudiar si otorga o no la licencia ambiental, así como los términos bajo los cuales la otorga. En ese sentido, el análisis de los mecanismos de participación ciudadana, y de los desafíos que implicaría la reglamentación del Acuerdo, necesariamente requiere brindar una especial atención a la fase previa al licenciamiento ambiental, lo cual se corresponde con las garantías de participación ciudadana durante el periodo de recopilación y análisis de información para la elaboración de los Estudios de Impacto Ambiental.

2. EL TRÁMITE DE LA LICENCIA AMBIENTAL

El trámite de la licencia ambiental es relativamente sencillo, aclarando que en algunos casos, previo al inicio del trámite se requiere agotar la definición del

Diagnóstico Ambiental de Alternativas (DAA), de acuerdo con lo establecido en el artículo 2.2.2.3.6.1 del Decreto 1076 de 2015.

El DAA no es necesario en todos los proyectos, y no en todos los casos en que se requiere el diagnóstico evalúa varias alternativas cuando quiera que solo existe una única. Justamente es en la definición del DAA que comienzan las dificultades y la ausencia de participación ciudadana en la definición de las mismas por parte de la autoridad ambiental, ya que el trámite no requiere de mayor publicidad, y muchas veces dicha autoridad decide el DAA sin que las personas y el público en general conozcan el proyecto.

Una vez definido el DAA, cuando quiera que haya lugar a él , o ante la falta de necesidad del mismo, el interesado en ejecutar el proyecto, obra o actividad procede a presentar la solicitud de licencia ambiental ante la autoridad ambiental competente, la cual se define con base en las reglas establecidas en los artículos 2.2.2.3.2.2, 2.2.2.3.2.3 y 2.2.2.3.2.6 del Decreto 1076 de 2015. El trámite administrativo está reglamentado en el artículo 2.2.2.3.6.3 del Decreto 1076 de 2015, el cual se puede resumir de la siguiente manera:

i) Presentación del Estudio de Impacto Ambiental y demás documentación requerida para iniciar el trámite (p. ej., formulario único nacional, certificación de la Autoridad Nacional de Consulta Previa de la procedencia o no de realizar dicha consulta, Certificado de Existencia y Representación Legal de la sociedad cuando es una persona jurídica la solicitante, etc.).

ii) Una vez realizada la radicación, previa verificación formal de la información, la autoridad ambiental competente expide el acto administrativo que declara iniciado el trámite de licenciamiento ambiental.

iii) Expedido el acto administrativo de inicio formal del trámite, la autoridad puede, si lo requiere, realizar una visita de campo al área del proyecto.

iv) Realizada la visita técnica, cuando quiera que haya lugar a la misma, la autoridad ambiental podrá solicitar información adicional al solicitante, lo cual lo debe hacer mediante una reunión.

En dicha reunión se revisan y discuten los requerimientos, inclusive hay lugar a presentar recurso de reposición durante la misma audiencia. Una vez en firme los requerimientos, el solicitante tendrá un mes, prorrogable por otro mes, para remitir la información a la autoridad ambiental.

En dicha reunión únicamente se prevé que deberán participar el peticionario, la autoridad ambiental, y eventualmente la autoridad podrá invitar a otras entidades gubernamentales. No se prevé la participación ciudadana, situación que evidentemente implica un desafío para el contenido del Acuerdo y su respectiva implementación en el país.

v) Una vez recibida la información adicional, la autoridad ambiental podrá solicitar a otras entidades o autoridades información adicional para lo cual les dará un plazo de hasta 20 días hábiles.

vi) Recibida la información de las demás entidades, o transcurrido el término otorgado para el efecto, la autoridad ambiental debe proceder a emitir el acto administrativo que declara reunida la información, y de igual manera tendrá 30 días hábiles para proferir el acto administrativo mediante el cual decide si otorga o niega la licencia ambiental. Contra dicho último acto administrativo procede el recurso de reposición que una vez resuelto agota el trámite de licenciamiento ambiental.

B. MECANISMOS ACTUALES DE PARTICIPACIÓN CIUDADANA AMBIENTAL EN EL LICENCIAMIENTO AMBIENTAL

Hoy en día existen diferentes tipos de mecanismos de participación ambiental en el régimen de licenciamiento ambiental en sede administrativa, los cuales son los siguientes[16]:

i) *Tercero interviniente.* De acuerdo con lo dispuesto en el artículo 69 de la Ley 99 de 1993, cualquier persona, sin necesidad de demostrar interés jurídico, fáctico y/o técnico alguno, podrá hacerse parte de cualquier trámite de otorgamiento o modificación de las licencias ambientales.

El reconocimiento del tercero interviniente le otorga fundamentalmente dos derechos: que se le notifiquen todas las decisiones administrativas (pero

16 Al respecto se recomienda el texto de G. A. Rodríguez y L. M. Muñoz Ávila "La participación en la gestión ambiental" en el que se presentan diferentes mecanismos de participación ambiental, los cuales se dividen en tres grupos: i) participación administrativa ambiental, la cual incluye varios mecanismos como la audiencia pública ambiental, la intervención en los procedimientos como tercero interviniente, el derecho de petición, la consulta previa, la veedurías ciudadanas y la participación en procesos de planificación ambiental; ii) participación judicial ambiental, la cual incluye mecanismos como la acción de tutela, la acción de cumplimiento, la acción popular, la acción de grupo, la acción de nulidad y la acción de constitucionalidad, y iii) participación política ambiental, la cual incluye mecanismos como las consultas populares, las iniciativas ciudadanas legislativas, el referendo, la revocatoria del mandato, el plebiscito, la consulta popular, el cabildo abierto y el ejercicio del poder del voto.

no las actuaciones administrativas), y presentar recursos en vía gubernativa contra dichas decisiones administrativas.

Este mecanismo únicamente procede durante el trámite de solicitud, modificación o cancelación de la licencia ambiental.

Infortunadamente las autoridades ambientales han asumido una posición interpretativa exegética al momento de aplicar el referido artículo 69 de la Ley 99 de 1993, y por lo mismo, no permiten el reconocimiento de terceros intervinientes durante la ejecución del proyecto, obra o actividad con el fin de que estén al tanto del cumplimiento de las obligaciones derivadas tanto del instrumento ambiental, como de los requerimientos de la autoridad ambiental.

ii) *Derecho de petición*. De conformidad con lo señalado en el artículo 74 de la Ley 99 de 1993, y en concordancia con lo dispuesto en el artículo 23 Constitucional, la Ley 1712 de 2014, la Ley 1437 de 2011 modificada por la Ley 1755 de 2015, y el artículo 2.2.2.3.10.4 del Decreto 1076 de 2015, cualquier persona puede formular peticiones respetuosas a la autoridad ambiental competente para que le brinde la información relacionada con el trámite del proceso de licenciamiento ambiental y de la solicitud. El acceso a la información vía derecho de petición se puede dar tanto en el marco del trámite de la licencia ambiental como durante la ejecución del proyecto, obra o actividad.

Sobre el particular, debe señalarse igualmente que el artículo 2.2.2.3.10.5 del Decreto 1076 de 2015 establece que cualquier persona puede solicitar información relacionada con el trámite de un proyecto, obra o actividad sujeto a licencia ambiental, y la autoridad ambiental competente debe expedir la respectiva constancia del estado en el que se encuentre el trámite. En la práctica, la aplicación de esta disposición suele limitarse a asuntos de forma sobre el trámite en sí mismo, mas no respecto de asuntos de fondo que involucren un análisis de valoración de los impactos ambientales causados por el proyecto licenciado.

iii) *Acceso a expedientes*. De acuerdo con lo dispuesto en el artículo 74 de la Ley 99 de 1993, y en concordancia con lo señalado en el artículo 74 de la Constitución Política, cualquier persona tiene derecho a acceder a los expedientes públicos ambientales. El acceso a la información se puede dar tanto en el marco del trámite de la licencia ambiental, como durante la ejecución del proyecto, obra o actividad.

Si bien es cierto que el artículo 2.2.2.3.10.1 del Decreto 1076 de 2015 dispone que debe haber una Ventanilla Integral de Trámites Ambientales en Línea (VITAL) mediante la cual se centraliza la información, en la práctica no toda la información que existe en el expediente se puede visualizar en la plataforma VITAL, lo cual implica tener que desplazarse ante la autoridad ambiental para poder consultar el expediente físico, pues la información en línea no es igual a la información física, lo que constituye una barrera de acceso a la información, la cual debe ser resuelta con o sin ratificación del Acuerdo de Escazú.

En la práctica este derecho está limitado por la forma en que las autoridades suelen organizar los expedientes. En la mayoría de los casos el expediente ambiental se compone de diferentes carpetas, usualmente dos: por un lado, la denominada carpeta jurídica, en la cual constan las peticiones y decisiones administrativas, y por otro la llamada carpeta técnica, en la que se incluyen, entre otros documentos, el respectivo Estudio de Impacto Ambiental, los estudios técnicos, los monitoreos y los informes de cumplimiento ambiental. Lo que se suele dejar abierto a consulta del público es la denominada carpeta jurídica, pues en su mayoría las autoridades ambientales consideran que la información de la carpeta técnica es privada o reservada por contener información que puede hacer parte del secreto comercial o industrial del peticionario[17].

Sobre el particular debe señalarse que no existe una norma que haga tal distinción, por lo que la autoridad ambiental debe garantizar el acceso a toda la información del respectivo proyecto, obra o actividad; de hecho, así lo reconoció el Consejo de Estado en una providencia de la Sección Cuarta del 20 de febrero de 2017, con ponencia de Stella Jeanette Carvajal Basto, en la que en sede de tutela se revocó la decisión de primera instancia proferida por el Tribunal Administrativo de Antioquia, y se señaló que la información de los estudios de Impacto Ambiental puede ser objeto de consulta por terceros como parte de las garantías de participación ciudadana.

---

17 Esta información práctica proviene de la experiencia del autor y su interrelación con diferentes autoridades tanto del nivel nacional como del local.

iv) *Audiencias públicas*. De conformidad con lo dispuesto en el artículo 72 de la Ley 99 de 1993, y en concordancia con lo señalado en el Decreto 330 de 2007 compilado tanto en el Decreto 1076 de 2015 como en el artículo 2.2.2.3.6.3 del Decreto 1076 de 2015, el Procurador General de la Nación, el Defensor del Pueblo, el Ministerio de Ambiente y Desarrollo Sostenible, los gobernadores, los alcaldes y por lo menos cien personas o tres entidades sin ánimo de lucro pueden solicitar a la autoridad ambiental que adelanta el trámite de licencia ambiental, que se desarrolle una audiencia pública, con lo cual no se genera un poder de veto, pero sí un espacio de conversación e intercambio de información entre las diferentes partes interesadas (*stakeholders*) en el trámite del licenciamiento ambiental. En tal sentido, no se trata tanto de un espacio de debate, discusión o adopción de decisiones, sino de intercambio de ideas e información. La audiencia se puede dar tanto en el marco del trámite de la licencia ambiental, como durante la ejecución del proyecto, obra o actividad[18].

v) *Consulta previa*. De acuerdo con lo dispuesto en el artículo 2.2.2.3.3.3 del Decreto 1076 de 2015, y en concordancia con lo dispuesto en el artículo 76 de la Ley 99 de 1993, la Ley 21 de 1991, el Decreto 1320 de 1998 compilado en el Decreto 1066 de 2015, el artículo 46 de la Ley 1437 de 2011, el Decreto 2353 de 2019, la Directiva Presidencial 01 de 2010 y la Sentencia SU-123 de 2018 de la Corte Constitucional, en los casos en que el proyecto, obra o actividad pueda generar impactos en las comunidades indígenas, rom, raizales o palanqueros, y/o comunidades afro organizadas como consejos comunitarios, habrá lugar a la consulta previa. Es requisito para presentar la solicitud de licencia ambiental que se haya agotado el proceso de consulta previa.

18 En la práctica la mayoría de los casos en que se presentan las audiencias públicas tienen lugar durante el trámite administrativo de otorgamiento de la licencia ambiental. No es común que haya audiencias públicas mediante las cuales se realice el seguimiento y control, ya que la esencia de la audiencia no es tomar decisiones sino compartir información.

C. Necesidad de promover nuevos espacios de participación ciudadana ambiental en el actual régimen de licenciamiento ambiental

Una vez es otorgada la licencia ambiental, los mecanismos de participación ambiental se limitan al derecho de petición, la consulta de expedientes y, muy raras veces, a las audiencias públicas de seguimiento y control. Estos espacios de participación ciudadana son insuficientes frente a la dinámica de las licencias ambientales.

A continuación se exhibe un listado de las actividades y/o situaciones que se presentan luego de otorgada la licencia ambiental, en las cuales no existe suficiente publicidad al respecto, como tampoco de su avance frente a la comunidad, lo cual implica la reducción de espacios de participación ciudadana ambiental.

i) *Modificación de las licencias ambientales por solicitud de parte (beneficiario).* Considerando que la figura del tercero interviniente se extingue con el otorgamiento de la licencia ambiental, el público en general no tiene cómo conocer de cualquier solicitud de modificación, lo que conlleva la necesidad de garantizar la publicidad de la solicitud de modificación de la licencia ambiental, la cual debe ir más allá de la publicación del acto administrativo en la página web de la entidad o en la gaceta de la autoridad ambiental, e involucrar directamente, al menos, a la comunidad del área de influencia del proyecto licenciado.

ii) *Modificación de las licencias ambientales de oficio.* En el marco de lo dispuesto en los artículos 2.2.2.3.7.1 y 2.2.2.3.9.1 del Decreto 1076 de 2015, las autoridades ambientales pueden modificar de oficio las licencias ambientales, en cuyo caso suelen incluir la imposición de nuevas medidas para garantizar la debida gestión y el control de los impactos ambientales causados y/o generados durante el desarrollo del proyecto, obra o actividad. En esos casos, por tratarse de una decisión administrativa propia de la autoridad ambiental, no se incluye a la comunidad; de hecho, ni siquiera se le notifican las decisiones acordadas, lo que implica igualmente la necesidad de adoptar mecanismos de publicidad y participación ciudadana efectivos, lo cual debe ir más allá de publicar el respectivo acto administrativo en la gaceta correspondiente o en la página web de la entidad, sino de garantizar el acceso efectivo a la información de manera oportuna por parte de la comunidad.

iii) *Notificación de cambios menores*. Por regla general, en los proyectos, obras o actividades sujetos al régimen de licenciamiento ambiental únicamente se puede desarrollar lo que expresamente se haya establecido en el Estudio de Impacto Ambiental lo cual debe ser analizado y autorizado por la autoridad ambiental competente mediante la respectiva licencia ambiental.

Sin perjuicio de lo anterior, los párrafos dos y tres del parágrafo primero del artículo 2.2.3.7.1 del Decreto 1076 de 2015 señalan que el Ministerio de Ambiente y Desarrollo Sostenible puede establecer listados de actividades consideradas como cambios menores, en cuyo caso únicamente se requiere que el beneficiario de la licencia ambiental notifique la actividad con el fin de que la autoridad ambiental realice el seguimiento correspondiente.

En diferentes normas se incluyeron listados de actividades consideradas menores, , entre otras, el Decreto 770 de 2014 (comp. en el Dcto. 1076 de 2015) con las actividades del sector de infraestructura, la Resolución 1892 de 2015 con las actividades del sector de hidrocarburos y la Resolución 1259 de 2018 con las actividades del sector minero.

En dichos casos el beneficiario de la licencia ambiental simplemente notifica el cambio mediante un oficio en el cual debe demostrar que la actividad a desarrollar está dentro de las actividades listadas, y que no se requiere modificar formalmente la licencia ambiental, en la medida en que no se encuentra en ninguna de las situaciones y/o causales listadas en el artículo 2.2.2.3.7.1 del Decreto 1076 de 2015.

Este tipo de notificaciones no son suficientemente publicadas ni conocidas por la comunidad. Si bien la comunidad las puede evidenciar en los expedientes públicos, se requiere de la consulta permanente del expediente para conocer la notificación del cambio menor, por cuanto la notificación del cambio no implica la necesidad de socializar y/o informar el cambio a las comunidades del área de influencia del proyecto, obra o actividad licenciada[19].

---

19 Se debe advertir que las autoridades ambientales no revisan si la actividad objeto de notificación del cambio menor entra o no en conflicto con lo que se haya consultado con las comunidades cuando hay lugar a consultas previas.

iv) *Pronunciamiento de cambio menor bajo giro ordinario*. De acuerdo con lo dispuesto en el párrafo primero del parágrafo primero del artículo 2.2.2.3.7.1 del Decreto 1076 de 2015, cuando quiera que se requiera adelantar una actividad considerada cambio menor que no esté referida en ninguno de los listados previamente establecidos por el Ministerio de Ambiente y Desarrollo Sostenible como cambio menor, el beneficiario de la licencia ambiental debe requerir de la autoridad ambiental competente que evalúe la solicitud y se pronuncie en un término máximo de veinte días hábiles respecto de si es o no necesario modificar la licencia ambiental.

Para estos efectos únicamente se requiere presentar un informe técnico-jurídico que demuestre que la actividad propuesta no está inmersa en ninguna de las causales de modificación de la licencia ambiental contenidas en el artículo 2.2.2.3.7.1 del Decreto 1076 de 2015.

A diferencia de las notificaciones de cambios menores que tan pronto se notifican se pueden poner en práctica, en el caso de los giros ordinarios se requiere el pronunciamiento previo y por escrito de parte de la autoridad ambiental para poder ejecutar la actividad propuesta.

Ahora bien, al margen del requerimiento de la autorización previa y por escrito de la autoridad ambiental, no existe ningún mecanismo de publicidad tanto de la solicitud como de la decisión de la autoridad ambiental frente a la comunidad ubicada en el área de influencia del proyecto y al público en general.

Si bien, como en el caso de los cambios menores, la información se puede consultar en los expedientes, ello no significa que el acceso sea efectivo y oportuno, pues no es realista pensar que es suficiente publicidad poder consultar una información en el expediente, como quiera que la autoridad ambiental no divulga las decisiones[20].

---

20 Como se indicó en el caso de las notificaciones de cambios menores, en los eventos de solicitud y pronunciamiento de cambios menores bajo giros ordinarios, las autoridades ambientales no suelen verificar si la actividad considerada como cambio menor obedece o no a lo consultado con las comunidades cuando hay lugar al proceso de consulta previa. Es muy raro encontrar casos en los que, previa a la definición de aprobación del cambio menor bajo giro ordinario, la autoridad haya realizado dicha verificación. Un ejemplo de ello se puede evidenciar en el expediente público del Puerto Multipropósito Puerto Bahía, en el que la ANLA autorizó la construcción de un viaducto adicional previa verificación del alcance de la consulta previa realizada con las comunidades del área de influencia del proyecto.

v) *Seguimiento y control.* En el marco de lo dispuesto en el artículo 2.2.2.3.9.1 del Decreto 1076 de 2015, las autoridades ambientales deben realizar el seguimiento y control de los instrumentos ambientales.

La licencia ambiental no es un instrumento ambiental estático, sino que por el contrario es dinámico, esto es, que a medida que va evolucionando el desarrollo del proyecto, obra o actividad, la autoridad ambiental debe ir valorando la información que el beneficiario del instrumento ambiental presenta en los informes de cumplimiento ambiental, como la información y documentación a la que puede acceder bien sea de oficio o como resultado de las visitas técnicas de campo.

Con base en dicha información las autoridades ambientales elaboran requerimientos, bien sea mediante actos administrativos (autos) de seguimiento y control, o mediante audiencias (reuniones de seguimiento y control). En ambos casos los requerimientos son notificados únicamente al beneficiario de la licencia ambiental, y por ende, no se comunican dichas actuaciones administrativas (audiencias) o decisiones administrativas (autos) al público en general, y menos a la comunidad del área de influencia directa del proyecto, obra o actividad.

Al respecto vale la pena señalar que en algunos casos la ciudadanía ha solicitado a diversas autoridades, entre ellas la ANLA, ser parte en las audiencias de seguimiento y control sin que dichas solicitudes sean exitosas[21]. De manera que bajo el marco del Acuerdo de Escazú posiblemente este será otro asunto que requerirá no solo de mayor publicidad, sino de garantías efectivas de participación ciudadana ambiental.

vi) *Sancionatorios ambientales y medidas preventivas.* De conformidad con lo dispuesto en la Ley 1333 de 2009, en los eventos en que haya presuntos incumplimientos de las obligaciones derivadas tanto de la licencia ambiental como de la normativa ambiental, y/o daños ambientales, las autoridades encargadas pueden imponer medidas preventivas y, paralelamente, iniciar los procedimientos sancionatorios (Del Valle, 2014).

Hoy en día no existe la obligación de comunicar directa y efectivamente los actos administrativos de imposición de medidas preventivas, como los

---

21 Oficio 2019203847-2-000 del 24 de diciembre de 2019 proferido por la ANLA.

proferidos en el marco del procedimiento sancionatorio ambiental al público en general.

La mera publicación del acto administrativo en la página web de la autoridad ambiental o en la gaceta no es suficiente para asegurar que la comunidad ubicada en el área de influencia del proyecto, obra o actividad, o el público en general estén informados.

Si bien la información se puede consultar en el expediente ambiental, no hay forma de saber en tiempo real qué decisiones administrativas se han tomado, lo cual evidentemente dificulta la participación ciudadana. El hecho de dar publicidad oportuna y efectiva a dichas decisiones no implica de ninguna manera desconocer el principio de legalidad o los derechos al debido proceso, a realizar audiencias, a la defensa y a contradecir las decisiones.

Igualmente, si bien la Ley 1333 de 2009 ordenó que toda persona natural o jurídica que sea hallada responsable debe quedar inscrita en el Registro Único de Infractores Ambientales (RUIA), y así lo reglamentó la Resolución 415 de 2010, en la práctica la información que reporta el RUIA no da fe ni del cumplimiento de las sanciones derivadas de la infracción ambiental, ni del cumplimiento de las medidas de remediación ambiental cuando quiera que haya lugar a ellas (Del Valle, 2014).

vii) *Contingencias ambientales.* De acuerdo con lo dispuesto en el artículo 2.2.2.3.9.3 del Decreto 1076 de 2015, en concordancia con lo señalado en la Resolución 1767 de 2016, cuando se presente una contingencia ambiental debe ser notificada a la autoridad ambiental dentro de las 24 horas siguientes a su ocurrencia.

Hoy en día, no existe una norma que obligue a hacer pública dicha información, más allá de la remisión de la información a través del sistema VITAL. De manera que no existe un mecanismo idóneo que realmente implique que la comunidad en general pueda tener acceso a la información de la contingencia ambiental en tiempo real, y por lo mismo, que pueda participar si así lo requieren como colaboradores en atención, como veedores y garantes de que el plan de contingencia se cumpla, como lo indica el numeral 5 del artículo 6.º del Acuerdo de Escazú.

viii) *Otras actuaciones.* Sin perjuicio de las actuaciones referidas, en el marco del proceso de ejecución del proyecto licenciado se pueden presentar otras actuaciones administrativas que tampoco cuentan con un mecanismo real, efectivo y oportuno que garantice la participación ciudadana. Ejemplos de estas situaciones se presentan cuando hay cesiones parciales o totales del instrumento ambiental[22], integración de licencias ambientales[23] o, inclusive, cuando se tramita la declaración de pérdida de vigencia de la licencia ambiental por ausencia de inicio del proyecto dentro del término de cinco años desde la ejecutoria de la licencia ambiental[24].

El Decreto 2041 de 2014, compilado en el Decreto 1076 de 2015, no establece ningún procedimiento que garantice la publicidad real de estos casos, de forma que no hay cómo conocerlos, a menos que se acceda al expediente o se eleve una consulta formal a la autoridad ambiental mediante un derecho de petición.

III. IMPLICACIONES DEL ACUERDO DE ESCAZÚ EN EL RÉGIMEN DE LICENCIAMIENTO AMBIENTAL

El Acuerdo de Escazú establece diferentes disposiciones que necesariamente generarán un impacto en la manera como se provee, almacena y accede a la información de carácter ambiental. A continuación se listan algunos asuntos que posiblemente implicarán cambios tanto en el acceso a la información como en la adopción de las decisiones bajo el régimen de licenciamiento ambiental.

Se advierte que la presente lista de asuntos no pretende ser taxativa de los que merecerían especial atención cuando el ordenamiento jurídico colombiano adopte el Acuerdo de Escazú, pero sí los que el autor considera fundamentales en el interrelacionamiento entre licenciamiento ambiental y participación ambiental, y entre acceso a la información y justicia ambiental.

i) *Acceso a la información.* El Acuerdo de Escazú dispone que las autoridades gubernamentales en cada uno de los Estados deben garantizar que las personas puedan solicitar y recibir información sin necesidad de justificar interés alguno[25]. Si bien en Colombia esta disposición cuenta con un respaldo normativo (arts. 69, 70 y 74 de la Ley 99 de 1993 y demás normas

---

22 Artículo 2.2.2.3.8.4 del Decreto 1076 de 2015.

23 Artículo 2.2.2.3.8.5 ibíd.

24 Artículo 2.2.2.3.8.7 ibíd.

25 Numeral 2 del artículo 5.º del Acuerdo de Escazú.

concordantes), el Acuerdo de Escazú propende porque el ejercicio del acceso a la información parta de la base de la disponibilidad de la información, más allá de que se pueda solicitar y consultar la información ante la autoridad ambiental. No obstante es posible solicitar información a las autoridades ambientales mediante un derecho de petición, bajo el Acuerdo de Escazú este derecho demanda de la autoridad ambiental una posición más dinámica y activa, de forma que no actúe solo como un sujeto pasivo que se limita a recibir peticiones y compartir información.

De igual manera, el Acuerdo establece que la autoridad que tenga en su poder el control y la custodia de la información garantice su fácil acceso a la comunidad en general[26], pero en particular a aquellas personas con limitaciones tanto para formular la solicitud como para remitirla[27], provisión que se debe ver no solo desde el punto de vista del acceso formal a la información, sino más de fondo, en términos de lenguaje y conocimiento[28].

ii) *Política de datos abiertos*. La política de datos abiertos[29] no solo implica que cualquier persona puede *solicitar* información a las autoridades ambientales, como en efecto ocurre actualmente en Colombia, pero también que las personas puedan acceder en tiempo real, en cualquier momento y sin ningún tipo de limitación o restricción[30] a la información ambiental de un proyecto, obra o actividad.

Así, por ejemplo, la información jurídica y técnica de las autoridades ambientales debe estar disponible tanto en los expedientes físicos como en las páginas web y en los sistemas de información digital de las entidades, lo que supone que ambos, el solicitante y la autoridad ambiental, deben generar soluciones tecnológicas que le permitan a la comunidad acceder en línea al Estudio de Impacto Ambiental, a las fichas de manejo ambiental y al plan de manejo ambiental, sin ningún tipo de restricción de horario, de tamaño de la información o de contenido de la documentación.

---

26 Sin perjuicio de que el mandato general es que la información sea pública, no se debe dejar de lado el reconocimiento expreso que realiza el Acuerdo de Escazú en los numerales 6 y siguientes del artículo 5.° en los que se limita el acceso a la información.

27 Numeral 3 del artículo 5.° del Acuerdo de Escazú.

28 Numeral 4 ibíd.

29 Numeral 9 del artículo 4.° ibíd.

30 Numeral 1 del artículo 5.° ibíd.

El Acuerdo de Escazú incorpora el principio de "máxima publicidad" que, en términos prácticos, significa que la autoridad ambiental debe garantizar que el público en general pueda acceder a la información que controla y custodia. Esta previsión, necesariamente implica que la autoridad debe liberar cualquier tipo de restricción respecto del contenido, tanto de los Estudio de Impacto Ambiental como de los planes de manejo ambiental, de manera que las comunidades y el público en general puedan acceder desde cualquier parte y en cualquier momento a dicha información, para lo cual resulta indispensable el uso adecuado de las tecnologías de la información.

iii) *Pasivos ambientales y sitios contaminados*. A la fecha de escritura del presente artículo Colombia aún no cuenta con una política integral de pasivos ambientales, la cual ha venido siendo trabajada por el Ministerio de Ambiente y Desarrollo Sostenible. De igual manera no hay claridad respecto del manejo que se le debe dar a los denominados "pasivos ambientales huérfanos". Sin perjuicio de ello, la ratificación del Acuerdo de Escazú necesariamente acelerará tanto el análisis de la política pública ambiental, como su reglamentación, por cuanto el Acuerdo dispone que se debe informar públicamente cuáles son las zonas contaminadas, su localización y el tipo de contaminante[31].

Actualmente, no existe en la regulación colombiana del régimen de licenciamiento ambiental un listado de pasivos ambientales y sitios contaminados, de manera que, de la mano del régimen de notificaciones y de activación del plan de contingencias ambientales ante la ocurrencia de las mismas, deberá crearse un registro en el que exista absoluta transparencia sobre sitios y lugares contaminados en el país, como del estado de avance para su respectiva remediación ambiental.

iv) *Información sobre conservación de recursos naturales y servicios ecosistémicos*. El régimen de licenciamiento ambiental y la ejecución de los proyectos implica en la mayoría de los casos la necesidad de llevar a cabo planes de compensación ambiental, bien sea por la sustracción de áreas, los aprovechamientos forestales, los levantamientos de veda, el uso y aprovechamiento de los recursos naturales, o por la pérdida neta de la biodiversidad[32]. Así

31 Literal E del Numeral 3 del artículo 6.º del Acuerdo de Escazú.

32 Resolución 256 de 2018, numeral 14 del artículo 5.º de la Ley 99 de 1993 y Decreto 2041 de 2014, compilado en el Decreto 1076 de 2015.

mismo, algunos proyectos requieren planes de inversión forzosa de no menos del 1%[33].

Bien sea que se trate de compensaciones ambientales o de inversión forzosa de no menos del 1%, actualmente no existe en el país un registro de las compensaciones e inversiones, sino que toda la información está segregada en múltiples expedientes ambientales.

Así las cosas, bajo el lineamiento del Acuerdo de Escazú[34] será necesario que las autoridades consoliden un sistema único de registro, seguimiento y monitoreo que permita realizar la adecuada trazabilidad al cumplimiento, tanto de las obligaciones de compensación ambiental como de la inversión forzosa de no menos del 1%, lo cual no solo será parte de cumplir con los mínimos requisitos de transparencia en la información, sino, además, permitir que los futuros planes de compensación e inversión forzosa puedan agregar valor a los esfuerzos de conservación.

v) *Gestión de residuos.* En la regulación actual no existe un registro único que contenga información respecto de la gestión, el transporte, el almacenamiento, el tratamiento y/o la disposición final de residuos, y menos aún de los generados por proyectos licenciados.

Si bien existen normas sobre gestión de residuos peligrosos que generen más de 10 Kg/mes en métricas de seis meses, en la práctica ello no corresponde a la totalidad de los residuos que generan los proyectos licenciados están obligados a reportar la información en el registro correspondiente aquellos generadores, pues no solo generan residuos peligrosos, sino que generan otro tipo de corrientes como residuos sólidos ordinarios, residuos sólidos de manejo especial, como los que son objeto de programas posconsumo o de recolección especial, y residuos de demolición y de construcción.

Al respecto el Acuerdo de Escazú[35] resalta la necesidad de consolidar un sistema que permita conocer públicamente la información agregada de generación de residuos por tipo de residuo y por tipo de proyecto, el cual deberá, igualmente, demostrar la trazabilidad de los encargados del transporte, el almacenamiento, el tratamiento y/o la disposición final. Inclusive, el

33 Artículos 43 de la Ley 99 de 1993 y 321 de la Ley 1955 de 2019.
34 Literal E del numeral 3 del artículo 6.º del Acuerdo de Escazú.
35 Literal I del numeral 3 del artículo 6.º ibíd.

Acuerdo[36] prevé que progresivamente el suministro de la información debe incluir la respectiva georreferenciación, de manera que en cualquier momento se puedan verificar geográficamente los lugares de generación, transporte, almacenamiento, tratamiento y/o disposición final de los residuos.

vi) *Registro de emisiones y contaminantes.* En Colombia no existe actualmente un registro que presente de manera pública la información de todas las fuentes fijas y móviles de generación de emisiones en proyectos licenciados, como tampoco que indique el tipo de contaminantes que emiten a la atmósfera. De igual manera, no existe un registro que consolide los permisos de emisiones atmosféricas, los estándares de emisión aplicables, y los resultados de las caracterizaciones y monitoreos que realicen los respectivos laboratorios acreditados por el IDEAM y contratados por los beneficiarios de las licencias ambientales, y los demás instrumentos de gestión, control y manejo ambiental.

De manera que en línea con lo dispuesto por el Acuerdo de Escazú[37] será necesario generar un registro que consolide la información de las emisiones atmosféricas producidas por los proyectos licenciados. Así mismo, el Acuerdo[38] dispone que el registro debe señalar la información de descargas de aguas residuales a cuerpos de agua, suelo y subsuelo, el cual a la fecha no existe.

vii) *Participación en la adopción de decisiones.* Como se explicó en la sección II del presente artículo, hoy en día existen en Colombia mecanismos de participación ciudadana que permiten la interrelación entre el público en general y la autoridad ambiental, con la previa adopción de decisiones ambientales; tal es el caso de los referidos instrumentos: derechos de petición, acceso a expedientes, audiencias públicas y reconocimiento de la figura del tercero interviniente.

De manera que no se desconoce la existencia de mecanismos de participación en el marco de la adopción de las decisiones ambientales; sin embargo, el Acuerdo eleva el estándar al establecer asuntos que requerirán de especial atención en su implementación como los que se listan y explican a continuación:

---

36 Numeral 3 del artículo 6.º ibíd.
37 Numeral 4 del artículo 6.º ibíd.
38 Ídem.

a. *Participación en etapas tempranas*. El Acuerdo de Escazú dispone que el involucramiento del público debe darse desde las fases más tempranas[39], lo que en el caso del régimen de licenciamiento ambiental implica abrir espacios de participación, hoy inexistentes, al momento de definir si un proyecto requiere o no adelantar un Diagnóstico Ambiental de Alternativas.

Así mismo, en las etapas tempranas de un proyecto de licenciamiento ambiental es necesario definir claramente el alcance de la participación del público y las comunidades en la identificación de los impactos, la proposición de medidas de manejo ambiental y la socialización del proyecto al momento de construcción y elaboración del Estudio de Impacto Ambiental.

De igual manera, el Acuerdo[40] dispone que no solo durante las fases preliminares, sino en cualquier momento, la autoridad debe poder identificar al público que se verá directamente afectado por los proyectos y actividades, de manera que se permita y garantice su participación. Es por eso que las autoridades ambientales deben validar dicha información, no solo en el marco de la definición del DAA, sino también en el trámite de la licencia ambiental y en el seguimiento y control del cumplimiento de las obligaciones derivadas de la licencia ambiental.

b. *Tiempos razonables*. Si bien hoy en día cualquier persona se puede hacer parte del trámite administrativo de licenciamiento ambiental bajo la figura de tercero interviniente, dicho reconocimiento realmente no le está dando la posibilidad al público de que se involucre efectiva y oportunamente en el trámite, pues su participación se limita a ser reconocido como tercero, y a que se le notifique tanto el auto que declara reunida la información, como la resolución que define el trámite administrativo.

Así las cosas, a la luz de lo dispuesto en el Acuerdo de Escazú se requerirá otorgar plazos razonables para que el público pueda acceder a la información y participar de manera efectiva, aunque eso no necesariamente implica la ampliación de los términos actuales del licenciamiento ambiental, pero sí tener que invitar al tercero interviniente a participar en la visita técnica o en la reunión de solicitud de información adicional, si así lo desea el tercero.

---

39 Numeral 4 del artículo 7.º ibíd.
40 Numeral 16 del artículo 7.º ibíd.

De igual manera, esta misma disposición del Acuerdo[41] conlleva la necesidad de abrir espacios de participación con posterioridad al otorgamiento de la licencia ambiental, lo que implica que la figura y el reconocimiento del tercero interviniente no necesariamente se extingue con el otorgamiento de la licencia ambiental, lo que genera implicaciones en términos prácticos de participación, como ocurriría al tener que darle a conocer nuevas solicitudes de modificación de la licencia ambiental, solicitudes de pronunciamiento de cambio menor bajo giro ordinario, notificaciones de actividades consideradas como cambios menores, modificaciones de oficio de la licencia ambiental, entre otros espacios en los que se defina un término razonable, que tendrá que ser definido por el Ministerio de Ambiente y Desarrollo Sostenible, para que dicho tercero se pueda pronunciar. Es de advertir que sus recomendaciones, observaciones y/o pronunciamientos no tienen poder de veto, sino que deben ser analizadas por la autoridad ambiental desde un punto de vista estrictamente objetivo y técnico.

c. *Presentación de observaciones.* Como se indicó en la Sección II del presente artículo, el público en general puede aportar observaciones, documentos y consideraciones en el marco del trámite de otorgamiento de la licencia ambiental.

Hoy en día, una vez otorgada la licencia ambiental se genera una absoluta desconexión entre el tercero y la autoridad ambiental, y, por supuesto, entre el tercero y el proyecto licenciado, rompiéndose así la trazabilidad en la información entre lo autorizado en la licencia ambiental y la implementación de las respectivas medidas ambientales ante la ejecución del proyecto.

El Acuerdo de Escazú[42] dispone que es preciso garantizar la participación del público en la adopción de las decisiones, para lo cual se le debe dar la oportunidad de presentar observaciones ante la autoridad ambiental, de manera que las pueda tener en cuenta al momento de tomarlas. En términos prácticos esto implica que el público debe tener acceso a las solicitudes y la correspondencia, como la de los giros ordinarios o cambios menores, en la que el público debe poder tener la oportunidad dentro de un término razonable, de presentar sus observaciones a dichas notificaciones y solicitudes según corresponda. De nuevo, no se trata de un poder de veto de la ciudadanía

---

41 Numeral 5 del artículo 7.º ibíd.

42 Numeral 7 del artículo 7.º ibíd.

y del público en general, sino de que la autoridad ambiental tenga toda la información disponible para validar su decisión y contrastar la con la que existe, bien sea la que aporta el beneficiario de la licencia ambiental, o el público en general.

viii) *Asistencia técnica y jurídica.* Entendiendo que el acceso a la justicia ambiental se genera desde la misma sede administrativa, y no únicamente cuando se accede formalmente a la sede judicial, es preciso generar para el público espacios de asistencia técnica y jurídica.

El Acuerdo de Escazú[43] dispone que en los casos de grupos o personas en situaciones de vulnerabilidad se deben establecer mecanismos gratuitos que propendan a generar asistencia técnica y jurídica. Esta disposición es relevante, pues no sirve de mucho que existan mecanismos de participación, como la figura del tercero interviniente, si el público no tiene cómo discutir técnica y/o jurídicamente la documentación que se somete a consideración de las autoridades ambientales en el marco del licenciamiento ambiental.

Así las cosas, no se trata únicamente de abrir espacios de participación, sino de que además sean efectivos, lo cual implica romper con la asimetría de la información entre el peticionario de la licencia ambiental y el público, en particular las comunidades del área de influencia directa del proyecto, obra o actividad objeto de la licencia ambiental, de forma que en el marco de la implementación del Acuerdo será necesario establecer mecanismos que permitan nivelar la información y, por ende, dar un debate técnico y jurídico en igualdad de condiciones.

CONCLUSIONES

De las consideraciones fácticas y jurídicas del presente artículo es posible presentar las siguientes conclusiones:

1. Hoy en día existen importantes mecanismos de participación ciudadana ambiental, entre ellos la Constitución Política de 1991 y la Ley 99 de 1993, lo cual implica que para el momento en que fueron expedidos eran cuerpos normativos de avanzada y revolucionarios.

---

43 Numeral 5 artículo 8.° ibíd.

2. Si bien existen variados mecanismos de participación ciudadana, es necesario actualizarlos para poder hacer frente a las actuales demandas ciudadanas, como el estándar mínimo contenido en el Acuerdo de Escazú.

3. En el caso en concreto de los mecanismos de participación ciudadana ambiental aplicable al régimen de licenciamiento ambiental existen espacios y mecanismos como las audiencias públicas, el derecho de petición, el acceso a expedientes y la figura del tercero interviniente. Mecanismos que cada día son más utilizados por el público en general y por las comunidades localizadas en las áreas de influencia de los proyectos, obras o actividades licenciadas. Sin embargo, dichos mecanismos no garantizan el conocimiento de todas las decisiones que se adoptan en un proyecto, obra o actividad sujeto al régimen de licenciamiento ambiental, razón por la cual es necesario abrir nuevos espacios de acceso a la información y de participación ciudadana ambiental.

4. En las actuaciones administrativas del régimen de licenciamiento ambiental no existen mayores espacios de publicidad o de participación ciudadana ambiental, por ejemplo, en las notificaciones de cambios menores, las solicitudes de pronunciamiento de cambios menores bajo giros ordinarios, las modificaciones de oficio de las licencias ambientales, las nuevas solicitudes de modificación de las licencias ambientales, los reportes de contingencias ambientales, las cesiones de los instrumentos ambientales o las integraciones de licencias ambientales. Estos casos ameritan un estudio especial del regulador con el fin de definir si es o no necesario abrir nuevos espacios de participación para su adopción, como en el caso del acceso oportuno y efectivo a la información.

5. Una vez el Estado colombiano ratifique el Acuerdo de Escazú será necesario revisar y actualizar los mecanismos de participación ciudadana, lo cual se podrá hacer a partir de diferentes ejes temáticos, entre ellos los instrumentos de gestión, control y manejo ambiental, como las licencias ambientales. Para dichos efectos será necesario fortalecer los mecanismos actuales de participación ciudadana ambiental y abrir nuevos espacios de acceso a la información, por ejemplo, mediante la creación de sistemas de información que consoliden el inventario de pasivos ambientales y el registro consolidado de la gestión integral de los residuos generados por proyectos licenciados, y que permitan acceder en cualquier momento y desde cualquier lugar a los expedientes ambientales, incluyendo y sin limitarse a los actos administrativos que contienen

las licencias ambientales, los requerimientos, los Estudios de Impacto Ambiental, los planes de manejo ambiental específico, los resultados de caracterizaciones físico-químicas, los resultados de monitoreos, y en general la información fáctica, técnica y jurídica de cada proyecto, obra o actividad licenciada.

6. La actualización de los mecanismos de participación ciudadana ambiental aplicables al régimen de licenciamiento ambiental aparecen como una oportunidad que permita evitar conflictos ambientales por la generación y desarrollo de proyectos, obras o actividades sujetos a licenciamiento ambiental. Esto implica que la actualización e implementación de ajustes normativos debe considerarse desde las fases iniciales de dichos proyectos, es decir, desde el mismo momento en que se elaboran los Estudios de Impacto Ambiental, desde la instancia en la que se define si un proyecto requiere o no un Diagnóstico Ambiental de Alternativas. Entre más pronto se vincule la participación ciudadana ambiental y se garantice el acceso a la información del proyecto, más probabilidad habrá de que haya una alineación de intereses y expectativas entre las comunidades del área de influencia de los proyectos, el público en general, las autoridades ambientales y los desarrolladores de los proyectos sujetos a licenciamiento ambiental.

7. La actualización de los mecanismos de participación ciudadana ambiental de cara al estándar mínimo que establece el Acuerdo de Escazú y su implementación en Colombia se debe hacer con sumo cuidado, buscando un equilibrio entre i) la participación ciudadana ambiental; ii) la autonomía administrativa de la autoridad ambiental que debe adoptar la decisión de si otorga o no la licencia ambiental, así como su respectivo seguimiento y control, y iii) el derecho a la libre competencia económica, la libertad económica, y la autonomía empresarial, los cuales se rigen por el principio de la función social y ecológica de la empresa.

Así las cosas, la participación ciudadana debe ser suficiente para garantizar el acceso a la información y que los aportes de las comunidades presentes en el área de influencias de los proyectos, y del público en general, sin que ello implique necesariamente un poder de veto, sean tenidos en cuenta por la autoridad ambiental en el marco del otorgamiento y seguimiento de instrumentos ambientales, y también para permitir el desarrollo empresarial en el marco del principio de desarrollo sostenible reconocido por el Acuerdo de Escazú.

BIBLIOGRAFÍA

Amaya Navas, Ó. D. *La Constitución Ecológica de Colombia*, 3.ª ed., Bogotá, Universidad Externado de Colombia, 2016.

Cardona González, Á. H. "Análisis del Decreto Único Reglamentario del Sector Ambiente y Desarrollo Sostenible", en *Lecturas de Derecho del Medio Ambiente*, Bogotá, Universidad Externado de Colombia, 2019.

Barragán Terán, D.; L. Muñoz Ávila y A. Sanhueza. *La importancia de la democracia ambiental para la implementación de los Objetivos de Desarrollo Sostenible en América Latina y el Caribe*, Bogotá, Escuela de Derecho Ambiental, Universidad del Rosario, 2020.

Barrit, E. *Global Values, Transnational Expression: From Aarhus to Escazú*, Kings College London, Inglaterra, 2019.

Castro Buitrago, E. y F. Calderón Valencia. *Un derecho ambiental democrático para Latinoamérica y el Caribe: los retos de la negociación del Acuerdo Regional sobre el Principio 10 de Río 92*, Bogotá, Universidad del Rosario, 2017.

Castro Buitrago, E. *Principio de participación en asuntos ambientales. El Principio 10*", Bogotá, Escuela de Derecho Ambiental, Universidad del Rosario, 2020.

Costa Cordella, E. y G. Burdiles Perucci. "El derecho humano al medioambiente: nuevos avances en su comprensión en América Latina y el Caribe", *Anuario de Derechos Humanos*, Chile, 2019.

Del Valle Mora, E. J. *Los principios constitucionales y legales en el régimen sancionatorio ambiental colombiano (Ley 1333 de 2009)*, Bogotá, Brigard y Urrutia Abogados S.A.S., Colegio Corporativo, 2014.

Escazú Ahora! *Las sendas de Sociedad civil hacia el Acuerdo de Escazú en América Latina y el Caribe*, Perú, dar, 2019.

Gonzaga, J. "Conflictos ambientales: praxis, participación, resistencias ciudadanas y pensamiento ambiental", *Revista Luna Azul*, Manizales, Universidad de Caldas, 2007.

Gómez Peña, N. *Colombia y el Acuerdo de Escazú*, Bogotá, Asociación Ambiente y Sociedad, 2018.

Hurtado Mora, J. I. "Derecho a la participación y rol de la sociedad civil y del conocimiento tradicional en la implementación de medidas de mitigación y adaptación al cambio climático", en *Lecturas de Derecho del Medio Ambiente*, Bogotá, Universidad Externado de Colombia, 2017.

Ipenza Peralta, C. A. *Un nuevo acuerdo regional para América Latina y el Caribe sobre el Principio 10 de Río, Acuerdo de Escazú*, Lumen, Perú, 2018.

Jiménez González, R. "Mirada jurisprudencial de la participación ciudadana en la política ambiental de la Constitución Política de Colombia 1991", en *Ámbitos del derecho: reflexiones sobre tendencias y problemas jurídicos en Colombia*, Bogotá, Universidad Sergio Arboleda, 2014.

Mesa, G. *Justicia ambiental en estricto sentido*, Bogotá, Escuela de Derecho Ambiental, Universidad del Rosario, 2020.

Mesa, G. *Derechos ambientales en perspectiva de integralidad*, Bogotá, Universidad Nacional de Colombia, 2007.

Muñoz Ávila, L. M. "Panorama de conflictos ambientales en las diferentes regiones naturales del país: un análisis desde la participación ciudadana", en *Conflictos ambientales en Colombia: retos y perspectivas desde el enfoque de DDHH y la participación ciudadana*, Bogotá, Universidad del Rosario, 2012.

Olmos Giupponi, B. *Foresting Environmental Democracy in Latin America and the Caribbean: An analysis of the Regional Agreement on Environmental Access Rights*, Wiley Reciel, Costa Rica, 2019.

Rodríguez, G. A. y L. M. Muñoz Ávila. *La participación en la gestión ambiental: un reto para el nuevo milenio*, Bogotá, Universidad del Rosario, 2009.

Rodríguez, G. A. "La participación: un medio para prevenir y solucionar los conflictos ambientales en Colombia", en *Perspectivas del derecho ambiental en Colombia*, Bogotá, Universidad del Rosario, 2006.

Tarapués, E. y A. M. Rico. "Gobernabilidad y aspectos culturales en resolución de conflictos ambientales", en *Conflictos ambientales en Colombia: retos y perspectivas desde el enfoque de DDHH y la participación ciudadana*, Bogotá, Universidad del Rosario, 2012.

Universidad Alberto Hurtado, FIMA, DAR. *Resumen Acuerdo de Escazú*, Bogotá, Universidad Alberto Hurtado, 2019.

Valencia Hernández, J. G. *El Acuerdo de Escazú y el derecho de acceso a la justicia ambiental como elementos centrales en la construcción de una ciudadanía ambiental global*, Bogotá, Escuela de Derecho Ambiental, Universidad del Rosario, 2020.

Varias entidades. "abc del Acuerdo de Escazú", 2018, disponible en [www.escazuahora.com.co], consultada el 14 de junio de 2020.

MARÍA DEL PILAR GARCÍA PACHÓN

El principio de prevención como fundamento del derecho ambiental

SUMARIO

RESUMEN

Prevenir implica realizar una serie de acciones dirigidas a atender de manera temprana factores que han sido identificados por un sujeto como relevantes para lograr en el futuro un objetivo concreto. En el derecho ambiental la acción preventiva se considera un principio central, guía de la acción hacia la evitación del daño ambiental y fundamento hermenéutico de la labor legislativa, ejecutiva y judicial; su relevancia es tal que el Tratado de Funcionamiento de la Unión Europea y constituciones de países como Ecuador, Guatemala, Panamá, República Dominicana y Colombia hacen referencia a la necesidad de prevenir y controlar los factores de deterioro ambiental. A pesar de su relevancia, la cercanía del principio de prevención al principio de precaución ha hecho que desde la jurisprudencia y desde la decisión administrativa se haya privilegiado el análisis del segundo y paulatinamente se haya dejado de destacar la relevancia de este principio estructural.

PALABRAS CLAVE

Principio de prevención, evitación del daño ambiental, derecho ambiental.

ABSTRACT

Prevention implies carrying out a series of actions aimed at addressing early on factors that have been identified by a subject as relevant to achieving a specific objective in the future. In environmental law, preventive action is considered a central principle, a guide for action to avoid environmental damage and a hermeneutic foundation for legislative, governmental and judicial work; its relevance is such that the Treaty on the Functioning of the European Union and the constitutions of countries such as Ecuador, Guatemala, Panama, the Dominican Republic and Colombia refer to the need to prevent and control the factors of environmental deterioration. Despite its relevance, the proximity of the principle of prevention to the principle of precaution has meant that jurisprudence and administrative decisions have privileged the analysis of the precautionary principle and have gradually ceased to highlight the relevance of the prevention principle.

KEYWORDS

Prevention principle, Avoidance of environmental damage, environmental law.

INTRODUCCIÓN

El principio de prevención es reconocido como estructural en el derecho ambiental, no obstante, de su aplicación en el escenario jurisdiccional colombiano nace el interés de resaltar su importancia, contenido y fortaleza. Consideramos que parece insuficiente entender que en materia ambiental siempre será preferible prevenir que reparar, siendo necesario reconocer que el Estado en sus relaciones internas y en sus relaciones a escala internacional debe privilegiar la aplicación y puesta en marcha de mecanismos que reflejen al principio de prevención con el fin de lograr la salvaguarda del medio ambiente y avanzar en el logro del desarrollo sostenible.

Con ese objetivo en este escrito se identificarán los antecedentes del principio desde el derecho internacional, se analizarán su definición y características, y se examinará la forma en que el principio se encuentra plasmado en la normatividad colombiana, para luego analizar la manera en que, desde la Corte Constitucional y el Consejo de Estado, se le ha interpretado y se ha aplicado.

I. ANTECEDENTES, CONCEPTO Y CARACTERÍSTICAS DEL PRINCIPIO DE PREVENCIÓN AMBIENTAL

Conforme a Betancor Rodríguez (2014), el derecho ambiental está inspirado en dos grupos de principios: los que pretenden la evitación del daño y aquellos que tienen como objetivo su reparación o restauración, es claro que la manera óptima de proteger el entorno natural, será impidiendo que la afectación negativa se produzca, evadiendo las circunstancias que traigan como resultado que el acto antijurídico llegue a presentarse. Siendo el objetivo central del derecho ambiental la protección de la naturaleza, las acciones dirigidas a su reparación aunque estén acompañadas de la sanción correspondiente, no son la respuesta ideal para alcanzar el fin estratégico del derecho ambiental. Es por ello que el derecho ambiental representa lo que Pinto (2105) califica el paso de la *tutela resarcitoria* a la *tutela inhibitoria*, la primera pretende la reparación del perjuicio sufrido, la segunda buscará evitar el perjuicio y actuará ante su mera posibilidad de ocurrencia futura. Esta *tutela inhibitoria* se habilita frente a la eventualidad de daño futuro, siendo la amenaza la fuerza que la impulsa y la que exige tomar las medidas necesarias para detener el hecho negativo.

La necesidad de evitar el daño es el elemento característico del derecho ambiental, este rasgo predominante responde a la naturaleza del objeto de protección. El medio ambiente y los elementos que lo componen no siempre podrán restaurarse al estado en el que se encontraban antes del daño y, aunque se adelanten acciones compensatorias, es posible que no pueda lograrse una reparación integral, situación que justifica ubicar a la evitación del daño como propósito capital del derecho ambiental.

Descollado el objetivo, y con el ánimo de identificar los antecedentes particulares del principio de prevención, examinaremos instrumentos internacionales de diversa naturaleza con el fin de ubicar sus antecedentes.

A. EL PRINCIPIO DE PREVENCIÓN EN EL DERECHO INTERNACIONAL DEL MEDIO AMBIENTE

Duvic-Paoli (2018) afirma que tradicionalmente los recursos naturales no tuvieron lugar en el derecho internacional, por cuanto su uso estaba considerado un asunto doméstico que seguía las reglas del respeto de la soberanía por parte de los Estados. No obstante, en la medida que la explotación de los elementos de la naturaleza se acrecentó, los Estados se vieron en la necesidad de aclarar los derechos y las obligaciones interestatales con el fin de dar una respuesta legal a los impactos notorios que se venían generando. La autora afirma que se pasó de un enfoque curativo de responsabilidad por daños transfronterizos (basado en el principio de "no hacer daño"[1]), a un enfoque proactivo, que pretende la gestión compartida de los recursos naturales, y en el cual el principio de prevención germinó. Así las cosas, debe entenderse que desde la perspectiva del derecho internacional del medio ambiente, el principio de prevención tiene sus raíces en el respeto de la integridad territorial de los Estados vecinos y en la voluntad de explotar de manera óptima los recursos naturales (Duvic-Paoli, 2018).

Gómez Lanz y Tomás Morales (2019) indican que pueden referirse antecedentes del principio de prevención en decisiones internacionales de naturaleza arbitral como la del caso Trail Smelter (1941)[2] o la del Tribunal Internacional de Justicia en casos como el del Canal de Corfú (1949)[3]. Esos referentes se consolidan de manera clara en otros casos más recientes como en el caso Gabčíkovo-Nagymaros de 1997, en el cual la CIJ califica la prevención en materia ambiental como necesaria, dada la irreversibilidad de los daños al medio ambiente y las limitaciones que representa la reparación en este tipo de daños (ICJ, 1997). Del mismo modo, la aplicación es clara en el caso de las plantas de celulosa sobre el río Uruguay, en el cual la Corte Internacional de Justicia en el año 2010 determinó que "el principio de prevención, en tanto norma consuetudinaria, tiene sus orígenes en la diligencia debida que se requiere de un Estado en su territorio", y por ello

---

1 McIntyre (2020) explica que el deber de prevenir un daño transfronterizo significativo es un principio fundamental del derecho internacional del medio ambiente y del derecho internacional de las aguas. El deber de no causar daño, *no harm rule*, exige a los Estados que sus actividades se ejerzan con la debida diligencia para prevenir el daño.

2 En diversos apartes de la decisión se hace referencia a la necesidad de prevenir afectaciones. En particular en la sección 3 se toman medidas dirigidas a prevenir la aparición de dióxido de azufre en la atmósfera, en cantidades, concentraciones, duración y frecuencia que sean capaces de causar daños en el Estado de Washington (U.N., 1941).

3 En este caso no se discute ningún asunto ambiental, el conflicto se da por el choque de dos barcos británicos contra minas ubicadas en aguas albanesas. En el caso del canal de Corfú, de los hechos y observaciones realizados por la Corte se puede colegir que el tendido de las minas en el estrecho no podía haberse realizado sin el conocimiento de Albania. Este país tenía obligaciones de notificación sobre la existencia y ubicación de las minas a los navegantes y debía haber advertido sobre el peligro que conllevaba cruzar por el estrecho. Como Albania no hizo nada para prevenir la catástrofe, ello conduce a su responsabilidad internacional (N.U., 1992).

corresponde a cada Estado no permitir que en su territorio se realicen actos que afecten los derechos de otros Estados (CIJ, 2010)

En el caso del río San Juan entre Costa Rica y Nicaragua del año 2015, la CIJ indicó que los Estados, antes de iniciar actividades que tengan el potencial de afectar negativamente el medio ambiente de otro Estado, deben determinar si existe un riesgo de daño transfronterizo significativo, si ello es así, sería necesario realizar una evaluación de impacto ambiental y si como resultado de la evaluación se confirma que existe un riesgo de daño transfronterizo significativo, será necesario, de conformidad con la obligación de debido diligencia, notificar y consultar de buena fe con los potencialmente afectados, todo lo anterior con el fin de determinar las medidas adecuadas para prevenir o mitigar ese riesgo (ICJ, 2015). Viñuales (2017) afirma que en esta decisión la Corte refleja tres principios u obligaciones principales en materia ambiental: "el principio de prevención en el marco de la diligencia debida, la obligación de cooperación y la exigencia de una evaluación de impacto ambiental". Es decir, la CIJ da contenido a la forma en que se espera que los Estados en sus relaciones transfronterizas logren evitar daños ambientales a través de la aplicación del principio de prevención.

Por tanto, la positivización del principio de prevención en el derecho internacional será paulatina y se gestará a partir del interés de administrar de manera proba los elementos de la naturaleza con el fin de evitar afectaciones negativas definitivas. De esa manera es posible identificar en diversos instrumentos internacionales referencias directas e indirectas a este principio cardinal del derecho del medio ambiente.

I. EL PRINCIPIO DE PREVENCIÓN EN INSTRUMENTOS JURÍDICOS INTERNACIONALES NO VINCULANTES

Al hacer referencia a instrumentos jurídicos no vinculantes encontramos que son múltiples las declaraciones en las que podemos encontrar incluido al principio de prevención; no obstante, examinaremos el contenido de las Declaraciones calificadas por Betancur Rodríguez (2014) como "canon de la civilización ecológica" a saber, la Declaración de Estocolmo, la Carta Mundial de la Naturaleza y la Declaración de Río.

Así las cosas, parece necesario ubicarse inmediatamente en 1972, exactamente en la Declaración de Estocolmo, documento central del que diversos autores desprenden el nacimiento del derecho ambiental[4]. En el principio 21 de la Declaración, al reconocer el derecho soberano de los Estados para explotar sus propios recursos, se advierte respecto de la obligación de "asegurar que las actividades que se lleven a cabo dentro de su jurisdicción o bajo su control no perjudiquen al medio de otros Estados o de zonas situadas fuera de toda jurisdicción nacional"; por supuesto, este aseguramiento solo podrá darse en la medida que se tomen disposiciones para evitar el perjuicio.

En el plan de acción que acompaña a la Declaración se establecen múltiples recomendaciones, en las que se hace alusión directa a la necesidad de tomar medidas dirigidas a prevenir los daños al medio ambiente[5]. Un aspecto destacado de los documentos oficiales de la reunión es el Capítulo VIII en el que se presenta un resumen del debate general; conforme al documento, allí se puede observar que en la discusión tuvo presencia relevante la prevención:

> ... muchos oradores subrayaron la importancia de la acción preventiva y la necesidad de que se adopten medidas prontamente con objeto de prever y evitar graves peligros para el medio humano. A este respecto, varios representantes mencionaron la importancia que tenía el intercambio de información y experiencia científica y tecnológica, por conducto del sistema de consulta propuesto (N.U., 1972).

---

4 Lozano Cutanda (2005) identifica la Declaración de Estocolmo como la "Carta Magna" de la protección del medio ambiente y un hito para el derecho internacional ambiental; Juste Ruiz (2011) por su parte indica que la Declaración "sentó las bases de toda la acción desarrollada posteriormente en el ámbito medioambiental", Kiss (1993) afirma que la Declaración de Estocolmo marcó una etapa importante en la protección del medio ambiente a escala mundial, y particularmente en el desarrollo del derecho internacional del ambiente. Es la Declaración de Estocolmo sobre medio ambiente humano un instrumento clave para el derecho internacional del medio ambiente y para el derecho ambiental colombiano, fue gracias a la participación de Colombia en la reunión que se motivó la expedición de la Ley 23 de 1973 y el Decreto Ley 2811 de 1974; cfr. García Pachón (2017) y Gafner-Rojas (2018).

5 En la recomendación 54 se solicitó al Secretario General tomar medidas para establecer una lista de expertos que "podrían ayudar a los gobiernos que lo solicitasen a prever y evaluar los efectos ambientales de los principales proyectos de aprovechamiento de los recursos hidráulicos", En la recomendación 76 se recomendó realizar programas de vigilancia epidemiológica y experimental que permitan la "prevención anticipada de los efectos nocivos de los diversos agentes ambientales que actúan aislada o conjuntamente y a los que el hombre está expuesto en grado cada vez mayor, de forma directa o indirecta, y sirvan para evaluar los riesgos potenciales para la salud humana". En la recomendación 102, relativa al desarrollo, se propuso a las organizaciones regionales evaluar medidas de diversa naturaleza dirigidas a prevenir daños "teniendo en cuenta las posibles alternativas y enfoques multidisciplinarios del desarrollo".

Por ello, aunque el principio de prevención no se enuncie directamente en las proclamas o en los principios de la Declaración, es claro que, además de lo determinado en el Principio 21, es posible encontrar reflejado al principio de prevención en el texto del instrumento. Günter (2012) explica que aunque en Estocolmo algunos Estados cuestionaban la prevención como norma de derecho consuetudinario, hoy no cabe duda sobre su pertenencia al derecho internacional general.

Ahora bien, pasando al análisis de la Carta Mundial de la Naturaleza, encontramos que en ella se hace referencia a la necesidad de la acción preventiva, lo que se refleja en la función 10.2, en la cual se clama por no desperdiciar los recursos naturales y usarlos con mesura de acuerdo a diversas reglas, entre ellas la necesidad de prevenir la erosión y otras forma de deterioro; del mismo modo, en la función 13 se determina que las medidas destinadas a prevenir los desastres naturales, las plagas y las enfermedades, deben dirigirse a eliminar las causas de los problemas y no deben generar efectos secundarios perjudiciales para la naturaleza (N.U., 1982). Esta declaración, a la que hemos calificado como el "Manual del ambientalista nato", incluye en sus principios llamados a respetar la naturaleza, no perturbar sus procesos esenciales y no amenazar su viabilidad; del mismo modo, se incluyen llamados a evitar actividades que puedan causar daños irreversibles a la naturaleza (11.a), y se resalta la necesidad de que las mismas sean precedidas de exámenes de fondo que permitan demostrar que los beneficios son superiores a los daños, indicando que en ellas no podrían llevarse a cabo cuando no se conozcan cabalmente sus efectos perjudiciales (11.b). En la carta igualmente se pide evitar la descarga de sustancias en los sistemas naturales (12) y evitar las actividades militares que sean perjudiciales para la naturaleza. De la lectura de la Carta se puede evidenciar que en ella la naturaleza se reconoce como sustrato esencial de la vida en el planeta y al ser humano en una relación de pertenencia y dependencia con ella, no en una posición de superioridad sino de respeto, por tanto, sus acciones deben estar dirigidas a evitar daños al medio ambiente.

En lo que respecta a la Declaración de Río, encontramos que en similar sentido de Estocolmo se acerca al principio de prevención al indicar que los Estados son responsables de "velar por que las actividades realizadas dentro de su jurisdicción o bajo su control no causen daños al medio ambiente de otros Estados o de zonas que estén fuera de los límites de la jurisdicción nacional". Este llamado a acompañar la ejecución de los proyectos se ve soportado además con lo determinado por el principio 17, conforme al cual "Deberá emprenderse una evaluación del impacto ambiental, en calidad de instrumento nacional, respecto de cualquier actividad propuesta que probablemente haya de producir un impacto negativo considerable en el medio ambiente y que esté sujeta a la decisión de una autoridad nacional competente" (N.U., 1992). Ahora bien, entendido el impacto ambiental como "Cualquier alteración en el medio ambiental biótico, abiótico y socioeconómico, que sea adverso o beneficioso, total o parcial, que pueda ser atribuido al desarrollo de un proyecto, obra o actividad" (D. 1076 de 2015 art. 2.2.2.3.1.1.), se hace necesario que quien perturba el medio en razón a su interés por desarrollar cierta actividad, anteceda sus acciones de un análisis prospectivo de las consecuencias que se generarán en el territorio y se tomen las medidas para evitar que el daño ambiental llegue a generarse.

2. EL PRINCIPIO DE PREVENCIÓN EN TRATADOS, ACUERDOS, PROTOCOLOS Y OTROS INSTRUMENTOS INTERNACIONALES DE CARÁCTER VINCULANTE

Entre los múltiples instrumentos normativos internacionales existentes en materia ambiental, hemos seleccionado un grupo que entendemos como representativo, con el fin de verificar la inclusión progresiva del principio de prevención en su articulado, procurando verificar el alcance que se le da al principio en cada uno de ellos.

La Convención sobre el Comercio Internacional de Especies Amenazadas de Fauna y Flora Silvestres (CITES) de 1973[6] al identificar las especies que se incluirán en el apéndice II, ordenó que allí estarían ubicadas las especies que a pesar de no estar en peligro de extinción, necesitaran de reglamentación estricta para evitar su utilización incompatible con su supervivencia; de manera similar el convenio determinó que el apéndice III se ubicarían todas aquellas especies que las partes quisieran regular con el objetivo de prevenir o restringir su explotación.

6 Convenio aprobado por Colombia a través de la Ley 17 de 1981. Control de constitucionalidad mediante la Sentencia C-012 de 2004.

A su turno, el Convenio de Viena para la Protección de la Capa de Ozono[7] (1985) determina en su artículo 2 referente a obligaciones generales, que las Partes deben adoptar las medidas legislativas y administrativas adecuadas y cooperarán en la coordinación de las políticas apropiadas para prevenir las actividades humanas bajo su jurisdicción o control en el caso de que se compruebe que estas actividades tienen o pueden tener efectos adversos como resultado de la modificación o probable modificación de la capa de ozono (art. 2.b) (PNUMA). El Protocolo de Montreal relativo a las sustancias que agotan la capa de ozono, parte por afirmar que las Partes pretenden adoptar medidas preventivas para controlar equitativamente las emisiones mundiales totales que la agotan, con el objetivo final de eliminarlas, de esta manera se ordenan una serie de medidas dirigidas a evitar los efectos nocivos derivadas de las actividades humanas que modifican la capa de ozono (ONU, 2019).

Por su parte, el Convenio de Basilea sobre el control de los movimientos transfronterizos de los desechos peligrosos y su eliminación de 1989[8], indica que los Estados deben tomar las medidas necesarias para que el manejo de los desechos peligrosos y otros desechos sea compatible con la protección de la salud humana y del medio ambiente, ordena a las partes adoptar las medidas jurídicas, administrativas y de cualquier índole necesarias para prevenir y reprimir los actos que contravengan el Convenio. Para el Convenio las medidas preventivas se entienden como: "cualquier medida razonable tomada por cualquier persona en respuesta a un incidente con objeto de prevenir, reducir al mínimo o mitigar pérdidas o daños o sanear el medio ambiente[9] (ONU y SCB, 2019)

---

7 Convenio aprobado por Colombia a través de la Ley 32 de 1985. Control de constitucionalidad mediante la Sentencia C-400 de 1998.

8 Convenio aprobado por Colombia a través de la Ley 253 de 1996. Control de constitucionalidad mediante la Sentencia C-377 de 1996.

9 El artículo 6.º del Convenio determina: "Medidas preventivas: 1. Con sujeción a cualesquiera disposición de legislación nacional toda persona que tenga control operacional de desechos peligrosos y otros desechos en el momento de un incidente tomará todas las medidas razonables para mitigar los daños derivados de ese incidente. 2. Sin perjuicio de lo dispuesto en cualquiera otra disposición del Protocolo, toda persona que esté en posesión y/o tenga el control de desechos peligrosos y otros desechos al solo efecto de tomar medidas preventivas, siempre que esa persona haya actuado razonablemente y de conformidad con cualquier ley nacional que regule las medidas preventivas, no será responsable en virtud del Protocolo.

El Convenio sobre la Diversidad Biológica de 1992[10], en su preámbulo reconoce la necesidad vital de "prever, prevenir y atacar en su fuente las causas de reducción o pérdida de la diversidad biológica". En desarrollo de este interés, y con el fin de evaluar los impactos y reducir al mínimo los impactos adversos, ordena a cada parte en la medida de lo posible, notificar inmediatamente, en caso de que se originen en su jurisdicción o bajo su control peligros inminentes o graves para la diversidad biológica, y además iniciar medidas para prevenir o reducir al mínimo esos peligros.

El Convenio de Estocolmo sobre Contaminantes Orgánicos Persistentes (COP) de 2001[11] pretende, entre otros asuntos, tomar medidas para prevenir los efectos adversos causados por los contaminantes orgánicos persistentes en todos los estados de su ciclo de vida. En el marco de este objetivo se ordena a las partes disponer de sistemas de reglamentación dirigidos a evitar que se creen nuevos plaguicidas o productos que contengan características de COP (art. 3.3); igualmente, se ordena la promoción y desarrollo de materiales que eviten la elaboración de productos químicos formados y liberados de forma no intencional a partir de fuentes antropógenas. De otro lado, en su parte V el Convenio determina orientaciones generales sobre las mejores técnicas disponibles y las mejores prácticas ambientales para la prevención de las liberaciones de los productos químicos.

Finalmente, nos referiremos al Convenio de Minamata[12], el cual reconoce la necesidad de garantizar una gestión adecuada del mercurio y de prevenir incidentes en la salud y en el medio ambiente. El convenio ordena a las partes cooperar con el fin de prevenir el desvío de mercurio o sus compuestos para su uso en la extracción y el tratamiento artesanales de oro en pequeña escala; igualmente Minamata promueve la elaboración y ejecución de programas educativos y preventivos de base científica respecto de la exposición ocupacional al mercurio y los compuestos de mercurio y el establecimiento de servicios para la prevención y atención de las poblaciones afectadas por la exposición a esta sustancia.

---

10 Convenio aprobado en Colombia a través de la Ley 165 de 1994. Control de constitucionalidad con la Sentencia C-519 de 1994.

11 Convenio aprobado en Colombia a través de la Ley 995 de 2005. Control de constitucionalidad con la Sentencia C-576 de 2006.

12 Convenio aprobado en Colombia a través de la Ley 1892 de 2018. Control de constitucionalidad con la Sentencia C-275 de 2019.

Como podemos observar, en estos Convenios se incluyen directa y reiteradamente referencias al principio de prevención; las medidas dirigidas a evitar la generación de los efectos negativos que se pretenden minimizar, controlar o eliminar se basan en la acción preventiva. De acuerdo con lo que explica Juste, el tipo e intensidad de las medidas de prevención dependen del riesgo de la actividad que se pretende desarrollar (Juste Ruiz, 2011), de esta manera, frente a altos riesgos para la salud y el medio ambiente, los instrumentos internacionales determinan medidas de prevención más estrictas y restrictivas.

B. ACERCAMIENTO CONCEPTUAL

Prevenir es "Preparar, aparejar y disponer con anticipación lo necesario para un fin", "Disponer con anticipación, prepararse de antemano para algo" (DRAE, 2020), lo que implica realizar una serie de acciones dirigidas a atender de manera temprana factores que han sido identificados por un sujeto como relevantes para lograr en el futuro un objetivo concreto.

La acción preventiva se considera un principio central, guía de la acción hacia la evitación del daño ambiental y fundamento de la labor legislativa, ejecutiva y judicial; Ortega Álvarez (2013) lo califica como "fundamental en la actuación ambiental, debido al alto potencial de irreparabilidad de los daños ambientales".

Como mandato de optimización el principio irradia todo el orden jurídico, siendo central el deber estatal de evitar la producción de daños al medio ambiente a través de la anticipación en el momento en el que la afectación ambiental es eludible (Gómez Lanz y Tomás Morales, 2019).

De acuerdo a lo explicado por la Corte Interamericana de Derechos Humanos en la Opinión Consultiva OC-23/17 el principio de prevención implica que los Estados tienen la "responsabilidad de velar por que las actividades realizadas dentro de su jurisdicción o bajo su control no causen daños al medio ambiente de otros Estados o de zonas que estén fuera de los límites de la jurisdicción nacional"; afirma la Corte que la prevención debe ser la política principal en relación con la protección del medio ambiente, y que debe estar dirigida a evitar daños significativos, entendiendo que "cualquier daño al medio ambiente que pueda conllevar una violación de los derechos a la vida o a la integridad personal [...] debe ser considerado como un daño significativo" (CIDH, 2017).

Como se ha podido observar a lo largo de este texto, el principio de prevención se constituye como el pilar estructural del derecho ambiental que permite atender con anticipación los riesgos ciertos que conlleva el desarrollo de proyectos, obras o actividades que generen impacto ambiental, de manera que los riesgos identificados diligentemente jamás llegan a transformarse en daño gracias a la realización de ese análisis prospectivo. A continuación examinaremos los elementos centrales del principio de prevención.

1. DILIGENCIA DEBIDA

Desde el derecho romano se encuentran referencias a la *diligentia* que se le exige al deudor frente a la forma de atender sus obligaciones, identificando al *bonus paterfamilias* como aquel que se desempeña hábilmente, sin imprudencia o negligencia, como ejemplo de actuar irreprochable (Petit, 1982). Al referirse a la carga de la diligencia Hinestrosa (2015) explica que ella se refleja en la conducta cabal para obtener los resultados esperados, y que quien adelanta ese tipo de acciones se conducirá con el objetivo de ser "previsivo, cauto y, por supuesto, de seguir fielmente las instrucciones de ley". Siguiendo al maestro, y haciendo referencia a las cargas de advertencia, sagacidad y previsión por él explicadas, podríamos afirmar *mutatis mutandis*, que en materia ambiental, quien se empeña en realizar acciones que generan impactos relevantes sobre el medio ambiente, soporta la carga de ejecutar sus actividades de forma "sagaz", y debe contar con la experiencia y el conocimiento requeridos para conducir su proyecto hacia los resultados esperados, sin generar daños al medio ambiente. Por tanto, la prevención implica actuar sin culpa, bajo el entendido clásico del término, es decir, evitando resultados negativos por falta de previsión o cuidado.

El actuar diligente es elemento central del principio de prevención, por cuanto no resulta lógico que se omitan acciones dirigidas a evitar riesgos ciertos, o que se permita que sujetos sin el conocimiento, la experiencia o la experticia adecuada, sean habilitados para adelantar acciones que actual o potencialmente podrían llegar a generar daños al entorno natural. Por tanto, entendemos que la diligencia debida exige proceder de acuerdo con el reglamento, conforme a lo establecido en el instrumento autorizatorio que, previo al desarrollo de la actividad, debió obtener el sujeto a quien hemos venido llamando "dueño del proyecto"; por supuesto, quien adelanta labores de manera ilícita o contraviniendo de cualquier forma al reglamento, no actuará con la diligencia debida y por tanto no atenderá al principio de prevención.

Sobre la debida diligencia en el derecho internacional, Viñuales (2017) afirma que para el funcionamiento del principio de prevención es de particular importancia su relación con la diligencia debida, y explica que la obligación general de diligencia debida tiene una aplicación que excede los asuntos ambientales y cubre las relaciones entre los Estados, y entre ellos y otras entidades. Ahora bien, Viñuales (2017) explica que en materia ambiental la diligencia debida se manifestará en la exigencia a los Estados de adoptar medidas de prevención dirigidas a evitar daños sensibles[13], puede incluir la toma de medidas específicas de manejo de los riesgos y, por tanto, se demanda una actividad proactiva que podría verse reflejada en la elaboración de evaluaciones de impacto ambiental, así como en obligaciones de notificación y consulta.

Drnas de Clément (2001) indica que la obligación general de prevenir que se le exige a los sujetos de derecho internacional implica que, ante la falta de diligencia en la toma de decisiones dirigidas a proscribir o constreñir actos que puedan generar afectaciones a otros sujetos internacionales, surja la posibilidad dc calificar como ilícito la omisión a la diligencia debida. Sobre el particular, la Opinión Consultiva OC-23/17 aclara que la debida diligencia está asociada "a la posible responsabilidad de un Estado frente a obligaciones de conducta o comportamiento, en contraste con las obligaciones de resultado que requieren el logro de un objetivo específico" (CIDH, 2017), obligación de medio y no de resultado, que exige desarrollar las acciones preventivas apropiadas y proporcionales al riesgo de daño ambiental

13 La obligación de no causar daños sensibles se fundamenta en el principio *Sic utere tuo alenium non laedas* y tiene antecedentes en casos como el de la fundición de Trail (1941) y el caso del Lago Lanós (1857). La Convención de las Naciones Unidas sobre el derecho de los usos de los cursos de agua internacionales para fines distintos de la navegación, de 1997, hace referencia a esta obligación así: "Los Estados del curso de agua, al utilizar un curso de agua internacional en sus territorios, adoptarán todas las medidas apropiadas para impedir que se causen daños sensibles a otros Estados del curso de agua", entendiéndose por daño sensible, un impacto perjudicial con consecuencias sobre el ambiente o el desarrollo socio económico del Estado afectado, el cual se establece con evidencia objetiva y se determina caso por caso.

2. RIESGO CIERTO

Conforme al DRAE, la palabra riesgo refiere a la contingencia o proximidad de un daño. Al hacer un análisis etimológico del vocablo, Epalza (1989) encuentra raíces árabes, particularmente de El Corán, que al usar el término *rizq* hace referencia a la providencia, a lo que depara la providencia. Esta referencia etimológica nos permite avanzar hacia diversas concepciones del término: de esa manera encontramos que desde la microeconomía el riesgo se entiende como "posibilidad de que se produzcan diferentes resultados cuando se conoce la probabilidad de cada uno" (Pindick, 2001); desde la gestión de riesgos, la norma ISO 31000 lo define como "Efecto de la incertidumbre sobre nuestros objetivos. Debemos entender como 'efecto' una desviación de algo que se espera, ya sea positivo o negativo. Normalmente el riesgo viene expresado como una combinación de las consecuencias de un evento y la probabilidad de que ocurra" (ISO-IEC, 2009); por su parte la norma ISO 14001, sobre sistemas de gestión ambiental, entiende al riesgo como "efecto de la incertidumbre", aclarando que "la incertidumbre es el estado, incluso parcial, de deficiencia de información relacionada con la comprensión o conocimiento de un evento, su consecuencia o su probabilidad" (ISO/IEC, 2015).

Conforme a Embid Tello (2010), la concepción jurídica del término es variada y en algunos casos contradictoria; explica el autor que en Alemania riesgo es "todo suceso dañoso incierto que no entre dentro del concepto de peligro", siendo peligro "una situación o conducta que con un grado suficiente de probabilidad causará un daño a un bien jurídico protegido en el caso que no se impida suficientemente el desarrollo de los acontecimientos que objetivamente cabe esperar". Ahora bien, el Tribunal de Primera instancia de las comunidades europeas diferencia el concepto de peligro frente al de riesgo, indicando que "el peligro es un daño no actualizado y que el riesgo es la función de probabilidad de que este daño suceda" (Embid Tello, 2010).

Por tanto, el riesgo, entendido como el suceso futuro no deseado, debe eliminarse, mitigarse o controlarse a través de la puesta en práctica del principio de prevención. Por supuesto, para lograr que el riesgo jamás llegue a transformarse en daño se requiere que la diligencia debida ya estudiada, haya impulsado al dueño del proyecto a analizar las circunstancias de tiempo, modo y lugar en que se llevará a cabo la actividad específica, y haberlo inducido a realizar análisis que le permitan conocer detalladamente los impactos que se generarán, para proponer y poner en marcha las medidas necesarias para reducir, mitigar y controlar los efectos negativos no deseados.

Dicho análisis se desarrollará por los medios que se exijan por la normatividad en cada caso; así, instrumentos como el Estudio de Impacto Ambiental (EIA) y el diagnóstico ambiental de alternativas serán herramientas que servirán para analizar las condiciones particularísimas del proyecto y reconocer los riesgos asociados al mismo, con el fin de tomar las medidas que permitan instrumentalizar el principio de prevención y actuar antes de que llegue a generarse un daño al medio ambiente. Esos estudios ambientales serán tan detallados y exhaustivos como alto sea el impacto que podría llegar a generarse con la actividad, siendo la reglamentación la encargada de definir, a través de términos de referencia, si es del caso, el nivel exacto de estudio y evaluación que cada proyecto requerirá.

Ahora bien, cuando nos referimos a riesgos ciertos, queremos aludir a un grado alto o suficiente de conocimiento que permite tomar medidas que, en el escenario técnico o científico, se entienden mayoritariamente como las adecuadas para atender las consecuencias perjudiciales no ambicionadas. Betancor Rodríguez (2014) explica que cuando aplicamos el principio de prevención existe certidumbre frente a las medidas convenientes para evitar el daño, añadiríamos, medidas convenientes para gestionar los riegos.

La convicción de poseer los medios adecuados para atender los riesgos también es consecuencia del actuar diligente, de la experticia, de la pericia, del conocimiento práctico de los desarrolladores de proyectos y, por supuesto, de la administración encargada de ejercer las acciones necesarias de evaluación, control y monitoreo. La certeza científica originada en la ciencia y la técnica desciende a la actividad generadora de impacto y guía la forma de gestionar los riesgos ambientales, y si esto es así, si la ciencia y la tecnología son capaces de definir esas líneas de acción de forma segura y clara, sin temor a errar, estaremos siendo guiados por el principio de prevención ambiental[14]

---

14 La certeza frente a los riesgos es el elemento diferenciador entre los principios de prevención y precaución, el segundo se aplicará en los escenarios de falta de certeza científica, aquellos donde la comunidad científica o técnica, o una parte relevante de dicha comunidad, no logran una voz unívoca mayoritaria sobre el riesgo que entraña una actividad o sobre la forma en la que debe manejarse dicho riesgo. Al respecto vid. Embid Tello (2010), Dinneen (2013), Moraga, Boutonnet y Saint-Paul (2015) y Briceño Chaves (2017), entre muchos otros.

3. INEXISTENCIA DEL DAÑO

Drnas de Clément (2001) identifica al daño dudoso como elemento del principio de prevención en materia ambiental en el ámbito del derecho internacional, en la medida en que en este ámbito la obligación que se le exige a los Estados es "actuar de modo proporcional a las fuerzas en juego para evitar daños transfronterizos". En otros textos la autora prefiere referirse a "daño eventual" (Drnas de Clément, 2003) como elemento característico del principio de prevención. Partiendo de concebir el principio de prevención como un principio de evitación del daño, es claro que lo que se pretende dar a entender con los conceptos de "daño dudoso" o "daño eventual" es que en la medida en que se conocen los riesgos que se enfrentan, se conocen también los resultados negativos que se podrían llegar a generar de no tomar las medidas de manejo de riegos que se requieran.

Consideramos que, derivadas de la debida diligencia que se le exige a quien desea desarrollar actividades que generan impactos significativos o importantes, la experticia y el análisis detallado permitirán reconocer de manera clara, con seguridad, cuál sería el alcance del daño que podría llegar a configurarse. En ningún caso sería válido entender desde la lógica hermenéutica que el principio de prevención tenga cabida si el daño existe, por supuesto lo que se pretende es impedir con las medidas de manejo del riesgo que el evento negativo llegue a suceder, por tanto, si por cualquier razón dichas medidas son insuficientes y el principio de prevención no pudo lograr su objetivo, la atención del daño deberá abordarse ilustrando la acción desde lo jurídico con la aplicación de los principios de corrección de atentados en la fuente, o el que contamina paga, entre otros mandatos de optimización dirigidos a lograr la reparación integral del daño generado (Betancor Rodríguez, 2014).

Consideramos que el daño no debe existir para que sea lógica la aplicación del principio de prevención, por lo que el daño inexistente es un elemento necesario para aplicarlo; preferimos el término inexistente ya que expresa con claridad el objetivo del principio. Nos apartamos de los términos daño dudoso o daño eventual por cuanto la certeza que acompaña al principio de prevención debe abordar los riesgos, las medidas para lograr su eliminación, mitigación o control sobre el manejo inadecuado, así como los efectos negativos que se generarían de no adoptar las acciones necesarias, es decir, debe existir también certeza de los daños ambientales que se podrían llegar a generar.

Ahora bien, desde la visión y acción prospectivas que permite la anticipación se pueden imaginar y definir técnicamente las medidas para mitigar, eliminar y controlar riesgos con el fin de evitar daños, pero en ningún caso se podría delimitar su alcance de manera absoluta, ya que a pesar de las modelaciones técnicas que puedan ponerse en marcha, ellas no tienen la posibilidad de asegurar de manera exacta las circunstancias en las que el daño podría generarse. Por estas razones se propone como último elemento del principio, la inexistencia del daño.

II. LA PREVENCIÓN EN COLOMBIA

A. BASE NORMATIVA DE LA ACCIÓN PREVENTIVA

Al igual que en otros países de la región[15], en Colombia la necesidad de lograr la prevención en materia ambiental ha sido incluida como fundamento de la acción ambiental del Estado. El artículo 80 de la Carta Política determina: "El Estado [...] deberá prevenir y controlar los factores de deterioro ambiental". La referencia a la necesidad de prevenir se da en el marco de la definición de una serie de tareas que se le asignan al Estado en el ámbito medioambiental, entre las cuales están planificar el manejo y aprovechamiento de los recursos naturales con el objetivo de alcanzar el desarrollo sostenible, la necesidad de adelantar acciones para lograr la conservación del entorno, imponer las sanciones legales que correspondan y exigir la reparación de los daños generados a la naturaleza.

El soporte normativo cubre de manera exhaustiva las normas que hemos denominado pilares del derecho ambiental colombiano (García Pachón, 2017); así, encontramos que en el artículo 1.º de la Ley 23 de 1973 se decretaron como objetivos prevenir y controlar la contaminación del medio ambiente; a su vez el Decreto Ley 2811 de 1972 identificó como uno de sus objetivos "Prevenir y controlar los efectos nocivos de la explotación de los recursos naturales no renovables sobre los demás recursos", y en desarrollo

---

15 Las constituciones latinoamericanas que hacen referencia a la necesidad de acción preventiva son: Ecuador en el artículo 86, Guatemala en el artículo 97, Panamá en el artículo 119 y República Dominicana en el artículo 67 numeral 5. Del mismo modo en el Tratado de Funcionamiento de la Unión Europea, artículo 191,2, y en el Tratado de la Unión Europea, firmado en Maastricht el 7 de febrero de 1992, se indica que la política de la Comunidad en el ámbito del medio ambiente se basará entre otros, en el principio de acción preventiva.

de ese objetivo determinó múltiples condiciones que deberían cumplirse para lograr el uso y aprovechamiento razonable de los recursos naturales, su protección y conservación[16].

En lo que corresponde a la Ley 9.ª de 1979, Código Sanitario Nacional, puede observarse que su contenido está dirigido a prevenir daños a la salud de las personas, por tanto en su articulado se encuentran medidas relativas a prevenir riesgos derivados de diversas actividades como, por ejemplo, algunos generados por las condiciones de trabajo relacionados con el manejo de agentes químicos y biológicos (art. 103) o aquellos originados por el manejo de sustancias peligrosas, plaguicidas o artículos pirotécnicos[17]. En lo relativo al saneamiento de edificaciones se determinan normas sanitarias dirigidas a la "prevención y control de los agentes biológicos, físicos o químicos que alteran las características del ambiente exterior de las edificaciones hasta hacerlo peligroso para la salud humana"; por otro lado, se toman medidas de prevención de enfermedades transmisibles (art. 478) y posibles eventos epidemiológicos (art. 488), entre muchos otros.

En lo que corresponde a la Ley 99 de 1993, desde los principios de política ambiental del artículo 1.º podemos observar la referencia a la prevención, en dos sentidos: en primer lugar, al indicar que el proceso de desarrollo económico se guiará según los principios de la Declaración de Río, y por tanto se asume el deber de velar por que las actividades que se realicen al interior del

16 En el Código de Recursos Naturales Renovables encontramos múltiples disposiciones que ordenan prevenir el daño ambiental. Se encuentra expresamente identificado el objetivo de prevención en la forma en que se deberían administrar los asuntos internacionales (art. 10.º), en la gestión de productos químicos, sustancias toxicas y radioactivas (art. 32), en el manejo de la atmósfera y del espacio aéreo (art. 75), en el establecimiento de líneas generales para evitar la contaminación (art. 134 y ss.), en la gestión del mar (art. 164), en las facultades de la Administración dirigidas a prevenir fenómenos como los de erosión, degradación, salinización o revenimiento, el establecimiento de "medidas preventivas sobre el uso de la tierra, concernientes a la conservación del suelo, de las aguas edáficas y de la humedad y a la regulación de los métodos de cultivo, de manejo de la vegetación y de la fauna" (art. 181), en la protección forestal y la evitación de incendios forestales (art. 241), en las medidas dirigidas a garantizar la sanidad agropecuaria (art. 295), en las medidas que debe tomar la administración pública dirigidas a prevenir la erosión y controlar y disminuir los daños causados por ella, y mantener o mejorar las condiciones ecológicas del agua, proteger los ecosistemas acuáticos y prevenir la eutroficación (art. 314), entre otras.

17 Ejemplo de ello es el artículo 130 que determina: "En la importación, fabricación, almacenamiento, transporte, comercio, manejo o disposición de sustancias peligrosas deberán tomarse todas las medidas y precauciones necesarias para prevenir danos a la salud humana, animal o al ambiente, de acuerdo con la reglamentación del Ministerio de Salud".

territorio colombiano no causen daños al medio ambiente de otros estados, de otro lado en el numeral 7, se indica que el Estado debe fomentar el uso de instrumentos económicos para prevenir el deterioro ambiental; en segundo lugar, se reconoce la necesidad de avanzar en la prevención a través de la determinación de competencias al Ministerio de Ambiente (hoy Ministerio de Ambiente y Desarrollo Sostenible)[18] y a las Corporaciones Autónomas Regionales[19], así como el establecimiento de instrumentos como la licencia ambiental (art. 49) y el diagnóstico ambiental de alternativas (art. 56).

Finalmente, en la Ley 1333 de 2009, procedimiento sancionatorio ambiental, se señala que la sanción tiene, entre otros, un fin preventivo (art. 4.º); de igual manera, vemos reflejado el principio de prevención en la delimitación del objeto de las medidas preventivas, que como su nombre lo indica procuran prevenir o impedir la ocurrencia de un hecho, la realización de una actividad o la existencia de una situación que atente contra el medio ambiente, los recursos naturales, el paisaje o la salud humana (art. 12).

A su vez, en el reglamento, Decreto 1076 de 2015, encontramos múltiples referencias a la necesidad de adelantar medidas de prevención, ya sea en la determinación de las condiciones para obtener un permiso ambiental, en las disposiciones que reglamentan las licencias ambientales, en las que encontramos incluso la definición de medidas preventivas como "las acciones encaminadas a evitar los impactos y efectos negativos que pueda generar un proyecto, obra o actividad sobre el medio ambiente" (art. 2.2.2.3.1.1), en normas que guían la planificación ambiental[20], en normas que ordenan el desarrollo de planes de gestión del riesgo[21], y en un cúmulo de mandatos

18 En el artículo 5.º se determina: "[...] 14. Definir y regular los instrumentos administrativos y mecanismos necesarios para la prevención y el control de los factores de deterioro ambiental y determinar los criterios de evaluación, seguimiento y manejo ambientales de las actividades económicas".

19 En el artículo 31, numeral 23 se indica que corresponde a las Corporaciones: "Realizar actividades de análisis, seguimiento, prevención y control de desastres, en coordinación con las demás autoridades competentes, y asistirlas en los aspectos medioambientales en la prevención y atención de emergencias y desastres...".

20 En las directrices para ordenar las cuencas hidrográficas (art. 2.2.3.1.5.).

21 Es el caso del artículo 2.2.3.3.5.4, que ordena a las personas naturales o jurídicas de derecho público o privado que desarrollen actividades industriales, comerciales y de servicios que generen vertimientos a un cuerpo de agua o al suelo elaborar un plan de gestión del riesgo para el manejo de vertimientos.

que cubren diversas actividades que merecen ser manejadas a la luz del principio de prevención[22].

Como consecuencia de la referencia permanente a la acción preventiva en la normatividad ambiental colombiana, es claro que la acción de la administración estará enfocada en lograr la prevención en todas las acciones que en ejercicio del poder de policía administrativa le corresponde adelantar. Por supuesto, esta forma de actuar conforme al principio de prevención informará igualmente la forma en que los individuos deben dirigir sus acciones cuando desarrollen proyectos que generen impacto ambiental significativo o importante.

B. LA CORTE CONSTITUCIONAL, EL CONSEJO DE ESTADO Y EL PRINCIPIO DE PREVENCIÓN

Las decisiones de estos tribunales colombianos en las que se resuelven conflictos relacionados con el medio ambiente aumentan, y en sus fallos se ha procurado definir el alcance del principio de prevención, y aunque se puede identificar un número significativo de sentencias en las que se ha realizado una correcta aplicación del principio, la cercanía terminológica al principio de precaución ha generado que en ciertos casos el uso del principio no sea el ideal. En esta sección identificaremos, en primer lugar, la forma en que se ha entendido el principio y, luego, cómo se ha aplicado en diversas sentencias.

Respecto de la importancia, conceptualización y rasgos principales del principio de precaución, encontramos que es variada la jurisprudencia en que las Cortes se han dedicado a abordar estos asuntos. En cuanto a la importancia del principio de prevención, en las Sentencias C-595 de 2010 y C-449 de 2015 la Corte Constitucional resaltó la preeminencia del modelo preventivo y la necesidad de evitar que el daño se llegue a producir, añadiendo en la Sentencia T-733 de 2017 que el Estado tiene la obligación de exigir las medidas necesarias para preservar el medio ambiente. Igualmente, resaltó que la Corte Internacional de Justicia ha afirmado que "... en el ámbito de

---

22 Por ejemplo: en las medidas dirigidas a prevenir la contaminación derivada del lavado de naves (art. 2.2.3.2.10.20), en las medidas de control de emisiones (art. 2.2.5.1.2.11), en la determinación de instrumentos dirigidos a control emisiones de ruidos (2.2.5.1.5.1), en las medidas dirigidas a prevenir y controlar la contaminación ambiental por el manejo de plaguicidas (art. 2.2.7.1.1.1), en las dirigidas a la gestión adecuada de residuos peligrosos, etc.

la protección del medio ambiente, la vigilancia y la prevención son necesarias en razón del carácter a menudo irreversible de los daños al medio ambiente y de las limitaciones inherentes al propio mecanismo de reparación de este tipo de daño".

Y en relación con el concepto, el Consejo de Estado ha afirmado que el principio de prevención "... parte del conocimiento suficiente de los efectos e impactos que una actividad determinada va a causar, de forma que es posible adoptar medidas para prevenirlos o en su defecto, mitigarlos, corregirlos o compensarlos"[23]; en similar sentido la Corte Constitucional afirmó en la Sentencia T.733 de 2017 que "La aplicación del principio de prevención se da en aquellos casos en los cuales es posible identificar las consecuencias que una medida puede tener sobre el medio ambiente, como consecuencia de ello, se exige que la autoridad competente adopte estrategias que eviten el acaecimiento del daño".

En lo relativo al soporte constitucional del principio, la Sentencia T-652 de 2013 afirmó que, en materia ambiental, el *principio de prevención* es uno de los contenidos derivados de los artículos 8.º, 79 y 95 numeral 8 de la Constitución. En la Sentencia C-703 de 2010 se subraya el soporte constitucional del principio afirmando que el artículo 80 es fundamento de

> ... una labor preventiva que adquiere especial significado tratándose del medio ambiente, para cuya protección se le otorga una singular importancia a la evitación de la vulneración o del daño que pueda llegar a presentarse, dado que buena parte de las causas de perturbación, de concretarse, tendrían impactos irreversibles y en caso de resultar posible la reversibilidad de los efectos, las medidas de corrección suelen implicar costos muy elevados.

En cuanto a la forma en que se materializa el principio de prevención, las sentencias C-703 de 2010, T-204 de 2014 y T-733 de 2017 explicaron que ocurre mediante

> ... mecanismos jurídicos tales como la evaluación del impacto ambiental o el trámite y expedición de autorizaciones previas, cuyo presupuesto es la posibilidad

---

23 Consejo de Estado. Sentencia del 25 de enero de 2019. Rad 85001-23-33-000-2014-00218-02(AP), C. P.: Oswaldo Giraldo López. En similar sentido la Sentencia del 2 de agosto de 2018. Rad: 2118053 20001-23-31-000-2010-00041-01, C. P.: Alberto Yepes Barreiro.

> de conocer con antelación el daño ambiental y de obrar, de conformidad con ese conocimiento anticipado, a favor del medio ambiente.

En similar sentido, partiendo de la certeza, el Consejo de Estado ha explicado que el principio de prevención "... se materializa en mecanismos jurídicos tales como la evaluación del impacto ambiental o el trámite y expedición de autorizaciones previas, cuyo presupuesto es la posibilidad de conocer con antelación el daño ambiental y de obrar, de conformidad con ese conocimiento anticipado, a favor del medio ambiente".

En lo relativo a la aplicación del principio en derecho internacional, en las sentencias T-080 y C-449 de 2015, T-622 de 2016 y C-644 de 2017 se explicó que el principio pretende

> ... que las acciones de los Estados se dirijan a evitar o minimizar los daños ambientales, como un objetivo apreciable en sí mismo, con independencia de las repercusiones que puedan ocasionarse en los territorios de otras naciones. Requiere por ello de acciones y medidas –regulatorias, administrativas o de otro tipo– que se emprendan en una fase temprana, antes que el daño se produzca o se agrave.

Ahora bien, en cuanto a los fundamentos del principio en el derecho internacional, las sentencias C-449 y T-080 de 2015, T-622 de 2016, y T-733 y C-644 de 2017, entre otras, resaltan la relevancia de la Declaración de Estocolmo de 1972, la Carta Mundial de la Naturaleza de 1982 y la Declaración de Río de 1992.

En cuanto a la diferencia con el principio de precaución se ha reiterado que se refiere al conocimiento científico del riesgo, y así se reitera en las sentencias T-1077 de 2012, T-204 de 2014, T-080, C-449, T-606 y C-166 de 2015, y T-622 de 2016[24],entre otras. En el mismo sentido, el Consejo de Estado ha entendido la diferencia en diversos pronunciamientos como, por ejemplo, los casos del río Bogotá[25] y Ramírez Roa *vs.* el MADS, la ANH

24 A este respecto en la Sentencia C-703 de 2010 se indicó que aunque mayoritariamente se identificaba como diferencia entre el principio de prevención y el principio de precaución la certeza que se tiene sobre los riesgos, para autores como Ángel Manuel Moreno Molina, existe una proximidad de los principios de prevención y precaución que permitiría un tratamiento genérico de los principios; argumento del que discrepamos por las evidentes diferencias entre los principios de prevención y precaución.

25 Consejo de Estado. Sentencia del 28 de marzo de 2014. Rad. AP-25000-23-27-000-2001-90479-01, C. P.: Marco Antonio Velilla Moreno.

y otros[26]. En relación a la diferencia entre los principios es estructural la Sentencia C-293 de 2002, en la cual la Corte Constitucional condicionó el uso del principio de precaución por las autoridades ambientales, a circunstancias excepcionales en las que deberían verificarse las siguientes condiciones "1. Que exista peligro de daño; 2. Que éste sea grave e irreversible; 3. Que exista un principio de certeza científica, así no sea ésta absoluta; 4. Que la decisión que la autoridad adopte esté encaminada a impedir la degradación del medio ambiente; 5. Que el acto en que se adopte la decisión sea motivado", interpretación que fue retomada por el Consejo de Estado en varios fallos, por ejemplo los casos Comunidad Valle de Lili *vs.* CVC y Metro Cali[27], y Ceballos Ramírez *vs.* R.E.M. International[28].

En lo relativo a la aplicación del principio por las Cortes encontramos que a pesar de la claridad conceptual no siempre existe una aplicación acertada del principio. En algunos casos hallamos un aplicación lógica del principio como, por ejemplo, en la sentencia del Consejo de Estado en el caso Ceballos Ramírez *vs.* R.E.M. International, ante la inminencia del daño el Tribunal ordenó la suspensión de "toda actividad relacionada con el aprovechamiento forestal, en jurisdicción del corregimiento de Mecana, municipio de Bahía Solano, departamento del Chocó"; es decir, aún no había daño, pero con fundamento en el principio de prevención se dio la orden de suspender actividades[29]. Otro caso en el que identificamos una correcta interpretación del principio de prevención es Ramírez Roa *vs.* el MADS, la ANH y otros[30], en el cual el Consejo de Estado revocó la decisión del *ad quo* argumentando una indebida aplicación de los principios de prevención y precaución al tratarlos como sinónimos, sin indicar concretamente el sustento fáctico ni los aspectos particulares sobre los cuales recaería la posible afectación al medio ambiente.

---

26 Consejo de Estado. Sentencia del 11 de abril de 2018. Rad. AP 85001-23-33-000-2017-00230-01. C. P.: María Elizabeth García González.

27 Consejo de Estado. Sentencia del 4 de mayo de 2018. Rad. 76001-23-33-000-2017-01223-01(AP) A, C. P.: Hernando Sánchez Sánchez.

28 Consejo de Estado. Sentencia del 1.° de noviembre de 2012. Rad 27001-23-31-000-2011-00179-01(AP), C. P.: María Claudia Rojas Lasso.

29 Consejo de Estado. Sentencia del 1.° de noviembre de 2012. Rad 27001-23-31-000-2011-00179-01(AP). C. P.: María Claudia Rojas Lasso.

30 Consejo de Estado. Sentencia del 11 de abril de 2018. Rad AP 85001-23-33-000-2017-00230-01. C. P.: María Elizabeth García González.

En otro caso de aplicación adecuada el Consejo de Estado afirmó que no cabía aplicar el principio de prevención para prohibir el desarrollo de actividades lícitas en abstracto, pues si no hay riesgo no hay principio de prevención que se deba aplicar. En este caso se partía del supuesto de que una empresa que había obtenido licencia ambiental para el desarrollo de un proyecto de exploración petrolera en una zona determinada, lo haría en un futuro en otra zona que se podría llegar a afectar negativamente desde la perspectiva medioambiental[31].

En la Sentencia del Consejo de Estado, en el caso de la Comunidad Valle de Lili *vs.* CVC y Metro Cali[32], se aplicó adecuadamente el principio de prevención aclarando que en los casos en que se pueda advertir una posibilidad latente de que con ocasión de la realización de unas obras se genere una afectación ambiental, se debe aplicar el principio de prevención y, en consecuencia, es válido ordenar actividades para gestionar los riesgos asociados.

En otros casos, la aplicación del principio no fue adecuada, por ejemplo, en la decisión del Consejo de Estado, relativa a la aspersión de cultivos con glifosato (caso Uribe Ricaurte y otro *vs.* Consejo Nacional de Estupefacientes)[33], se aplicó el principio de precaución cuando se debió haber aplicado el principio de prevención; en el texto de la sentencia se afirmó:

> Según lo expuesto, se encuentra plenamente establecido que existen evaluaciones científicas del riesgo de daños por la aspersión con glifosato en el Sistema de Parques Nacionales Naturales, acaeciendo el segundo presupuesto exigido para establecer si la decisión del Consejo Nacional de Estupefacientes contradice el principio de precaución. Todo lo anterior demuestra que de concretarse el riesgo los daños serían graves, esto es, su intensidad haría que el menoscabo del medio ambiente fuera significativo y en consecuencia irreversible dadas las especiales características ambientales de estas zonas de tanta importancia, en otras palabras, el bien jurídico que se busca tutelar se vería menguado hasta el punto de que sería improbable que volviera a ser el mismo o alcanzara en algún grado el estado anterior luego de sufrir el perjuicio...

---

31 Consejo de Estado. Sentencia del 25 de enero de 2019. Rad 85001-23-33-000-2014-00218-02(AP), C. P.: Oswaldo Giraldo López.

32 Consejo de Estado. Sentencia del 4 de mayo de 2018. Rad. 76001-23-33-000-2017-01223-01(AP) A, C. P.: Hernando Sánchez Sánchez.

33 Consejo de Estado. Sentencia de1 1.º de diciembre de 2013. Rad. 11001-03-24-000-2004-00227-01, C. P.: Guillermo Vargas Ayala.

Como se puede observar, a pesar de la certeza de los riesgos, el Tribunal prohibió el uso de glifosato basado en el principio de precaución y no en el de prevención.

Otro caso en el cual la aplicación del principio no fue afortunada fue la Sentencia T-080 de 2015, en la cual se verificaron importantes daños al medio ambiente por el derrame de un plaguicida en la Bahía de Cartagena, pero las órdenes de restauración se dieron con fundamento en el principio de prevención.

Como se puede observar, a pesar de la claridad conceptual que expresan las Cortes en sus fallos, no siempre el principio de prevención corresponde a la decisión que toma en la sentencia. El algunos casos, se usan los principios de prevención y precaución indistintamente, y en otros se aplica el principio de prevención en casos en los que hay daño, y en otros más se le da aplicación al principio de precaución existiendo certeza de los riesgos olvidando la aplicación del principio de prevención.

CONCLUSIONES

El principio de prevención es estructural en la configuración del derecho ambiental internacional y nacional. La necesidad de evitar el daño ambiental a través de la toma de medidas dirigidas a mitigar, controlar y gestionar adecuadamente los riesgos de las actividades humanas que generan impacto ambiental significativo se ve cubierta con el principio de prevención.

En el derecho internacional del medio ambiente el principio de prevención y la acción preventiva se reflejan desde múltiples perspectivas en instrumentos jurídicos vinculantes y no vinculantes, y han sido interpretadas por los tribunales internacionales, otorgándoles un carácter de particular relevancia en las relaciones de los Estados con sus vecinos, entendiendo que la diligencia que se exige a los países en el manejo de su territorio se ve reflejada en el principio de prevención.

La importancia del principio de prevención es absoluta y debe aplicarse siempre que exista certeza de los riesgos asociados al desarrollo de actividades de alto impacto ambiental. No cabe otra forma de actuar sino aquella guiada por la debida diligencia, lo que implica operadores probos, vigilados y controlados por autoridades ambientales con extraordinario conocimiento de los asuntos que les competen.

El principio de prevención es un pilar estructural del derecho ambiental, pues permite atender con anticipación los riesgos ciertos que conlleva el desarrollo de proyectos, obras o actividades que generan impacto ambiental, de manera que los riesgos identificados diligentemente jamás llegan a transformarse en daño gracias a la realización de ese análisis prospectivo.

El principio de prevención tiene en Colombia base constitucional, ha sido desarrollado en la estructura normativa, se debe ver reflejado en los instrumentos de policía administrativa, y debe fundamentar la acción estatal y ciudadana en materia ambiental. Las diferencias del principio de prevención con el principio de precaución, especialmente la certeza frente a los riesgos, deben ser tenidas en cuenta al momento de la argumentación jurídica con el fin de prevenir errores en la toma de decisiones dirigidas a evitar los daños al medio ambiente.

BIBLIOGRAFÍA

Betancor Rodríguez, A. *Derecho Ambiental*, Madrid, La Ley, 2014.

Briceño Chaves, A. M. *El principio de precaución en una sociedad de riesgos ambientales*, Bogotá, Universidad Externado de Colombia, 2017.

cidh. Opinión Consultiva OC-23/17, 15 de noviembre de 2017, disponible en [https://www.corteidh.or.cr/docs/opiniones/seriea_23_esp.pdf], consultada el 22 de junio de 2020.

cij. "Sentencia del caso de las plantas de celulosa sobre el río Uruguay", 20 de abril de 2010, disponible en [https://www.dipublico.org/cij/doc/177-full.pdf], consultada el 10 de julio de 2020.

Dinneen, N. "Precautionary Discourse", *Politics and the Life Sciences*, 2013, 2-21.

drae. *Diccionario de la lengua española*, 1.º de junio de 2020, disponible en [https://dle.rae.es/prevenir].

Drnas de Clément, Z. "Los principios de prevención y precaución en materia ambiental en el sistema internacional y en el sistema interamericano", *Jornadas de Derecho Internacional. Secretaría General de la oea*, Washington, 2001.

Drnas de Clément, Z. "El daño deliberado y substancial al medio ambiente, como objetivo, medio o método de guerra constituye violación de norma imperativa de derecho internacional general", en P. Valladares. *Derecho internacional humanitario y temas de áreas vinculadas*, Buenos Aires, Lexis Nexis y Abeledo Perrot, 2003, disponible en [https://www.icrc.org/es/doc/assets/files/other/10_drnas_de_clement.pdf], consultada el 1.º de mayo de 2020.

Duvic-Paoli, L.-A. "The Prevention Principle in International Environmental Law", Cambridge University Press, 2018, disponible en [http://search.ebscohost.com/login.aspx?direct=true&db=cat05988a&AN=uec.CR9781108553728&lang=es&site=eds-live&scope=site], consultada el 8 de junio de 2020.

Embid Tello, A. *Precaución y derecho. El caso de los campos electromagnéticos*, Madrid, Iustel, 2010.

Epalza, M. "Notas sobre la etimología árabe-islámica de 'riesgo'", *Sharq Al-Andalus*(6), 1989, disponible en [http://www.cervantesvirtual.com/nd/ark:/59851/bmcmg820], consultada el 28 de junio de 2020.

Gafner-Rojas, C. *El derecho internacional y su reflejo en Colombia*, Bogotá, Universidad Externado de Colombia, 2018.

García Pachón, M. P. *Régimen jurídico de los vertimientos en Colombia. Análisis desde el derecho ambiental y el derecho de aguas*, Bogotá, Universidad Externado de Colombia, 2017.

García Pachón, M. P. "La efectividad de las normas ambientales", en Y. Aguila y C. Miguel Perales. *Principios de Derecho Ambiental y Agenda 2030*, Valencia, Tirant lo Blanch, 2019.

Gómez Lanz, J. y S. Tomás Morales. "El principio de prevención", en Y. Aguila y C. Miguel Perales. *Principios de derecho ambiental y agenda 2030*, Valencia, Tirant lo Blanch, 2019.

Günter, H. "Declaración de la Conferencia de las Naciones Unidas sobre el Medio Humano (Declaración de Estocolmo), de 1972, y Declaración de Río sobre el medio ambiente y el desarrollo, de 1992", 2012, United Nations Audiovisual Library of International Law, disponible en [https://legal.un.org/avl/pdf/ha/dunche/dunche_s.pdf], consultada el 6 de junio de 2020.

Hinestrosa, F. *Tratado de las Obligaciones II. De las fuentes de las obligaciones: el negocio jurídico*, vol. I, Bogotá, Universidad Externado de Colombia, 2015.

ICJ. "Case concerning the Gabcikovo-Nagymaros Proyect", septiembre de 1997, disponible en [https://www.icj-cij.org/files/case-related/92/092-19970925-JUD-01-00-EN.pdf].

ICJ. "Certain activities carried out by Nicaragua in the Border Area (Costa Rica *vs.* Nicaragua). Summary", 15 de diciembre de 2015, disponible en [https://www.icj-cij.org/files/case-related/152/18870.pdf], consultada el 1.º de julio de 2020.

ISO/IEC. Norma ISO 14001, 2015.

ISO-IEC. "Sistemas de Gestión de Riesgos", Norma ISO 31000, 2009.

Juste Ruiz, J. "Orígenes y evolución del derecho internacional del medio ambiente", en F. Sindico, R. Fernández Egea y S. Borràs Pentinat. *Derecho internacional del Medio Ambiente. Una visión desde Iberoamérica*, Londres, Cameron May, 2011.

Kiss, A. "Concept and possible implications of the right to environment", en K. Mahoney y P. Mahoney. *Human rights in the twenty-first century: a global challenge*, Boston, Dordrecht, 1993.

Lozano Cutanda, B. *Derecho ambiental administrativo*, 6.ª ed., Madrid, Dikinson, 2005.

McIntyre, O. "The current state of development of the no significant harm principle: How far have we come?", *International Environmental Agreements: Politics, Law and Economics* (1), 2020, disponible en [http://basesbiblioteca.uexternado.edu.co:2311/eds/detail/detail?vid=10&sid=53f2d9c8-5789-4399-9076-fc893fe03493%40sdc-v-sessmgr01&bdata=Jmxhbmc9ZXMmc2loZT1lZHMtbGl2ZSZzY29wZT1z aXRl#AN=edssjs.D7EA028A&db=edssjs], consultada el 1.º de agosto de 2020.

Moraga, P.; M. Boutonnet y J.-C. Saint-Paul. *El principio precautorio en el derecho comparado*, Santiago de Chile, Grafica LOM, 2015.

N.U. "Declaración de Estocolmo", A-Conf.48/14, Estocolmo, 1972.

N.U. "Informe de la Conferencia de las Naciones Unidas sobre el medio humano", 1972, disponible en [https://www.dipublico.org/conferencias/mediohumano/A-CONF.48-14-REV.1.pdf], consultada el 7 de julio de 2020.

N.U. *Carta Mundial de la Naturaleza*, A/RES/37/7, 1982.

N.U. "Declaración de Río sobre el Medio Ambiente y el Desarrollo", UN DOC. A/CONF.151/5/*Rev.1*, 1992.

N.U. "Resúmenes de los fallos, opiniones consultivas y providencias de la Corte Internacional de Justicia", 1992, disponible en [https://legal.un.org/icjsummaries/documents/spanish/st_leg_serf1.pdf], consultada el 11 de junio de 2020.

ONU y SCB. "Convenio de Basilea sobre el control de los movimientos transfronterizos de los desechos peligrosos y su eliminación. Textos y anexos", 2019, disponible en [http://www.basel.int/TheConvention/Overview/TextoftheConvention/tabid/1275/Default.aspx], consultada el 3 de junio de 2020.

ONU. "Manual del protocolo de Montreal relativo a las sustancias que agotan la capa de ozono", 2019 , disponible en [https://ozone.unep.org/sites/default/files/2019-08/MP-Handbook-2019-Spanish.pdf], consultada el 3 de junio de 2020.

Ortega Álvarez, L. "Concepto de Medio Ambiente", en L. Ortega Álvarez. *Tratado de Derecho Ambiental*. Valencia: Tirant lo Blanch, 2013.

Petit, E. *Tratado elemental de derecho romano*, Buenos Aires, Albatros, 1982.

Pindick, R. S. *Microeconomía*, 5.ª ed., Madrid, Pearson Educación, 2001.

Pinto, M. "Los principios de prevención y precaución en el derecho ambiental argentino", en M. García Pachón y Ó. D. Amaya Navas. *Principios e instrumentos de evitación del daño ambiental*, Bogotá, Universidad Externado de Colombia, 2015.

PNUMA. "Convenio de Viena para la Protección de la Capa de Ozono", s.f., disponible en [https://unep.ch/ozone/spanish/vc-text-sp.pdf], consultada el 3 de junio de 2020.

Rojas Calderón, C. *Riegos y derecho administrativo. Desde el control a la regulación*, Santiago, DER, 2019.

U.N. "Reports of international arbitral awards. Trail smelter case (Unites States, Canada), 1941, disponible en [https://legal.un.org/riaa/cases/vol_III/1905-1982.pdf], consultada el 1.º de julio de 2020

Viñuales, J. E. "La protección ambiental en el derecho consuetudinario internacional", *Revista Española de Derecho Internacional*, 2017, 71-91, disponible en [http://www.revista-redi.es/wp-content/uploads/2017/08/3_estudios_vinuales_proteccion_ambiental.pdf], consultada el 2 de julio de 2020.

JURISPRUDENCIA CITADA

CORTE CONSTITUCIONAL

Sentencia C-275 de 2019.

Sentencia C-377 de 1996.

Sentencia C-400 de 1998.

Sentencia C-449 de 2015.

Sentencia C-576 de 2006.

Sentencia C-012 de 2004.

Sentencia C-166 de 2015.

Sentencia C-293 de 2002.

Sentencia C-519 de 1994.

Sentencia C-595 de 2010.

Sentencia C-644 de 2017.

Sentencia C-703 de 2010.

Sentencia T-080 de 2015.

Sentencia T-1077 de 2012.

Sentencia T-204 de 2014.

Sentencia T-204 de 2014.

Sentencia T-606 de 2015.

Sentencia T-622 de 2016.

Sentencia T-622 de 2016.

Sentencia T-652 de 2013.

Sentencia T-733 de 2017.

CONSEJO DE ESTADO

Sentencia del 1 de noviembre de 2012. Rad 27001-23-31-000-2011-00179-01(AP), C. P.: María Claudia Rojas Lasso.

Sentencia del 11 de abril de 2018. Rad AP 85001-23-33-000-2017-00230-01. Consejera ponente: María Elizabeth García González.

Sentencia del 2 de agosto de 2018. Rad: 2118053 20001-23-31-000-2010-00041-01, C. P.: Alberto Yepes Barreiro.

Sentencia del 25 de enero de 2019. Rad 85001-23-33-000-2014-00218-02(AP), C. P.: Oswaldo Giraldo López.

Sentencia del 28 de marzo de 2014. Rad. AP-25000-23-27-000-2001-90479-01, C. P.: Marco Antonio Velilla Moreno.

Sentencia del 4 de mayo de 2018. Rad. 76001-23-33-000-2017-01223-01(AP)A, C. P.: Hernando Sánchez Sánchez.

Sentencia del 11 de diciembre de 2013. Rad. 11001-03-24-000-2004-00227-01, C. P.: Guillermo Vargas Ayala.

JAVIER ALFREDO MOLINA ROA

Las incertidumbres de la Evaluación de Impacto Ambiental (EIA) en las áreas protegidas de Colombia

SUMARIO

RESUMEN

En el presente texto se analiza la evolución de la política de gestión de áreas protegidas en Colombia que tuvo un cambio fundamental en la última década del siglo XX. Además, se estudian las normas que regulan el licenciamiento ambiental de proyectos dentro de las áreas protegidas y sus implicaciones en materia de competencias y límites y el proceso de Evaluación e Impacto Ambiental. Finalmente, se estudian los casos relacionados con licencias ambientales otorgadas dentro de algunas de las áreas protegidas más importantes del país y también del nivel regional.

PALABRAS CLAVE

Áreas protegidas, conservacionismo, licencias, territorio, Estado.

ABSTRACT

This work examines evolution of protected areas policy in Colombia and the relevant turn carried out in the last decade of the 20th century. On the other hand, regulations about environmental licenses for projects within protected areas, their implications in terms of competencies, limits and the environmental impact assessment are reviewed. Finally, this paper carries out the study of cases related to environmental licenses granted within some of the most important protected areas of the country and also of the regional level

KEYWORDS

Protected areas, Conservationism, Licenses, Territory, State.

INTRODUCCIÓN

En el presente trabajo se ofrecen algunos elementos de análisis relacionados con el licenciamiento ambiental de proyectos, obras y actividades dentro de las áreas protegidas en Colombia, aspecto que merece ser estudiado con mayor profundidad por el derecho ambiental, pues ofrece interesantes escenarios en los que deben ser aplicadas las normas que regulan las licencias ambientales teniendo en cuenta una percepción conservacionista del territorio, en aras de lograr la armonía entre los objetivos de conservación de los espacios protegidos de raigambre constitucional y la necesidad del desarrollo, entendido como una actividad sostenible que debe hacer uso de una racionalidad ambiental alineada con la protección de la biodiversidad, el recurso hídrico y las interacciones ecosistémicas, elementos esenciales de las áreas objeto de especial protección.

En la primera parte del texto se examinan las tendencias que han marcado la gestión de las áreas protegidas en el país, pasando de un enfoque altamente conservacionista y amigo de la exclusión de la actividad humana, a un nuevo paradigma marcado por la participación de las comunidades en los procesos de declaratoria y en la sostenibilidad del modelo de conservación previsto en las políticas públicas ambientales y el marco normativo que las desarrolla. Posteriormente se hace un recuento de las principales normas del ordenamiento jurídico colombiano que regulan la Evaluación de Impacto Ambiental (EIA) de los proyectos que se ejecutarán dentro de las áreas protegidas, y se examinan las restricciones asociadas a este modelo de gestión administrativa del patrimonio natural estratégico, mostrando sus fortalezas y debilidades, y cuestionando la ausencia de normas específicas que guíen este delicado proceso a cargo de las autoridades ambientales del orden nacional y regional, y suplan los vacíos de la legislación vigente. El texto se cierra con el estudio de algunos casos puntuales de licenciamiento ambiental dentro de áreas protegidas, que por su notoriedad e importancia estratégica merecen un especial análisis a la luz del ordenamiento jurídico vigente, y de los nuevos aportes del derecho ambiental en la materia.

I. Las vicisitudes del modelo de gestión de las áreas protegidas en Colombia

La concepción inicial del manejo de las áreas protegidas en América Latina, y particularmente en Colombia, ha seguido muy de cerca durante décadas el modelo conservacionista predominante en países como Estados Unidos, que luego de siglos de colonización y de introducción de técnicas de explotación de la tierra enfocadas en el máximo aprovechamiento económico de los suelos y los recursos naturales renovables, en detrimento de las prácticas nativas (Cronon, 2003), pasó a imponer un concepto de naturaleza protegida, prístina y original, libre de intervención humana, cuyos mejores ejemplos fueron los parques de Yellowstone y Yosemite creados a finales del siglo XIX; este último a costa de la expulsión del pueblo miwok que habitaba el territorio localizado en las sierras de California y practicaba un modelo ancestral de manejo de los recursos naturales y de uso de la tierra que en cierto modo había proporcionado un atractivo adicional a esa área[1].

Este enfoque de áreas protegidas sin presencia humana ha sido reiterativo en la política ambiental colombiana desde mediados del siglo XX (Andrade, 2008) y también en las políticas ambientales desarrolladas en los países de América Latina en la misma época (UICN, 2006). Constantemente aflora la discusión respecto de cuál es el tipo de gestión más recomendable para la conservación de áreas importantes de territorio y de la biodiversidad, y como se debería integrar a la población humana en el proceso, entendida la intervención antrópica como un modelo de cambio inducido que afecta las características originales de los ecosistemas y disminuye la oferta de recursos naturales y de biodiversidad. Este enfoque conservacionista basado en las recomendaciones de las ciencias naturales, o ciencias duras, parte del supuesto de validez de una antigua premisa según la cual, la naturaleza puede

---

1 Lo paradójico de este novedoso proceso de conservación, referente a nivel mundial en materia de protección del patrimonio ecológico, es que fue propuesto por mineros y colonos que durante años atacaron al pueblo indígena, y que ejecutó a sangre y fuego el ejército americano, quien tuvo a su cargo la administración el área protegida durante 52 años, entregándola en 1916 al Servicio Nacional de Parques. Una situación similar ocurrió en el parque Yellowstone, creado en el año de 1872, donde también se procedió a expulsar al pueblo indígena shoshone que lo había habitado originalmente, se ahuyentó a otros pueblos que visitaban esas tierras para pastoreo y caza, y luego de fuertes enfrentamientos entre indígenas y las autoridades del parque, se delegó en el ejército el manejo del área protegida; cfr. Colchester (2003).

permanecer inmutable a condición de que se aplique un modelo de gestión basado en la completa exclusión humana (Andrade, 2008: 476).

Sin embargo, y a diferencia de la creencia predominante con respecto a los fundamentos de la visión conservacionista de las áreas protegidas, esta no tiene un origen rural, propio de los habitantes de esas zonas, sino que, entre otros aspectos, se deriva de una percepción asociada a las poblaciones urbanas que viven lejos pero que dependen de ellas como fuente de recreación, entendida como el derecho a disfrutar de las tierras silvestres o salvajes (Maldonado, 2005), uso que ha experimentado un notable incremento gracias al modelo capitalista de circulación constante de personas y mercancías que conforma tanto el turismo de alto nivel como el turismo de masas. Por otro lado, estas nuevas formas de control de la naturaleza pueden provenir de las exigencias de la cooperación internacional que impone nuevas visiones de gestión de los recursos naturales ajenas a los intereses, modos de vida y particularidades de los habitantes de los territorios designados con alguna categoría de protección (Ulloa, 2013). Siguiendo a Caliari (2013) se puede afirmar que los habitantes de las áreas protegidas pierden "valor" frente al creciente precio simbólico o real de la "tierra" y la naturaleza, operándose una apropiación de esta última con fines de conservación, y en algunos casos de explotación económica sostenible (Robertson, 2012), y una desposesión de los seres humanos de su modo tradicional de producción.

Actualmente, un amplio sector de la institucionalidad, que no se limita a los funcionarios y contratistas del Sistema de Parques Nacionales sino que incluye a las Corporaciones Autónomas Regionales (CAR), aún defiende un discurso centrado en el modelo conservacionista exento de actividad antrópica, sobre todo cuando este se enmarca dentro de la estrategia de erradicación de los cultivos ilícitos, pues en tal caso los ocupantes de las áreas protegidas son considerados como invasores y depredadores de la biodiversidad y los recursos naturales. En palabras de Ruiz (2003: 187):

> En Colombia, la legislación sobre las áreas de protección prohíbe el desarrollo de cualquier actividad agropecuaria o industrial, así como la adjudicación de baldíos, lo que de entrada le confiere ilegalidad a los campesinos y colonos que allí se han asentado. A su vez, establece la conservación, investigación, educación y recreación como los usos adecuados, así como a las entidades encargadas de su protección y manejo técnico. Todo ello va en detrimento de las comunidades que habitan en los parques y reservas, pues no solo ignoran las realidades e historias locales –colonización, condiciones económicas, etc.–, sino que además les confieren un estatus

> de ignorancia sobre la naturaleza y su uso pues, como se ve, solo son personas e instituciones con conocimientos especializados quienes están en capacidad de desarrollar las actividades que se suponen científica y económicamente viables.

Sin embargo las condiciones particulares de ocupación de tierras en el país, los procesos tempranos de colonización motivados en gran parte por la violencia partidista de los años 50 del siglo pasado (Molano, 1985; Ruiz, 2005), y la necesidad del Estado de reubicar poblaciones en nuevos territorios para disminuir la presión sobre la zona andina y el aumento del conflicto social por la tenencia y propiedad de la tierra, dieron lugar a una dinámica de apropiación de predios ubicados en zonas caracterizadas por su alta biodiversidad y oferta de recursos naturales renovables, pero también por su fragilidad ecosistémica, lo cual en su momento generó su denominación estatal como áreas de especial protección.

Este concepto quedó claramente plasmado en el Decreto 2811 de 1974, inicialmente en su artículo 210, que estableció las áreas de reserva forestal con especiales restricciones para su uso y aprovechamiento; el artículo 308 creó las denominadas áreas de manejo especial, entre las cuales se incluyen los distritos de manejo integrado, de conservación de suelos y áreas de recreación, las cuencas hidrográficas en ordenación (arts. 311, 312 y 324 ibídem), que junto con el Sistema de Parques Nacionales Naturales (SPNN), se consideran las primeras categorías normativas de protección ambiental en el país (Álvarez, 2011). Sin embargo, no se debe olvidar que desde los años 30 y 40 del siglo pasado, el Estado colombiano había designado áreas sujetas a protección especial como es el caso de varias reservas forestales protectoras creadas por el Ministerio de Economía Nacional como las de los ríos Guadalajara y Cali en 1938, Yotoco en el Valle del Cauca en 1941, Bobo y Beusaquillo en 1943 en el Departamento de Nariño, Anchicayá en 1943 en el Cauca, y Quebrada Honda y caños Parrando y Buque en 1945, en el municipio de Villavicencio, entre otras (Álvarez, 2011: 79-82). Igualmente, el embalse del Muña, tradicional lugar de descanso y esparcimiento de las familias bogotanas, fue declarado en 1943 "zona vedada para la caza y la pesca", debido a la alta presión ejercida por sus visitantes y por los habitantes de las zonas aledañas que amenazaban especies representativas como el capitán de río y la tingua.

El referente inicial de esas áreas protegidas fue la Ley 2.ª de 1959, que además de crear siete grandes reservas forestales de orden nacional, declaró en su artículo Décimo Tercero como PNN y con fines de preservación de la flora y la fauna del país,

> ... aquellas zonas que el Gobierno Nacional, por intermedio del Ministerio de Agricultura, previo concepto favorable de la Academia Colombiana de Ciencias Exactas, Físicas y Naturales, delimite y reserve de manera especial, por medio de decretos, en las distintas zonas del país y en sus distintos pisos térmicos, y en las cuales quedará prohibida la adjudicación de baldíos, las ventas de tierras, la caza, la pesca y toda actividad industrial, ganadera o agrícola, distinta a la del turismo o a aquellas que el Gobierno Nacional considere convenientes para la conservación o embellecimiento de la zona.

En el parágrafo de ese mismo artículo se declararon como PNN los nevados del país y sus zonas circundantes, designando al IGAC como entidad competente para su respectiva reglamentación. Llama la atención que la misma Ley 2.ª de 1959 autorizó al gobierno nacional para expropiar las tierras o las mejoras que los particulares hubieran realizado dentro de los parques nevados y sus áreas aledañas pues, desde el punto de vista de la norma, tales zonas se consideraban de utilidad pública. Asimismo, el parágrafo del artículo 10.º de la Ley 2.ª de 1959 autorizó a la administración para adquirir tierras con fines de conservación y mejoramiento de suelos, otorgándole facultades para ofrecer a los propietarios de esas tierras su establecimiento en otras regiones del país, incluso entregando tierras en pago para su reubicación. Esta política de conservación implicó la consagración jurídica del concepto de áreas protegidas con exclusión humana, impulsada por el INDERENA desde la década de los años 60 del siglo pasado, la cual influyó durante años en buena parte de la gestión de áreas protegidas, y aún muestra sus rezagos en muchas de las decisiones de las autoridades ambientales que administran dichas áreas.

Los principios de gestión de las áreas protegidas más importantes del país fueron reforzados con el Decreto 622 de 1977, el cual consagró un régimen de usos bastante estricto, así como múltiples prohibiciones orientadas a garantizar un mínimo impacto por causa de actividades antrópicas en los PNN. Entre las definiciones incluidas en los numerales 2 y 3 del artículo 5.º de la norma están las de zona primitiva y zona intangible, que correspondían al concepto dominante para la época de áreas protegidas con nula o mínima presencia de actividades humanas:

> [...] 2. Zona primitiva. Zona que no ha sido alterada o que ha sufrido mínima intervención humana en sus estructuras naturales.
>
> 3. Zona intangible. Zona en la cual el ambiente ha de mantenerse ajeno a la mínima alteración humana, a fin de que las condiciones naturales se conserven a perpetuidad...

En el marco del enfoque de exclusión humana de los PNN el artículo 7.º del Decreto 622 de 1977 permitía la constitución de tales áreas protegidas en zonas con presencia de comunidades indígenas, buscando compatibilizar los objetivos de conservación con sus modos de vida y su cosmovisión, aunque contemplaba una reconversión de las actividades productivas de acuerdo con las tecnologías y los modos de producción considerados beneficiosos para el área protegida pero que podían ser incompatibles con el modelo tradicional de uso de la tierra.

A pesar de los buenas intenciones de los ecologistas más radicales del INDERENA, afincados en una concepción preservacionista y excluyente de las áreas protegidas, la aplicación de las normas y la gran cantidad de declaratorias que acompañaron estas políticas se enfrentaron a una realidad socioeconómica muy particular: la existencia de un alto porcentaje poblacional en áreas con categorías de protección estricta; comunidades acostumbradas a desarrollar procesos productivos con técnicas tradicionales que implicaban la tala de vegetación nativa o primaria, la caza y la pesca, la apertura de caminos y vías, y la ampliación de las zonas destinadas a actividades agrícolas lícitas o ilícitas, o a la cría y levante de ganado. Estos modos de producción, ligados en muchos casos a una economía campesina de subsistencia, o a la visión de la naturaleza propia de las comunidades indígenas, necesariamente reñían con el modelo idealizado de protección ambiental, y demandaban un profundo cambio en la gestión de las áreas protegidas que llevaba a cabo el Estado.

Como refiere Colchester (2003: 40), los conservacionistas empezaron a comprender que la estrategia de encerrar la biodiversidad en parques, mientras se ignoraban las realidades sociales y políticas más amplias, así como las necesidades, proyectos y aspiraciones de las comunidades que habitaban en ellos, no había sido efectiva, por cuanto creaba conflictos sociales y dificultaba el éxito a largo plazo de dichas estrategias de conservación. Igualmente, un directivo de la UICN, una importante ONG de amplia influencia internacional, declaró en 1991:

> La protección jurídica rara vez es suficiente para garantizar la continuidad de la integridad de las áreas de conservación. Los pobladores locales, a menudo con buenas razones, consideran frecuentemente los parques como restricciones impuestas por el Gobierno a sus legítimos derechos. Por este motivo, el patrullaje por parte de guardias, la demarcación de límites y la creación de instalaciones turísticas, no disuadirá a los indígenas de proceder a la invasión agrícola. La caza y la recolección ilegal de productos del bosque serán difíciles de controlar. Es difícil hacer cumplir

> leyes que son consideradas perjudiciales por la mayoría de la población. En estas situaciones, las áreas protegidas pierden apoyo y credibilidad, y su estado se deteriora con rapidez... (Sayer, 1991, citado por Colchester, 2003: 42).

Por otra parte, y como lo reconoció Nicanor Rodríguez, un activista de la etnia kuna asentada en la Sierra Nevada de Santa Marta, uno de los factores que dificultaba la gestión de las áreas protegidas en zonas con presencia indígena era la equivocada visión respecto de la concepción indígena de la naturaleza, que no necesariamente pasaba por conservacionista, sino que comprendía una relación más amplia con el territorio:

> Lo que he comprendido al hablar con las autoridades indígenas, grupos indígenas y personas individuales es que están familiarizados con las leyes de la naturaleza. No son conservacionistas, sino que saben cómo interrelacionan los seres humanos con la naturaleza. En este sentido, no creo entonces que se pueda decir que los pueblos indígenas son conservacionistas, según lo definen los ecologistas. No somos amantes de la naturaleza. En ninguna época los grupos indígenas han incluido los conceptos de conservación y ecología en su vocabulario tradicional. Más bien, hablamos de Madre Naturaleza. Otras organizaciones tienen que tener claro esto antes de lanzarse a resolver algún problema con la población indígena... (citado por Redford y Stearman 1993: 427).

En Colombia se evidenciaron los escenarios descritos y, de acuerdo con Serje (2011), se operó una especie de "desanclaje" a través del cual el Estado estableció tardíamente una particular relación con sus territorios salvajes, e incorporó extensas áreas y sus poblaciones en un modelo técnico-jurídico de gestión, arrancando las relaciones sociales y productivas de sus contextos locales y tradicionales de interacción, para reanclarlas en el nuevo ámbito espacial y jurídico de las áreas protegidas, aflorando múltiples conflictos por las restricciones derivadas de las figuras de protección establecidas para esas áreas[2].

---

2 Son particulares los casos de áreas de especial importancia ecológica localizadas en la región andina del país, como el complejo lagunar de Fúquene, Cucunubá y Palacio, declarado por la CAR Distrito Regional de Manejo Integrado mediante el Acuerdo 018 de 2017, y la Reserva Forestal Protectora del Bosque Oriental de Bogotá, declarada desde 1976 por el Inderena, y popularmente conocida como Cerros Orientales, la cual fue realinderada mediante la Resolución 463 de 2005 del entonces Ministerio de Ambiente, Vivienda y Desarrollo Territorial (MAVDT), reforzándose su protección con el fallo del Consejo de Estado del año 2013. En el primer caso, el proceso de declaratoria y elaboración del Plan de Manejo del complejo lagunar chocó con la fuerte resistencia de las comunidades y los sectores productivos que por más de cien años habían asistido a un proceso de

Por otro lado, la implementación de acuerdos internacionales, como el Convenio de Biodiversidad, adoptado por el gobierno colombiano mediante la Ley 165 de 1994, que implicaba nuevas políticas de conservación y gestión de recursos naturales renovables y de biodiversidad y, por ende, limitaciones al uso de esos recursos, podrían estar generando "desigualdades ambientales" (Ulloa, 2014) al imponer nuevos modelos de manejo del territorio que restringen derechos particulares, como la explotación económica de la tierra en aras de un interés colectivo de orden superior, pero sin establecer claramente algún tipo de compensación o retribución por la pérdida asociada al gravamen de la propiedad[3].

---

desecamiento constante del espejo de agua estimulado por el mismo Estado, con el objeto de ganar suelos para la agricultura y la ganadería con el fin de aumentar la productividad de ese territorio; con la expedición de la Ley 99 de 1993 los habitantes de esta zona se vieron confrontados a una nueva política de conservación, restricción y hasta prohibición de actividades productivas. Incluso en 2017, las personas que participaron en las mesas de trabajo y en los talleres realizados por la CAR se referían al impuesto de "desecación" que pagaban a la autoridad ambiental, y en muchos casos rechazaban el muevo modelo de gestión que implicaba restricciones y condicionamientos a las actividades económicas tradicionales. En el caso de los Cerros Orientales, parte de la resistencia se ha centrado en la denominada "Tasa compensatoria por ocupación del suelo" de la llamada Zona de Recuperación Ambiental de la reserva forestal, gravamen creado por el MADS mediante el Decreto 1648 de 2016, por orden del Consejo de Estado (cuyo recaudo se asignó a la CAR), la cual se calcula y liquida de acuerdo con el estrato y el número de metros cuadrados ocupados con edificaciones y otras infraestructuras, ya sean públicas o privadas. Por otro lado, el proceso técnico-jurídico de "normalización de edificaciones" previsto en la Resolución 463 de 2005, cuya ejecución está a cargo de la CAR, implica un nuevo trámite administrativo y la presentación de un Plan de Manejo individual para "legalizar", desde el punto de vista ambiental, las edificaciones existentes en ciertas áreas de la reserva, obligaciones que pueden ser entendidas y asumidas fácilmente por los pobladores de estratos altos que tienen su asiento en la reserva, pero que son extrañas y disturbantes para otros de sus habitantes de extracción netamente campesina, paradoja que fue evidente en las reuniones de socialización celebradas por la Corporación.

3 No han faltado las voces que acusan al Convenio de Biodiversidad de ser una expresión del nuevo enfoque capitalista de la naturaleza tras del cual, con argumentos de conservación y sostenibilidad, se esconde un modelo económico, de negocios y de apropiación de la bioversidad, su potencial genético y otros componentes del patrimonio natural. En palabras de Kuppe (citado por Ulloa, 2013: 122) el Convenio sobre la Diversidad Biológica (CDB) es realmente "un conjunto de reglas que ha sido convertido en una parte del marco institucional para facilitar la globalización neoliberal". En la misma línea se expresa Robertson (2012) al referirse a la apropiación de los servicios ecosistémicos y la industrialización de los procesos biológicos por el capitalismo neoliberal. Este escenario no es ajeno a las concesiones turísticas que se han otorgado a empresarios privados para adelantar proyectos "ecoturísticos" en áreas protegidas de alta sensibilidad ambiental, y al turismo de masas en lugares emblemáticos como el Parque Tayrona.

A partir de 1995 el SPNN se vio reforzado con la implementación de sistemas regionales de áreas protegidas que empezaron a agrupar una serie de categorías de protección creadas por las CAR, las cuales tuvieron gran auge en la región del eje cafetero y se enfocaron en la conservación estricta (Andrade, 2008). Con la Ley 99 de 1993 se consolidaron categorías de protección de gran importancia como los Parques Naturales Regionales, que contemplaban restricciones similares a las de sus homólogos del orden nacional, pero que no contaban con una reglamentación precisa, especialmente en lo referente a los usos permitidos, generando dificultades a la hora de impulsar su declaratoria e imponer restricciones basadas en un ejercicio de zonificación ambiental. Este vacío jurídico fue cubierto en parte por la Sentencia C-595 de 2010 de la Corte Constitucional que, bajo el principio de analogía, equiparó jurídicamente esta categoría de protección a la de los Parques Nacionales Naturales (PNN), declarando inexequible parcialmente el numeral 16 del artículo 31 de la Ley 99 de 1003 que permitía la sustracción por las CAR de áreas declaradas como Parques Naturales Regionales. En palabras de la Corte:

> Encuentra la Corte factible deducir que los Parques Naturales –sean ellos de orden nacional, regional o local–, resultan clave para la preservación de un medio ambiente sano así como para la protección de la biodiversidad en los términos del referido Convenio sobre la Biodiversidad (*sic*) [...] [y] contribuyen de manera directa a atenuar los efectos que para la ecología sobrevienen con el denominado "Calentamiento Global", proceso éste, que como es bien conocido, ha desencadenado a lo largo y ancho del planeta tierra, cambios climáticos con consecuencias devastadoras para la especie humana, animal y vegetal. En suma, el recurso hídrico, el aire, la biodiversidad y también la belleza del paisaje que estas áreas de Parques Naturales comprenden, convierten estas zonas en piezas imprescindibles del desarrollo sostenible.

A principios del presente siglo, y teniendo en cuenta los múltiples problemas de orden social, así como la escasa legitimidad del modelo de manejo de las áreas protegidas, en un país con bajos índices de acceso a la propiedad de la tierra, procesos de colonización inducidos por el Estado y la economía informal e ilícita, el enfoque de gestión verde y altamente conservacionista basado en la restricción de actividades productivas tradicionales y en la exclusión de la presencia humana, debió ser revaluado para que pudiera responder a las realidades sociales, económicas y culturales de las poblaciones establecidas años atrás en las áreas protegidas.

El nuevo enfoque plasmado en un documento de política diseñado por el Gobierno Nacional (UAESPNN, 2001) obedecía a un cambio de orden epistemológico estructural, en el que las ciencias naturales y el conocimiento científico duro ya no podían liderar las políticas y decisiones de las autoridades ambientales en materia de conservación. Para el naciente paradigma la presencia humana y el manejo de actividades antrópicas pasaba a ser un elemento obligatorio de análisis, discusión y transacción. La siguiente tabla muestra un esquema comparativo del anterior modelo de gestión y el que actualmente viene abriéndose paso en medio de controversias de orden técnico, social y jurídico.

TABLA 1.
ESQUEMA COMPARATIVO DE LOS MODELO DE GESTIÓN CONVENCIONAL Y SOCIO-ECOSISTÉMICO

Modelo convencional	Modelo social-ecosistémico
– Modelo técnico-jurídico de áreas de conservación con exclusión de población humana. – Énfasis en actividades de control y vigilancia, enfocadas a la restricción de usos. – Enfoque basado en las ciencias naturales. – Conservación de los valores originales de la naturaleza y de la biodiversidad. – La racionalidad científica determina el modelo de conservación.	– Modelo técnico jurídico de áreas de conservación con participación de comunidades. "Parques para la gente". – Énfasis en procesos de concertación con comunidades y propietarios privados. – Enfoque basado en las ciencias sociales y la teoría de Sistemas. – Conservación de una nueva naturaleza, producto de la construcción social. – La discusión y el consenso determinan los modos de conservación.

Fuente: Andrade (2008 y 2009).

De acuerdo con Correa (2002: 272-274), este nuevo modelo de gestión de las áreas protegidas, basado en el lema "participación para la conservación", buscaba los siguientes objetivos estratégicos:

1. Relegitimación social y política de la misión de conservación y de la institución pública encargada de su coordinación (respecto del país), y especialmente de los actores sociales estratégicos relacionados territorialmente con la conservación (pactos sociales de conservación en sentido amplio).

2. Superación de las conflictividades territoriales históricas de la conservación con pueblos y organizaciones indígenas, comunidades negras, campesinos y usuarios urbanos, a partir de los aportes que dicho tema pudiera hacer a la construcción de autonomías locales.

3. Reconstrucción de lo público desde lo ambiental, buscando revertir el proceso de desconfiguración de esta esfera política y social impuesto por los procesos privatizadores, de apertura y de reestructuración del Estado.

4. Contribución a la superación del dualismo entre desarrollo y conservación a partir de la categorización de los objetivos de conservación, de enorme potencial en la construcción, reconstrucción y/o fortalecimiento de modelos locales y regionales de desarrollo sostenible.

5. Continuidad de la gestión ambiental en medio del conflicto armado, con base en una política pública institucional fundamentada en consideraciones del ámbito estratégico de conservación de los recursos naturales y la protección de los derechos humanos.

El profundo grado de intervención humana cambió drásticamente el medio natural y el comportamiento de los ecosistemas, de forma que ante la nueva naturaleza humanizada (Andrade, 2008) ya no fue posible mantener las antiguas circunstancias propias de la "vieja naturaleza", antaño separada y desligada de los quehaceres y necesidades humanas (Giddens, 1996), por lo que, de acuerdo con las autoridades ambientales, el paso obligado y necesario consistía en que la gestión de las áreas protegidas se transformara y tuviera en cuenta un verdadero proceso participativo de las comunidades y demás actores con intereses en los territorios señalados con una categoría específica de protección ambiental. Esta concepción se basaba en considerar el concepto de áreas protegidas como un fenómeno propio del constante proceso de construcción social, entendido en este caso como la particular interacción establecida entre las poblaciones y los territorios designados como áreas protegidas, lo que implicaba relaciones de apropiación, uso, producción e inclusive conservación, y la transmisión de esa percepción por generaciones dentro del marco cultural y económico particular de esas áreas.

Sin embargo, la transición del antiguo modelo técnico-jurídico soportado en las ciencias exactas y en un conocimiento científico preciso de las características físicas y bióticas del territorio, a un nuevo modelo fundado en la teoría sistémica y en las ciencias sociales, basado en la participación comunitaria, la comunicación directa y transparente de las autoridades ambientales con los pobladores de las áreas protegidas, y la consolidación de acuerdos conciliatorios o transaccionales propios de esquemas de negociación público-privados, ha sido un proceso difícil y dramático en el que aún persiste una mentalidad basada en el comando y control de actividades antrópicas, y en una gestión de los territorios protegidos que deja poco espacio a una apertura dialógica y al manejo integral en busca de los objetivos de conservación[4].

En términos políticos y de legitimación del Estado este paradigma de conservación implica la creación de una especie de contrato social ambiental en el que los propietarios y poseedores u ocupantes de áreas de especial interés ambiental estratégico acceden a la reconversión, sustitución gradual o restricción total o parcial de sus actividades productivas tradicionales, a cambio de la garantía estatal de serán compensados de alguna manera por su sacrificio ambiental, ya sea en proyectos sostenibles, pago de servicios ambientales, subsidios, compra de predios o cualquier otra figura equivalente que reconozca las cargas públicas impuestas y garantice un adecuado nivel de vida. Este acuerdo o contrato ambiental (Miliband, 2006) conlleva beneficios mutuos, así como obligaciones y compromisos de múltiple vía entre comunidades, gobierno y sector productivo (O´Brien, Hayward y Berkes, 2009).

Debe notarse que se puede haber operado un cambio de mentalidad en los diseñadores de políticas, y en algunos funcionarios y consultores que han adquirido verdadera conciencia de las implicaciones de un modelo conservacionista estricto, y de las ventajas que puede tener la nueva política de gestión en relación con la sustitución progresiva de actividades productivas dentro de las áreas protegidas, o la compatibilización de estas con sus objetivos de gestión y protección. Aun así, el *ethos* conservacionista y su núcleo duro persisten en un importante sector de los gestores públicos y privados de las áreas protegidas quienes perciben a los ocupantes de esos territorios como una categoría de ciudadanos que han incurrido en pecado de ilegalidad, como miembros de sociedades menores y divergentes que deben sujetarse a los designios incontestables del Estado como sociedad mayor (Serje, 2011).

---

4 Esta situación, que afecta la gestión de las áreas protegidas, ha sido más que evidente con la expedición de la Resolución 886 de 2018 del MADS sobre zonificación y régimen de usos de las zonas de páramo delimitadas, reconversión y sustitución de actividades agropecuarias, y acrecienta la incertidumbre de las autoridades ambientales, las gobernaciones, los municipios, el Ministerio de Agricultura, la Unidad de Planificación Rural Agropecuaria (UPRA), la Agencia Nacional de Tierras, la Agencia de Desarrollo Rural, y los diferentes actores institucionales que aún no tienen del todo claras sus competencias dentro del macroproceso, tienen dudas respecto de las líneas de acción a seguir en esta difícil transición y, en el caso de las corporaciones, mantienen un enfoque basado en una racionalidad administrativa ambiental en la que priman el control y la vigilancia, en ocasiones minimizando el papel del diálogo abierto y constructivo con las comunidades, las cuales a su vez defienden una visión en muchos casos instrumental de los páramos, como soporte tradicional de su modo de vida.

Sin embargo, es innegable que a la hora de designar nuevas categorías de protección y establecer su zonificación y régimen de uso, las autoridades ambientales regionales consideran la variable socioeconómica como un elemento fundamental. No obstante, es fácil evidenciar escenarios de inseguridad jurídica propiciados por la declaratoria de áreas protegidas en un afán por cumplir con las normas sobre áreas protegidas y lograr objetivos de conservación a mediano y largo plazo, sin establecer un régimen de usos que determine claramente lo que está o no permitido para los pobladores asentados al interior de estas áreas, que ven cómo los procesos de declaratoria dirigidos por las autoridades ambientales y sus grupos de consultores limitan en muchos casos las posibilidades de explotación económica de sus predios, sin mencionar la ejecución de otro tipo de proyectos, como los de infraestructura, generación y transmisión de energía eléctrica, agropecuarios y algunos de orden extractivo.

Las restricciones derivadas de la declaratoria de áreas protegidas no solamente afectan las actividades tradicionales, entre las que predominan la agricultura, la ganadería y el aprovechamiento de recursos naturales renovables (bosques, aguas, frutos secundarios) y la biodiversidad a través de la caza, la pesca y la colecta de especies con algún valor comercial, sino también la industria, los procesos extractivos (minería y exploración y explotación de hidrocarburos), la construcción de vías, la construcción de edificaciones destinadas a vivienda, la infraestructura de servicios, los aprovechamientos hidroeléctricos, las vías y las telecomunicaciones. Tales restricciones y prohibiciones, que deben constituir una regla común en la gestión de los espacios protegidos y encuentran plena justificación en el ámbito técnico y jurídico, este último de raigambre constitucional y supraconstitucional, han sido objeto de interpretaciones extensivas basadas en una percepción conservacionista fuerte que se ha visto reflejada en muchas decisiones relacionadas con la viabilidad de proyectos, obras y actividades dentro de los territorios designados con alguna categoría de protección, lo que ha generado una sensación de incertidumbre respecto del verdadero alcance legal del concepto de áreas protegidas.

II. LAS RESTRICCIONES A PROYECTOS, OBRAS Y ACTIVIDADES DENTRO DE LAS ÁREAS PROTEGIDAS EN EL MARCO DEL LICENCIAMIENTO AMBIENTAL

La creación de las categorías de protección en la legislación colombiana, entre ellas las áreas de reserva forestal y los PNN como referentes iniciales y principales de un nuevo modelo de gestión del territorio, se complementó con un abanico de restricciones para el aprovechamiento de los recursos naturales y la biodiversidad que hizo posible su redefinición en función de objetivos ecológicos, y sobre todo conservacionistas. Así, el artículo 331 del Decreto 2811 de 1974 dispuso que en los PNN solo se permite la realización de actividades "de conservación, recuperación y control, investigación, educación, recreación y de cultura". Bajo esos parámetros, el artículo 30 del Decreto reglamentario 622 de 1977 estableció un amplio listado de prohibiciones al interior de las áreas de los PNN que incluyen el manejo y disposición de residuos sólidos y de tipo peligroso o tóxico; la minería, los hidrocarburos, la agricultura, la ganadería, la infraestructura hotelera, las talas, las entresacas y rocerías, las excavaciones y los fuegos; la caza, a excepción de la científica; la colecta de especies vegetales y animales; la introducción de animales, semillas, flores y propágulos; la pesca, exceptuando la que tenga fines científicos, la deportiva y la de subsistencia, la cual puede quedar condicionada por las características naturales y sociales, y por la evaluación de sus efectos en la estabilidad ecológica del área protegida realizada por la autoridad correspondiente.

El enfoque de la norma es altamente conservacionista, con un marcado predominio del concepto de exclusión de actividades humanas, y se ha mantenido a lo largo de los años influyendo de manera importante en el régimen de usos de otras categorías de áreas protegidas. Bajo ese criterio, el numeral 12 del artículo 2.2.2.3.2.2 del Decreto 1076 de 2015, compilatorio del régimen jurídico ambiental en Colombia, establece las siguientes limitaciones para el licenciamiento ambiental de proyectos, obras y actividades en áreas del SPNN y otras categorías de áreas protegidas:

> [...] Artículo 2.2.2.3.2.2. *Competencia de la Autoridad Nacional de Licencias Ambientales (ANLA)*. La Autoridad Nacional de Licencias Ambientales (ANLA) otorgará o negará de manera privativa la licencia ambiental para los siguientes proyectos, obras o actividades:

> [...] 12. Los proyectos que afecten las Áreas del Sistema de Parques Nacionales Naturales:
>
> a) Los proyectos, obras o actividades que afecten las áreas del Sistema de Parques Nacionales Naturales por realizarse al interior de estas, en el marco de las actividades allí permitidas;
>
> b) Los proyectos, obras o actividades señalados en los artículos 2.2.2.3.2.2 y 2.2.2.3.2.3 del presente decreto, localizados en las zonas amortiguadoras del Sistema de Parques Nacionales Naturales previamente determinadas, siempre y cuando sean compatibles con el plan de manejo ambiental de dichas zonas.
>
> 13. Los proyectos, obras o actividades de construcción de infraestructura o agroindustria que se pretendan realizar en las áreas protegidas públicas nacionales de que trata el presente decreto o distintas a las áreas de Parques Nacionales Naturales, siempre y cuando su ejecución sea compatible con los usos definidos para la categoría de manejo respectiva.
>
> Lo anterior no aplica a proyectos, obras o actividades de infraestructura relacionada con las unidades habitacionales y actividades de mantenimiento y rehabilitación en proyectos de infraestructura de transporte de conformidad con lo dispuesto en el artículo 44 de la Ley 1682 de 2013, salvo las actividades de mejoramiento de acuerdo con lo dispuesto el artículo 4.° del Decreto 769 de 2014.

La categoría con mayor restricción para el licenciamiento es la correspondiente a los PNN; sin embargo, la norma permite otorgar licencia ambiental a proyectos, obras y actividades que se desarrollen en su interior, siempre y cuando estén permitidas por el plan de manejo de la respectiva área; no en vano en la Sentencia C-746 de 2012 la Corte reiteró el carácter jurídico especial de los PNN, y declaró exequible la norma que permite el licenciamiento de proyectos dentro de los parques, en este caso el numeral 9 del artículo 52 de la Ley 99 de 1993[5]. Para la Corte existe armonía entre dos de los pilares jurídicos y técnicos de la gestión pública ambiental en Colombia:

---

5 El numeral 9 del artículo 52 de la Ley 99 de 1993, consagra: "Artículo 52°. Competencia del Ministerio del Medio Ambiente. El Ministerio del Medio Ambiente otorgará de manera privativa la Licencia Ambiental, en los siguientes casos: [...] 9. Proyectos que afecten el Sistema de Parques Nacionales Naturales...".

No existe una contradicción entre los fines de la licencia ambiental y del Sistema de Parques Nacionales. Para la Sala estas dos figuras revisten una especial importancia para el cumplimiento de los mandatos constitucionales relacionados con la protección de los recursos naturales y del ambiente, como quedó expuesto en las consideraciones 24 a 31 de esta providencia. Ambas figuras son susceptibles de armonización en escenarios concretos...

Por otra parte, no ignora la Sala que algunas de las áreas protegidas del Sistema de Parques Nacionales Naturales tienen una zona de alta densidad de uso destinada a actividades recreativas y turísticas. Frente a la necesidad de adecuación de las facilidades ecoturísticas, la licencia funge igualmente como una herramienta de gestión y de prevención de los posibles impactos que tales obras puedan aparejar.

[...]

No sobra recordar que la zonificación y los tipos de áreas que integran el Sistema de Parques Nacionales Naturales, por disposición del legislador y como lo reconoció en su intervención Parques Nacionales Naturales de Colombia, tiene consecuencias en cuanto a las actividades permitidas y prohibidas en dichas zonas, consintiendo la ejecución de determinadas actividades u obras que, pese a su impacto, están sometidas a la obligación de obtener una licencia ambiental...

[...]

Finalmente, la Sala considera que una lectura armónica de las dos instituciones jurídicas, la licencia ambiental y el sistema de parques nacionales naturales, de conformidad con los mandatos constitucionales relacionados con la protección del ambiente, permite superar cualquier duda sobre la constitucionalidad de la disposición demandada. Esta lectura armónica sería la siguiente: el trámite, otorgamiento o negación de cualquier licencia ambiental para proyectos, obras o actividades en las áreas del Sistema de Parques Nacionales Naturales debe estar sujeto a sus precisas finalidades y a los usos y actividades permitidas dentro de las áreas del Sistema, siempre que tales actividades no causen alteraciones significativas al ambiente, de conformidad con lo expuesto en las consideraciones 22 a 31 de esta providencia, razón por la cual se declarará la constitucionalidad de la disposición demandada...

Desde el punto de vista de la jurisprudencia constitucional se zanjó un tema de crucial importancia para el país, emparentado directamente con el conocido dualismo entre desarrollo económico y conservación ambiental, que ha sido objeto de discusión durante décadas. No obstante, esta especie de solución de continuidad ofrecida por la Sentencia C-746 de 2012 quedó claramente condicionada a aquellas actividades permitidas en los planes de manejo de los PNN, lo cual sigue siendo una limitante para aquellos proyectos que se pretendan desarrollar dentro de esas áreas. Ejemplo de esta situación son las solicitudes a las direcciones regionales de la UAESPNN en relación con la ejecución de obras de mantenimiento y/o reparación urgentes, o diseñadas para mitigar riesgos catalogados como graves e inmediatos para la estabilidad de vías públicas de orden nacional, departamental o local, y obras de infraestructura, en muchos casos preexistentes a la declaratoria de un PNN.

Otro aspecto que aumenta el riesgo de dispersión institucional es el de proyectos localizados dentro de áreas del SPNN, que pueden estar sujetos a la jurisdicción de hasta tres autoridades ambientales diferentes, por contar con licencias ordinarias para el uso y aprovechamiento de los recursos naturales renovables, otorgadas en su momento por el Ministerio del Medio Ambiente, pero que requieren los permisos de la respectiva corporación. En tal escenario un proyecto de ese tipo está sujeto a los requerimientos de la UAESPNN, la ANLA y la autoridad ambiental regional correspondiente, derivados de la evaluación y el seguimiento ambiental, y de su localización al interior de un área protegida, lo cual puede llegar a generar conflictos de competencia en materia del ejercicio de la autoridad ambiental, así como un alto riesgo de inseguridad jurídica para el beneficiario de la licencia[6].

A su vez, el Concepto n.° 20141300007471 del 19 de febrero de 2014, emitido por la oficina jurídica de la UAESPNN, determinó lo siguiente con respecto a las licencias ambientales dentro de áreas del SPNN:

> Se puede concluir que la licencia ambiental no podría amparar actividades prohibidas, ni puede cambiar la destinación de un Parque Nacional Natural para que se le de otro uso; es así que la autoridad ambiental que expida la Licencia está en la obligación de garantizar los postulados constitucionales sobre conservación de áreas de especial importancia ecológica y del Sistema de Parques Nacionales Naturales...

En relación con las áreas de reserva forestal, el artículo 208 del Decreto 2811 de 1974 determinó que la construcción de obras de infraestructura, tales como vías, embalses, represas o edificaciones, y la realización de actividades

---

6 Uno de estos casos es el de la Pequeña Central Hidroeléctrica de Mutatá, localizada en su totalidad dentro del Parque Nacional Natural de Utría, y concebida como la solución más eficaz y costo eficiente para dotar de energía eléctrica a algunas poblaciones del Chocó ubicadas en las denominadas Zonas no Interconectadas del país.

económicas dentro de tales áreas requerían una licencia previa que solo se otorgaría cuando se hubiera comprobado que la ejecución de las obras y el ejercicio de las actividades no atentaban contra la conservación de los recursos naturales renovables del área. Por otro lado, el artículo 210 del mismo Decreto estableció de manera obligatoria el trámite de sustracción de las áreas de reserva forestal para aquellas actividades económicas consideradas de utilidad pública e interés social que implicaran remoción de bosques, cambio en el uso de los suelos o cualquier otro tipo de actividad diferente al aprovechamiento racional de los bosques. Esta sustracción también aplica para predios donde sus propietarios demuestren, mediante los respectivos estudios, que los suelos pueden ser utilizados en explotación diferente a la forestal, siempre y cuando no se afecte la función protectora de la reserva[7].

Como paso previo al otorgamiento de la licencia ambiental le corresponde al Ministerio de Ambiente y Desarrollo Sostenible (MADS) determinar la viabilidad de la sustracción de las áreas para proyectos de utilidad pública e interés social dentro de reservas forestales nacionales, como lo dispone el artículo 2.2.2.3.2.5 del Decreto 1076 de 2015:

> [...] para el licenciamiento ambiental de proyectos localizados dentro de áreas protegidas, los numerales 20 y 21 del artículo 2.2.3.3.2.3 del Decreto 1076 de 2015 disponen:
>
> [...] Artículo 2.2.2.3.2.3. *Competencia de las Corporaciones Autónomas Regionales.* Las Corporaciones Autónomas Regionales, las de Desarrollo Sostenible, los Grandes Centros Urbanos y las autoridades ambientales creadas mediante la Ley 768 de 2002, otorgarán o negarán la licencia ambiental para los siguientes proyectos, obras o actividades, que se ejecuten en el área de su jurisdicción.
>
> [...]

---

7 Esta norma ha sido desarrollada mediante la Resolución 1526 de 2012 del MADS que establece el procedimiento para sustracciones temporales y definitivas de las reservas forestales regionales y nacionales. Igualmente la Resolución 1527 del 3 de septiembre de 2012 del MADS (modificada por la Resolución 1274 de 2014) dio cumplimiento a lo dispuesto en el parágrafo segundo del artículo 204 de la Ley 1450 de 2011, señalando las actividades que ocasionan un bajo impacto ambiental y que, además, generan beneficio social, de manera que se pueden desarrollar en las áreas de reserva forestal sin necesidad de efectuar el proceso de sustracción, así como las medidas de manejo ambiental requeridas para su ejecución.

> 20. Los proyectos, obras o actividades que afecten las áreas del Sistema de Parques Regionales Naturales por realizarse al interior de estas, en el marco de las actividades allí permitidas[8];
>
> 21. Los proyectos, obras o actividades de construcción de infraestructura o agroindustria que se pretendan realizar en las áreas protegidas públicas regionales de que trata el Decreto 2372 de 2010 distintas a las áreas de Parques Regionales Naturales, siempre y cuando su ejecución sea compatible con los usos definidos para la categoría de manejo respectiva.
>
> Lo anterior no aplica a proyectos, obras o actividades de infraestructura relacionada con las unidades habitacionales y actividades de mantenimiento y rehabilitación en proyectos de infraestructura de transporte de conformidad con lo dispuesto en el artículo 44 de la Ley 1682 de 2013, salvo las actividades de mejoramiento de acuerdo con lo dispuesto el artículo 4.º del Decreto 769 de 2014...

En concordancia con lo anterior, los artículos 2.2.2.1.4.1 y 2.2.2.1.4.2 del mismo Decreto (antes arts. 34 y 35 del Decreto 2372 de 2010) establecen la obligación de las autoridades ambientales de zonificar las áreas protegidas y determinar, a través de la figura del Plan de Manejo, el régimen de uso y manejo para ciertos proyectos, obras y actividades, lo cual en principio permitiría evidenciar claramente su viabilidad en el marco de las limitaciones y restricciones.

A pesar de que se ha establecido una asignación clara de competencias de las autoridades ambientales para el licenciamiento ambiental de proyectos, obras y actividades a desarrollarse al interior de las áreas protegidas, no hay una regulación precisa en relación con la EIA en dichas áreas, más aún cuando existen categorías con severas restricciones para su intervención, como es el caso de los PNN, en virtud del Decreto 622 de 1977 y la Sen-

8 Esta disposición ha sido objeto de múltiples cuestionamientos de orden técnico y jurídico, por cuanto, y de conformidad con la posición de PNN, el denominado uso sostenible, que cobijaría actividades productivas bajo ciertas condiciones de manejo ambiental y de aprovechamiento y uso de recursos naturales renovables, no está contemplado para las categorías de PNN y Parques Naturales Regionales. Al respecto cfr. el Concepto n.º 20141300023881 del 21 de abril de 2014, de la Oficina Asesora Jurídica de Parques Nacionales Naturales que establece que el denominado uso sostenible puede incluir actividades de producción, construcción, extracción, adecuación o mantenimiento de infraestructura, relacionadas con el aprovechamiento sostenible de la biodiversidad, y que que cobija proyectos energéticos, y taxativamente la minería, aunque a juicio de la UAESPNN, y por definición legal, dicho uso no está contemplado para los Parques Nacionales Naturales ni para los de carácter regional.

tencia C-649 de 1997, y los Parques Naturales Regionales, cuyo grado de protección y de condicionamiento para actividades fue asimilado al de sus homólogos del orden nacional, de acuerdo con lo expuesto en la Sentencia C-598 de 2010.

La ausencia de directrices específicas en un aspecto tan delicado como la intervención de áreas protegidas con proyectos que, de acuerdo con la normatividad vigente, pueden generar deterioro grave de los recursos naturales y el ambiente, o alteraciones significativas del paisaje, y que obligatoriamente requieren licencia ambiental, no fue suplida con la expedición del Decreto 2372 de 2010 (comp. por el Dcto. 1076 de 2015), por cuanto se centró más en su clasificación y en la estructuración de un sistema de gestión, lo que ha motivado un sinfín de interpretaciones respecto del alcance de la norma. Entre el cúmulo de significados parece predominar el enfoque "verde" o conservacionista de las autoridades ambientales regionales, lo cual no sería en manera alguna reprochable, más tratándose de espacios naturales protegidos, estratégicos para el país en materia de oferta de servicios ambientales necesarios para las actividades productivas, la conservación de la biodiversidad de acuerdo con los compromisos internacionales (Ley 165 de 1994), y los procesos de equilibrio ecosistémico, si no fuera por las decisiones que se vienen tomando en cuanto al alcance de los mecanismos jurídicos de protección y su soporte técnico, aspectos que generan un escenario de alta incertidumbre e inseguridad jurídica para el desarrollo de proyectos, de los cuales, y para efectos de este estudio, mostraremos algunos en la siguiente sección.

III. LA PERSISTENCIA DEL MODELO CONSERVACIONISTA EN EL PROCESO DE EVALUACIÓN DE IMPACTO AMBIENTAL DENTRO DE LAS ÁREAS PROTEGIDAS

Como se ha venido insistiendo a lo largo de este trabajo, el enfoque conservacionista predomina en algunos sectores de las autoridades ambientales que consideran que las áreas protegidas, sean de carácter nacional o regional, deben ser sometidas a un estatuto fuerte de protección con el objeto de garantizar su equilibrio ecosistémico y los servicios ambientales, lo que de contera implica la prohibición de realizar actividades productivas y otros proyectos de desarrollo, ya sean aquellas de tipo tradicional y le hayan otorgado una identidad propia al territorio, o hasta ahora pretendan realizarse bajo el requisito de un instrumento de control y manejo ambiental.

Esta concepción proteccionista, fundada en una pensamiento técnico-jurídico que asume los ecosistemas como elementos independientes del componente poblacional y productivo, difiere profundamente de la visión de las comunidades tradicionalmente asentadas en esos espacios protegidos, y de las perspectivas de desarrollo basadas en infraestructura industrial, de transporte, comunicaciones y energía, proyectos urbanísticos o extractivos, como la minería o los hidrocarburos. Para muchos funcionarios y contratistas de las autoridades ambientales, en especial aquellos que manejan las ciencias naturales y exactas, como los biólogos, los ecólogos, los ingenieros ambientales y los especialistas en sistemas de información geográfica, el mejor modelo de un territorio es su representación cartográfica a escala sobre un mapa (Echeverry, 2007), lo cual les dificulta comprender el modelo de manejo de tierras que han establecido las comunidades campesinas e indígenas, y con mayor razón el que conciben los promotores de proyectos de desarrollo. En palabras de Echeverry (2007: 3):

> Las tareas de zonificación y ordenamiento político-administrativo se basan en una noción física del territorio: territorio es un área geográfica a la cual se le asignan significados o atributos (características físicas, jurisdicción política, formas de propiedad, estatuto legal, etc.). En cambio, la noción social de territorio se concibe en un modelo relacional: como tejido, no como áreas. Si la noción física de territorio se ajusta bien a la representación en mapas bidimensionales, la noción social se ajusta mejor a una representación modelada como un cuerpo viviente que se alimenta, se reproduce y teje relaciones con otros cuerpos…

Esta distinción es clave para entender los diferentes enfoques de gestión de las áreas protegidas: por un lado, la gestión pública basada en un modelo racionalista y altamente técnico de conservación y protección de bienes ambientales, fundamentada en relaciones espaciales, y cuya mejor representación son los mapas que contienen límites, zonificaciones y regímenes de uso, los cuales, a su vez, son objeto de interpretación jurídica, que de acuerdo con normas de carácter general y especial define en un acto administrativo las fronteras de lo permitido y lo prohibido, sin consentir matices de ningún orden. Por otro lado está la percepción comunitaria del territorio como un entramado de relaciones productivas, sociales, culturales, afectivas y jerárquicas que define los modos de intervención y de manejo de la oferta ambiental, y de la cual se puede esperar con total certeza un fuerte rechazo a las restricciones de uso impuestas por los expertos gubernamentales. Paralelamente encontramos la perspectiva de los ejecutores de proyectos de utilidad pública e interés social, o los que buscan un beneficio particular a partir de arreglos productivos, quienes, no obstante ser conscientes de las restricciones derivadas del estatus de los espacios protegidos, planifican y diseñan sus proyectos de conformidad con esos lineamientos, si bien en muchas ocasiones la pertinencia técnica de sus estudios es puesta en entredicho por sus evaluadores.

No se pone en duda la responsabilidad de las autoridades administrativas en el manejo y gestión de las áreas protegidas, en especial los PNN, aunque en algunos casos estas puedan llegar a restringir el uso y aprovechamiento de la oferta ambiental a las comunidades étnicas que las han habitado desde hace décadas, a pesar de estar cobijadas por un régimen especial que busca hacer compatibles sus modos de vida, prácticas ancestrales y medios de subsistencia con los objetivos de conservación de los PNN, con base en una concepción de áreas protegidas con total exclusión humana. Al respecto el memorando n.º 20151300000683 del 13 de febrero de 2015, emitido por la Oficina Asesora Jurídica de Parques Nacionales Naturales, dispone:

> Ahora bien, y teniendo en cuenta que las actividades permitidas al interior de las áreas del Sistema de Parques Nacionales Naturales son objeto de regulación técnica para el manejo y uso de cada una de las áreas que lo conforman, esto a través del Plan de Manejo del área de que se trate, deberá tenerse en cuenta, en el marco de los acuerdos que se efectúen con los grupos étnicos (para la realización de estas actividades), la zonificación que se establezca en este instrumento de planificación, pues en todo caso, este tipo de usos (la perforación de pozos profundos para el abastecimiento de agua), no se podrán realizar en zonas del área protegida (zona intangible, zona primitiva) que por su naturaleza se encuentran llamadas a un manejo especial a fin de garantizar su perpetuación.
>
> Para finalizar este punto, es de aclarar que se considera que, para todos los casos, se debe asegurar por parte de la autoridad ambiental que no existan otras opciones para garantizar el aprovechamiento del recurso hídrico por parte de los grupos étnicos, pues la perforación de pozos se debe constituir en una excepción teniendo en cuenta el impacto que esta actividad causa en el ecosistema...

Adicionalmente, y a fin de dejar claro el alcance de las licencias ambientales dentro de las áreas pertenecientes al SPNN, el memorando n.º 20161300006013 del 29 de noviembre de 2016 estableció los siguientes lineamientos:

> La prohibición de la industria hotelera contenida en el numeral 3 del artículo 2.2.2.1.15.1 del Decreto 1076 de 2015 (art. 30 del Decreto 622 de 1977), no contradice lo dispuesto en el artículo 13 de la Ley 2.ª de 1959, en el entendido de que se pueden realizar las actividades de turismo en parques nacionales que no causen alteración al ambiente natural, motivo por el cual, no se puede afirmar que dentro de las actividades asociadas al turismo al interior de las áreas protegidas del Sistema se encuentren incluidas aquellas relacionadas propiamente con la industria hotelera, pues se consideró por el Consejo de Estado y el mismo gobierno nacional que ésta causa afectación e impactos negativos al medio natural.
>
> [...]
>
> Cualquier proyecto que se pretenda realizar al interior de las áreas que integran el Sistema de Parques Nacionales Naturales, deberá estar en el marco de las actividades permitidas expresamente en su régimen (lo cual excluye de plano las actividades prohibidas, tanto las definidas en la ley y los reglamentos, como en sus instrumentos técnicos de manejo); esto significa que aquellas actividades permitidas, como la recreación y con ello el ecoturismo, solo podrán ser realizadas siempre y cuando no causen alteraciones significativas al ambiente natural, tal como lo establece el artículo 23 del Decreto 622 de 1977, compilado en el Decreto 1076 de 2015[9].

Sin embargo, no se debe olvidar que en su momento la UAESPNN, a través del concepto SUT-007 del 27 de enero de 2009, consideró viable la expedición de la licencia ambiental que hiciera el Ministerio de Ambiente,

---

9 Las conclusiones del concepto referido despejan las dudas con respecto a la construcción de nueva infraestructura dentro de los parques y la posibilidad de su licenciamiento ambiental: "[...] 1. Las áreas del Sistema de Parques Nacionales Naturales están reservadas para fines exclusivos de preservación y conservación; ni el legislador ni la Administración pueden cambiar la destinación de un Parque Nacional Natural para que se le dé otro uso o afectación; 2. La autoridad ambiental está en la obligación de garantizar los postulados constitucionales sobre conservación de áreas de especial importancia ecológica, entre las cuales figura el Sistema de Parques Nacionales Naturales; 3. Es importante distinguir las actividades de 'recreación' y 'ecoturismo' de la actividad o 'industria hotelera): mientras la primera es en principio permisible a la luz del Código de Recursos Naturales y de Protección al Ambiente, del Decreto 622 de 1977 compilado en el Decreto único de Ambiente 1076 de 2015 y de la Resolución 531 de 2013 del MADS, la segunda está prohibida tanto por vía normativa como jurisprudencial [...] 5. A la luz de lo anterior, la construcción de nueva infraestructura de carácter permanente para el alojamiento ecoturístico se encuentra prohibida en las áreas del Sistema (Resolución 531 de 2013 del MADS); 6. Las licencias ambientales en áreas del SPNN versan exclusivamente sobre actividades permitidas en el régimen normativo y de ordenamiento del área protegida, y son susceptibles de otorgamiento siempre que no causen alteraciones significativas al ambiente".

Vivienda y Desarrollo Territorial para el proyecto ecoturístico Los Ciruelos, localizado dentro del Parque Nacional Natural Tayrona, la cual se concretó en la Resolución 631 del 3 de abril de 2009. El referido proyecto fue objeto de una medida preventiva de suspensión de actividades a través de la Resolución 0024 del 17 de enero de 2013, luego de una fuerte movilización de ambientalistas y amplia cobertura mediática. Cabe anotar que la UAESPNN había emitido el concepto n.º 303 del 13 de julio de 2012, el cual implicó un cambio radical de la percepción sobre el proyecto, por cuanto concluía que:

> A partir de la información técnica mencionada anteriormente, es posible concluir que las actividades que se pretenden desarrollar por parte de la Empresa Reserva Los Ciruelos S.A.S. al interior del Parque Nacional Natural Tayrona, pueden ocasionar un peligro de daño inminente al área protegida ya que se afectarían los ecosistemas de bosque seco presentes en el área de influencia directa del mismo.

Igualmente, y a través del oficio n.º 4120-E1-994 del 10 de enero de 2013, la máxima autoridad de parques solicitó a la ANLA la revocatoria de la Resolución 631 de 2009.

Consideramos que este cambio de rumbo muy probablemente pudo obedecer a la fuerte presión de grupos ambientalistas y de algunos reconocidos gurús ambientales del país, aunque también influyó el impacto de la noticia en la opinión pública, teniendo en cuenta el carácter icónico del Parque Nacional Natural Tayrona, y esa especie de democracia directa virtual propia de las redes sociales, que poco a poco se ha convertido en el principal escenario para influenciar decisiones colectivas, y en algunos casos las de las autoridades ambientales.

En este caso, y contando con la evidencia científica aportada por la UAESPNN en relación con la grave afectación al ecosistema de bosque seco tropical por causa de las actividades constructivas y operativas del proyecto turístico, la ANLA procedió a hacer uso del principio de precaución, cuidando que se cumpliera con la totalidad de los requisitos previstos en la Resolución C-293 de 2002, y determinó la suspensión de las actividades, argumentando el "riesgo de daño inminente e irreversible" sobre el ecosistema, quedando en entredicho el principio de seguridad jurídica, más cuando en principio PNN había dado su aquiescencia al proyecto, requisito primordial en los casos de licenciamiento ambiental dentro del Sistema Nacional de Áreas Protegidas, y posteriormente modificó su posición, la cual fue defendida arduamente en los medios de comunicación[10].

Otro caso que vale la pena resaltar es el que decidió la Sentencia T-808 de 2014, en la que la UAESPNN impuso medida preventiva de suspensión de actividades de remodelación y adecuación de una instalación educativa localizada al interior del Parque Nacional Natural Tinigua, que a su vez hace parte del Área de Manejo Especial de la La Macarena (AMEM). La infraestructura educativa fue construida en 1983, antes de la declaratoria del AMEM, y era objeto de obras de mantenimiento, las cuales fueron suspendidas por un término de seis meses, iniciándose posteriormente un proceso sancionatorio en contra del Departamento del Meta y otras instituciones al no contar con las respectivas autorizaciones y permisos ambientales para el desarrollo de las obras dentro del Parque Natural Tinigua. Con el fin de decidir la controversia jurídica la Corte planteó la teoría de la armonización de los derechos fundamentales, a fin de garantizar su efectivo ejercicio y la no anulación de alguno de estos (educación y medio ambiente). Sin embargo, la posición de

---

10 De las conclusiones del concepto técnico 303 del 12 de julio de 2013, emitido por la UAESPNN se resalta la siguiente: "A partir de la información técnica mencionada anteriormente, es posible determinar que las actividades que se pretenden desarrollar por parte de la empresa Reserva Los Ciruelos S.A.S. al interior del Parque Nacional Natural Tayrona, pueden ocasionar un peligro de daño inminente al área protegida ya que se afectarían los ecosistemas de bosque seco presentes en el área de influencia directa del mismo. Esto podría ocasionar un daño que sería irreversible debido por una parte a que el proyecto implica el establecimiento allí de una infraestructura para alojamiento de carácter permanente y a que este tipo de ecosistemas presentan una especial fragilidad y excepcionalidad en términos de representatividad ecosistémica, con lo cual para esta entidad se configuran los prerrequisitos para la aplicación del principio de precaución, establecido por la Ley 99 de 1993 en su artículo 1.º". Sin embargo, el concepto técnico SUT del 27 de enero de 2009 de la UAESPNN mencionaba una situación algo diferente donde se referían procesos de intervención antrópica en el área del proyecto, que a juicio de los técnicos de los PNN no impedían el desarrollo de la infraestructura hotelera: "La playa Ciruelos 1, se caracteriza por presentar un grado de intervención moderado; los impactos se refieren a zonas de pastizales producto de quemas y siembra de pastos. Por su proceso de recuperación se encuentran en su mayoría especies pioneras (pastos), aunque más del 70% de la zona se encuentra con árboles de altura entre los 6 y 8 metros en promedio, con CAP entre los 81 cm y 26 cm. La playa Ciruelos 2 se caracteriza por presentar un bosque seco en buen estado de conservación, no se presentan claros de bosque, ni evidencias recientes de disturbios transformadores del paisaje. La vegetación característica de esta zona es bosque seco recuperado, los árboles presentes se caracterizan por presentar alturas superiores a los 11 metros y CAP entre los 50 cm y 104 cm en promedio"; cfr. Resolución ANLA 024 del 17 de enero de 2013, pp. 12-14. Posteriormente, mediante Resolución 0923 del 31 de julio de 2015, la ANLA impuso sanción de multa al proyecto por incumplimiento de la licencia ambiental, y con el acto administrativo 0351 del 12 de marzo de 2018 declaró la pérdida de ejecutoriedad de la Resolución 631 de 2009.

la Corte se inclinó por el bien jurídico ambiental, al condicionar el ejercicio de la actividad educativa en unas instalaciones adecuadas al cumplimiento de un requisito legal. Al respecto dijo la Corte:

> La decisión adoptada por el Sistema de Parque Naturales Nacionales resultaba necesaria en la medida que en principio la obra había sido concebida para el "mejoramiento de la infraestructura del internado" la que consistía en "la construcción de dos alojamientos, un comedor, una lavandería y obras exteriores" la que se debía realizar sobre la construcción que venía funcionando como internado desde el año 1983.
>
> Bajo este argumento las autoridades locales consideraron que no era indispensable obtener una licencia ambiental, toda vez que no se trataba de una nueva obra sino un simple mejoramiento de una estructura ya existente. No obstante, en desarrollo del mencionado contrato se realizaron actividades como excavación, cimentaciones de estructuras en concreto reforzadas, estructuras mecánicas, instalaciones eléctricas y disposición final de residuos, actividades que se encuentran prohibidas al interior del Parque Nacional Natural Tinigua, por considerarse un área protegida y de especial importancia ecológica.
>
> [...]
>
> Por tanto, para adelantar cualquier tipo de obra al interior de este tipo de áreas protegidas es indispensable contar con el previo otorgamiento de una licencia ambiental. Toda vez que se puede producir deterioro grave a los recursos naturales o al medio ambiente.

Sin embargo, consideramos que en función del estado de avance de las obras (aprox. 90%), como lo reconocía el alto tribunal, el requisito de la licencia ambiental pudo resultar un tanto inocuo, pues los presuntos impactos ambientales esperados ya se habían causado, y en esa medida el instrumento de control y manejo perdía totalmente su carácter preventivo y de planificación del uso de los recursos naturales e intervención del medio ambiente. El ejercicio de ponderación de derechos debió considerar esta situación y optar por la imposición de unas medidas de manejo *ex post* y acciones de compensación ambiental, las cuales hubieran sido mucho más efectivas para permitir la terminación de los trabajos que el desarrollo de un trámite complicado de licenciamiento, como lo demostraron posteriormente los hechos, pues llegó el momento en que el desencuentro entre la autoridad del Sistema de

Parques y la ANLA era palmario, sobre todo en lo referente a los términos de referencia que debían ser utilizados para la elaboración de una tardía EIA[11].

A pesar de que esta afirmación pueda sonar peligrosa y descabellada a oídos de los fundamentalistas ambientales y de muchos funcionarios del Estado administrativo ambiental, es evidente que en muchos casos se prefiere el ejercicio de un formalismo jurídico asfixiante, basado en el cumplimiento a pie juntillas de requisitos procedimentales que, no obstante dotar de plena legalidad las actuaciones administrativas, recrean de manera permanente el ciclo de autorreproducción y validez interna de la actuaciones administrativas ambientales cuya lógica se basa en el cumplimiento de rígidos procedimientos previamente establecidos, y que deja de lado el desarrollo de actuaciones mucho más pragmáticas y dotadas de mayor flexibilidad, centradas en principios jurídicos y criterios técnicos definidos y, sobre todo, en un análisis integral de los procesos ecosistémicos y el impacto de las acciones antrópicas que, con toda seguridad, harían mucho más ágil y eficaz el proceso de evaluación ambiental, sin perder de vista los elementos esenciales de las actuaciones administrativas previstos en las leyes 489 de 1998 y 1437 de 2011, y en los reglamentos ambientales.

La dificultad de la EIA al interior de las áreas protegidas es una constante que aún se mantiene en el SINA, y que ha tenido trascendencia nacional, como en el caso de la exploración petrolera dentro del AMEM, específicamente en el proyecto de perforación exploratoria AIPE Serranía, cuya licencia ambiental fue otorgada por la ANLA a principios de 2016, pero revocada posteriormente con fundamento en que la autoridad ambiental regional (Cormacarena) había expedido un acto administrativo estableciendo el Plan Integral de Manejo Ambiental (PIMA) del área donde se encontraba localizado el proyecto, correspondiente a uno de los cuatro distritos de manejo integrado creados al interior del AMEM en los que se prohibía la actividad hidrocarburífera[12].

---

11 Finalmente la ANLA otorgó la licencia ambiental para el proyecto de mejoramiento de la institución educativa a través de la Resolución 1288 del 17 de octubre de 2017.

12 Frente a la ausencia de un plan de manejo debidamente adoptado por acto administrativo que contemplara la zonificación y el régimen de usos y actividades permitidas dentro del Distrito de Manejo Integrado Ariari-Guayabero, la ANLA argumentó que no existía ninguna prohibición legal para otorgar la licencia ambiental o para desarrollar actividades productivas derivadas de la no adopción de tal instrumento, y que en tal caso era aplicable el artículo 310 del Decreto 2811 de 1974 que permite el desarrollo de actividades económicas controladas al interior de estas áreas protegidas; cfr. Resolución ANLA 286 del 18 de marzo de 2016, p. 65.

En este caso la máxima autoridad en materia de licencias ambientales optó por ceder terreno ante la decisión de una autoridad administrativa regional que, aunque había entrado en vigencia con posterioridad al otorgamiento de la autorización ambiental, fue suficiente para revaluar la decisión relacionada con la viabilidad del proyecto[13]. Sin duda el escenario apocalíptico creado en las redes sociales que, sin argumentos técnicos de fondo y haciendo uso de múltiples falacias y desinformación, condenaba a la destrucción una belleza natural como Caño Cristales y satanizaba el proyecto petrolero, se convirtió en un elemento crucial de la decisión tomada por la ANLA, la cual fue prácticamente ordenada mediante un tuit del Presidente de la República replicado por el Ministro de Ambiente de ese entonces, aspecto que resalta su fuerte origen mediático y la amplia influencia de la nueva democracia virtual que se desarrolla y muta en múltiples formas en tiempo real.

Cabe agregar que los intentos de Cormacarena por controlar la expansión de los proyectos de hidrocarburos en el territorio bajo su jurisdicción han sido constantes. En el caso del AIPE Serranía, y mucho antes de que se adoptara el PIMA del área donde se localizaba el proyecto, la Corporación argumentó que la zona era de especial importancia ambiental, y que venía trabajando de manera conjunta con PNN para establecer ese plan de manejo, por lo que se oponía a la expedición de la licencia ambiental, debido a que no se había establecido un régimen de usos para dicha área[14]. Sin embargo, en respuesta

---

13 La Resolución n.º 286, mediante la cual se otorgó licencia ambiental para el AIPE Serranía fue expedida el 18 de marzo de 2016. Por su parte, la Resolución PS.GJ.1.2.6.15.2.585, expedida el 30 de diciembre de 2015, mediante la cual se adoptó el Plan Integral de Manejo Ambiental (PIMA) de un área localizada en la Zona de Sur de Conservación para la Producción del Distrito de Manejo Integrado Ariari-Guayabero y que de manera expresa prohibía la explotación, y por ende la exploración de hidrocarburos en esa zona, fue publicada en el *Diario Oficial* n.º 49.843 el 13 de abril de 2016.

14 En el concepto técnico PM-GA 3.44.15.1699 del 29 de julio de 2015, Cormacarena se centró en manifestar la no viabilidad del proyecto por su ubicación en la Zona de recuperación para la producción sur, en el Distrito de Manejo Integrado (DMI) Ariari-Guayabero, del Área de Manejo Especial La Macarena (AMEM). En dicho concepto Cormacarena concluyó: "[...] Por lo cual debido a la importancia de la zona del proyecto, esta Autoridad Ambiental de una manera objetiva misional desde la perspectiva de la administración y gestión de los recursos naturales, manifiesta la NO VIABILIDAD del proyecto denominado Área de Interés de Perforación Exploratoria (AIPE) Serranía de la empresa Hupecol, a desarrollarse en el Municipio de la Macarena, ya que como lo indica la oficina asesora de planeación de Cormacarena el 100% del proyecto se encuentra localizado en 'Zona de recuperación para la producción sur', y actualmente los usos del suelo y actividades permitidas a desarrollar no se encuentran establecidas, ya que no se tiene el Plan Integral de Manejo del correspondiente DMI. Sin embargo la misma entidad, en el concepto

a una consulta elevada por la ANLA en referencia a la perforación exploratoria de hidrocarburos en los distritos de manejo integrado localizados al interior del AMEM profirió el concepto n.º 20131300038521 del 23 de mayo de 2013, en el que resaltó:

> Al respecto es importante señalar que a la fecha ninguno de los Distritos de Manejo Integrado de la Macarena se encuentran homologados en los términos previstos por el Decreto 2372 de 2010, razón por la cual no hacen parte del SINAP y se siguen rigiendo por los reglamentos existentes a la entrada en vigencia del mencionado Decreto 2372, estando su administración a cargo de la Corporación Autónoma Regional de la la Macarena –Cormacarena (*sic*) tal y como lo dispone el artículo 38 de la Ley 99 de 1993.
>
> De esta manera, las actividades que se permiten desarrollar al interior de estos distritos, deberán obedecer a los planes de manejo previstos para los mismos, los cuales deben contemplar la respectiva zonificación, acorde a lo estipulado por el Decreto ley 1989 de 1989.
>
> Finalmente, es importante manifestar que de carecer dichos Distritos de Manejo Integral de su respectivo plan de manejo, de ninguna manera significa que estos queden desprovistos de mecanismos jurídicos que permitan impedir una determinada actividad pues, hasta tanto no se expida el correspondiente instrumento de planificación, se regirán por el Código de Recursos Naturales y del Medio Ambiente (el cual dispone con suficiente claridad que el aprovechamiento que se haga en los DMI debe ser racional) y por el Decreto ley 1989 de 1989 como norma de creación...

En el marco de esa interpretación jurídica, considerada por la ANLA para expedir otras licencias ambientales dentro del AMEM, y también para el caso del AIPE Serranía, la perforación exploratoria de hidrocarburos no se consideraba una actividad definitivamente prohibida dentro del área de manejo especial, pues el mecanismo de la licencia ambiental era la herramienta llamada a garantizar el aprovechamiento racional del área, su oferta ambiental y el control de dicha actividad económica, como lo disponía el artículo 310 del

---

técnico PM.GA.3.44.13.671 del 26 de abril de 2013 había expuesto lo siguiente en relación con el mismo proyecto: '[...] Se recomienda a la Autoridad Nacional de Licencias Ambientales que si se considera viable el proyecto Perforación Exploratoria del Bloque Serranía propuesta por la empresa Hupecol, determine todas las medidas necesarias para mitigar, prevenir y controlar los impactos ambientales que se pueden presentar por llevar a cabo dicha actividad, de igual manera que se soliciten todos los estudios necesarios ANTES de realizar los pozos de exploración...".

Decreto 2811 de 1974, norma que debía ser aplicada en primera instancia ante la ausencia de los planes de manejo ambiental[15]. A pesar de esa justificación, Cormacarena ha utilizado otras figuras jurídicas que conllevan la protección de áreas ambientalmente estratégicas para oponerse a proyectos de hidrocarburos, como en el caso de las reservas temporales de recursos naturales, y del documento CONPES 3680 de 2010 que designó áreas prioritarias de conservación para su posterior declaratoria como áreas protegidas.

En el caso del Área de Perforación Exploratoria La Muñeca, localizada en el departamento del Meta, la autoridad ambiental regional se opuso al otorgamiento de la licencia con fundamento en que dicho proyecto estaba ubicado en la zona del Alto Manacacías, designada como zona de reserva temporal de recursos naturales con fundamento en el Decreto 1374 de 2013, y a través de las Resoluciones 705 y 761 de 2013 del MADS. El argumento de la ANLA, reforzado por los conceptos del MADS 8140-E2-22297 del 18 de julio de 2013 y 8140-E2-31551 del 6 de octubre de 2014, se basó en que la restricción de las reservas temporales aplicaba única y exclusivamente para la concesión de nuevos títulos mineros dentro de tales áreas, sin que fuera aplicable al licenciamiento de proyectos para exploración y explotación de hidrocarburos ya adjudicados[16]. En cuanto a las áreas prioritarias para conservación identificadas en el documento CONPES 3680 de 2010, es claro que tal designación no las convierte *de facto* en áreas protegidas, pues se requiere del agotamiento del proceso reglado y participativo que les asigne una categoría de protección específica mediante el respectivo acto administrativo, su zonificación y régimen de usos, momento en el cual podrían ser oponibles frente al desarrollo de un proyecto sujeto a licencia ambiental.

Bajo tal razonamiento, y si se examinan algunos de los elementos de este proceso y los posibles escenarios jurídicos, como lo ha hecho con precisión Del Valle (2017), se concluye que la ausencia de un plan de manejo de un área protegida no puede ser un obstáculo de tipo jurídico o técnico que "congele" indefinidamente amplias extensiones de territorio susceptibles, desde el punto de vista ambiental y social, del desarrollo de actividades eco-

---

15 Dentro del AMEM se han otorgado licencias ambientales para proyectos de perforación exploratoria de hidrocarburos como los Bloques Zahorí, Ariari, CPO 17 West, Santa, CPO 16, Ombu Norte, Ombu Sur Durillo Arama Cristal, Río Ariari, entre otros; cfr. H. POLANCO (2017), con base en el oficio ANLA n.° 2014071566-2-000 del 22 de diciembre de 2014.

16 Al respecto se puede consultar el expediente LAV-0049/13 de la ANLA.

nómicas, pues se sentaría un precedente de inseguridad jurídica en desmedro de derechos reconocidos en la Constitución Política, como la libre iniciativa privada. Igualmente, Polanco (2017) ha hecho énfasis en la existencia de proyectos de exploración y explotación de hidrocarburos dentro del área del AMEM que cuentan con su respectivo instrumento de control y manejo ambiental, y están sujetos al seguimiento y control periódicos de la autoridad ambiental competente, los cuales fueron prácticamente invisibilizados en el agrio debate del proyecto del Área de Interés de Perforación Exploratoria Serranía, lo que creó una impresión errada en la opinión pública respecto de la situación del AMEM en materia de proyectos extractivos[17].

No obstante, en estos casos difíciles entraría en la liza el denominado Principio de No Regresión en materia ambiental, según el cual, cuando se han alcanzado ciertos niveles de protección ambiental no es posible disminuir o reversar su rango, a menos que exista la adecuada justificación para ejecutar tal actuación jurídica, lo que en últimas constituye una limitación a los poderes públicos (Amaya Arias, 2016). Así, el Principio de No Regresión se podría llegar a convertir en un criterio de amplia utilidad a la hora de definir la necesidad de intervenir áreas con categorías especiales de protección, o inclusive establecer la pertinencia de sustraerlas con fines de ejecución de proyectos de desarrollo, aunque un giro de ese tipo demandaría, en primer lugar, un enfoque abierto a las nuevas posibilidades del derecho, una revaluación del principio de discrecionalidad administrativa y, ante todo, un alto grado de especialización técnica y jurídica de las autoridades ambientales, que permita legitimar su aplicación y blindar tales decisiones frente a las acciones judiciales, ya sea de los solicitantes de licencias ambientales que pueden ver inviabilizados sus proyectos, o de cara a las comunidades, los

---

17 En el caso del AIPE Serranía, gran parte de la discusión jurídica giró en torno a la vía más conveniente para la pérdida de efectos del acto administrativo que había otorgado la licencia ambiental. Se habló de revocar de manera directa la licencia argumentando la incompatibilidad de la exploración y explotación de hidrocarburos con la zonificación y régimen de usos establecida en el Plan Integral de Manejo Ambiental del sector del río Losada-Caño Perdido, localizado dentro de la Zona de Recuperación para la Producción Sur del Distrito de Manejo Integrado Ariari Guayabero del AMEM. También se planteó la suspensión de la licencia ambiental, la cual quedaría condicionada a que previa solicitud de la empresa interesada, la autoridad ambiental se pronunciara respecto de la viabilidad de la sustracción del área del DMI, en virtud de que se trataba de un proyecto de utilidad pública e interés social incompatible con el régimen de usos y actividades permitidas del área protegida (aplicando lo previsto en los artículos 2.2.2.1.5 y 2.2.2.1.3.9 del Decreto 1076 de 2015); al final la licencia ambiental fue revocada de plano.

ambientalistas, las autoridades administrativas y otros actores que cada día demandan mayores niveles de conservación y protección del patrimonio natural.

Otro proyecto que vale la pena mencionar es el de la licencia ambiental para el proyecto "UPME-02-2009 Subestación Armenia a 230 kV y Líneas de Transmisión Asociadas", localizado en los municipios de Circasia y Filandia en Quindío, y Pereira, Dosquebradas y Santa Rosa de Cabal en Risaralda, cuyo trazado intervenía dos áreas protegidas de carácter regional, los Distritos de Conservación de Suelos Barbas Bremen, compartido entre la CRQ y la CARDER, y La Marcada, bajo jurisdicción de la CARDER. Como resultado de la audiencia pública ambiental realizada, la ANLA requirió a la empresa solicitante adelantar el trámite de sustracción del Distrito de Conservación de Suelos Barbas Bremen, por tratarse de un proyecto de utilidad pública e interés social en los términos de la Ley 56 de 1981.

La solicitud de sustracción del área protegida, señalada por la CRQ como condición para el otorgamiento de la licencia ambiental, fue denegada por la autoridad ambiental regional; la empresa interesada argumentó que desde el punto de vista técnico y jurídico el trámite de sustracción no era necesario, pues no existía un plan de manejo adoptado para el Distrito de Conservación de Suelos Barbas Bremen, y la actividad de transmisión de energía se consideraba como un proyecto de utilidad pública e interés social, cuyo desarrollo era compatible con la definición de uso sostenible, a la luz de lo previsto en el literal d del artículo 35 del Decreto 2372 de 2010 (hoy art. 2.2.21.4.2 del Dcto. 1076 de 2015)[18]. Por otra parte, la ANLA dejó constancia de que la CRQ no había allegado un acto administrativo, ni estudios técnicos, ni otro tipo de documentos vinculantes que establecieran que las obras y actividades contempladas en el proyecto energético estaban clasificadas como usos o actividades no permitidas al interior del Distrito de Conservación de Suelos

---

18 El literal d del artículo 2.2.2.1.4.2 del Decreto 1076 de 2015 establece: "*Definición de los usos y actividades permitidas*. De acuerdo a la destinación prevista para cada categoría de manejo, los usos y las consecuentes actividades permitidas, deben regularse para cada área protegida en el Plan de Manejo y ceñirse a las siguientes definiciones: [...] d) De uso sostenible: comprenden todas las actividades de producción, extracción, construcción, adecuación o mantenimiento de infraestructura, relacionadas con el aprovechamiento sostenible de la biodiversidad, así como las actividades agrícolas, ganaderas, mineras, forestales, industriales y los proyectos de desarrollo y habitacionales no nucleadas con restricciones en la densidad de ocupación y construcción siempre y cuando no alteren los atributos de la biodiversidad previstos para cada categoría".

Barbas Bremen, por lo cual debían atenderse los principios de zonificación y régimen de usos establecidos en el Decreto 2372 de 2010 y los del Acuerdo constitutivo del área protegida.

La licencia ambiental otorgada por la ANLA mediante la Resolución 582 del 5 de junio de 2014 estableció como condición para el desarrollo del proyecto en el área del Distrito de Conservación de Suelos Barbas Bremen, que de manera previa al inicio de esta intervención se deberían implementar las medidas de manejo dispuestas por la CRQ. Como se ve, el desarrollo del proyecto licenciado dentro del Distrito de Conservación de Suelos quedaba condicionado a lo que la facultad discrecional de la autoridad ambiental regional dispusiera, restricción que a la postre jugó en contra de la beneficiaria de la licencia ambiental, pues fue objeto de una medida preventiva de suspensión de actividades al interior de los Distritos de Conservación de Suelos Barbas Bremen y La Marcada, impuesta a prevención por esa Corporación, al intervenir dichas áreas presuntamente sin cumplir con la totalidad de los requisitos exigidos por la licencia ambiental en materia de zonas de exclusión para la protección del recurso hídrico[19].

Los casos que se han traído a colación son apenas una pequeña muestra de las dificultades que enfrentan la evaluación ambiental y la ejecución de proyectos licenciados, que en alguna etapa de su desarrollo deben intervenir áreas protegidas con mayor o menor grado de restricción. A pesar de que la legislación vigente establece algunos lineamientos para la EIA de tales proyectos, no hay una directriz o reglamentación clara que determine el procedimiento a seguir cuando existen vacíos jurídicos y técnicos relacionados con la ausencia de instrumentos de manejo de estos espacios protegidos y, por ende, de una zonificación y régimen de usos y actividades que brinden mayor certeza, tanto a las autoridades ambientales como a los solicitantes de la licencia ambiental y a las comunidades presentes en estas áreas o en sus zonas de amortiguación, respecto de la magnitud y alcance de los im-

---

19 Otro caso, objeto de fuertes discusiones de orden técnico y jurídico, fue el de la sustracción de la Reserva Forestal Productora Regional Thomas van der Hammen, solicitada por el Distrito Capital a la CAR en 2018. Para la autoridad ambiental algunas de las vías que se pretendían desarrollar en las áreas que fueran sustraídas de dicha reserva requerían licencia ambiental, trámite que debería ser realizado de manera simultánea con el de la sustracción. El Distrito se opuso vehementemente a esta posición alegando que tales vías no eran objeto del proceso de licenciamiento en el entendido de que hacían parte del perímetro urbano. El debate entre la CAR y el Distrito estaba en pleno auge cuando la actual administración distrital desistió de la solicitud.

pactos de los proyectos respecto de los atributos ambientales y objetivos de conservación previstos[20]. Ante esa situación las autoridades administradoras han adoptado diversos cursos de acción que en muchas ocasiones, en razón de las restricciones y prohibiciones impuestas sin el soporte técnico y legal adecuado, y que pueden obedecer a una visión excesivamente conservacionista del territorio, apuntalada por una discrecionalidad técnica ambiental que pareciera olvidar que la política ambiental colombiana se rige por el principio de desarrollo sostenible, han hecho inviables los proyectos.

CONCLUSIONES

– Es innegable la fuerte transición experimentada por la política de áreas protegidas en Colombia: a partir de los años 90 del pasado siglo el enfoque de gestión netamente conservacionista, heredado del INDERENA y basado en las ciencias naturales y en un criterio de exclusión de la actividad humana como garante de preservación y reproducción del patrimonio natural en su estado puro, tuvo que dar paso a una realidad creada por las características propias de una nación en desarrollo, dependiente en gran medida de la explotación de recursos naturales y sumida en un prolongado conflicto social y político. Paradójicamente, amplias extensiones del territorio nacional con la mejor oferta ambiental y ecosistémica estaban habitadas y habían sufrido fuertes procesos de transformación y arraigo social, lo que implicó un cambio radical en la gestión pública de las áreas protegidas, basado en una mayor

20 No podemos dejar de mencionar los frecuentes casos de áreas protegidas regionales, formalmente declaradas y debidamente delimitadas con un régimen de usos muy general, lo que implica fuertes restricciones en áreas indeterminadas para las actividades productivas, especialmente las agrícolas, pecuarias, industriales y urbanísticas, impuestas sin un adecuado proceso de participación ciudadana, a lo cual se suma la ausencia de un plan de manejo que establezca una zonificación precisa con el respectivo régimen de usos. Este escenario genera frecuentes choques y miniconflictos entre las autoridades ambientales y los propietarios de predios localizados dentro de dichas áreas pues, además de crear unas restricciones espacialmente indefinidas, que limitan la explotación económica de sus terrenos y el otorgamiento de permisos, concesiones y autorizaciones ambientales, y que dependen de la interpretación de los técnicos y abogados respecto del alcance del área protegida, deben también sufrir la inscripción de esta afectación ambiental en el folio de matrícula inmobiliaria, situación que ha motivado la negación de créditos por las entidades bancarias, y dificultades para su venta y arrendamiento, sin que se vislumbre una alternativa razonable que permita paliar los efectos de esta carga pública ambiental derivada de la declaratoria de protección, la cual puede llegar a tener mayores efectos en el marco del otorgamiento de permisos y autorizaciones ambientales, que en su objetivo esencial de conservación del patrimonio natural.

visibilidad y participación de las comunidades en los procesos de conservación desarrollados a lo largo del país, pasando del concepto idealista de una naturaleza prístina y alejada del hombre, a una naturaleza construida y manejada socialmente.

– La institucionalidad ambiental ha hecho un gran esfuerzo para establecer reglamentaciones y competencias en materia de desarrollo de proyectos altamente impactantes dentro de las áreas protegidas, entre las que se destacan la Ley 2.ª de 1959 y los decretos 2811 de 1974, 622 de 1977 y 2372 de 2010, que sucesivamente crearon grandes espacios protegidos con la connotación de parques nacionales naturales, establecieron sus principios de manejo, y sus fundamentos como sistema, además de decretar normas ampliamente restrictivas para garantizar la conservación y permanencia de áreas ambientales estratégicas, incluidas las reservas forestales y las denominadas áreas de manejo especial, entre ellas el AMEM que ha sido de gran importancia. Igualmente, se han definido competencias para el licenciamiento ambiental de proyectos al interior de las áreas protegidas, lo cual garantiza una especie de armonía y concurrencia de las autoridades del SINA en la EIA de aquellos proyectos que intervengan dichos espacios, y permite la puesta en marcha de mecanismos de coordinación administrativa, en especial en el caso de las reservas forestales nacionales y el SPNN, enfoque que en teoría garantiza mayor objetividad e integralidad en el licenciamiento ambiental de estos proyectos.

– A pesar de lo anterior, es importante hacer énfasis en la necesidad de adoptar nuevos modelos técnicos y jurídicos que permitan mayor seguridad a la hora de determinar el impacto ambiental de los proyectos que se desarrollan al interior de las áreas protegidas, así como medidas de manejo más eficaces que sean acordes con los objetivos de conservación definidos. Se echa en falta una metodología similar a la de los Manuales de Evaluación y Seguimiento Ambiental de proyectos adoptados mediante la Resolución 1552 de 2005 del MADS, enfocada directamente en los estudios de impacto ambiental en áreas protegidas, pues ello permitiría asegurar un enfoque de evaluación mucho más preciso, y llenar muchos vacíos técnicos e inclusive jurídicos que constantemente amenazan el proceso de licenciamiento ambiental de las áreas designadas con categorías especiales de protección ambiental. Esta tarea debe ser conjunta e involucrar a la UAESPNN, el MADS, la ANLA, y las CARS, además de los institutos de investigación del SINA, la academia y la sociedad civil, pues solo así se podrá garantizar una mirada multidisciplinaria e integral del territorio y, por ende, de todos los aspectos asociados a la evaluación de impacto en los espacios protegidos.

– Los casos de estudio expuestos en la parte final del texto son un referente mínimo, aunque útil, para mostrar la enorme divergencia entre las diversas concepciones de áreas protegidas desde los ámbitos regional y nacional. Creemos que aún persiste en un amplio sector de las autoridades ambientales el modelo conservacionista duro, ante lo cual, y sin ánimo de desvirtuarlo, consideramos que es necesario lograr un mayor consenso entre las visiones heredadas del modelo convencional de gestión de las áreas protegidas y la nueva visión ecosistémica que ha tomado fuerza en las última décadas, buscando que se aplique racional y dialógicamente el principio de desarrollo sostenible, y ante todo que se logren los objetivos de conservación estratégicos de la política de áreas protegidas.

BIBLIOGRAFÍA

Andrade, G. "Sistema de Áreas Naturales Protegidas de Colombia. Elementos para la evaluación de la Política Pública de Conservación", Documento de Políticas Públicas n.º 12, Foro Nacional Ambiental, Bogotá, 2007.

Álvarez, G. *Las áreas protegidas en Colombia*, Bogotá, Universidad Externado de Colombia, 2011.

Amaya-Arias. A. *El Principio de No Regresión en el Derecho Ambiental*, Madrid, Iustel, 2016.

Andrade, G. "Conducir el cambio. Hacia un modelo ecosistémico en la conservación del Sistema Nacional de Áreas Naturales Protegidas de Colombia", en M. Rodríguez (ed.). *Gobernabilidad, instituciones y medio ambiente en Colombia*, Bogotá, Foro Nacional Ambiental, 2008.

Andrade, G. "¿El fin de la frontera? Reflexiones desde el caso colombiano para una nueva construcción social de la naturaleza protegida", *Revista de Estudios Sociales*, n.º 32, Bogotá, Universidad de los Andes, abril de 2009.

Beriain, J. (comp.). *Las consecuencias perversas de la modernidad. Modernidad, contingencia y riesgo*, Barcelona, Editorial Anthropos, 1996.

Caliari, A. "La financialización de recursos naturales desde la perspectiva de los derechos humanos y la sostenibilidad ambiental", en M. Flórez et al. *Medio ambiente.*

Deterioro o solución Río+20, Bogotá, Asociación Ambiente y Sociedad y Ediciones Aurora, 2013.

Cárdenas, M. y M. Rodríguez (eds.). *Guerra sociedad y medio ambiente*, Bogotá, Foro Nacional Ambiental, 2004.

Colchester, M. *Naturaleza cercada. Pueblos indígenas, áreas protegidas y conservación de la biodiversidad*, Montevideo, Movimiento Mundial por los Bosques Tropicales, 2003.

Contraloría General de la República. *El proceso administrativo de licenciamiento ambiental en Colombia*, Bogotá, 2017.

Correa, H. "La política de parques con la gente, el conflicto armado interno y el gobierno de la ¿seguridad democrática?", en M. Cárdenas y M. Rodríguez (eds.). *Guerra sociedad y medio ambiente*, Bogotá, Foro Nacional Ambiental, 2004.

Cronon, W. *Changes in the Land. Indian, Colonist and the Ecology of the New England*, New York, Hill y Wang, 2003.

Del Valle, E. "El Área de Manejo Especial de La Macarena y la ausencia de derechos adquiridos", en M. García (ed.). *Lecturas sobre Medio Ambiente y Ordenación del Territorio*, Bogotá, Universidad Externado de Colombia, 2017.

Departamento Nacional de Planeación (DNP). "Lineamientos para la consolidación del Sistema Nacional de Áreas Protegidas", Bogotá, Documento CONPES 3680 de 2010.

Echeverry, J. "Territorio social y territorio natural: reflexiones sobre la interculturalidad en un área superpuesta", Documento de Políticas Públicas n.º 21, Foro Nacional Ambiental Bogotá, 2007.

García, M. (ed.). *Lecturas sobre Medio Ambiente y Ordenación del Territorio*, Bogotá, Universidad Externado de Colombia, 2017.

Giddens, A. "Modernidad y autoidentidad", en J. Beriain (comp.). *Las consecuencias perversas de la modernidad. Modernidad, contingencia y riesgo*, Barcelona, Anthropos, 1996.

Laborde, R. "Los territorios indígenas traslapados con áreas del Sistema de Parques Nacionales Naturales en la Amazonia colombiana: situación actual y perspectivas", Documento de Políticas Públicas n.º 23, Bogotá, Foro Nacional Ambiental, 2007.

Maldonado, M. ¿Son posibles las áreas protegidas alrededor de las grandes ciudades? A propósito de los cerros Orientales de Bogotá. En F. Cárdenas, H. Correa y C. Mesa (comps.). C. *Región, Ciudad y Áreas Protegidas*, Bogotá, Fescol, Ecofondo, Fondo de Acción Ambiental y Cerec, 2005.

Miliband, D. "The great stink: towards an environmental contract", Audit Commission Annual Lecture, London, 19 de julio de 2006, disponible en [www.defra. gov.uk/corporate/ministers/speeches/david-miliband/dm060719.htm].

Molano, A. *Siguiendo el corte. Relatos de guerras y de tierras*, Bogotá, El Áncora Editores, 1989.

Montoya, M. (coord.). *Lecturas en Regulación Energética y de Hidrocarburos*, Colección de Regulación Minera y Energética n.º 11, Bogotá, Universidad Externado de Colombia, 2017.

O'Brien, K.; B. Hayward y F. Berkes. "Rethinking Social Contracts: Building Resilience in a Changing Climate", *Ecology and Society* n.º 14(2), 2009, disponible en [http://www.ecologyandsociety.org/vol14/ iss2/art12/].

Palacio, G. "Cinco ejes analíticos para comprender la Amazonia actual", Documento de Políticas Públicas n.º 24, Bogotá, Foro Nacional Ambiental, 2007.

Parques Nacionales de Colombia. "Política de participación social en la conservación", Bogotá, 2001.

Polanco, H. "Desarrollo de la industria hidrocarburífera en área con especial protección ambiental. Experiencia del amem", en M. Montoya (coord.). *Lecturas en Regulación Energética y de Hidrocarburos*, Colección de Regulación Minera y Energética n.º 11, Bogotá, Universidad Externado de Colombia, 2017.

Redford, K. y A. Stearman. "On Common Ground? Response to Alcorn", en *Conservation Biology*, vol. 7, n.º 2, junio de 1993, disponible en [https://www.povertyandconservation.info/en/biblio/b0758].

Robertson, M. "Measurement and alienation: making a world of ecosystem services", *Transactions of the Institute of British Geographers*, n.º 37, 2012, disponible en [https://rampages.us/.../Measurement-and-alienation_ecoservices.pdf].

Ruiz, D. "Campesinos entre la selva. Invasores de reservas", *Tabula Rasa*, n.º 1, Bogotá, Universidad Nacional de Colombia, 2003.

SAYER, J. *Rainforest Buffer Zones: Guidelines for Protected Area Management*, Gland, International Union for the Conservation of Nature (IUCN), 1991.

SERJE, M. "El revés de la Nación: territorios salvajes, fronteras y tierras de nadie", Bogotá, Universidad de los Andes, 2011.

ULLOA, A. "Controlando la naturaleza: ambientalismo transnacional y negociaciones locales en torno al cambio climático en territorios indígenas en Colombia", Revista Iberoamericana. *América Latina, España, Portugal*, n.º 49, Madrid, Instituto Iberoamericano, 2013.

ULLOA, A. "Escenarios de creación, extracción, apropiación y globalización de las naturalezas: emergencia de desigualdades socioambientales", en GOBEL, GONGORA-MERA y ULLOA (eds.). *Desigualdades socioambientales en América Latina*, Bogotá, Biblioteca Abierta, Colección General Perspectivas Ambientales, Ibero Amerikanisches Institut y Universidad Nacional de Colombia, 2014.

UNIÓN INTERNACIONAL PARA LA CONSERVACIÓN DE LA NATURALEZA (UICN). "Gobernanza de los Sistemas Nacionales de Áreas Protegidas en los Andes Tropicales. Diagnóstico regional y análisis comparativo", Quito, 2006.

AUTORIDAD NACIONAL DE LICENCIAS AMBIENTALES (ANLA)

Resolución 631 del 3 de abril de 2009.

Resolución 0024 del 17 de enero de 2013.

Resolución 582 del 5 de junio de 2014.

Resolución 286 del 18 de marzo de 2016.

Resolución 1288 del 17 de octubre de 2017.

MINISTERIO DE AMBIENTE Y DESARROLLO SOSTENIBLE (MADS)

Concepto 8140-E2-22297 del 18 de julio de 2013.

Concepto 8140-E2-31551 del 6 de octubre de 2014.

PARQUES NACIONALES NATURALES DE COLOMBIA

Concepto n.º 20131300038521 del 23 de mayo de 2013.

Concepto n.º 20141300023881 del 21 de abril de 2014.

Memorando n.º 20151300000683 del 13 de febrero de 2015.

Memorando n.º 20161300006013 del 29 de noviembre de 2016.

JURISPRUDENCIA

CORTE CONSTITUCIONAL

Sentencia C-649 del 3 de diciembre de 1997, Expediente D-1671, M. P.: Antonio Barrera Carbonell.

Sentencia C-598 del 27 de julio de 2010, Expediente D-7980, M. P.: Mauricio González Cuervo.

Sentencia C-746 del 26 de septiembre de 2012, Expediente D-8960, M. P.: Luis Guillermo Guerrero Pérez.

Sentencia T-806 del 4 de noviembre de 2014, Expediente T-4.353.011, M. P.: Jorge Iván Palacio Palacio.

CLAUDIA GAFNER-ROJAS

Tendencia jurisprudencial y casuística en los sistemas internacionales de protección de derechos humanos en relación con asuntos de contenido ambiental

SUMARIO

RESUMEN

La indiscutible mutua interacción o influencia recíproca entre preservación ambiental y garantía de los derechos humanos se refleja, entre otros ámbitos, en la jurisprudencia de los tribunales internacionales de protección de derechos humanos de carácter regional, aun cuando en el marco de los sistemas respectivos no se recoge expresamente un derecho al medio ambiente. Así, resulta interesante analizar comparativamente cómo las cortes europea y americana de protección de derechos humanos incorporan la temática ambiental en sus decisiones, teniendo en cuenta la marcada diferencia de contextos, problemáticas y enfoques jurisprudenciales. A pesar de sus diferencias, la jurisprudencia de estos tribunales puede representar un importante aporte tanto a la garantía de los derechos ambientales como a la misma protección ambiental, tan primordial y apremiante en la actualidad.

PALABRAS CLAVE

Derechos ambientales, medio ambiente en la jurisprudencia internacional, sistemas regionales de protección de derechos humanos, Tribunal Europeo de Derechos Humanos, Corte Interamericana de Derechos Humanos.

ABSTRACT

The unquestionable mutual interaction or reciprocal influence between environmental preservation and the guarantee of human rights is reflected, among other areas, in the jurisprudence of international human rights of a regional level, even though within the framework of the respective systems it is not expressly includes a right to a healthy environment. Thus, it is interesting to analyze comparatively how the European Court and the Inter-American Court of Human Rights incorporate environmental issues in their decisions, taking into account the marked difference in contexts, problems and jurisprudential approaches. Despite their differences, the jurisprudence of these courts can represent an important contribution both to the guarantee of environmental rights and to environmental protection itself, which is so essential and urgent today.

KEYWORDS

Environmental rights, environment in international jurisprudence, regional systems for the protection of human rights, European Court of Human Rights, Inter-American Court of Human Rights.

INTRODUCCIÓN

Tomando como referencia el lanzamiento del primer tomo de *Lecturas de Derecho del Medio Ambiente* del Departamento de Derecho del Medio Ambiente de la Universidad Externado de Colombia hace ya veinte años, los conflictos ambientales han ido mutando y, desgraciadamente, algunos de ellos se han agudizado. Durante estos años, además, se ha fortalecido la consciencia de que la garantía de los derechos humanos depende en gran parte de una adecuada protección ambiental.

Por lo anterior, el presente texto realiza un análisis comparado de la tendencia jurisprudencial y casuística de los tribunales internacionales en relación con la protección de los derechos humanos de contenido ambiental a efectos de conocer los avances al respecto y, al mismo tiempo, las dificultades de hacer valer estos derechos en el ámbito internacional, habida cuenta de que frecuentemente al interior de los Estados las garantías correspondientes resultan insuficientes.

A efectos de delimitar el objeto de estudio, el análisis que se realiza en este trabajo se enfoca en el contexto de los dos sistemas regionales de protección de derechos humanos considerados los más avanzados: el Tribunal Europeo de Derechos Humanos (TEDH) y la Corte Interamericana de Derechos Humanos (Corte IDH). Se decidió descartar el sistema regional africano de derechos humanos porque, aunque manifiesta un interesante desarrollo en el tema objeto de estudio, en particular por la inclusión del artículo 24 sobre el derecho de los pueblos al medio ambiente sano en la Carta Africana de Derechos Humanos y de los Pueblos (CAHDP), su producción jurisprudencial no es tan amplia.

En todo caso, el derecho humano al medio ambiente no se contempla expresamente ni en el CEDH ni en la CADH, y aunque en su artículo 11.1 el Protocolo de San Salvador a la CADH establece el derecho de todos a vivir en un ambiente saludable, queda por fuera del recurso ante la Corte IDH.

Así, ante las dificultades de invocar la vulneración de un derecho humano al medio ambiente sano, es conveniente conocer cuál es la tendencia jurisprudencial y la realidad de la práctica jurídica en los sistemas europeo y americano de derechos humanos en relación con los derechos ambientales, a efectos de aclarar cuál es el mejor enfoque y la argumentación idónea para elaborar las pretensiones y solicitudes ante los órganos y tribunales correspondientes.

En consecuencia, tras una somera descripción de las alternativas de protección de derechos ambientales en el ámbito internacional, en el presente trabajo se analizan, por un lado, en qué sentido deciden los órganos judiciales de los dos sistemas internacionales de protección de derechos humanos elegidos en relación con el tema objeto de estudio y, por otro, la casuística –referida a la protección de los derechos humanos en conexión con factores de tipo ambiental–, con base en los siguientes criterios: principales problemas conocidos por el correspondiente tribunal, perfil de los demandantes, y reconocimiento o rechazo de las pretensiones.

I. ALTERNATIVAS DE PROTECCIÓN DE DERECHOS AMBIENTALES EN EL ÁMBITO INTERNACIONAL GLOBAL

Desde el punto de vista jurisdiccional no existe en el ámbito internacional global un ente habilitado para conocer exclusivamente las reclamaciones de protección de los derechos humanos. Y aunque la Corte Internacional de Justicia (CIJ) no tiene competencia propia y determinante para proteger los derechos humanos[1], por la vía de su competencia contenciosa, o de las opiniones consultivas, puede llegar a decidir asuntos o a emitir opiniones vinculadas con cuestiones de derechos humanos (Gross Espiell, 2001).

En ese sentido vale la pena recordar el caso de la demanda de Ecuador contra Colombia ante la CIJ, que si bien no llegó a sentencia por virtud del acuerdo extrajudicial al que llegaron las partes, se trata de un asunto de relevancia respecto a los derechos humanos ambientales. De haber llegado al fondo, la CIJ habría tenido que considerar el cumplimiento de tratados internacionales como el Convenio 169 de la OIT sobre los derechos de los pueblos indígenas y tribales. La demanda fue interpuesta por Ecuador en abril de 2008 debido a las fumigaciones aéreas con pesticidas tóxicos realizadas por el ejército colombiano sobre el territorio ecuatoriano. Ecuador sostenía que Colombia había violado obligaciones derivadas del derecho internacional a causa de las aspersiones químicas aéreas de herbicidas tóxicos (glifosato) para erradicar las plantaciones de coca en el periodo comprendido entre 2000 y 2007, con los serios riesgos que esto suponía de daños a la salud humana, los bienes y el medio ambiente de las comunidades ecuatorianas que habitaban la zona de las fumigaciones. El 13 de septiembre de 2013 la CIJ publicó una Providencia del presidente de la Corte, informando del retiro del asunto de la lista de casos pendientes ante la Corte a petición de Ecuador, tras haber alcanzado un acuerdo con Colombia.

En el plano internacional global también cabe mencionar el papel del Comité de Derechos Humanos (CDH), órgano de expertos independientes que supervisa la aplicación del Pacto Internacional de Derechos Civiles y Políticos (PIDCP) por los Estados parte. Si bien no se trata de un órgano jurisdiccional en estricto sentido, el Comité ha conocido varios asuntos a partir de las denuncias particulares que permite el mecanismo convencional, protegiendo derechos humanos reconocidos cuya violación se ha originado en un deterioro ambiental. En ese sentido, cabe recordar el caso Bernard Ominayak & The Lubicon Lake Band c. Canadá del 26 de marzo de 1990[2].

---

1 Solo los Estados pueden ser partes en el procedimiento contencioso, es decir, los Estados miembros de las Naciones Unidas y otros Estados que sean partes en el Estatuto de la Corte o que hayan aceptado su jurisdicción bajo ciertas condiciones. La emisión de dictámenes consultivos sobre cuestiones jurídicas es una función que la Corte ejerce por sometimiento de los órganos u organismos de las Naciones Unidas.

2 Otros asuntos conocidos por el CDH relacionados con derechos ambientales son: Ilmari Lansman et

Los peticionarios, pertenecientes a una comunidad indígena, alegaron ante el CDH que el Estado canadiense los había privado de sus derechos a la autodeterminación, a la libre disposición de sus recursos y a mantener sus prácticas tradicionales de subsistencia, de acuerdo con el artículo 1.º del PIDCP, al conceder la explotación de petróleo, gas y madera en sus tierras. El CDH entendió que tales actividades representaban una amenaza para el modo de vida y la cultura de la comunidad indígena y, en consecuencia, resolvió que mediante las concesiones otorgadas el Estado canadiense violaba el derecho de las minorías consagrado en el artículo 27 del PIDCP. El alegato fue rechazado sobre la base de que la violación del derecho a la autodeterminación y los otros derechos protegidos por el artículo 1.º del PIDCP están vinculados con los pueblos y, por lo tanto, no pueden ser invocados si se recurre al mecanismo del Protocolo Facultativo I (PF-I), que está concebido para proteger derechos individuales[3]. En efecto, en su Decisión del 26 de marzo de 1990 el CDH argumentó que "los derechos protegidos por el artículo 27 incluyen los derechos de las personas, en comunidad con otras, para dedicarse a actividades económicas y sociales que son parte de la cultura de la comunidad a la que pertenecen".

Algo más reciente es el asunto Poma Poma *vs.* Perú, decidido por el CDH en 2009. Este caso se inició a raíz de la denuncia interpuesta por Ángela Poma Poma de la comunidad indígena aymara, a consecuencia de medidas estatales que daban lugar a desecamiento y degradación de fuentes de agua, pérdida de medios de subsistencia y afectación de la cultura aymara, particularmente la cría de camélidos como práctica ancestral propia de esa cultura. El Comité reconocía a los pueblos indígenas un derecho a la consulta en un contexto de explotación de recursos naturales que se contraponía a la subsistencia cultural y económica de las respectivas comunidades, sin embargo, continuó consolidando su jurisprudencia en relación con los pueblos indígenas

---

al. *vs.* Finlandia, 1993 (cantera en territorio saami); Lansman et al. *vs.* Finlandia, 1995 (explotación maderera en tierras saami); Apirana Mahuika et al. *vs.* Nueva Zelanda, 1997 (pesquería, maoris); Äärelä y Näkkäläjärvi *vs.* Finlandia, 1997 (explotación maderera y construcción de caminos en tierras saami); Poma Poma *vs.* Perú, 2009 (consulta previa explotación de recursos naturales).

3 El PF-I le permite a los individuos o grupo de individuos presentar quejas ante el Comité de Derechos Humanos (CDH). El PF-I fue adoptado y abierto a la firma, ratificación y adhesión por la AGNU en su Resolución 2200 A (XXI), del 16 diciembre de 1966, y está en vigor desde el 23 de marzo de 1976.

e incorporó conceptos reconocidos en la Declaración de Naciones Unidas sobre los Pueblos Indígenas de 2007, específicamente,

> ... que la permisibilidad de las medidas que comprometen significativamente las actividades económicas de valor cultural de una minoría o comunidad indígena o interfieren en ellas, guarda relación con el hecho de que los miembros de esa comunidad hayan tenido oportunidad de participar en el proceso de adopción de decisiones relativas a esas medidas y de que sigan beneficiándose de su economía tradicional.

El Comité ha adoptado como estándar que en ciertos proyectos de explotación económica no es suficiente con la mera consulta, sino que es necesario obtener el consentimiento libre, previo e informado de los miembros de una comunidad indígena.

En definitiva, si bien no existe un órgano jurisdiccional dedicado al conocimiento de asuntos de derechos humanos en el ámbito internacional global, las decisiones tanto de la CIJ como del CDH pueden llegar a significar un gran aporte a la interpretación y refuerzo de los derechos ambientales.

II. DERECHOS AMBIENTALES EN LOS SISTEMAS REGIONALES DE PROTECCIÓN DE DERECHOS HUMANOS

A. EL MEDIO AMBIENTE EN EL SISTEMA EUROPEO DE DERECHOS HUMANOS

A pesar de que el CEDH no contempla expresamente el derecho a un medio ambiente sano, existe ya una consolidada jurisprudencia del TEDH relacionada con cuestiones ambientales (Ariño, 2015)[4]. Los principales asuntos conocidos por el TEDH que incorporan cuestiones de derechos humanos y medio ambiente se relacionan de manera no exhaustiva en la tabla 1, al final

---

4 La jurisprudencia del TEDH en relación con los temas ambientales ha sido ampliamente estudiada por la doctrina; entre otros, se pueden citar: Aguilera Vaqués (2012), Ariño (2015), Braig (2013), Castillo Daudí (2009), Desgagne (1995), Fitzmaurice (2011), García San José (2006), Loperena Rota (2003), Loucaides (2004), Lozano Cutanda (2002), Mariscal Aguilar (2013), Martín-Retortillo Baquer (2004-2005), Miranda (2007), Morte Gómez (2008), Pedersen (2010), Sánchez Patrón (2014), Turgut (2007), Velasco Caballero (1995) y Vercher Noguera (2012).

del presente acápite[5]. Se analizan enseguida, por un lado, las principales problemáticas y el perfil de los demandantes de los casos que llegan a conocimiento del TEDH y, por otro, la tendencia jurisprudencial del Tribunal en materia de asuntos relacionados con cuestiones ambientales.

1. PRINCIPALES PROBLEMÁTICAS Y EL PERFIL DE LOS DEMANDANTES EN LOS ASUNTOS AMBIENTALES ANTE EL SISTEMA EUROPEO DE DERECHOS HUMANOS

Las sentencias incluidas en la tabla 1[6] se refieren a asuntos en los que el TEDH ha conocido situaciones relacionadas con molestias ambientales, y en las que se solicitó la tutela de uno o varios derechos contemplados en el CEDH. La mayoría de esas situaciones han tenido que ver con reclamos relacionados con la vulneración de derechos vinculados a situaciones de contaminación acústica, emisión de gases y olores, y contaminación industrial que, en la mayoría de ocasiones, afectaron la salud humana de los demandantes. De ahí que el artículo 8.º ha sido y sigue siendo la disposición más invocada del CEDH, y cuyas pretensiones más concedidas por el TEDH tienen que ver con el derecho a la vida privada y familiar; le sigue el artículo 6.º que trata de la tutela judicial efectiva.

Como se aprecia en la tabla 1 en relación con el perfil de los demandantes, en la mayoría de los casos se trata de particulares representados por letrado ante el tribunal, tal como lo exige el Reglamento del TEDH. En muy pocas ocasiones se trata de organizaciones de interés ambiental y en ninguna ocasión de comunidades.

2. ENFOQUE JURISPRUDENCIAL DEL TEDH EN MATERIA AMBIENTAL

El TEDH ha elaborado una doctrina según la cual los atentados graves al medio ambiente pueden afectar principalmente el bienestar de las personas y privarlas del disfrute de su domicilio, perjudicando con ello su vida privada y familiar, lo que ha sido interpretado a través de su jurisprudencia, entre

5 Cfr. [http://www.echr.coe.int], consultada el 17 de junio de 2020.

6 En la tabla 1 se hace una breve referencia a la temática, el perfil de demandantes y la concesión o no de las pretensiones interpuestas.

otras, en las sentencias Powell y Rayner c. Reino Unido de 1990, López Ostra c. España de 1994, Guerra y otros c. Italia de 1998, Hatton y otros c. Reino Unido de 2003, Moreno Gómez c. España de 2004, y Di Sarno y otros c. Italia de 2012.

En cualquier caso, la evolución de esta postura ha adquirido una nueva dimensión: el TEDH considera que el artículo 8.º del CEDH no compele simplemente a los poderes públicos a abstenerse de interferir en la vida privada, sino que también implica la obligación de tales poderes de adoptar medidas encaminadas a asegurar el respeto de la vida privada, tal como ha sido interpretado en las sentencias Stubbings y otros c. Reino Unido de 1996 o Surugiu c. Rumania de 2004.

Junto a esa interpretación, el TEDH también ha aplicado el artículo 6.º del Convenio, que se refiere al derecho a un proceso equitativo. Por ejemplo, en el caso Zander c. Suecia de 1993 entendió que al existir amenaza de polución, concretamente de elevación excesiva del nivel de cianuro en el agua en la localidad de los demandantes, debido a la actividad de una planta de tratamiento y depósito de residuos, los peticionarios, según el derecho sueco, estaban en posibilidad de reclamar la protección contra la contaminación de las aguas, cosa que la localidad les había denegado.

Por lo que hace a la entidad del daño, a través de una interpretación sistemática y progresiva del CEDH, el TEDH determinó que cuando haya lesión de la integridad física y esta sea particularmente grave, el deterioro ambiental puede incidir también en el derecho a la vida (art. 2.º del CEDH). Este sería el caso de la contaminación por gases tóxicos particularmente intensos y presentes durante largo tiempo, que llegan a provocar graves problemas respiratorios e incluso pueden degenerar en enfermedades mortales como el cáncer.

Adicionalmente, el TEDH también se ha pronunciado en asuntos relacionados con la libertad de expresión (art. 10.º CEDH) vinculada a cuestiones ambientales, por ejemplo, en la sentencia Vides Aizsardzibas Club c. Letonia de 2004. En ese caso se trataba de una asociación medioambiental que publicó un enérgico artículo de prensa denunciando que el sistema de dunas de Riga estaba siendo objeto de ataques por urbanizaciones desaprensivas e ilegales. El ayuntamiento sancionó a la asociación por entender que los términos del artículo eran demasiado duros. El TEDH consideró que, a pesar de los términos, la libertad de expresión no se garantiza solo para manifestaciones susceptibles de crear agrado, sino también para denunciar situaciones importantes para la sociedad, por lo que consideró que no debía haberse sancionado a la asociación medioambiental.

En síntesis, la ausencia de un derecho expreso a un medio ambiente saludable tiene una consecuencia muy importante: la imposibilidad de acudir al TEDH en cualquier supuesto en que se produzca un deterioro ambiental (Fernández Egea, 2015a). En efecto, un prerrequisito para invocar la vulneración de las disposiciones del CEDH en las ocasiones en que exista detrimento medioambiental es que se debe producir al mismo tiempo una injerencia en la esfera personal de los particulares, y cuya consecuencia sea la vulneración de un derecho subjetivo pues, en última instancia, lo que interesa en este contexto es controlar las actuaciones que tengan un impacto sobre los individuos más que sobre el medio ambiente en general (Council of Europe, 2012).

TABLA 1.
PRINCIPALES ASUNTOS AMBIENTALES CONOCIDOS POR EL TEDH

Asunto	Problemática	Perfil demandante	Reconocimiento de pretensiones
Powell y Rayner *vs.* Reino Unido. Sentencia de 21 de febrero de 1990.	Contaminación acústica del tráfico aéreo en aeropuertos *Derechos invocados*: Artículo 6.1. Tutela judicial efectiva. Artículo 8.°. Vida privada. Artículo 13. Recurso efectivo ante instancia nacional.	"Federation of Heathrow Anti-Noise Groups" y posteriormente continuada por dos ciudadanos británicos, Richard John Powell y Michael Anthony Rayner, representados por la profesora inglesa F. Hampson de la Universidad de Essex.	Ninguna pretensión fue reconocida.
Zander *vs.* Suecia. Sentencia de 25 de noviembre de 1993	Contaminación por cianuro de una planta de tratamiento y depósito de residuos. *Derechos invocados*: Artículo 6.°. Tutela judicial efectiva.	Particular: dos nacionales suecos, representados por letrado ante el tribunal.	Violación del artículo 6.°. El TEDH consideró que podría verse afectado el artículo 2.°, pero los demandantes no lo invocaron.
López Ostra *vs.* España. Sentencia del 9 de diciembre de 1994.	Contaminación atmosférica: sulfuro de hidrógeno (gases y olores). *Derechos invocados*: Artículo 8.°. Vida privada y familiar. Artículo 3.°. Prohibición de trato degradante.	Particular: Gregoria López Ostra, representada por letrado ante el Tribunal.	Violación del artículo 8.°, pero no del artículo 3.°.

Asunto	Problemática	Perfil demandante	Reconocimiento de pretensiones
Ana María Guerra y otros *vs.* Italia. Sentencia del 19 de febrero de 1998.	Contaminación atmosférica: emisiones de gases y olores. *Derechos invocados*: Artículo 2.º. Derecho a la vida. Artículo 8.º. Vida privada y familiar. Artículo 10.º. Libertad de expresión.	Particular: cuarenta demandantes italianos representados por letrado ante el Tribunal.	Violación del artículo 8.º. No hubo violación del artículo 10.º. El Estado no está obligado a informar *motu proprio*. No se examina el artículo 2.º. Criterio: se sobrepasaron los límites.
Hatton y otros *vs.* Reino Unido. Sentencia del 2 de octubre 2001.	Contaminación acústica del tráfico aéreo en aeropuertos. *Derechos invocados*: Artículo 8.º. Vida privada. Artículo 13. Recurso efectivo ante instancia nacional.	Particular: ocho ciudadanos del Reino Unido miembros de la Asociación de Lucha contra el Ruido de los Aviones de Heathrow, representados por abogado en ejercicio en Cambridge.	No hubo violación del artículo 8.º. Violación del artículo 13.
Öneryildiz *vs.* Turquía. Sentencia del 18 de junio 2002.	Explosión de depósito de basura de titularidad pública. *Derechos invocados*: Artículo 2.º. Derecho a la vida. Artículo 13. Recurso efectivo ante instancia nacional. Artículo 1.º del Protocolo 1 del CEDH (propiedad privada).	Particular: Maşallah Öneryildiz representado por el letrado E. Deniz, de la barra de abogados de Estambul.	Vulnerados los artículos 2.º, 13 y 1.º del Protocolo 1 al CEDH (propiedad privada).
Taskin y otros *vs.* Turquía. Sentencia del 10 de noviembre 2004.	Contaminación de recursos naturales con cianuro con origen en explotación de mina de oro. *Derechos invocados*: Artículo 8.º. Vida privada. Artículo 2.º. Derecho a la vida. Artículo 6.º. Tutela judicial efectiva.	Particular: diez nacionales turcos, representados por un grupo de letrados de la barra de Izmir.	Se declara violación de los artículos 8.º y 6.º. No se examina el artículo 2.º.
Moreno Gómez *vs.* España. Sentencia del 16 de noviembre 2004	Contaminación acústica: ruidos de bares, discotecas y actividades hosteleras. *Derechos invocados*: Artículo 8.º. Vida privada.	Particular: Pilar Moreno Gómez, representada por letrado de la barra de Valencia.	Violación del artículo 8.º.

Asunto	Problemática	Perfil demandante	Reconocimiento de pretensiones
Vides Aizsardzibas Club *vs.* Letonia. Sentencia del 2004.	Sanción administrativa por haber publicado los perjuicios en el entorno natural causados por una urbanización autorizada por la administración (Riga). *Derechos invocados*: Artículo 10.º. Libertad de expresión.	ONG: "The "Environmental Protection Club".	Violación del artículo 10.º.
Fadeyeva *vs.* Rusia. Sentencia del 9 de junio 2005	Emisiones contaminantes procedentes de actividades industriales. *Derechos invocados*: Artículo 8.º. Vida privada.	Particular: Sra. Fadeyeva, representada por abogados de la ONG rusa "Memorial", y posteriormente por letrados en Inglaterra y Gales.	Violación del artículo 8.º.
Giacomelli *vs.* Italia. Sentencia de 2 de noviembre 2006	Ruido y emisiones de una planta de tratamiento de basura, necesidad de realizar evaluaciones de impacto ambiental con acceso al público. *Derechos invocados*: Artículo 8.º. Vida privada.	Particular: Piera Giacomelli, representada por letrada ejerciente en Brescia.	Violación del artículo 8.º.
Tătar *vs.* Romania. Sentencia del 27 de enero 2009	Contaminación por uso de sustancias peligrosas en extracción de minerales *Derechos invocados*: Artículo 8.º. Vida privada.	Particular: Vasile Gheorghe Tătar y Paul Tătar, ciudadanos rumanos, representados por letrado ante el tribunal.	Violación del artículo 8.º.
Di Sarno y otros *vs.* Italia. Sentencia del 10 de enero de 2012.	Contaminación por la "crisis de las basuras" en Nápoles. *Derechos invocados*: Artículo 8.º. Vida privada. Artículo 13. Recurso efectivo ante instancia nacional.	Particular: 18 ciudadanos italianos, representados por letrado ante el tribunal.	Violación del artículo 8.º El TEDH evocó el Convenio de Aahrus ratificado por Italia (derecho a información ambiental).
Martínez Martínez c. España. Sentencia del 18 de octubre de 2011.	Contaminación acústica: ruidos procedentes de la terraza de una discoteca. *Derechos invocados*: Artículo 8.º. Vida privada. Artículo 3.º. Prohibición de trato degradante.	Particular: ciudadano español, representado por letrado ante el tribunal.	Violación del artículo 8.º. No hubo violación del artículo 3.º.
Hardy y Maile *vs.* Reino Unido. Sentencia del 14 de febrero de 2012.	Riesgo ambiental y salud humana por contaminación industrial por liberación de gases de terminal de gas natural licuado. *Derechos invocados*: Artículo 8.º. Vida privada. Artículo 2.º. Derecho a la vida.	Particular: dos ciudadanos británicos, representados por letrado de Cambridge.	No hubo violación del artículo 8.º.

Asunto	Problemática	Perfil demandante	Reconocimiento de pretensiones
Bor *vs.* Hungría. Sentencia del 18 de junio de 2013.	Contaminación acústica: ruidos por estación ferroviaria. *Derechos invocados*: Artículo 8.º. Vida privada.	Particular: ciudadano húngaro, representado por letrado ante el tribunal.	Violación del artículo 8.º.
Cuenca Zarzoso *vs.* España. Sentencia del 16 de enero de 2018.	Contaminación acústica: ruidos procedentes de bares y discotecas. *Derechos invocados*: Artículo 8.º. Vida privada.	Particular: ciudadano español, representado por letrado ante el tribunal.	Violación del artículo 8.º.

B. El medio ambiente en el sistema americano de derechos humanos

Aunque la CADH tampoco contempla expresamente el derecho a un medio ambiente sano, la Corte IDH ha consolidado una significativa jurisprudencia en relación con cuestiones ambientales[7]. Los principales asuntos conocidos por la Corte IDH que incorporan cuestiones de derechos humanos y medio ambiente se relacionan en la tabla 2 al final del presente acápite[8].

1. Principales problemáticas y perfil de los demandantes en los asuntos ambientales ante el sistema interamericano de derechos humanos

La jurisprudencia de la Corte IDH gira especialmente en torno a la protección ambiental y la garantía de los derechos de los pueblos indígenas, empleando una interpretación extensiva de los derechos contemplados en la CADH, y reconociendo el estrecho vínculo entre estos pueblos y sus tierras y territorios[9].

---

7 En comparación con la literatura relativa a la jurisprudencia del TEDH en la materia, la bibliografía relacionada con la jurisprudencia de la CIDH no es tan abundante; con todo se pueden citar: Calderón Gamboa (2011), Dulitzky (1998), Estupiñán Silva e Ibáñez Rivas (2014), Rinaldi (2012) y Salmón (2010).

8 Disponible en [http://www.corteIDH.or.cr/cf/jurisprudencia2/], consultada el 18 de junio de 2020. Se relacionan los principales asuntos que ha conocido la Corte IDH y que se vinculan con cuestiones ambientales, y se hace una breve referencia a la temática, el perfil de los demandantes y la concesión o no de las pretensiones.

9 Cabe recordar que la Comisión IDH ha recibido y conocido “casos particulares” en los siguientes asuntos: Parque Natural Metropolitano, Panamá; moradores do Conjunto Habitacional “Barão

A pesar de existir una gran variedad de problemáticas ambientales relacionadas con otros grupos humanos que también requerirían ser atendidas ante el sistema americano de derechos humanos, prácticamente la totalidad de los asuntos conocidos por la Corte que vinculan derechos humanos y protección ambiental se refieren a situaciones conflictivas en el contexto de los pueblos indígenas (AIDA, 2008).

Del repaso de la tabla 2 se aprecia que, a diferencia del sistema europeo, el sistema interamericano no ha tratado cuestiones tales como la contaminación acústica causada por clubes nocturnos, aeropuertos o estaciones ferroviarias. La gran mayoría de los casos ambientales conocidos en el sistema interamericano surgen del uso descontrolado de zonas forestales y rurales para la explotación de materias primas, alimentos, agua y combustible, y el uso de zonas de disposición de basura. En ese contexto, los más vulnerables han sido los pueblos indígenas, los afrodescendientes y las comunidades campesinas del continente americano (Oliveira Mazzouli y Moreira Teixeira, 2015).

De ahí que el perfil de los demandantes sea principalmente el de comunidades indígenas o sus miembros, como se observa en la tabla 2. En su mayoría los demandantes son representados por ONG de defensa de derechos indígenas, en algunas ocasiones por personas privadas (abogados o no) y en otras por una combinación de esas dos variantes.

2. ENFOQUE JURISPRUDENCIAL DE LA CORTE IDH EN MATERIA AMBIENTAL

El primer asunto conocido por la Corte relacionado con la materia objeto de estudio fue el caso Mayagna Sumo c. Nicaragua de 2001, en el que los peticionarios alegaban que, debido a la concesión de un permiso de explotación forestal en territorio indígena, el Estado había violado sus derechos humanos. La Comisión dictó medidas cautelares en favor de la comunidad, que consistían principalmente en la suspensión de cortes de madera por la empresa. Finalmente, el Estado anuló el permiso concedido y la empresa tuvo que retirarse de la zona. El proceso continuó ante la Corte IDH con el objeto principal de solicitar el reconocimiento legal del territorio en favor

---

de Mauá", Brasil; comunidades del Pueblo Maya (sipakapense y mam) de los municipios de Sipacapa y San Miguel Ixtahuacán en el departamento de San Marcos, Guatemala; comunidades indígenas de la cuenca del río Xingu en Pará, Brasil.

de la comunidad, y la sentencia dictada al respecto fue favorable. En su sentencia la Corte señaló que el derecho de propiedad comprende, entre otros, el derecho de los miembros de las comunidades indígenas en el marco de la propiedad comunal, que a su vez está reconocida en la Constitución Política de Nicaragua. Adicionalmente, el órgano jurisdiccional señaló que los Estados deben tener en cuenta que los derechos territoriales indígenas abarcan un concepto más amplio y diferente, que está relacionado con el derecho colectivo a la supervivencia como pueblo organizado, con el control de su hábitat como una condición necesaria para la reproducción de su cultura, para su propio desarrollo y para llevar a cabo sus planes de vida. La propiedad sobre la tierra garantiza que, en definitiva, los miembros de las comunidades indígenas conserven su patrimonio cultural.

A partir de posteriores decisiones, la jurisprudencia de la Corte IDH ha desarrollado una particular línea de interpretación, señalando la conexión íntima de algunos derechos civiles y políticos con derechos económicos, sociales y culturales, de tal modo que, en muchos casos, ofrece interesantes oportunidades para extender dicha conexión a los derechos ambientales y asegurar así su tutela (AIDA, 2014). Especialmente, la conexión entre el derecho a la propiedad comunitaria de los pueblos y comunidades indígenas y los derechos medioambientales ha sido tal vez su evolución hermenéutica más activista. La Corte ha dado cabida a la protección de los derechos indígenas vinculados con la salvaguarda de su medio ambiente, interpretando que el derecho de propiedad establecido en el artículo 21 de la CADH se debe considerar –a la luz del contexto propio de las comunidades y pueblos indígenas, y de otras normas internacionales como el Convenio 169 de la OIT– un derecho comunal o colectivo de los pueblos y comunidades indígenas. La Corte desarrolló esa doctrina fundamentalmente en los asuntos Awas Tingni c. Nicaragua (2001), Moiwana c. Suriname (2005), Yakye Axa c. Paraguay (2005), Comunidad Indígena Sawhoyamaxa c. Paraguay (2006), y Sarayaku c. Ecuador (2012).

Del desarrollo jurisprudencial del Sistema Interamericano de Protección de Derechos Humanos en materia de derechos ambientales, en relación específicamente con la aplicación e interpretación del artículo 21 de la CADH, cabe resaltar algunos aspectos: en primer lugar la Corte defiende que la posesión no constituye un presupuesto para que las comunidades indígenas puedan reclamar la devolución de sus tierras tradicionales (Sawhoyamaxa *vs*. Paraguay); en segundo lugar, respecto del límite temporal del derecho de recuperación de tierras ancestrales, la Corte IDH ha definido que mientras exista la relación espiritual y material que une a los indígenas con sus tierras, el derecho a la reivindicación territorial permanece vigente; en tercer lugar, la Corte interpreta que el artículo 21 CADH protege la vinculación estrecha que los pueblos indígenas guardan con sus tierras, así como con los recursos naturales de los territorios ancestrales y los elementos incorporales que se desprendan de ellos (Sarakayu *vs.* Ecuador). Esa conexión entre el territorio y los recursos naturales, que constituye una tradición entre los pueblos indígenas y tribales, y que es necesaria para su supervivencia física y cultural, así como para el desarrollo y continuidad de su cosmovisión, precisa de protección a efectos de garantizar que puedan continuar con su modo de vida tradicional, y que, bajo los dictámenes del artículo 21 de la Convención, sean respetadas, garantizadas y protegidas por los Estados tanto su identidad cultural, como su estructura social, su sistema económico, sus costumbres, creencias y tradiciones distintivas (Sarayaku c. Ecuador).

Es de destacar el reconocimiento que hizo la Corte IDH en sus consideraciones del asunto Sarayaku c. Ecuador, al enfatizar que el derecho a la consulta previa, libre e informada de las comunidades y pueblos indígenas y tribales está cimentado, entre otros, en el respeto a su derecho a la cultura propia o identidad cultural, el cual debe ser garantizado, particularmente, en una sociedad pluralista, multicultural y democrática. En ese sentido, la Corte IDH resaltó que los Estados deben incorporar esos estándares dentro de los procesos de consulta previa desde las primeras etapas de la elaboración o planificación de la correspondiente medida propuesta, a efectos de generar canales de diálogo sostenidos, efectivos y confiables con los pueblos indígenas en los procedimientos de consulta y participación a través de sus instituciones representativas. En esa misma línea, el Estado debe asegurar que los derechos de los pueblos indígenas no sean obviados en cualquier otra actividad o acuerdos que celebre con terceros privados, o en el marco de decisiones del poder público que puedan afectar sus derechos e intereses. Por ello, en su caso, corresponde también al Estado llevar a cabo tareas de fiscalización y de control en su aplicación, y desplegar, cuando sea pertinente, formas de tutela efectiva de ese derecho por medio de los órganos judiciales correspondientes.

Adicionalmente, en sus últimas providencias la Corte IDH ha hecho hincapié en el reconocimiento del derecho al medio ambiente. Así, se destaca la opinión consultiva publicada por la Corte IDH en febrero de 2018, en la que reconoció explícitamente el derecho a un medio ambiente saludable como "fundamental para la existencia de la humanidad"[10]. La opinión fue solicitada por Colombia en 2016 ante la creciente preocupación por las implicaciones que tendría para los derechos humanos la construcción de un canal transoceánico en Nicaragua, y en especial por los efectos para la población de las islas colombianas de San Andrés (RedDESC, 2018). La citada opinión establece un precedente ya que enumera específicamente la responsabilidad de los Estados de proteger el derecho al ambiente y otros derechos relacionados con este, y que podrá ser invocada y considerada en la presentación de futuras eventuales demandas por vulneración de derechos humanos originados en cuestiones ambientales.

Adicionalmente, en su reciente sentencia del 6 de febrero de 2020, en el asunto "Comunidades indígenas miembros de la Asociación Lhaka Honhat (Nuestra Tierra) *vs.* Argentina", la Corte IDH reforzó el reconocimiento de tal derecho, con la particularidad de que esta vez lo hizo en el marco de un procedimiento contencioso. Fundamentó la Corte IDH que "el derecho a un medio ambiente sano 'debe considerarse incluido entre los derechos [...] protegidos por el artículo 26 de la Convención Americana', dada la obligación de los Estados de alcanzar el 'desarrollo integral' de sus pueblos, que surge de los artículos 30, 31, 33 y 34 de la Carta".

En vista de que el derecho al medio ambiente sano no está expresamente contenido en el CADH, el referido reconocimiento de dicho derecho por la Corte IDH se fundamenta en la interpretación que ella hace del artículo 26, que remite a los artículos 30 a 34 de la Carta de la OEA sobre la búsqueda del desarrollo integral, y que dispone:

> Los Estados Partes se comprometen a adoptar providencias, tanto a nivel interno como mediante la cooperación internacional, especialmente económica y técnica, para lograr progresivamente la plena efectividad de los derechos que se derivan de las normas económicas, sociales y sobre educación, ciencia y cultura, contenidas en la Carta de la Organización de los Estados Americanos, reformada por el Protocolo de Buenos Aires, en la medida de los recursos disponibles, por vía legislativa u otros medios apropiados.

---

10 Corte IDH. Opinión Consultiva OC-23/17 del 15 de noviembre de 2017, Medio Ambiente y Derechos Humanos, solicitada por la República de Colombia, disponible en [http://www.corteIDH.or.cr/docs/opiniones/seriea_23_esp.pdf], consultada el 8 de diciembre de 2018.

En definitiva, con base en la argumentación de la Corte IDH, la garantía del derecho al medio ambiente es indispensable para el respeto de lo dispuesto en el artículo 26 de la CADH, es decir, para la consecución del desarrollo integral.

Adicionalmente, en la sentencia de 2020 contra Argentina enfatiza la Corte IDH que:

> ... el derecho a un medio ambiente sano "constituye un interés universal" y "es un derecho fundamental para la existencia de la humanidad", y que "como derecho autónomo [...] protege los componentes del [...] ambiente, tales como bosques, mares, ríos y otros, como intereses jurídicos en sí mismos, aun en ausencia de certeza o evidencia sobre el riesgo a las personas individuales. Se trata de proteger la naturaleza", no solo por su "utilidad" o "efectos" respecto de los seres humanos, "sino por su importancia para los demás organismos vivos con quienes se comparte el planeta".

Si bien el argumento se antoja algo rebuscado, en la medida en que tal como ella misma lo fundamenta el derecho al medio ambiente se justifica en relación con la garantía del derecho al desarrollo integral del artículo 26 y no como un derecho autónomo, como tal la idea de proteger la naturaleza es positiva.

En este asunto, en definitiva, la Corte encontró responsable al Estado argentino por la violación de los derechos a la identidad cultural, al ambiente sano, a una alimentación adecuada y al acceso al agua, generada por la falta de medidas efectivas para detener actividades lesivas de esos derechos. Rotundamente determinó la Corte IDH que

> ... la tala ilegal, así como las actividades desarrolladas en el territorio por población criolla, puntualmente la ganadería e instalación de alambrados, afectaron bienes ambientales, incidiendo en el modo tradicional de alimentación de las comunidades indígenas y en su acceso al agua.

En síntesis, la protección del medio ambiente en el sistema interamericano ha ocurrido hasta las últimas decisiones de la Corte IDH por una vía refleja, indirecta, ejercida por la estricta observancia de los dispositivos de la Convención Americana. Su tutela ha surgido, tal como ha descrito Gomes (2010: 163-205), del ejercicio de "escribir recto en renglones torcidos", al no partir de la preocupación ambiental en sí misma, sino de la necesidad pragmática de proteger disposiciones de la CADH, como las referidas a las garantías judiciales (art. 8.1), la libertad de religión (art. 12) y de expresión (art. 13) o, incluso, el derecho a la propiedad (art. 21). Precisamente estos son los derechos más invocados en los asuntos sobre derechos ambientales conocidos por la Corte IDH, en los que el artículo 21 sobre el derecho a la propiedad es el principal protagonista.

TABLA 2.
PRINCIPALES ASUNTOS AMBIENTALES CONOCIDOS POR LA CORTE IDH

Asunto	Temática	Perfil demandante	Reconocimiento de pretensiones
Mayagna Awas Tingni *vs.* Nicaragua. Sentencia del 31 de agosto de 2001.	Proyecto de extracción forestal, concesión por treinta años para el manejo, y aprovechamiento forestal de 62 mil hectáreas, sin consulta a la comunidad indígena.	Pobladores de la Comunidad Mayagna (Sumo) Awas Tingni, representados por James Anaya.	Violación del derecho a la protección judicial, artículo 25. Violación del derecho a la propiedad, artículo 21.
Yakye Axa *vs.* Paraguay. Sentencia del 17 de junio de 2005.	Venta de tierras habitadas tradicionalmente por la comunidad indígena demandante a empresarios británicos.	Miembros de la comunidad indígena Yakye Axa, representados por Tierraviva a los Pueblos Indígenas del Chaco paraguayo y Centro por la Justicia y el Derecho Internacional (CEJIL).	Violación de derechos a las garantías judiciales y a la protección judicial, artículos 8.° y 25. Violación del derecho a la Propiedad, artículo 21. Derecho a la vida, artículo 4.1. No violación del artículo 4.1 respecto de dieciséis miembros de la comunidad.
Sawhoyamaxa *vs.* Paraguay. Sentencia del 29 de marzo de 2006.	Concesión de tierras ancestrales tradicionalmente habitadas por la comunidad indígena demandante a compañías privadas.	Miembros de la Comunidad Indígena Sawhoyamaxa Tierraviva a los Pueblos Indígenas del Chaco.	Violación de derechos a garantías judiciales y protección judicial, artículos 8.° y 25. Violación del derecho propiedad, artículo 21. Violación del derecho a la vida, artículo 4.°. No se pronunció sobre el derecho a la integridad personal. Violación del derecho al reconocimiento de la personalidad jurídica, artículo 3.°.
Claude Reyes y otros *vs.* Chile. Sentencia del 19 de septiembre de 2006.	Proyecto de industrialización forestal. Negativa de brindar información.	Marcel Claude Reyes, Sebastián Cox Urrejola y Arturo Longton Guerrero, representados por Juan Pablo Olmedo Bustos.	Violación del derecho a la libertad de pensamiento y de expresión consagrado en el artículo 13 CADH, en relación con artículos 1.1 y 2.°.

Asunto	Temática	Perfil demandante	Reconocimiento de pretensiones
			Violación del derecho a las garantías judiciales consagrado en el artículo 8.1, en relación con artículo 1.1. Violación de los derechos a las garantías judiciales y a la protección judicial consagrados en los artículos 8.1 y 25, en relación con artículo 1.1.
Pueblo Saramaka *vs.* Suriname. Sentencia del 28 de noviembre de 2007.	Concesión de tierras ocupadas tradicionalmente por el pueblo Saramaka para actividades madereras y mineras, que han deteriorado el medio ambiente.	Miembros del Pueblo Saramaka, representados por la Asociación de Autoridades Saramaka, Forest Peoples Programme, David Padilla.	Violación del derecho de propiedad, artículo 21. Violación del derecho al reconocimiento personalidad jurídica, artículo 3.º. Violación del derecho a la protección judicial, artículo 25.
Xámok Kasek *vs.* Paraguay. Sentencia del 24 de agosto de 2010.	Venta de tierras ancestrales pertenecientes a la comunidad demandante.	Comunidad Indígena Xákmok Kásek (66 familias), representada por Tierraviva a los Pueblos Indígenas del Chaco.	Violación del derecho de propiedad comunitaria, garantías judiciales y protección judicial, artículos 21.1, 8.1 y 25.1. Violación del derecho a la vida, artículo 4.1. Violación del derecho a la integridad personal, artículo 5.1. Violación del derecho al reconocimiento de la personalidad jurídica de personas concretas, artículo 3.º. No violación del derecho al reconocimiento de la personalidad jurídica, artículo 3.º, en perjuicio de la Comunidad Xákmok Kásek. Violación de los derechos del niño, consagrados en el artículo 19. Incumplimiento del deber de no discriminar, artículo 1.1, en relación con los derechos reconocidos en los artículos 3.º, 4.1, 8.1, 19, 21.1 y 25.1.

Asunto	Temática	Perfil demandante	Reconocimiento de pretensiones
Pueblo Kichwa de Sarayaku *vs.* Ecuador. Sentencia del 27 de junio de 2012.	Exploración de hidrocarburos y explotación de petróleo crudo en territorios de la comunidad demandante.	Miembros del pueblo indígena Kichwa de Sarayaku, representados por Mario Melo Cevallos, Centro por la Justicia y el Derecho Internacional (CEJIL).	Violación de los derechos a la consulta, a la propiedad comunal indígena y a la identidad cultural, artículo 21. Estado pone gravemente en riesgo los derechos a la vida e integridad personal, reconocidos en los artículos 4.1 y 5.1, en relación con la obligación de garantizar el derecho a la propiedad comunal, en los términos de los artículos 1.1 y 21. Violación de los derechos a las garantías judiciales y a la protección judicial, artículos 8.1 y 25, en relación con el artículo 1.1. No analiza los artículos 7.°, 13, 22, 23 y 26, ni el artículo 6.° CADH para prevenir y sancionar la tortura.
Comunidad Garífuna Triunfo de la Cruz y sus miembros *vs.* Honduras. Sentencia del 8 de octubre de 2015.	Falta de determinación y delimitación de tierras tituladas y problemas de acceso, despojo y ocupación de tierras. Falta de consulta previa, libre e informada respecto de la planificación y ejecución de proyectos y megaproyectos turísticos; creación de un área protegida y ventas de tierras comunitarias. Falta de recursos y acceso efectivo a la justicia.	Comunidad Garífuna Triunfo de la Cruz y sus miembros, representada por la Organización Fraternal Negra Hondureña (OFRANEH).	Violación del artículo 21, propiedad. Violación de los artículos 8.1 y 25, garantías judiciales y protección judicial. Violación del artículo 2.°, obligación de adoptar disposiciones de derecho interno. No violación del artículo 4.°, derecho a la vida.
Comunidades indígenas miembros de la Asociación Lhaka Honhat (Nuestra Tierra) *vs.* Argentina. Sentencia del 6 de febrero de 2020.	Falta de titulación de tierras ancestrales por omisión estatal. Falta de control estatal de deforestación de estas tierras. Concesiones para la exploración de hidrocarburos sin cumplir los requisitos de realizar estudios previos de "impacto social y ambiental" y "consultas previas, libres e informadas".	Comunidad indígena representada por el Centro de Estudios Legales y Sociales (CELS) y el Centro por la Justicia y el Derecho Internacional (CEJIL).	Violación del artículo 21, propiedad, en relación con los derechos a las garantías judiciales y a la protección judicial, establecidos en los artículos 8.1 y 25.1. Violación de los artículos 21 y 23.1, derecho a la propiedad y a los derechos políticos en relación con el artículo 1.1.

Asunto	Temática	Perfil demandante	Reconocimiento de pretensiones
			Violación de los derechos a participar en la vida cultural, en lo atinente a la identidad cultural, al medio ambiente sano, a la alimentación adecuada y al agua, establecidos en el artículo 26, en relación con el artículo 1.1.

CONCLUSIONES

Del análisis expuesto se concluye que existen diferencias marcadas en los dos principales sistemas regionales de protección de derechos humanos respecto de la manera como se abordan las cuestiones ambientales en la aplicación e interpretación de los derechos contenidos en los respectivos tratados internacionales de derechos humanos.

Desde el punto de vista de la casuística, mientras en el sistema europeo los problemas que se judicializan ante el TEDH consisten principalmente en la contaminación atmosférica o acústica derivada de actividades industriales que afectan el goce de derechos contemplados en el CEDH, en el sistema interamericano los problemas se centran en su gran mayoría en la vulneración de derechos de los pueblos indígenas por actividades principalmente extractivas permitidas por el Estado en territorios ancestrales indígenas.

Si bien ninguno de los dos sistemas cuenta con normas expresas de protección de los derechos ambientales aplicables efectiva y directamente, los tribunales respectivos han desarrollado líneas jurisprudenciales propias y particulares para dar cabida al tema ambiental mediante la aplicación de determinados derechos reconocidos en sus respectivos instrumentos jurídicos de protección de derechos humanos.

En el sistema europeo, y siguiendo la doctrina jurisprudencial desarrollada por el TEDH, la calificación de las vulneraciones ambientales se debe encausar de manera que entre en el ámbito del CEDH, en especial del artículo 8.º sobre la vida privada y familiar, del artículo 2.º sobre el derecho a la vida, del artículo 10.º sobre derecho a la información, del artículo 6.º sobre tutela judicial efectiva o del artículo 13 sobre recurso efectivo ante instancia nacional.

Entre tanto, en el sistema interamericano, dependiendo de las circunstancias, pero con gran probabilidad, los conflictos de corte ambiental se deben plantear con base en la CADH, particularmente en el artículo 21 sobre derecho de propiedad, los artículos 8.º y 25 sobre derechos a las garantías judiciales y a la protección judicial o en el artículo 4.º sobre el derecho a la vida.

Por último, a diferencia de lo que sucede con el TEDH, la jurisprudencia de la Corte IDH ha abierto la puerta al reconocimiento y protección de un derecho al medio ambiente de forma expresa, tal como se ha observado en sus últimas decisiones. Entre tanto, en la jurisprudencia del TEDH las cuestiones ambientales son siempre subsidiarias, bien porque son consideradas a efectos de salvaguardar derechos recogidos en el CEDH, o bien porque la protección ambiental justifica la injerencia en uno de tales derechos.

En cualquier caso, la salvaguardia de los derechos ambientales, bien sea de manera indirecta a través de la aplicación de los derechos recogidos en los tratados internacionales correspondientes, o bien a través de un progresivo reconocimiento del derecho al medio ambiente sano por los órganos jurisdiccionales respectivos, contribuye a la protección, preservación o restauración del ambiente, tan necesarios en los tiempos que corren.

BIBLIOGRAFÍA

JURISPRUDENCIA INTERNACIONAL

Fernández Egea, R. *Jurisprudencia Ambiental Internacional*, RCDA vol. VIII, n.º 1, 2017.

Fernández Egea, R. *Jurisprudencia Ambiental Internacional*, RCDA vol. VII, n.º 2, 2016a.

Fernández Egea, R. *Jurisprudencia Ambiental Internacional*, RCDA vol. VII, n.º 1, 2016b.

Fernández Egea, R. "La protección del medio ambiente por el Tribunal Europeo de Derechos Humanos", *Revista Jurídica de la Universidad Autónoma de Madrid*, n.º 1, 2015a.

Fernández Egea, R. *Jurisprudencia Ambiental Internacional*, RCDA vol. VI, n.º 2, 2015b.

Fernández Egea, R. *Jurisprudencia Ambiental Internacional*, RCDA vol. VI, n.º 1, 2015c.

Fernández Egea, R. *Jurisprudencia Ambiental Internacional*, RCDA vol. V, n.º 2, 2014a.

Fernández Egea, R. *Jurisprudencia Ambiental Internacional*, RCDA vol. V, n.º 1, 2014b.

Fernández Egea, R. *Jurisprudencia Ambiental Internacional*, RCDA vol. IV, n.º 2, 2013.

Gross Espiell, H. "Los derechos humanos y la Corte Internacional de Justicia. Una visión latinoamericana", *Anuario de Derechos Humanos. Nueva Época*, Norteamérica, 2, 2001, disponible en [http://revistas.ucm.es/index.php/ANDH/article/view/ANDH0101110411A], consultada el 7 de diciembre de 2018.

Shelton, D. "Human Rights and the Environment: Jurisprudence of Human Rights Bodies", UNEP-OHCHR Expert Seminar on Human Rights and the Environment, 14-16 de enero de 2002, Background Paper n.º 2, disponible en [http://www2.ohchr.org/english/issues/environment/environ/bp2.htm], consultada el 7 de diciembre de 2018.

JURISPRUDENCIA TEDH

Aguilera Vaqués, M. "El derecho a un medio ambiente sano en la jurisprudencia del TEDH", en J. Saura Estapà (ed. y coord.). *Reconocimiento y protección de derechos emergentes en el sistema europeo de derechos humanos*, Madrid, Dykinson, 2012.

Ariño, O. B. "Medio ambiente e intimidad en la jurisprudencia del Tribunal Europeo de Derechos Humanos", *Ambienta*, 113, 2015.

Braig, K. *Umweltschutz durch die Europäische Menschenrechtskonvention*, Basilea, Helbing Lichtenhahn Verlag.

Castillo Daudí, M. "Derechos humanos y protección del medio ambiente: nuevas aportaciones del Tribunal Europeo de Derechos Humanos" *Revista de Estudios Europeos*, n.º 51, 2009.

Desgagne, R. "Integrating Environmental Values into the European Convention on Human Rights", *The American Journal of International Law*, vol. 89, n.º 2, 1995.

Fitzmaurice, M. "The European Court of Human Rights, Environmental Damage and the Applicability of Article 8 of the European Convention on Human Rights and Fundamental Freedoms", *Environmental Law Review*, vol. 13, n.º 2, 2011.

García San José, D. I. "La protección del derecho al disfrute de un medio ambiente adecuado por el Tribunal Constitucional a la luz de los principios extraíbles de la jurisprudencia del Tribunal Europeo de Derechos Humanos: un análisis crítico", en M. Carrasco Durán, F. J. Pérez Royo, J. Urías Martínez y M. J. Terol Becerra (coords.). *Derecho constitucional para el siglo XXI: Actas del VIII Congreso Iberoamericano de Derecho Constitucional*, vol. 1, 2006.

Loperena Rota, D. "El medio ambiente en el Tribunal Europeo de Derechos Humanos", *Repertorio Aranzadi del Tribunal Constitucional*, n.º 2, 2003.

Loucaides, L. "Environmental Protection through the Jurisprudence of the European Convention on Human Rights", *British Yearbook of International Law*, vol. 75, 2004.

Lozano Cutanda, B. "La ecologización de los derechos fundamentales: la doctrina López Ostra c. España, Guerra y otros c. Italia y Hatton y otros c. Reino Unido del tedh y su recepción por nuestro TC", *Revista Española de Derecho Europeo*, n.º 1, 2002.

Mariscal Aguilar, C. M. "La protección del medio ambiente en la jurisprudencia del Tribunal Europeo de Derechos Humanos a través de la consolidación del derecho al medio ambiente adecuado como parte del interés general en una sociedad democrática", *Revista Electrónica de Derecho Ambiental*, n.º 24, 2013.

Martín-Retortillo Baquer, L. "La defensa cruzada de derechos: la protección del medio ambiente en la jurisprudencia del Tribunal Europeo de Derechos Humanos", *Anuario Jurídico de La Rioja*, n.º 10, 2004-2005.

Martín-Retortillo Baquer, L. "Jurisprudencia ambiental reciente del Tribunal Europeo de Derechos Humanos", *InDret Revista para el Análisis del Derecho*, 4, 2008, disponible en [http://www.indret.com/pdf/573_es.pdf], consultada el 8 de diciembre de 2018.

Miranda, H. "La protección del ambiente en el sistema europeo de derechos humanos", *Panóptica*, año 1, n.º 8, 2007.

Morte Gómez, C. "El derecho a un medio ambiente sano en la jurisprudencia del Tribunal Europeo de Derechos humanos", en A. Embid Irujo (coord.). *El derecho a un medio ambiente adecuado*, Iustel, 2008.

Pedersen, O. W. "The ties that bind: the Environment, the European Convention on Human Rights and the Rule of Law", *European Public Law*, vol. 16, n.º 4, 2010.

Sánchez Patrón, J. M. "Las actividades peligrosas para el medio ambiente y la salud humana en la jurisprudencia del Tribunal Europeo de Derechos Humanos", en J. M. Sánchez Patrón (coord.). *Bioderecho internacional y europeo: desafíos actuales*, Tirant lo Blanch, 2014.

Turgut, N. Y. "The European Court of Human Rights and the Right to the Environment", *Ankara Law Review*, vol. 4, n.º 1, 2007.

Velasco Caballero, F. "La protección del medio ambiente ante el Tribunal Europeo de los Derechos Humanos", *Revista Española de Derecho Constitucional*, vol. 45, 1995.

Vercher Noguera, A. "Derechos humanos y medio ambiente en el Tribunal Europeo de Derechos Humanos: breves notas para el futuro contexto internacional", *Revista Penal*, n.º 30, 2012.

JURISPRUDENCIA DE LA CORTE IDH

Asociación Interamericana para la Defensa del Ambiente (aida). "Tabla de casos sobre derechos humanos y ambiente ante el Sistema Interamericano de Derechos Humanos", 2014, disponible en [https://aida-americas.org/es/tabla-de-casos-sobre-derechos-humanos-y-ambiente-ante-el-sistema-interamericano-de-derechos-humanos].

Asociación Interamericana para la Defensa del Ambiente (aida). *Guía de defensa ambiental: construyendo la estrategia para el litigio de casos ante el Sistema Interamericano de Derechos Humanos*, México, 2008.

Calderón Gamboa, J. "Pueblos indígenas y medio ambiente en la jurisprudencia de la Corte Interamericana de Derechos Humanos: un desafío verde", 2011, disponible en [http://www.oas.org/dil/esp/curso_derecho_pueblos_indigenas_sistema_interamericano_julio_2012_material_referencia_Jorge_calderon_gamboa.pdf].

Dulitzky, A. "Los pueblos indígenas: jurisprudencia del Sistema Interamericano de Protección de los Derechos Humanos", *Revista iidh*, n.º 26, 1998.

Estupiñán Silva, R. y J. M. Ibáñez Rivas. "La jurisprudencia de la Corte Interamericana de Derechos Humanos en materia de pueblos indígenas y tribales", en Jane Felipe Beltrão et al. *Derechos humanos de los grupos vulnerables*, Barcelona, Red de Derechos Humanos y Educación Superior, 2014.

Ferrer Mac-Gregor, E. *La justiciabilidad de los derechos económicos, sociales, culturales y ambientales en el Sistema Interamericano de Derechos Humanos*, Colección Estándares del Sistema Interamericano de Derechos Humanos: miradas complementarias desde la academia, n.º 5, México, Instituto de Investigaciones Jurídicas Comisión Nacional de los Derechos Humanos, Universidad Nacional Autónoma de México, 2017.

Nash Rojas, C. "Los derechos indígenas en el Sistema Interamericano de Derechos Humanos", *riedh*, vol. 1, n.º 1, 2008.

Oliveira Mazzuoli (de), V. y G. Faria Moreira Teixeira (de). "Protección jurídica del medio ambiente en la jurisprudencia de la Corte Interamericana de Derechos Humanos", *Revista Internacional de Derechos Humanos*, año v, n.º 5, 2015.

RINALDI, K. "Les droits des sociétés traditionnelles dans la jurisprudence de la Cour interaméricaine des droits de l'homme", tesis doctoral, Niza, Universidad de Nice Sophia-Antipolis, 2012.

SALMÓN, E. "Los pueblos indígenas en la jurisprudencia de la Corte Interamericana de Derechos Humanos: estándares en torno a su protección y promoción", Lima, GTZ, 2010.

NORMATIVA

Convenio Europeo para la salvaguardia de los Derechos Humanos y las Libertades Fundamentales (CEDH), Roma, 4 de noviembre de 1950. Eur. TS n.º 5, 213 UNTS 221, en vigor desde el 3 de septiembre de 1953.

Reglamento de Procedimiento del TEDH con las modificaciones adoptadas por el TEDH en Sesión Plenaria el día 19 de septiembre de 2016, disponible en [https://www.echr.coe.int/Documents/Rules_Court_SPA.pdf], consultada el 9 de diciembre de 2018.

Convención Americana sobre Derechos Humanos, San José, 22 de noviembre de 1969, 9 I.L.M. 101, en vigor desde el 18 de julio de 1979.

Reglamento de la Comisión Interamericana de Derechos Humanos, 8 de abril de 1980, disponible en [http://www.CIDH.oas.org/Basicos/Basicos10.htm], consultada el 10 de diciembre de 2018.

Reglamento de la Corte Interamericana de Derechos Humanos, aprobado por la Corte en su LXXXV Período Ordinario de Sesiones celebrado del 16 al 28 de noviembre de 2009, disponible en [https://www.CIDH.oas.org/basicos/Basicos12.htm], consultada el 10 de diciembre de 2018.

Protocolo Adicional a la Convención Americana sobre Derechos Humanos en Materia de Derechos Económicos, Sociales y Culturales (Protocolo de San Salvador), 17 de noviembre de 1988, en vigor desde el 16 de noviembre de 1999.

Convenio OIT 169 sobre pueblos indígenas y tribales en países independientes, 27 de junio de1989, 1650 UNTS 383, en vigor desde el 5 de septiembre de 1991.

Convenio de Aarhus sobre acceso a la información, participación del público en la toma de decisiones y acceso a la justicia en materia de medio ambiente, 25 de junio de 1998, en vigor desde el 31 de octubre de 2001.

WILLIAM IVÁN GALLO APONTE
RODRIGO MACIEL CABRAL

¿Licitaciones públicas sostenibles? Presupuestos para la implementación de los Objetivos de Desarrollo Sostenible (ODS)

SUMARIO

RESUMEN

El concepto de sostenibilidad ha ido evolucionando paralelamente al desarrollo histórico y científico, y a la interpretación más cómoda de quien lo invoca. No obstante, más allá de su relación con el medio ambiente, su realidad exige un plan de acción orientado a la reducción de las desigualdades y la garantía del bienestar. En ese proceso la licitación representa un instrumento capaz de encaminar ese plan de acción. De ahí que diferentes iniciativas han intentado diseñar proyectos, vinculantes o no, que dan relevancia a la idea de sostenibilidad en las licitaciones. El problema radica en las amplias lagunas y dificultades interpretativas de la sostenibilidad, la falta de precisión de los parámetros e instrumentos que designan su implementación y su relación exclusiva con procesos contractuales amigables con el medio ambiente. Por tal razón, a partir de una metodología deductiva y comparativa, el presente trabajo tiene por objetivo analizar el panorama jurídico de las licitaciones sostenibles a la luz del carácter multifacético de la sostenibilidad, proponiendo algunas herramientas encaminadas a su implementación en atención a los ODS. Al final se concluye que el poder normativo de la sostenibilidad dependerá del estatus otorgado en los diferentes ordenamientos jurídicos, bien sea explícito o implícito (1), su concepción no puede ser exclusiva de un plan ecológico o ambiental de contratación (2), debiendo superar también su entendimiento económico actual de producción y consumo (2.1), valorando criterios sociales, éticos y culturales presentes en las licitaciones (2.2). En cuanto a su aplicación, los actos administrativos contractuales deben ser cautelosos y logísticos en su motivación, optando por una actividad de gobernanza administrativa técnica, científica y de control (3), para que la selección de la propuesta más ventajosa para el desarrollo sostenible instrumentalice herramientas de mejora regulatoria (3.1), se incorporen programas de *compliance* a los procesos contractuales, y se reconozca, bajo la promoción de la resiliencia, un mayor control, monitoreo y valoración del entorno, las alteraciones y las variaciones de la licitación (3.2); finalmente, para alcanzar los ODS a través de las licitaciones, los diferentes ordenamientos, principalmente latinoamericanos, podrían dialogar con otros instrumentos normativos, incluso entre países (4).

PALABRAS CLAVE

Sostenibilidad, desarrollo sostenible, resiliencia, licitaciones públicas, Objetivos de Desarrollo Sostenible.

ABSTRACT

The concept of sustainability has evolved in parallel with the historical, scientific development and the most comfortable interpretation of who invokes it. However, beyond its relationship with the environment, its reality requires an action plan aimed at reducing inequalities and guaranteeing well-being. In this process, the tender represents an instrument capable of guiding this action plan. Hence, different initiatives have attempted to design projects, binding or not, that give relevance to the idea of sustainability in tenders. The problem with this need lies in the wide gaps and difficulties in interpreting sustainability, the lack of precision regarding the parameters and instruments that designate its implementation, and its exclusive relationship with environmentally friendly contractual processes. For this reason, based on a deductive and comparative methodology, the purpose of this work is to analyze the legal landscape of sustainable tenders in light of the multifaceted nature of sustainability, proposing some tools aimed at their implementation in attention to the SDGs. In the end, it is concluded that, the normative power of sustainability will depend on the status granted in the different legal systems, whether explicit or implicit (1), its conception cannot be exclusive of an ecological or environmental contracting plan (2), it must also overcome its current economic understanding of production and consumption (2.1), evaluating social, ethical and cultural criteria present in the tenders (2.2). Regarding their application, contractual administrative acts must be cautious and logistical in their motivation, opting for an activity of technical, scientific and control administrative governance (3), so that the selection of the most advantageous proposal for the sustainable development instrumentalize regulatory improvement tools (3.1). On the other, compliance programs are incorporated into the contractual processes, and greater control, monitoring and valuation of the environment, the alterations and variations of the tender are recognized, under the promotion of resilience (3.2). Finally, to achieve the SDG through tenders, the different legal systems, mainly Latin American, could dialogue with other regulatory instruments, even between countries (4).

KEYWORDS

Sustainability, sustainable development, resilience, public tenders, Sustainable Development Goals.

INTRODUCCIÓN

Lagos es la ciudad costera de Nigeria que más ha crecido no solo en África Occidental sino también en el mundo, pues su población ha aumentado de 1,4 millones en 1970 a más de 20 millones en 2020. Para conocer la demanda de vivienda de la población, el Gobierno del Estado está desarrollando el proyecto Eko Atlantic a través de una asociación público-privada, para albergar a por lo menos 250.000 personas en una franja artificial de tierra unida a la Isla Victoria, el centro financiero de Lagos.

La creación de la península implicó el dragado (eliminación y relleno) de más de 10 kilómetros cuadrados de arena y piedra destinados a desarrollar un malecón de concreto para proteger la zona. No obstante, existe consenso respecto de los efectos perjudiciales de la erosión producto del proceso, así como de la marea alta en caso de ciclón o tormenta. En lo que no hay certeza, es si el proyecto Eko Atlantic conduciría a la resiliencia urbana y a la sostenibilidad de Lagos, por cuanto, entre otras cosas, se podrían producir daños a comunidades vulnerables cercanas, como Makoko (Ajibade, 2017). Con estos datos, el fotógrafo canadiense Edward Burtynsky retrató la situación en Lagos como un *hyper-crucible of globalism* para *Anthropocene*, un reciente proyecto artístico que investiga la huella humana indeleble en la tierra, presentado en la Fundación MAST durante 2019 en la ciudad de Bolonia, Italia.

Así como este ejemplo, son diversos los proyectos licitados por los Estados para, según su criterio, aliviar los diferentes problemas sociales, económicos y ambientales que afrontan las sociedades, encaminándolos a diseñar procesos más sustentables. El gran interrogante que surge con esas iniciativas es, si verdaderamente se analizan todas las causas y consecuencias, riesgos y monitoreo de los procesos contractuales amparados bajo la idea de proyectos sostenibles.

Lo evidente es que el concepto de sostenibilidad ha ido evolucionando paralelamente al desarrollo histórico y científico, y a la interpretación más cómoda de quien lo invoca. Asimismo, más allá de su relación con el medio ambiente, su realidad exige un plan de acción orientado hacia la reducción de las desigualdades y la garantía del bienestar. En ese proceso la licitación representa un instrumento capaz de encaminar ese plan de acción y análisis. Por otro lado, las amplias lagunas y dificultades interpretativas de la sostenibilidad, la falta de precisión respecto de los parámetros e instrumentos que designan su implementación y su relación exclusiva con procesos contractuales amigables con el medio ambiente, invitan a hacer unas reflexiones en torno a las licitaciones sostenibles y los presupuestos para la implementación de los ODS.

De esa manera, a partir de una metodología deductiva y comparativa –para efectos de este escrito, la comparación comprende los órdenes jurídicos de Brasil y Colombia principalmente, con ciertas referencias al orden jurídico español–, el presente trabajo tiene por objetivo analizar el panorama jurídico de las licitaciones sostenibles a la luz del carácter multifacético de la sostenibilidad, proponiendo algunas herramientas encaminadas a su implementación en atención a los ODS. Así, en primer lugar se elabora una aproximación jurídica y conceptual de la sostenibilidad; en segundo lugar, se analiza la incorporación de la sostenibilidad en la contratación pública, concretamente, en las licitaciones; en tercer lugar, se indaga respecto de los impactos que puede generar una licitación sostenible en la sociedad, para, en cuarto y último lugar, verificar los presupuestos para su necesaria implementación, a través de algunas herramientas concretas orientadas a la consolidación de una regulación compatible con los ODS.

I. ¿SOSTENIBILIDAD? APROXIMACIÓN JURÍDICA Y CONCEPTUAL

Aproximarse al concepto de sostenibilidad implica diferenciarlo de dos ideas cercanas con el objetivo de precisar su entendimiento. En primer lugar, la resiliencia, un concepto socioecológico, entendida como la capacidad o habilidad para adaptarse a los cambios, la posibilidad de que cierto ecosistema se transforme de acuerdo con la necesidad social o ambiental sin necesidad de perder su esencia o identidad. Se diferencia de la sostenibilidad, en cuanto esta última parte de una premisa de deseabilidad futura y positiva, mientras que la resiliencia es un atributo que no siempre implica algo deseado (Reyes y Ballesteros, 2011).

En segundo lugar, el desarrollo sostenible ha sido el medio por el cual se le ha brindado mayor divulgación y aceptación a la sostenibilidad. Sus raíces se remontan a los siglos XVI y XVII en la biología, para referirse a la evolución de los individuos jóvenes hacia la adultez. A partir de la Segunda Guerra Mundial y la Guerra Fría, el concepto de desarrollo sostenible fue adoptado por la economía para identificar un modelo de crecimiento económico ilimitado, diferenciando los países desarrollados industrializados de los más pobres, o países en vía de desarrollo (Gilbert, 2018: 293-294).

Después de estos acontecimientos, que todavía muestran una notable actualidad, el informe Brundtland de 1987 sentó el precedente más importante en materia de conceptualización del desarrollo sostenible, convirtiéndose en un término de referencia que supera la concepción económica, incluyendo en su entender y aspiración una garantía de las necesidades del presente sin comprometer las posibilidades de las generaciones futuras (Asamblea General de las Naciones Unidas, 1987; Segura, s.f.). En últimas, para efectos del presente escrito desarrollo sostenible y sostenibilidad corresponden a una simbiosis y se entenderán en el mismo sentido, sin restarle importancia al concepto de resiliencia.

De acuerdo con Gomes (2018: 21), la referencia al principio de desarrollo sostenible es común en cualquier documento de *hard law* o de *soft law*, pues a su juicio representa una especie de invitado para cualquier tipo de fiesta que tenga relación con la materia. De ahí que en el plano jurídico positivo su presencia no sea tan consensual, por lo que la mayoría de las veces se expresa como una especie de sentimiento, ya sea de amor incondicional o de cierto desprecio o desinterés. De igual modo, en sus decisiones[1] la justicia se resiste a conferirle una mayor relevancia, reduciéndolo a una categoría inocua de simple concepto.

Por otro lado, Mohan Munasinghe (1993) identifica la sostenibilidad como un carácter integral, compuesto de variables económicas (en cuanto a la eficiencia en la utilización de los recursos), ambientales, sociales y de progreso compartido de las generaciones. De manera complementaria a la propuesta de Munasinghe, Markku Lehtonen incluye una sostenibilidad institucional que resalta la importancia de hacer actores a las entidades públicas en los procesos de incorporación de la sostenibilidad (Lehtonen, 2004: 199-214).

Además de estas variables, la cultura también constituye un elemento fundamental en la consolidación del desarrollo sostenible. Así lo ha resaltado la Asamblea General de las Naciones Unidas (2015) al indicar que la cultura es la facilitadora y el motor de las dimensiones económicas, sociales y ambientales del desarrollo sostenible. De acuerdo con ello, la incidencia del concepto de desarrollo sostenible, no solo en el plano interno sino también internacional, ha permitido una externalización conceptual que conduce a múltiples vías en términos de su utilización o referencia, apertura que supera la concepción ambiental y económica, dando espacio a otras consideraciones como las éticas, sociales, culturales y jurídico-políticas.

Con todo, definir sostenibilidad constituye un reto inacabado, pero no por eso menos importante en términos de concreción, como se propone en esta investigación. Atendiendo a su transformación conceptual e histórica, el concepto de sostenibilidad representa, junto con el de desarrollo sostenible, y valorando componentes de la resiliencia, un valor y principio del Estado constitucional propio de la esfera de actuación pública y privada, que estimula la selección responsable de las posibilidades propuestas en atención a los beneficios futuros (Freitas, 2019). Esas posibilidades comprenden la planeación, la valoración, la indagación y la ejecución de criterios de valor ético, social, cultural, jurídico-político, económico y ambiental, y aun tecnológico, con la garantía de la titularidad de los derechos fundamentales y sociales.

---

1 Entre otros, uno de los ejemplos expuestos por Amado Gomes (2005) es el del Tribunal Internacional de Justicia, en el litigio referente a la línea férrea a lo largo del río Reno que Holanda pretendía construir, aún en contra de la voluntad de Bélgica que alegaba impactos ambientales nocivos para la biodiversidad del área sujeta a la construcción.

Su reconocimiento dentro del ordenamiento jurídico, de ahí su eficacia directa, depende del valor otorgado por las autoridades constituyentes o legislativas en el momento de su inclusión. No obstante, al estar históricamente asociado con las ideas de desarrollo o bienestar general, su carácter principiológico puede ser anterior a la misma inclusión, por vía de interpretación. Así, por ejemplo, en Brasil la sostenibilidad tiene rango constitucional que incide directamente en el ámbito administrativo. Su naturaleza es de principio y valor supremo, lo que determina su eficacia directa e inmediata, la responsabilidad del Estado y de la sociedad en la concretización del desarrollo material, inmaterial e inclusivo en términos sociales, de durabilidad, ecuanimidad y ambiente equilibrado, innovador y ético, con el objetivo de asegurar no solo el presente sino también en el futuro el derecho fundamental al bienestar y al desarrollo (Freitas, 2019; Hachem, 2013).

Asimismo, en su artículo 135 la Constitución española incluye la sostenibilidad dentro del título sobre economía y hacienda, particularmente en lo que se refiere a la estabilidad presupuestaria, el déficit estructural, el volumen de la deuda pública y el perjuicio que genera a la sostenibilidad económica y social. No obstante, a diferencia del sistema brasilero, no hace una referencia explícita a su reconocimiento o naturaleza jurídica. Por su parte, la Constitución Política de Colombia reconoce el desarrollo sostenible como un derecho colectivo y del ambiente. Es así como en el artículo 80, determina que el Estado planificará el manejo y aprovechamiento de los recursos naturales, para garantizar el desarrollo sostenible, su conservación, restauración o sustitución. También se podría indicar que la Constitución de 1991 consagra dentro de los fines del Estado el "bienestar general", históricamente asociado a la idea de desarrollo como libertad (Sen, 2000), con una expansión hacia la igualdad (Hachem, 2013). De dicha consagración no solo se deduce la existencia de un derecho y un principio, sino también su exclusivo sentido ambiental, a diferencia de lo que ocurre en España o Brasil.

Con todo, si lo que se requiere es orientar las agendas institucionales, las políticas públicas, los programas legislativos, ejecutivos y judiciales hacia el cumplimiento de los ODS, el reconocimiento jurídico que debería tener la sostenibilidad para indagar por los mecanismos para su concreción, como se propone el presente escrito, es el de valor, principio o derecho constitucional, pues al otorgar valor a cada una de sus aristas (económica, social, ambiental, ética, cultural y jurídico-política) se cimenta el presupuesto teórico que referencia la garantía de los derechos fundamentales, sociales y de libertad, así como el buen diseño, la regulación, la planeación y la ejecución de las funciones e instituciones públicas.

II. LA SOSTENIBILIDAD EN LAS LICITACIONES PÚBLICAS: ENTRE AVATARES Y CONCRECIONES

Licitaciones sostenibles, compras públicas verdes, contratación pública sostenible, licitaciones verdes, además de ser categorías con las que se suelen denominar los procesos contractuales públicos amigables con el medio ambiente, se corresponden con un nuevo paradigma dentro de la contratación pública. Ese paradigma implica que los contratos públicos, y en particular las licitaciones, además de cumplir armoniosamente las funciones ambientales, atiendan a factores económicos, éticos y sociales relacionados con la pena de la ilicitud. De acuerdo con Freitas (2019), más que verde, la sostenibilidad de los contratos públicos precisa de un robusto incentivo para que los comportamientos sean favorables con el medio ambiente, el consumo equilibrado, la equidad inclusiva de las generaciones y una adecuada representación del futuro.

Dentro del proceso contractual, la licitación representa la modalidad de selección por excelencia. Se refiere al procedimiento mediante el cual una entidad estatal formula públicamente una convocatoria, para que, atendiendo a los principios de transparencia, publicidad, libertad de concurrencia, igualdad, economía, responsabilidad, etc., los interesados presenten sus ofertas y se seleccione entre ellas la más favorable[2]. En un sentido general la propuesta más favorable es la que atiende al interés público (Rodríguez-Arana, 2014); no obstante, en un sentido concreto corresponde a la que cumple los requisitos habilitantes del pliego, la que tiene mejor puntaje o el mayor criterio de ponderación. Es con fundamento en ese interés público y en la idea de concretarlo, que en algunos ordenamientos se ha incluido la sostenibilidad como una cláusula general obligatoria en la licitación. Tal es el caso de Brasil, donde, mediante la Ley 8666 de 1993, Ley General de

---

2 Por ejemplo, en Colombia, el parágrafo del artículo 30 de la Ley 80 de 1993 define la licitación atribuyéndole unos principios exclusivos, entre ellos los de publicidad o transparencia, la libertad de concurrencia y la igualdad.

las Licitaciones y Contrataciones Administrativas, modificada por la Ley 12349 del 2010, se incorporó el desarrollo nacional sostenible como cláusula general obligatoria de los contratos públicos en general, y de las licitaciones en particular.

Esta cláusula general de desarrollo implica que la licitación debe estar orientada a garantizar y observar el principio constitucional de isonomía; además, la selección de la propuesta más ventajosa usualmente atiende a criterios económicos, o valorables en términos cuantitativos, que promuevan el desarrollo nacional sostenible, lo que conlleva que toda contratación o licitación de obra, servicio o compra realizada por el Estado en el ámbito nacional, regional o local debe contribuir al desarrollo sostenible, so pena de un vicio de ilegalidad o una ineptitud contractual (Junior, 2011).

A sabiendas de que el concepto de desarrollo sostenible es etéreo en su concreción, los esfuerzos por el cumplimiento de la cláusula contractual han sido objeto de debate entre avatares, concreciones y defensas (Vieira, 2015). No obstante, al ser una cláusula obligatoria con fundamento en las normas constitucionales, se ha intentado dar a la licitación sostenible múltiples atributos que encaminan el cumplimiento de su objetivo.

En primer lugar, más allá de asegurar la igualdad de tratamiento de los concurrentes, el equilibrio económico y financiero del contrato, la exigencia de las diferentes cualificaciones indispensables para el cumplimiento de las obligaciones contractuales, algunos autores como Fortunato Bim (2010), relacionan la sostenibilidad de la licitación con la inserción en el pliego y en el proyecto de pliego de condiciones, de cláusulas, estudios y documentos previos que valoren el consumo sostenible, y que, dependiendo el objeto del contrato, promuevan un uso racional, eficiente y económico de los recursos naturales, contribuyendo con ello al logro de un medio ambiente equilibrado.

En sentido similar, la licitación pública sostenible es un instrumento de política ambiental, una respuesta al movimiento de los años 80 del siglo pasado, cuando los estilos y patrones de consumo de los países desarrollados consistían en una propuesta ilimitada que solo aseguraba el crecimiento económico. Por eso fue necesario replantear la idea de sostenibilidad lo que se manifestó en el Informe Brundtland (Maciel, 2015: 35-45), posición doctrinal que tiene su fundamento en la idea de consumo o en la producción ambientalmente sostenible, términos que se sustentan en documentos y recomendaciones que optan por la consideración económica ambiental de los servicios, obras y productos objeto de la licitación, en otras palabras, la transformación hacia patrones de consumo sostenible[3].

En segundo lugar, además de las ideas económicas de consumo y de producción amigable con el medio ambiente, otro sector de la doctrina supera y amplia esta posición, argumentando que, además del desarrollo económico, una licitación sustentable debe atender también a la preservación del medio ambiente, al bienestar social (Silva, 2016: 111-121) y a las consideraciones éticas. En otras palabras, para que una licitación sea sostenible debe ponderar previamente los costos directos e indirectos, analizar los beneficios sociales, ambientales, económicos y culturales, así como su impacto al correr el *iter contractual*. De forma que la oferta más favorable para la entidad no solo es la que cuantitativamente otorgue mejores resultados, sino también la que considere modelos paramétricos, cualitativos y razonables de los costos directos e indirectos, sociales, culturales, ambientales y económicos, la que científica o técnicamente implique menores impactos y externalidades negativas, y sea concomitante con un aumento de los beneficios globales (Freitas, 2011).

Así, por ejemplo, la inserción de criterios sociales, culturales, ambientales y económicos en los procesos licitatorios preferirán no solo un menor impacto sobre los recursos naturales, valorado y probado a través del análisis e impacto de las exigencias técnicas y científicas en la fase de planeación, la preferencia por materiales, ciencia, tecnologías y materias primas de origen local, sino también la consideración de los valores sociales y culturales arraigados al espacio o a los sujetos que se afectan directa o indirectamente con los proyectos o contratos licitados (Silva, 2016: 155).

Ahora bien ¿es posible materializar la propuesta de una licitación sostenible? ¿Se puede superar el escepticismo frente a la existencia de una prueba judicial que demuestre la garantía del desarrollo nacional sostenible como cláusula obligatoria de la licitación? La defensa frente a ese escepticismo y la posibilidad de concretar los presupuestos de la licitación orientada hacia un proceso sostenible ambiental, económico, social y cultural, radica prin-

---

3 Tal es el caso de la Declaración de Johannesburgo sobre el desarrollo sostenible, la cual, entre los problemas considerados por resolver incluyó la "modificación de pautas insostenibles de producción y consumo, la protección y ordenación de la base de recursos naturales para el desarrollo"; cfr. Departamento de Asuntos Económicos y Sociales de las Naciones Unidas. Declaración de Johannesburgo sobre el Desarrollo Sostenible, 2 a 4 de septiembre de 2002, disponible en [https://www.un.org/spanish/esa/sustdev/WSSDsp_PD.htm].

cipalmente en la motivación técnica y científica, sujeta al análisis de impacto y valoración.

Para ilustrar: si en determinada ciudad se abre una licitación para contratar bombillas destinadas a iluminar determinada avenida, muy posiblemente la entidad encargada seleccionará la propuesta económicamente más adecuada para el objeto; no obstante, si la licitación se fundamenta en el interés público como fin último del contrato, debe considerar la adquisición de bombillas de bajo consumo energético, aunque su valor sea cinco veces superior al de otras de tipo genérico, y además, valorar su origen dando preferencia a los productores y distribuidores locales. La motivación del acto administrativo que adjudique la licitación se debe sustentar en una garantía de estabilidad ambiental tanto presente como futura.

Para demostrar cómo los presupuestos culturales han sido, y deben ser, un factor a tener en cuenta para presentar una licitación sostenible, Arêas Peixoto y Gorelik (2019: 384) explican que en el proceso de modernización y construcción del centro de São Paulo y en particular de la Avenida Paulista, ícono postal de la ciudad, fue necesario considerar el enfrentamiento que existía entre la aristocracia brasilera del siglo XIX y la inmigración italiana. Asimismo, la modernización urbana de Río de Janeiro durante el siglo XX consideró la verticalización de la ciudad, que comenzó en el litoral, como una lucha de clases que extendió la identidad cultural por medio del arte y la música a los diferentes barrios: la samba en Lapa, la bossa nova en Copacabana y el funk en las favelas[4].

De manera similar, diferentes legislaciones garantizan el derecho a la vivienda digna como un derecho constitucional[5], de forma que la primera impresión, lo ideal, sería que el Estado licite la construcción de viviendas para cumplir con sus deberes constitucionales. No obstante, en los países en vía de desarrollo el problema de la vivienda no reside específicamente en su

4 En particular, cfr. los trabajos "São Paulo. A cidade encenada: teatro e culturas urbanas dissidentes" y "Rio de Janeiro. A cidade midiática: telenovelas e Mundo Urbano" de Beatriz Jaguaribe.

5 En Brasil, por ejemplo, el artículo 6.º de la Constitución de 1988 incluye el derecho a la vivienda digna como un derecho social (direito à moradía). En España el artículo 47 de la Constitución de 1978 determina que "todos los españoles tienen derecho a disfrutar de una vivienda digna y adecuada. Los poderes públicos promoverán las condiciones necesarias y establecerán las normas pertinentes para hacer efectivo este derecho", y en Colombia, el artículo 51 de la Constitución de 1991 establece que "Todos los colombianos tienen derecho a la vivienda digna".

ausencia, o en la inadecuación de los proyectos[6], sino que, si se atiende a los informes científicos basados en estudios de arquitectura, urbanismo e ingeniería, radica también en la necesidad de mejorar los procesos de desarrollo de los asentamientos urbanos, en las graves dificultades que representan la segregación, la exclusión, la marginalización, el saneamiento y la violación de derechos humanos, pues los estudios han puesto de presente que es preciso evitar que en los años subsiguientes la población mundial urbana que vive en barrios marginales se incremente un 36,5% (Lizarralde, 2014).

La solución para desarrollar una vida digna en familia no implica solamente construir centenares de refugios adecuados y sujetos a espacios mínimos, sino también analizar y evaluar constantemente las causas de las vulnerabilidades, el acceso limitado a los recursos naturales, los daños provocados por los desastres naturales, las enfermedades, la mortalidad infantil, la violencia y la delincuencia.

Alguien podría oponerse parcialmente a evaluar y controlar los procesos contractuales *ex ante* y *ex post* argumentando los sobrecostos que ello conlleva. Es por eso que la licitación no se puede desligar de la ejecución de la política pública que más se aproxime a ella, lo que implica una especie de colaboración interinstitucional en el desarrollo del proceso licitatorio, de manera que se garantice el interés público como un derecho futuro y no solo presente.

Dicha conjugación necesaria, siempre presente pero muchas veces relegada, entre políticas públicas y licitaciones permitiría desarrollar mejor la valoración técnica y científica, lo que reduciría el margen de discrecionalidad del operador a la hora de expedir los actos administrativos contractuales. En últimas, las competencias regladas contractuales, principalmente de la licitación, comprenden unas consideraciones que exigen un mayor esfuerzo del Estado, pero que se compensan en función de si se piensa el derecho como un asunto de futuro y no de presente.

De esa manera, con la cooperación y colaboración, con la correcta descripción técnica del objeto a licitar, con la valoración más allá de la variable económica que supone elegir la propuesta más favorable, es posible superar los avatares que enfrenta la sostenibilidad en los procesos contractuales, prin-

---

6 Cfr., por ejemplo, Banco Interamericano de Desarrollo: "La insuficiencia de viviendas adecuadas y la vulnerabilidad del hábitat, son reflejo de la difícil situación económica y social que vive buena parte de la población de América Latina y el Caribe" (Rodríguez, 2016).

cipalmente, la dificultad para aplicarla y el análisis de sus eventuales barreras interpretativas, pues cuando se dejan criterios vagos, como "la propuesta más amigable con el medio ambiente" o "más conforme al principio del desarrollo sostenible", será necesario analizar algunas ofertas para su efectiva concreción, implementación e impacto de cara a los ODS y a la Agenda 2030.

III. ¿CÓMO LAS LICITACIONES SOSTENIBLES PUEDEN GENERAR UN IMPACTO EN LA SOCIEDAD? UN ANÁLISIS DEL *CHAIN EFFECT*

Desde luego, los elementos abordados permiten destacar la relevancia de la categoría licitaciones sostenibles, y de la inclusión del desarrollo nacional sostenible entre las finalidades legales de las compras públicas. La importancia de la sostenibilidad para el ordenamiento jurídico permite verificar los posibles efectos prácticos de la referida inclusión legal, y en ese momento, además del ambiental, se presentan dos importantes impactos causados por las licitaciones sostenibles: el económico y el social.

A pesar de que parece solamente una alteración que incluye una nueva finalidad legal para la licitación, su implementación real por intermedio de políticas públicas y, principalmente, por los propios contratos administrativos, puede generar resultados significativos, no solo para el ordenamiento jurídico, sino también para la sociedad, cuando se trata de que el Estado garantice derechos fundamentales.

En primer lugar, vale la pena resaltar que el desarrollo nacional sostenible no es una facultad, pero sí una obligación del Estado, como en el caso de Brasil. Al respecto, tanto Hachem (2013) como Ferreira (2012: 64) indican que el desarrollo nacional fue consagrado en la Constitución brasilera de 1988 como un derecho fundamental, por lo que existe un deber estatal de impulsar tal derecho con estímulos positivos para que todos los sectores participen en la sostenibilidad. Ferreira afirma que no promover el desarrollo nacional sostenible equivale a irrespetar un derecho fundamental, para lo cual se aplica igualmente el principio de prohibición de retroceso y, una vez asumida tal postura legislativa y la protección del derecho, el retroceso puede ser objeto de impugnación, incluso ante tribunales de cuentas y tribunales judiciales (Ferreira, 2012: 56-57).

El elemento de la sostenibilidad fue adicionado por la Ley n.º 8666 de 1993, mientras que el desarrollo nacional proviene de un objetivo fundamental de la República Federal del Brasil previsto en el artículo 3.º, inciso II de la Constitución brasilera[7]. Vale la pena resaltar que la promoción del desarrollo nacional sostenible a través de las licitaciones, implica tanto la concreción del objetivo de la República, como el cumplimiento de una obligación prevista en la ley y la satisfacción de un derecho fundamental.

En el análisis de casos de su competencia el Tribunal de Cuentas de la Unión (2013)[8] emitió una serie de informes de licitaciones y contratos administrativos, con el objetivo de dar a conocer su jurisprudencia[9]; así, en su enunciado el informe n.º 179 de 2013 resalta que "la aceptación de una oferta de productos con calidad y/o especificaciones inferiores a las exigidas en el pliego, inclusive en lo que se refiere a los requisitos de sostenibilidad ambiental, podría involucrar la anulación de los respectivos actos practicados en la licitación". De forma que el Tribunal es competente para analizar licitaciones y contratos relacionados con la inobservancia del requisito de sostenibilidad ambiental, lo cual puede, inclusive, anular los actos practicados en la licitación y corroborar la protección del derecho fundamental en cuestión.

En segundo lugar, es preciso destacar que las licitaciones sostenibles son procesos administrativos por medio de los cuales se buscan, a partir del derecho administrativo, elementos idóneos con los cuales satisfacer los derechos sociales fundamentales, dado que tal actividad se atribuye preliminarmente a la Administración pública. Igualmente, si la contratación debe contribuir con el desarrollo sostenible (Junior, 2011), es necesario que acuerde un compromiso directo con la satisfacción de los derechos fundamentales, no solo de libertad, sino también sociales, incluido el deber estatal de conciliar

---

7 Cfr. "Artículo 3.º. Constituem objetivos fundamentais da República Federativa do Brasil: I. construir uma sociedade livre, justa e solidária; II. garantir o desenvolvimento nacional; III. erradicar a pobreza e a marginalização e reduzir as desigualdades sociais e regionais; IV. promover o bem de todos, sem preconceitos de origem, raça, sexo, cor, idade e quaisquer outras formas de discriminação".

8 En Colombia equivaldría a la Contraloría General de la República con funciones jurisdiccionales.

9 El Tribunal de Cuentas realiza el control externo del Poder Ejecutivo Federal, con el Congreso Nacional, con sus poderes establecidos en el artículo 71 de la Constitución brasileña. Específicamente en relación con las licitaciones públicas y los contratos, la Ley 8.666 de 1993 establece que el control de los gastos resultantes de los contratos regidos por esa ley será realizado por el Tribunal de Cuentas competente (de la Unión, Estados o municipios), en conformidad con el artículo 123.

inversiones y gastos públicos, guiados por la previsión constitucional de los derechos sociales (Dotta y Cabral, 2018: 140).

Antes de tratar el tema del impacto, vale la pena resaltar algunas premisas relacionadas con la resignificación de los contratos administrativos, a fin de demostrar que la alteración paradigmática de la forma de la contratación pública, y la gestión de la administración pública puede, finalmente, impactar la salvaguarda de la sostenibilidad. La propensión a tornar los contratos administrativos en mecanismos primordiales de las acciones públicas trae repercusiones en diversas áreas de intervención de la administración pública (Gonçalves, 2013: 129). Antes los contratos administrativos se consideraban instrumentos idóneos para realizar un control al comportamiento de los particulares en provecho de sus finalidades horizontales, pero actualmente tienen la obligación de servir a las finalidades generales (Breus, 2016: 588).

La forma de gestión de la administración pública requiere una revisión de la racionalidad jurídica que aplica a los contratos, con el fin de salvaguardar el interés público y propiciar la satisfacción de los derechos sociales involucrados (Valle, 2018: 76). Eso significa que la finalidad del "desarrollo nacional sostenible" trasciende los límites propios de la contratación, y crea un vínculo entre los instrumentos contractuales firmados por el Estado antes de las licitaciones y los derechos fundamentales. Este punto es de gran relevancia pues permite demostrar que generalmente las licitaciones no tienen solamente la finalidad pura de contratar el objeto o servicio pretendido, sino obtener también la satisfacción de un interés social general. Con lo cual la realización de las licitaciones sostenibles pasa a ser una figura de gestión de la administración pública, apta para garantizar la protección de la sostenibilidad y la elevación de esta categoría al nivel de un derecho fundamental.

Esa resignificación hace que los contratos administrativos provenientes de las licitaciones sean instrumentos de garantías fundamentales, atendiendo a la finalidad contractual que engloba intereses y necesidades sociales, como la sostenibildiad. Los dos primeros puntos demuestran que los contratos derivados de las licitaciones sostenibles son instrumentos aptos para garantizar el derecho fundamental al desarrollo nacional sostenible en cumplimiento de las finalidades constitucionales. En ese sentido, resta destacar el verdadero impacto que las licitaciones sostenibles pueden causar en términos económicos y sociales, más allá de la preservación del medio ambiente, para lo cual se analiza el mercado brasilero de las licitaciones que anualmente maneja billones de reales.

Por ejemplo, hasta el 2 de junio de 2020 el Estado brasilero había realizado 17.888 licitaciones por un valor de R$7,02 billones de los cuales los contratos administrativos ascendían a más de R$5.260.802.534, es decir, el 74,94% de las contrataciones realizadas por el Gobierno Federal en ese año (Licitações com contratação realizada, 2020). En 2019, con la cuenta finalizada, la Unión formalizó más de 145.504 licitaciones, por valor de R$ 53,68 billones de gastos en contrataciones públicas (Licitações com contratação realizada, 2019).

Cabe señalar que los datos referidos constituyen solamente las contrataciones en situación de normalidad, y no incluyen los valores correspondientes a los Estados y municipios. Se evidencia que con la situación derivada del COVID-19 las contrataciones aumentaron significativamente en el área de salud; por ejemplo, en poco más de dos meses el Gobierno federal brasilero invirtió aproximadamente R$ 703,6 millones en contrataciones relacionadas con los sistemas de emergencias, y el gobierno del Estado de Río de Janeiro invirtió cerca de R$1 billón en combatir el COVID-19 (Máximo, 2020).

Los datos revelan que más allá de la satisfacción de una necesidad constatada por la administración pública, en este caso atender los fines sociales ligados al interés público (Muñoz, 2014) y a los derechos fundamentales (Muñoz, 2015), se puede afirmar que por la cantidad de contrataciones realizadas el gobierno desarrolló una especie de *chain effect* para garantizar el desarrollo nacional sostenible.

Una vez impuesta por la administración la necesidad de elaborar una contratación conforme a los patrones o criterios de sostenibilidad, toda la prestación del servicio o suministro de productos se dará igualmente de conformidad con tales patrones. La voluminosidad de las contrataciones públicas le permite a la administración impulsar la sostenibilidad a través de las licitaciones al considerar "prácticas diferenciadas de consumo", interviniendo así en el mercado (Franco, 2011: 398) mediante una especie de inducción al comportamiento.

Como consecuencia de los factores mencionados, la sociedad puede recoger los frutos de las selecciones e imposiciones de la administración pública, resultando un posible escenario de preservación ambiental y más opciones sostenibles. Además, con la exigencia de que las propuestas hechas por los licitantes observan los patrones de sostenibilidad, las empresas se adaptan a los requisitos previstos en estos pliegos de licitaciones sostenibles, adoptando prácticas responsables con el medio ambiente y con la sociedad, lo que acontece naturalmente por la necesidad de competencia y participación en las licitaciones[10].

Además, se puede afirmar que "la defensa de la preservación del medio ambiente sano y ecológicamente equilibrado para las presentes y futuras generaciones es un imperativo constitucional que se impone de modo obligatorio para el Poder Público en el ejercicio de sus funciones, adaptando las licitaciones y contratos administrativos" (Finger, 2013: 134, y Finger, 2014). A partir de estas consideraciones se revela que el impacto social de la adopción del modelo de licitaciones sostenibles es expresivo, pues permite disponer nuevos parámetros de sostenibilidad en todas las ramas de la contratación pública.

Pasando al análisis de la arista económica, es imprescindible resaltar las consideraciones de Finger (2013: 123), en el sentido de que se requiere ampliar el ejercicio de la función administrativa con la finalidad de que se convierta en un elemento de regulación económica en el escenario ético y socioambiental, toda vez que su ausencia torna inocuo el desarrollo nacional sostenible. Significa, entonces, que el advenimiento del elemento de la sostenibilidad en las contrataciones públicas impacta igualmente el ámbito económico de la actividad administrativa que, con base en los postulados legales de la protección del medio ambiente, debe guiar los ideales de la sostenibilidad.

El mencionado artículo 3.º de la Ley de Licitaciones brasilera establece algunos parámetros y finalidades para las contrataciones públicas, siendo una guía para el gestor público cuando se trata de instaurar el proceso administrativo necesario para la contratación. Algunos de los parámetros se establecen con base en la competitividad, la economía y el criterio de sostenibilidad. No obstante, es posible observar que tales parámetros pueden chocar entre sí.

La situación se puede analizar con un ejemplo práctico. Suponga que el Gobierno Federal desea adquirir una flota de carros nuevos para el transporte particular de los ministros del Estado. Las reglas establecidas en el pliego, describen las especificidades del producto, que puede ser más o menos cos-

10 La igualdad de condiciones entre los competidores es un requisito previsto en el punto XXI del artículo 37 de la Constitución brasileña. El texto constitucional también establece en el artículo 170 que el orden económico del país debe respetar la libre competencia. A su vez, el artículo 3, § 1º de la Ley General de Licitaciones y Contratos Administrativos en Brasil establece que está prohibida la inclusión de instrumentos que frustren la naturaleza competitiva de la licitación.

toso y más o menos sostenible. Por tanto, se inicia la opción de análisis con la finalidad de verificar si la licitación debe contratar automóviles movidos por combustibles fósiles o eléctricos o híbridos. En un análisis superficial, apenas para demostrar la disparidad de las ofertas, se resalta que actualmente en Brasil existen cuatro modelos de carros eléctricos en circulación, el más barato de los cuales cuesta aproximadamente R$ 150.000 (US$ 30.000) (Ribeiro, 2019). Entre los modelos de carros híbridos el más barato cuesta R$ 125.000 (US$ 25.000). Por otro lado, los carros convencionales son fabricados por múltiples firmas, y la tabla de precios de sus modelos comienza en R$25.000 (US$ 5.000) (Tavares, 2019).

Se denota entonces, que la existencia de pocos fabricantes de carros eléctricos y los altos precios ocasionan, necesariamente, un ataque en la selección del gestor: al optar por vehículos eléctricos, impacta en la competitividad (teniendo en cuenta la disminución del número de ofertas por el bajo índice de fabricantes), así como la economicidad de la contratación, si el criterio elegido por el fuese únicamente el precio menor, dejando de lado la sostenibilidad social y ambiental.

En Brasil algunos órganos de control ya fijaron su posición respecto del asunto, indicando que la sostenibilidad puede prevalecer sobre los otros criterios. La Consultoría General de la Unión señaló algunos parámetros para establecer un equilibrio entre economía, reducción del impacto ambiental y competitividad. Entre tanto, se afirmó un entendimiento de que la sostenibilidad se puede y se debe sobreponer a los demás principios, resaltando la imprescindibilidad de una motivación adecuada para la selección del gestor público[11]. La CGU expresa tales orientaciones en la Guía Nacional de Licitaciones Sostenibles, documento que sirve para que los gestores públicos tomen sus decisiones.

---

11 El siguiente extracto de la Guía Nacional para Licitaciones Sostenibles, preparado por la Contraloría General de la Unión explica el asunto: "Entretanto, a sustentabilidade pode, de modo justificado, se sobrepor aos outros princípios, tanto a economicidade, quanto a competitividade. Ressalte-se que nestes casos a justificativa do gestor é necessária, onde ele pode, por exemplo, optar por um produto mais caro do que o similar e isto fazendo parte de uma medida de gestão mais ampla, que no final reduz o custo em outros produtos ou no mesmo em razão da economia gerada, ou mesmo relacionados com o objetivo de fomento a novos mercados para produtos sustentáveis, que sejam necessárias à Administração em ações ligadas à sustentabilidade ou outras" (Carvalho, Ferreira y Villac, 2016: 28).

En la misma línea de raciocinio, el Tribunal de Cuentas de la Unión emitió el Informe de licitaciones y contratos administrativos n.º 245 de 2014, cuyo texto afirma que es legítima la adecuación de las contrataciones públicas tanto a los parámetros de sostenibilidad ambiental, como a los parámetros económicos. En el referido informe se resalta la necesidad de una debida motivación para justificar las exigencias de carácter ambiental[12].

Así, con el entendimiento expreso de los órganos de control de que el factor de sostenibilidad se puede y debe sobreponer a la competitividad y a la economicidad de la licitación, el patrimonio público puede recibir un impacto en el costo en beneficio de la sostenibilidad, si la motivación o discrecionalidad del operador jurídico administrativo está debidamente justificada. El impacto económico depende directamente del número de contrataciones verdes que se realicen. Lo cierto es que si la proporción estuviese íntimamente ligada al número de contrataciones realizadas en general por el Estado brasilero, o cualquier otro Estado como el colombiano, los países tendrían un resultado significativo en la garantía del derecho fundamental al medio ambiente ecológicamente equilibrado. Entre tanto, esta realidad todavía no es material.

IV. LA REALIDAD QUE ALEJA LA SOSTENIBILIDAD: LA NECESARIA IMPLEMENTACIÓN DE POLÍTICAS DE ESTADO

Es significativo el impacto que las licitaciones sostenibles pueden generar a través de los contratos administrativos que implementan una nueva forma de política ligada a la sostenibilidad como un todo. Conforme con lo expuesto, la sociedad pasa a experimentar los efectos de esas contrataciones, toda vez que están ligadas también a la satisfacción de los derechos fundamentales. Sin embargo, el "poder" de la licitación sostenible para cambiar realmente el fundamento jurídico detrás de la contratación, se enfrenta a la ausencia de

---

12 El texto original señala: "É legítimo que as contratações da Administração Pública se adequem a novos parâmetros de sustentabilidade ambiental, ainda que com possíveis reflexos na economicidade da contratação. Deve constar expressamente dos processos de licitação motivação fundamentada que justifique a definição das exigências de caráter ambiental, as quais devem incidir sobre o objeto a ser contratado e não como critério de habilitação da empresa licitante".

un número sustancial de eventos que tienen como objetivo la contratación de productos o servicios realmente sostenibles.

Se debe tener en cuenta que la variación en este impacto ambiental, social e incluso económico, depende directamente de la proporción entre el número de contrataciones y su vinculación al factor de sostenibilidad. En otras palabras, significa que para lograr el objetivo no es suficiente con que las contrataciones del sector público sean expresivas, sino que esa expresividad debe hacer que el número de contrataciones sostenibles también crezca proporcionalmente, alcanzando una gran parte del monto global.

Para el caso brasileño, el incentivo a las licitaciones sostenibles surgió en 2010. En algunos datos más recientes, en 2018 solo el 0,97% de las ofertas realizadas por el Gobierno Federal de Brasil se clasificaron como sostenibles, lo que muestra un crecimiento de menos de 03% desde 2014 (Nascimento, 2019). Considerando los cambios paradigmáticos que estas licitaciones tienen a favor de la protección del medio ambiente y otros ideales que involucran la sostenibilidad, la tasa de contratación sigue siendo baja.

Se debe considerar que dichos datos se refieren solo a la contratación del Gobierno Federal; sin embargo, nada impide que el porcentaje sea mayor (o menor) en el alcance de los contratos firmados por los estados y municipios[13]. En realidad, la baja tasa de uso del modelo refleja una cultura muy alejada de esos ideales, incluso si lo establece la ley. Una serie de eventos revelan un cierto grado de falta de compromiso y desprecio por la protección del medio ambiente y el desarrollo equilibrado entre factores ecológicos, sociales y económicos.

Algunos casos son bastante emblemáticos para demostrar la situación: la ruptura de las represas en las ciudades de Mariana en 2015[14] y Bruma-

---

13 Debido a la competencia legislativa prevista en el artículo 22, punto XXVII de la Constitución brasileña, crear reglas generales de licitación y contratación es una competencia exclusiva de la Unión. Sin embargo, los estados y municipios pueden crear sus propias leyes al respecto, siempre que no contravengan las disposiciones de la regla general. Con respecto a las licitaciones sostenibles, por ejemplo, la ciudad de São Paulo sancionó recientemente la Ley n.º 17.260 de 2020, que regula más concretamente la forma en que las ofertas sostenibles serán en el municipio. A su vez, el artículo 6.º de esta ley regula las pautas para la promoción de consideraciones de licitación sostenibles sobre un menor impacto en los recursos ambientales, una mayor eficiencia en el uso de los recursos naturales, una vida útil más larga y un menor costo de mantenimiento del bien y la mano de obra, entre otros temas.

14 Se sugiere el documental: *Documentário Rio de Lama em 360º sobre a tragédia em Mariana, MG.*

dinho en 2019[15] causaron la devastación de una ciudad entera, el medio ambiente y la vida, a favor de la explotación minera desenfrenada (Gallo Aponte, 2018); en otros lugares cercanos los riesgos inminentes de ruptura de otras represas hacen que la Defensa Civil (2020) tenga que desplazar a las familias que viven cerca del lugar; la omisión absoluta del Gobierno Federal hace que la deforestación desenfrenada de la selva amazónica ponga en jaque la posibilidad de recuperación forestal (Shalders, 2019); la aparición de manchas de petróleo en la costa noreste de Brasil envenena la fauna y la flora marinas; además, la omisión del Gobierno Federal podría desencadenar un plan de contingencia (Gragnani, 2019).

Está demostrado que el rechazo de estos parámetros de sostenibilidad proviene de un arraigo cultural y no solo de una protección del presupuesto público. Cabe señalar que las leyes presupuestarias, que se renuevan periódicamente, se podrían revaluar para incluir un presupuesto para compras públicas sostenibles, ya sea implementando un crédito específico o reemplazando el que se utilizaría para licitaciones comunes.

En ese sentido, debe haber una verdadera revisión de las actividades administrativas tradicionales, que permita modificar y actualizar la racionalidad legal detrás de la elección del administrador público, creando políticas públicas estatales, no vinculadas al gobierno, de orden ambiental, social y económico, y que no dependan de la voluntad de los políticos de turno. Cabe destacar que "dado que la Administración Pública tiene el deber de actualizar el servicio público en función de los cambios técnicos legales y económicos, la mutabilidad proporciona suficiente apoyo teórico para respaldar un régimen legal contractual que no está congelado en el tiempo" (Valle, 2018: 209) y, por lo tanto, permite la creación de nuevos paradigmas en términos de contratación pública, con miras a lograr un verdadero desarrollo nacional sostenible.

Para lograr la protección del derecho fundamental a un entorno ecológicamente equilibrado y a un medio ambiente sano, se deben implementar políticas separadas de la personalidad de quienes ocupan el puesto en el Poder Ejecutivo, creando políticas de Estado[16]. Es esencial enfatizar que

---

15 Se sugiere el documental: *Brumadinho: o documentário da BBC (parte 1)*.

16 Se transcribe la diferenciación: "Políticas de governo são aquelas que o Executivo decide num processo elementar de formulação e implementação de determinadas medidas e programas, visando responder às demandas da agenda política interna, ainda que envolvam escolhas complexas.

con el advenimiento de la licitación sostenible, "la posición de los agentes y de la propia Administración, con respecto al proceso de licitación y la conclusión de los contratos públicos, tuvo que reformularse para sobresalir en la preservación del medio ambiente" (Finger y Quetes, 2014: 116).

El proyecto de ley que está en proceso de reemplazar la vigente ley de licitación brasilera, señala varios cambios en términos de sostenibilidad: incluir el ciclo de vida del objeto como un componente de licitación más ventajosa; profundizar el asunto con respecto a la certificación ambiental, ampliando la documentación que demuestra la conformidad del producto o el proceso de fabricación con los estándares ambientales; la posibilidad de remuneración variable del contratista vinculado al desempeño basado en criterios de sostenibilidad ambiental, entre otras disposiciones (Niebuhr, 2019). A pesar de que los cambios son significativos y positivos para el tema en cuestión, el proyecto original data de 1995 y ha estado en proceso durante muchos años, con numerosas modificaciones y sin garantía de que haya un cambio en la racionalidad ambiental, económica y social.

Mientras no haya un cambio paradigmático en el proceso que precede a la publicidad de la licitación (en particular, la definición de la necesidad y los parámetros del objeto a contratar) adaptándola a la realidad de la sostenibilidad, no habrá forma de causar un efecto de cadena o *chain effect*, ni la adaptación del mercado a la realidad requerida por la administración pública. Por tanto, es necesario profundizar en el tema en cuestión, basado en normas que guíen el desempeño del agente público y que al menos puedan exaltar cada vez más la importancia de proteger el medio ambiente ecológicamente equilibrado.

V. LICITACIONES SOSTENIBLES Y ODS: ALGUNAS PROPUESTAS PARA SU IMPLEMENTACIÓN Y CONCRECIÓN

Los ODS se estructuraron como un llamado universal a la adopción de medidas frente al cambio climático, la desigualdad económica y social, la

Já as políticas de Estado são aquelas que envolvem mais de uma agência do Estado, passando em geral pelo Parlamento ou por instâncias diversas de discussão, resultando em mudanças de outras normas ou disposições preexistentes, com incidência em setores mais amplos da sociedade" (Oliveira, 2011: 329).

innovación, el consumo sostenible, la paz y la justicia, entre otras prioridades (Programa de las Naciones Unidas para el Desarrollo, 2015). Cabe advertir que no será objeto del presente escrito analizar a profundidad cada uno de los ODS, sin embargo, para efectos de su mención se agruparán en tres categorías[17]: en primer lugar, los objetivos para alcanzar el bienestar social y el desarrollo individual[18]; en segundo lugar, los objetivos para alcanzar un entorno ambientalmente sostenible[19], y, finalmente, los objetivos para alcanzar el progreso colectivo e institucional (Gallo Aponte, 2019)[20].

Cada uno de los objetivos involucra contenidos multidisciplinares, lo que justifica que la sostenibilidad supere su exclusividad económica y ambiental. De igual manera, la forma como los diferentes Estados han ido incorporando su garantía de cara al cumplimiento de los ODS, y a la construcción de una sociedad más justa y menos desigual se traduce principalmente en el diseño e implementación de documentos de política pública económica y social[21]. De ahí que, si se quieren ejecutar las estrategias dispuestas en esos documentos, la licitación pública representa un instrumento de fomento, planeación y ejecución de esos objetivos.

Como muestra de ello, el ordenamiento jurídico español, en sentido similar a lo expuesto del brasilero, a través de la Ley 9.ª de 2017 sobre contratos

---

17 Esto no quiere decir que las categorías propuestas sean independientes, por el contrario, es necesario concatenarlas y articularlas, así como sus componentes, para lograr el verdadero cumplimiento de los ODS. Además, es es preciso advertir que la agrupación no es excluyente ni exclusiva, y por tal razón un objetivo puede pertenecer a cualquiera de los tres grupos propuestos.

18 Entre ellos: poner fin a la pobreza y el hambre en todas sus formas mediante un esquema de seguridad alimentaria y una mejora de la nutrición y la promoción de la agricultura sostenible; garantizar una vida sana; promover el bienestar para todas las edades y asegurar la disponibilidad de agua y su gestión sostenible, así como el saneamiento general. De igual modo, garantizar una educación de calidad, equitativa e inclusiva que contribuya a lograr la igualdad de género.

19 Entre ellos: que las ciudades y los asentamientos humanos sean inclusivos, seguros y sostenibles; que se garanticen las modalidades de consumo y producción; que se adopten medidas urgentes para combatir el cambio climático y sus efectos; que se conserven y utilicen sosteniblemente los recursos marinos; que se gestione la sostenibilidad de los bosques a través de programas que promuevan el cuidado de la tierra, y que se garantice un acceso adecuado a una energía asequible.

20 Estos últimos abarcan la promoción del crecimiento económico sostenido, inclusivo y sostenible; la garantía de empleo pleno y trabajo decente para todos; la promoción de la industria, la innovación y la infraestructura; la reducción de la brecha de desigualdad entre los países y la promoción de sociedades justas pacíficas e inclusivas

21 Por ejemplo, a través del Departamento Nacional de Planeación, el Consejo Nacional de Política Económica y Social expidió en 2018 la estrategia para la implementación de los Objetivos de Desarrollo Sostenible (ODS) en Colombia, como documento de política pública (CONPES 3918).

del sector público, estableció en su artículo 202, condiciones especiales para la ejecución del contrato, entre ellas, las de carácter social, ético, medioambiental o de otro orden. No obstante, en gran parte de las disposiciones de la ley, dentro de los parámetros de sostenible se da mayor relevancia al crecimiento económico[22]. Así, si la licitación es uno de los mecanismos por excelencia para la ejecución de las políticas públicas que determinan los ODS, resulta interesante y necesario formular algunas propuestas para reforzar la institucionalización del desarrollo sostenible y la concreción de los postulados de la agenda 2030.

En primer lugar, amparado en la idea de "gobernanza global del desarrollo sostenible", y aunque sea un postulado para las organizaciones internacionales, no excluye la aplicación en el orden jurídico interno de algunas prácticas que pueden ser incorporadas, entre ellas, el establecimiento de un panel de inspección en la etapa de planeación del contrato, conformado por científicos puros y sociales, expertos en la materia que relaciona el objeto de la licitación, el cual, previo a la distribución del plano de riesgos, examine la logística de las condiciones sociales, ambientales y culturales de los proyectos. Este tipo de instrumento *ad hoc* puede ser propuesto, bajo criterios de objetividad, por las entidades de control que hacen veeduría a los contratos públicos, y estar integrado por personas de diferentes cualidades o nacionalidades dependiendo de la magnitud del proyecto licitado (Rodrigo, 2018: 146). De alguna manera, esto reduciría el riesgo de adquisición y contratación de materiales poco sostenibles, de criticable calidad o de efectos nocivos *ex post*.

Dentro de ese mismo amparo de la gobernanza global del desarrollo sostenible ha tenido eco la incorporación de *programas de compliance* a los procesos contractuales públicos, con el objetivo de proteger a la administración pública de actos lesivos, de la garantía de ejecución contractual, de la reducción de riesgos y de la obtención de adecuados indicadores de desempeño y de calidad. En últimas, si el contrato llega a su fin con éxito estaría

---

22 Por ejemplo, en el preámbulo de la referenciada ley se menciona que, atendiendo a la Estrategia Europa 2020, la contratación pública desempeña un papel clave dentro de los "instrumentos basados en el mercado", para conseguir un "crecimiento inteligente, sostenible e integrador", y garantizar una "mayor economía racional", y a su vez mantiene el enfoque de producción y consumo, propio de un sector de la doctrina, respecto de las licitaciones sostenibles. La referencia más próxima a las "consideraciones de tipo social" la incluye en las condiciones de ejecución del contrato, pero relacionadas con el empleo o el mercado laboral.

cumpliendo sus objetivos iniciales y contribuyendo a la ejecución adecuada de los propósitos institucionales (Pironti y Ziliotto, 2019).

En segundo lugar, respecto de capacidad o habilidad de adaptación a los cambios inminentes que atraviesa la sociedad, encaminando las acciones hacia una consideración deseable, o por lo menos mitigable de los efectos, se ha propuesto la promoción de la resiliencia a través del derecho contractual, incluyendo en los procesos un mayor control de las posibles alternaciones y variaciones del estado del contrato, el monitoreo de sus variables sociales, económicas y culturales, y la valoración del factor social o la participación ciudadana en las licitaciones. Esta posición le apuesta también a una descentralización del poder decisorio y a la obligatoriedad de una retroalimentación al finalizar cada una de las etapas que sigue el *iter contractual público* (Cartaxo, 2018: 189-190).

En esa promoción de la resiliencia es importante resaltar la valoración socioecológica de las herramientas referenciadas, pues de esa manera la sostenibilidad es más tangible si atiende no solo al crecimiento económico controlado, sino a la promoción de la calidad de vida, al reconocimiento de los valores históricos y culturales, así como a la gestión eficiente de los recursos. Esto puede ser manifiesto al analizar el equilibrio financiero del contrato licitado desde la óptica de la flexibilización de los sistemas para acompañar las transformaciones sociales.

En tercer lugar, la incorporación de herramientas de mejora o calidad regulatoria propuestas por la OCDE, desarrolladas aún con cautela por la doctrina, aunque limitadas a los procedimientos legislativos, si se consideran instrumentos como el análisis de impacto normativo o regulatorio, la abogacía de la competencia, la valoración de una agenda regulatoria contractual, la consulta pública, etc. Se podría garantizar que la licitación o cualquier otro proceso contractual no solo fortalecerían la eficiencia y la simplificación administrativa, sino que también serían elementos normativos de control para cumplir los objetivos propuestos (Gallo y Moreno, 2019). Es importante resaltar que estas políticas de mejora regulatoria han sido desarrolladas para la adecuada planeación y ejecución de las diferentes políticas públicas trazadas en los programas de gobierno, por lo que, atendiendo a las razones expuestas, representarían un mecanismo adecuado de simbiosis entre licitaciones, sostenibilidad y políticas públicas de cara a los ODS.

Finalmente, a sabiendas de que el presente escrito representa apenas una aproximación propositiva de las herramientas orientadas hacia la garantía de los ODS mediante las licitaciones, y aún más desde un plano positivo, es necesario que exista un diálogo entre las diferentes legislaciones o proyectos de ley, claro está, sin que se convierta en una mutación de derecho extranjero sin valoración previa de las condiciones a las que se pretende aplicar la legislación, pero que oriente en cierta medida los buenos propósitos para que las legislaciones sean, por lo menos en términos contractuales, más sostenibles.

Así, en lo que se refiere a la identificación de la prueba judicial de la sostenibilidad en materia contractual, a la inclusión de la cláusula general obligatoria, a la consideración de la dignidad humana, a la eficacia directa de la sostenibilidad, a la valoración de proyectos y alternativas en lo relacionado con mecanismos tributarios, la experiencia brasilera contribuiría a la internalización de las externalidades, confiriendo cierta primacía fáctica y jurídica al bienestar de las generaciones presentes y futuras. De igual modo, cuando la propuesta española considera el valor social del trabajo dentro de la licitación, como también es manifiesto en algunos documentos y directivas de la Unión Europea, como la Estrategia Europea 2020, contribuiría a verificar la efectividad de la implementación de la sostenibilidad en las licitaciones.

Al final, como lo resalta Viera (2015), de nada vale toda una construcción retórica y hermenéutica sobre el sentido y alcance de las normas, principios y valores que componen la temática de las contrataciones públicas sostenibles, si el objetivo final no consiste en trazar o delinear un camino seguro para su efectividad. Todo el conjunto de presupuestos de equilibrio, de ecología, de tecnologías limpias, de procesos sociales, económicos y culturales, pueden en parte comenzar a ser encaminados mediante las propuestas acá expuestas.

CONSIDERACIONES FINALES

Una vez hecha la aproximación jurídica y conceptual de la sostenibilidad a partir de consideraciones teóricas y jurídicas, así como analizada de manera más explícita la incorporación del criterio de la sostenibilidad en la contratación pública, concretamente en las licitaciones, promoviendo algunas herramientas o mecanismos orientados a la incorporación de los ODS a través de este proceso de selección contractual, se hace obligatorio brindar ciertas consideraciones finales.

En primer lugar, el poder normativo de la sostenibilidad depende del estatus otorgado en los diferentes ordenamientos jurídicos, bien sea explícito o implícito, a nivel constitucional o legal. No obstante, es deseable, en términos de eficacia y en relación directa con la concreción de los fines del Estado, que su entendimiento tenga por fuente un principio, un derecho o un valor del Estado constitucional, propio de la esfera de la actuación privada y pública.

En segundo lugar, que su concepción no puede ser exclusiva de un plan ecológico o ambiental de contratación, debiendo superar también su entendimiento económico actual de producción y consumo, y valorar los criterios sociales, éticos y culturales presentes en las licitaciones. En tercer lugar, en cuanto a su aplicación, los actos administrativos contractuales deben ser cautelosos y logísticos en su motivación, optando por una actividad de gobernanza administrativa técnica, científica y de control previo y posterior, en la que, por un lado, la selección de la propuesta más ventajosa para el desarrollo sostenible instrumentalice herramientas de mejora o calidad regulatoria, relacionando en su objeto y ejecución las políticas públicas diseñadas para alcanzar los ODS, y por otro, que se incorporen programas de *compliance* a los procesos contractuales, así como reconocer, bajo la promoción de la resiliencia, un mayor control, monitoreo y valoración del entorno, y de las alteraciones y variaciones de la licitación. Finalmente, para alcanzar los ODS a través de las licitaciones, los diferentes ordenamientos podrían dialogar con otros instrumentos normativos, tales como los de la Unión Europea o tamb ién entre países.

BIBLIOGRAFÍA

AJIBADE, I. "Can a future city enhance urban resilience and sustainability? A political ecology analysis of Eko Atlantic city, Nigeria", *International Journal of Disaster Risk Reduction*, 26, 2017.

BBC (prod.). *Brumadinho: o documentário da BBC (parte 1)*, documental, Brasil, 2019, disponible en [https://www.youtube.com/watch?v=YINO2W4OUTE].

BEENOCULUS, V. (prod.). *Documentário Rio de Lama em 360º sobre a tragédia em Mariana, MG*, documental, Brasil, 2016, disponible en [https://www.youtube.com/watch?v=YoG_msiQsKU].

BERMEJO GÓMEZ DE SEGURA, R. *Del desarrollo sostenible según Brundtland a la sostenibilidad como biomimesis*, Bilbao, Universidad del País Vasco, 2014.

BIM, E. F. "Considerações sobre a juridicidade e os limites da licitação sustentável", *Fórum de Contratação e Gestão Pública (FCGP)* (108), 2010.

Breus, T. L. "Contratação Pública Estratégia: a prossecução de políticas públicas (horizontais) por meio de contratos administrativos", en D. W. Hachem, E. Gabardo y E. D. Salgado. *Direito Administrativo e suas transformações atuais*, Curitiba, Íthala, 2016.

Cartaxo, T. M. "A adaptação como mecanismo jurídico essencial na promoção do desenvolvimento sustentável", en J. J. Ruiz, V. B. Franch y F. P. Coutinho. *Desarrollo sostenible y derecho internacional*, Valencia, Tirant lo Blanch, 2018.

Carvalho, F. G.; M. A. S. O. Ferreira y T. Villac. *Guia Nacional de Licitações Sustentáveis*, Brasília, AGU, 2016.

Declaración de Johannesburgo, disponible en [https://www.un.org/spanish/esa/sustdev/WSSDsp_PD.htm].

Departamento Nacional de Planeación De Colombia. Consejo Nacional de Política Económica y Social (CONPES 3918), disponible en [https://colaboracion.dnp.gov.co/CDT/Conpes/Econ%C3%B3micos/3918.pdf].

Dotta, A. G. y R. M. Cabral. "Mínimo Existencial na Hermenêutica da Jurisprudência Brasileira Referente às Políticas Públicas Relativas ao Direito à Educação", *Revista de Estudos Constitucionais, Hermenêutica e Teoria do Direito*, 10 (2), 2018.

Estado de Minas. *Defesa Civil vai retirar 61 famílias de área de barragem em Ouro Preto*, 2020, disponible en [https://www.correiobraziliense.com.br/app/noticia/brasil/2020/04/13/interna-brasil,844180/defesa-civil-vai-retirar-61-familias-de-area-de-barragem-em-ouro-preto.shtml].

Ferreira, D *A Licitação pública no Brasil e sua nova finalidade legal: a promoção do desenvolvimento nacional sustentável*, Belo Horizonte, Fórum, 2012.

Finger, A. C. y R. B. Quetes. "Licitações e contratos administrativos sustentáveis como um instrumento de concretização da supremacia do interesse público", *A&C, Revista de Direito Administrativo & Constitucional* (57), 2014.

Finger, A. C. "Licitações sustentáveis como instrumento de política pública na concretização do direito fundamental ao meio ambiente sadio e ecologicamente equilibrado", *Revista Eurolatinoamericana de Derecho Administrativo*, 1(1), 2014, disponible em [https://doi.org/10.14409/rr.v1i1.4608].

Finger, A. C. "Licitações sustentáveis como instrumento de política pública na concretização do direito fundamental ao meio ambiente sadio e ecologicamente equilibrado", *A&C, Revista de Direito Administrativo & Constitucional* (51), 2013.

FREITAS, J. "Sustentabilidade dos contratos administrativos", *A&C, Revista de direito Administrativo e Constitucional*, 13 (52), 35-53, 2013, [http://dx.doi.org/10.21056/aec.v13i52.132].

FREITAS, J. *Sustentabilidade, direito ao futuro*, 4.ª ed., Belo Horizonte, Fórum, 2019.

FREITAS, J. "Licitações e sustentabilidade: ponderação obrigatória dos custos e benefícios sociais, ambientais e econômicos", *Revista Interesse Público (IP)*, Belo Horizonte, 13 (70), 2011, 15-35.

FRANCO, C. R. "A Ecoeficiência como Princípio Norteador das Contratações Públicas", em R. F. BACELLAR FILHO, E. GABARDO y D. W. HACHEM. *Globalização, direitos fundamentais e direito administrativo: novas perspectivas para o desenvolvimento econômico e socioambiental*, Belo Horizonte, Fórum, 2011.

GALLO, W. y L. F. MORENO. "De la simplificación administrativa a la calidad regulatoria", *Revista del Círculo de Derecho Administrativo*, Pontificia Universidad Católica del Perú, n.º 17, 2019, 246-271, disponible en [https://www.academia.edu/40551524/Simplifacio_n_Administrativa_Ferney_y_Gallo_-_RDA_17_1_].

GALLO APONTE, W. "La calidad regulatoria en el servicio público de acueducto y agua potable. Un análisis a partir de la implementación de los Objetivos de Desarrollo Sostenible (ODS)", *Revista de Direito Brasileira*, vol. 22, n.º 9, Florianópolis, 2019, disponible en [https://indexlaw.org/index.php/rdb/article/view/5162/4263], [http://dx.doi.org/10.26668/IndexLawJournals/2358-1352/2019.v22i9.5162].

GALLO APONTE, W. I. "Lecturas sobre Derecho del Medio Ambiente, t. XVIII", en M. del P. GARCÍA PACHÓN (ed.). *Responsabilidad civil y del Estado por deforestación: un análisis causal a partir de la actividad minera*, Bogotá, Universidad Externado de Colombia, 2018.

GILBERT, J. F. "Avances hacia una conceptualización del desarrollo sostenible", en J. J. RUIZ, V. B. FRANCH y F. P. COUTINHO. *Desarrollo sostenible y derecho internacional*, Valencia, Tirant lo Blanch, 2018.

GOMES, C. A. "A insustentável leveza do 'princípio do desenvolvimento sustentável'", en J. J. RUIZ, V. B. FRANCH y F. P. COUTINHO. *Desarrollo Sostenible y Derecho Internacional*, Valencia, Tirant lo Blanch, 2018.

GONÇALVES, P. C. *Reflexões sobre o Estado Regulador e o Estado Contratante*, Coimbra, Coimbra Editora, 2013.

Gorelik, A. y F. A Peixoto. *Cidades sul-americanas como arenas culturais*, São Paulo, Ediciones SESC, 2019.

Gragnani, J. *O plano para conter derrames de petróleo que não foi acionado pelo governo federal para o Nordeste*, BBC, 2019, disponible en [https://www.bbc.com/portuguese/brasil-50104828].

Hachem, D. W. "A maximização dos direitos fundamentais econômicos e sociais pela via administrativa e a promoção do desenvolvimento", *Revista de Direitos Fundamentais e Democracia*, 13 (13), 2013, 340-399.

Hachem, D. W. *Tutela administrativa efetiva dos direitos fundamentais sociais: por uma implementação espontânea, integral e igualitária*, tesis doctoral, Universidade Federal do Paraná [UFPR], Sector de Ciências Jurídicas, Programa de Pós-Graduación. Curitiba, 2014.

iG Mail. "Conheça quais são os 7 carros elétricos e híbridos disponíveis no Brasil", 2018, disponible en [https://carros.ig.com.br/2018-05-28/carros-eletricos-hibridos.html].

Junior, J. T. P "Desenvolvimento sustentável: a nova cláusula geral das contratações públicas brasileiras", *Revista Interesse Público (IP)*, Belo Horizonte, 13 (67), 2011, 65-96.

Lehtonen, M. "The environmental-social interface of sustainable development: capabilities, social capital, institutions. *Ecological Economics*, 49 (2), 199-214, disponible en [http://netedu.xauat.edu.cn/sykc/hjx/content/ckzl/2/2.pdf].

Lizzaralde, G. *The invisible houses. Re-thinking and designing low-cost housing in developing countries*, New York, Routledge, 2014.

Maciel, M. A. "Licitações públicas sustentáveis na União Europeia: caminho para o desenvolvimento sustentável", *Fórum de Direito Urbano e Ambiental [FDUA]*, a.14 (79), 2015, 35-45.

Máximo, W. *Contra COVID-19, governo gastou R$ 703,6 mi com dispensa de licitação*, Agência Brasil, 2020, disponible en [https://agenciabrasil.ebc.com.br/saude/noticia/2020-04/contra-covid-19-governo-gastou-r-7036-mi-com-dispensa-de-licitacao].

Munasinghe, M. "Environmental Economics and sustainable Development", *Environmental Paper*, n.º 3, 1993, disponible de: [http://documents.worldbank.org/curated/en/638101468740429035/pdf/multi-page.pdf].

Muñoz, J. R. A. "La cláusula del Estado Social de Derecho y los derechos fundamentales sociales", *Revista Eurolatinoamericana de Derecho Administrativo*, 2 (1), 2015, 155-183.

Nascimento, T. "Governo do RJ gasta R$ 1 bilhão em contratos sem licitação para combate à covid-19", O Globo, 2020, disponible en [https://g1.globo.com/rj/rio-de-janeiro/noticia/2020/04/10/governo-do-rj-gasta-r-1-bilhao-em-contratos-sem-licitacao-para-combate-a-covid-19.ghtml].

Nascimento, T. "Compras sustentáveis do Governo representam menos de 1% do total", Estadão, 2019, disponible en [https://economia.estadao.com.br/noticias/governanca,compras-sustentaveis-do-governo-representam-menos-de-1-do-total,70002795182#:~:text=Decreto%20em%20desenvolvimento%20pelo%20Minist%C3%A9rio,licita%C3%A7%C3%B5es%20com%20crit%C3%A9rios%20de%20sustentabilidade&text=Apenas%2002C97%25%20de%20todas,como%20sustent%C3%A1veis%20pelos%20gestores%20p%C3%BAblicos].

Niehbur, P. "As licitações sustentáveis na nova Lei de Licitações", Observatório da Nova Lei de Licitações (onll), 2019, disponible en [http://www.novaleilicitacao.com.br/2019/12/04/as-licitacoes-sustentaveis-na-nova-lei-de-licitacoes/].

Oliveira, D. A. "Das políticas de governo às políticas de estado: reflexões sobre a atual agenda educacional brasileira", *Revista Educação & Sociedade*, 32 (135), 2011, 323-337.

Programa de las Naciones Unidas para el Desarrollo [pnud]. "Objetivos de Desarrollo del Milenio", Informe 2015, 2015, disponible en [http://www.co.undp.org/content/dam/colombia/docs/odm/undp-co-odsinformedoc-2015.pdf].

Pironti, R. y M. M. Ziliotto. *Compliance nas contratações públicas: exigência e critérios normativos*, Belo Horizonte, Fórum, 2019.

Portal da Transparência. "Licitações com contratação realizada", Controladoria Geral da União [cgu], 2020, disponible en [http://www.portaltransparencia.gov.br/licitacoes?ano=2020].

Portal da Transparência. "Licitações com contratação realizada", Controladoria Geral da União [cgu], 2019, disponible en [http://www.portaltransparencia.gov.br/licitacoes?ano=2019].

Reyes, J. E. y E. R. Ballesteros. "Resiliencia Socioecológica: aportaciones y retos desde la Antropología", *Revista de Antropología Social*, 20, 2011, disponible em [https://doi.org/10.5209/rev_RASO.2011.v20.36264].

Ribeiro, F. "O Brasil está preparado para os carros elétricos?", 2019, disponible en [https://canaltech.com.br/carros/o-brasil-esta-preparado-para-os-carros-eletricos-143785/#:~:text=Antes%20de%20falarmos%20do%20que,Chevrolet%20Bolt%20e%20BMW%20i3].

Rodríguez-Arana, J. "El derecho fundamental a la buena administración en la constitución española y en la Unión Europea", *Revista Eurolatinoamericana de Derecho Administrativo*, 1 (2), 2014, 73-93.

Rodrigo, A. "La gobernanza global del desarrollo sostenible: el foro político de alto nivel sobre el desarrollo sostenible", en J. J. Ruiz, V. B. Franch y F. P. Coutinho. *Desarrollo sostenible y derecho internacional*, Valencia, Tirant lo Blanch, 2018.

Rodríguez, S. "¿Se entiende el problema de la vivienda? El déficit habitacional en discusión", 2016, disponible en [https://blogs.iadb.org/ciudades-sostenibles/es/problema-de-vivienda/].

Sen, A. *Desarrollo y libertad*, Buenos Aires, Editorial Planeta, 2000.

Shalders, A. "No desmatamento atual, Amazônia chega a 'ponto de não retorno' em até 30 anos, diz pesquisador referência sobre o clima", BBC, 2020, disponible en [https://www.bbc.com/portuguese/brasil-50468611].

Silva, F. Q. "Contratações públicas: a prova da sustentabilidade em juízo", *Interesse Público (IP)* (98), 2016, 111-121.

Tavares, N. "Quais são os carros mais baratos do Brasil?", Motor 1, 2019, disponible en [https://motor1.uol.com.br/features/179088/carros-mais-baratos-brasil/].

Valle, V. L. L. *Contratos administrativos e um novo regime jurídico de prerrogativas contratuais na Administração Pública contemporânea: da unilateralidade ao consenso e do consenso à unilateralidade na relação contratual administrativa* Belo Horizonte, Fórum, 2018.

Vieira, A. L. "As contratações públicas sustentáveis na realidade brasileira", *Revista Brasileira de Direito Público (RBDP)*, Belo Horizonte, a. 13 (48), 2015, 21-41.

LEGISLACIÓN

Asamblea General de las Naciones Unidas. Informe de la Comisión Mundial sobre el Medio Ambiente y Desarrollo, Resolución A/42/427, 4 de agosto de 1987.

Asamblea General de las Naciones Unidas. Resolución de la Asamblea General: "Cultura y desarrollo sostenible", Resolución R/70/214, 22 de diciembre de 2015.

Congreso de la República de Colombia. Ley 80 del 28 de octubre de 1993, "Por la cual se expide el Estatuto General de Contratación de la Administración Pública.

Constituição Federal do Brasil de 1988.

Constitución Política de Colombia de 1991.

Constitución Española de 1978.

Departamento de Asuntos Económicos y Sociales de las Naciones Unidas. Declaración de Johannesburgo sobre el Desarrollo Sostenible, 2 a 4 de septiembre de 2002, disponible en [https://www.un.org/spanish/esa/sustdev/WSSDsp_PD.htm].

Prefeitura Municipal de São Paulo. Lei 17260 del 12 de Dezembro de 2019, "Disciplina a licitação sustentável para a aquisição de bens, contratação de serviços ou obras pela Administração Pública Municipal direta, autárquica e fundacional, permitindo a adoção de critérios ambientalmente corretos, socialmente justos e economicamente viáveis e dá outras providências".

Presidência da República Federativa do Brasil, Lei 8666 del 21 de Junho de 1993, "Regulamenta o artículo 37, inciso XXI, da Constituição Federal, institui normas para licitações e contratos da Administração Pública e dá outras providências".

Presidência da República Federativa do Brasil. Lei 12349 del 15 de Dezembro de 2010, "Altera as Leis n.º 8.666, de 21 de Junho de 1993, 8.958, de 20 de Dezembro de 1994, e 10.973, de 2 de Dezembro de 2004; e revoga o § 10 do artigo 20 da Lei no 11.273, de 6 de Fevereiro de 2006".

JURISPRUDENCIA

Tribunal de Contas da União (TCU). Informativo de Licitações e Contratos Administrativos n.º 179 del 26 de noviembre de 2013, Acórdão n.º 8482/2013, M. Benjamin Zymler.

Tribunal de Contas da União (TCU). Informativo de Licitações e Contratos Administrativos n.º 245 del 3 de junio de 2015, Acórdão n.º 1375/2015, M. Bruno Dantas.

ÓSCAR DARÍO AMAYA NAVAS*

Los compromisos ambientales del Acuerdo de Paz

SUMARIO

Introducción. I. Los temas ambientales en el "Acuerdo final para la terminación del Conflicto y la Construcción de una Paz Estable y Duradera". A. En el preámbulo. B. En la introducción. C. En el Punto 1 del Acuerdo: "Hacia un Nuevo Campo colombiano: Reforma Rural Integral". 1. En los considerandos. 2. En los principios. a. Integralidad. b. Derecho a la alimentación. c. Desarrollo sostenible. d. Democratización del acceso y uso adecuado de la tierra. 3. En cuanto al Fondo de Tierras para la Reforma Rural Integral. 4. En cuanto a las personas beneficiarias del Fondo de Tierras para la Reforma Rural Integral. 5. En cuanto a la formalización de la pequeña y la mediana propiedad rural. 6. En cuanto a la creación de la jurisdicción agraria. 7. Creación de una comisión de expertos en políticas públicas de tierras. 8. Creación de algunos mecanismos de resolución de conflictos de tenencia y uso y de fortalecimiento de la producción alimentaria. 9. Formación y actualización del catastro e impuesto predial rural. 10. Cierre de la frontera agrícola y protección de zonas de reserva. 11. Programas de Desarrollo con Enfoque Territorial (PEDT). 12. Planes Nacionales para la Reforma Rural Integral. D. En el Punto 2 del Acuerdo: "Participación política: apertura democrática para construir la paz". 1. Política para el fortalecimiento de la planeación democrática y participativa. 2. Promoción de una cultura política democrática y participativa. 3. Promoción de la representación política de poblaciones y zonas especialmente afectadas por el conflicto y el abandono. E. En el Punto 3 del Acuerdo: "Fin del Conflicto". 1. Identificación de necesidades del proceso de reincorporación económica y social. 2. Garantías para una reincorporación económica y social sostenible. F. En el Punto 4 del Acuerdo: "Solución al Problema de las Drogas Ilícitas". 1. Desde el enfoque diferencial territorial del Programa Nacional Integral de Sustitución de Cultivos de Uso Ilícito (PNIS). 2. La importancia de la sustitución voluntaria en el Programa Nacional Integral de Sustitución de Cultivos de Uso Ilícito (PNIS). 3. La contribución del Programa Nacional Integral de Sustitución de Cultivos de Uso Ilícito (PNIS) al cierre de la frontera agrícola, a la recuperación de

* El autor agradece el material de apoyo que recibió de los abogados Jorge Andrés Castillo, Constanza Bejarano Ramos, Carolina Arias Ferreira, Leidi Huasca, Sergio Chacón, Gilberto de la Hoz Herrera y Jessica Petchalt Sabbagh, para la elaboración de este artículo.

los ecosistemas y al desarrollo sostenible. 4. El componente ambiental en los acuerdos con las comunidades. 5. Priorización ambiental de territorios con el Programa Nacional Integral de Sustitución de Cultivos de Uso Ilícito (PNIS). 6. El componente ambiental en la construcción participativa y en el desarrollo de los planes integrales comunitarios y municipales de sustitución y desarrollo alternativo (PISDA). 7. El medio ambiente en los componentes de los planes integrales de sustitución. G. En el Punto 5 del Acuerdo: "Acuerdo sobre las Víctimas del Conflicto: Sistema Integral de Verdad, Justicia, Reparación y No Repetición, incluyendo la Jurisdicción Especial para la Paz; y Compromiso sobre Derechos Humanos". 1. El esclarecimiento y la promoción de los derechos ambientales como mandato de la Comisión para el Esclarecimiento de la Verdad, la Convivencia y la No Repetición. 2. Sanciones de contenido ambiental que aplicará la Sala de reconocimiento de verdad, de responsabilidad y de determinación de los hechos y conductas. 3. La participación en programas de reparación del daño ambiental. 4. Compromiso con la promoción, el respeto y la garantía de los derechos humanos. H. En el Punto 6 del Acuerdo: "Implementación, verificación y refrendación". 1. La participación de los pueblos étnicos en materia de Reforma Rural Integral. II. Reflexiones finales: la importancia del componente ambiental en el "Acuerdo final para la terminación del Conflicto y la Construcción de una Paz Estable y Duradera". Bibliografía.

RESUMEN

El objetivo del presente artículo es determinar el alcance del componente ambiental dentro del Acuerdo de Paz suscrito entre el Gobierno de Colombia y la insurgencia de las FARC-EP en el año 2016, sobre la base de conocer que dentro de la agenda de la negociación no se incluyó expresamente ningún aspecto relacionado con el medio ambiente ni con los recursos naturales.

PALABRAS CLAVE

Acuerdo de Paz, sostenibilidad, medio ambiente, tierras, reforma rural integral.

ABSTRACT

The objective of this article is to determine the scope of the environmental component within the Peace Agreement signed between the Government of Colombia and the FARC guerrilla in 2016, recognizing that no environment or natural resources issue was expressly included.

KEYWORDS

Peace Agreement, sustainability, environment, lands, comprehensive rural reform.

INTRODUCCIÓN

Como es bien conocido, el 24 de noviembre del año 2016 el Gobierno de Colombia, en cabeza del Presidente de la República, suscribió con el grupo armado ilegal Fuerzas Armadas Revolucionarias de Colombia (FARC) el denominado "Acuerdo final para la terminación del conflicto y la construcción de una paz estable y duradera" (en adelante el Acuerdo de Paz), poniendo fin a más de cincuenta años de conflictividad social, económica y territorial en el país.

Se cerraba así un largo período de negociaciones iniciado en agosto del año 2012, el cual no estuvo exento de dificultades y contratiempos de todo tipo. Como lo recuerda Rodríguez Garavito (2017: 7), fue necesario un cuarto de siglo para que se cristalizara la aspiración pacífica de la Constitución de 1991, y será menester esperar otro tanto o más para terminar de sentar los cimientos de una sociedad menos desigual e injusta, con una verdadera paz duradera.

Con los vaivenes propios de una democracia deliberativa, y en tratándose de un tema tan conflictivo y polémico, el Acuerdo de Paz que promovió el presidente Juan Manuel Santos se circunscribió a desarrollar la siguiente agenda: Punto 1: "Hacia un Nuevo Campo colombiano: Reforma Rural Integral"; Punto 2: "Participación política: apertura democrática para construir la paz"; Punto 3: "Fin del Conflicto"; Punto 4: "Solución al Problema de las Drogas Ilícitas"; Punto 5: "Acuerdo sobre las Víctimas del Conflicto: "Sistema Integral de Verdad, Justicia, Reparación y No Repetición", incluyendo la Jurisdicción Especial para la Paz; y Compromiso sobre Derechos Humanos", y Punto 6: "Implementación, verificación y refrendación".

Sometido a los correspondientes controles de legalidad y de constitucionalidad[1], el Acuerdo de Paz se ha venido desarrollando en los tres años siguientes, conforme a la realidad política, social y económica de la Nación.

Una rápida lectura de la tabla de contenido parecería indicar que el tema ambiental no fue expresamente tenido en cuenta en las negociaciones, aunque varios de sus asuntos tienen una directa incidencia con los recursos naturales de las regiones.

El Ministerio de Ambiente y Desarrollo Sostenible y el Programa de las Naciones Unidas para el Desarrollo señalan que trabajar en la construcción de la paz en Colombia implica considerar que el nuestro es un país megadiverso, que ocupa el 0.22 % de la superficie terrestre del planeta, que alberga más del 10% de las especies conocidas actualmente y que tiene más de la mitad de la superficie total del país cubierta por bosques naturales, muchos de los cuales se encuentran bajo la categoría de reserva forestal o bajo otras figuras de ordenamiento ambiental del territorio (MADS y PNUD, 2014).

Por eso no se puede perder de vista la importancia de la variable ambiental, ni mucho menos dejar de desentrañarla en todo aquello que implique construcción de políticas públicas de corto, mediano y largo plazo.

En ese marco de referencia se presenta esta propuesta académica, en la que se analiza el componente ambiental del Acuerdo de Paz, cuáles son los compromisos ambientales, cuáles sus alcances y si se puede afirmar que la variable ambiental es uno de sus principales soportes. El presente no es un estudio respecto de su implementación ni de su cumplimiento: es una "foto" del texto original del Acuerdo, es mirar atrás y volver a considerar lo que se pactó, pero únicamente desde el punto de vista ambiental. Se trata de delimitar el alcance de los temas ambientales en el texto que finalmente se aprobó.

---

1 Al respecto se destacan el Acto Legislativo 01 del 7 de julio de 2016, por medio del cual se establecen instrumentos jurídicos para facilitar y asegurar la implementación y el desarrollo normativo del acuerdo final para la terminación del conflicto y la construcción de una paz estable y duradera, *Diario Oficial* 49.927, disponible en [http://es.presidencia.gov.co/normativa/actolegislativo001de2016; el Acto Legislativo 02 del 11 de mayo de 2017, por medio del cual se adiciona un artículo transitorio a la Constitución con el propósito de dar estabilidad y seguridad jurídica al acuerdo final para la terminación del conflicto y la construcción de una paz estable y duradera, *Diario Oficial* 50.230, disponible en [http://es.presidencia.gov.co/normativa/normativa/ActoLegislativo02de2007.pdf, y las sentencias de la Corte Constitucional, C-699 del 13 de diciembre de 2016, M. P.: María Victoria Calle Correa, expediente D-11601 y C-644 del 18 de octubre de 2017, M. P.: Diana Fajardo Rivera, expediente RDL-016.

Por esa razón el artículo tiene solo dos capítulos. En el primero, considerablemente más extenso, se escudriñan en detalle los aspectos ambientales en cada uno de los seis puntos del Acuerdo de Paz. En el segundo, casi que a manera de reflexión integral, se cierra el análisis determinando la importancia del componente ambiental en el texto final que, como se anotó, es el objetivo central de este ejercicio académico.

I. LOS TEMAS AMBIENTALES EN EL "ACUERDO FINAL PARA LA TERMINACIÓN DEL CONFLICTO Y LA CONSTRUCCIÓN DE UNA PAZ ESTABLE Y DURADERA"

Son muchas las referencias bibliográficas que enuncian los vínculos que han existido por un lado, entre los conflictos armados, y por otro, en las disputas relacionadas con los recursos naturales y el medio ambiente. Rodríguez Garavito (2017: 11) trae a colación, entre otros, a Cárdenas y Rodríguez Becerra (2004), Hanson (2009), LeBillon (2001), McNeely (2003), Rettberg, Leiteritz y Nasi (2014), Ross (2002) y la UNEP (2009).

Hanson señala que el 81% de los conflictos armados que se presentaron en el mundo entre 1950 y 2000 se dieron en zonas de alta biodiversidad y vulnerabilidad, conocidas como *hotspot*[2]; durante el mismo período, apenas 11 de los 34 puntos críticos de biodiversidad estuvieron exentos de un conflicto armado (Hanson et al., 2009)[3].

El caso de Colombia es muy particular y no ha sido ajeno al resto de conflictos del planeta. La guerra con los grupos insurgentes se desarrolló por más de cincuenta años en los territorios, con agrias disputas respecto de la propiedad y de las rentas que se derivan de los recursos naturales, con el ingrediente adicional y perturbador de los cultivos ilícitos, en medio de la crispación económica, política y social por la que atraviesa el país. Y en medio del conflicto el entorno natural con su biodiversidad recibiendo los

---

2 Hanson et al. (2009) consideran para su estudio conflictos armados en los que hayan perecido más de 1.000 personas. En su opinión, para ser considerado un foco crítico de biodiversidad, o biodiversity *hotspot*, la región debe tener al menos 1.500 plantas vasculares endémicas, y debe haber perdido el 70% o más de su cobertura vegetal original; tomado de Rodríguez Garavito (2017: 11).

3 Tomado de Rodríguez Garavito (2017: 11).

impactos negativos de esa confrontación desigual, sin cuartel. Por eso la suerte de la paz en Colombia está ligada a la suerte de los recursos naturales.

El análisis que se desarrolla a continuación permitirá determinar qué tan profunda es la incorporación de los temas ambientales en cada uno de los puntos del documento de paz.

A. EN EL PREÁMBULO

El preámbulo se refiere en tres momentos a temas directa o indirectamente relacionados con el componente ambiental. El primero, desde el punto de vista de la relación de la paz como requisito para ejercer otros derechos; el segundo, desde la arista del derecho a una tierra conservada para las futuras generaciones, y el tercero, a una expresa mención de proteger la naturaleza y el medio ambiente.

En efecto, en primer lugar se debe citar el párrafo 11 del preámbulo, en el que se señala que la paz ha venido siendo calificada universalmente como un derecho humano, y como requisito necesario para el ejercicio de todos los demás derechos y deberes de las personas y la ciudadanía, entre los cuales consideramos que se debe incluir el derecho a gozar de un ambiente sano, consagrado en el artículo 79 de la Constitución Política[4]. No puede haber paz sin un ambiente sano, y un ambiente sano es condición esencial para la paz.

El citado texto del preámbulo señala lo siguiente:

> […] Destacando que la paz ha venido siendo calificada universalmente como un derecho humano superior, y requisito necesario para el ejercicio de todos los demás derechos y deberes de las personas y el ciudadano […].

En otro sitio del preámbulo, en el párrafo 22, se hace un comentario relacionado con el derecho a tener una tierra conservada, fundamental para las "nuevas y futuras generaciones". La premisa que se promueve es la de que los jóvenes y los que todavía no han nacido deben tener acceso a tierra de calidad. El texto es el siguiente:

---

4 El artículo 79 de la Constitución Política señala: "[…] Todas las personas tienen derecho a gozar de un ambiente sano. La ley garantizará la participación de la comunidad en las decisiones que puedan afectarlo. Es deber del Estado proteger la diversidad e integridad del ambiente, conservar las áreas de especial importancia ecológica y fomentar la educación para el logro de estos fines […]".

> [...] Exaltando y consagrando la justicia prospectiva en tanto reconoce derechos fundamentales esenciales para las nuevas y futuras generaciones como son el derecho a una tierra conservada, el derecho a la preservación de la especie humana, el derecho a conocer sus orígenes e identidad, el derecho a conocer la verdad sobre los hechos acontecidos antes de su nacimiento, el derecho a la exención de responsabilidades por las acciones cometidas por las generaciones precedentes, el derecho a la preservación de la libertad de opción, y otros derechos, sin perjuicio de los derechos de las víctimas de cualquier edad o generación a la verdad, la justicia y la reparación [...].

La tercera mención es quizás la más directa, y se encuentra en el párrafo 23:

> [...] Atentos a que la nueva visión de una Colombia en paz permita alcanzar una sociedad sostenible, unida en la diversidad, fundada no solo en el culto de los derechos humanos sino en la tolerancia mutua, en la protección del medio ambiente, en el respeto a la naturaleza, sus recursos renovables y no renovables y su biodiversidad [...].

En este último punto del preámbulo se pone el énfasis en lo importante que es proteger el medio ambiente, y respetar la naturaleza, los recursos renovables, no renovables y la biodiversidad, en un nuevo escenario de paz con sostenibilidad para la sociedad colombiana. Todo un desafío.

B. EN LA INTRODUCCIÓN

Por su parte, la Introducción del Acuerdo de Paz se refiere a las motivaciones principales que llevaron a su celebración, a recordar el marco histórico del largo conflicto que se llevó a cabo en el territorio colombiano y a la necesidad de poner fin a esa larga confrontación.

El párrafo 5.º de la Introducción es fundamental para entender la integralidad del Acuerdo de Paz, y, por supuesto, la importancia del componente ambiental a través del denominado "enfoque territorial". Junto con el enfoque diferencial y el de género, el territorio es también fundamental para una adecuada y justa implementación del Acuerdo. Dicho párrafo es del siguiente tenor literal:

> [...] El Acuerdo está compuesto de una serie de acuerdos, que sin embargo constituyen un todo indisoluble, porque están permeados por un mismo enfoque de derechos, para que las medidas aquí acordadas contribuyan a la materialización de

los derechos constitucionales de los colombianos y colombianas. El Acuerdo final reconoce, sin discriminación alguna, la primacía de los derechos inalienables de la persona como fundamento para la convivencia en el ámbito público y privado, y a la familia como núcleo fundamental de la sociedad y los derechos de sus integrantes. La implementación del Acuerdo deberá regirse por el reconocimiento de la igualdad y protección del pluralismo de la sociedad colombiana, sin ninguna discriminación. En la implementación se garantizarán las condiciones para que la igualdad sea real y efectiva y se adoptarán medidas afirmativas a favor de grupos discriminados o marginados, teniendo en cuenta el enfoque territorial, diferencial y de género [...].

También en la Introducción, pero en el párrafo 6.º, se desarrolla el precitado enfoque territorial señalando que se debe garantizar la sostenibilidad socioambiental, con un alto ingrediente de participación ciudadana. Debe señalarse que el concepto de "sostenibilidad socioambiental" no está definido en el Acuerdo, cosa distinta a lo que ocurre con el de "desarrollo sostenible". Se trata de una confusión conceptual que no ayuda para la interpretación del texto y de los objetivos del documento. El párrafo señala lo siguiente:

> [...] El enfoque territorial del Acuerdo supone reconocer y tener en cuenta las necesidades, características y particularidades económicas, culturales y sociales de los territorios y las comunidades, garantizando la sostenibilidad socio-ambiental; y procurar implementar las diversas medidas de manera integral y coordinada, con la participación activa de la ciudadanía. La implementación se hará desde las regiones y con la participación de las autoridades territoriales y los diferentes sectores de la sociedad [...].

Aunque es loable el reconocimiento de las particularidades de cada territorio, y la insistencia en privilegiar la participación ciudadana, no es clara la forma en que se va a garantizar la "sostenibilidad socio-ambiental" de los mismos.

C. EN EL PUNTO I DEL ACUERDO: "HACIA UN NUEVO CAMPO COLOMBIANO: REFORMA RURAL INTEGRAL"

Sobre la base de proponer una transformación estructural del campo, primera gran preocupación del Acuerdo de Paz con la insurgencia, el Punto I se ocupa de los aspectos rurales y agrarios de la conflictividad colombiana, y para solucionarla propone llevar a cabo una "Reforma Rural Integral" (RRI), con importantes elementos de tipo ambiental[5].

La RRI es uno de los puntos fundamentales para la reivindicación de los campesinos colombianos y la protección de sus derechos fundamentales.

En este primer punto del Acuerdo el componente ambiental está presente en varios de los aspectos convenidos:

1. EN LOS CONSIDERANDOS

En el Considerando 11 se pone el énfasis en el ordenamiento socioambiental sostenible, como un elemento esencial de la transformación estructural del campo y del cierre de la frontera agrícola:

> [...] Que la transformación estructural del campo y en particular al cierre de la frontera agrícola, contribuyen los campesinos, las campesinas y las comunidades indígenas, negras, afrodescendientes, raizales y palenqueras y demás comunidades étnicas en sus territorios, con un ordenamiento socio-ambiental sostenible. Para ello es necesario el reconocimiento y apoyo a las Zonas de Reserva Campesina (ZRC) y demás formas de asociatividad solidaria [...].

Aquí lo que se menciona es que si se pretende adelantar una transformación profunda del campo se deben tener en cuenta todos los grupos sociales identificados, y debe ser un ejercicio que se adelante con base en un ordenamiento socioambiental sostenible. Y para adelantar esa labor se deben tener en cuenta las Zonas de Reserva Campesinas[6] y las otras formas asociativas rurales.

---

5 Dentro de este punto del Acuerdo se identifica que el desarrollo agrario integral es determinante para impulsar la integración de las regiones y el crecimiento social y económico del país, razón por la cual esta temática se aborda desde seis ejes fundamentales: i) acceso y uso de la tierra, tierras improductivas, formalización de la propiedad, frontera agrícola y protección de zonas de reserva; ii) programas de desarrollo con enfoque territorial; iii) infraestructura y adecuación de tierras; iv) desarrollo social: salud, educación, vivienda y erradicación de la pobreza; v) estímulo a la producción agropecuaria y a la economía solidaria y cooperativa, asistencia técnica, subsidios, crédito, generación de ingresos, mercadeo y formalización laboral, y vi) un sistema de seguridad alimentaria (CORREA MEDINA, 2017).

6 El artículo 80 de la Ley 160 de 1994, "Por la cual se crea el Sistema Nacional de Reforma Agraria y Desarrollo Rural Campesino, se establece un subsidio para la adquisición de tierras, se reforma el Instituto Colombiano de la Reforma Agraria y se dictan otras disposiciones", señala que las Zonas de Reserva Campesina (ZRC) son área geográficas que requieren de regulación, limitación y ordenamiento de la propiedad o tenencia de terrenos rurales, con el propósito de fomentar y estabilizar la economía campesina, superar las causas de los graves conflictos sociales que las

Por su parte, el Considerando 13 pone de presente que los planes y programas convenidos para lograr una verdadera RRI deben considerar las particularidades del territorio, tener en cuenta a las mujeres, y a los grupos vulnerables, garantizando en todo caso la sostenibilidad socioambiental. Se resalta acá la importancia del modelo de sostenibilidad social y ambiental como marco de referencia para el logro de la RRI.

El texto del citado considerando es como sigue:

> [...] Que los planes y programas acordados como parte de la RRI deben tener un enfoque territorial, diferencial y de género que implica reconocer y tener en cuenta las necesidades, características y particularidades económicas, culturales y sociales de los territorios, de las mujeres en todo su ciclo vital, de las comunidades rurales y de grupos en condiciones de vulnerabilidad, garantizando la sostenibilidad socio-ambiental [...].

En términos generales se pretenden varios objetivos: i) que las comunidades participen, dentro de sus territorios, con un esquema de ordenamiento ambientalmente sostenible, apoyando escenarios como las denominadas ZRC y demás modelos de asociatividad solidaria, y ii) que todos esos planes y programas deben aplicar un enfoque territorial, diferencial y de género para reconocer y tener en cuenta las particularidades de los territorios, de sus mujeres, de las comunidades rurales, garantizando un esquema de sostenibilidad socioambiental.

2. EN LOS PRINCIPIOS

Para la implementación de lo acordado en el punto 1.º del Acuerdo de Paz, esto es, lograr el objetivo de un nuevo campo colombiano a través de una RRI, se incorporaron catorce principios en los siguientes temas, algunos de ellos con un importante contenido ambiental: transformación estructural, desarrollo integral del campo, igualdad y enfoque de género, bienestar y buen vivir, priorización de la política de desarrollo agrario integral, integralidad, restablecimiento de los derechos de las víctimas, regularización de la propiedad, derecho a la alimentación, participación de las comunidades,

---

afectan y crear las condiciones para el logro de los propósitos señalados en el Acuerdo 024 de 1996, siendo competencia de la Agencia Nacional de Tierras su delimitación y constitución.

beneficio, impacto y medición, desarrollo sostenible, presencia del Estado, y democratización del acceso y uso adecuado de la tierra.

Los principios que tienen una lectura desde lo ambiental son los siguientes:

a. INTEGRALIDAD

El principio 6.º vincula la productividad agraria con temas como el acceso efectivo a la tierra, la innovación, la ciencia y la tecnología, la asistencia técnica, el crédito, el riego y la comercialización, entre otros. El citado principio señala lo siguiente:

> [...] Integralidad: asegura la productividad, mediante programas que acompañen el acceso efectivo a la tierra, con innovación, ciencia y tecnología, asistencia técnica, crédito, riego y comercialización y con otros medios de producción que permitan agregar valor. También asegura oportunidades de buen vivir que se derivan del acceso a bienes públicos como salud, vivienda, educación, infraestructura y conectividad y de medidas para garantizar una alimentación sana, adecuada y sostenible para toda la población [...].

Se trata de mejorar la productividad de la tierra con un manejo integral, esto es, teniendo en cuenta temas de acceso efectivo al preciado bien, con aportes tecnológicos, con asistencia técnica, con crédito suficiente y adecuado, con apoyo en materia de riego (distritos de riego, acceso a agua de calidad para los cultivos, etc.), todo lo anterior con esquemas de comercialización que consulten la realidad de las regiones y con otro tipo de apoyos que permitan agregar valor a los productos del campo. Lo anterior supone, desde el punto de vista ambiental, la planificación, la cuantificación, y el uso adecuado y racional de los recursos naturales para la producción de alimentos.

b. DERECHO A LA ALIMENTACIÓN

El 9.º principio del punto 1 del Acuerdo de Paz busca asegurar progresivamente el acceso de todas las personas a una alimentación sana y adecuada, y que los alimentos sean el producto de sistemas sostenibles, esto es, con un modelo racional de uso de los recursos naturales. Este principio señala lo siguiente:

> [...] Derecho a la alimentación: la política de desarrollo agrario integral debe estar orientada a asegurar progresivamente que todas las personas tengan acceso a una alimentación sana y adecuada y que los alimentos se produzcan bajo sistemas sostenibles [...].

Se trata de un principio que debe ser analizado e interpretado en consonancia con el concepto de derecho a la seguridad alimentaria, que en Colombia está consagrado en el artículo 65 de la Constitución Política[7], y que se da cuando las personas pueden acceder a alimentos seguros, nutritivos y en la cantidad suficiente para atender sus requerimientos individuales y poder adelantar una vida activa, productiva y saludable. La seguridad alimentaria guarda directa relación con la disponibilidad, la estabilidad y la accesibilidad a las reservas de alimentos.

C. DESARROLLO SOSTENIBLE

Con un inocultable sentido de precariedad se enuncia en materia de principios el del desarrollo sostenible, consagrado en el artículo 80 de la Constitución Política[8], pero referido, para los efectos del Acuerdo, a que la RRI debe ser ambiental y socialmente sostenible, con un énfasis prioritario en la protección y promoción del acceso al agua, dentro de lo que se entiende como "una concepción ordenada del territorio".

Este principio está consagrado así en el Acuerdo de Paz:

> [...] Desarrollo sostenible: es decir, es ambiental y socialmente sostenible y requiere de la protección y promoción del acceso al agua, dentro de una concepción ordenada del territorio [...].

---

7 El artículo 65 de la Constitución Política establece: "[...] La producción de alimentos gozará de la especial protección del Estado. Para tal efecto, se otorgará prioridad al desarrollo integral de las actividades agrícolas, pecuarias, pesqueras, forestales y agroindustriales, así como también a la construcción de obras de infraestructura física y adecuación de tierras. De igual manera, el Estado promoverá la investigación y la transferencia de tecnología para la producción de alimentos y materias primas de origen agropecuario, con el propósito de incrementar la productividad [...].

8 Por su parte, el artículo 80 de la Constitución Política señala: "[...] El Estado planificará el manejo y aprovechamiento de los recursos naturales, para garantizar su desarrollo sostenible, su conservación, restauración o sustitución. Además, deberá prevenir y controlar los factores de deterioro ambiental, imponer las sanciones legales y exigir la reparación de los daños causados. Así mismo, cooperará con otras naciones en la protección de los ecosistemas situados en las zonas fronterizas [...]".

En cuanto a los catorce principios que se incorporan para la implementación de la RRI, sobresale positivamente el de desarrollo sostenible, pero se lamenta su precaria consagración conceptual como quiera que solo se hace extensivo a la protección y promoción del acceso al agua, dentro de una concepción ordenada del territorio. Sin dejar de reconocer que se trata de un aspecto novedoso, no se puede dejar de afirmar que se perdió la oportunidad para profundizar en una verdadera reforma agraria con un alto componente integral de desarrollo sostenible.

d. DEMOCRATIZACIÓN DEL ACCESO Y USO ADECUADO DE LA TIERRA

El principio 14 pone el énfasis en la necesidad de que el mayor número de hombres y mujeres del campo puedan acceder a la tierra con criterios de sostenibilidad ambiental, de vocación del suelo, de ordenamiento territorial y de participación de las comunidades.

En consecuencia, se trata de democratizar el acceso a la tierra, pero con vocación de uso adecuado, esto es, de racionalidad, de sostenibilidad ambiental. Por consiguiente este principio supone facilitar las condiciones para que la tierra a la que se accede tenga las condiciones mínimas, desde lo ambiental, para su adecuada utilización: agua accesible y de calidad, esquema de ordenamiento territorial compatible, instrumentos de control ambiental en regla (licencias, permisos o trámites), entre otros elementos.

El principio está consagrado así:

> [...] Democratización del acceso y uso adecuado de la tierra: mecanismos y garantías que permitan que el mayor número posible de hombres y mujeres habitantes del campo sin tierra o con tierra insuficiente puedan acceder a ella y que incentiven el uso adecuado de la tierra con criterios de sostenibilidad ambiental, de vocación del suelo, de ordenamiento territorial y de participación de las comunidades. Con este propósito y de conformidad con lo acordado en el punto 1.1.1 Fondo de Tierras para la RRI (3 millones de hectáreas) y en el punto 1.1.5 Formalización masiva de la Propiedad Rural (7 millones de hectáreas), durante los próximos 12 años habrá una extensión objeto de la Reforma Rural Integral de 10 millones de hectáreas. En todo caso la meta de formalización se cumplirá dentro de los primeros 10 años y la formalización en los PEDT dentro de los próximos 7 años [...].

Este principio promueve una utilización sostenible de los recursos naturales, el reconocimiento de la verdadera vocación del suelo, la identificación con el ordenamiento del territorio y la participación de las comunidades en las decisiones que las puedan afectar. El principio de la democratización del acceso y uso adecuado de la tierra está complementado con unas metas concretas para el Fondo de Tierras y para la tarea de formalización masiva de la propiedad rural.

3. EN CUANTO AL FONDO DE TIERRAS PARA LA REFORMA RURAL INTEGRAL

A propósito del tema de acceso y uso de la tierra el Acuerdo de Paz dispuso la creación de un Fondo de Tierras de distribución equitativa (punto 1.1.1), con carácter permanente y con una capacidad de 3 millones de hectáreas durante los primeros 12 años. Todo ese esfuerzo con el fin de promover un esquema participativo de democratización del acceso a la tierra, en beneficio de los campesinos sin tierra o con tierra insuficiente, así como de las comunidades afectadas por la miseria, el abandono y el conflicto en sí mismo.

Como se verá a continuación, algunas de las tierras que constituirán este fondo tienen particularidades de contenido ambiental. En términos generales, señala el Acuerdo, estas tierras provendrán de las siguientes fuentes:

a) Tierras provenientes de la extinción judicial a favor de la Nación.

b) Tierras recuperadas a favor de la Nación. Esto es, baldíos indebidamente apropiados u ocupados, recuperados mediante procesos agrarios, sin perjuicio de los campesinos y las campesinas que puedan ser beneficiarios del programa de formalización.

c) Tierras provenientes de la actualización, delimitación y fortalecimiento de la Reserva Forestal, con destino a los beneficiarios y beneficiarias del Fondo de Tierras. La sustracción de tierras mediante este mecanismo estará condicionada a la formulación, con la participación de las comunidades, de planes que garanticen sostenibilidad social y ambiental.

d) Tierras inexplotadas. Se trata de tierras recuperadas mediante la aplicación del actual procedimiento de extinción administrativa de dominio, por incumplimiento de la función social y ecológica de la propiedad.

e) Tierras adquiridas o expropiadas por motivos de interés social o de utilidad pública, adquiridas para promover el acceso a la propiedad rural, con la correspondiente indemnización.

f) Tierras donadas. Para estos efectos, el Gobierno Nacional adelantará las gestiones necesarias para facilitar los procedimientos de donación de tierras al Fondo de Tierras, en el marco de la terminación del conflicto y de la construcción de la paz.

Este mecanismo busca reunir tierras que han tenido problemas judiciales, una mala utilización, que resultan de procesos administrativos particulares o que no han cumplido con una función social y ecológica, entre otras particularidades, para que sean destinadas como "cuota inicial" para un programa de reforma rural hacia el futuro.

Mediante el Decreto ley 902 del 29 de mayo del año 2017 el Gobierno Nacional adoptó medidas para facilitar la implementación de la RRI contemplada en el Acuerdo Final en materia de tierras, específicamente el procedimiento para el acceso y formalización a dicho fondo[9]. En sus artículos 18 a 24 reglamentó la creación del fondo.

4. EN CUANTO A LAS PERSONAS BENEFICIARIAS DEL FONDO DE TIERRAS PARA LA REFORMA RURAL INTEGRAL

El punto 1.1.3 del Acuerdo de Paz establece que los beneficiarios y las beneficiarias del plan de adjudicación gratuita y del subsidio integral y el crédito especial previsto para el Fondo de Tierras, serán trabajadores y trabajadoras con vocación agraria sin tierra o con tierra insuficiente, dando prioridad a la población rural victimizada, incluyendo sus asociaciones de víctimas, las mujeres rurales, las mujeres cabeza de familia y la población desplazada.

Dispone el Acuerdo que también podrán ser beneficiarias asociaciones de trabajadores y trabajadoras con vocación agraria sin tierra o con tierra insuficiente, así como personas y comunidades que participen en programas

---

9 Decreto Ley 902 del 29 de mayo del año 2017, "Por el cual se adoptan medidas para facilitar la implementación de la Reforma Rural Integral contemplada en el Acuerdo Final en materia de tierras, específicamente el procedimiento para el acceso y formalización y el Fondo de Tierras".

de asentamiento y reasentamiento con el fin, entre otros, de proteger el medio ambiente, sustituir cultivos ilícitos y fortalecer la producción alimentaria.

Lo que vale la pena destacar acá, a propósito de los temas ambientales, es que serán beneficiarias de las tierras de este fondo aquellas personas que estén catalogadas como protectoras del medio ambiente en las regiones, gestión que se debe celebrar por su importancia ecosistémica y social en beneficio de grupos de personas que entienden la importancia de los recursos naturales y que asumen tareas desinteresadas por su conservación.

5. EN CUANTO A LA FORMALIZACIÓN DE LA PEQUEÑA Y LA MEDIANA PROPIEDAD RURAL

El numeral 1.1.5 del Acuerdo de Paz señala que con el propósito de regularizar y proteger los derechos de la pequeña y mediana propiedad rural, esto es, de garantizar los derechos de las personas que sean legítimas dueñas y poseedoras de la tierra, de manera que no se vuelva a recurrir a la violencia para resolver los conflictos relacionados con ella y como garantía contra el despojo de cualquier tipo, el Gobierno Nacional tiene la tarea de formalizar progresivamente todos los predios que ocupa o posee la población campesina. Y se pone como tarea la formalización de 7 millones de hectáreas de pequeña y mediana propiedad rural, priorizando áreas como las relacionadas con los Programas de Desarrollo con Enfoque Territorial (PEDT), las Zonas de Reserva Campesina, y, otras que el mismo Gobierno Nacional defina[10].

---

10 Precisamente para apoyar el desarrollo de estas ambiciosas tareas, el Acuerdo de Paz dispone la ejecución de estas otras actividades: i) se adecuará un plan de formalización masiva y se adelantarán las reformas normativas y operativas pertinentes garantizando la participación de las comunidades y de sus organizaciones; este plan deberá contar con medidas específicas para superar las dificultades que las mujeres rurales han afrontado para la formalización de la propiedad; ii) se garantizará la gratuidad de la formalización de la pequeña propiedad rural, acompañando tanto el proceso de adjudicación de baldíos, como el de saneamiento de la propiedad, y iii) en el caso de que la propiedad formalizada sea inferior a una Unidad Agrícola Familiar (UAF), el Acuerdo dispone que el pequeño propietario y propietaria formalizados podrán también beneficiarse del plan de acceso del Fondo de Tierras, así como de los mecanismos alternativos establecidos para la compra (crédito y subsidio) y de esta forma contribuir a superar la proliferación de minifundios improductivos.

6. EN CUANTO A LA CREACIÓN DE LA JURISDICCIÓN AGRARIA

A propósito del tema de la formalización masiva de la pequeña y mediana propiedad rural, el punto 1.1.5 del Acuerdo Final señala que se debe crear una jurisdicción agraria, así:

> [...]...en el marco de la jurisdicción agraria que se cree, el Gobierno se asegurará de la existencia de un recurso ágil y expedito para la protección de los derechos de propiedad [...].

Dentro del tema de mecanismos de resolución de conflictos de tenencia y uso y de fortalecimiento de la producción alimentaria (1.1.8), también se hace una referencia a la jurisdicción agraria. Efectivamente, el acápite anotado señala que con el propósito de contribuir a la regularización y protección de los derechos de propiedad, promover el uso adecuado de la tierra, mejorar su planificación y ordenamiento, prevenir y mitigar los conflictos de uso y tenencia, y en particular solucionar los conflictos que amenacen o limiten la producción de alimentos, el Gobierno Nacional tiene la obligación de poner en marcha una nueva jurisdicción agraria:

> [...] Algunos mecanismos de resolución de conflictos de tenencia y uso y fortalecimiento de la producción alimentaria: con el propósito de contribuir en la regularización y protección de los derechos de propiedad, promover el uso adecuado de la tierra, mejorar su planificación y ordenamiento, prevenir y mitigar los conflictos de uso y tenencia, y en particular solucionar los conflictos que amenacen o limiten la producción de alimentos, el Gobierno Nacional:
>
> – Creará mecanismos ágiles y eficaces de conciliación y resolución de conflictos de uso y tenencia de la tierra, que tengan como propósito garantizar la protección efectiva de los derechos de propiedad en el campo; resolver los conflictos relacionados con los derechos de tenencia y uso de la tierra; y, en general, promover la regularización de la propiedad rural, incluyendo mecanismos tradicionales y la intervención participativa de las comunidades en la resolución de conflictos. Además, pondrá en marcha con igual propósito, una nueva jurisdicción agraria que tenga una adecuada cobertura y capacidad en el territorio, con énfasis en las zonas priorizadas, y con mecanismos que garanticen un acceso a la justicia que sea ágil y oportuno para la población rural en situación de pobreza, con asesoría legal y formación especial para las mujeres sobre sus derechos y el acceso a la justicia y con medidas específicas para superar las barreras que dificultan el reconocimiento

> y protección de los derechos de las mujeres sobre la tierra. Se promoverá la participación de las mujeres y sus organizaciones en los diferentes espacios que se creen par la conciliación y resolución de conflictos sobre uso y tenencia de la tierra [...].

Aunque se trata de un tema de gran importancia para el país, el desarrollo conceptual de la jurisdicción agraria en el Acuerdo de Paz es precario e insuficiente. Como se verá a continuación, en varias ocasiones el país ha intentado sin éxito incorporar la jurisdicción agraria dentro del sistema judicial del país, y múltiples factores lo han impedido:

a) Ley 200 del 30 de diciembre de 1936, sobre régimen de tierras. La jurisdicción agraria debe ser estudiada históricamente a partir de los artículos 25 a 32 de esta ley, que dispuso la creación de los llamados "jueces de tierras", encargados de conocer privativamente en primera instancia las demandas que se promovieran en ejercicio de las acciones consagradas en dicha ley. La institución de esos jueces es antecesora de los jueces agrarios que serían instituidos 53 años después.

b) Ley 4.ª del 27 de febrero de 1943, sobre seguridad rural. Mediante esta ley se suprimieron los juzgados de tierras, como una manera de atender la reacción de los propietarios rurales contra la legislación agraria con el argumento de que no se justificaba su existencia por el mínimo volumen de trabajo que representaba la tramitación de solo dos acciones: lanzamiento por ocupación de hecho y las posesorias.

c) Decreto 291 de la Junta Militar de Gobierno del 8 de noviembre de 1957, "Por el cual se dictan normas procedimentales sobre problemas relativos a predios rurales". Esta norma sustrajo el tema de los predios rurales del conocimiento de la justicia civil para asignársela a los jueces del trabajo, con el argumento de que en esos debates había aspectos sociales y económicos, y que dichos jueces eran los más apropiados para dirimir la aplicación de las leyes sociales, como estaban haciendo con los temas de contenido laboral.

d) Decreto 1819 del 17 de julio de 1964, "Por el cual se modifican y adicionan los Decretos 528 y 1358 de 1964 y se dictan otras disposiciones. Este decreto permitió que fuera devuelta la competencia de los temas rurales a los jueces civiles.

e) Ley 4.ª del 29 de marzo de 1973, "Por la cual se introducen modificaciones a las Leyes 200 de 1936, 135 de 1961 y 1.ª de 1968. Se establecen disposiciones sobre renta presuntiva, se crea la Sala Agraria en el Consejo de Estado y se dictan otras disposiciones". Mediante esta ley se facultó al

Presidente de la República para crear e integrar, dentro del plazo de un año, una Sala Agraria en el Consejo de Estado, lo que nunca se llevó a cabo.

f) Ley 30 del 9 de octubre de 1987, "Por la cual se confieren unas facultades extraordinarias y se dictan otras disposiciones". Es esta una ley de facultades para reorganizar la administración de justicia en el país, dentro de las cuales sobresale la de "crear y organizar la jurisdicción agraria". En ese marco de referencia se dispuso la integración de una subcomisión encargada de preparar el asunto, y como resultado se expidió el Decreto 2303 del 7 de octubre de 1989, que se explicará adelante.

g) Ley 30 del 18 de marzo de 1988, "Por la cual se modifican y adicionan las Leyes 135 de 1961, 1.ª de 1968 y 4.ª de 1973 y se otorgan unas facultades al presidente de la República". Mediante esta ley se dispuso la creación de una sección de asuntos agrarios en la Sala de lo Contencioso Administrativo del Consejo de Estado, integrada por cuatro consejeros, así como también la creación de dos plazas de magistrados adicionales en los tribunales seccionales de esa jurisdicción, todos ellos para conocer de las acciones contra actos administrativos expedidos por el Ministerio de Agricultura, los establecimientos públicos del sector y el INCORA. Esta reforma tampoco se puso en práctica.

h) Decreto 2303 del 7 de octubre de 1989, "Por el cual se crea y organiza la jurisdicción agraria". Hay que señalar que fue a partir de esta norma que se comenzó a hablar de una verdadera jurisdicción agraria en el país. El decreto dispuso la organización de esta especialidad dentro de la jurisdicción ordinaria, conformada por 23 salas agrarias en los Tribunales de Distrito Judicial, por 115 juzgados agrarios y por la Sala de Casación Civil y Agraria de la Corte Suprema de Justicia. El decreto contempló, entre otros aspectos, los procesos de conocimiento de esa jurisdicción, las facultades de los jueces y magistrados agrarios, la participación del Ministerio Público, las reglas y principios de la jurisdicción, las normas de conciliación en materia agraria, los aspectos probatorios y procesales, y los recursos que se aplican. Del tema institucional solo se cumplió con la creación de las salas agrarias de los tribunales de Antioquia y Cundinamarca, con tres magistrados cada una, de tres juzgados agrarios en Antioquia y con la asignación de funciones agrarias a la Sala de Casación Civil de la Corte Suprema de Justicia.

i) Ley 270 del 7 de marzo de 1996, Estatutaria de la Administración de Justicia Esta norma dispuso suspender transitoriamente las labores de los pocos juzgados agrarios que existían en el país y pasó el conocimiento de los asuntos que venían tramitando a los jueces civiles del circuito. Además, fijó un plazo de dos años para que entrara en funcionamiento definitivo la jurisdicción de todas las salas agrarias y los juzgados agrarios correspondientes. No obstante la claridad de estas disposiciones, el Gobierno Nacional nunca asignó los recursos a la rama judicial para la creación de esos despachos judiciales especializados.

j) Ley 1564 del 12 de julio de 2012, "Por medio de la cual se expide el Código General del Proceso y se dictan otras disposiciones". El Código General del Proceso "sepultó" la idea de una jurisdicción agraria especializada al asignarle a los jueces civiles municipales, a los jueces civiles del circuito y a las salas civiles de los tribunales superiores el conocimiento de los procesos "originados en relaciones de naturaleza agraria", en primera y en segunda instancia.

Como se ha analizado, han sido en vano los múltiples esfuerzos para crear una jurisdicción agraria en el país. Precisamente con el propósito de cumplir el Acuerdo de Paz, y a su vez dar lectura a su alto componente ambiental, somos partidarios de proponer para el país la creación de una Especialidad Agraria y Ambiental, tanto en la jurisdicción contencioso administrativa como en la ordinaria. Es una propuesta más sencilla, más económica, y quizás más aterrizada en la realidad en la medida en que buena parte de la litigiosidad agraria y rural del país tiene mucho de ambiental, razones que se fortalecen en Colombia, desde lo ambiental, con la pandemia del COVID 19 que durante el año 2020 azotó al país y al mundo, así como con la aprobación del Gobierno Nacional del Acuerdo de Escazú, que en uno de sus postulados se refiere a la justicia ambiental.

7. CREACIÓN DE UNA COMISIÓN DE EXPERTOS EN POLÍTICAS PÚBLICAS DE TIERRAS

Con el ánimo de ahondar en las recomendaciones de reformas normativas y de políticas públicas que redunden en seguridad jurídica respecto de la tenencia o la propiedad de la tierra, el Acuerdo de Paz propone la conformación de una comisión de tres expertos con una agenda ya definida: i) regularizar los derechos de propiedad de los propietarios, ocupantes y poseedores de buena fe, siempre que no haya despojo o mala fe; ii) garantizar la función social y ecológica de la propiedad; iii) facilitar el acceso a los trabajadores y trabajadoras sin tierra o con tierra insuficiente, y iv) promover el uso productivo de la tierra.

8. CREACIÓN DE ALGUNOS MECANISMOS DE RESOLUCIÓN DE CONFLICTOS DE TENENCIA Y USO Y DE FORTALECIMIENTO DE LA PRODUCCIÓN ALIMENTARIA

A la par con el establecimiento de una nueva jurisdicción agraria, y la creación de algunos mecanismos para la resolución de conflictos relacionados con la tenencia y uso de la tierra, se ordenó la creación de una instancia de alto nivel en el marco de las competencias del Gobierno Nacional para la formulación de lineamientos generales orientados a una planeación indicativa del uso de la tierra a fin de coordinar, articular y armonizar las políticas sectoriales, atendiendo a las características de su vocación, el bien común y las visiones territoriales de desarrollo rural construidas en el marco de las instancias de participación de forma que cuenten con representación equitativa de hombres y mujeres, y de las autoridades territoriales. En el diseño de los lineamientos se deben tener en cuenta, entre otros aspectos, la sostenibilidad socioambiental, la conservación de los recursos hídricos y la biodiversidad, así como la compatibilidad entre la vocación y el uso del suelo rural.

El Acuerdo planteó dos estrategias en materia de resolución de conflictos sobre tenencia y uso de la tierra para fortalecer la producción alimentaria: en primer lugar, promover el uso efectivo de los espacios de participación y de decisión en la planificación de los usos del suelo rural y el ordenamiento del territorio, y en segundo lugar, crear mecanismos de concertación y diálogo social entre el Gobierno Nacional y las comunidades indígenas, negras, afrodescendientes, raizales y palenqueras para impulsar una agenda de desarrollo común enfocada en la sostenibilidad socioambiental, el bienestar de los pobladores rurales y el crecimiento económico con equidad.

9. FORMACIÓN Y ACTUALIZACIÓN DEL CATASTRO E IMPUESTO PREDIAL RURAL

Entre los temas más importantes que aborda el Acuerdo Final en materia de tierras y de problemática rural están el catastro y el impuesto predial. De acuerdo con el punto 1.1.9, con el propósito de propiciar el uso adecuado, productivo y sostenible de la tierra, crear un sistema de información que sirva para la promoción del desarrollo agrario integral, incrementar el recaudo efectivo de los municipios y la inversión social, así como estimular la desconcentración de la propiedad rural improductiva, y regularizar con transparencia la propiedad de la tierra, el Gobierno Nacional debe poner en marcha los siguientes instrumentos:

a) Un sistema general de información catastral, integral y multipropósito, que en un plazo máximo de siete años concrete la formación y actualización del catastro rural, vincule el registro de inmuebles rurales y se ejecute en el marco de la autonomía municipal. El Acuerdo señala que en desarrollo de los principios de priorización, y de bienestar y buen vivir, este catastro debe producir resultados en las zonas priorizadas, en el marco de lo que acuerden las partes que lo suscribieron.

b) Apoyo técnico, administrativo y financiero a los municipios donde sea necesario para la formación, actualización y conservación del catastro rural.

c) La garantía de una amplia y efectiva participación ciudadana que vele por la transparencia de la información. En ningún caso se afectarán los derechos adquiridos por las comunidades indígenas y afrodescendientes y demás comunidades rurales.

d) Un sistema para que los municipios liquiden, cobren, y recauden efectivamente el impuesto predial, en desarrollo de la actualización catastral y dentro del marco de su autonomía.

e) La adecuación de una normatividad para que los municipios fijen las tarifas del impuesto predial en desarrollo del principio de progresividad (el que más tiene más paga), fundamentado en la equidad y en la justicia social.

f) Incentivos a los municipios incluyendo, cuando sea necesario, transferencias a las finanzas municipales, para que adopten exenciones al impuesto predial para las personas beneficiarias de los programas de acceso y para los pequeños productores.

Para los firmantes del Acuerdo son claros los objetivos que se pretende alcanzar con el proceso de formación y de actualización del catastro: i) obtener el mejoramiento sostenible de la información y de los procesos catastrales; ii) dar seguridad jurídica y social, especialmente a la pequeña y mediana propiedad rural; iii) beneficiar la producción alimentaria, y iv) promover el equilibrio ambiental.

El proceso de formación y de actualización del catastro, tal y como lo concibe el Acuerdo de Paz, es mucho más que un proceso administrativo y gerencial de mejoramiento de la información predial; es, también, un proceso para promover un equilibrado manejo de la información ambiental, siempre en beneficio de la pequeña y mediana propiedad rural, así como para beneficiar y mejorar la producción de alimentos.

Matiz Sánchez (2018: 251) recuerda que a través del catastro rural multipropósito[11] se busca regular la propiedad e incrementar el impuesto predial, en la medida en que sirve también de línea base para el recaudo de información y el diseño de políticas públicas. Este mismo autor (2018: 254) precisa que el moderno enfoque del catastro multipropósito como sistema de información incluye varios objetivos a la vez: i) soportar el funcionamiento eficiente de los mercados de tierras y de la propiedad raíz; ii) proteger los derechos de todos a la tierra; iii) apoyar la gestión de la tierra y el desarrollo sostenible de largo plazo, y iv) facilitar la planeación y el desarrollo de infraestructuras catastrales nacionales orientadas a satisfacer las necesidades de las poblaciones urbanas crecientes.

10. CIERRE DE LA FRONTERA AGRÍCOLA Y PROTECCIÓN DE ZONAS DE RESERVA

Puede ser este el tema de mayor contenido ambiental del Acuerdo de Paz (1.1.10), en la medida en que ofrece un panorama más claro de los objetivos de sostenibilidad del pacto por la paz, reconociendo la realidad del campo colombiano bajo un esquema de uso racional de los recursos naturales, en zonas especialmente sensibles desde el punto de vista ecológico.

En este punto se señala que con el propósito de delimitar la frontera agrícola, proteger las áreas de especial interés ambiental y generar para la población que colinda con ellas, o las ocupa, alternativas equilibradas entre medio ambiente, bienestar y buen vivir, el Gobierno Nacional, en un escenario de participación de las comunidades y de desarrollo sostenible, debe acometer las siguientes tareas:

---

11 En el Documento CONPES 3859 del 13 de junio de 2016 (p. 15) se define el catastro multipropósito como "... un sistema de información de la tierra basado en el predio, el cual excede los fines fiscales o tributarios, propios del catastro tradicional, en dos aspectos: (i) brindar seguridad jurídica por medio de la inscripción o representación de los intereses sobre la tierra, relacionados con su ocupación, valor, uso y urbanización; y (ii) apoyar las decisiones de ordenamiento territorial y de planeación económica, social y ambiental, mediante la integración de información sobre derechos, restricciones y responsabilidades, en concordancia con el principio de independencia legal...".

a. En un plazo no mayor a dos años deberá desarrollar un plan de zonificación ambiental que delimite la frontera agrícola y que permita actualizar y, de ser necesario, ampliar el inventario, y caracterizar el uso de las áreas que deben tener un manejo ambiental especial, entre ellas, las zonas de reserva forestal, las zonas de alta biodiversidad, los ecosistemas frágiles y estratégicos, las cuencas, páramos y humedales, y las demás fuentes y recursos hídricos, con el fin de proteger la biodiversidad y el derecho progresivo al agua de la población, propiciando su uso racional.

b. Para el desarrollo del Plan se deberán tener en cuenta los emprendimientos de convivencia y desarrollo, así como la participación de las comunidades y organizaciones rurales, sin perder de vista los intereses comunitarios y socio-ambientales y del bien común.

c. Expresamente se consagran apoyos a las comunidades rurales que colindan o que están dentro de las áreas que deben tener un manejo ambiental especial y que han sido detalladas previamente, incluidos los programas de reasentamiento o de recuperación comunitaria de los bosques y del medio ambiente, que sean compatibles y que contribuyan con los objetivos de cierre de la frontera agrícola y de conservación ambiental. Dichos objetivos incluyen la prestación de servicios ambientales, el desarrollo de sistemas de producción alimentaria sostenible y silvopastoriles, la reforestación, la creación de Zonas de Reserva Campesina (ZRC), y, en general, otras formas de organización de la población rural y de la economía campesina sostenible.

d. Es tarea del Gobierno adoptar las medidas y crear los incentivos necesarios para prevenir e impulsar la solución de los conflictos entre la vocación de la tierra y su uso real, con especial consideración al plan de zonificación ambiental y teniendo en cuenta el principio de bienestar y buen vivir.

e. Las sustracciones de las Zonas de Reserva Forestal priorizarán el acceso a la tierra para campesinos y campesinas sin tierra o con tierra insuficiente, a través de diferentes formas de organización o asociación, incluidas las ZRC, que contribuyan al cierre de la frontera agrícola, al fortalecimiento de la economía campesina y a la agricultura familiar.

f. Las ZRC son iniciativas agrarias que contribuyen a la construcción de paz, a la garantía de los derechos políticos, económicos, sociales y culturales de los campesinos y campesinas, al desarrollo con sostenibilidad socioambiental y alimentaria, y a la reconciliación de los colombianos y colombianas.

g. Como consecuencia de lo anterior, el Gobierno Nacional, en concertación con las comunidades, y teniendo en cuenta lo planteado en los principios de bienestar y buen vivir y participación de la RRI, promoverá el acceso a la tierra y la planificación de su uso en las ZRC, haciendo efectivo el apoyo a los planes de desarrollo de las zonas constituidas y de las que se constituyan, en respuesta a las iniciativas de las comunidades y organizaciones agrarias que estas consideren representativas, de manera que cumplan con el propósito de promover la economía campesina, contribuir al cierre de la frontera agrícola, aportar a la producción de alimentos y a la protección de las Zonas de Reserva Forestal. En todo caso, se promoverá la participación activa de los hombres y mujeres que habiten en las ZRC en la ejecución de sus planes de desarrollo.

Esta norma del Acuerdo de Paz sobre el cierre de la frontera agrícola y la protección de zonas de reserva, se concluye, pretende articular el desarrollo con la conservación, esto es, delimitar la frontera agrícola para la actividad productiva que pueden adelantar allí las poblaciones campesinas, y simultáneamente proteger las "áreas de especial interés ambiental"[12].

Se trata de generar alternativas productivas para la población colindante con esas zonas especiales, teniendo en cuenta algunas externalidades ambientales de importancia[13].

II. PROGRAMAS DE DESARROLLO CON ENFOQUE TERRITORIAL (PEDT)

Se trata, sin duda, de uno de los programas más ambiciosos del Acuerdo de Paz, con un alto componente social, y también con algunos elementos de contenido ambiental. Roldán Zuluaga (2019: 165) resalta dos aspectos

---

12 Se considera que la expresión "áreas de especial interés ambiental" que recoge el Acuerdo de Paz es equivalente a la de "áreas de especial importancia ecológica" que trae el artículo 79 de la Constitución Política de Colombia, así: "[...] Artículo 79. Todas las personas tienen derecho a gozar de un ambiente sano. La ley garantizará la participación de la comunidad en las decisiones que puedan afectarlo. Es deber del Estado proteger la diversidad e integridad del ambiente, conservar las áreas de especial importancia ecológica y fomentar la educación para el logro de estos fines [...]".

13 Dichas externalidades son: i) la aplicación del principio del desarrollo sostenible; ii) la elaboración de un plan de zonificación ambiental que determine la presencia de zonas de reserva forestal, de zonas de alta biodiversidad, de ecosistemas frágiles y estratégicos, cuencas, páramos, humedales y demás fuentes de recursos hídricos para proteger el derecho progresivo al agua; iii) los intereses socio ambientales de la comunidad en los emprendimientos que acometan; iv) el apoyo a la recuperación comunitaria de bosques; v) los servicios ambientales y la reforestación, y vi) la economía campesina sostenible.

clave en materia de PEDT: en primer lugar, que son un espacio estratégico de participación para implementar el punto 1 del Acuerdo en lo relativo a la RRI, en el que concurren los principales actores sociales incorporados a las mesas con enfoque étnico, diferencial, de género y etario, y en segundo lugar, que el Decreto 893 de 2017 reglamentó la creación de los PEDT como un instrumento de planificación y gestión para poner en marcha los programas y planes sectoriales durante los próximos diez años[14]. Son mecanismos de diálogo social para la transición posterior al Acuerdo[15].

Según un documento de estudio elaborado por la Universidad Externado de Colombia y por el Instituto Colombiano de Derecho Procesal, y liderado por los profesores Jaime Bernal Cuéllar, Jairo Parra Quijano y Humberto Sierra Porto (2016: 231), para entender los PEDT se debe tener presente que parten de la base de que la RRI es universal y su ejecución prioriza los territorios más afectados por el conflicto armado, la pobreza, la presencia de cultivos ilícitos, las economías ilegítimas y una menor presencia institucional, y que tales programas apuntan a dinamizar con mayores recursos los planes

---

14 El artículo 3.º del Decreto 893 señala que los PDET se adelantarán en ciento setenta municipios agrupados en dieciséis subregiones, a saber: Alto Patía, Norte del Cauca, Arauca, Bajo Cauca y Nordeste Antioqueño, Catatumbo, Chocó, Cuenca del Caguán y Piedemonte Caqueteño, Macarena, Guaviare, Montes de María, Pacífico Medio, Pacífico y Frontera Nariñense, Putumayo, Sierra Nevada, Perijá, Sur de Bolívar, Sur de Córdoba, Sur del Tolima y Urabá Antioqueño.

15 El objetivo primordial de estos programas es la transformación estructural del campo y del ámbito rural, y un relacionamiento equitativo entre el campo y la ciudad, de tal forma que se asegure, entre otros, i) el bienestar y el buen vivir de la población localizada en las zonas rurales; ii) la protección de la riqueza pluriétnica y multicultural para que contribuya al conocimiento, a la organización de la vida, a la economía, a la producción y al relacionamiento con la naturaleza, y iii) al desarrollo de la economía campesina y familiar, y de formas propias de producción de las comunidades indígenas, negras, afrodescendientes, raizales y palenqueras, mediante el acceso integral a la tierra, y a bienes y servicios productivos y sociales. Resalta el Acuerdo de Paz que para cumplir con los objetivos de los PDET en cada zona priorizada es necesario elaborar de manera participativa un plan de acción para la transformación regional, que incluya todos los niveles del ordenamiento territorial, concertado con las autoridades locales y las comunidades. Esos planes deben contemplar, entre otros aspectos, un enfoque territorial de las comunidades rurales que tenga en cuenta las características socio-históricas, culturales, ambientales y productivas de los territorios y sus habitantes, así como sus necesidades diferenciadas en razón a su pertenencia a grupos en condiciones de vulnerabilidad y la vocación de los suelos, y un diagnóstico objetivo elaborado con la participación de las comunidades, en el que se consideren, bajo el enfoque territorial señalado, las necesidades en el territorio y las acciones que coordinen los diferentes elementos, y que tenga metas claras y precisas que posibiliten la transformación estructural de las condiciones de vida y de producción.

nacionales, guiados por un plan de acción para la transformación regional, que deberá contar con la participación activa de las comunidades.

En todo caso, puntualiza el Acuerdo de Paz, el Plan Nacional de Desarrollo tiene la función de acoger las prioridades y metas de los PEDT.

El componente ambiental de los PEDT se concreta en conocer cómo las comunidades locales se relacionan con el medio ambiente en su cotidianidad, y cómo las regiones tan duramente golpeadas por el conflicto van a interactuar con la naturaleza. A manera de ejemplo, Roldán Zuluaga (2019: 168) trae como "muestra representativa de los dieciséis PEDT", y para entender su alcance, los que se llevaron a cabo en el Sur de Bolívar y en la subregión del Chocó. Estudiando en detalle esos dos documentos se entiende que hacen parte de la "variable ambiental" los siguientes elementos: el ordenamiento minero y ambiental, la delimitación de las rondas hídricas, el proceso de declaratoria de un área protegida en la zona, el Plan de Manejo y Aprovechamiento de Cuencas (POMCA), la implementación de un programa de reforestación y manejo forestal, la implementación de un programa de educación y capacitación ambiental, y la implementación de un programa de remoción de metales pesados, entre otros aspectos.

En conclusión, en este marco de referencia es válida la opinión de Calderón y Contreras (2018: 302-303), para quienes en materia rural las instituciones jurídicas que existían antes del Acuerdo Final no tenían una vocación real y efectiva de contrarrestar los efectos de la violencia, pues se encontraban bajo la concepción tradicional del derecho civil que negaba la posibilidad de hablar de una reparación transformadora; por esa razón, aseveran, la creación de escenarios reales de reparación produce ambientes de esperanza en el campo colombiano. Y la inclusión del elemento ambiental fortalece ese modelo renovador.

12. PLANES NACIONALES PARA LA REFORMA RURAL INTEGRAL

Una herramienta fundamental para desarrollar adecuadamente el Acuerdo de Paz en el ámbito rural son los denominados "Planes Nacionales para la Reforma Rural Integral" (1.3), concebidos para cumplir tres objetivos: i) la superación de la pobreza y la desigualdad para alcanzar el bienestar de la población rural; ii) la integración y iii) el cierre de la brecha entre el campo y la ciudad.

El Acuerdo resalta que la superación de la pobreza en el campo no se logra simplemente mejorando el ingreso de las familias, sino asegurando que todos tengan acceso adecuado a servicios y bienes públicos. Para el logro de este primer objetivo las partes consideran que es fundamental:

> … la acción conjunta de los planes nacionales para la Reforma Agraria Integral, que en una fase de transición de 15 años, logre la erradicación de la pobreza extrema y la reducción en todas sus dimensiones de la pobreza rural en un 50%, así como la disminución de la desigualdad y la creación de una tendencia hacia la convergencia en mejores niveles de vida en la ciudad y en el campo…[16].

En cuanto a la superación de la pobreza el Acuerdo dispone que se deben poner en marcha medidas específicas y diferenciadas para hacer frente a las necesidades particulares de las mujeres en el campo y lograr la igualdad efectiva de oportunidades entre hombres y mujeres. Algunas de las medidas que tienen aspectos ambientales son las siguientes:

a) En materia de infraestructura y adecuación de tierras, dar un fuerte impulso a la infraestructura vial, garantizando la sostenibilidad de las condiciones socioambientales, lo que se logrará, según lo convenido, creando e implementando un plan nacional de vías terciarias, es decir, llevando infraestructura vial a las regiones más apartadas del país (1.3.1.1).

b) El Gobierno Nacional tendrá la obligación de crear e implementar un "Plan Nacional de Riego y Drenaje" para la economía campesina, familiar y comunitaria, garantizando el acceso democrático y ambientalmente sostenible al agua, la asistencia técnica y la promoción de las capacidades organizativas de las comunidades para asegurar el mantenimiento, la administración y la sostenibilidad económica y ambiental de los proyectos de riego y drenaje, la promoción de prácticas adecuadas para el uso del agua en el riego y la preparación para mitigar los riesgos originados por el cambio climático (1.3.1.2).

c) A fin de garantizar las condiciones de vida digna y mejorar la conectividad en las regiones se asignó al Gobierno Nacional la tarea de diseñar e implementar el "Plan Nacional de Electrificación Rural" y el "Plan Nacional

---

16 Tomado del punto 1.3 del "Acuerdo Final para la Terminación del Conflicto y la Construcción de una Paz Estable y Duradera", 12 de noviembre de 2016, La Habana, Cuba.

de Conectividad Rural", con el objetivo de desarrollar un adecuado proceso de capacitación en el uso de la energía para la sostenibilidad (1.3.1.3).

d) Para garantizar el acceso al agua potable y el manejo de aguas residuales el Gobierno debe promover la aplicación de soluciones tecnológicas apropiadas en acueductos veredales y soluciones de vivienda individuales, con asistencia técnica y promoción de las capacidades organizativas de las comunidades (1.3.2.3).

e) En lo concerniente a la asistencia técnica que debe llegar a los campesinos colombianos, entendida como una estrategia de estímulo a la producción agropecuaria y a la economía solidaria y cooperativa, el Acuerdo de Paz dispone que con el propósito de fortalecer las capacidades productivas de la economía campesina, familiar y comunitaria para desarrollar sus proyectos y estimular procesos de innovación tecnológica, el Gobierno Nacional deberá diseñar e implementar un plan nacional de asistencia integral técnica, tecnológica y de impulso a la investigación.

Para el desarrollo de este Plan se deben tener en cuenta, entre otros aspectos, la promoción y protección de las semillas nativas y los bancos de semillas, sin restringir ni imponer otro tipo de semillas como las mejoradas, híbridos y otras, todo con el fin de que las comunidades puedan acceder a un material de siembra óptimo y contribuyan a su mejoramiento, incorporando sus conocimientos propios.

Se debe considerar, también, una estricta regulación socioambiental y sanitaria de los transgénicos, en función del bien común. Este vital elemento del Acuerdo tiene su razón de ser en el marco de la obligación del Estado de adoptar las medidas necesarias para salvaguardar el patrimonio genético y la biodiversidad como recursos soberanos de la Nación (1.3.3.2).

f) Para garantizar de manera progresiva el derecho humano a una alimentación sana, nutritiva y culturalmente apropiada, erradicar el hambre y fomentar el acceso y el consumo de alimentos de calidad nutricional, el Acuerdo dispone que se debe diseñar una política alimentaria y nutricional en las zonas rurales, basada en el incremento progresivo de la producción de alimentos, la generación de ingresos, y en general, la creación de condiciones de bienestar mediante los planes nacionales de acceso a tierras, infraestructura, riego, vivienda y agua potable, asistencia técnica y capacitación, mercadeo, crédito, promoción de formas asociativas basadas en la solidaridad y la cooperación, establecidos todos en el instrumento de paz (1.3.4).

D. EN EL PUNTO 2 DEL ACUERDO: "PARTICIPACIÓN POLÍTICA: APERTURA DEMOCRÁTICA PARA CONSTRUIR LA PAZ

Este es el capítulo del Acuerdo de Paz que se refiere a la ampliación de la base democrática para el surgimiento de nuevas fuerzas políticas con el fin de enriquecer el debate y la deliberación respecto de los grandes problemas nacionales. Se trata de fortalecer el pluralismo y la representación de las diferentes visiones e intereses de la sociedad con las garantías adecuadas para la participación y la inclusión política[17].

La inclusión de los temas ambientales en este capítulo de la participación política se realiza a propósito de cuatro situaciones puntuales, a saber:

1. POLÍTICA PARA EL FORTALECIMIENTO DE LA PLANEACIÓN DEMOCRÁTICA Y PARTICIPATIVA

En primer lugar, el Gobierno Nacional debe revisar las funciones y la conformación de los Consejos Territoriales de Planeación[18], con el fin de:

---

17 Algunas de las motivaciones más importantes que tuvieron en cuenta los firmantes del Acuerdo de Paz para la construcción de esa parte fueron: i) la construcción de la paz es un asunto que requiere de la participación de todas las personas, sin distinción, y por eso es necesario promover e incentivar la participación de toda la sociedad colombiana; ii) se deben fortalecer las organizaciones y movimientos sociales, así como los espacios de participación; iii) se deben tomar medidas afirmativas que garanticen la participación de las mujeres en los diferentes espacios de representación política y social; iv) la firma del Acuerdo debe contribuir a la ampliación y a la profundización de la democracia en cuanto significará la dejación de las armas y la proscripción de la violencia como método de acción política; v) es necesario garantizar el pluralismo facilitando la constitución de nuevos partidos y movimientos políticos para que contribuyan al debate y al proceso democrático; vi) se impone, necesariamente, una distribución más equitativa de los recursos públicos que se van a destinar a los partidos y movimientos políticos que surjan con ocasión del Acuerdo de Paz, y vii) se requiere una mayor representación en el Congreso de la República de los territorios más afectados por el conflicto y el abandono. Este capítulo que, como se mencionó, es el marco político y de participación democrática de la paz, desarrolla los siguientes temas: a) Derechos y garantías plenas para el ejercicio de la oposición política en general, y en particular para los nuevos movimientos que surjan luego de la firma del Acuerdo Final; b) Mecanismos democráticos de participación ciudadana, incluidos los de participación directa, en los diferentes niveles y diversos temas; c) Medidas efectivas para promover una mayor participación en la política nacional, regional y local de todos los sectores, incluyendo la población más vulnerable, en igualdad de condiciones y con garantías de seguridad.

18 Los Consejos Territoriales de Planeación (CTP) tienen la función de representar a la sociedad civil en la planeación del desarrollo, en los términos señalados en el artículo 340 de la Constitu-

> [...] Ampliar la participación ciudadana en la formulación de los planes de desarrollo y en el seguimiento a su ejecución y evaluación. Adoptar medidas para promover que la conformación de Consejos Territoriales de Planeación garantice una representación amplia y pluralista que se apoye entre otros en las redes, alianzas y organizaciones económicas, sociales, culturales, ambientales, educativas y comunitarias existentes. Estas últimas serán quienes designen sus representantes en estas instancias [...].

Se trata de contar, entre otras, con las organizaciones ambientalistas para que apoyen la importante tarea que realizan los Consejos Territoriales de Planeación (2.2.6).

En segundo lugar, y también en el marco de la tarea de fortalecimiento de la planeación democrática y participativa, el Gobierno Nacional quedó comprometido en el Acuerdo de Paz a realizar la siguiente actividad:

> [...] Fortalecer los diseños institucionales y la metodología con el fin de facilitar la participación ciudadana y asegurar su efectividad en la formulación de políticas públicas sociales como salud, educación, lucha contra la pobreza y la desigualdad, medio ambiente y cultura. Para ello, el Gobierno Nacional revisará, con la participación de los sectores interesados, las instancias y procesos de participación sectorial y dará las instrucciones a las instituciones respectivas para que ajusten su normatividad, organización y funcionamiento. El Gobierno Nacional adoptará medidas para facilitar la participación efectiva de las mujeres en este escenario, incluidas aquellas que permitan superar los obstáculos relacionados con sus labores de cuidado y reproducción [...].

---

ción Política, así como en las Leyes 152 de 1994 y 388 de 1997, y en el Decreto 028 de 2008. El artículo 340 de la Constitución Política señala: "[...] Habrá un Consejo Nacional de Planeación integrado por representantes de las entidades territoriales y de los sectores económicos, sociales, ecológicos, comunitarios y culturales. El Consejo tendrá carácter consultivo y servirá de foro para la discusión del Plan Nacional de Desarrollo. Los miembros del Consejo Nacional serán designados por el presidente de la República de listas que le presenten las autoridades y las organizaciones de las entidades y sectores a que se refiere el inciso anterior, quienes deberán estar o haber estado vinculados a dichas actividades. Su período será de ocho años y cada cuatro se renovará parcialmente en la forma que establezca la ley. En las entidades territoriales habrá también consejos de planeación, según lo determine la ley. El Consejo Nacional y los consejos territoriales constituyen el Sistema Nacional de Planeación [...]". El artículo 34 de la Ley 152 de 1994 señala que los Consejos Territoriales de Planeación del orden departamental, distrital o municipal "[...] estarán integrados por las personas que designe el Gobernador o el alcalde de las ternas que presenten las correspondientes autoridades y organizaciones, de acuerdo con la composición que definan las Asambleas o Concejos, según sea el caso [...]".

Aunque la redacción no es la más afortunada, esta norma del Acuerdo de Paz está diseñada para que el Ejecutivo central contribuya al fortalecimiento de la participación ciudadana en la formulación, entre otras, de políticas ambientales de aplicación en las regiones (2.2.6).

2. PROMOCIÓN DE UNA CULTURA POLÍTICA DEMOCRÁTICA Y PARTICIPATIVA

El fortalecimiento de la participación política y social que promueve el Acuerdo de Paz implica, necesariamente, una profunda transformación de la cultura política existente en el país, y con ella incrementar el respeto de los valores y principios democráticos, la aceptación de las contradicciones y de los conflictos propios de una democracia pluralista, así como el reconocimiento y el respeto por los opositores políticos.

La nueva realidad política que anticipa el Acuerdo tiene también un espacio reservado para los derechos ambientales, tal como lo señala una parte del numeral 2.3.5, así:

> [...] Avanzar hacia una cultura política democrática y participativa implica promover y garantizar el valor y el significado de la política como vehículo para el cumplimiento de los derechos políticos, económicos, sociales, ambientales y culturales. Una cultura política democrática y participativa debe contribuir a la mayor integración, de los sectores sociales más vulnerables [...].

Lo que señala esta norma es que la implementación de un modelo democrático y participativo permite proteger los derechos, y, entre ellos los derechos ambientales que se concretan en el derecho a gozar de un ambiente sano y a usar los recursos naturales, en los términos que señalen la Constitución Política y las leyes.

3. PROMOCIÓN DE LA REPRESENTACIÓN POLÍTICA DE POBLACIONES Y ZONAS ESPECIALMENTE AFECTADAS POR EL CONFLICTO Y EL ABANDONO

Para una mejor integración de las zonas especialmente afectadas por el conflicto, abandonadas y con débil presencia del Estado, el *item* 2.3.6 del Acuerdo de Paz propone la creación de 16 curules en la Cámara de Representantes, por dos períodos electorales. Esto con el fin de mejorar la representación, entre otros, de los derechos ambientales de las poblaciones allí asentadas. El texto convenido es el siguiente:

> [...] En el marco del fin del conflicto y con el objetivo de garantizar una mejor integración de zonas especialmente afectadas por el conflicto, el abandono y la débil presencia institucional, y una mayor inclusión y representación política de estas poblaciones y de sus derechos políticos, económicos, sociales, culturales y ambientales, y también como una medida de reparación y de construcción de la paz, el Gobierno Nacional se compromete a crear en estas zonas un total de 16 Circunscripciones Transitorias Especiales de Paz para la elección de un total de 16 Representantes a la Cámara de Representantes, de manera temporal y por 2 períodos electorales [...].

E. EN EL PUNTO 3 DEL ACUERDO: "FIN DEL CONFLICTO"

Este es el capítulo en el que las partes acordaron expresamente poner fin al conflicto que azotó al país por más de cincuenta años. Aunque aquí el tema ambiental no es tan relevante como en otros puntos, no deja de todas maneras de hacer presencia[19].

Señalan las partes que la reincorporación a la vida civil será un proceso de carácter integral y sostenible, excepcional y transitorio, orientado al fortalecimiento del tejido social en los territorios, a la convivencia y la reconciliación entre quienes los habitan.

En esta parte del Acuerdo de Paz encontramos el tema ambiental en el segundo subcapítulo ("Reincorporación de las FARC-EP a la vida civil en lo

---

19 En general, este punto del acuerdo está organizado en cuatro subcapítulos, a saber: i) "Acuerdo sobre Cese al Fuego y de Hostilidades Bilateral y Definitivo y Dejación de las Armas entre el Gobierno Nacional y las FARC-EP"; ii) "Reincorporación de las FARC-EP a la vida civil, en lo económico, lo social y lo político, de acuerdo con sus intereses"; iii) "Obligaciones de los excomandantes guerrilleros, integrantes de los órganos directivos de la nueva fuerza política que surja del tránsito de las FARC-EP a la legalidad para garantizar la correcta ejecución y la estabilidad del Acuerdo Final de Paz", y iv) "Acuerdo sobre garantías de seguridad y lucha contra las organizaciones y conductas criminales responsables de homicidios y masacres, que atentan contra defensores/as de derechos humanos, movimientos sociales o movimientos políticos o que amenacen o atenten contra las personas que participen en la implementación de los acuerdos y la construcción de la paz, incluyendo las organizaciones criminales que hayan sido denominadas como sucesoras del paramilitarismo y sus redes de apoyo".

económico, lo social y lo político de acuerdo con sus intereses"), a propósito de dos circunstancias interesantes: una en materia de reincorporación económica y social, y otra frente a las garantías para hacer efectiva dicha reincorporación.

1. IDENTIFICACIÓN DE NECESIDADES DEL PROCESO DE REINCORPORACIÓN ECONÓMICA Y SOCIAL

Las partes acordaron que dentro de los sesenta días siguientes al inicio de las denominadas Zonas Veredales Transitorias de Normalización (ZVTN)[20], se realizará un censo socioeconómico con el propósito de suministrar la información requerida para facilitar el proceso de reincorporación integral de las FARC-EP a la vida civil como comunidad y como individuos. El Consejo Nacional de la Reincorporación (CNR) definirá el contenido del censo, su forma de aplicación, y la custodia y buen uso de la información. La realización del censo, se puntualiza, será responsabilidad de la Universidad Nacional de Colombia (3.2.2.6).

El elemento ambiental está presente en la identificación de los programas y los proyectos productivos sostenibles, así:

> [...] Con base en los resultados arrojados por el censo, se identificarán los posibles programas y proyectos productivos para vincular el mayor número posible de hombres y mujeres hoy pertenecientes a las FARC-EP. La participación de programas en proyectos de protección ambiental y desminado humanitario merecerá especial atención [...].

Esta herramienta del censo social y económico, definida por el Consejo Nacional de la Reincorporación para las ZVTN, busca encontrar la información necesaria para organizar los programas y proyectos productivos que se

20 Las denominadas Zonas Veredales Transitorias de Normalización (ZVTN) tienen como objetivo garantizar el Cese al Fuego y de Hostilidades Bilateral y Definitivo (CFHBD) y la Dejación de Armas (DA), e iniciar el proceso de preparación para la reincorporación a la vida civil de las estructuras de las FARC-EP en lo económico, lo político y lo social, de acuerdo con sus intereses, tal como está establecido en el Punto 3, subpunto 2 del Acuerdo General, y el tránsito a la legalidad. Estas zonas son territoriales, temporales y transitorias, definidas, delimitadas y previamente concertadas entre el Gobierno Nacional y las FARC-EP, y cuentan con el monitoreo y verificación del Mecanismo de Monitoreo y Verificación (MM&V), que por cada Zona Veredal Transitoria contará con Equipos de Monitoreo Local (3.1.4.1).

deben adelantar en esos sitios estratégicos para la paz rural, actividad en la cual tendrán prioridad aquellos proyectos y programas que tengan que ver con la protección ambiental y con el desminado humanitario.

2. GARANTÍAS PARA UNA REINCORPORACIÓN ECONÓMICA Y SOCIAL SOSTENIBLE

Dentro de lo que el Acuerdo de Paz denomina "Garantías para una reincorporación económica y social sostenible" se incluyen una renta básica, una asignación única de normalización, seguridad social, planes o programas sociales y unas labores locales de pedagogía para la paz.

En el *item* de planes o programas sociales está presente el elemento ambiental:

> [...] De acuerdo con los resultados del censo socioeconómico, se identificarán los planes o programas necesarios para la atención de los derechos fundamentales e integrales de la población objeto del presente acuerdo, tales como educación formal (básica y media, técnica y tecnológica, universitaria) y educación para el trabajo y el desarrollo humano, así como de validación y homologación de saberes y de conocimientos; de vivienda, de cultura, recreación y deporte; de protección y recuperación del medio ambiente; de acompañamiento psicosocial; de reunificación de núcleos familiares y de familias extensas y personas adultas mayores, incluyendo medidas de protección y atención de hijos e hijas de integrantes de las FARC-EP en proceso de reincorporación [...].

El mismo censo que contribuyó en la identificación de programas y proyectos para la protección ambiental, sirve acá para hacer lo mismo en materia de recuperación del medio ambiente. Se podría decir que es una repetición de la misma tarea. Aun así, no deja de ser relevante que dentro de las tareas de reincorporación de los excombatientes se ponga el énfasis en esta clase de actividades de recuperación y de protección de recursos naturales en zonas gravemente impactadas por el conflicto.

F. EN EL PUNTO 4 DEL ACUERDO: "SOLUCIÓN AL PROBLEMA DE LAS DROGAS ILÍCITAS".

Como es bien sabido, uno de los factores que más contribuyó a profundizar el conflicto armado en Colombia durante los últimos lustros fue el de la producción y comercialización de drogas ilícitas. Aunque no se trata de una causa que haya estado presente desde el comienzo de la tensión, el Acuerdo de Paz dejó en claro que "... la persistencia de los cultivos está ligada en parte a la existencia de condiciones de pobreza, marginalidad, débil presencia institucional, además de la existencia de organizaciones criminales dedicadas al narcotráfico..." (Punto 4: 98).

En las partes introductorias de este punto del Acuerdo se resaltan los componentes social, económico y político de las drogas ilícitas, por supuesto muy importantes para la comprensión del fenómeno y de sus impactos, pero llama poderosamente la atención que el daño ambiental que produjo esa actividad no haya sido tenido en cuenta en esa parte del texto.

Presentamos a continuación la forma como se aborda lo ambiental del problema de las drogas ilícitas en Colombia desde el punto de vista del Acuerdo de Paz:

1. DESDE EL ENFOQUE DIFERENCIAL TERRITORIAL DEL PROGRAMA NACIONAL INTEGRAL DE SUSTITUCIÓN DE CULTIVOS DE USO ILÍCITO (PNIS)

Señala el punto 4.1 del Acuerdo de Paz ("Programas de sustitución de cultivos de uso ilícito. Planes integrales de desarrollo con participación de las comunidades –hombres y mujeres– en el diseño, ejecución y evaluación de los programas de sustitución y recuperación ambiental de las áreas afectadas por dichos cultivos"), que en el marco del fin del conflicto y de la construcción de una paz estable y duradera, y con el fin de generar condiciones de bienestar y buen vivir para las poblaciones afectadas por cultivos de uso ilícito, en particular para las comunidades campesinas en situación de pobreza que han derivado su subsistencia de esos cultivos, el Gobierno Nacional tiene la tarea de crear y poner en marcha un nuevo Programa Nacional Integral de Sustitución de Cultivos de Uso Ilícito (PNIS)[21].

---

21 El citado texto del Acuerdo de Paz precisa que el nuevo Programa Nacional Integral de Sustitución de Cultivos de Uso Ilícito (PNIS) es la autoridad competente, en cabeza de la presidencia de la República, y en coordinación con las autoridades departamentales y municipales, y tendrá un carácter civil sin perjuicio de su coordinación con las autoridades estatales que se requieran para garantizar su pleno desenvolvimiento, incluyendo las responsables de la seguridad y protección de las comunidades según la concepción de seguridad contemplada en el Acuerdo Final. Se señala, además, que dicho programa contribuirá a las transformaciones estructurales de la sociedad rural

El Acuerdo con la insurgencia indica que teniendo en cuenta que el PNIS hace parte de la RRI, con los principios que son propios de dicha reforma también le son aplicables otra serie de principios de carácter especial. Uno de ellos es el del enfoque diferencial de acuerdo con las condiciones de cada territorio:

> [...] Enfoque diferencial de acuerdo a las condiciones de cada territorio: el PNIS que se implemente debe tener un enfoque territorial y de género en los términos definidos en la RRI (Punto 1), es decir, que debe reconocer y tener en cuenta las necesidades, características y particularidades económicas, culturales y sociales de los territorios y las comunidades rurales, en especial de las comunidades indígenas y afrodescendientes, y de las mujeres en estas comunidades y territorios, y garantizar la sostenibilidad socioambiental. El carácter participativo del PNIS permitirá elaborar diseños en consonancia con la especificidad y la naturaleza socioeconómica del problema tal y como se presenta en las diferentes regiones del territorio nacional [...].

Lo que se pretende con la aplicación de este principio es garantizar la sostenibilidad social y ambiental en la implementación diferencial del PNIS en cada territorio. Esto es, tener presente que cada territorio es diferente, que no se puede generalizar su tratamiento y que las condiciones sociales y ambientales son particulares para cada rincón del país.

2. LA IMPORTANCIA DE LA SUSTITUCIÓN VOLUNTARIA EN EL PROGRAMA NACIONAL INTEGRAL DE SUSTITUCIÓN DE CULTIVOS DE USO ILÍCITO (PNIS)

Otro de los principios cardinales del PNIS es el de la sustitución voluntaria, que también tiene una arista ambiental y que está planteado así en el punto 4.1.1 del Acuerdo de Paz:

> [...] Sustitución voluntaria: a partir de la decisión y compromiso de los cultivadores y cultivadoras de abandonar los cultivos de uso ilícito, la sustitución voluntaria es un principio fundamental del Programa, para generar confianza entre las comuni-

---

que resulten de la implementación de la Reforma Rural Integral (RRI), de la que es parte, y a la puesta en marcha de los mecanismos de participación ciudadana acordados (tomado del punto 4.1 del Acuerdo Final para la Terminación del Conflicto y la Construcción de una Paz Estable y Duradera).

> dades y crear condiciones que permitan contribuir a la solución del problema de los cultivos de uso ilícito, sin detrimento de la sostenibilidad económica, social y ambiental de las comunidades y de los respectivos territorios. Ello implica acciones de promoción de la sustitución voluntaria y definir con las comunidades las alternativas de sustitución que sean sostenibles desde el punto de vista económico y socioambiental, y adecuadas para fortalecer las economías familiares, garantizando condiciones de vida digna. Lo anterior en el entendido de que el proceso de sustitución y su sostenibilidad requieren del apoyo del Gobierno en los términos acordados con las comunidades (ver punto sobre "Acuerdo con las comunidades" y "Construcción participativa y desarrollo de los planes integrales municipales y comunitarios de sustitución y desarrollo alternativo") [...].

El énfasis acá es el compromiso de los que han trabajado en cultivos ilícitos para salir de ellos en forma voluntaria, contribuyendo así a la solución integral del problema, y sin perder de vista que dichos territorios y los grupos de personas allí asentados deben seguir teniendo la posibilidad de sostenerse económicamente, con un adecuado marco social y con territorios bien operados ambientalmente.

3. LA CONTRIBUCIÓN DEL PROGRAMA NACIONAL INTEGRAL DE SUSTITUCIÓN DE CULTIVOS DE USO ILÍCITO (PNIS) AL CIERRE DE LA FRONTERA AGRÍCOLA, A LA RECUPERACIÓN DE LOS ECOSISTEMAS Y AL DESARROLLO SOSTENIBLE

Uno de los objetivos que debe cumplir el PNIS como parte esencial de la RRI, por cierto, con un fuerte componente ambiental, es el que hace relación a la frontera agrícola y al impacto sobre los ecosistemas (4.1.2). En el Acuerdo de Paz se presenta así dicho objetivo:

> [...] Contribuir al cierre de la frontera agrícola, recuperación de los ecosistemas y desarrollo sostenible, en los términos acordados en el subpunto 1.1.10 de la RRI. Con ese objetivo, el PNIS apoyará los planes de desarrollo de las Zonas de Reserva Campesina (ZRC), constituidas y las que se constituyan, así como de otras formas de organización o asociación, en los casos donde éstas coincidan con zonas afectadas por los cultivos de uso ilícito. Como se estableció en el Punto 1 las Zonas de Reserva Campesina son iniciativas agrarias que contribuyen a la construcción de paz, a la garantía de derechos políticos, económicos, sociales y culturales del campesinado,

> al desarrollo con sostenibilidad socioambiental y alimentaria y a la reconciliación de los colombianos y las colombianas. En consecuencia se considerará prioritaria la atención a lo consagrado en el subpunto 1.1.10 de la RRI y en particular a lo relacionado con ZRC [...].

Este objetivo está dirigido a la recuperación de los ecosistemas que han sido afectados por los cultivos ilícitos y a la implantación de un modelo propio de desarrollo sostenible en dichas zonas. Se pone el énfasis en apoyar los planes de desarrollo de las denominadas ZRC constituidas y por constituir, como modelos de desarrollo agrario y ambiental para la reconciliación.

4. EL COMPONENTE AMBIENTAL EN LOS ACUERDOS CON LAS COMUNIDADES

Una de los elementos sustanciales del Acuerdo de Paz para la solución definitiva del problema de los cultivos ilícitos es el carácter voluntario y concertado del proceso, esto es, "... la manifiesta voluntad de las comunidades –hombres y mujeres– de transitar caminos alternativos a los cultivos de uso ilícito, y el compromiso del Gobierno de generar y garantizar condiciones dignas de vida y de trabajo para el bienestar y buen vivir..." (4.1.3.2).

Con el fin de formalizar dicho compromiso y la consecuente decisión de sustituir esos cultivos, se planteó la celebración de acuerdos entre comunidades, el Gobierno Nacional y las entidades territoriales, paso previo a la puesta en marcha del programa en un territorio predeterminado.

Los acuerdos con la población involucrada en dicha actividad, al tenor de lo convenido, deben tener las siguientes características: i) la formalización del compromiso de las comunidades con la sustitución voluntaria y concertada; ii) el compromiso de la no resiembra; iii) el compromiso pleno de no cultivar ni estar involucrado en labores asociadas a los cultivos de uso ilícito; iv) el compromiso de no participar en la comercialización ilegal de las materias primas derivadas de estos, y v) el compromiso del Gobierno con la ejecución del plan de atención inmediata y la puesta en marcha del proceso de construcción conjunta participativa y concertada de los planes integrales municipales y comunitarios de sustitución y desarrollo alternativo.

En el Acuerdo de Paz se prevé lo que debe ocurrir cuando persistan las diferencias con las comunidades en materia de erradicación y de sustitución voluntaria de cultivos ilícitos:

> [...] En los casos en los que no haya acuerdo con las comunidades, el Gobierno procederá a la erradicación de los cultivos de uso ilícito, priorizando la erradicación manual donde sea posible, teniendo en cuenta el respeto por los derechos humanos, el medio ambiente, la salud y el buen vivir. El Gobierno, de no ser posible, no renuncia a los instrumentos que crea efectivos, incluyendo la aspersión, para garantizar la erradicación de los cultivos de uso ilícito. Las FARC-EP consideran que en cualquier caso en que haya erradicación esta debe ser manual [...].

Este artículo privilegia los acuerdos con las comunidades, pero deja en claro la capacidad del Estado, cuando no se logran dichos consensos, de reaccionar con sus instrumentos administrativos y de gobierno para proceder con un programa de erradicación, preferiblemente manual "donde sea posible", y teniendo en cuenta que se deben respetar los derechos humanos, el medio ambiente, la salud y el buen vivir. En este sensible tema el Gobierno deja la constancia de que el método de la aspersión es una opción, y las FARC-EP, la suya, en el sentido de que en cualquier caso en que haya erradicación esta debe ser manual.

Es de destacar, a propósito del objeto de este documento, que el medio ambiente es factor limitante a la hora de la erradicación "forzosa" y, a su vez, una de las motivaciones para adelantar esa misma labor. Sin duda, un avance significativo.

5. PRIORIZACIÓN AMBIENTAL DE TERRITORIOS CON EL PROGRAMA NACIONAL INTEGRAL DE SUSTITUCIÓN DE CULTIVOS DE USO ILÍCITO (PNIS)

Otra norma muy pertinente del Acuerdo de Paz para la protección ambiental de los territorios afectados con los cultivos ilícitos es el punto 4.1.3.3, que establece criterios de priorización para las actividades que debe realizar el PNIS, así:

> [...] El PNIS tiene una cobertura nacional pero su implementación se iniciará por los territorios priorizados según los siguientes criterios:
>
> – Zonas priorizadas en el marco de los PEDT, atendiendo al principio de integración a la Reforma Rural Integral;
>
> – Densidad de cultivos de uso ilícito y de población;

– Parques Nacionales Naturales;

– Casos en los que comunidades que no se encuentren dentro de los territorios señalados en los criterios anteriores se hayan acogido al tratamiento penal diferencial. Para esos casos se pondrán en marcha medidas especiales de asistencia en coordinación con las autoridades regionales y locales, que incluyan el acceso a los programas de asistencia social del Gobierno sin perjuicio de las posibilidades de acceso a los planes nacionales acordados en el marco de la RRI y de ser beneficiarios y beneficiarias en los términos establecidos en el subpunto 1.1.5 de la RRI [...].

Es muy importante destacar que los PNN, máxima categoría de la protección ambiental y territorial en el país, son prioritarios para el Acuerdo de Paz a la hora de poner en marcha el PNIS. Es el reconocimiento expreso de que los PNN han sido territorios en los que se ha desarrollado el conflicto, que han sido "víctimas" y destinatarios de ese tipo de cultivos y que merecen ser tratados con prioridad.

6. EL COMPONENTE AMBIENTAL EN LA CONSTRUCCIÓN PARTICIPATIVA Y EN EL DESARROLLO DE LOS PLANES INTEGRALES COMUNITARIOS Y MUNICIPALES DE SUSTITUCIÓN Y DESARROLLO ALTERNATIVO (PISDA)

Este aspecto del Acuerdo de Paz reconoce expresamente que los problemas derivados de los cultivos ilícitos (que han impedido el desarrollo de esas zonas rurales), la economía ilegal y la violencia asociada con esa práctica agrícola, tienen componentes económicos, sociales, ambientales y culturales. Se trata de circunstancias que demandan una amplia participación de las comunidades involucradas sin distingo de género, con el fin de formular, ejecutar y hacer seguimiento a los Planes Integrales Comunitarios y Municipales de Sustitución y Desarrollo Alternativo (PISDA) (4.1.3.5)[22].

---

22 Ese fortalecimiento de la democracia local en un ejercicio de planeación participativa requiere, según lo convenido, "... de la elaboración de una propuesta sobre la base de un diagnóstico colectivo que permita establecer la caracterización social, económica y ambiental del territorio, las necesidades de dotación de infraestructura física, social e institucional, la priorización de los proyectos que respondan a esas necesidades, las potencialidades productivas y la identificación de las áreas con cultivos de uso ilícito y su disposición en el territorio ...".

Es positivo que el diagnóstico, que va a desembocar en los planes comunitarios para la sustitución y el desarrollo alternativo, tenga en cuenta el elemento ambiental del territorio, que es particular, propio e independiente para cada municipio. Es el reconocimiento de su identidad ambiental.

7. EL MEDIO AMBIENTE EN LOS COMPONENTES DE LOS PLANES INTEGRALES DE SUSTITUCIÓN

Señala también el Acuerdo de Paz que dadas las condiciones particulares de las comunidades especialmente afectadas por los cultivos ilícitos, los planes integrales de sustitución en esas comunidades deben tener en cuenta, aparte de los proyectos para la implementación de los planes acordados en el Punto 1 (adecuación de tierras, infraestructura vial y comunicaciones, desarrollo social, asistencia técnica, crédito y financiación, mercadeo, compras estatales, etc.), los siguientes componentes: i) un plan de atención inmediata y de desarrollo de proyectos productivos; ii) las denominadas obras de infraestructura social de ejecución rápida; iii) un componente de sostenibilidad y de recuperación ambiental; iv) un plan de formalización de la propiedad; v) unos planes para zonas apartadas y con baja concentración de población, y vi) unos cronogramas, unas metas y unos indicadores (4.1.3.6).

Precisamente dentro del primer componente (Plan de atención inmediata y de desarrollo de proyectos productivos) se promueve un esquema de asistencia alimentaria inmediata, el establecimiento de huertas caseras, así como proyectos de generación de ingresos rápidos como cultivos de ciclo corto, piscicultura y avicultura, entre otros. Todas estas actividades deberán guiarse, señala el Acuerdo de Paz, "... por los principios que contemple la RRI, en especial los de sostenibilidad ambiental y de bienestar y buen vivir, y donde sea pertinente contribuir al cierre de la frontera agrícola y a la recuperación ambiental...".

Otro de los componentes de los planes integrales de sustitución es mucho más completo en los temas que estamos abordando. El Acuerdo de Paz lo presenta así:

> [...] Componente de sostenibilidad y de recuperación ambiental. Con el fin de contribuir al cierre de la frontera agrícola y propiciar procesos de recuperación ambiental, en especial en los municipios que colindan con zonas de especial interés ambiental los planes tendrán un componente de sostenibilidad y protección ambiental que incluya entre otros:

– Acciones de recuperación y adecuación de suelos para el establecimiento de cultivos lícitos.

– Acciones para la mitigación de los daños ambientales en zonas de especial interés ambiental, ecosistemas frágiles e hidrografía vulnerable y para la recuperación de los bosques.

– Proyectos de protección ambiental y productivos, ambientalmente sostenibles, en zonas de especial interés ambiental, como por ejemplo proyectos silvopastoriles y demás programas contemplados en el subpunto 1.1.10 [...].

Finalmente, es de destacar que en el componente de los planes para las zonas apartadas y con baja concentración de población se dispone que en esos territorios "... se adelantarán medidas especiales para la sustitución de los cultivos de uso ilícito, la recuperación de los ecosistemas, la creación de nuevas oportunidades de empleo relacionadas con transporte fluvial, programas de recuperación ambiental, protección de bosques y fauna etc...".

Se concluye, entonces, que en los planes integrales de sustitución de cultivos ilícitos están presentes el medio ambiente y los recursos naturales.

G. EN EL PUNTO 5 DEL ACUERDO: "ACUERDO SOBRE LAS VÍCTIMAS DEL CONFLICTO: SISTEMA INTEGRAL DE VERDAD, JUSTICIA, REPARACIÓN Y NO REPETICIÓN, INCLUYENDO LA JURISDICCIÓN ESPECIAL PARA LA PAZ; Y COMPROMISO SOBRE DERECHOS HUMANOS

Este es el capítulo que trata de las víctimas del conflicto. Las partes señalan que en el centro del Acuerdo de Paz está el resarcir a las víctimas, y que en tal sentido este capítulo incluye los siguientes "subpuntos":

> [...] 1. Derechos humanos de las víctimas y 2. Verdad, tratando de dar contenidos que satisfagan las reivindicaciones de quienes han sido afectados por la larga confrontación respecto a cuya solución política hoy, mediante estos nuevos consensos e importantes medidas y acuerdos de desescalamiento, hemos dado un paso fundamental de avance para la construcción de la paz estable y duradera y la finalización de una guerra de más de medio siglo que ha desangrado al país...[23].

---

23 Citando la "Declaración de principios", convenida el 7 de junio de 2014, esta parte del Acuerdo

Aunque en menor medida, este capítulo del Acuerdo de Paz también tiene en consideración los temas ambientales como se presenta a continuación.

1. EL ESCLARECIMIENTO Y LA PROMOCIÓN DE LOS DERECHOS AMBIENTALES COMO MANDATO DE LA COMISIÓN PARA EL ESCLARECIMIENTO DE LA VERDAD, LA CONVIVENCIA Y LA NO REPETICIÓN[24]

Una de las principales tareas que tiene esta Comisión es esclarecer y promover el reconocimiento de los derechos ambientales, así:

> [...] 5.1.1.1.2. Mandato. La Comisión tendrá como mandato esclarecer y promover el reconocimiento de:
>
> – El impacto humano y social del conflicto en la sociedad, incluyendo el impacto sobre los derechos económicos, sociales, culturales y ambientales, y las formas diferenciadas en las que el conflicto afectó a las mujeres, a los niños, niñas y adolescentes, jóvenes y adultos mayores, a personas en razón de su religión, opiniones o creencias, a las personas en situación de discapacidad, a los pueblos indígenas, a las comunidades campesinas, a las poblaciones afrocolombianas, negras, palenqueras y raizales, al pueblo rom, a la población LGBTI, a las personas desplazadas y exiliadas,

---

(5.1) se apoya en los siguientes diez principios que deben "irradiar" la implementación: i) el reconocimiento de las víctimas; ii) el reconocimiento de responsabilidad; iii) la satisfacción de los derechos de las víctimas; iv) la participación de las víctimas; v) el esclarecimiento de la verdad; vi) la reparación de las víctimas; vii) las garantías de protección y seguridad; viii) la garantía de no repetición; ix) el principio de reconciliación, y x) un enfoque de derechos. En ese marco de referencia, esta parte del Acuerdo de Paz promueve la creación del "Sistema Integral de Verdad, Justicia, Reparación y No Repetición", el cual está compuesto por la Comisión para el Esclarecimiento de la Verdad, la Convivencia y la No Repetición, la Unidad Especial para la búsqueda de personas dadas por desaparecidas en el contexto y en razón del conflicto armado, la Jurisdicción Especial para la Paz, las Medidas de reparación integral para la construcción de la paz y las Garantías de No Repetición.

24 La Comisión para el Esclarecimiento de la Verdad, la Convivencia y la No Repetición, que hace parte del Sistema Integral de Verdad, Justicia, Reparación y No Repetición, responde a las necesidades ética, política e histórica de contribuir, junto con otras iniciativas, a crear las condiciones, los compromisos y las garantías de no repetición. La Comisión fue diseñada para cumplir tres objetivos fundamentales: a) contribuir al esclarecimiento de lo ocurrido y ofrecer una explicación amplia de la complejidad del conflicto; b) promover y contribuir al reconocimiento de las víctimas como ciudadanos que vieron sus derechos vulnerados y como sujetos políticos de importancia para la transformación del país, y c) promover la convivencia en los territorios.

> a los defensores y a las defensoras de derechos humanos, sindicalistas, periodistas, agricultores y agricultoras, ganaderos y ganaderas, comerciantes, y empresarios y empresarias, entre otros [...].

Es muy valioso que esta Comisión tenga como uno de sus "mandatos" indagar cómo y por qué se afectaron, entre otros, los derechos ambientales de los colombianos con el conflicto. Para este caso puntual, esta instancia debe tener muy claros los conceptos básicos sobre dichos derechos, esto con el fin de no repetir la confusión conceptual que al respecto ha mantenido el Acuerdo. Aún así, es destacable su incorporación.

2. SANCIONES DE CONTENIDO AMBIENTAL QUE APLICARÁ LA SALA DE RECONOCIMIENTO DE VERDAD, DE RESPONSABILIDAD Y DE DETERMINACIÓN DE LOS HECHOS Y CONDUCTAS

La estructura de justicia creada por el Acuerdo de Paz también tiene su participación en los temas ambientales[25]. Dentro del acápite de las sanciones aplicables a quienes reconozcan verdad exhaustiva, detallada y plena se señala que los comparecientes ante la Sala de reconocimiento de verdad, de responsabilidad y de determinación de los hechos y conductas podrán presentar un proyecto detallado, individual o colectivo, de ejecución de los trabajos, obras o actividades reparadoras y restaurativas, los cuales no podrán ser incompatibles con las políticas públicas del Estado en la materia, siempre que sean acordes con las tradiciones y costumbres étnicas y culturales de las comunidades. Algunos de dichos trabajos son:

– Participación/ejecución de programas de protección medio ambiental de zonas de reserva (en zonas rurales).

---

25 Prevé el capítulo fundacional de la denominada "Jurisdicción Especial para la Paz" que, con el fin de satisfacer los derechos de las víctimas a la justicia, el componente de "justicia" (*sic*) estará integrado por los siguientes órganos: a) la Sala de reconocimiento de verdad, de responsabilidad y de determinación de los hechos y conductas; b) el Tribunal para la Paz; c) la Sala de Amnistía o indulto; d) la Sala de definición de situaciones jurídicas, para los casos diferentes a los literales anteriores o en otros supuestos no previstos, y e) la Unidad de Investigación y Acusación, la cual debe satisfacer el derecho de las víctimas a la justicia cuando no haya reconocimiento colectivo o individual de responsabilidad.

– Participación/ejecución de programas de eliminación de residuos en las zonas necesitadas de ello (en zonas rurales).

– Participación/ejecución en programas de recuperación ambiental de las áreas afectadas por cultivos de uso ilícito (en zonas rurales).

– Participación/ejecución de programas de acceso a agua potable y construcción de redes y sistemas de saneamiento (en zonas urbanas).

Llama poderosamente la atención que un conflicto que generó tantos problemas ambientales en el país, tenga presente que tareas de contenido ambiental son parte del componente restaurativo y reparador del sistema de justicia diseñado en el Acuerdo de Paz.

3. LA PARTICIPACIÓN EN PROGRAMAS DE REPARACIÓN DEL DAÑO AMBIENTAL

En el marco de lo que el Acuerdo de Paz denomina "Acciones concretas de contribución a la reparación" (5.1.3.2) se señala que las partes promoverán y pondrán en marcha las medidas necesarias para facilitar que quienes cometieron daños con ocasión del conflicto, y manifiesten su voluntad y compromiso de contribuir de manera directa a la satisfacción de las víctimas y de las comunidades, puedan hacerlo participando en acciones concretas de reparación, como resultado de los actos tempranos de reconocimiento de responsabilidad, donde haya necesidad de hacerlo y en coordinación con los programas de reparación colectiva territorial.

Así como el Gobierno Nacional asumió la realización de actividades concretas para promover la participación en las distintas medidas de reparación que se diseñarán para tal efecto, la insurgencia también se comprometió a participar en dicho ejercicio, inclusive en temas de reparación de daño ambiental:

> [...] Las FARC-EP se comprometen en el proceso de reincorporación a la vida civil, y como parte de dicho proceso, a realizar acciones de contribución a la reparación por los daños causados que podrán incluir entre otras, la participación en obras de reconstrucción de infraestructura en los territorios más afectados por el conflicto, la participación en los programas de limpieza y descontaminación de los territorios de minas antipersonal (MAP), artefactos explosivos improvisados (AEI) y municiones sin explotar (MUSE) o restos explosivos de guerra (REG), la participación en los programas de sustitución de cultivos de uso ilícito, la contribución a la búsqueda, ubicación, identificación y recuperación de restos de personas

> muertas o dadas por desaparecidas en el contexto y con ocasión del conflicto, y la participación en programas de reparación del daño ambiental, como por ejemplo la reforestación [...].

Esta tarea de participar en la reparación del daño ambiental, con ejercicios de reforestación a manera de ejemplo, implica el reconocimiento del inmenso daño que padecieron los recursos naturales en medio del conflicto, así como la posibilidad de que quienes participaron en ese proceder puedan identificar los lugares más afectados.

4. COMPROMISO CON LA PROMOCIÓN, EL RESPETO Y LA GARANTÍA DE LOS DERECHOS HUMANOS

En una de las líneas finales de este punto del Acuerdo de Paz se refuerza la idea de que "el respeto de los derechos humanos en todos los confines del territorio nacional, es un fin del Estado que debe promoverse" (5.2).

En dos aspectos concretos de este compromiso se destacan los temas ambientales. El primero es el siguiente:

> [...] El Gobierno Nacional en representación del Estado colombiano reitera su compromiso con la protección de los derechos humanos y de quienes trabajan por esta causa. Es deber del Estado colombiano promover, proteger, respetar y garantizar, los derechos humanos, incluyendo los derechos económicos, sociales, culturales y ambientales, con un enfoque diferencial y de género, atendiendo a los principios de igualdad y progresividad, y garantizar el derecho a la paz, especialmente en los territorios más afectados por el conflicto [...].

El compromiso general del Estado es proteger en adelante los derechos humanos, con especial énfasis en los derechos de los defensores de dicha causa. Esta tarea puntualiza, entre otros, la defensa, el respeto y la promoción de los denominados derechos ambientales, esto es, los que tienen que ver con el derecho a gozar de un ambiente sano (art. 79 constitucional) y con el derecho al uso y goce de los recursos naturales en las condiciones señaladas en la Constitución Política, la ley y los reglamentos.

El segundo aspecto es el relativo a la protección del medio ambiente, y está consagrado así:

> [...] El escenario de fin del conflicto permitirá garantizar la cultura de la legalidad, el libre debate de las ideas, la participación efectiva de los ciudadanos y ciudadanas y sus organizaciones en la toma de decisiones, el respeto por quienes piensan distinto y por el ejercicio de la oposición, la profundización de la cultura de los derechos humanos, la protección de la diversidad y autonomía cultural, el fomento de la resolución pacífica de conflictos, el fortalecimiento del acceso a la justicia en condiciones de igualdad, la inclusión social, el bienestar y el buen vivir de la población, la justicia social, la superación de la pobreza, la protección del medio ambiente y el enfoque territorial en la implementación de las políticas públicas [...].

Este artículo del Acuerdo de Paz sitúa la protección del medio ambiente como uno de los resultados ideales con ocasión del fin del conflicto[26].

Consecuente con este compromiso, el Acuerdo de Paz recuerda la vigencia de la Constitución Política de 1991, del Pacto de derechos civiles y políticos, del Pacto de derechos económicos, sociales y culturales, así como de los demás tratados internacionales sobre derechos humanos ratificados por Colombia. Herramientas todas estas que, sin distinción, prohíjan la protección del medio ambiente y de los recursos naturales.

H. EN EL PUNTO 6 DEL ACUERDO: "IMPLEMENTACIÓN, VERIFICACIÓN Y REFRENDACIÓN"

El capítulo final del Acuerdo de Paz está dedicado a dejar en claro las condiciones para que sus etapas de implementación, verificación y refrendación se realicen en forma exitosa, eficiente y adecuada. Para facilitar ese objetivo se dispuso la creación de la denominada "Comisión de Seguimiento, Impulso y Verificación a la Implementación del Acuerdo Final (CSIVI)"[27], instancia que tendrá como funciones principales resolver cualquier diferencia o si-

---

26 El ideario político y social de este punto del Acuerdo de Paz es el escenario que todos deseamos tener para el país. Un país en paz, con legalidad, con respeto y promoción de los derechos de las personas, con profundización de la cultura, con participación efectiva, con una justicia pronta y efectiva, con soluciones reales para la superación de la pobreza y con protección del medio ambiente, entre otras condiciones. Esta tarea de contenido ambiental es de todos: del Estado, de los excombatientes, de los territorios, de los empresarios, de las comunidades étnicas, pero también de los campesinos.

27 La "Comisión de Seguimiento, Impulso y Verificación a la Implementación del Acuerdo Final (CSIVI)" estará integrada por tres representantes del Gobierno Nacional y tres representantes de las FARC-EP o del partido político que surja de su tránsito a la vida legal. La duración de la Comisión podrá ser hasta de diez años, acordándose un primer período de funcionamiento hasta

tuación imprevista que pueda surgir entre las partes en la interpretación de los acuerdos, hacer seguimiento a todos los componentes del Acuerdo y verificar su cumplimiento.

Aplicables para todos los aspectos del Acuerdo de Paz, incluyendo los ambientales, se acordaron varios principios orientadores para su implementación, sin perjuicio de los señalados en todos los puntos del documento de paz[28].

1. LA PARTICIPACIÓN DE LOS PUEBLOS ÉTNICOS EN MATERIA DE REFORMA RURAL INTEGRAL

Aparte de consagrar las instrucciones para la puesta en marcha del Acuerdo de Paz, este capítulo final se ocupa de destacar la importancia de las comunidades étnicas señalando que

> ... el Gobierno Nacional y las FARC-EP reconocen que los pueblos étnicos han contribuido a la construcción de una paz sostenible y duradera, al progreso, al desarrollo económico y social del país, y que han sufrido condiciones históricas de injusticia, producto del colonialismo, la esclavización, la exclusión y el haber sido desposeídos de sus tierras, territorios y recursos; que además han sido afectados gravemente por el conflicto armado interno y se deben propiciar las máximas garantías para el ejercicio pleno de sus derechos humanos y colectivos en el marco de sus propias aspiraciones, intereses y cosmovisiones... (6.2.1).

En este marco de referencia, las partes propenden por incorporar la perspectiva étnica y cultural para la interpretación e implementación del Acuerdo. Precisamente, y haciendo referencia a la implementación de la RRI para las comunidades étnicas (indígenas y afrocolombianas), este punto del Acuerdo se ocupa de la función ecológica de la propiedad y de los planes de manejo ambiental, en los siguientes términos:

---

el enero de 2019, fecha a partir de la cual los integrantes de la Comisión decidirán respecto de su prórroga.

28 Los principios generales convenidos para la implementación son los siguientes: i) enfoque de derechos; ii) respeto a la igualdad y no discriminación; iii) enfoque de género; iv) respeto a la libertad de cultos; v) integración territorial e inclusión social; vi) fortalecimiento y articulación institucional; vii) profundización de la democracia y "construir sobre lo construido"; viii) eficacia, eficiencia e idoneidad; ix) priorización; x) transparencia, control social y lucha contra la corrupción, y xi) principios democráticos.

> [...] Acceso a tierras incluyendo el Fondo de Tierras. Se incluirá a los pueblos étnicos como beneficiarios de las diferentes medidas acordadas de acceso a tierras sin detrimento de los derechos adquiridos. La adjudicación de predios y procedimientos de formalización se hará con destino a la constitución, creación, saneamiento, ampliación, titulación, demarcación, restitución y resolución de conflictos de uso y tenencia de las tierras. Se entenderá para el caso de los pueblos étnicos que la función ecológica de la propiedad y las formas propias y ancestrales de relacionamiento con el territorio se anteponen a la noción de inexplotación. En la creación de mecanismos de resolución de conflictos de tenencia y uso y de fortalecimiento de la producción alimentaria participarán los pueblos y comunidades étnicas con sus organizaciones representativas cuando se trate de conflictos que comprometan sus derechos.
>
> Los Programas de Desarrollo con Enfoque Territorial (PEDT), cuya realización esté proyectada para hacerse en territorios de comunidades indígenas y afrocolombianas, deberán contemplar un mecanismo especial de consulta para su implementación, con el fin de incorporar la perspectiva étnica y cultural en el enfoque territorial, orientados a la implementación de los planes de vida, etnodesarrollo, planes de manejo ambiental y ordenamiento territorial o sus equivalentes de los pueblos étnicos [...].

Estos dos aspectos de contenido ambiental (función ecológica y planes de manejo ambiental) están orientados a proteger los procesos de la RRI que tienen que ver con las comunidades étnicas. El primero de ellos privilegia el uso y explotación de los recursos naturales con sentido ecológico y con respeto a las costumbres ancestrales, frente a un ejercicio de no explotación y de acumulación ociosa de las tierras.

El segundo aspecto, aplicable a los Programas de Desarrollo con Enfoque Territorial (PEDT), privilegia el mecanismo de consulta en territorios de comunidades indígenas y afrocolombianas para la implementación, entre otros, de los planes de manejo ambiental que sea necesario adelantar.

II. REFLEXIONES FINALES: LA IMPORTANCIA DEL COMPONENTE AMBIENTAL EN EL "ACUERDO FINAL PARA LA TERMINACIÓN DEL CONFLICTO Y LA CONSTRUCCIÓN DE UNA PAZ ESTABLE Y DURADERA"

Como se vio en el capítulo anterior, sin excepción, en todos los apartes de la negociación del Acuerdo de Paz se tuvieron en cuenta aspectos de contenido ambiental, por supuesto, en mayor o en menor medida: en el Punto 1, los elementos para una reforma rural integral; en el Punto 2, la participación política y la apertura democrática para construir la paz; en el Punto 3, los temas relacionados con el fin del conflicto; en el Punto 4, la solución al problema de las drogas ilícitas; en el Punto 5, el acuerdo sobre las víctimas del conflicto, y en el Punto 6, la implementación, verificación y refrendación del Acuerdo de Paz.

El ejercicio académico de revisión puntual del documento nos dejó en claro que en más de veinticinco normas hay referencias expresas a temas de sostenibilidad ambiental, a los efectos socioambientales de las decisiones territoriales y de las políticas públicas, así como a la inclusión de la función ecológica de la propiedad, entre otras consideraciones.

A manera de reflexión general se debe señalar que los temas ambientales han hecho presencia en los siguientes aspectos del Acuerdo de Paz suscrito entre el Gobierno Nacional y las FARC-EP:

1. *La protección del medio ambiente como elemento fundamental de la paz.* Como lo recogió el Preámbulo, la nueva Colombia en paz debe estar fundada, entre otros aspectos, en la protección del medio ambiente, en el respeto a la naturaleza, así como en sus recursos renovables y no renovables, y en su biodiversidad.

2. *La sostenibilidad ambiental del enfoque territorial.* El enfoque territorial del Acuerdo supone reconocer y tener en cuenta las necesidades, características y particularidades económicas, culturales y sociales de los territorios y las comunidades, para garantizar allí su sostenibilidad socioambiental.

3. *El ordenamiento socioambiental de la RRI.* A propósito de la RRI que se convino, en ese proceso se deben tener en cuenta todos los grupos sociales identificados, y debe ser un ejercicio que se lleve a cabo con base en un enfoque territorial y en un ordenamiento socioambiental sostenible.

4. *La sostenibilidad del derecho a la alimentación.* El derecho a la alimentación, como principio de la RRI, está orientado a asegurar progresivamente que todas las personas tengan acceso a una alimentación sana y adecuada, y que los alimentos se produzcan bajo sistemas sostenibles.

5. *El principio del desarrollo sostenible de la RRI.* Entre los principios de la RRI quedó incluido el de desarrollo sostenible, pero enfocado en que la reforma debe ser ambiental y socialmente sostenible, y en resaltar que se requiere de la protección y promoción del acceso al agua, dentro de una concepción ordenada del territorio.

6. *El acceso a la tierra con sostenibilidad ambiental.* Otro de los principios de la RRI pone el énfasis en la necesidad de que el mayor número de hombres y mujeres del campo puedan acceder a la tierra con criterios de sostenibilidad ambiental, de vocación del suelo, de ordenamiento territorial y de participación de las comunidades.

7. *Zonas de reserva forestal y función ecológica de la propiedad en el Fondo de Tierras.* Hacen parte del Fondo de Tierras para la RRI las provenientes de las Zonas de Reserva Forestal, siempre y cuando en el proceso de sustracción se haya garantizado la participación de las comunidades, con sostenibilidad social y ambiental, así como las llamadas tierras inexplotadas por incumplimiento de la función social y ecológica de la propiedad, y serán beneficiarias las personas que hayan sido catalogadas como protectoras del medio ambiente en las regiones.

8. *Puesta en marcha de una nueva jurisdicción agraria.* Con el propósito de contribuir a la regularización y protección de los derechos de propiedad, promover el uso adecuado de la tierra, mejorar su planificación y ordenamiento, prevenir y mitigar los conflictos de uso y tenencia, y, en particular, solucionar los conflictos que amenacen o limiten la producción de alimentos, el Gobierno Nacional tiene la obligación de poner en marcha una nueva jurisdicción agraria.

9. *Comisión de expertos para garantizar la función social y ecológica de la propiedad.* Con el ánimo de proponer recomendaciones de reformas normativas y de políticas públicas en materia de seguridad jurídica sobre la tenencia o la propiedad de la tierra, se dispuso la conformación de una comisión de tres expertos, que además tienen la tarea de garantizar la función social y ecológica de la propiedad.

10. *Comisión de expertos para la planeación indicativa del uso de la tierra.* Para la formulación de lineamientos en materia de planeación indicativa para el uso de la tierra se propone la creación de una instancia de alto nivel, teniendo en cuenta la sostenibilidad socioambiental, la conservación de los recursos hídricos y la biodiversidad, así como la compatibilidad entre la vocación y el uso del suelo rural.

11. *Función ambiental del catastro rural multipropósito.* El proceso de formación y actualización del catastro sirve también para promover un equilibrado manejo de la información ambiental, siempre en beneficio de la pequeña y mediana propiedad rural, así como para beneficiar y mejorar la producción de alimentos.

12. *Cierre de la frontera agrícola y protección de zonas de reserva.* Con el propósito de delimitar la frontera agrícola, proteger las áreas de especial interés ambiental y generar para la población alternativas equilibradas entre medio ambiente, bienestar y buen vivir, el Gobierno Nacional, con la participación de las comunidades y en aplicación del principio de desarrollo sostenible, debe desarrollar un plan de zonificación ambiental que permita actualizar y ampliar el inventario, así como caracterizar el uso de las áreas que deben tener un manejo ambiental especial, tales como las zonas de reserva forestal, las zonas de alta biodiversidad, los ecosistemas frágiles y estratégicos, las cuencas, los páramos, humedales y demás fuentes y recursos hídricos, todo con el fin de proteger la biodiversidad, y el derecho progresivo y racional de acceso de la población al agua.

13. *El componente ambiental de los PEDT.* Los "Programas de Desarrollo con Enfoque Territorial (PEDT)", suponen la elaboración en cada zona de un plan de acción que tenga en cuenta, entre otros, las características sociales, históricas, culturales y ambientales de los territorios y de sus habitantes.

14. *Elementos ambientales de los planes nacionales para la reforma rural integral.* En materia de infraestructura vial y adecuación de tierras los planes nacionales para la reforma rural integral deben tener en cuenta la sostenibilidad de las condiciones socioambientales en materia de riego, y el acceso democrático y ambientalmente sostenible al agua, así como la mitigación de los riesgos originados por el cambio climático; en materia de energía, los programas de electrificación y de conectividad rural con sostenibilidad; en materia de vivienda, el acceso garantizado al agua potable, y en materia de semillas, una estricta regulación socioambiental y sanitaria de los cultivos transgénicos, a fin de proteger el patrimonio genético y la biodiversidad como recursos soberanos de la Nación.

15. *Los temas ambientales en materia de participación política y apertura democrática.* Los consejos territoriales de planeación deben tener en cuenta a las organizaciones ambientales; el Gobierno Nacional debe facilitar la participación ciudadana en la formulación de las políticas ambientales regionales y promover una política democrática y participativa en materia de derechos ambientales; se deben crear dieciséis circunscripciones transitorias especiales de paz en la Cámara de Representantes con el fin de facilitar una mayor inclusión y una mejor representación política de los derechos ambientales de las comunidades.

16. *Enfoque diferencial ambiental en la aplicación del PNIS*. En la puesta en marcha del PNIS se debe aplicar un enfoque diferencial territorial que reconozca, entre otras, las características sociales y ambientales de cada zona del país.

17. *Componente ambiental de la sustitución voluntaria de cultivos ilícitos*. En materia de sustitución voluntaria de cultivos ilícitos los campesinos deben seguir teniendo la posibilidad de sostenerse económicamente, con un adecuado marco social y con territorios bien operados ambientalmente, generando para ellos alternativas viables y rentables con bajo impacto ambiental y con fortalecimiento de las economías familiares.

18. *La contribución del PNIS al cierre de la frontera agrícola y a la recuperación de los ecosistemas*. El PNIS debe contribuir a la recuperación de los ecosistemas que han sido afectados por los cultivos ilícitos con la implantación de un modelo propio de desarrollo sostenible en dichas zonas, y apoyar los planes de desarrollo de las ZRC constituidas y por constituir, como modelos de desarrollo agrario y ambiental para la reconciliación.

19. *El componente ambiental cuando no hay acuerdos para la sustitución voluntaria de cultivos ilícitos*. Cuando no se logran los consensos para la sustitución voluntaria de cultivos ilícitos, el Gobierno está en capacidad de reaccionar con sus instrumentos administrativos para proceder con un programa de erradicación, preferiblemente manual "donde sea posible", y teniendo en cuenta que se deben respetar los derechos humanos, el medio ambiente, la salud y el buen vivir.

20. *Priorización de los PNN por el PNIS*. Los PNN son prioritarios para el Acuerdo de Paz a la hora de poner en marcha el PNIS.

21. *Componente ambiental en los planes integrales comunitarios de sustitución y desarrollo alternativo*. Todos los problemas derivados de los cultivos ilícitos tienen componentes económicos, sociales, ambientales y culturales que demandan una amplia participación de las comunidades involucradas en la elaboración de los PISDA, lo que supone realizar acciones concretas de recuperación y adecuación de suelos para establecer cultivos lícitos, y mitigar los daños ambientales en zonas frágiles, así como también proyectos de protección ambiental en zonas de especial interés ambiental.

22. *Esclarecimiento y promoción de los derechos ambientales como mandato de la Comisión de la Verdad*. Una de las principales tareas de la Comisión para el esclarecimiento de la verdad, la convivencia y la no repetición es esclarecer y promover el reconocimiento del impacto humano y social

del conflicto, incluyendo el que involucra los derechos ambientales de las comunidades.

23. *Sanciones de contenido ambiental.* La denominada Sala de reconocimiento de verdad, de responsabilidad y de determinación de los hechos y conductas podrá ordenar la realización de trabajos en materia de protección medio ambiental de zonas de reserva (en zonas rurales), de eliminación de residuos en las zonas necesitadas de ello (en zonas rurales), de recuperación ambiental de las áreas afectadas por cultivos de uso ilícito (en zonas rurales), así como programas de acceso a agua potable y construcción de redes y sistemas de saneamiento (en zonas urbanas).

24. *La participación ciudadana en programas de reparación del daño ambiental.* Las partes acordaron promover la participación ciudadana en distintas medidas de reparación que se diseñarán para tal efecto, inclusive en temas de reparación del daño ambiental (p. ej., reforestación).

25. *Compromiso del Estado de proteger los derechos ambientales y el medio ambiente.* Dentro del compromiso del Gobierno Nacional de proteger los derechos humanos están incluidos los derechos ambientales, aplicando los principios de igualdad y progresividad, especialmente en los territorios más afectados por la confrontación, lo cual repercutirá en el incremento de la protección del medio ambiente.

26. *Función ecológica de la propiedad y consulta de temas ambientales en territorios de comunidades étnicas.* El Acuerdo de Paz señala que en los programas de acceso a las tierras por las comunidades étnicas deberá prevalecer la función ecológica de la propiedad, que en los PEDT que se realicen en sus territorios se deberán contemplar el mecanismo especial de la consulta, así como los planes de manejo ambiental y de ordenamiento territorial.

En razón de lo anterior se puede afirmar sin vacilación que el Acuerdo de Paz suscrito entre el Gobierno de Colombia y las FARC-EP tiene un alto componente ambiental, que la paz es también ambiental, que requiere del medio ambiente y de los recursos naturales, y que los recursos naturales y el medio ambiente necesitan de la paz.

BIBLIOGRAFÍA

DOCUMENTOS Y PUBLICACIONES

Bernal Cuéllar, J. et al. *Reflexiones jurídicas sobre el proceso de paz*, Bogotá, Instituto Colombiano de Derecho Procesal, Universidad Externado de Colombia, 2016.

Calderón, M. D. y D. F. Contreras Pantoja. "Instrumentos administrativos para la paz: Programas de Desarrollo con Enfoque Territorial", en *Lecturas sobre Derecho de Tierras*, t. ii, Bogotá, Universidad Externado de Colombia, 2018.

Cárdenas, M. y M. Rodríguez Becerra. *Guerra, sociedad y medioambiente*, Bogotá, Foro Nacional Ambiental, 2004.

Correa Medina, J. A. "Aproximación conceptual a una constitución agraria", en *Lecturas sobre Derecho de Tierras*, t. i, Bogotá, Universidad Externado de Colombia, 2017.

Hanson, T.; T. Brooks, G. Da Fonseca, M. Hoffman, G. Machlis et al. "Warfare in Biodiversity Hotspots", *Conservation Biology*, 2009.

Le Billon, P. "The political ecology of war: Natural resources and armed conflicts", *Political Geography*, 2001.

Ministerio de Ambiente y Desarrollo Sostenible (mads) y Programa de las Naciones Unidas para el Desarrollo pnud. "Quinto Informe Nacional de Biodiversidad de Colombia ante el Convenio sobre la Diversidad Biológica", Bogotá, 2014.

Matiz Sánchez, I. E. "Reforma Rural Integral y Catastro Multipropósito en el marco de los Sistemas de Administración de Tierras (sat)", en *Lecturas sobre Derecho de Tierras*, t. ii, Bogotá, Universidad Externado de Colombia, 2014.

McNeely, J. A. "Conserving forest biodiversity in times of violent conflict", *Oryx*, 2003.

Rettberg, A.; R. Leiteritz y C. Nasi. "Different resources, different conflicts? A framework for understanding the political economy of armed conflict and criminality in the Colombian regions", documento de trabajo, 2014, disponible en [http://ssrn.com/abstract=2499580] or [http://dx.doi.org/102139/ssrn.2499580].

Rodríguez Garavito, C. "Ideas para construir la paz", en *La Paz Ambiental: Retos y propuestas para el posacuerdo*, Documentos 30, Bogotá, Dejusticia, 2017.

Roldán Zuluaga, S., *Derecho Transicional de Tierras*, Bogotá, Universidad Externado de Colombia, 2019.

Ross, M. "Natural resources and civil war: An overview", *World Bank Research Observer*, 2002.

UNEP. *From Conflict to Peacebuilding: The role of natural resources and the environment*, Kenya, UNEP, 2009.

NORMATIVIDAD

Ley 200 del 30 de diciembre de 1936, Sobre régimen de tierras.

Ley 4.ª del 27 de febrero de 1943, Sobre seguridad rural y por la cual se dictan otras disposiciones.

Junta Militar de Gobierno. Decreto 291 del 8 de noviembre de 1957, por el cual se dictan normas procedimentales sobre problemas relativos a predios rurales.

Decreto 1891 del 17 de julio de 1964, por el cual se modifican y adicionan los Decretos 528 y 1358 de 1964 y se dictan otras disposiciones.

Ley 4.ª del 29 de marzo de 1973, Por la cual se introducen modificaciones a las Leyes 200 de 1936, 135 de 1961 y 1.ª de 1968, se establecen disposiciones sobre renta presuntiva, se crea la Sala Agraria en el Consejo de Estado y se dictan otras disposiciones.

Ley 30 del 9 de octubre de 1987, Por la cual se confieren unas facultades extraordinarias y se dictan otras disposiciones.

Ley 30 del 18 de marzo de 1988, Por la cual se modifican y adicionan las Leyes 135 de 1961, 1.ª de 1968 y 4.ª de 1973, y se otorgan unas facultades al presidente de la República.

Decreto 2303 del 7 de octubre de 1989, Por el cual se crea y organiza la jurisdicción agraria.

Constitución Política de 1991.

Ley 152 del 15 de julio de 1994, Por la cual se establece la Ley Orgánica del Plan de Desarrollo.

Ley 160 del 3 de agosto de 1994, Por la cual se crea el Sistema Nacional de Reforma Agraria y Desarrollo Rural Campesino, se establece un subsidio para la adquisición de tierras, se reforma el Instituto Colombiano de la Reforma Agraria y se dictan otras disposiciones.

Ley 270 del 7 de marzo de 1996, Estatutaria de la Administración de Justicia.

Junta Directiva del Instituto Colombiano de Reforma Agraria. Acuerdo 024 del 25 de noviembre de 1996, Por el cual se fijan los criterios generales y el procedimiento para seleccionar y delimitar las Zonas de Reserva Campesina de que tratan el Capítulo XIII de la Ley 160 de 1994 y el Decreto 1777 de 1996 y se dictan otras disposiciones.

Ley 388 del 18 de julio de 1997, Por la cual se modifican la Ley 9.ª de 1989 y la Ley 3.ª de 1991, y se dictan otras disposiciones.

Decreto 028 del 10 de enero de 2008, Por medio del cual se define la estrategia de monitoreo, seguimiento y control integral al gasto que se realice con recursos del Sistema General de Participaciones.

Ley 1564 del 12 de julio de 2012, Por medio de la cual se expide el Código General del Proceso y se dictan otras disposiciones.

Documento CONPES 3859 del 13 de junio de 2016

Acuerdo Final para la Terminación del Conflicto y la Construcción de una Paz Estable y Duradera, 12 de noviembre de 2016, La Habana, Cuba.

Acto Legislativo 01 de 2016, Por medio del cual se establecen instrumentos jurídicos para facilitar y asegurar la implementación y el desarrollo normativo del Acuerdo Final para la Terminación del Conflicto y la Construcción de una Paz Estable y Duradera, 7 de julio de 2016, *Diario Oficial* 49.927, disponible en [http://es.presidencia.gov.co/normativa/actolegislativo001de2016].

Decreto 893 del 28 de mayo de 2017, Por el cual se crean los Programas de Desarrollo con Enfoque Territorial (PEDT).

Acto Legislativo 02 de 2017, Por medio del cual se adiciona un artículo transitorio a la Constitución con el propósito de dar estabilidad y seguridad jurídica al Acuerdo Final para la Terminación del Conflicto y la Construcción de una Paz Estable y Duradera, 11 de mayo de 2017, *Diario Oficial* 50.230, disponible en [http://es.presidencia.gov.co/normativa/normativa/ActoLegislativo02de2007.pdf].

Decreto ley 902 del 29 de mayo del año 2017, "Por el cual se adoptan medidas para facilitar la implementación de la Reforma Rural Integral contemplada en el Acuerdo Final en materia de tierras, específicamente el procedimiento para el acceso y formalización y el Fondo de Tierras".

JURISPRUDENCIA

CORTE CONSTITUCIONAL

Sentencia C-699 del 13 de diciembre de 2016, M. P.: María Victoria Calle Correa, expediente D-11601.

Sentencia C-644 del 18 de octubre de 2017,M. P.: Diana Fajardo Rivera, expediente RDL-016.

LUIS FELIPE GUZMÁN JIMÉNEZ
DIANA GERALDINE QUEVEDO NIÑO

Posacuerdo y construcción de paz en Colombia. Una mirada a la búsqueda de justicia ambiental

SUMARIO

Introducción. I. Las dimensiones de la justicia ambiental y su relación con los conflictos socioambientales y el conflicto armado en Colombia. A. La relación entre conflicto armado interno y medio ambiente. B. El medio ambiente como víctima del conflicto armado. C. La vulneración de derechos humanos como consecuencia de los impactos ambientales del conflicto armado. D. Las dimensiones de la justicia ambiental en el conflicto armado. II. Oportunidades y retos de la implementación del acuerdo de paz para el logro de la justicia ambiental. Análisis de casos en Colombia. A. Una mirada a los atentados contra el medio ambiente en el marco de la Jurisdicción Especial para la Paz y la reparación a las víctimas. 1. Los atentados contra el medio ambiente. Escenarios de responsabilidad. 2. Investigación y juzgamiento de delitos contra los recursos naturales y el derecho internacional humanitario. 3. Reparación integral de los daños ambientales y restauración de las relaciones entre las víctimas y el medio ambiente. B. Erradicación de cultivos de uso ilícito. 1. Deforestación, contaminación de recursos hídricos y cultivos ilícitos. 2. Participación en los procesos de toma de decisiones. Una mirada a los planes de erradicación voluntaria. 3. Impacto de la aspersión aérea con glifosato. ¿Estado de cosas inconstitucional? Conclusiones. Bibliografía.

RESUMEN

El conflicto armado en Colombia ha tenido un vínculo estrecho con el medio ambiente, y en especial con la explotación de los recursos naturales por los grupos armados en las regiones con abundancia de riquezas naturales. Esta situación incrementó las injusticias ambientales representadas en la inequitativa distribución de las cargas ambientales a las comunidades rurales, especialmente los pueblos indígenas y las comunidades afrodescendientes, la falta de reconocimiento de las afectaciones a los derechos fundamentales por causa de los impactos ambientales negativos del conflicto, la ausencia de escenarios de participación en las decisiones para la lucha contra las actividades ilegales, y la falta de acceso a las capacidades necesarias para desarrollarse en sociedad conforme a su visión de la vida. Esta situación genera retos y oportunidades en el marco del posconflicto, en particular en el desarrollo de la investigación y juzgamiento de los delitos contra los recursos naturales y el Derecho Internacional Humanitario por la Jurisdicción Especial para la Paz y en la sustitución de cultivos de uso ilícito.

PALABRAS CLAVE

Justicia ambiental, conflicto armado, construcción de paz, daño al medio ambiente, cultivos ilícitos.

ABSTRACT

The armed conflict in Colombia is linked with the environment, and especially, with the exploitation of natural resources by armed groups in regions with an abundance of biodiversity. This situation increased the environmental injustices represented in the inequitable distribution of environmental burdens to rural communities, particularly in the case of indigenous peoples and Afro-descendant communities, the lack of recognition of the violations of fundamental rights caused by the negative environmental impacts of the conflict, the absence of scenarios of participation in decision-making processes related to fighting illegal activities and the lack of access to the capabilities needed to flourish in society according to their valuable life. This situation generates challenges and opportunities in the post-conflict framework, especially in the development of the investigation and prosecution of crimes against natural resources and international humanitarian law by the Special Jurisdiction for Peace and in the substitution of illegal crops.

KEYWORDS

Environmental justice, armed conflict, peacebuilding, environmental hazards, illegal crops.

INTRODUCCIÓN

La existencia de claros y múltiples vínculos entre los conflictos armados y las disputas relacionadas con los recursos naturales y el medio ambiente pone de presente la importancia del tema, especialmente en conflictos armados como el colombiano que luego de 52 años de intensos y marcados enfrentamientos el medio ambiente ha sido una más de las víctimas. El 81%

de los conflictos armados que se dieron alrededor del mundo entre 1950 y 2000 tuvieron como escenario zonas de alta biodiversidad y especialmente vulnerables (también conocidas como puntos críticos de biodiversidad), es decir, el medio ambiente ha sido una constante en la historia de los conflictos armados. Con la firma del "Acuerdo final para la terminación del conflicto y la construcción de una paz estable y duradera" Colombia entró en una nueva fase, al pasar de la etapa de negociación de la paz (*peacemaking*) a la etapa de construcción de la paz (*peacebuilding*).

En el país el binomio medio ambiente y guerra ha estado presente en todas las regiones, especialmente en aquellas zonas de especial relevancia ambiental que por la riqueza que albergan han sido las más afectadas con el accionar de los grupos al margen de la ley, los cuales han podido realizar su accionar muchas veces por las omisiones y la ausencia de presencia del Estado.

Las ideas que presentamos en este artículo son producto de la reflexión académica en la que pretendemos entender el papel y los retos que los colombianos, las instituciones y los diferentes actores involucrados en el conflicto deben asumir en la llamada fase de posacuerdo. La responsabilidad de desarrollar una nueva territorialidad no solo debe recaer en el Estado, sino también en la sociedad civil y sus individuos, ejes de la reconciliación y la construcción de la paz que comienza. En armonía con lo acordado en La Habana es necesario hablar de una paz territorial. Pero el texto del Acuerdo no es sino una semilla que el país debe sembrar en la etapa que comienza a atravesar, y en el cual no se mencionan expresamente los temas ambientales, por lo que los órganos de juzgamiento están haciendo ejercicios hermenéuticos en clave ambiental.

El artículo se estructura en dos partes. La primera se concentra en un análisis de las dimensiones de la justicia ambiental y su relación con los conflictos socioambientales y con el conflicto armado colombiano a partir de cuatro aspectos: i) el vínculo entre conflicto armado y medio ambiente; ii) el medio ambiente como víctima del conflicto armado; iii) la vulneración de derechos humanos como consecuencia de los impactos, y iv) las dimensiones propiamente dichas de la justicia ambiental en el marco del conflicto armado. En la segunda parte se abordan las oportunidades y retos de la implementación del Acuerdo de Paz para el logro de la justicia ambiental a partir de dos asuntos básicos: los atentados contra el medio ambiente en el marco del reconocimiento y juzgamiento en la jurisdicción especial para la paz, y la erradicación de cultivos ilícitos. Todo ello a partir del método de casos y bajo una metodología jurídica, utilizando para ello las ciencias sociales a fin de evidenciar la necesidad de dar un tratamiento holístico al fenómeno analizado.

I. Las dimensiones de la justicia ambiental y su relación con los conflictos socioambientales y el conflicto armado en Colombia

A. La relación entre conflicto armado interno y medio ambiente

La relación entre conflicto armado y medio ambiente es multidimensional, compleja, diversa y problemática. La doctrina especializada plantea cuatro escenarios muy claros para evidenciar la importancia de esta relación (Rodríguez Garavito, Rodríguez Franco, y Durán Crane, 2017)[1]: el primero es que los recursos naturales pueden ser causa del conflicto armado, llamado "terrorismo ecológico-ambiental" en el marco de las "guerras verdes"[2]; el segundo analiza los recursos naturales como fuente de financiamiento de los grupos armados en conflicto y su perpetuación, como viene ocurriendo con las actividades de minería ilegal, especialmente la relacionada con la explotación de oro en los ríos del país[3]; el tercero es el escenario del medio ambiente como víctima del conflicto, como ocurrió durante varias décadas con los derrames de hidrocarburos generados por la detonación de explosivos en la ruralidad del país, finalmente, el medio ambiente también puede ser beneficiario del conflicto, en cuanto los grupos al margen de la ley se convierten en una barrera para la ilegalidad y la deforestación del país[4] (Collier y Hoeffler, 2004; McNeely, 2003; Ross, 2003). Por su parte, el PNUMA (2009) ha destacado la relación entre los recursos naturales, el medio ambiente y el conflicto armado afirmando que es multidimensional y compleja.

---

1 Ortega-Guerrero (2018: 164) sostiene que: "... la naturaleza del conflicto armado se considera un extracto de la complejidad del contexto ambiental, debido a los múltiples factores que determinan sus particularidades y que han permitido su mantenimiento durante mucho tiempo".

2 Para profundizar sobre el particular, cfr. Lavaux (2004: 21).

3 Respecto de la contaminación con mercurio, cfr. Guzmán Jiménez y Monroy (2017).

4 Los cuatro escenarios son desarrollados ampliamente por Rodríguez Garavito, Rodríguez Franco y Durán Crane (2017: 20).

Coincidimos con Amaya Arias (2016) quien sostiene, con mucha razón, que la gran problemática de la relación entre conflicto armado interno y medio ambiente es la ausencia de una línea base ambiental que permita identificar el estado del medio natural anterior al conflicto. Son muchos los problemas de esa relación: la ausencia de una línea base ambiental también se traduce en la identificación de otros impactos, como el desplazamiento de personas a causa del conflicto armado, que por cierto ya es una forma de desplazamiento ambiental, también llamados desplazados climáticos[5]; por ende, la construcción de una paz estable depende también de los esfuerzos para construir resiliencia de las comunidades ante el cambio climático (Besigye Bazirake, 2013: 489). Son muchos los "dividendos de la paz"[6] para el medio ambiente, pero sin duda, no es un trabajo fácil lograr la paz con los ecosistemas, sobre todo después de un conflicto armado tan largo, cuyos impactos son graves, irreversibles y en muchos casos irreparables por su magnitud.

B. EL MEDIO AMBIENTE COMO VÍCTIMA DEL CONFLICTO ARMADO

El medio ambiente como víctima del conflicto armado nos impone hacer una aclaración *a priori*, y es que no compartimos la idea de que el medio ambiente o sus elementos puedan ser titulares de derechos[7]. Si bien la legislación colombiana aún no lo reconoce de esa manera, considerar el medio ambiente como sujeto de derechos debe tener un desarrollo jurisprudencial, y consideramos que bajo el tenor de la Ley 23 de 1973 el medio ambiente es un patrimonio común y las actividades inmersas en su conservación y protección tienen naturaleza de utilidad pública. Todo ello, en aplicación exegética de los pilares del derecho ambiental colombiano (Ley 23 de 1973, Dcto. ley 2811 de 1974, la Constitución Política de 1991 "ecológica" y la Ley 1333 del 2009).

---

5 Acerca de los desplazados climáticos, cfr. Guzmán Jiménez (2020: 335).

6 Así lo ha llamado el Departamento Nacional de Planeación (DNP) en varios documentos de política pública e informes de seguimiento al proceso de paz.

7 En cuanto a la discusión doctrinal en torno al reconocimiento jurisprudencial de sujeto de derechos a la naturaleza y a sus principales elementos, cfr. Guzmán Jiménez y Ubajoa Osso (2020).

Wilches-Chaux (1998: 29) señala que "… el medio ambiente es el escenario de la guerra y, en consecuencia, una de sus víctimas directas", y es evidente que en el caso colombiano ha sido y es una víctima directa del conflicto armado, lo que dificulta la paz con los ecosistemas, pues se han adelantado múltiples acciones que, de manera intencional, accidental o negligente, ocasionaron daños y alteraciones a los ciclos naturales de los ecosistemas, con efectos temporales o permanentes. El Acuerdo general para la terminación del conflicto y la construcción de una paz estable y duradera suscrito entre el gobierno colombiano y las FARC-EP no incluye específicamente las cuestiones relacionadas con el medio ambiente y los recursos naturales (Amaya Arias, 2016); únicamente se destaca que el desarrollo económico se debe hacer en armonía con el medio ambiente, y se menciona la recuperación ambiental de las áreas afectadas por los cultivos ilícitos. En el marco del Acuerdo la Justicia Especial para la Paz (JEP) se creó el 5 de junio del 2019 la Unidad de Investigación y Acusación[8] "… comprometida con el reconocimiento del ambiente como víctima silenciosa del conflicto y con la búsqueda de mecanismos para su reparación efectiva, propendiendo por garantizar la no repetición"[9].

El medio ambiente como víctima del conflicto armado es una cuestión compleja y la búsqueda de soluciones también lo es. Carrizosa (2014) señala que el conflicto en Colombia tiene lugar en un territorio que cuenta con una alta riqueza en diversidad biológica, ecosistémica y cultural, que hace parte de las condiciones que envuelven la complejidad misma del conflicto, no haciendo fácil la identificación de una alternativa para su resolución.

---

8 La Unidad de Investigación y Acusación es el órgano de la JEP que se encarga de las investigaciones y del ejercicio de la acción penal cuando los presuntos autores individuales o colectivos de graves violaciones a los derechos humanos, o infracciones al Derecho Internacional Humanitario, no reconocen verdad plena o responsabilidad.

9 Todo ello en el marco del caso 002 que abrió la Jurisdicción Especial para la Paz respecto de la situación de los municipios de Tumaco, Barbacoas y Ricaurte (Nariño), y en el que, mediante técnicas de análisis y geo procesamiento de la información del IDEAM respecto de la deforestación ocurrida entre 1990 y 2017, se pudo evidenciar la alarmante pérdida de bosques y la dinámica de cultivos de uso ilícito. Asimismo, la Unidad de Investigación y Acusación ha venido realizando acercamientos y sesiones de entendimiento e intercambio de información con diferentes instituciones que conforman el Sistema Nacional Ambiental (SINA), así como con organizaciones de diversos sectores económicos, con el fin de recaudar la información necesaria para adelantar y evidenciar las diferentes afectaciones al medio ambiente, producto del conflicto armado.

C. LA VULNERACIÓN DE DERECHOS HUMANOS COMO CONSECUENCIA DE LOS IMPACTOS AMBIENTALES DEL CONFLICTO ARMADO

Los impactos ambientales negativos del conflicto armado han generado afectaciones a los derechos humanos de las comunidades que habitan las zonas en las que se ha desarrollado, las cuales, en la mayoría de los casos, están en condiciones de extrema pobreza y en zonas no controladas por el Estado, por lo que resalta la falta de acceso a los servicios públicos. Los derechos humanos que se han visto vulnerados son principalmente el derecho humano al agua, a la seguridad alimentaria, a la vida, a la salud, a la integridad personal y al medio ambiente sano, entre otros.

El derecho a la dignidad humana se ve vulnerado cuando se destruye la relación de comunidades enteras que se ven forzadas a desplazarse de sus hogares debido a la contaminación de los recursos naturales[10] (Donald y Linehan, 2019), como en el caso del conflicto armado en Colombia pues, aunque la principal causa de desplazamiento ha sido la violencia, la contaminación de los recursos naturales y los impactos en los medios de vida de las comunidades por el desarrollo de actividades ilegales las ha forzado a abandonar sus hogares, en especial, pueblos indígenas y comunidades afrodescendientes.

El desarrollo de las actividades que producen impactos ambientales negativos en el conflicto armado genera a su vez afectaciones graves en los derechos humanos y fundamentales de las comunidades rurales del país, que se caracterizan por su condición de vulnerabilidad o porque son sujetos de especial protección constitucional[11].

En el caso de la minería ilegal, el uso del cianuro y el mercurio sin ningún procedimiento de seguridad ha generado la contaminación del suelo y de

---

10 Vista a la luz de la dignidad humana, la degradación ambiental resalta cómo el medio ambiente impacta aspectos esenciales de la vida de las personas, entre ellos la seguridad alimentaria, el acceso al agua y a un aire de calidad, y su habilidad para diseñar planes de vida. Es decir, la dignidad humana hace referencia a "cómo las personas viven un determinado ambiente y buscan aminorar los impactos que las condiciones ambientales adversas tienen en la habilidad de las personas para vivir como personas de valor" (Daly y May, 2019).

11 Ortega-Guerrero (2018) señala que las injusticias ambientales en el marco del conflicto armado contribuyeron a producir pobreza y desigualdad en la distribución de las cargas y beneficios ambientales, lo cual supone un mayor reto en el marco de posconflicto.

cuerpos de agua, impactando negativamente los ecosistemas y las poblaciones que habitan en esos territorios[12] (Morales, 2017). Según la Defensoría del Pueblo (2015), la minería trastorna el derecho: i) a la vida de los líderes sociales y ambientales que denuncian las irregularidades de esta actividad y de los interesados en el control de la producción; ii) al trabajo de quienes practican la pesca y la agricultura, por la contaminación de los ríos y suelos; iii) a un medio ambiente sano, por la degradación del medio ambiente; iv) al agua, por la contaminación de las fuentes hídricas, y v) a la seguridad alimentaria, por la contaminación de los suelos, la deforestación sin control y el aporte de sedimentos a los cuerpos de agua, lo que impacta los medios de vida de las comunidades y les impide obtener su sustento.

La deforestación para siembra de cultivos ilícitos generó la contaminación de suelos y de fuentes de agua debido al uso intensivo de químicos, afectando los medios de vida de las comunidades y, en consecuencia, sus derechos a la salud, al acceso al agua y a la seguridad alimentaria. Además, la erradicación de cultivos ilícitos a través de la aspersión aérea de glifosato ha generado graves consecuencias en la salud de las poblaciones rurales y en los recursos que estas utilizan para su subsistencia.

La voladura de oleoductos y el derrame de petróleo han sido actividades recurrentes de los grupos armados ilegales que han impacto gravemente el derecho humano al agua de las comunidades rurales que se abastecen de las fuentes atacadas, y el derecho a la seguridad alimentaria de las personas que obtienen su sustento de los cuerpos de agua, principalmente a través de la pesca[13] (Lastra Mier, 2015).

Para tener el control del territorio y desarrollar actividades como la siembra de palma de aceite en regiones estratégicas del país y caracterizadas por su gran valor, ocurrió un desplazamiento forzado de la población. Esta situación agrava las condiciones de pobreza y de desigualdad social, y en el caso de las comunidades indígenas y afrodescendientes que son expulsadas de sus propiedades colectivas, hay graves impactos sociales y culturales (Lei-

---

12 Debido a la presión que ejerce sobre el patrimonio ambiental del departamento del Chocó, la minería ilegal ha generado un grave conflicto socioambiental que ha fragmentado el tejido social, poniendo en evidencia la falta de capacidad de las autoridades del Estado, y la disputa de los actores por el control de los bienes ambientales (Defensoría del Pueblo, 2015).

13 Quevedo Niño (2019) señala que desde la década de 1980 los ataques contra la infraestructura petrolera y energética del país se convirtió en una práctica frecuente de las FARC y el ELN, lo que ha generado graves impactos ambientales y sociales.

teritz, Nasi, y Rettberg, 2009). Además, la expansión de los monocultivos y el uso de químicos repercute en el derecho humano al agua, a la salud y al medio ambiente sano, así como en el derecho a la seguridad alimentaria por la desaparición de la agricultura tradicional (Vera Solano, 2018).

D. LAS DIMENSIONES DE LA JUSTICIA AMBIENTAL EN EL CONFLICTO ARMADO

La justicia ambiental aborda las problemáticas asociadas a la distribución inequitativa de las cargas y los beneficios ambientales, a la ausencia de reconocimiento y valoración de los intereses y opiniones de las personas afectadas por el desarrollo de actividades que impactan el medio ambiente y los recursos naturales[14], a la privación del acceso a la participación en los procesos de toma de decisiones y a las capacidades de los ciudadanos para desarrollarse en sociedad.

El concepto de justicia ambiental se originó en Estados Unidos relacionado con el reconocimiento de la distribución injustificada de las cargas ambientales a comunidades afrodescendientes, por lo que se equiparaba al término de racismo ambiental, el cual aborda las problemáticas de discri minación y opresión basadas en la raza y la pobreza, y que causan impactos ambientales negativos en dichas comunidades. El concepto evolucionó para ampliar el de justicia propuesto por John Rawls, que se limitaba a la distribución equitativa de los bienes comunes, y actualmente la justicia ambiental abarca la justicia distributiva, el reconocimiento, la justicia procedimental y las *capabilities*[15].

La primera dimensión es la justicia distributiva, que en su concepción más amplia se refiere a la equitativa distribución de los bienes y cargas ambientales. Al respecto Scholsberg (2007) señala que, de acuerdo con la teoría de Rawls, la justicia distributiva se establece a partir de las reglas que se han definido para la distribución de los bienes, desde una posición imparcial y

---

14 YAKA (2019) vincula el término justicia ambiental con justicia socio-ecológica con el fin de reconocer el derecho de los seres tanto humanos como no humanos para vivir y crecer en ambientes libres de destrucción o degradación ecológica o social.

15 SCHOLSBERG (2007) afirma que las teorías y dimensiones que se han establecido para la justicia son aplicables a la justicia ambiental, y que esos desarrollos permiten entender y profundizar en las injusticias ambientales; además, las teorías relativas al reconocimiento y la participación son elementos clave para lograr la justicia.

procedimental, lo cual otros autores como Iris Young consideran insuficiente, toda vez que, para poder atacar y eliminar las causas que generan las injusticias ambientales, el interrogante que se debe responder es: ¿cómo se produjo una distribución inequitativa?

La Corte Constitucional de Colombia ha reconocido la dimensión distributiva de la justicia ambiental en diversas ocasiones[16], refiriéndose a ella como el "reparto equitativo de las cargas y beneficios ambientales, dentro y entre generaciones", y ha identificado dos mandatos: i) el principio de equidad ambiental, que debe justificar los casos en los que hay un inequitativo reparto de las cargas y beneficios ambientales, y ii) el principio de efectiva retribución o compensación, que exige mitigar y/o compensar los perjuicios ocasionados a la población que debe soportar las cargas ambientales de una política, proyecto o actividad.

En el caso del conflicto armado colombiano es posible identificar que los impactos ambientales generaron afectaciones más gravosas en los derechos de las comunidades rurales en condiciones de extrema pobreza, y en especial, de las comunidades afrodescendientes y los pueblos indígenas ubicados en zonas con abundancia de biodiversidad, lo que, a su vez, les impidió usar y disfrutar de los recursos naturales que ancestralmente utilizaban como medios para su subsistencia. Entonces, el conflicto armado intensificó la inequitativa distribución de las cargas y beneficios ambientales en aquellas comunidades rurales en las que ya se desarrollaban actividades económicas con alto impacto ambiental, particularmente proyectos extractivos que generaban contaminación e impedían el uso de los recursos naturales a la población.

La segunda dimensión es el reconocimiento, que consiste en valorar la forma en que las personas afectadas por las intervenciones en el medio ambiente perciben, evalúan y narran la situación y sus consecuencias, especialmente en los casos de comunidades o grupos vulnerables que han sufrido una desvalorización de su cultura. Lo anterior implica reconocer el sentido de justicia de cada individuo o comunidad, de tal manera que no se establezcan comportamientos paternalistas o colonialistas que impidan un

---

16 Sentencias T-614 del 16 de diciembre de 2019, M. P.: Alberto Rojas Ríos; T-063 del 15 de febrero de 2019, M. P.: Antonio José Lizarazo Ocampo, y T-294 del 22 de mayo de 2014, M. P.: María Victoria Calle Correa.

reconocimiento justo de los grupos que han sido marginalizados u oprimidos (Svarstad y Benjaminsen, 2020).

En los casos de conflicto armado, la lucha contra las drogas y el control del territorio pusieron en un segundo plano la relación entre los recursos naturales, el conflicto armado y los impactos sociales y culturales en las comunidades, devaluando la relevancia de su cultura y sus costumbres, y generando daños en la vida de los individuos y las comunidades. Esta ausencia de reconocimiento ha implicado el quebrantamiento de determinadas culturas, tradiciones o prácticas ancestrales de pueblos indígenas y comunidades afrodescendientes, incrementando las brechas sociales e intensificando su condición de vulnerabilidad.

La tercera dimensión es la justicia participativa, mediante la cual se busca que la ciudadanía se involucre y tenga influencia en los procesos de toma de decisiones en temas ambientales[17]. Kennedy (2017) resalta que procedimientos de participación justos pueden resultar en determinaciones más completas que aseguren el logro de una distribución justa.

La Corte Constitucional ha reconocido la dimensión de la justicia participativa ambiental[18], la cual busca la participación significativa de los ciudadanos, y en particular, de aquellos que se verán afectados por el desarrollo de un proyecto o actividad. Según la Sentencia T-294 de 2014, esta dimensión comprende: i) la apertura de espacios de participación, información y concertación, en el momento de evaluar los impactos y diseñar medidas de mitigación y compensación; ii) la participación en los procesos de elaboración de censos; iii) el cumplimiento de los compromisos acordados; iv) la financiación de la asesoría que requieran las comunidades para participar de manera efectiva, y v) la participación en las actividades de monitoreo y control.

De acuerdo con lo anterior, y considerando que en el marco del conflicto las actividades que generaron impactos ambientales eran ilegales, en el proceso de terminación del conflicto y la construcción de la paz se

---

17 Actualmente cobra especial relevancia el Acuerdo de Escazú sobre el Acceso a la Información, la Participación Pública y el Acceso a la Justicia en Asuntos Ambientales por ser un instrumento que les permite a los países avanzar en la protección y garantía de los derechos de acceso en materia ambiental.

18 Sentencias T-614 del 16 de diciembre de 2019, M. P.: Alberto Rojas Ríos; T-063 del 15 de febrero de 2019, M. P.: Antonio José Lizarazo Ocampo, y T-294 del 22 de mayo de 2014, M. P.: María Victoria Calle Correa.

deben garantizar los espacios de participación, información y concertación, a fin de que las comunidades afectadas por los daños ambientales puedan presentar sus opiniones y valoraciones respecto de los impactos ambientales ocasionados por el conflicto, sus causas, las afectaciones a sus medios de vida y los mecanismos de reparación y garantías de no repetición tanto de los daños ambientales como de las vulneraciones a sus derechos fundamentales.

Por último, la cuarta y más reciente dimensión de la justicia ambiental fue desarrollada por Amartya Sen y Martha Nussbaum, y en ella se reconocen las *capabilities*, que se refieren a las capacidades que las personas consideran que requieren para desarrollarse en sociedad de acuerdo con las vidas que piensan que vale la pena vivir. Svarstad y Benjaminsen (2020: 8) señalan que esta dimensión busca construir un puente entre lo que los individuos y las comunidades consideran que les genera bienestar, comparado con los recursos de que disponen; en otras palabras, esta perspectiva de justicia significa que "las personas necesitan tener acceso a capacidades que les permitan vivir las vidas que ellos consideran tienen valor". Esta perspectiva se enfoca en cómo los recursos pueden ser transformados para el crecimiento de los individuos y las comunidades de tal manera que logren una vida completamente funcional (Scholsberg, 2007).

Esta última dimensión es de particular relevancia para el caso de los pueblos indígenas y las comunidades afrodescendientes, pues sus modos de vida, cosmovisión y formas de desarrollarse como comunidad fueron perjudicadas por los impactos ambientales en sus territorios. Además, se ha desconocido el valor que tienen el medio ambiente y los recursos naturales para cada individuo y comunidad, en la medida en que el Estado no diseñó soluciones a sus problemas conforme a su cosmovisión sino a partir de un marco general que no tiene en cuenta la percepción de bienestar de cada individuo, lo que se puede observar en los casos de desplazamiento forzado y restitución de tierras en los que no se valora la relevancia de los recursos naturales para el bienestar de las comunidades.

De acuerdo con lo anterior, las injusticias ambientales que deben ser abordadas por el Estado en el marco del posconflicto y la construcción de paz son múltiples y variadas, por lo que uno de los retos en este proceso es el logro de una justicia ambiental, entendida como aquella en la que "todos, independientemente de la raza, la cultura o los ingresos, disfruten del mismo grado de protección de los daños ambientales y en la salud y de un acceso equitativo a los procesos de toma de decisión para tener un medio ambiente sano en el cual puedan vivir, aprender y trabajar" (DeLuca, 2007: 29).

II. OPORTUNIDADES Y RETOS DE LA IMPLEMENTACIÓN DEL ACUERDO DE PAZ PARA EL LOGRO DE LA JUSTICIA AMBIENTAL. ANÁLISIS DE CASOS EN COLOMBIA

En el Acuerdo para la terminación del conflicto y la construcción de una paz estable y duradera, firmado en 2016 entre el Gobierno colombiano y las FARC-EP, se establecieron seis puntos que concretaban los términos, procedimientos y garantías para el proceso de terminación del conflicto. En cada uno de los puntos se deben incorporar disposiciones que ataquen las causas de las injusticias ambientales en el marco del conflicto armado, y que contribuyan a alcanzar una justicia ambiental. En esta investigación vamos a estudiar los puntos 5 y 4 del Acuerdo de Paz, los cuales consideramos abordan las causas de los impactos ambientales del conflicto armado y ofrecen las bases para avanzar hacia una justicia ambiental en el país. El punto 5 contiene el "Acuerdo sobre las Víctimas del Conflicto: "Sistema Integral de Verdad, Justicia, Reparación y No Repetición", incluyendo la Jurisdicción Especial para la Paz, y el Compromiso sobre Derechos Humanos", y el punto 4 se relaciona con la "Solución al Problema de las Drogas Ilícitas".

A. UNA MIRADA A LOS ATENTADOS CONTRA EL MEDIO AMBIENTE EN EL MARCO DE LA JURISDICCIÓN ESPECIAL PARA LA PAZ Y LA REPARACIÓN A LAS VÍCTIMAS

La implementación del Acuerdo de Paz debe tener en cuenta los impactos ambientales de las actividades ilegales realizadas en el marco del conflicto armado, y las vulneraciones a los derechos fundamentales generadas por dichas actividades. Para abordar esta problemática a partir de la justicia ambiental, "es necesario abordar aspectos fundamentales en relación a las garantías para las víctimas, pero al mismo tiempo, adoptar medidas desde el punto de vista redistributivo para la solución de los problemas sociales de pobreza y desigualdad material" (Ortega-Guerrero, 2018: 168).

1. LOS ATENTADOS CONTRA EL MEDIO AMBIENTE. ESCENARIOS DE RESPONSABILIDAD

Las acciones desarrolladas durante el conflicto armado en perjuicio del medio ambiente generan distintos escenarios de responsabilidad tanto de los grupos armados al margen de la ley como del Estado en su función de garante de los derechos de los ciudadanos. Los escenarios de responsabilidad que se identifican son la responsabilidad administrativa ambiental, la responsabilidad civil extracontractual y la responsabilidad penal.

La responsabilidad administrativa ambiental se generó a partir de la Ley 1333 de 2009, que sancionó las infracciones ambientales generadas por la comisión de daños ambientales y por la violación de la normatividad ambiental. En ese escenario, todas las personas que en el marco del conflicto armado realizaron actividades ilegales que tuvieron como resultado daños ambientales deben ser sancionadas de acuerdo con el procedimiento establecido y en respeto de las garantías procesales. Un punto que se debe resaltar es que la Ley 1333 estableció que los actos terroristas son eximentes de responsabilidad[19], por lo que, en principio, las empresas dueñas de los proyectos que fueron objeto de atentados contra el medio ambiente no están en la obligación de responder por los daños ambientales.

La responsabilidad civil extracontractual que surge por la producción de un daño que debe ser reparado se puede exigir tanto a los particulares que desarrollaron actividades ilegales como al Estado con fundamento en el artículo 90 de la Constitución Política[20]. En este escenario se puede buscar la reparación de los daños a intereses colectivos y/o individuales. En el caso de los intereses colectivos, la reparación de los daños se puede hacer a través de la acción popular establecida en el artículo 88 de la Constitución Política.

En el caso de los intereses o derechos individuales, se puede ejercer la acción de responsabilidad ante la jurisdicción civil contra las personas particulares que desarrollaron las actividades ilegales con impactos negativos en el medio ambiente. No obstante, teniendo en cuenta que estas personas

---

19 Cfr. Quevedo Niño (2019).

20 En el artículo 90 de la Constitución Política de 1991 se estableció la cláusula general de responsabilidad del Estado, la cual determina que "el Estado responderá patrimonialmente por los daños antijurídicos que le sean imputables, causados por la acción o la omisión de las autoridades públicas".

hacen parte de grupos al margen de la ley, es posible buscar la responsabilidad civil extracontractual del Estado a través de la acción de reparación directa con el propósito de que el juez declare la responsabilidad solidaria entre los grupos armados y el Estado, y de esa manera lograr la reparación de los derechos fundamentales como consecuencia de los daños ambientales producidos por la minería ilegal, la siembra de cultivos ilícitos, los ataques contra la infraestructura petrolera y energética, y la deforestación para el establecimiento de monocultivos.

Por último, la responsabilidad penal surge por la adecuación de las conductas en alguno de los tipos penales contra los recursos naturales y el medio ambiente, o contra personas y bienes protegidos por el derecho internacional humanitario. Este último escenario de responsabilidad es el más relevante en el marco del posconflicto y la construcción de la paz, pues la investigación y juzgamiento de estos delitos por la JEP permitirá avanzar hacia una justicia ambiental en cada una de sus dimensiones. Por ello, este escenario se profundizará en los siguientes apartados de la investigación.

2. INVESTIGACIÓN Y JUZGAMIENTO DE DELITOS CONTRA LOS RECURSOS NATURALES Y EL DERECHO INTERNACIONAL HUMANITARIO

El punto 5 del Acuerdo de Paz estableció que la JEP ejerce funciones judiciales respecto de las conductas consideradas graves infracciones al DIH o graves violaciones de los derechos humanos cometidas en el marco del conflicto armado.

En materia ambiental, los delitos contra los recursos naturales y el medio ambiente se encuentran en el título XI de la Ley 599 de 2000 (Código Penal colombiano), y los delitos contra las personas y bienes protegidos por el DIH se encuentran en el título II del Código Penal colombiano. En ambos títulos se ubican los tipos penales que buscan proteger las riquezas naturales del país, y que pueden adecuarse a las conductas realizadas por los grupos al margen de la ley en perjuicio del medio ambiente.

En 2019 la Fiscalía General de la Nación entregó a la JEP los informes sobre los delitos cometidos en el marco del conflicto armado[21]. En el in-

---

21 Cfr. Fiscalía General de la Nación (2019).

forme sobre Medios y métodos ilícitos de guerra utilizados por las FARC, la Fiscalía señaló que abrió 9.157 investigaciones por delitos asociados con medios ilícitos de confrontación de la siguiente manera: 1) por los actos de terrorismo del artículo 343 del Código Penal, se encuentran en curso 5.607 investigaciones; 2) por actos de terrorismo indicados en el artículo 144 del Código Penal, existen 1.791 investigaciones; 3) por utilización de medios y métodos de guerra ilícitos del artículo 142 del Código Penal, existen 1.512 investigaciones; 4) por destrucción y apropiación de bienes protegidos del artículo 154 del Código Penal, existen 85 investigaciones, y 5) por daño en los recursos naturales del artículo 331 del Código Penal, se encuentran en curso cinco investigaciones.

El Acuerdo de Paz determinó que se podrán amnistiar o indultar los delitos de rebelión y otros delitos políticos y conexos cometidos en desarrollo del conflicto. Entre los delitos que no pueden ser objeto de amnistía o indulto se incluyeron los que configuran delitos contra el DIH. Frente a los delitos contra los recursos naturales y el medio ambiente, la Ley 1820 de 2016 no los incluyó en el listado de aquellos conexos a los delitos políticos. En ese sentido, consideramos que los atentados contra el medio ambiente cometidos en el marco del conflicto armado no podrían ser objeto de amnistía o indulto, y por ello, es relevante identificar las posibles sanciones que la JEP podría imponer.

Entre las sanciones que pueden ser impuestas por la JEP se encuentran la participación y/o ejecución de programas de reparación efectiva para los desplazados, la protección del medio ambiente en zonas de reserva, la eliminación de residuos en las zonas necesitadas de ello, la sustitución de cultivos de uso ilícito, la recuperación ambiental de las zonas afectadas por cultivos de uso ilícito y el acceso al agua potable y la construcción de redes y sistemas de saneamiento[22]. Estas sanciones buscan reducir la distribución inequitativa de las cargas ambientales del conflicto armado, y de igual forma, contribuyen a la restauración o recuperación ambiental, lo cual constituye un avance en el logro de la justicia distributiva ambiental.

---

22 Quevedo Niño y N. Walteros (2019: 208) afirman que las acciones encaminadas a proteger y recuperar el recurso hídrico son fundamentales para reparar a las comunidades víctimas de daños ambientales asociados al agua y que "la actividad de los desmovilizados tiene el potencial de proteger el recurso hídrico y brindar mayor seguridad hídrica a las comunidades en un futuro para la consolidación de una paz ambiental en los territorios".

En junio de 2019 la Unidad de Investigación y Acusación de la JEP afirmó su compromiso con la investigación de las afectaciones del conflicto armado sobre el medio ambiente, así como "con el reconocimiento del ambiente como víctima silenciosa del conflicto y con la búsqueda de mecanismos para su reparación efectiva, propendiendo por garantizar la no repetición"[23]. El reconocimiento del medio ambiente como víctima genera a su vez el reconocimiento de la vulneración de los derechos conexos al goce de un medio ambiente sano de las comunidades afectadas por los daños ambientales generados en el marco del conflicto armado.

Para el logro de la justicia ambiental, durante las etapas de investigación y juzgamiento de los delitos contra el medio ambiente, los recursos naturales y el derecho internacional humanitario se debe garantizar la participación de las víctimas indirectas, es decir, aquellas personas que vieron vulnerados sus derechos fundamentales, como el acceso al agua potable, la seguridad alimentaria, la salud, la vida en condiciones dignas, la vivienda, el derecho al medio ambiente sano y el trabajo, entre otros.

Para ello, es particularmente relevante la actividad de la Comisión para el esclarecimiento de la verdad, la convivencia y la no repetición, entidad encargada de esclarecer la verdad de lo ocurrido durante el conflicto armado, y promover y contribuir al reconocimiento de las víctimas. Entonces, la Comisión debe garantizar la participación de las víctimas para el reconocimiento de sus intereses y su relación con el medio ambiente y los recursos naturales, y para la satisfacción del derecho a la verdad en la medida en que se reconocen todos los impactos generados por el actuar contrario a derecho de las partes del conflicto armado.

La participación de las víctimas indirectas en los procesos adelantados por la Comisión de la Verdad y la JEP permiten reconocer de manera particular los intereses y puntos de vista de las víctimas en relación con los impactos ambientales del conflicto armado. Además, permite identificar la afectación de los daños ambientales a los medios de vida de las comunidades, y en particular, establecer la relación que tenían las comunidades con los recursos naturales y el medio ambiente en sus territorios, y la manera en que el conflicto armado rompió ese vínculo e impidió continuar con sus proyectos de vida de acuerdo con su visión del mundo y de la naturaleza.

---

23 JEP. Unidad de Investigación y Acusación (2019).

En ese sentido, la Sala de reconocimiento de la verdad y responsabilidad de la JEP, en el marco del caso 002, determinó que para los pueblos étnicos el territorio y el medio ambiente son inseparables de las personas[24]. Frente a los daños socio-ambientales y territoriales cometidos en el marco del conflicto armado, se debe reconocer que las comunidades tienen derecho a la protección del medio ambiente y los recursos naturales en razón de las profundas interrelaciones de las comunidades con el territorio, el cual también debe ser considerado víctima pues "la naturaleza es el único medio en que los pueblos pueden permanecer como pueblos física, cultural y espiritualmente" (Calle, 2020).

3. REPARACIÓN INTEGRAL DE LOS DAÑOS AMBIENTALES Y RESTAURACIÓN DE LAS RELACIONES ENTRE LAS VÍCTIMAS Y EL MEDIO AMBIENTE

En el punto 5 del Acuerdo de Paz se definió que "todos quienes hayan causado daños con ocasión del conflicto deben contribuir a repararlos". En ese sentido, las FARC se comprometieron, como parte del proceso de reincorporación, a realizar acciones que contribuyan a la reparación, que pueden incluir su participación en los programas de sustitución de cultivos de uso ilícito y/o la participación en programas de reparación del daño ambiental como, por ejemplo, la reforestación.

En el marco del posconflicto se deben establecer mecanismos para garantizar la reparación de los daños ambientales de tal manera que también se permita una distribución equitativa de los aspectos ambientales. Esta reparación se debe realizar considerando la compensación de los daños ambientales mediante la justicia correctiva (Lindén, 2017). Por lo anterior, el gobierno nacional debe incluir el componente ambiental en los mecanismos de reparación colectiva, garantías de satisfacción y no repetición, lo cual

---

24 La Sala de Reconocimiento de Verdad, de Responsabilidad y de Determinación de los Hechos y Conductas ha expedido varios autos en los que reconoce como víctima del conflicto al territorio y a las comunidades étnicas que habitan en él. Esto constituye un avance significativo hacia el logro de la justicia ambiental en el marco del posconflicto. Cfr. autos SRVBIT 079 del 12 de noviembre de 2019, SRVBIT 018 del 24 de enero de 2020, SRVBIT 067 del 16 de marzo de 2020 y SRVBIT 094 del 10 de junio de 2020.

tiene el potencial de reducir las brechas en materia ambiental y aumentar la justicia distributiva de las cargas ambientales.

Para lograr el propósito de la reparación integral de los daños ambientales se debe tener en cuenta que el sujeto acreedor de la reparación no es solamente el medio ambiente sino también los seres humanos que vieron afectados sus derechos humanos fundamentales como consecuencia de los impactos negativos del conflicto armado en la naturaleza y los recursos naturales[25].

Por ejemplo, los excombatientes pueden desarrollar actividades de recuperación ambiental, siendo esta la segunda actividad más solicitada por los desmovilizados para su reintegración; y en ese sentido, el medio ambiente puede contribuir a la reconciliación de los actores del conflicto, como en los casos en que los excombatientes contribuyen con actividades de monitoreo ambiental, descontaminación de las fuentes de agua, e incluso, en la erradicación manual de cultivos de coca, actividades que pueden ser consideradas mecanismos de reparación colectiva (Morales, 2017).

En los planes de rehabilitación psicosocial para la convivencia y la no repetición, el gobierno debe tener en cuenta la recuperación y restauración de las relaciones de las comunidades indígenas y afrodescendientes con la naturaleza y los recursos naturales, analizando sus proyectos de vida con el fin de identificar e impulsar mecanismos de reparación con un sentido transformador que permitan avanzar hacia la justicia ambiental en cuanto a las capacidades de las comunidades para lograr su estado de bienestar a partir de su relación con los recursos naturales.

En la definición de los mecanismos de reparación el Acuerdo de Paz resalta la participación de las víctimas, y entiende que es fundamental para

---

25 En los artículos 151 y 152 de la Ley 1448 de 2011 se estableció la obligación de implementar un programa de reparación colectiva que tuviera en cuenta tanto los daños a los derechos colectivos, como el impacto colectivo de la violación de derechos individuales. Por su parte, el Decreto ley 4633 de 2011 "Por medio del cual se dictan medidas de asistencia, atención, reparación integral y de restitución de derechos territoriales a las víctimas pertenecientes a los Pueblos y Comunidades indígenas", incluyó en el artículo 126 la obligación de estudiar los impactos sociales, culturales, ambientales y económicos que sufrieron la comunidades indígenas como consecuencia del conflicto armado, y en el artículo 130 definió las medidas de reparación integral de los daños asociados a la degradación ambiental y el uso indebido de los recursos naturales. De igual forma, el Decreto ley 4635 de 2011 "Por el cual se dictan medidas de asistencia, atención, reparación integral y de restitución de tierras a las víctimas pertenecientes a comunidades negras, afrocolombianas, raizales y palenqueras", reconoce los daños ambientales que afectan directamente las comunidades afrodescendientes (Sánchez Dávila, 2015).

lograr los objetivos de reparación[26]. Esta disposición permite avanzar en la justicia del reconocimiento, en la justicia participativa y en la justicia de las capacidades, puesto que la definición de mecanismos de reparación en conjunto con las víctimas permite su participación, el reconocimiento de los impactos ambientales que causó el conflicto y las formas en que pueden ser reparados para vivir la vida que consideran valiosa conforme a su cosmovisión, especialmente en los casos de los pueblos indígenas y las comunidades afrodescendientes[27].

B. ERRADICACIÓN DE CULTIVOS DE USO ILÍCITO

La problemática de las drogas ilícitas o cultivos de uso ilícito tiene una larga historia en Colombia: hace varias décadas se comenzaron a cultivar a gran escala la amapola, la marihuana y la coca, y su producción y comercialización se extendieron por todo el territorio nacional. Así, la situación de los cultivos de uso ilícito se plantea en el punto 4 de las mesas de conversación de La Habana, priorizándola como eje para buscar la construcción de una paz estable y duradera que le ponga fin al conflicto[28]. La postura de las FARC-EP frente a los cultivos ilícitos y el narcotráfico ha sido ambigua y variable, pues la guerrilla logró instalarse en varias zonas de colonización campesina donde había presencia de cultivos de coca, especialmente en los departamentos de Putumayo, Caquetá, Guaviare, Guainía y Vaupés, que en su gran mayoría son áreas estratégicas y, en ciertos casos, hacen parte del Sistema Nacional de Áreas Protegidas (SINAP) en alguna de sus categorías de protección. Allí

---

26 ORTEGA-GUERRERO (2018: 176) afirma que la reparación de los daños ambientales se debe definir con la participación de los acores sociales porque son quienes enfrentan las injusticias ambientales y "pueden definir en mejor medida los criterios de redistribución y reivindicación de derechos ambientales".

27 LOZANO-ACOSTA (2010: 294) señala que la reparación colectiva debe tener en cuenta que el conflicto armado ha impedido a las comunidades étnicas ejercer sus derechos sobre los recursos naturales, por lo que su uso sostenible puede ser una medida de reparación colectiva que genere un impacto estratégico en el empoderamiento las comunidades, así como la "articulación entre políticas públicas de atención a etnias victimizadas y de medio ambiente; diálogo conceptual entre cuestiones de justicia transicional, distributiva y ambiental y vocación de contribuir sustantivamente a esfuerzos de solución de problemas políticamente relevantes para Colombia: la obtención de una ciudadanía efectiva sin exclusiones para las etnias y el impulso decidido al uso sostenible de biodiversidad estratégica como reparación frente al daño ambiental, como apuestas por el desarrollo sostenible".

28 Para profundizar en conflicto armado, drogas y deforestación, cfr. ANDRADE (2004: 107).

encontraron un nicho económico que les significó recursos financieros para llevar a cabo su plan como grupo armado. Inicialmente esos ingresos se derivaban del cobro de impuestos a los cultivadores a cambio de protección de las parcelas, de la intermediación ante los traficantes para negociar los precios de la pasta base, del cobro de una comisión por este concepto y también de la protección de las pistas y laboratorios (Fundación Ideas para la Paz, 2014).

Inicialmente las FARC prohibieron a los campesinos cultivar la hoja de coca porque asociaban su comercio con el "capitalismo salvaje", como una forma de concentración de la tierra, como un factor de desplazamiento de la población y de deterioro ambiental[29]; esta visión se mantuvo por muy poco tiempo debido a la presión de los campesinos pues, como señala Ávila (2009), como la coca brindaba la posibilidad de mejorar sus condiciones de vida en territorios donde la asistencia estatal era inexistente, la prohibición impuesta por la guerrilla resultaba improcedente y altamente impopular. Por lo anterior, Puentes (2006) plantea que las FARC terminaron dando un giro a su postura inicial para asumir una actitud más permisiva y flexible que se tradujo en la autorización a los campesinos de cultivar la hoja de coca en las zonas colonizadas y se convirtieron en actores relevantes del negocio.

1. DEFORESTACIÓN, CONTAMINACIÓN DE RECURSOS HÍDRICOS Y CULTIVOS ILÍCITOS

Colombia es un país mega diverso[30], y ante los efectos del cambio climático y en un escenario de posconflicto es necesario que encuentre formas novedosas de adaptación, pues la presión sobre los recursos naturales, representados en los bosques, el agua, el suelo y el subsuelo, aumentará en el posacuerdo, como ha ocurrido en otros países que se han visto inmersos en procesos como el nuestro en los que ha sido necesario ponderar los riesgos y amenazas, y articular políticas de drogas, protección ambiental, ordenamiento territorial, acceso al agua potable, saneamiento básico y seguridad alimentaria.

29 Para una geografía de los cultivos ilícitos y el conflicto armado en Colombia, cfr. Díaz y Sánchez (2004).

30 Colombia es considerado uno de los países más ricos del planeta en biodiversidad por su alto endemismo y por la concentración sin parangón de especies. Su riqueza biológica es sobrepasada únicamente por Brasil, un país siete veces más grande en extensión. La variedad de ecosistemas en el territorio colombiano comprende desde los hábitats paramunos y las laderas andinas, hasta las selvas tropicales, los humedales, las llanuras y los desiertos.

Ahora bien, luego de esta corta ilustración sobre la problemática de las drogas ilícitas analizaremos lo que al respecto se plasmó en el Acuerdo de La Habana[31]. Para empezar se estructuraron tres grandes programas[32]: en primer lugar, el Programa Nacional de Sustitución de Cultivos de Uso Ilícito (PNSI) en el cual se han establecido principios, objetivos, elementos y componentes para su implementación, y los planes integrales de desarrollo con la participación de las comunidades en el diseño, la ejecución y la evaluación, así como en la recuperación ambiental de las áreas afectadas por dichos cultivos; en segundo lugar, los programas de prevención y salud pública mediante la intervención integral del consumo de drogas ilícitas, fijando los principios, fortaleciendo el sistema nacional de atención al consumidor, revisando y ajustando las políticas públicas, los planes de acción participativa, y la judicialización efectiva, para lo cual será prioritario analizar el control de los insumos, la lucha contra la corrupción, la conferencia internacional y los espacios de diálogo permanente.

La Agencia de Renovación del Territorio (ART), creada mediante el Decreto 2366 de 2015, será la encargada de liderar las tareas. Este nuevo enfoque implica reducir el delito asociado al narcotráfico y trabajar para disminuir las vulnerabilidades de zonas afectadas por la producción de cultivos de uso ilícito mediante el mejoramiento de las condiciones sociales, económicas, políticas y de seguridad de los territorios y su población. Así las cosas, como consecuencia de su implementación, le corresponde a la ART coordinar la intervención de las entidades nacionales y territoriales en las zonas rurales priorizadas por el Gobierno Nacional a través de la ejecución de proyectos para su renovación territorial, que permitan la reactivación económica, social e institucional y su integración de manera sostenible al desarrollo del país.

En general, la estructura del acuerdo suscrito por los plenipotenciarios del gobierno y del grupo guerrillero señala los límites de la explotación minera fijados en la línea jurisprudencial analizada en el acápite anterior, relacionados con la protección al medio ambiente, los cuales causan impactos tanto positivos como negativos, como se desprende de varios de los puntos específicos del Acuerdo.

Entre los aspectos negativos se destaca la erradicación manual de cultivos ilícitos, forma que prevalece en el Acuerdo a fin de garantizar el respeto a

---

31 Teniendo en cuenta que siempre ha sido un círculo vicioso; cfr. Vargas (2004).

32 Para profundizar en la participación directa en los Acuerdos de Paz, cfr. Lemaitre Ripoll (2016).

los derechos humanos, al medio ambiente y al buen vivir en los territorios priorizados, entre ellos los PNN, que forman parte del Sistema Nacional de Áreas Protegidas. Estas áreas, excluidas de la explotación minera, y en las que no se puede realizar ningún tipo de actividad que ocasione un alto impacto en el ambiente, generan inconvenientes para materializar ese punto del acuerdo, debido a las considerables limitantes en materia ambiental relacionadas con los objetivos de conservación establecidos.

También los planes integrales municipales y comunitarios de sustitución y desarrollo alternativo representan un aspecto negativo, pues pareciera que desconocen las determinantes ambientales que deben ser respetadas en los procesos de ordenación del territorio, como en el caso de los planes de ordenamiento territorial o esquemas de ordenamiento. Para lograr el desarrollo alternativo es necesario respetar las áreas de conservación previstas con anterioridad, sus zonas de amortiguación, así como la caracterización ambiental del territorio, pues de lo contrario se estarían vulnerando las disposiciones constitucionales catalogadas como ecológicas en la Constitución Política, elemento que entraría en contradicción con el ordenamiento jurídico constitucional.

2. PARTICIPACIÓN EN LOS PROCESOS DE TOMA DE DECISIONES. UNA MIRADA A LOS PLANES DE ERRADICACIÓN VOLUNTARIA

La erradicación voluntaria es una herramienta prevista por el Estado, que se utiliza en la sustitución de cultivos y en los programas de desarrollo alternativo[33], para dar un tratamiento diferenciado a algunos cultivadores de hoja de coca y ofrecerles alternativas económicas ilícitas.

El problema central del cumplimiento de los acuerdos en materia de drogas es que se plantean objetivos simultáneos que en ocasiones resultan contradictorios o difíciles de alcanzar en forma paralela, como la erradicación de cultivos en el corto plazo, el sostenimiento económico y la conservación de los bosques, pues la duración de los programas es demasiado corta, la

33 Como ejemplos de desarrollo alternativo en Colombia están, por un lado, las familias guardabosques y los proyectos productivos, y por otro, los programas de fortalecimiento institucional de apoyo a campesinos.

articulación con las autoridades locales es nula y su sostenibilidad no ha sido abordada con responsabilidad (Rubiano Galvis y Martín Berrío, 2016).

Por su parte, entre los aspectos positivos está el prever planes de sustitución de cultivos ilícitos priorizando la recuperación ambiental de las áreas afectadas y el cierre de la frontera agrícola, y con ello la recuperación de los ecosistemas y el desarrollo sostenible; estos dos aspectos son sin duda una garantía de sostenibilidad de los acuerdos sobre drogas ilícitas que, además de solucionar los problemas sociales, económicos y políticos, contribuyen positivamente a remediar los problemas ambientales que aquejan al país, entre ellos, la deforestación de la selva tropical, la pérdida de biodiversidad y la siembra de cultivos que acaban con la riqueza del suelo y el subsuelo.

Los dividendos ambientales de la paz son innumerables en materia de reforma rural agrícola, pues se acabaría la oferta de cocaína y otras drogas ilícitas, y se neutralizarían los grandes bloques de la minería ilegal que estimulan el conflicto y que ocupan las áreas protegidas del país, afectando ecosistemas estratégicos.

Sumado a ello, es preciso hacer presencia en las zonas alejadas de los cascos urbanos donde es difícil evitar la deforestación producto de la demanda de tierra para establecer cultivos ilícitos y minería ilegal. Para concluir este punto se traen a colación algunas cifras de los costos ambientales de la guerra:

> [...] 3 millones de hectáreas deforestadas, en especial para sembrar coca; 1,5 millones de hectáreas de suelo degradadas, 4,1 millones de barriles de petróleo derramados como producto de actos terroristas, y 60 por ciento de las fuentes hídricas del país afectadas por extracción ilícita de minerales y derrames de petróleo. El 87 por ciento de los cultivos ilícitos se encuentra en municipios de conflicto. A su vez, el 86 por ciento de la producción de oro nacional proviene de extracción ilícita de minerales, también ubicada predominantemente en áreas de conflicto, que además se caracterizan por el uso de mercurio que se libera al medioambiente, con graves consecuencias[34].

Para respetar los lineamientos establecidos por la Corte Constitucional en materia ambiental, y cumplir y desarrollar los acuerdos suscritos en La Habana con el fin de solucionar estos dos flagelos que han sido una de las

---

34 Cfr. MORALES (2017: 9).

causas del conflicto armado interno, es preciso enfrentar inteligentemente los grandes retos que se presentan[35].

3. IMPACTO DE LA ASPERSIÓN AÉREA CON GLIFOSATO. ¿ESTADO DE COSAS INCONSTITUCIONAL?

Las estrategias para la erradicación forzosa y la criminalización del narcotráfico desarrolladas el Estado colombiano son básicamente dos: por un lado la erradicación de cultivos ilícitos a través de la aspersión aérea con glifosato[36], y por otro, el despliegue de grupos móviles de erradicación manual[37]; sin embargo, ambas estrategias son cuestionables especialmente por los supuestos en que se basan, pues afirmar tajantemente que los cultivos ilícitos funcionan como monocultivos es una falacia, debido a que normalmente están dispersos en bosques naturales o combinados con otros cultivos. La aspersión con glifosato contradice las obligaciones constitucionales y legales en lo relativo a la protección de la diversidad e integridad del medio ambiente pues la destrucción de una hectárea de coca tiende a destruir cua-

---

35 Es importante señalar que los conflictos ambientales son especiales y atienden a una problemática nacional particular, como en el caso del conflicto armado en Colombia; sin embargo, se pueden mencionar algunas experiencias internacionales, como el conflicto de Kosovo y los Balcanes, de origen étnico y en una transición de conflicto interno a guerra internacional; el de Sudáfrica acerca del apartheid y la segregación racial entre su población; el de Irlanda y España con pretensiones étnicas nacionalistas independentistas, y los más cercanos procesos de negociación en Centroamérica, por ejemplo, El Salvador, Guatemala y Nicaragua. Coincidimos con ORTEGA-GUERRERO (2018), quien sostiene que no son comparables en toda su dimensión al caso interno colombiano, teniendo en cuenta el contexto, las particularidades y las características ecológicas, territoriales, históricas y sociales, resultado de más de medio siglo de violencia armada.

36 La aspersión aérea comenzó en Colombia a partir de 1992 con cultivos de amapola, y en 1994 se extendió a los cultivos de coca. Entre 1994 y 2000 se asperjaron en promedio 50.000 hectáreas de coca al año, cifra que se incrementó hasta alcanzar las 126.000 hectáreas entre 2001 y 2005. El mayor pico se produjo en 2006 con 172.000 hectáreas sembradas, con una tendencia decreciente en los siguientes años. En 2011 se asperjaron en total 103.300 hectáreas de coca, y en 2012 la cifra bajó a 100.549 hectáreas. Las operaciones más intensas de aspersión se realizaron inicialmente en el departamento de Putumayo, donde se logró una notable reducción del área sembrada en coca, sin embargo, los cultivadores se desplazaron hacia el andén pacífico, lo cual dio inicio a uno de los principales núcleos de coca en la actualidad.

37 La estrategia de erradicación manual es responsabilidad del DPCI de la Unidad Administrativa para la Consolidación Territorial, y se realiza por medio de los Grupos Móviles de Erradicación (GME) con acompañamiento de la Fuerza Pública y certificados por UNODC desde 2007. De manera complementaria la Policía Nacional y las Fuerza Militares realizan actividades de erradicación manual forzosa en todo el país.

tro hectáreas de selva húmeda[38]. La Corte Constitucional ha señalado que la protección ambiental es un límite de las políticas contra el narcotráfico y que el Estado tiene la obligación de evaluar siempre el eventual perjuicio que puedan causarle al medio ambiente (Corte Constitucional. Sentencia C-176 del 1994)[39].

CONCLUSIONES

Primera. El Estado ambiental de derecho desarrolla varias cláusulas constitucionales y legales que hacen que el medio ambiente sea un asunto estratégico de suma importancia para un Estado. En el caso colombiano dichas cláusulas se hacen más rígidas en el marco del "Acuerdo final para la terminación del conflicto y la construcción de una paz estable y duradera", pues el medio ambiente ha tenido una serie de escenarios conflictivos y complejos.

Segunda. El medio ambiente y todos sus componentes han sido víctimas directas del conflicto, no actores indirectos. El deterioro del recurso hídrico, del aire, de la biodiversidad, y del suelo, sumados a la contaminación de acuíferos, son algunos de los efectos del conflicto armado en Colombia. Asimismo, el medio ambiente ha sido causa y fuente de financiación del conflicto interno. En el análisis de caso de la erradicación de cultivos de uso ilícito evidenciamos problemas comunes y afines, como la deforestación y la contaminación de los recursos hídricos, además de graves problemas sociales. Es evidente la inviabilidad de una "solución concreta" y única para este flagelo pues, en cuenta que el país abarca múltiples regiones que requieren diferenciación en la intervención del Estado, no es igual la problemática de drogas ilícitas que se presenta en el Amazonas que la del Caquetá o de Nariño y, por ende, la actuación del Estado en la etapa de posacuerdo debe contemplar de manera concomitante la sustitución voluntaria, la erradicación forzada, la aspersión aérea con glifosato y otras soluciones particulares, teniendo presentes tres objetivos claros: la lucha contra las drogas ilícitas,

---

38 A causa de las fumigaciones con químicos como el glifosato, diferentes organizaciones colombianas han acudido a instancias judiciales con el fin de que se protejan los derechos de las poblaciones asentadas en las regiones en que se realizan. Dos casos en particular se pueden resaltar: la acción de tutela de la Organización de Pueblos Indígenas de la Amazonia Colombiana (OPIAC), y la Acción de tutela del Pueblo Indígena Nasa del Resguardo de Calderas en Tierradentro, Cauca.

39 Otros fallos reiteran esta regla jurisprudencial, entre ellos las Sentencias T-411 de 1992 y C-058 de 1994.

la protección de las personas (civiles) y la preservación del medio ambiente como patrimonio común.

Tercera. Los fenómenos globales asociados al deterioro de los recursos naturales requieren la adopción de medidas encaminadas al logro de una gestión posmoderna integral que garantice una distribución equitativa para todos los grupos de interés y particulares, lo cual, además de evitar el recrudecimiento de la violencia y los conflictos armados, contribuye a la construcción de una paz estable y duradera; es necesario entender el medio ambiente como una cuestión transversal del posacuerdo.

Cuarta. El desarrollo del conficto armado generó que las injusticias ambientales producto de los conflictos socio-ambientales relacionados con el aprovechamiento y explotación de las riquezas naturales del país se intensificarán, vulnerando de paso los derechos fundamentales de las comunidades, específicamente el derecho al medio ambiente sano, situación que se refleja en cada una de las dimensiones de la justicia (ambiental, distributiva, de reconocimiento, procedimental o participativa), y en su capacidades, pues el conflicto armado no solo produjo una inequitativa distribución de las cargas y beneficios ambientales sino que, además, impidió el reconocimiento de los intereses de cada una de las comunidades involucradas, su participación en los procesos de toma de decisiones para la lucha contra las actividades ilegales y una perspectiva que tuviera en cuenta el ideal de vida de cada individuo y de la colectividad.

Quinta. Atacar las causas que generaron injusticias ambientales y emprender acciones para disminuir esas injusticias creadas en el conflicto armado no constituye una tarea fácil para el Estado, y requiere la ejecución de distintas acciones, proyectos y políticas, entre ellas, que la JEP, como máxima autoridad, investigue y juzgue los delitos contra los recursos naturales, el medio ambiente y el derecho internacional humanitario. Esta actividad debe contar con la participación activa de las víctimas pues ello garantiza que se aminoren las injusticias ambientales a través del reconocimiento y la participación de las comunidades, especialmente los pueblos indígenas y las comunidades afrodescendientes.

Sexta. El punto 5 del Acuerdo de Paz resalta los mecanismos de reparación colectiva para las víctimas del conflicto armado, y en ese sentido es preciso tener en cuenta que el medio ambiente también es víctima, por lo que el gobierno debe impulsar las acciones necesarias para su reparación. De igual forma, las víctimas indirectas de los delitos contra los recursos naturales deben ser reparadas de manera que se reconozca el impacto diferenciado en cada comunidad e individuo y se establezcan las condiciones que permitan su restauración. También es un deber del Estado restaurar la relación de los pueblos étnicos con la naturaleza, a fin de que puedan contar con los recursos necesarios para desarrollar la vida que consideran deben disfrutar de acuerdo con su cosmovisión y plan de vida.

BIBLIOGRAFÍA

Amaya Arias, A. "El rol del derecho ambiental en la consolidación de una paz sostenible en Colombia, en AA.VV. *La constitucionalización del derecho administrativo*, Bogotá, Universidad Externado de Colombia, 2016.

Andrade, G. "Selvas sin ley. Conflicto, droga y globalización de la deforestación de Colombia", en AA.VV. *Guerra, sociedad y medio ambiente*, Bogotá, Foro Nacional Ambiental, 2004.

Ávila, A. "La coca y el narcotráfico", en C. Gallego. *FARC-EP Temas y problemas nacionales 1958-2008*, Bogotá, Universidad Nacional de Colombia, 2009.

Besigye Bazirake, J. "Climate change discourse in peacebuilding", *Peace Review: A Journal of Social Justice* (25), 2013, 489-494.

Calle, H. "Una mirada al caso 002. La JEP reconoce que la naturaleza es víctima del conflicto", *El Espectador*, 20 de febrero de 2020, disponible en [https://www.elespectador.com/noticias/medio-ambiente/la-jep-reconoce-que-la-naturaleza-es-victima-del-conflicto-articulo-903153/].

Carrizosa, J. *Colombia compleja*, Bogotá, Instituto de Investigación Alexander von Humboltd, 2014.

Collier, P. y. "Greed and Grievance in Civil War", *Oxford Economic Papers* (56), 2004, 563-595.

Daly, E. y J. May. "Exploring Environmental Justice Through the Lens of Human Dignity", *Widener Law Review*, 25, 2019, 177-193.

Defensoría del Pueblo. *La minería sin control. Un enfoque desde la vulneración de los derechos humanos*, Bogotá, Defensoría del Pueblo, Delegada para los Derechos Colectivos y del Ambiente, 2015.

DeLuca, K. "A Wilderness Environmentalism Manifesto: Contesting the Infinite Self-Absorption of Humans", en *Environmental Justice and Environmentalism: The Social Justice Challenge to the Environmental Movement*, Massachusetts, mit Press, 2007.

Díaz, A. y F. Sánchez. *Geografía de los cultivos ilícitos y conflicto armado en Colombia*, Bogotá, Documento cede, 2004.

Donald, B. y E. Linehan. "Dignity rights and the environment: affirming human dignity through environmental justice", *Widener Law Review*, 25, 2019, 153-176.

Fiscalía General de la Nación. "Fiscalía cumple con la entrega total a la jep de los informes sobre los delitos del conflicto", comunicado de prensa, 27 de marzo de 2019, disponible en [https://imgcdn.larepublica.co/cms/2019/03/27194401/Comunicado-entrega-final-jep-3.pdf].

Fundación ideas para la paz. "Solución al problema de las drogas", *Boletín de Paz* n.º 34, Negociaciones de paz, 12 de junio de 2014, disponible en [http://cdn.ideaspaz.org/media/website/document/5339f0120fdbd.pdf], consultada el 12 de junio de 2020.

Guzmán Jiménez, L. *Los derechos de acceso a la justicia ambiental en el ordenamiento jurídico colombiano y español*, tesis doctoral, Madrid, Universidad Carlos iii de Madrid, 2020.

Guzmán Jiménez, L. y P. Monroy. "Recurso hídrico y mercurio. Una problemática ambiental de la posmodernidad", en aa.vv. *Derecho de Aguas*, t. vii, Bogotá, Universidad Externado de Colombia, 2017.

Guzmán Jiménez, L. y J. Ubajoa Osso. "La personalidad jurídica de la naturaleza y de sus elementos *versus* el deber constitucional de proteger el medio ambiente", en aa.vv. *Reconocimiento de la naturaleza y de sus componentes como sujetos de derechos*, Bogotá, Universidad Externado de Colombia, 2020.

jep. "Unidad de Investigación y Acusación de la jep reconoce como víctima silenciosa el medio ambiente", comunicado 009, 5 de junio de 2019, disponible en [https://www.jep.gov.co/SiteAssets/Paginas/uia/sala-de-prensa/Comunicado%20uia%20-%20009.pdf].

Kennedy, A. *Environmental Justice and Land Use Conflict: governance of mineral and gas resource development*, Londres, Routledge, 2017.

Lastra Mier, R. "Degradación medioambiental como consecuencia del conflicto armado en Colombia", *Revista legem*, 3(1), 2015, 59-70.

Lavaux, S. *Degradación ambiental y conflictos armados: las conexiones*, Bogotá, Universidad del Rosario, 2004.

Leiteritz, R.; C. Nasi y A. Rettberg. "Para desvincular los recursos naturales del conflicto armado en Colombia. Recomendaciones para formuladores de política y activistas", *Colombia Internacional*, 70, 2009, 215-229.

Lemaitre Ripoll, J. "La participación directa y los Acuerdos de Paz: entre el buen gobierno, la escucha atenta y el poder del pueblo", en aa.vv. *Perspectivas jurídicas para la paz*, Bogotá, Universidad de los Andes, 2016.

Lindén, M. *Environmental Damage in Armed Conflict. To what extent do the remedies available for environmental damage in armed conflict reflect the pollutes pays principle?*, tesis de grado, Göteborgs Universitet, 2017.

Lozano-Acosta, C. "El daño ambiental en los programas de reparación colectiva para comunidades indígenas y afrodescendientes afectadas por el conflicto armado en Colombia", *Revista Colombiana de Derecho Internacional* (17), 2010, 287-322.

McNeely, J. "Conserving forest biodiversity in times of violent conflict", *Oryx*, 37 (02), 2003, 142-152.

Morales, L. *Peace and Environmental protection in Colombia. Proposals for Sustainable Rural Development*, Washington, Diálogo Interamericano, 2017.

Ortega-Guerrero, G. "El reto de los conflictos ambientales en el escenario del postconflicto en Colombia: reflexiones para la construcción y discusión sobre las perspectivas de paz y derechos ambientales", *Gestión y Ambiente*, 21(2), 2018, 162-182.

Puentes, A. *El Opio de los Talibán y la Coca de las farc. Transformaciones de la relación entre actores armados y narcotráfico en Afganistán y Colombia*, Bogotá, Universidad de los Andes, 2006.

Quevedo Niño, D. "Análisis del acto terrorista como eximente de responsabilidad en el procedimiento sancionatorio ambiental", en *Procedimiento Sancionatorio Ambiental. 10 años de la Ley 1333 de 2009*, Bogotá, Universidad Externado de Colombia, 2019.

Quevedo Niño, D. y N. Walteros. "El recurso hídrico en el conflicto armado en Colombia, y su relevancia en el proceso de posconflicto y construcción de paz", en *Derecho de Aguas*, t. viii, Bogotá, Universidad Externado de Colombia, 2019.

RODRÍGUEZ GARAVITO, C.; D. RODRÍGUEZ FRANCO y H. DURÁN CRANE. *La paz ambiental. Retos y propuestas para el posacuerdo*, Bogotá, Dejusticia, 2017.

ROSS, M. "The natural resource curse: How wealth can make you poor", en I. BANNON y P. COLLIER. *Natural resources and violent conflict: Options and actions*, Washington, The World Bank, 2003.

RUBIANO GALVIS, S. y J. MARTÍN BERRÍO. "¿La pipa de la paz? Los derechos humanos, el medio ambiente y la reforma de las políticas sobre drogas en el posconflicto colombiano", en AA.VV. *Perspectivas jurídicas para la paz*, Bogotá, Universidad de los Andes, 2016.

SÁNCHEZ DÁVILA, J. S. "El daño ambiental causado por el conflicto armado y su reparación: contribución al debate en el conflicto colombiano", investigación de grado, 2015.

SCHOLSBERG, D. *Defining Environmental Justice: Theories, Movements and Nature*, New York, Oxford University Press, 2007.

SVARSTAD, H. y T. BENJAMINSEN. "Reading radical environmental justice through a political ecology lens", *Geoforum*, 108, 2020, 1-11.

UNITED NATIONS ENVIRONMENTAL PROGRAM. "From conflict to peacebuilding: The role of natural resources and the environmental", 12 de junio de 2009, disponible en [http:// www.unep.org/pdf/pcdmb_policy_01.pdf], consultada el 22 de junio de 2020.

VARGAS, R. "Fumigaciones y política de drogas en Colombia: ¿fin del círculo vicioso o un fracaso estratégico?", en M. CÁRDENAS y M. RODRÍGUEZ BECERRA. *Guerra, sociedad y medio ambiente*, Bogotá, Foro Nacional Ambiental, 2004.

VERA SOLANO, J. "Las actividades ilegales de los actores armados del conflicto, que han sido fuente de desastres ambientales en Colombia", *Cuaderno Activa*, 10(1), 2018, 69-76.

WILCHES-CHAUX, G. "El medio ambiente y la guerra en Colombia", *Revista Foro*, 35, 1998, 29-41.

YAKA, Ö. "Rethinking Justice: Struggles for Environmental Commons and the Notion of Socio-Ecological Justice", *Antipode*, 51(1), 2019, 353-372.

ÁLVARO HERNANDO CARDONA GONZÁLEZ

Historia y evaluación de las celebraciones ambientales

SUMARIO

RESUMEN

Desde los orígenes de la legislación ambiental la educación, la comunicación y la conciencia colectivas relativas a la protección y recuperación del ambiente natural son consideradas medios de desarrollo de la política ambiental colombiana y se reflejan, primero, en la Declaración de Estocolmo de 1972, y luego en el Código Nacional de los Recursos Naturales Renovables y de Protección del Medio Ambiente de Colombia de 1974.

Una estrategia en ese sentido, y por tanto una actividad nada superflua para el ambientalismo y para el derecho ambiental, consiste en establecer fechas para celebrar ciertos aspectos relevantes de esas ciencias. Por eso es importante evaluar cuáles son y cómo han influido en los cambios comportamentales (son el objeto principal del derecho) en favor del medio ambiente y el modelo del desarrollo sostenible.

PALABRAS CLAVE

Ambientalismo, derecho ambiental, desarrollo sostenible, ecología, educación ambiental, historia ambiental, medio ambiente, participación ciudadana.

ABSTRACT

Collective education, communication and awareness on the protection and recovery of the natural environment has been considered from the origins of environmental legislation as a means of developing Colombian environmental policy. This is reflected, first in the Stockholm Declaration of 1972 and then in the National Code of Renewable Natural Resources and Environmental Protection of Colombia in 1974.

A strategy in this regard, and therefore not a superfluous activity for environmentalism and therefore for Environmental Law, are the decisions to establish dates to celebrate certain aspects relevant to these sciences periodically. And consequently it is also relevant to assess what these are and how they have influenced behavioral changes (they are the main object of Law) in favor of the environment and the model of sustainable development.

KEYWORDS

Environmentalism, Environmental law, Sustainable Development, Ecology, Environmental education, Environmental history, Environment, Citizen participation.

INTRODUCCIÓN

Ha sido nuestra tradición plantear aspectos del derecho que contribuyan a desarrollar una ciencia jurídica idealizada, como la anticipación y prevención de los fenómenos sociales que puedan alterar la paz social. Así, hemos aprovechado cada oportunidad de investigación académica para plasmar en un escrito los resultados y para plantear alguna hipótesis con resultado jurídico. Sin embargo, en esta ocasión no planteamos hipótesis sino que mostramos los elementos históricos que sirven para descubrir el origen de muchos resultados de la acción ambiental, y los hitos sociales que han terminado por cambiar las actitudes de las sociedades y los Estados en favor de la gestión ambiental, todos ellos elementos que pueden ser útiles para realizar estrictamente interpretaciones jurídicas.

Los estudiosos del derecho ambiental colombiano, y en especial quienes coleccionan las *Lecturas sobre Derecho del Medio Ambiente* (que ya va por el tomo XX), hallarán en este artículo una investigación que sirve para apoyar las contextualizaciones, las cuales siempre son necesarias en los análisis jurídicos. Esperamos que este documento constituya en apoyo y contribuya como una introducción para estudios jurídicos más versados y profundos. Ciertamente creemos interesante profundizar en las comúnmente denominadas fechas ambientales, días de celebración especial seleccionados para relievar algún aspecto de interés para la humanidad en su propósito de crear conciencia entre los gobiernos y la ciudadanía, con el fin de conservar y proteger el medio ambiente, los recursos naturales o los elementos que inciden en el ambiente. Es también una compilación de datos históricos que en algún momento pueden contribuir con el análisis de las fuentes formales o reales de esta rama del derecho.

¿Qué es una celebración? De acuerdo con el *Diccionario Básico Escolar* (2008: 87), es "la acción de celebrar", esto es de "conmemorar algún acontecimiento". De acuerdo con la acepción de mayor relación con lo que pretendemos exponer en adelante, es el aplauso, alabanza o "conmemoración grata y festejada", según lo incluye el tratadista Guillermo Cabanellas Torres (1997: 119) en uno de sus diccionarios enciclopédicos de derecho. Así que es importante tener en cuenta que en realidad de lo que trataremos es, en síntesis, de los hechos históricos que dieron origen al establecimiento de fechas anuales para recordar o conmemorar un suceso relevante, en nuestro caso, ambiental, y de paso, a manera de valor agregado, haremos un sintético análisis de la eficacia de estas celebraciones en cuanto a la conservación, la protección y la recuperación del ambiente natural del planeta.

Por otra parte, ¿son eficientes las celebraciones de determinadas fechas, relievando hitos o hechos importantes para el medio ambiente o los recursos naturales? A raíz de un debate reciente sobre la intención de algunas organizaciones ambientales para declarar al río Bogotá sujeto de derechos, la revista *Semana* (2020a: 46) informó:

> Actualmente, en la categoría de sujetos de derechos están los ríos Atrato (Chocó), Cauca, Magdalena, Quindío, Pance (Valle del Cauca), La Plata (Huila), y Combeima, Cocora y Coello (Tolima), al igual que el páramo de Pisba (Boyacá) y la Amazonia colombiana. No obstante, la realidad cuestiona si tal dignidad realmente ha servido para proteger, conservar, mantener y restaurar la naturaleza de estos ecosistemas.

Si tenemos en cuenta que han transcurrido varias décadas desde la Declaración de Estocolmo sobre el Medio Ambiente Humano de 1972, encontramos razón en que las sociedades se cuestionen permanentemente por la eficacia de la gestión y las acciones ambientales desarrolladas por los Estados y las organizaciones mundiales interesadas en la protección y recuperación ambiental. Tampoco la academia es ajena a ese interés.

I. PRINCIPALES CELEBRACIONES AMBIENTALES

En su página oficial la Organización de las Naciones Unidas (ONU) presenta un listado de las fechas o conmemoraciones internacionales que destacan algún hecho considerado relevante por días, semanas, decenios, años y aniversarios.

Pero las fechas escogidas para las celebraciones ambientales internacionales son también indicativas, pues cada país es libre de conmemorar o celebrar las acciones que son de su interés, de acuerdo con su situación medio ambiental (Ángeles, 2017). Por eso mismo en este texto hemos expuesto en capítulo aparte algunas fechas especiales para Colombia.

El 30 de julio de 1968, durante el 45.º período de sesiones del Consejo Económico y Social de la ONU se aprobó la Resolución 1346, mediante la cual se recomendó a la Asamblea General de dicha organización convocar a una conferencia sobre "los problemas del medio humano", en la que se consideraran los asuntos sobre el medio ambiente con impacto mundial (Naciones Unidas, 2020a). La primera Conferencia de las Naciones Unidas sobre el Medio Humano se realizó en Estocolmo entre el 5 y el 16 de junio de 1972 y fueron sus conclusiones las que llevaron a la creación del Programa de las Naciones Unidas para el Medio Ambiente (PNUMA), el principal programa de las Naciones Unidas a cargo de los asuntos del medio ambiente (Naciones Unidas, 2020b), y actualmente el más importante a nivel global. No podía ser de otra manera: la ONU como autora del interés mundial en favor de la conservación y recuperación ambiental, apoyada en acciones multilaterales con el fin de lograr una mayor conciencia de la humanidad en los aspectos que inciden en el medio natural.

De acuerdo con Torey (2015a)[1], las celebraciones ambientales son llamados de atención sobre el estado del arte. Buscan identificar los problemas más relevantes, evaluar las políticas públicas aplicadas o el vacío cuando no existen, estimular el análisis de los avances y las brechas que es necesario cerrar para llegar a un estado de conservación y desarrollo. De acuerdo con la autora, dichas celebraciones "... generan una oportunidad para contrastar el estado del arte a nivel mundial con el de la situación a niveles regionales, nacionales o más locales". Según las descripciones de Torey (2015b), las celebraciones ambientales buscan: 1. Sensibilizar acerca de un asunto determinado, es decir, confluir diversos esfuerzos de comunicación entre iniciativas públicas y privadas, nacionales e internacionales en relación con un mismo aspecto de interés: el que se celebra ese día o fecha determinada. Además, busca generar respaldo para las políticas públicas y los proyectos apelando al compromiso y la responsabilidad personal y colectiva. Por supuesto que estas celebraciones son la "excusa para que los medios de comunicación brinden un espacio a temas que no son de su cobertura cotidiana"; 2. Generar nueva información: las celebraciones ambientales suelen poner a disposición de la ciudadanía, la prensa y, en especial, de los educadores una variedad de comunicados, videos, afiches, guías, material pedagógico, entrevistas y discursos que permiten profundizar en la problemática. Las organizaciones multilaterales (principalmente las Naciones Unidas), las ONG y las redes internacionales, los movimientos ciudadanos y los organismos gubernamentales sectoriales suelen realizar esta labor; 3. Visibilizar iniciativas: estas fechas se aprovechan para hacer el lanzamiento de publicaciones, proyectos, movimientos y campañas que se relacionan con el tema celebrado, buscando que no pasen desapercibidos para la opinión pública; 4. Generar un hito: "La propia efeméride se constituye en una fecha o plazo que da urgencia al término o a la partida de una iniciativa", y 5. Crear espacios para compartir soluciones y motivar la acción colectiva:

---

1 La especialista Sofía Torey forma parte de las columnistas de la página web nuestraesfera.cl, que es resultado de un conjunto de iniciativas y programas orientados a la educación ambiental, centradas primero en la enseñanza técnico-profesional, ampliadas luego a toda la educación media y, finalmente, a disposición de todo alumno, docente y ciudadano interesado en contribuir –desde el conocimiento y la propia práctica– a un desarrollo con calidad de vida y conservación de los recursos naturales en Santiago de Chile.

generalmente estas celebraciones buscan visibilizar y apropiar las acciones, soluciones y buenas prácticas que se implementan alrededor del mundo. Promover el entusiasmo en ellas, poniendo a disposición conocimientos y experiencias, y creando sinergias.

Por nuestra parte agregamos como objetivos de dichas celebraciones, la implementación de regulaciones globales más eficaces en favor de la protección y recuperación del ambiente natural, la búsqueda y obtención de nuevos recursos financieros para la educación, la toma de conciencia y la puesta en marcha de acciones que promuevan una mejora ambiental global, nacional o local; de ahí en parte nuestro interés porque la ciencia jurídica conozca más de cerca estos aspectos interesantes de la historia.

1. DÍA MUNDIAL DE LA EDUCACIÓN AMBIENTAL

La educación ambiental es un mecanismo pedagógico[2] tan importante que el Decreto ley 2811 de 1974 lo incluyó en los artículos 14 a 17, en lo que denominó los Medios de Desarrollo de la Política Ambiental. Además de generar conciencia, la educación ambiental propone buscar soluciones a los problemas ambientales causados por las actividades humanas y los efectos que surgen de la relación entre el hombre y el ambiente natural (Comunidad ISM, 2017).

Con posterioridad a la Conferencia Mundial de Estocolmo, y dados algunos de los principios de la declaración con la que los estados asistentes culminaron dicha reunión, en 1975 se llevó a cabo en Belgrado (entonces capital de Yugoslavia y hoy capital de Serbia), el Seminario Internacional de Educación Ambiental, en el que participaron más de setenta países, y que emitió la Carta de Belgrado, documento en el que se listaron metas, objetivos, destinatarios y directrices básicas para la educación ambiental, y que fue adoptado por la ONU, lo que llevó a ese organismo multilateral a declarar el 26 de enero como el Día de la educación ambiental (*Semana Sostenible*, 2017b).

---

2 El concepto "educación ambiental" fue definido por primera vez en 1969 por William Stapp, docente e investigador de la Universidad de Michigan, quien la describió como la "... forma de concienciar a la población a través de la educación, a la vez que se espera que los gobiernos empleen las energías alternativas para aprovechar los factores ambientales y no alterar el medio" (*Semana Sostenible*, 2017a).

La "acción educativa" está consagrada en el artículo 14 del Código Nacional de Recursos Naturales y de Protección al Medio Ambiente[3] como un medio de desarrollo de la política ambiental colombiana. Posteriormente el artículo 1.º de la Ley 99 de 1993 acogió los principios de la Declaración de Río de Janeiro de 1992 sobre medio ambiente y desarrollo y también lo reconoce.

2. DÍA MUNDIAL POR LA REDUCCIÓN DE LAS EMISIONES DE DIÓXIDO DE CARBONO

El dióxido de carbono, o CO_2, también conocido como gas carbónico o ácido carbónico es un gas más pesado que el aire (Ecopetrol, 1994a: 44) que tiene especial relevancia para la conservación del planeta porque:

> Es el principal responsable del efecto invernadero, fenómeno positivo y necesario para la vida en la tierra en proporciones moderadas, pero nocivo si la presencia de CO_2 en el aire aumenta, ya que el incremento provoca el calentamiento de la atmósfera y el consiguiente cambio climático global (Fraume Restrepo, 2007a: 153).

Y concordante con estas definiciones y con el objetivo de crear conciencia y sensibilizar a los ciudadanos sobre el cambio climático y los impactos ambientales que ocasiona, la ONU acordó que el 28 de enero sería la fecha indicada para conmemorar el Día Mundial por la Reducción de las Emisiones de CO_2, también llamado Día Mundial de la Acción frente al Calentamiento Terrestre (Asociación Geoinnova, 2016a). Se estima que la fecha de esta celebración se originó en razón al inicio de las reuniones anuales de la Convención Marco de las Naciones Unidas sobre el Cambio Climático (CMNUCC) en 1995, cuyo propósito principal fue justamente impulsar futuros objetivos y modelos de reducción de dióxido de carbono (González, 2019).

De acuerdo con los datos que actualmente se manejan, aproximadamente el 19% de las emisiones de gases contaminantes tiene origen doméstico, por lo que las acciones que se han adelantado en el marco de estas celebraciones se han enfocado en disminuir el consumo energético de los hogares, buscar mayores eficiencias energéticas, promover sistemas de trasporte y ahorros en el consumo del agua (Asociación Geoinnova, 2016b).

---

3 Adoptado mediante el Decreto ley 2811 de 1874, actualmente en vigor.

3. DÍA MUNDIAL DE LOS HUMEDALES

Se denomina humedal al terreno que tiene una "elevada capacidad de retención de agua" (Fraume Restrepo, 2007b: 239). La importancia de los humedales radica en que, como lo explica Ponce de León Chaux (2003: 372)[4], dentro de ese concepto "confluyen una combinación de recursos naturales como el agua, el suelo, la fauna, la flora y los recursos hidrobiológicos, entre otros".

Se acordó realizar esta celebración el 2 de febrero, con ocasión de que el 2 de febrero de 1971 se firmó la Convención Internacional para la Conservación de Humedales, también conocida como Convención de RAMSAR, llamada así por la ciudad Iraní donde fue suscrita. Actualmente más de 120 países han firmado esta Convención que promueve la conservación y uso sostenible de esos ecosistemas (Morales, 2015a).

4. DÍA INTERNACIONAL SIN PITILLO

El denominado absorbente, bombilla, calimete, cañita, carrizo, pitillo, popote, sorbete, sorbeto, pajita de plástico, sorbito o pipeta, objeto cotidiano que aprovechamos por poco tiempo pero que puede tardar hasta 500 años en descomponerse en nuestro ambiente natural (Barea Luchena, 2018), sirvió de impulso a la organización francesa Bas Les Pailles[5] en asocio con poco más de veinte países, a proponer que el 3 de febrero se celebre el Día Internacional sin Pitillo.

La organización Red de Ayuda a los Animales (RAYA, 2020) sostiene que los pitillos o pajitas plásticas, junto con otros elementos plásticos, causan daños a la vida marina de muchas maneras. No en vano son uno de los diez principales desechos que agobian los medios marinos del planeta. Esta Red afirma que:

---

4 En este momento es directora general del Instituto de Investigación de Recursos Biológicos Alexander von Humboldt de Colombia.

5 L'association Bas Les Pailles es una organización francesa privada sin ánimo de lucro, cuyo principal objeto es abogar por la eliminación de los objetos de plástico de un solo uso. Comenzó sus actividades demostrando el impacto del pitillo (más conocido en el medio de habla hispana como pajita de plástico) en la naturaleza, hasta lograr que en muchos países se celebre el Día mundial sin pitillo; ahora se propone disminuir la producción de plástico.

> Las aves, los peces y otras formas de vida marina consumen plásticos accidentalmente o cuando los confunden con comida. Los plásticos no se biodegradan. Se descomponen en piezas microscópicas más pequeñas y finas. Cuando los plásticos se descomponen, producen bisfenol A (BPA) que interfiere con los sistemas reproductivos de la vida marina.

Esta celebración ambiental es de las más recientemente aceptadas y una de las pocas que aún no acoge la ONU. Es decir, que no ha sido creada por un evento de connotación diplomática internacional de la ONU. Por eso mismo puede llegar a significar uno de los éxitos de la participación e influencia ciudadana en la toma de conciencia y con ello en ejemplo de fuente material especial del derecho.

5. DÍA INTERNACIONAL DEL CONTROL BIOLÓGICO

El control biológico es el uso de predadores naturales, parásitos o incluso virus para detener, impedir o limitar las poblaciones de otros parásitos, malas hierbas u otras plagas en la producción agropecuaria. También es conocido como "control integrado de plagas" (Fraume Restrepo, 2007c: 120). La investigadora cubana Pérez Consuegra (2004: 296) define el control biológico como "el uso de parasitoides, depredadores, patógenos, antagonistas y poblaciones competidoras para suprimir una población de plagas, haciendo esta menos abundante y por tanto menos dañina que en ausencia de éstos". Y la importancia del control biológico para el mejoramiento ambiental radica en que se ha convertido en una alternativa para evitar la utilización de pesticidas, fertilizantes u otros químicos en la actividad agropecuaria.

Las autoridades en los diferentes países pueden propiciar el control biológico para cuidar las cosechas, la producción agrícola y la sostenibilidad de los recursos naturales, con miras a disminuir el impacto negativo en el medio ambiente y en la salud de la población mundial. Nos parece pertinente recordar las investigaciones de la bióloga marina R. L. Carson, quien en 1962 publicó *Primavera silenciosa*, un éxito de la literatura ecológica sobre el uso generalizado de pesticidas en el que denunció que los venenos utilizados, especialmente en la agricultura, se acumulan en la cadena alimenticia con enormes riesgos para la salud humana y con efectos negativos tanto para la flora como para la fauna; su investigación fue un paso importante en la apertura de la conciencia ecológica.

Así, el 18 de febrero se celebra mundialmente el Día Internacional del Control Biológico con el objeto de velar por la disminución de la utilización de pesticidas, fertilizantes y otros químicos, con los que se suele tratar muchos cultivos y zonas agrícolas (*La Verdad de Tamaulipas*, 2020).

6. DÍA MUNDIAL PARA LA PROTECCIÓN DE LOS OSOS DEL MUNDO

El 21 de febrero se celebra el Día Mundial para la Protección de los Osos, fecha particularmente sensible para los latinoamericanos porque el oso de anteojos u oso andino es el único representante de la familia de los úrsidos en América del Sur. Su hábitat comprende toda el área que se extiende por la cordillera de los Andes, desde Venezuela hasta Argentina. Esta celebración tiene su origen en una iniciativa liderada por Polar Bears International y The Bornean Sun Bear, ambas organizaciones ecológicas reconocidas mundialmente que trabajan en pro de la investigación, conservación y educación respecto de las ocho especies de osos que habitan el planeta (Asociación de Biólogos Ambientales, 2020).

Para Colombia esta fecha ha adquirido especial relevancia, y por eso decidimos en este ensayo tratarla fecha dentro de este capítulo. "El oso andino es considerado como el guardián de los páramos, hace presencia en 22 de los 59 Parques Nacionales Naturales de Colombia, por lo que su protección contribuye a la de otras especies silvestres y a la de ecosistemas estratégicos que proveen agua" (*El Tiempo*, 2020).

7. DÍA MUNDIAL DE LA NATURALEZA

El 3 de marzo se celebra el Día Mundial de la Vida Silvestre proclamado en 2013 por la Asamblea General de las Naciones Unidas como conmemoración al aniversario de la aprobación en 1973 de la Convención sobre el Comercio Internacional de Especies Amenazadas de Fauna y Flora Silvestres. Hoy en día es mejor conocida esta celebración como el Día Mundial de la Naturaleza (Barroeta, 2020).

La Secretaría de la Convención sobre el Comercio Internacional de Especies Amenazadas de Fauna y Flora Silvestres (CITES)[6], en colaboración con otros organismos de la ONU, fue la encargada de poner en marcha la celebración del Día Mundial de la Naturaleza el 3 de marzo, con el fin de ratificar cada año el compromiso de trabajar por el entorno vital de los seres vivos. Con 180 estados miembros, la CITES sigue siendo uno de los instrumentos jurídicos internacionales más poderosos para la conservación de la biodiversidad a través de la regulación del comercio de la fauna y la flora silvestres. El Día Mundial de la Naturaleza está consagrado, por una parte, a celebrar la belleza y la variedad de la flora y la fauna salvajes, y por otra, a recordar "la necesidad urgente de combatir los delitos contra la naturaleza" (Morales, 2015b).

Actualmente, aprovechando esta celebración, se trabaja en controlar la caza furtiva y el tráfico de especies de flora y fauna amenazadas, como estrategia para la conservación de la vida silvestre; sin embargo, y por tener peso en estos propósitos de conservación, otras causas que se han venido asumiendo son la pérdida del hábitat y el cambio climático.

8. DÍA MUNDIAL DE LA EFICIENCIA ENERGÉTICA

El Día Mundial de la Eficiencia Energética se comenzó a celebrar tras la realización de la primera Conferencia Internacional sobre Eficiencia Energética que tuvo lugar en 1998 en Austria, a raíz de la necesidad de usar más ecológica y sosteniblemente la energía debido a la creciente demanda experimentada en los últimos años. En este evento multilateral más de 350 expertos y líderes de 50 países debatieron acerca de la crisis de la energía y la eficiencia energética como una de las posibles medidas necesarias para combatirla (Morales, 2015c). Allí se definió la necesidad de dedicar un día anual a su promoción cada 5 de marzo.

---

6 La CITES es un acuerdo internacional concertado entre los gobiernos que tiene por finalidad velar por que el comercio internacional de especímenes de animales y plantas silvestres no constituya una amenaza para su supervivencia (CITES, 2020).

9. DÍA INTERNACIONAL DE ACCIÓN POR LOS RÍOS

Toda acción humana que sirva para "llamar la atención sobre la necesidad, cada vez más apremiante, de adelantar acciones tendientes a conservar las fuentes de agua y aumentar los caudales" es plausible (Cardona, 2001: 4). De manera que en el primer Encuentro Internacional de Afectados por las Represas, realizado en marzo de 1997 en Curitiba (Brasil) los representantes de los 20 países asistentes, decidieron que el Día Mundial de Acción por los Ríos se llevaría a cabo cada 14 de marzo, teniendo en cuenta que ya en Brasil se había acogido como el Día de Acción contra las Represas Grandes (International Rivers, 2020).

10. DÍA INTERNACIONAL DE LOS BOSQUES

Como lo expresa la Organización de las Naciones Unidas para la Alimentación y la Agricultura (FAO, 2020):

> Mediante su celebración se rinde homenaje a la importancia de todos los tipos de bosques y se intenta generar conciencia al respecto. Cada vez que se celebra el Día Internacional de los Bosques, se alienta a los países a adoptar iniciativas en el plano local, nacional e internacional para la organización de actividades relacionadas con los bosques y los árboles, como, por ejemplo, campañas de plantación de árboles.

Precisamente por la importancia que, dentro de sus objetivos fundacionales la FAO le ha dado a los bosques, fue que acordó celebrar cada 21 de marzo, y desde 1971, como el día de su conservación y valoración (WinCalendar, 2020)

11. DÍA MUNDIAL DEL AGUA

El origen de esta celebración dedicada al agua surgió a partir de una recomendación hecha durante la Conferencia de las Naciones Unidas sobre el Medio Ambiente y el Desarrollo (CNUMAD) en junio de 1992 en Río de Janeiro. Así, el 22 de diciembre de ese mismo año la Asamblea General de la ONU adoptó una resolución para que ese día fuera declarado Día Mundial del Agua. Al parecer no existe un motivo particular para que se haya señalado dicha fecha.

El primer Día Mundial del Agua se celebró en 1993, al año siguiente de la Conferencia en Río de Janeiro, y desde entonces busca despertar la conciencia pública mediante estrategias impulsadas por los gobiernos con asiento diplomático en la ONU, y se promueve a través de acciones que apuestan por la conservación y el desarrollo de los recursos hídricos, en particular con la puesta en práctica de las recomendaciones del Programa 21 adoptado también en Río de Janeiro (*Milenio Digital*, 2019).

12. DÍA METEOROLÓGICO MUNDIAL

El 23 de marzo de 1950 entró en vigor el Convenio para la creación de la Organización Meteorológica Mundial (OMM), que transformó la antigua Organización Meteorológica Internacional, organismo no gubernamental creado en 1873, en la actual organización como un organismo intergubernamental especializado de la ONU compuesto por 187 miembros (EcuRed, 2020), y a raíz de la conmemoración de su aniversario, el 23 de marzo de 1997, se dio comienzo a la celebración del Día Meteorológico Mundial.

Cada año, el 23 de marzo los Estados miembros desarrollan actividades encaminadas a rescatar la conciencia respecto de la importancia de la meteorología y la hidrología para el equilibrio medio ambiental. También se promueve la cooperación internacional en servicios y observaciones meteorológicas, el intercambio rápido de información, la normalización y estandarización de las observaciones y la publicación uniforme de observaciones y estadísticas (Instituto Nacional de Estadística, 2020).

13. DÍA MUNDIAL DEL CLIMA

La Convención Marco de las Naciones Unidas sobre el Cambio Climático, lo define como "… un cambio de clima atribuido directa o indirectamente a la actividad humana, hecho que altera la composición de la atmósfera a nivel mundial y se suma a la variabilidad natural del clima" (Ecovision International, 2020). Es importante anotar que clima se entiende como:

> … el conjunto de los valores promedio, de al menos 30 años de observación, de las condiciones atmosféricas que caracterizan un lugar o región, por lo tanto no es una condición que cambie frecuentemente, como sí sucede con el tiempo atmosférico (*Diario Ecología*, 2020).

La ONU declaró el 26 de marzo como el día indicado para esta celebración, coincidiendo con la realización de la Convención Marco de las Naciones

Unidas sobre el Cambio Climático que se suscribió en junio de 1992 dentro de la Cumbre de la Tierra de Río de Janeiro. Su propósito fundamental es promover en la ciudadanía reflexiones acerca de aquellas conductas que influyen en el clima y en la variación climática (Ideam, 2020).

14. LA HORA DEL PLANETA

La Hora del Planeta es un evento promovido por el Fondo Mundial para la Naturaleza (World Wide Fund for Nature –WWF–)[7], cuya particularidad consiste en que no tiene fecha preestablecida, pues se celebra el último sábado de marzo de cada año y busca sentar una manifestación universal voluntaria en la que los hogares, en la noche de ese día, apagan las luces y todos los electrodomésticos posibles durante una hora.

La Hora del Planeta se comenzó a celebrar en Sídney, Australia, el 31 de marzo de 2007, entre las 19:30 y las 20:30 horas locales, y marcó un estímulo importante para el resto de las naciones ya que el ahorro de energía durante la primera ocasión se calculó entre el 2,1% y el 10,2%, con una participación de 2,2 millones de personas aproximadamente (Intu-Xanadú, 2020).

15. DÍA INTERNACIONAL DE LA TIERRA

El Día de la Tierra tiene sus orígenes en la década de los 60 cuando se originaron también los activismos sociales. Todo indica que la iniciativa surgió a raíz de que el senador por el estado de Wisconsin (Estados Unidos), Gaylord Nelson, cuyas campañas en favor del medio ambiente no habían surtido efectos, organizó una protesta en favor del medio ambiente tomando como modelo las manifestaciones en contra de la guerra de Vietnam por entonces muy frecuentes. Nelson reclutó al activista Denis Hayes para organizar una manifestación el 22 de abril de 1970[8], a la que se calcula que asistieron más de 7.000 personas en el Independence Mall en Filadelfia (National Geographic, 2020).

---

7 La WWF, o Fondo Mundial para la Naturaleza,, es una destacada organización dedicada a promover y ejecutar acciones en favor de la conservación del ambiente natural. Se fundó en Suiza en 1961, y actualmente tiene presencia en más de cien países (WWF, 2020).

8 A Denis Hayes se le reconoce como uno de los precursores del movimiento ecologista mundial.

Creemos que el impacto del libro *Primavera Silenciosa* de R. L. Carson, las conclusiones del estudio "Los Límites del Crecimiento" del Club de Roma, y la conmemoración en abril de 1970 del primer Día de la Tierra, fueron los prolegómenos más directos para la creación de la Agencia de Protección Medioambiental de los Estados Unidos (EPA) a finales de 1970, lo que consolidó los esfuerzos que se venían solicitando para mejorar, especialmente, la calidad del aire y del agua.

Posteriormente la Asamblea General de la ONU declaró el 22 de abril como Día Internacional de la Tierra, inicialmente para buscar el reconocimiento de la responsabilidad humana, como se expone en la Declaración de Río de 1992, de promover la armonía con la naturaleza y la Tierra, procurando un justo equilibrio entre las necesidades económicas, sociales y ambientales de las generaciones presentes y futuras (Ambientum, 2018).

16. DÍA INTERNACIONAL DE CONCIENCIACIÓN SOBRE EL RUIDO

Se conmemora esta fecha para intentar sensibilizar a ciudadanos e instituciones acerca de la contaminación auditiva. "Desde el año 2001–cada último miércoles del mes de abril– se celebra el Día Mundial de la Vida Sin Ruido, celebración que fue motivada por la Liga para el Deficiente Auditivo en Nueva York" (AIM, 2019), así que no es un día concreto sino la fecha que coincide con ese día de la semana. Y en nuestro país también se celebra:

> Colombia no ha sido ajena a esta problemática, es así que el 29 de agosto se instituyó como el Día Nacional Contra el Ruido, ya que grandes ciudades como el caso de Bogotá, están siendo atacadas por los altísimos niveles de contaminación auditiva (Registraduría Nacional del Estado Civil, 2020).

17. DÍA INTERNACIONAL DE LAS AVES

Es otra de las iniciativas no gubernamentales que se celebra desde 1986 cada 9 de mayo, promovida por la organización BirdLife International, una red de fundaciones privadas cuyo objetivo es la conservación de todas las especies de aves y sus hábitats (EcuRed, 2020). En 2017 esta iniciativa privada se unió con la intergubernamental de la ONU, durante la duodécima sesión de la Conferencia de las Partes para la Convención sobre la Conservación de las Especies Migratorias de Animales Silvestres (CMS-COP12), celebrada en Manila en octubre del 2017, y de la que surgió la campaña global llamada Día Mundial de las Aves Migratorias para fortalecer la estrategia de conservación (GeoInnova, 2020). La razón fundamental es que las aves son el grupo de especies vivas naturales más vulnerables, aunque se estima que existen alrededor de unas 9.700 especies diferentes en el planeta. Además, la importancia para el ambiente natural es que contribuyen a la diseminación de semillas vegetales, a la polinización de plantas y al control de plagas (Ministerio de Medio Ambiente y Recursos Naturales-República Dominicana, 2020).

Colombia celebra con especial regocijo esta fecha, ya que el país ocupa el primer lugar en el mundo en riqueza de aves, con 1.889 especies, de las cuales 197 son migratorias (Secretaria Distrital de Ambiente, 2020).

18. DÍA DE LA BIODIVERSIDAD

Se celebra cada año el 22 de mayo, debido a que la Asamblea General de la ONU quiso conmemorar la aprobación del Acta Final de la Conferencia de Nairobi con la que se aprobó el Convenio sobre la Diversidad Biológica el 22 de mayo de 1992. La fecha inicial para la celebración era el 29 de diciembre, y alcanzó a celebrarse así desde 1993, pero la fecha se modificó para facilitar la planificación de los eventos, pues coincidía con muchas festividades de fin de año (Reciclame, 2020).

19. DÍA MUNDIAL DEL MEDIO AMBIENTE

El Día Mundial del Medio Ambiente se celebra el 5 de junio para conmemorar el inicio de la Conferencia de Estocolmo en 1972, cuyo tema central fue precisamente el entonces conocido como Medio Humano. Dos años más tarde, el Día Mundial del Medioambiente se celebró por primera vez, con el eslogan "Sólo una Tierra" (Fundación Terram, 2016).

El Día Mundial del Medio Ambiente "es uno de los vehículos principales a través del cual Naciones Unidas estimula el conocimiento mundial del medio ambiente y aumenta la atención y acción política para resolver las problemáticas que padece" (Cardona González, 2009: 4A).

20. DÍA MUNDIAL DE LOS OCÉANOS

Con laResolución 63/111 del 5 de diciembre de 2008, la Asamblea General de la ONU aprobó que cada 8 de junio, a partir de 2009, se celebrara el Día Mundial de los Océanos. Fue la culminación de la propuesta que se radicó por primera vez en 1992 durante la Cumbre de la Tierra en Río de Janeiro.

Dado que los océanos ayudan a regular el clima, proporcionan la mayor parte del oxígeno planetario, son fuente de alimento y medicinas para la humanidad, parte fundamental de la biosfera, y sus productos son la principal fuente de proteínas para al menos una de cada cuatro personas en el planeta, la Comisión Oceanográfica Intergubernamental (COI), órgano intergubernamental de las Naciones Unidas para la Educación, la Ciencia y la Cultura (UNESCO) patrocina desde 2002 la organización de eventos para sensibilizar al público respecto de su importancia (Unesco, 2017).

21. DÍA MUNDIAL DE LAS TORTUGAS MARINAS

El 16 de junio se celebra el Día Mundial de las Tortugas Marinas ya que la fecha coincide con el nacimiento, en 1909, de Archie Carr, considerado el mayor conservacionista de tortugas marinas de la historia, trabajo que desarrolló principalmente en Costa Rica (Conciencia Eco, 2016).

22. DÍA INTERNACIONAL CONTRA LA CONTAMINACIÓN ELECTROMAGNÉTICA

El 24 de junio de cada año es el Día Internacional contra la Contaminación Electromagnética, fecha que adoptó en Italia la Comisión Internacional para la Seguridad Electromagnética (ICEMS) que buscaba conocer las fuentes relacionadas con ese tipo de radiación en lols hogares; dichas radiaciones se asocian a la presencia de redes inalámbricas y al uso de celulares (Cidemos, 2020).

23. DÍA INTERNACIONAL DE LOS BOSQUES TROPICALES

El 26 de junio se celebra el Día Internacional de los Bosques Tropicales, establecido conjuntamente en 1999 por el PNUMA, la WWF y la Organización de las Naciones Unidas para la Educación, la Ciencia y la Cultura (UNESCO) (Sabogal, 2020).

24. DÍA INTERNACIONAL LIBRE DE BOLSAS DE PLÁSTICO

Por iniciativa de la Fundación Catalana para la Prevención de Residuos y el Consumo Responsable, desde 2008 cada 3 de julio se celebra el Día Internacional Libre de Bolsas Plásticas (Refugio Corazones Verdes, 2020a). Como ya se mencionó respecto del Día Mundial sin Pitillo, se procura limitar el uso de los productos elaborados con plástico de un solo uso o de uso continuado con el fin de disminuir su producción.

El perjuicio que causan las bolsas plásticas el ambiente natural se debe a que en su fabricación se utilizan el polietileno y el polipropileno, derivados del petróleo, es decir, de una fuente de energía no renovable, por lo que no solo aceleran el agotamiento del hidrocarburo en las fuentes, sino que, además, aumentan la contaminación, sobre todo por la dificultad de su degradación y porque se han convertido en un peligro para los animales que intentan tragarlas o se ven atrapados en sus elementos (Refugio Corazones Verdes, 2020b).

25. DÍA INTERNACIONAL DE LA VIDA SILVESTRE

Se conmemora desde 1989 todos los 4 de julio. Fue adoptado por el Consejo de Administración del Programa de las Naciones para el Desarrollo (PNUD) por cuanto en esa fecha de 1987 la población mundial alcanzó los 5.000 millones de habitantes con un impacto especial para la supervivencia de muchas especies silvestres (*Semana Sostenible*, 2019).

26. DÍA INTERNACIONAL DE LA DEFENSA DEL MANGLAR

El manglar es la zona más biodiversa y productiva de los Ecosistemas Marinos Costeros Ecuatoriales. En Colombia cubren una superficie aproximada de 300.907 hectáreas del territorio continental. Por ello, se ha determinado que cada 26 de julio se conmemore en honor de Hayhow Daniel Nanoto, activista ambiental originario de Micronesia, fallecido por un paro cardíaco durante una acción de reforestación de una zona de manglar devastada por la instalación ilegal de una langostinera en 1998 (Jenzera, 2013).

27. DÍA INTERNACIONAL DE LA PRESERVACIÓN DE LA CAPA DE OZONO

La capa de ozono es "... la zona de la atmósfera que abarca entre los 19 y 48 kilómetros por encima de la superficie de la tierra, donde se producen concentraciones de ozono de hasta 10 ppm" (Fraume Restrepo, 2007d: 81). La importancia de esta capa es que protege a la Tierra de la parte nociva de los rayos solares.

Para promover y estimular su protección, el 16 de septiembre de 1987 se suscribió el Protocolo de Montreal, uno de los acuerdos internacionales de carácter ambiental más destacados, y por el cual se adoptaron medidas para conservar la capa de ozono. Por esta razón desde 1994, a instancias de la ONU, prácticamente todas las naciones celebran el Día Internacional para la Preservación de la Capa de Ozono (Marn, 2016).

En el Protocolo se identifican cien sustancias químicas de diferentes categorías que, dependiendo de varios factores, serán eliminadas de la producción y el consumo de forma gradual. La evolución del Protocolo ha sido muy positiva pues, en la mayoría de los casos, los objetivos de eliminación se han cumplido (Ciencias Ambientales, 2020).

28. DÍA MARÍTIMO MUNDIAL

El Consejo de la Organización Marítima Internacional (OMI), con sede en Londres, estableció el 24 de septiembre para celebrar anualmente este día. Aunque la organización trabaja especialmente en pro del estímulo, la regulación y el ordenamiento del transporte marítimo, también está trabajando por la conservación y recuperación del ambiente marítimo. "De esta forma, se crea una oportunidad para aumentar el conocimiento sobre los Objetivos de Desarrollo Sostenible (ODS) y mostrar el trabajo que la OMI están llevando a cabo para alcanzarlos" (Organización Marítima Internacional, 2019a).

Actualmente la organización trabaja con otros organismos multilaterales para contribuir con el desarrollo de la Agenda 2030 para el Desarrollo Sostenible y, simultáneamente, brindar oportunidades para destacar las contribuciones del transporte marítimo mundial y construir un futuro sostenible (Organización Marítima Internacional, 2019b)

29. DÍA MUNDIAL DE LOS ANIMALES

El 4 de octubre se celebra el Día Mundial de los Animales en conmemoración de San Francisco de Asís[9]. Esta celebración surgió por iniciativa de la Organización Mundial de Protección Animal en un congreso celebrado en Viena en 1929.

Posteriormente, el 15 de octubre de 1978, la ONU proclamó la Declaración Universal de Derechos del Animal consagrando los derechos de los animales y estimulando la incorporación de normas en favor de la protección y condena criminal del maltrato animal (National Geographic en Español, 2020).

30. DÍA MUNDIAL DEL HÁBITAT

Hábitat es un concepto original de las ciencias biológicas: "Se refiere al territorio específico donde un organismo viviente establece su morada o vivienda" (Ecopetrol, 1994b: 63).

"El Día Mundial del Hábitat fue instituido por la Asamblea General de la Organización de las Naciones Unidas en el año 1986", y su motivo fue el notorio crecimiento de la población y sus efectos sobre el medio natural. La celebración anual se realiza el primer lunes de octubre, y coincide con el día mundial de la arquitectura, y con el llamado Día Mundial del Derecho a una Vivienda Digna (Cuando Pasa, 2020).

31. DÍA DEL ÁRBOL

El Día Mundial del Árbol, también llamado Día Forestal Mundial, se celebra cada año el 12 de octubre a partir de una recomendación del Congreso Forestal Mundial celebrado en Roma en 1969 a la ONU, la cual fue aceptada por la FAO en 1971, y en ella se reconoció a los árboles como los mejores aliados para la recuperación ambiental pues recargan las fuentes de agua, capturan el dióxido de carbono y a cambio liberan oxígeno.

Desde 1941 se celebra en Colombia el Día Nacional del Árbol, pero el 29 de abril para evitar que coincida con las celebraciones del Día de la Raza (Minambiente, 2015).

---

9 Nacido en 1182 en Italia, enseñó que nuestro bienestar está integrado al bienestar de todo los animales y el medio ambiente

32. DÍA MUNDIAL DE LA ECOLOGÍA

Todos los días 1.º de noviembre se celebra el Día Mundial de la Ecología que busca crear conciencia en la población respecto de la preservación del medio ambiente, en este caso, propendiendo por definir una relación armónica entre el ser humano y lo que lo rodea, es decir, lo que conforma el ambiente natural (Nuestro Clima, 2020).

Entre otras definiciones la ecología es: "La ciencia o el estudio de los organismos en su casa, esto es, en su medio. Por lo regular la ecología se define como el estudio de las relaciones de los organismos o grupos de organismos con su medio..." (Ecopetrol, 1994c: 48).

33. DÍA INTERNACIONAL CONTRA LOS ENSAYOS NUCLEARES

Después de que los Estados Unidos inauguraran la era nuclear arrojando dos bombas atómicas sobre Japón, poniendo fin a la II Guerra Mundial, se han efectuado cerca de 2.000 pruebas de esa naturaleza que corroboran los impactantes y prácticamente irreversibles efectos sobre los humanos y el ambiente, sin contar con que cada vez son más poderosas y destructivas; lo anterior justifica ampliamente la necesidad de celebrar el Día Internacional contra los Ensayos Nucleares.

El 2 de diciembre de 2009 la Asamblea General aprobó por unanimidad la resolución 64/35 declarando el 29 de agosto Día Internacional contra los Ensayos Nucleares. La resolución fue propuesta por la República de Kazajstán, y apoyada por muchos otros países, con el fin de conmemorar la clausura del polígono de ensayos nucleares de Semipalatinsk el 29 de agosto de 1991 (Ecologistas en Acción, 2018).

La primera conmemoración del Día Internacional contra los Ensayos Nucleares ocurrió en 2010.

II. CELEBRACIONES NACIONALES

El mundo es cada vez más consciente de lo importante que es conservar y preservar el medio ambiente y, aunque no en la medida deseada, Colombia también aplica las estrategias de concientización; es por eso que las organizaciones ambientales y otras entidades nacionales han sumado esfuerzos para consolidar un calendario ecológico anual procurando impulsar una mejor educación ambiental.

Las mayores riquezas nacionales, entre ellas el agua, las montañas, los humedales, las aves y la vida silvestre, ya tienen identificada una fecha especial para celebrarlo y promover su recuperación (*El Espectador*, 2020). Muchas de estas celebraciones coinciden con las internacionales que ya hemos mencionado, por eso hemos procurado escoger las que se apartan del calendario internacional.

1. DÍA SIN CARRO

Desde el año 2000 cada primer jueves de febrero se lleva a cabo el día sin carro ni motos (*El Espectador*, 2020). Inicialmente fue una iniciativa de la Alcaldía Distrital de Bogotá, que lo adoptó mediante el Decreto 1098 de 2000, luego de una consulta popular, y es réplica de la que se inició en Reikiavik (Islandia) y que luego popularizaron La Rochelle (Francia) y Bath (Reino Unido). Su propósito principal es hacer reflexionar a los habitantes de las ciudades capitales de departamento sobre el uso excesivo del carro (*Opinión Caribe*, 2020).

Desde el éxito del día sin carro en Bogotá, la mayoría de las capitales de departamento en Colombia lo han adoptado. Por ejemplo, hay día sin carro en Medellín, Bucaramanga, Barranquilla, Neiva, Tunja y otras ciudades. Incluso ya se vienen adoptando varios días sin carro en la misma ciudad y el mismo año.

2. DÍA DEL RÍO BOGOTÁ

El Día del Río Bogotá se celebra el 12 de mayo de cada año y busca concientizar a las comunidades de la Sábana de Bogotá de lo importante que resulta proteger y recuperar su río más sobresaliente (Orarbo, 2018a).

Esta celebración surgió por iniciativa del Observatorio Regional Ambiental y de Desarrollo Sostenible del Río Bogotá (ORARBO), gestionado por el Consejo Estratégico de la Cuenca Hidrográfica del Río Bogotá, con el apoyo de la Corporación Autónoma Regional de Cundinamarca (CAR), la Secretaría Distrital de Ambiente (SDA) y la Universidad del Rosario (Orarbo, 2018b).

3. DÍA NACIONAL DE LA BIODIVERSIDAD

Se está imponiendo la conmemoración nacional del día de la biodiversidad cada 11 de septiembre, en conmemoración, a su vez, del aniversario del fallecimiento de José Celestino Mutis en 1808, quien como líder de la Expedición Botánica legó para Colombia una significativa colección de plantas que han sido la base para el inventario nacional de biodiversidad (Red de Desarrollo Sostenible, 2020a).

Por la riqueza de la biodiversidad nacional, Colombia fue una de las primeras naciones en ratificar, mediante la Ley 165 de 1994, el Convenio sobre la Diversidad Biológica, y en adoptar una Política Nacional para la Gestión de la Biodiversidad y sus Servicios Ecosistémicos (Red de Desarrollo Sostenible, 2020b).

4. DÍA DE LOS PARQUES NACIONALES NATURALES

Con ocasión de la reestructuración que la Ley 99 de 1993 y luego el Decreto ley 3572 de 2011 hicieron de la institucionalidad ambiental, en especial la que se ocupa de la administración de las áreas protegidas del orden nacional, por iniciativa de la unidad administrativa especial de Parques Nacionales Naturales de Colombia, cada 9 de noviembre se conmemora la figura de máxima protección ambiental superficial que es la de Parques Nacionales Naturales. "En total, a 2016, el país cuenta con 14.268.224,3 hectáreas protegidas en el Sistema de Parques Nacionales Naturales de Colombia" (Parques Nacionales Naturales de Colombia, 2016).

5. DÍA NACIONAL DEL ARRECIFE CORALINO

Los arrecifes de coral constituyen uno de los ecosistemas más importantes de las áreas marinas; son formaciones de organismos marinos invertebrados, organizados en colonias, cuyo tamaño en algunos casos puede verse desde el espacio, aunque son de crecimiento lento y pueden alcanzar un metro cada cien años. Por esa razón desde el año 2008, y también por iniciativa de la Unidad Administrativa Especial de los PNN de Colombia, se celebra cada 5 de diciembre el Día Nacional del Arrecife Coralino, con la finalidad de propender por su protección que está en riesgo a causa del calentamiento de los océanos, la contaminación y la pesca excesiva (Parques Nacionales Naturales de Colombia, 2020).

6. ANIVERSARIO DE LA LEY 99 Y EL SINA

Con la expedición de la Ley 99 de 1993 se creó el Ministerio del Medio Ambiente y el Sistema Nacional Ambiental (SINA) como parte de una ambiciosa reforma a la institucionalidad colombiana que se inició con la consagración de 69 artículos sobre medioambiente y desarrollo sostenible en la Constitución Política de 1991 (Rodríguez Becerra, 2018).

Por entrar en vigencia el 22 de diciembre de 1993 la Ley 99, el actual Ministerio de Ambiente y Desarrollo Sostenible, las corporaciones autónomas regionales y de desarrollo sostenible, las autoridades ambientales urbanas, y los institutos de investigación e información ambiental, han empezado a celebrar recientemente esa fecha de manera especial.

CONCLUSIONES

No ha sido fácil para el entorno natural del planeta una pertinaz actitud humana por usar sus recursos sin conciencia y sin tener en cuenta la sostenibilidad. Cabe la reflexión que alguna vez escribiera Novoa Monreal (1974:104):

> Pero hasta años muy recientes, la pertinacia (*sic*) de algunos que quieren ignorar el avance de las ideas, el cambio de las condiciones de vida y el despertar de la conciencia de los pueblos, siguió sembrando confusión a su respecto.

Y es que en el planeta aún persiste la hipocresía ambiental. Por ejemplo, en 2012 mientras Brasil prácticamente acababa de eliminar la legislación que protegía sus selvas, cambiaba la legislación que ampliaba las tierras indígenas y disminuía las competencias del Instituto Brasileiro do Meio Ambiente e dos Recursos Naturais Renováveis (Ibama) para fiscalizar la tala ilegal, se realizó del 20 al 22 de junio la sesión 20 de la Conferencia de Naciones Unidas sobre Medio Ambiente y Desarrollo, mejor conocida como Cumbre Rio+20 (*El Tiempo*, 2012: 29).

Otra conclusión, es el reconocimiento que en número creciente estas fechas hacen del ambiente natural del planeta como una suma de segmentos naturales como si no estuvieran estrechamente relacionados. Al ambiente natural hay que apreciarlo, valorarlo y atenderlo como una sola entidad.

No es posible continuar pensando que la sola expedición normativa o una celebración anual o periódica de fechas especiales, como ya dijimos, fraccionada, soluciona mágicamente los problemas (Patiño Posse, 1999: 27).

Como coinciden en reconocerlo Diana Giraldo, del Movimiento Ríos Vivos Colombia; Carlos Olaya, investigador de Dejusticia; Rodrigo Negrete, académico; Laura Montaña, investigadora de la ONG Ambiente y Sociedad, y Gustavo Guerrero, director del Centro de Estudios en Política y Legislación Ambiental de Colombia, más allá de la eficacia simbólica de las celebraciones, las sentencias judiciales para la protección ambiental y las ceremonias conmemorativas, no se aprecian indicadores de recuperación del deterioro ambiental (*Semana*, 2020b: 46).

Así que la gran conclusión que dejamos es la recomendación de que antes que seguir celebrando fechas, o incluso creándolas, que pueden ser importantes para recordar hitos y hechos trascendentes para la política pública y la acción ambiental internacional y nacional, es necesario implementar un sistema de indicadores de medición de su efectividad. Aunque las fechas y celebraciones ambientales no parecen relevantes al derecho ambiental, bien vale preguntarse si aquellas, como este, efectivamente logran la evitación del daño cuyo objetivo debe ser la naturaleza (García Pachón, 2019: 17).

BIBLIOGRAFÍA

AIM. "Hoy es el día mundial contra el Ruido", Entre Ríos, Argentina, abril 24 de 2019, disponible en [https://www.aimdigital.com.ar/hoy-es-el-dia-mundial-contra-el-ruido/], consultada el 2 de junio de 2020.

Ambientum. "Día de la Tierra: el rostro del cambio climático", 6 de marzo de 2018, disponible en [https://www.ambientum.com/ambientum/cambio-climatico/dia-tierra.asp], consultada el 10 de mayo de 2020.

Ángeles, P. "Las fechas ambientales importantes", en Pamela Ángeles (Blog), 21 de abril de 2017, disponible en [https://esthersvictory.wordpress.com/2017/04/21/las-fechas-ambientales-importantes/], consultada el 2 de marzo de 2020.

Asociación de Biólogos Ambientales. "Día Internacional para la Protección de los Osos", Bogotá, Universidad Jorge Tadeo Lozano, 2020, disponible en [https://www.utadeo.edu.co/es/noticia/destacadas/creeser/33771/dia-internacional-para-la-proteccion-de-los-osos], consultada el 31 de mayo de 2020.

Asociacion Geoinnova. "Día Mundial por la Reducción de las Emisiones de CO_2", 28 de enero de 2016, disponible en [https://geoinnova.org/blog-territorio/dia-mundial-por-la-reduccion-de-las-emisiones-de-co2/], consultada el 16 de mayo de 2020.

Barea Luchena, J. "Pajitas de plástico: trece millones todos los días", Greenpeace (Blog), 21 de agosto de 2018, disponible en [https://es.greenpeace.org/es/noticias/pajitas-de-plastico-trece-millones-todos-los-dias/], consultada el 25 de mayo de 2020.

Barroeta, E. "Día mundial de la vida silvestre: por qué se celebra el 3 de marzo y cuál es su objetivo", *Clarín (Sección: Internacional)*, 3 de marzo de 2020, disponible en [https://www.clarin.com/internacional/dia-mundial-vida-silvestre-celebra-3-marzo-objetivo_0_j1Nd4crn.html], consultada el 29 de mayo de 2020.

Cabanellas, G. *Diccionario Enciclopédico de Derecho usual*, t. ii, 25.ª ed., Buenos Aires, Editorial Heliasta, 1997.

Cardona González, Á. H. "Evocaciones ambientales", *Diario del Huila (Sección: Opinión)*, Neiva, 24 de marzo de 2001.

Cardona González, Á. H. "El Día mundial del medio ambiente", *Diario del Huila (Sección: Opinión)*, Neiva, 6 de junio de 2009.

cidemos. "¿Por qué se conmemora el Día internacional contra la contaminación electromagnética?", 2020, disponible en [https://cidemos.org/es/publicacion/detalle/24_de_junio_dia_internacional_contra_la_contaminacion_electromagnetica_53], consultada el 12 de mayo de 2020.

Ciencias Ambientales. "Día Internacional de la Preservación de la Capa de Ozono", 2020, disponible en [https://www.cienciasambientales.com/es/noticias-ambientales/dia-internacional-de-la-preservacion-de-la-capa-de-ozono-14707], consultada el 3 de junio de 2020.

cites (2020) ¿Qué es la cites?, disponible en [https://www.cites.org/esp/disc/what.php], consultada el 13 de marzo de 2020.

Comunidad ism. "Día Mundial de la Educación Ambiental 2017", *Sección: Agenda*, 26 de enero de 2017, disponible en [http://www.comunidadism.es/agenda/dia-mundial-de-la-educacion-ambiental-2017], consultada el 13 de marzo de 2020.

Conciencia Eco. "16 de junio, día Mundial de las Tortugas Marinas", 14 de junio de 2016, disponible en [https://www.concienciaeco.com/2016/06/14/16-junio-dia-mundial-las-tortugas-marinas/], consultada el 12 de mayo de 2020.

Cuando Pasa. "Día Mundial del Hábitat 2020", 2020, disponible en [https://www.cuandopasa.com/index.php?v=v61631j], consultada el 3 de junio de 2020.

día internacional de... "Día Meteorológico Mundial", 2020, disponible en [https://www.diainternacionalde.com/ficha/dia-meteorologico-mundial], consultada el 10 de mayo de 2020.

Diario Ecología. "Hoy 26 de marzo celebramos el día mundial del clima", 2020, disponible en [http://diarioecologia.com/hoy-26-de-marzo-celebramos-el-dia-mundial-del-clima/], consultada el 21 de mayo de 2020.

Diccionario Básico Escolar. Carvajal Educación, Bogotá, Editora Géminis Ltda., 2008.

Ecologistas en Acción. "Día Internacional contra los Ensayos Nucleares", 28 de agosto de 2018, disponible en [https://www.ecologistasenaccion.org/evento/dia-internacional-contra-los-ensayos-nucleares/2018-08-29/], consultada el 3 de junio de 2020.

ecopetrol. *Compendio de términos comunes utilizados en estudios ambientales de la industria petrolera*, Barranquilla, Sáenz Impresores del Caribe, 1994.

Ecovisión International. "Noticias. Día Mundial del Clima", 25 de marzo de 2020, disponible en [http://www.ecovision.tv/2020/03/25/26-de-marzo-dia-mundial-del-clima/], consultada el 10 de mayo de 2020.

EcuRed. "Día Meteorológico Mundial", La Habana, 2020, disponible en [https://www.ecured.cu/D%C3%ADa_Meteorol%C3%B3gico_Mundial], consultada el 22 de mayo de 2020.

EcuRed. "Día Internacional de las Aves", La Habana, 2020, disponible en [https://www.ecured.cu/D%C3%ADa_Internacional_de_las_Aves], consultada el 10 de mayo de 2020.

El Espectador, Sección: Medio Ambiente. "Estas son las fechas más importantes para el medio ambiente en 2020", Bogotá, 24 de enero de 2020, disponible en [https://www.elespectador.com/noticias/medio-ambiente/estas-son-las-fechas-mas-importantes-para-el-medio-ambiente-en-2020-articulo-901400], consultada el 24 de enero de 2020.

El Espectador, *Sección: Medio Ambiente*. "Día sin carro en Bogotá ahora será de 5:00 a.m. a 9:00 p.m"., Bogotá, 29 de enero de 2020, disponible en [https://www.elespectador.com/noticias/bogota/dia-sin-carro-en-bogota-ahora-sera-de-500-am-900-pm-articulo-902104], consultada el 16 de mayo de 2020.

El Tiempo, *Sección: Debes leer.* "Hace mucho más Colombia hoy día por proteger sus hábitats y ecosistemas", Bogotá, 16 de junio de 2012.

El Tiempo, *Sección: Medio Ambiente.* "Hoy se celebra el Día Mundial para la Protección de los Osos", Bogotá, 21 de febrero de 2020, disponible en [https://www.eltiempo.com/vida/medio-ambiente/hoy-se-celebra-el-dia-mundial-para-la-proteccion-de-los-osos-464728], consultada el 3 de mayo de 2020.

FAO. "Los bosques y la biodiversidad, demasiado preciosos para perderlos", Día Internacional de los Bosques, marzo de 2020, disponible en [http://www.fao.org/international-day-of-forests/es/], consultada el 23 de marzo de 2020.

Fraume Restrepo, N. J. *Diccionario ambiental*, Colección Textos Universitarios, Bogotá, Ecoe Ediciones, 2007.

Fundacion Terram. "Historia del Día del Medio Ambiente: desde sus inicios en 1974", 6 de junio de 2016, Santiago de Chile, disponible en [https://www.terram.cl/2016/06/historia-del-dia-del-medio-ambiente-desde-sus-inicios-en-1974/], consultada el 31 de mayo de 2020.

García Pachón, M. del P. "Presentación", en AA.VV. *Procedimiento sancionatorio ambiental. 10 años de la Ley 1333 de 2009*, Bogotá, Universidad externado de Colombia, 2017.

Geoinnova. "Día Mundial de las Aves Migratorias, unidos por la conservación", 2020, disponible en [https://geoinnova.org/blog-territorio/dia-mundial-de-las-aves-migratorias-unidos-por-la-conservacion/?gclid=EAIaIQobChMIz4K2x_-q6QIVxpyzCh07qQ9GEAAYASAAEgJQXvD_BwE], consultada el 10 de mayo de 2020.

González, B. "Día Mundial de la Reducción de Emisiones de CO_2", Barcelona, Ecología Verde, 23 de febrero de 2019, disponible en [https://www.ecologiaverde.com/dia-mundial-de-la-reduccion-de-emisiones-de-co2-1797.html], consultada el 31 de mayo de 2020.

IDEAM. "26 de marzo Día Mundial del Clima", Sala de Prensa, Bogotá, 2020, [http://www.cambioclimatico.gov.co/sala-de-prensa/-/asset_publisher/ovf4WcNOcZT7/content/26-de-marzo-dia-mundial-del-clima], consultada el 22 de mayo de 2020.

Instituto Nacional de Estadística. "Ambientales. Efemérides", *Sección: Ambientales*, Caracas, 2020, disponible en [http://www.ine.gov.ve/index.php?option=com_content&view=article&id=109:23-de-marzo-dia-meteorologico-mundial&catid=107:efemerides-&Itemid=48], consultada el 22 de mayo de 2020.

INTERNATIONAL RIVERS. "Día Mundial de Acción en Defensa de los Ríos", Oakland, Estados Unidos, 2020, disponible en [https://www.internationalrivers.org/es/d%C3%ADa-mundial-de-acci%C3%B3n-en-defensa-de-los-r%C3%ADos], consultada el 31 de mayo de 2020.

INTU-XANADÚ. "¿Qué es y en qué consiste la Hora del Planeta?", *Sección: Ocio*, Madrid, 2020, disponible en [https://www.intuxanadu.com/eventos/hora-del-planeta%E2%8C%9B/], consultada el 10 de mayo de 2020.

JENZERA. "Día Internacional de defensa del Ecosistema Manglar", 26 de julio de 2013, disponible en [http://jenzera.org/web/?p=2322], consultada el 15 de mayo de 2020.

La Verdad de Tamaulipas. "Día Internacional del Control Biológico", Tamaulipas, México, 13 de abril de 2020, disponible en [https://laverdad.com.mx/2020/02/dia-internacional-del-control-biologico/], consultada el 10 de mayo de 2020.

Milenio Digital, *Sección: Cultura*. "Día Mundial del Agua: qué es y para qué sirve", 21 de marzo 21 de 2019, disponible en [https://amp.milenio.com/cultura/22-de-marzo-dia-mundial-del-agua-que-es-y-para-que-sirve], consultada el 22 de marzo de 2020.

MINAMBIENTE. "Día Mundial del Árbol, una fecha para resaltar la importancia de los bosques", 12 de octubre de 2015, disponible en [https://www.minambiente.gov.co/index.php/noticias-minambiente/2078-dia-mundial-del-arbol-una-fecha-para-resaltar-la-importancia-de-los-bosques], consultada el 15 de mayo de 2020.

MINISTERIO DE MEDIO AMBIENTE Y RECURSOS NATURALES. República Dominicana. "Día Internacional de las Aves", 2020, disponible en [https://ambiente.gob.do/informacion-ambiental/fechas-ambientales/dia-internacional-de-las-aves/], consultada el 3 de junio de 2020.

MORALES, I. "Fechas Ambientales Mundiales", *5Consultores*, *Sección: Calidad*, 1.º de julio de 2015, disponible en [https://www.5consultores.com/2015/07/01/fechas-ambientales-mundiales/], consultada el 13 de marzo de 2020.

NACIONES UNIDAS. "Introducción", *Biblioteca Dag Hammarskjold*, New York, 8 de enero de 2020, disponible en [http://research.un.org/es/docs/environment], consultada el 22 de enero de 2020.

NATIONAL GEOGRAPHIC. "Datos del Día de la Tierra: ¿Por qué se celebra? ¿Dónde empezó?", Madrid, 2020, disponible en [https://www.nationalgeographic.es/

medio-ambiente/datos-del-dia-de-la-tierra-por-que-se-celebra-donde-empezo], consultada el 21 de mayo de 2020.

National Geographic (en español). "¿Por qué se celebra el Día Mundial de los Animales el 4 de octubre?", 2020, disponible en [https://www.ngenespanol.com/traveler/por-que-se-celebra-el-dia-mundial-de-los-animales-el-4-de-octubre/], consultada el 3 de junio de 2020.

Novoa Monreal, E. "La recuperación de recursos naturales", en *Nacionalización y recuperación de recursos naturales ante la ley internacional*, México, Fondo de Cultura Económica, 1974.

Nuestro Clima. "1.º de noviembre: Día mundial de la Ecología", 2020, disponible en [http://blog.nuestroclima.com/dia-mundial-de-la-ecologia/], consultada el 15 de mayo de 2020.

orarbo. "El Observatorio con la comunidad. Día del Río Bogotá 2018", en *Información Ambiental para la Gestión Integral de la Cuenca Hídrica del Río Bogotá*, Bogotá, 23 de mayo de 2018, disponible en [http://www.orarbo.gov.co/es/con-la-comunidad/eventos/conmemoracion-dia-del-rio-bogota], consultada el 16 de mayo de 2020.

Organización Marítima Internacional. "Lema marítimo mundial para 2020: un transporte marítimo sostenible para un planeta sostenible", 23 de julio de 2019", Londres, disponible en [http://www.imo.org/es/MediaCentre/PressBriefings/Paginas/17--world-maritime-theme-for-2020.aspx], consultada el 3 de junio de 2020.

Opinión Caribe, Sección: Metrópolis. "Curiosidades, origen y más datos sobre el Día sin Carro", Santa Marta, 31 de enero de 2020, disponible en [https://www.opinioncaribe.com/2020/01/31/curiosidades-origen-y-mas-datos-sobre-el-dia-sin-carro/curiosidades-del-dia-sin-carro-origen-y-demas/], consultada el 31 de mayo de 2020.

Patiño Posse, M. *Derecho ambiental colombiano*, Bogotá, Legis Editores, 1999.

Parques Nacionales Naturales de Colombia. "9 de noviembre: Día de los Parques Nacionales Naturales de Colombia", Bogotá, 9 de noviembre de 2016, disponible en [http://www.parquesnacionales.gov.co/portal/es/9-de-noviembre-dia-de-los-parques-nacionales-naturales-de-colombia-2/], consultada el 16 de mayo de 2020.

Parques Nacionales Naturales de Colombia. "5 de diciembre: Día Nacional de los Arrecifes de Coral", Bogotá, 2020, disponible en [http://www.parquesnacionales.gov.co/portal/es/5-de-diciembre-dia-nacional-de-los-arrecifes-de-coral/], consultada el 16 de mayo de 2020.

Pérez Consuegra, N. *Manejo Ecológico de Plagas*, Cuba, San José de las Lajas, Centro de Estudios de Desarrollo Agrario y Rural (cedar) de la Universidad Agraria de La Habana, 2004.

Ponce de León Chaux, E. "Los humedales como bienes de uso público", en aa.vv. *Derecho de Aguas*, Bogotá, Universidad Externado de Colombia, 2003.

Recíclame. "Día Internacional de la Diversidad Biológica", 2020, disponible en [https://www.reciclame.info/calendario-medioambiental/dia-internacional-de-la-diversidad-biologica/], consultada el 10 de mayo de 2020.

marn. "16 de septiembre, Día internacional de la preservación de la capa de ozono", 16 de septiembre de 2016, San Salvador, disponible en [https://www.marn.gob.sv/16-de-septiembre-dia-internacional-de-la-preservacion-de-la-capa-de-ozono/], consultada el 15 de mayo de 2020.

Red de Ayuda a los Animales. "Día Internacional Sin Pitillo. 2020" febrero 3 de 2020, disponible en [https://www.corporacionraya.org/dia-internacional-sin-pitillo-2020/], consultada el 10 de mayo de 2020.

Red de Desarrollo Sostenible. "Día Nacional de la Biodiversidad en Colombia", en *Biodiversidad y Ecosistemas*, Bogotá, 2020, disponible en [https://www.rds.org.co/es/actividades-ambientales/dia-nacional-de-la-biodiversidad-en-colombia], consultada el 16 de mayo de 2020.

Refugio Corazones Verdes. "¿En qué consiste el Día Internacional Libre de Bolsas Plásticas?", Cali, 2020, disponible en [https://www.refugiocorazonesverdes.com/blog/277-en-que-consiste-el-dia-internacional-libre-de-bolsas-plasticas], consultada el 3 de junio de 2020.

Registraduría Nacional del Estado Civil. "29 de agosto: día nacional contra el ruido", Bogotá, Oficina de Comunicaciones y Prensa, 2020, disponible en [https://www.registraduria.gov.co/29-de-agosto-Dia-Nacional-Contra.html?var_mode=calcul], consultada el 1.º de junio de 2020.

Rodríguez Becerra, M. "25 años después", *El Tiempo*, *Sección: Opinión*, 15 de diciembre de 2018, disponible en [https://www.eltiempo.com/opinion/columnistas/manuel-rodriguez-becerra/25-anos-despues-manuel-rodriguez-becerra-305640], consultada el 16 de mayo de 2020.

Sabogal, A. "26 de junio: Día Internacional de los Bosques Tropicales", en inte-pucp, *Grupo Bosques y Reforestación*, 2020, disponible en [https://inte.pucp.edu.pe/editoriales/26-junio-dia-internacional-los-bosques-tropicales/], consultada el 12 de mayo de 2020.

Secretaría Distrital de Ambiente. "Día Internacional de las Aves", 2020, disponible en [http://ambientebogota.gov.co/dia-de-las-aves], consultada el 16 de mayo de 2020.

Semana, Sección: Medio ambiente. "Río, derechos y debate", 16 de junio de 2012, Bogotá, 2020.

Semana Sostenible, Sección: Medio Ambiente. "¿Por qué se celebra el día de la educación ambiental?", Bogotá, enero 25 de 2017, disponible en [https://sostenibilidad.semana.com/medio-ambiente/articulo/dia-mundial-de-la-educacion-ambiental-por-que-se-celebra/34489], consultada el 31 de mayo de 2020.

Semana Sostenible. "Treinta años conmemorando el Día Internacional de la Vida Silvestre", Bogotá, julio 4 de 2019, disponible en [https://sostenibilidad.semana.com/medio-ambiente/articulo/treinta-anos-conmemorando-el-dia-internacional-de-la-vida-silvestre/44887], consultada el 13 de mayo de 2020.

Torey, S. "Efemérides ambientales: instrumento de educación y sensibilización", en *Nuestraesfera*, Santiago de Chile, febrero 11 de 2015, disponible en [http://nuestraesfera.cl/zoom/efemerides-ambientales-instrumento-de-educacion-y-sensibilizaciona-nivel-internacional-existe-un-nutrido-calendario-de-dias-mundiales-dedicados-llamar-la-atencion-sobre-distintos/], consultada el 2 de marzo de 2020.

unesco. "Worl Oceans Day", Comisión Oceanográfica Intergubernamental, 2017, [http://www.unesco.org/new/en/unesco/events/prizes-and-celebrations/celebrations/international-days/world-oceans-day-2014/], consultada el 3 de junio de 2020.

WinCalendar. "Día Internacional de los Bosques. Historia", Miami, 2020, disponible en [https://www.wincalendar.com/es/Dia-Mundial-Forestal], consultada el 31 de mayo de 2020.

wwf. "¿Quiénes somos?", México, 2020, disponible en [https://www.wwf.org.mx/quienes_somos/], consultada el 31 de mayo de 2020.

LORENA CABRERA IZQUIERDO
ROBERTO LASTRA MIER
ALBA R. VERGARA

*Delitos ambientales en Colombia. Análisis desde la perspectiva de las políticas nacionales de protección de los recursos naturales**

SUMARIO

RESUMEN

La expedición de un cuerpo normativo de carácter integral, y cuyo objetivo primordial era la protección de los recursos naturales en Colombia se inició con la expedición del Decreto ley 2811 de 1974. Antes de ese decreto los compendios normativos en materia ambiental se inscribían dentro de un amplio contexto de normas de carácter sectorial, dispersas y normalmente centradas en objetivos específicos, en los que la concepción de la integralidad como elemento fundamental aún no era tenida en consideración por la legislación. Las reuniones de Estocolmo 1972 y Río de Janeiro en 1992 marcaron la línea a seguir por los países firmantes en cuanto a la construcción de políticas públicas en materia de protección de los recursos naturales, que posteriormente se tradujeron en la espina dorsal de muchas cartas constituciones a nivel regional e incluso global, y con gran incidencia en las latinoamericanas. De la misma manera, estos antecedentes propiciaron la construcción y el desarrollo de un capítulo específico dentro de nuestro estatuto penal titulado "De los delitos contra los recursos naturales y el medio ambiente", diseñado con el objetivo de salvaguardar y proteger los bienes jurídicos que conforman nuestro medio ambiente, así como los mecanismos para exigir responsabilidades a

* Deseamos manifestar nuestros agradecimientos a la Dirección de Políticas y Estrategias de la Fiscalía General de la Nación por la información suministrada, la cual constituyó la base fundamental de este trabajo.

sus infractores. Este trabajo plantea un recorrido por ese proceso evolutivo y adicionalmente realiza, desde la perspectiva de la estadística descriptiva, una radiografía del comportamiento de los delitos ambientales con mayor incidencia durante el período comprendido entre 2000 y 2018.

PALABRAS CLAVE

Tipos penales ambientales, procedimiento, políticas, recursos naturales, medio ambiente.

ABSTRACT

The issuance of a comprehensive regulatory body and whose primary objective was the protection of natural resources in Colombia, began with the Law 2811 of the year 1974. Before this expedition, the regular compendiums on environmental matters were scattered throughout broad context of sector-specific norms, usually focused on specific objectives, in which the concept of comprehensiveness as a fundamental element was not yet taken into account by legislation. The meetings of Stockholm 1972 and Rio de Janeiro in 1992 marked the line to be followed by the signatory countries regarding the construction of public policies about the protection of natural resources, which subsequently became the backbone of many constitutional letters of regional and even global level, and with great incidence in Latin American countries. These antecedents, in the same way have directed the construction and development of a specific chapter within our criminal statute entitled "Of crimes against natural resources and the environment", designed with the aim of safeguarding and protecting the legal assets that make up our environment, as well as mechanisms to hold its offenders accountable. This work presents a journey through the evolutionary process and additionally performs, from the perspective of descriptive statistics, an x-ray of the behavior of environmental crimes with the highest incidence during the period from 2000 to 2018.

KEYWORDS

Environmental criminal types, crimes, procedure, policies, natural resources, environment.

INTRODUCCIÓN

En términos de biodiversidad, Colombia junto con Brasil comparten el primer lugar mundial. Lo anterior, nos ubica como uno de los 17 países megadiversos que albergan al menos el 70% de la biodiversidad mundial en solo un 10% del territorio, de acuerdo con los datos del Programa de las Naciones Unidas para el Medio Ambiente. Colombia, combina grandes áreas geográficas naturales, llamadas regiones biogeográficas, como son los océanos Atlántico y Pacífico, la Cordillera de los Andes, los valles de los ríos Cauca y Magdalena, la Amazonia, la Orinoquia, la Serranía de la Macarena y la Sierra Nevada de Santa Marta (Instituto Humboldt, 2020).

Toda esa gran diversidad está expuesta a la acción antrópica, debido a la sobreexplotación de los recursos renovables y no renovables, la contaminación de fuentes hídricas, la exploración y explotación minera, elemento último que se ha constituido en el motor financiero de la economía nacional y, sin lugar a dudas, uno de los más comunes a la hora de la infracción de conductas atentatorias contra el medio ambiente. Como estrategia para lograr el punto de equilibrio en materia de desarrollo y conservación de los recursos naturales en las últimas décadas se han expedido documentos de política encaminados a salvaguardar el patrimonio nacional natural. Así, los documentos del Consejo Nacional de Política Económica y Social (CONPES) constituyen el instrumento por medio del cual los diferentes gobiernos han trazado la hoja de ruta programática para establecer los lineamientos de planificación en diversos sectores, entre ellos el ambiental, que juega un papel importante y transversal en todos los sectores.

Entre los documentos mencionados resaltamos los relacionados con el sector minero-energético, en los que se contempla la necesidad de establecer estrategias de conservación, mitigación y preservación con el fin de contrarrestar las posibles consecuencias medioambientales, sin menoscabar las posibilidades de aprovechamiento de los recursos no renovables, y aquellos mediante los cuales se busca fortalecer la institucionalidad del sector como mecanismos que tiendan a lograr el equilibrio del anhelado concepto de desarrollo sostenible. Como ejemplo de esta estrategia tenemos el CONPES 3839 del 3 de agosto de 2015, a través del cual se conceptuó favorablemente a la Nación para la contratación de un préstamo externo con la banca multilateral destinado a financiar el programa de fortalecimiento institucional del sector minero energético, el cual resalta:

> ... la importancia del fortalecimiento de las funciones de control y de fiscalización, así como la consolidación institucional del sector, permitirán garantizar el cumplimiento de las normas y de los contratos de concesión, exploración y explotación de recursos naturales no renovables [...] la inversión posibilitará la determinación efectiva de los volúmenes de producción y las mejores prácticas de exploración y producción, teniendo en cuenta aspectos técnicos, operativos y ambientales.

Desde esta perspectiva, la sobreexplotación, la explotación indebida o directamente ilegal, así como los daños infringidos a los recursos naturales, constituyen una evidente vulneración de los derechos colectivos sobre el medio ambiente, plasmados en el artículo 8.º de nuestra Carta Magna. Fruto de estas acciones, y con el fin de sancionar la comisión de tales comportamientos, el Estado, en aplicación del *ius puniendi*, ha venido incluyendo tipos penales que permitan exigir una responsabilidad penal para aquel que los vulnere, diferente de la instancia administrativa sancionadora que se define como una manifestación autónoma de aplicación del derecho en el ejercicio del control de legalidad que ejerce el Estado a través de las autoridades ambientales (Lesmes, 2009: 25).

Conscientes del progresivo deterioro causado por las actividades humanas sobre la gran variedad de ecosistemas con que cuenta Colombia, la presente investigación realiza el diagnóstico de los delitos ambientales cometidos e investigados en el país entre 2000 y 2018. Para este estudio se utilizaron los datos aportados por la Fiscalía General de la Nación (FGN), a través de la Dirección de Políticas y Estrategias, que incluyen más de 52.300 denuncias que autoridades ambientales hicieron ante esta entidad por la presunta comisión de delitos ambientales observados desde dos regímenes procesales diferentes: la Ley 600 del 24 de julio de 2000, Código de Procedimiento Penal, y la Ley 906 del 31 de agosto de 2004 que lo modifica. Paralelamente se analizó la evolución histórica legislativa específica del delito ambiental, partiendo de la expedición del Código Penal de 1980 (Dcto. ley 100 del 20 de febrero de 1980) y sus modificaciones, hasta llegar al régimen vigente. Este trabajo plantea un recorrido evolutivo de las normas promulgadas con miras a la protección de nuestros recursos naturales y la tipificación legislativa de los delitos ambientales. Adicionalmente, desde la perspectiva de la estadística descriptiva se realiza una radiografía del comportamiento de los delitos ambientales con mayor incidencia entre los años 2000 y 2018.

I. LA LEGISLACIÓN PENAL AMBIENTAL COLOMBIANA EN EL CONTEXTO DE LOS ACUERDOS MULTILATERALES

A. GRANDES PACTOS MULTILATERALES EN MATERIA DE PROTECCIÓN DE LOS RECURSOS NATURALES

La preocupación del hombre por su entorno alcanzó especial relevancia a partir de la reunión de Estocolmo de 1972, cuyo resultado fue un incremento considerable en el número de políticas de tipo global que abogaban por incentivar en los países el desarrollo de políticas internas y cuerpos normativos que propendieran por la conservación y preservación de los recursos naturales. Este movimiento tuvo su origen en el período relativamente calmo posterior a los devastadores efectos de la Segunda Guerra Mundial en lo que se denominó "estado de bienestar", caracterizado por un cambio en los hábitos de consumo y por el incremento de la población a nivel mundial debido al mejoramiento de las condiciones de vida, basada en una presión cada vez mayor sobre los recursos naturales para satisfacer las demandas de la clase media, fenómeno que tuvo especial repercusión en América Latina, y muy particularmente en Colombia. Este período dio inicio a la creación de políticas nacionales de protección de los recursos naturales, con la modificación o creación de nuevas instituciones, fruto de lo cual se creó una nueva estructura administrativa y se afianzaron otras de reciente creación para la época.

B. BREVE CRONOLOGÍA HISTÓRICO-LEGISLATIVA DEL SECTOR AMBIENTAL EN COLOMBIA

La creación de áreas protegidas constituyó uno de los primeros mecanismos a través del cual se buscó proteger los ecosistemas considerados de especial importancia ecológica en el país. Si bien es cierto que en estos primeros estadios de la legislación ambiental el sistema sancionador estaba aún en ciernes, no lo es menos que se daban los primeros pasos en los procesos sancionadores, aclarando que estaban más enfocados en la sanción por incumplimiento de los procesos de licenciamiento que en la comisión de delitos sobre el medio ambiente, figura que solo estuvo vigente hasta la expedición de la Ley 599 del 2000 (Código Penal).

Mediante la Ley 52 del 24 de noviembre de 1948 se creó la Reserva Biológica de la Sierra de la Macarena, una de las primeras áreas silvestre protegidas. Sin embargo, en 1932 ya existía en el país la Reserva Natural Privada Merenberg, ubicada en el departamento del Huila, y considerada la primera área protegida del siglo XX (Lastra Mier y Vergara, 2019).

Luego, en 1953 se expidió el Decreto legislativo 2278, por medio del cual se dictaron "medidas sobre cuestiones forestales", uno de los primeros cuerpos normativos específicos en los que se establecieron "reglas generales en la vigilancia, conservación, mejoramiento, reserva, repoblación y explotación de bosques; aprovechamiento, comercio, movilización y exportación de productos forestales" (art. 1.º), resaltando el hecho de que se incluyeron sanciones punitivas como medida de protección de los ecosistemas. Efectivamente, en el artículo 43 la norma establece:

> Los explotadores de productos forestales *que la realicen sin concesión o licencia*, ya sea en bosques públicos o de dominio privado, pagarán como participación a favor del Estado el treinta por ciento (30%) sobre el precio comercial en el lugar en donde se establezca la infracción o se liquiden las correspondientes participaciones, sin perjuicio del decomiso y de más sanciones de que más adelante se hablará.

Se debe resaltar que esta sanción estaba enfocada exclusivamente en la imposición de sanciones en razón del incumplimiento del proceso de licencia, evidenciado en el artículo 59, que establecía: "Los infractores a lo dispuesto en el presente Decreto incurrirán en *multas sucesivas* hasta de cinco mil pesos (5.000), convertibles en arresto", y se procederá al *decomiso de lo explotado* (art. 60) e incluso planteaba la creación de *procedimientos breves y sumarios para hacer efectivas las sanciones* (art. 61).

Posteriormente, y con base en esa norma, se expidió la Ley 2.ª del 17 de enero de 1953 "Sobre Economía Forestal de la Nación y Conservación de Recursos Naturales Renovables", con el objetivo de crear zonas de reserva encaminadas al desarrollo de la economía forestal y a la protección de los suelos, las aguas y la vida silvestre, para lo cual se establecieron con carácter de "zonas forestales protectoras" y "bosques de interés general" algunos elementos territoriales que quedaron conformados de la siguiente manera:

- Zona de Reserva Forestal del Pacífico;
- Zona de Reserva Forestal Central;
- Zonas de Reserva Forestal del Río Magdalena;
- Zona de Reserva Forestal de la Sierra Nevada de Santa Marta;

– Zona de Reserva Forestal de la Serranía de los Motilones;
– Zona de Reserva Forestal del Cocuy, y
– Zona de Reserva Forestal de la Amazonía.

Con base en el artículo 13 de la mencionada ley, y con el fin de conservar la flora y fauna nacionales, se estableció que el Gobierno Nacional, por intermedio del Ministerio de Agricultura, previo concepto favorable de la Academia Colombiana de Ciencias Exactas, Físicas y Naturales, podría declarar la delimitación y reserva de zonas especialmente destinadas a la creación de PNN en distintas regiones del país, en las que quedaría prohibido adjudicar baldíos, vender tierras, cazar, pescar, y toda actividad industrial, ganadera o agrícola, distinta a la del turismo o a aquellas que el Gobierno Nacional considerase convenientes para la conservación o embellecimiento de la zona. A diferencia de la anterior, esta norma no contempla sanciones especiales, a excepción de lo establecido en el artículo 6.º en referencia a que

> Los actuales concesionarios o permisionarios de explotación de bosques en terrenos baldíos, deberán, para que puedan continuar dicha explotación, someter un plan de manejo forestal a la aprobación de la Sección de Bosques del Ministerio de Agricultura, para lo cual dispondrán de un término de doce meses, contados a partir de la vigencia de esta ley [...] el incumplimiento de este requisito se tendrá como causal de caducidad de la concesión o licencia (art. 13 Ley 2 del 17 de enero de 1953).

A partir de ese momento se dio inicio a la creación de diferentes parques naturales del orden nacional, comenzando por la declaración del Parque Nacional Natural Cueva de los Guácharos (Dcto. 2631 del 9 de noviembre de 1960). Posteriormente, mediante la expedición del Decreto 2420 del 24 de septiembre de 1968, se creó el Instituto Nacional de los Recursos Naturales Renovables y del Ambiente (INDERENA), cuya finalidad era reglamentar, administrar y proteger los recursos naturales para implementar las políticas ambientales y promover el desarrollo verde, constituyendo por tanto, una de las primeras agencias nacionales gubernamentales creada específicamente para proteger el medio ambiente (Rodríguez Becerra, 1994). En cuanto a las competencias de las entidades, cabe mencionar que el inciso h del artículo 23 Decreto 2420 estableció que entre sus funciones estaba la de "Hacer cumplir las normas relacionadas con los recursos naturales renovables del país. Para el efecto, *el Instituto estará dotado de las facultades policivas* correspondientes, que venían ejerciendo las entidades cuyas funciones se le adscriben por el presente decreto".

En 1974 se expidió el Decreto ley 2811, considerado uno de los primeros cuerpos normativos a nivel nacional que trató de manera integral lo referente a la conservación y preservación de los recursos naturales. Sin lugar a dudas dicho decreto estuvo influenciado por las tendencias y compromisos derivados de la participación del país en la Conferencia de Estocolmo de 1972, convirtiéndose en un instrumento jurídico que constituye la columna vertebral de la estructura jurídica de conservación de los recursos naturales, anotando que su vocación es la de sentar las bases para la conservación y protección, contemplando en su articulado la tipificación de conductas atentatorias contra los recursos, así como la imposición de mecanismos sancionadores (Título XI, arts. 163, sanciones en el incumplimiento de normas en el proceso de concesiones de aguas; 222, incumplimiento de normas forestales; 284, sanciones por infracciones en materia de pesca; 339, violación de normas que regulan el manejo de recursos naturales, entre otras).

Durante la década de los noventa el evento de mayor relevancia a nivel de convenios internacionales en materia medioambiental estuvo centrado en la reunión de Río de Janeiro de 1992 (Río 92), de la cual salió el Convenio sobre la Diversidad Biológica (CDB), ratificado mediante la Ley 165 de 1994, y cuyas repercusiones marcaron un antes y un después en ese campo. Fruto de ello fue el vuelco trascendental que se dio a nivel internacional en cuanto a la creación de políticas encaminadas a proteger los recursos, pero sobre todo, a nivel normativo y de estructuras institucionales, de tal manera que a partir de las negociaciones del convenio, y como consecuencia de este, Colombia avanzó enormemente en la creación de políticas públicas enfocadas en el sector ambiental, lo que se concretó en la Ley 99 de 1993 con la organización del Sistema Nacional Ambiental (SINA) y la creación del Ministerio del Medio Ambiente (MMA), en cuyo artículo 1.º se establecieron los principios generales de la política ambiental nacional, sustentados ideológicamente en los instaurados en la Convención de Río 92. A partir de allí se sucedieron varias modificaciones en la normativa penal, que ya incluía la figura del delito contra los recursos naturales en el entonces vigente Código Penal (Ley 100 de 1980), distinguiendo entre ellos el ilícito aprovechamiento de recursos naturales, la ocupación ilícita de parques y zonas de reserva forestal, la explotación ilícita de yacimiento minero, la propagación de enfermedad en los recursos naturales, daños en los recursos naturales y contaminación ambiental. Una de las características más representativas de ese cuerpo normativo referida a los delitos ambientales era que para su configuración se debía producir un daño de tipo patrimonial, de tal manera que primaba este componente sobre la afectación meramente ambiental. A lo largo de las dos décadas siguientes la norma penal incluyó otras modificaciones que dieron lugar al actual Código Penal (Ley 599 de 2000), en el que se consagran nuevos tipos penales en referencia a los delitos ambientales, lo que sin duda es un gran avance frente a la protección de este bien jurídico (cfr. tabla 1).

C. EL CONSTITUCIONALISMO VERDE LATINOAMERICANO Y SU INCIDENCIA EN LAS POLÍTICAS DE ESTADO PARA LA PROTECCIÓN DEL MEDIO AMBIENTE

Como fruto de las negociaciones derivadas de la reunión de Río de Janeiro de 1992 en el campo ambiental, muchos países latinoamericanos iniciaron reformas constitucionales que los llevaron a conformar el fenómeno político-jurídico denominado *constitucionalismo verde latinoamericano*, el cual se ve reflejado en el hecho de que se reformaron o crearon algunas constituciones tomando en consideración los principios resultantes de los acuerdos de Río 92. Según Brañes (citado en Amaya, 2012), en años recientes se ha producido un "enverdecimiento" (*greening*) de las constituciones políticas en Latinoamérica, por ejemplo: Cuba (1976), Chile (1980), Haití (1982), Honduras (1983), El Salvador (1983), Guatemala (1985), Nicaragua (1987), Brasil (1988), Colombia (1991), Paraguay (1992), Perú (1993), Argentina (1994), Venezuela (1999), Panamá (2004), Ecuador (2008), Bolivia (2009) y República Dominicana (2010).

En el caso colombiano, la Constitución de 1991 adoptó los principios derivados de Río 92, lo que dio como resultado una constitución eminentemente ambientalista. Incluso en la Sentencia C-595 de 2010 la Corte Constitucional colombiana ratificó que la Carta Magna entró de lleno a regular lo referente a la relación intrínseca entre la sociedad y el medio natural, poniendo en evidencia el gran número de artículos que reconocen al ambiente como un interés jurídico superior. Este planteamiento quedó en evidencia cuando la misma sentencia manifestó que el Constituyente de 1991 instituyó nuevos parámetros en la relación persona-naturaleza, y concedió una importancia cardinal al medio ambiente, lo que llevó a catalogarla como una "Constitución ecológica" o "Constitución verde", argumento sostenido anteriormente por la Corte en la Sentencia C-126 de 1998, cuando afirmó que:

> La Constitución de 1991 modificó profundamente la relación normativa de la sociedad colombiana con la naturaleza. Por ello esta Corporación ha señalado [...] que la protección del medio ambiente ocupa un lugar tan trascendental en el ordenamiento jurídico que la Carta contiene una verdadera "Constitución ecológica", conformada por todas aquellas disposiciones que regulan la relación de la sociedad con la naturaleza y que buscan proteger el medio ambiente (cfr. tabla 2).

II. ASPECTOS JURÍDICO-PENALES

El Título XI del estatuto penal establece los "Delitos contra los recursos naturales y el medio ambiente", con un capítulo único que tipifica los siguientes delitos:

- Ilícito aprovechamiento de los recursos naturales renovables.
- Violación de fronteras para la explotación o aprovechamiento de los recursos naturales.
- Manejo y uso ilícito de organismos, microorganismos y elementos genéticamente modificados.
- Manejo ilícito de especies exóticas.
- Daños en los recursos naturales.
- Contaminación ambiental.
- Contaminación ambiental por residuos sólidos peligrosos.
- Contaminación ambiental por explotación de yacimiento minero o hidrocarburo.
- Experimentación ilegal con especies, agentes biológicos o bioquímicos.
- Ilícita actividad de pesca.
- Caza ilegal.
- Invasión de áreas de especial importancia ecológica.
- Explotación ilícita de yacimiento minero y otros materiales.

En estos casos el bien jurídico protegido es el medio ambiente constituido en sus diversos medios: agua, aire, suelo, flora y fauna. La protección de los recursos y la preservación del medio ambiente en su esencia es de carácter colectivo: el Estado debe proteger los intereses de toda la sociedad para garantizar el beneficio de las futuras generaciones, en concordancia con los preceptos de las Naciones Unidas sobre el Desarrollo Sostenible. Según

Beja Gómez (2019) a estos bienes jurídicos "se les ha denominado intereses jurídicos difusos al carecer de titular concreto".

El interés en estudiar estos tipos penales radica en la proliferación de conductas relacionadas principalmente con la contaminación, problemática que se plantea desde la propia Constitución con la tipificación de las infracciones en esa materia, al señalar las acciones u omisiones en contra de las normas de protección al medio ambiente.

Desde sus inicios los delitos contra los bienes jurídicos medio ambiente y recursos naturales han sido considerados de peligro, es decir que constituyen una amenaza al bien protegido: "En este caso, ateniéndose a la tríada estructural del delito; delito de lesión, delito de peligro concreto, delito de peligro abstracto, se considera solamente un delito de peligro abstracto" (Hefendehl, 2008) y "su criminalización se da cuando hay presunción de peligro" (Gómez, 2015).

Aunque directamente no se tenga intención de causar el daño ambiental, sino solo obtener el lucro con los recursos naturales, la conducta del sujeto activo se considera dolosa cuando el resultado de la acción en este tipo se tiene como probable, así lo explica A. Gómez (2007):

> La doctrina considera que los delitos contra el medio ambiente son esencialmente dolosos; pero reitera que el elemento fundamental para que exista dolo es el conocimiento que tiene el sujeto activo de las características de su conducta y de los resultados dañosos que ésta puede causar.

Por su parte, Manso Porto, citado por A. Gómez (2007), considera que los principales tipos que se pueden presentar se agrupan en cuatro categorías:

– Tipos que protegen bienes jurídicos individuales (vida, salud, propiedad), en el caso de lesiones que se produzcan como consecuencia de alteraciones del medio ambiente.

– Tipos que protegen bienes jurídicos individuales o que protegen el medio ambiente en situaciones de peligro, sin necesidad de que ese peligro se materialice en una lesión.

– Tipos que protegen el medio ambiente por actos que afecten un bien colectivo (el agua, el suelo, la atmósfera, la flora, la fauna), sin que se produzca la lesión de un bien jurídico individual.

– Tipos que protegen el medio ambiente, ya sea frente a conductas de peligro o con resultados de lesión, que a su vez pueden ser idóneas para producir otro resultado más que se especifique en el tipo correspondiente.

En Colombia los bienes jurídicos tutelados por los delitos contra los recursos naturales y el medio ambiente constituían inicialmente un ámbito de estudio relacionado en la normativa con los delitos contra el orden económico social, evidenciando una protección formal y no material, razón por la cual en la legislación actual, Ley 599 de 2000, se le ha dado un trato jurídico autónomo; parafraseando a Gómez (2014), las medidas de protección ambiental *educación y concientización* tienen efectos simbólicos por excelencia.

Entre las principales reformas introducidas con posterioridad a la Ley 100 de 1980, encontramos las referidas a la figura del seguro ecológico, incorporada al ordenamiento a través de la Ley 491 de 1999, específicamente el contenido en el Título II. Esta figura consagra el seguro ecológico como

> ... un mecanismo que permite cubrir los perjuicios económicos cuantificables a personas determinadas como parte o como consecuencia de daños al ambiente y a los recursos naturales, e incluye la reforma al Código Penal en lo relativo a los delitos ambientales, buscando mejorar la operatividad de la justicia en este aspecto (art 1.º).

La introducción de dicho mecanismo modificó el Capítulo I del Título VII, particularmente sus artículos 242 a 247. En ese sentido, la Sentencia C-843 de 1999 declaró inexequible el artículo 25 de dicha norma, de tal manera que creó el artículo 247B en referencia a las personas jurídicas, en el cual estableció que para los delitos previstos en los artículos 189, 190, 191 y 197, y en el capítulo anterior en la Ley 100 de 1980, que en los eventos en que el hecho punible sea imputable a la actividad de una persona jurídica o una sociedad de hecho, el juez competente, además de las sanciones de multa, cancelación de registro mercantil, suspensión temporal o definitiva de la obra o actividad, o cierre temporal o definitivo del establecimiento o de sus instalaciones, podrá imponer sanciones privativas de la libertad tanto a los representantes legales, como a los directivos o funcionarios involucrados, por acción o por omisión, en la conducta delictiva y, además, que "los ordenamientos jurídicos penales han optado por engrandecer los bienes jurídicos colectivos para proteger en lo sustancial y procesal este tipo de derechos colectivos" (Jiménez, 2017: 209).

Con la expedición de la Ley 599 de 2000 se incorporaron doce nuevos tipos penales, y se resaltó que a partir de ese momento la protección jurídica que se le dé al medio ambiente se hace en forma autónoma, registrándolo así en su Título XI, como bien jurídico, a diferencia del ordenamiento anterior

(Ley 100 de 1980), que contenía un factor marcadamente economicista con respecto a ese tipo de delitos.

A partir del análisis de los datos aportados por la FGN para la realización de esta investigación, en la tabla 3 se muestran los tipos penales contra los recursos naturales y el medio ambiente entre 2000 y 2018. Los delitos incluidos corresponden a:

- Caza ilegal.
- Contaminación ambiental.
- Contaminación ambiental culposa por explotación de yacimiento minero o hidrocarburo.
- Contaminación ambiental por explotación de yacimiento minero o hidrocarburo.
- Contaminación ambiental por residuos sólidos peligrosos.
- Daño en los recursos naturales.
- Daño en los recursos naturales con modalidad culposa.
- Experimentación ilegal en especies animales o vegetales.
- Explotación ilícita de yacimiento minero y otros materiales.
- Ilícito aprovechamiento de los recursos naturales renovables.
- Invasión de áreas de especial importancia ecológica.
- Manejo ilícito de especies exóticas.
- Manejo ilícito de microorganismos nocivos.
- Pesca ilegal y violación de fronteras para la explotación de recursos naturales.

De los 52.335 delitos presentados, 15.612 han sido registrados como activos, mientras que 36.723 son inactivos. Cuando se consigna la información procedente de los procesos penales en el sistema de información de la Fiscalía denominado SPOA, esas anotaciones pueden tener las siguientes variables: que se encuentren en etapa de indagación, investigación o juicio y es cuando se registra como *activo*; cuando se registra la palabra *inactivo* se puede decir que el proceso está archivado por que se encuentra precluido o se concilió, o por la imposibilidad de identificar al sujeto activo, por la inexistencia del hecho o porque se haya proferido sentencia condenatoria. Sin embargo, también puede suceder que en un proceso inactivo aparezca una nueva prueba que sea pertinente y conducente, y entonces el proceso se puede reabrir y reiniciar la actividad jurisdiccional. Otra situación es el caso del proceso acumulado o conexo con otra investigación, por lo que en el sistema de información también aparecería como inactivo.

Entre los delitos que presentaron una mayor incidencia en el período estudiado se seleccionaron cuatro, en razón a su preponderancia dentro de la base de datos estudiada (96 %): ilícito aprovechamiento de los recursos naturales renovables (21.228); daño en los recursos naturales (13.226); contaminación ambiental (5.866), y explotación ilícita de yacimiento minero y otros materiales (9.636). A continuación es pertinente ilustrar las características del tipo: sujeto activo, sujeto pasivo, verbo rector y agravantes.

A. Ilícito aprovechamiento de los recursos naturales renovables

> El que con incumplimiento de la normatividad existente se apropie, introduzca, explote, transporte, mantenga, trafique, comercie, explore, aproveche o se beneficie de los especímenes, productos o partes de los recursos fáunicos, forestales, florísticos, hidrobiológicos, biológicos o genéticas de la biodiversidad colombiana (art. 328 de la Ley 599 de 2000).

Al utilizar la expresión "el que" se entiende que no hay cualificación del sujeto activo infractor, por lo que es indeterminado. El tipo penal se caracteriza por la abundancia de verbos rectores como son: introduzca, explote, transporte, mantenga, trafique, comercie, explore, aproveche y beneficie, y acorde a la pluralidad de conductas es un tipo compuesto.

Con el pasar del tiempo se han modificado y aumentado las penas a causa del acelerado deterioro de los recursos naturales renovables; para ese tipo en concreto se señala la privación de la libertad y la multa, como lo describe el artículo 328 del Código Penal:

> ... prisión de cuarenta y ocho (48) a ciento ocho (108) meses y multa hasta de treinta y cinco mil (35000) salarios mínimos legales mensuales vigentes. También hay un agravante y la pena se aumentará en una tercera parte a la mitad, cuando las especies estén categorizadas como amenazadas, en riesgo de extinción o de carácter migratorio, raras o endémicas del territorio colombiano.

B. Daño en los recursos naturales

> El que con incumplimiento de la normatividad existente destruya, inutilice, haga desaparecer o de cualquier otro modo dañe los recursos naturales a que se refiere este título, o a los que estén asociados con estos (art. 331, Ley 599 de 2000).

Las conductas tipificadas en el artículo son destruir, inutilizar y desaparecer, y si bien no tiene la misma cantidad de verbos rectores del tipo penal antes mencionado, también se clasifica como compuesto, el sujeto activo es indeterminado y la conducta puede imputarse a personas naturales y jurídicas. Dado que la mayor parte de esas violaciones provienen de las personas jurídicas, ello hace responsables a los representantes legales o a quien haga sus veces, por causa de atentar contra los recursos naturales y áreas protegidas.

La pena imputada en este delito es la privación de la libertad y la multa, que con la modificación realizada por artículo 33 de la Ley 1453 de 2011 oscila entre 48 y 108 meses, y multa de 133,33 a 15.000 salarios mínimos mensuales legales vigentes.

Los agravantes para este caso son:

> – Cuando se afecten ecosistemas naturales, calificados como estratégicos que hagan parte del sistema nacional, regional y local de las áreas especialmente protegidas.
>
> – Cuando el daño sea consecuencia de la acción u omisión de quienes ejercen funciones de control y vigilancia.

C. CONTAMINACIÓN AMBIENTAL

> El que con incumplimiento de la normatividad existente, provoque, contamine o realice directa o indirectamente emisiones, vertidos, radiaciones, ruidos, depósitos o disposiciones al aire, la atmósfera o demás componentes del espacio aéreo, el suelo, el subsuelo, las aguas terrestres, marítimas o subterráneas o demás recursos naturales, en tal forma que ponga en peligro la salud humana o los recursos faúnicos, forestales, florísticos o hidrobiológicos.

El verbo rector en esta conducta es contaminar. El sujeto activo "el que" es indeterminado, y para demostrar la violación a la norma penal se necesita verificar que la contaminación recaiga sobre el aire, la atmósfera, el espacio aéreo, el suelo, el subsuelo, las aguas terrestres, marítimas o subterráneas o demás recursos naturales, y se atente contra la salud humana o los recursos naturales de la nación. Según Caldas Vera (2011) el delito de contaminación ambiental es un tipo penal de peligro en concreto, y por tanto es suficiente la amenaza, el riesgo, el probable daño perjuicio: "el medio ambiente es el entorno vital y desde el punto de vista económico, es un bien incalculable y quizá impredecible en su valor" (Antúnez y Guanoquiza, 2019: 6). Por tanto, la pena es susceptible de "sanciones administrativas, prisión de cincuenta y cinco (55) a ciento doce (112) meses y multa de ciento cuarenta (140) a cincuenta mil (50000) salarios mínimos legales mensuales vigentes".

La conducta se agrava con el aumento de una tercera parte a la mitad cuando recaiga sobre alguna de estas circunstancias contempladas en el artículo 332 del Código Penal, modificado por el artículo 34 de la Ley 1453 de 2011:

> – Cuando la conducta se realice con fines terroristas sin que la multa supere el equivalente a cincuenta mil (50.000) salarios mínimos mensuales legales vigentes.
>
> – Cuando la emisión o el vertimiento supere el doble de lo permitido por la normatividad existente o haya infringido más de dos parámetros.
>
> – Cuando la contaminación, descarga, disposición o vertimiento se realice en zona protegida o de importancia ecológica.
>
> – Cuando la industria o actividad realice clandestina o engañosamente los vertimientos o emisiones.
>
> – Que se hayan desobedecido las órdenes expresas de la autoridad administrativa de corrección o suspensión de las actividades tipificadas en el artículo anterior.
>
> – Que se haya ocultado o aportado información engañosa o falsaria sobre los aspectos ambientales de la misma.

D. EXPLOTACIÓN ILÍCITA DE YACIMIENTO MINERO Y OTROS MATERIALES

> El que sin permiso de autoridad competente o con incumplimiento de la normatividad existente explote, explore o extraiga yacimiento minero, o explote arena, material pétreo o de arrastre de los cauces y orillas de los ríos por medios capaces de causar graves daños a los recursos naturales o al medio ambiente.

A diferencia de los artículos analizados anteriormente, el delito de explotación ilícita de yacimiento minero y otros materiales tiene un ingrediente normativo: *sin permiso de autoridad competente*. Dado que esta actividad es permitida por el Estado bajo la condición de que requiere permiso para ser llevada a cabo, es decir, la actividad ejercida es lícita y el objeto material recae sobre los recursos naturales, específicamente los yacimientos mineros, los ríos, la arena o el material pétreo. Este delito no tiene agravantes, pero se aplica la pena privativa de libertad y la multa, la cual es "prisión de treinta y dos (32) a ciento cuarenta y cuatro (144) meses y multa de ciento treinta y tres punto treinta y tres (133,33) a cincuenta mil (50000) salarios mínimos legales mensuales vigentes".

A nivel general, el sujeto pasivo de los delitos contra los recursos naturales y el medio ambiente, dada la trascendencia de las consecuencias en el medio, puede ser la persona física, la persona jurídica, el Estado o el colectivo social, debido a que la afectación recae sobre el espacio, el patrimonio común y las zonas protegidas que son el espacio vital para la supervivencia del ser humano.

En lo que respecta a la autoría y participación, las situaciones de por sí enmarañadas son todavía más difíciles de precisar en materia penal ambiental (Gómez, 2007). En efecto, los hechos de preparación y ejecución que constituyen los distintos delitos, especialmente en el escenario de empresas de mediano o gran tamaño, son realizados en diversos momentos por distintas personas, a veces sin relación entre sí, y el resultado, en no pocas ocasiones, se hubiera podido evitar si quienes obraron de determinada manera no hubieran omitido su actuación.

Por tanto, en estos casos se trata de establecer el grado de responsabilidad de numerosas personas que actuaron o dejaron de actuar, con dolo o con culpa, o sin ninguna de estas dos modalidades. Estas personas pueden ser calificadas como autores, según la extensa enumeración del artículos 29 y 30 (autores materiales, autores intelectuales, instigadores), o cómplices, conforme lo establece el Código Penal.

Las dificultades probatorias que surgen para establecer las responsabilidades de las personas naturales eventualmente involucradas en estos delitos, con el consiguiente corolario de impunidad, es uno de los argumentos que ha llevado a buena parte de la doctrina a admitir que en estos delitos (y, por supuesto, en otros también) cabe extender la responsabilidad penal a las personas jurídicas, sociedades y empresas. Otro argumento que se debe tener en cuenta es que la gran mayoría de estas infracciones se cometen en el entorno de personas jurídicas, por sus representantes o funcionarios, y en beneficio de tales entes. Por ello, se insiste, extender la responsabilidad penal a las personas jurídicas, y adicionalmente a las personas naturales, es una exigencia de política criminal, que se fundamenta en el efecto preventivo que en tales casos puede tener la sanción penal.

De acuerdo con el análisis de la información estadística suministrada por la Fiscalía General de la Nación, después del ilícito aprovechamiento de los recursos naturales, el delito con mayor incidencia es la minería ilegal.

La incidencia de esta tipología de delito durante el periodo estudiado pone de manifiesto un incremento considerable.

III. COMPORTAMIENTO DE LOS TIPOS PENALES AMBIENTALES ENTRE LOS AÑOS 2000 Y 2018 CONFORME AL PROCEDIMIENTO PENAL APLICADO

A partir del análisis de los datos suministrados por la FGN se evidenciaron algunas tendencias durante el período estudiado, que permiten presentar una "radiografía" del comportamiento de las conductas delictivas más frecuentes ocurridas y registradas por las autoridades competentes entre los años 2000 y 2018, teniendo en cuenta el procedimiento penal empleado. De esa manera ha sido posible obtener una visión de conjunto del comportamiento de los delitos ambientales cometidos en el período de transición entre un régimen procesal penal y otros, es decir desde la Ley 600 de 2000 hasta la Ley 906 de 2004.

La administración de justicia colombiana ha tenido diversas variaciones normativas y desde el punto de vista teórico los sistemas procesales penales también se han amoldado a estos cambios contemporáneos enfocados en el reconocimiento de la *dignidad humana* y *el debido proceso*, tal es el caso de la Ley 600 de 2000, modificada por la Ley 906 de 2004. La primera, fundada en un sistema inquisitivo en el que una misma autoridad tenía la potestad de investigar, acusar y juzgar, y el valor probatorio en las audiencias giraba en torno a un expediente. La segunda reconocía la aplicación de un debido proceso y la división de las funciones de investigar, acusar y juzgar, creando la figura jurídica del juez de control de garantías con el fin de concebir un cambio hacia un nuevo sistema procesal denominado Sistema Penal Acusatorio, y agilizar los procesos, implementar la oralidad, el principio de concentración en las audiencias y la oportunidad de confrontar la veracidad de las pruebas en audiencia pública.

En lo referente al régimen de transición procedimental (cfr. figura 1) fue necesario que el Consejo Superior de la Judicatura creara un plan de descongestión judicial que permitiera la debida finalización de los procesos que se hubiesen iniciado bajo el régimen de la Ley 600 de 2000, acompañado de un plan de formación especializada para la implementación del Sistema Acusatorio Penal, liderado por la Escuela Judicial "Rodrigo Lara Bonilla" y con un enfoque curricular integrado a partir de casos reales de la práctica judicial, y validado por la Sala de Casación Penal de la Corte Suprema de Justicia. Todo ello como resultado del esfuerzo articulado entre magistrados, jueces y empleados incorporados al nuevo sistema procesal penal, la Red de Formadores Judiciales, el Comité Nacional Coordinador, los Grupos Seccionales de Apoyo y expertos penalistas vinculados en virtud del convenio celebrado entre el Consejo Superior de la Judicatura y la Universidad Nacional de Colombia.

El comportamiento de los cuatro tipos de delitos es similar, con un considerable incremento en la frecuencia a partir del período de transición comprendido entre 2004 y 2008 (gráfica 1). Una de las hipótesis para explicar este incremento es que podría estar relacionado con un cambio en la percepción de la población referente a la importancia de la preservación de los recursos naturales en las dos primeras décadas del siglo XXI. El hecho de que la población comprenda que la afectación de los recursos repercute no solo en las generaciones presentes, sino también en las generaciones futuras (Principio de desarrollo sostenible), ha generado una nueva conciencia que se ve reflejada en el discurso político y, por ende, en la normatividad que realizó un cambio en la legislación procedimental para permitir la descongestión, la celeridad y la eficacia de los procesos, y que las autoridades del ramo tengan mayor capacidad de actuación con más y mejores garantías. Con todo, resulta evidente también que la cantidad de delitos clasificados como *no activos*, dan cuenta de un número considerable de conductas que han quedado archivadas por diversas razones (cfr. tabla 3).

En una escala de 0 a 25.000 se describe el índice de delitos más recurrentes o de mayor incidencia, entre los cuales se seleccionaron los cuatro tipos, a saber; contaminación ambiental, daño en los recursos naturales, explotación ilícita de yacimiento minero y otros materiales e ilícito aprovechamiento de los recursos naturales renovables; de ellos el de mayor representatividad es el ilícito aprovechamiento de los recursos naturales renovables. Si bien es cierto que a nivel de cuantificación de conductas se realiza una diferenciación entre tipos penales ambientales concretos, es necesario aclarar que la figura *ilícito aprovechamiento de recursos naturales* reviste un carácter más general pues en ella se engloban varias conductas atentatorias (apropie, introduzca, explote, transporte, mantenga, trafique, comercie, explore, aproveche o se beneficie) de una serie de bienes (especímenes, productos o partes de los recursos faunicos, forestales, florísticos, hidrobiológicos, biológicos o genéticas) dentro del amplio abanico de posibilidades que ofrece la biodiversidad colombiana.

La protección jurídica del medio ambiente es una cuestión relativa, y varía de acuerdo con las condiciones sociales, políticas y económicas del momento, lo que se evidencia en el comportamiento de las acciones (políticas públicas) o sus resultados (judicialización de comportamientos atentatorios) durante un determinado período. En ese sentido, dichas políticas marcan un accionar desde la esfera de lo estatal con respecto a la importancia y peso específico de un recurso o conjunto de ellos para la economía nacional, reflejado en los planes nacionales de desarrollo. Durante las últimas décadas, y más específicamente en el período de estudio, el común denominador en estos planes estableció que la minería sería uno de sus ejes fundamentales (cfr. tabla 4).

El peso específico de la minería dentro de los planes nacionales de desarrollo estimuló en la práctica un incremento en los proyectos para la explotación de recursos provenientes de ella; es por eso que (Ayala Mosquera et al., 2019) señala:

> … las relaciones sociales y económicas entre la minería y el desarrollo sostenible deben basarse en las buenas prácticas de transformación de recursos, pues esta actividad debería ser algo más que la conversión del recurso natural en beneficio económico para la población, es decir, riqueza o progreso. A pesar de los beneficios de esta actividad, el desarrollo de la industria se ha dado en un marco de política pública sectorial, y de gestión y control ambiental que no, en todos los casos, alcanza a cubrir la totalidad de los impactos y efectos generados por esta industria.

Sin embargo, es necesario aclarar que la minería *per se* no es un problema, siempre y cuando se realice dentro del cumplimiento de los parámetros establecidos por ley, por lo que es pertinente distinguir entre la minería ilícita y la ilícita, dentro de la cual se enmarca la formal y la artesanal, tal como indica Sánchez Sebastián (2016):

> La minería legal es aquella minería amparada por un título minero que otorga el derecho a explorar y explotar el suelo y subsuelo minero, propiedad del Estado colombiano. Esta minería que deberá estar inscrita en el Registro Minero Nacional es una minería formal, es decir una minería conformada por unidades de explotación minera de tamaño variable, entre ellas, empresas legalmente constituidas. Correlativamente la minería informal es aquella constituida por unidades de explotación pequeña y medianas y sin ningún tipo de registro contable y sin título minero, la mezcla de estas tipologías ha dado lugar a la minería ilícita.

Acorde con lo anterior, durante la vigencia de la Ley 600 de 2000 se presentó una creciente explotación ilícita, pero relativamente poco significativa si se compara con el incremento sostenido que se observa a partir de la entrada en vigor de la Ley 906 de 2004 (ver gráfica 1c). Según los datos proporcionados por la Fiscalía General de la Nación, entre 2014 y 2016 hubo un crecimiento ostensible de los casos, lo cual encaja con el empuje dado a la actividad minera por los PND, anotando que estos prevén el ejercicio de la actividad dentro de los cauces legales, pero que, concomitante con ello, se dan comportamientos que efectivamente se apartan de dichos procedimientos y pueden verse reflejados en los altos índices de actividades extractivas paralelas de carácter ilícito.

Durante el periodo evaluado hemos mencionado dos sistemas procesales: los códigos de procedimiento penal, leyes 600 de 2000 y 900 de 2004; sin embargo, con la vigencia del sistema penal actual se ha incrementado en los últimos diez años el índice de punibilidad por la ocurrencia de los delitos ambientales. Teniendo en cuenta que el medio ambiente y los recursos naturales son un bien jurídico de peligro concreto, se enuncia la tipología propia de este bien, distinguiendo cuándo opera con conexidad y cuándo es el delito principal (cfr. gráfica 2).

La norma general indica que, cualquiera que sea el número de autores o partícipes, por cada delito se debe adelantar solo una actuación procesal. Se denomina delito principal al delito de mayor entidad, que se ve reflejado también en una mayor penalidad. Se debe entender que para la Fiscalía la conexidad representa la posibilidad de unir bajo una misma "cuerda procesal" diferentes actuaciones de su conocimiento a fin de garantizar la adecuada investigación y juzgamiento de las conductas, por ello el Código de Procedimiento Penal especifica taxativamente los casos en que opera la conexidad procesal.

El comportamiento respecto del daño como tipo penal es similar en ambos procedimientos en términos de frecuencia. El tipo descrito prevé que el daño se configura con el incumplimiento de la norma, y adicionalmente, con acciones tales como destruir, inutilizar, desaparecer o *cualquier otro modo que dañe los recursos naturales*, e incluye aquellas normas que estén asociados con los recursos. Al ser una figura de amplio espectro la tendencia muestra una similitud en la aplicación de ambos regímenes, en razón de que es un delito al que la variación en el régimen procedimental aplicable no ha alterado la ocurrencia y periodicidad de este reato criminal.

CONCLUSIÓN

Para el caso que nos ocupa, el *ius puniendi* del Estado se puede analizar a partir de dos puntos de vista: el *ius puniendi* como facultad sancionatoria administrativa contra quienes contravienen la legalidad vigente y las órdenes administrativas de carácter ambiental, y el *ius puniendi* como ejercicio de la acción penal sobre la persona que en su accionar tipifique una de las descripciones penales descritas en el estatuto penal vigente. Así, el Título XI de la Ley 599 de 2000, "De los delitos contra los recursos naturales y el medio ambiente", contempla los recursos naturales y el medio ambiente como un bien jurídico autónomo, lo que le otorga una mayor importancia y trascendencia para el ordenamiento jurídico nacional, a diferencia de lo establecido en la Ley 100 de 1980 que consagraba los delitos contra los recursos naturales en el capítulo segundo del Título VII, "Delitos contra el orden económico y social", donde el bien jurídico protegido era contemplado desde un aspecto fundamentalmente económico, dejando de lado la magnitud que por sí tienen el medio ambiente y los recursos naturales. En la información suministrada por la Fiscalía General de la Nación se evidencia que son muchas las infracciones penales de tipo ambiental que materialmente suceden, pero infortunadamente la acción jurisdiccional no es suficiente para controlar y sancionar a los infractores, coincidiendo así con la posición doctrinal de que el derecho penal ambiental es un derecho simbólico.

BIBLIOGRAFÍA

ALBÁN GÓMEZ, E. "Los delitos contra el medio ambiente en el Código Penal ecuatoriano", *Revista de Derecho* (8), Ecuador, UASB, 2007.

AMAYA, Ó. *El desarrollo sostenible y el derecho fundamental a gozar de un ambiente sano*, Bogotá, Universidad Externado de Colombia, 2012.

ANTÚNEZ SÁNCHEZ, A. y L. GUANOQUIZA TELLO. "La protección penal ambiental en Ecuador. Necesidad de un cambio", *Justicia*, 24 (35), 2019, disponible en [https://doi.org/10.17081/just.24.35.3393].

AYALA MOSQUERA, H.; M. CABRERA, A. CADENA y C. CASTAÑO. "Sentencia T-445 de agosto de 2016. Investigación científica y sociológica respecto de los impactos de la actividad minera en los ecosistemas del territorio colombiano", 2019, disponible en [http://www.humboldt.org.co/images/documentos/2-diagnstico-actividad-minera-y-explotacin-ilicita-expertos.pdf].

Beja Gómez, J. "La reparación del daño al medioambiente: vías para ejercer la responsabilidad y aseguramiento de los daños", *Observatorio Medioambiental*, 22, 2019, disponible en [https://doi.org/10.5209/obmd.67062].

Caldas Vera, J. "Delitos contra los recursos naturales y el medio ambiente", en H. Barreto Ardila. *Lecciones de Derecho Penal. Parte Especial*, Bogotá, Universidad Externado de Colombia, 2011.

conpes 3839 del 3 de agosto de 2015. "A través del cual se conceptúa favorablemente a la Nación para la contratación de un préstamo externo con la banca multilateral destinado a financiar el programa de fortalecimiento institucional del sector minero energético".

Gómez Vélez, M. "La protección penal ambiental: uso ilegítimo de las funciones simbólicas del derecho", *Ratio Juris*, 9 (19), 2014.

Gómez Veléz, M. I. "Aproximación al derecho penal ambiental: ideas para su abolición", *Estudios de Derecho*, vol. lxxii, n.º 160, Medellín, Facultad de Derecho y Ciencias Políticas, Universidad de Antioquia, julio-diciembre de 2015.

Hefendehl, R. "Derecho penal medio ambiental: ¿por qué o cómo?", *Estudios Públicos* (110), 2008.

Instituto Humboldt. "La biodiversidad en Colombia", 2020, disponible en [http://www.humboldt.org.co/].

Jiménez Cabarcas, C. "La protección del medio ambiente a través de los delitos acumulativos en el derecho penal colombiano", *Revista Derecho Penal y Criminología*, 38(104), 2017, disponible en [https://doi.org/10.18601/01210483.v38n104.07].

Lastra Mier, R.y A. R. Vergara. "Áreas Protegidas en los territorios líquidos de Colombia. Estrategias de protección ambiental en espacios marinos y oceánicos", *Lecturas sobre Derecho del Medio Ambiente*, t. xix, Bogotá, Universidad Externado de Colombia, 2019.

Lesmes, R. "Naturaleza jurídica y principios del proceso sancionatorio ambiental en Colombia", en *Procedimiento Sancionatorio Ambiental, 10 años de la Ley 1333 de 2009*, Bogotá, Universidad Externado de Colombia, 2019.

Rodríguez Becerra, M. *Memorias del primer ministro del medio ambiente de Colombia*, t. i, Ministerio del medio Ambiente, 1994.

Sánchez Zapata, S. "La protección penal del medio ambiente. Análisis del artículo 338 del Código Penal sobre minería ilegal", en *Trans-pasando Fronteras*, n.º 9, Cali, Universidad icesi, 2016.

NORMATIVIDAD

Convenio de Estocolmo 1972.

Convención de Río de Janeiro en 1992.

Constitución Política de 1991.

Ley 52 del 24 de noviembre de 1948 Por medio de la cual se crea la primera área silvestre protegida de Colombia, denominada Reserva Biológica de la Sierra de la Macarena.

Ley 2 del 17 de enero de 1953, "Sobre Economía Forestal de la Nación y Conservación de Recursos Naturales Renovables".

Decreto legislativo 2278 de 1953, por medio del cual se "dictan medidas sobre cuestiones forestales".

Decreto 2631 del 9 de noviembre de 1960. Declaración del Parque Nacional Natural Cueva de los Guácharos.

Decreto 2420 del 24 de septiembre de 1968, Por medio del cual se crea del Instituto Nacional de los Recursos Naturales Renovables y del Ambiente (inderena).

Decreto ley 2811 de 1974 Código Nacional de Recursos Naturales.

Decreto ley 100 del 20 de febrero de 1980 Código Penal.

Ley 99 de 1993, por medio de la cual se crean el sina y el Ministerio del Medio Ambiente (mma).

Ley 165 de 1994 Convenio sobre la Diversidad Biológica (cdb).

Ley 491 de 1999 Por la cual se establece el seguro ecológico y se modifica el Código Penal.

Ley 600 del 24 de julio de 2000, Código de Procedimiento Penal.

Ley 599 de 24 de julio de 2000. Código Penal.

Ley 906 del 31 de agosto de 2004, Código de Procedimiento Penal.

Ley 1453 de 24 de junio del 2011. Reforma al Código Penal.

JURISPRUDENCIA

CORTE CONSTITUCIONAL

Sentencia C-126 de 1998.

Sentencia C-843 de 1999.

Sentencia C-595 de 2010.

Sentencia T-445 de agosto de 2016.

TABLA 1.
PRINCIPALES NORMATIVAS EN MATERIA DE DELITO PENAL AMBIENTAL

Norma	Denominación	Artículos relacionados
Ley 100 del 23 de enero de 1980	Código Penal	Capítulo II. De los delitos contra los recursos naturales, del Título VII, del Libro Segundo.
Ley 491 del 15 de enero de 1999	Modificación del Código Penal	Seguro ecológico. Título II.
Ley 599 de 2000	Nuevo Código Penal	Artículos 328 a 339. Definen cinco tipos penales ambientales nuevos.
Ley 1453 de 2011	Reforma el Código Penal, el Código de Procedimiento Penal, el Código de Infancia y Adolescencia, las reglas sobre extinción de dominio y dicta otras disposiciones en materia de seguridad.	Artículos 28 a 39. Modifica los artículos 328 a 339 de la Ley 599 de 2000.
Ley 1955 de 2019	Plan Nacional de Desarrollo	Artículo 9.°. Coordinación interinstitucional para el control y vigilancia contra la deforestación y otros crímenes ambientales.

Fuente: elaboración propia.

TABLA 2. ALGUNOS PRINCIPIOS CONTENIDOS EN LAS NORMAS CONSTITUCIONALES QUE REGULAN LA PROTECCIÓN DEL MEDIO AMBIENTE

Norma constitucional	Enunciado	Observación
Artículo 7.º	"El Estado reconoce y protege la diversidad étnica y cultural de la Nación colombiana".	Hace un reconocimiento expreso de la diversidad étnica y cultural; es deber del Estado la protección de los mismos.
Artículo 8.º	"Es obligación del Estado y de las personas proteger las riquezas culturales y naturales de la Nación".	Reparte la carga de protección de los bienes naturales.
Artículo 49	"Atención a la salud y saneamiento ambiental".	Lo consagra como servicio público en función del Estado, de forma que crea y regula su planeación y dirección.
Artículo 58	"Función ecológica de la propiedad privada"	En Colombia la propiedad es concebida como una función social del Estado, tiene como inherente una función ecológica.
Artículo 63	"Bienes de uso público".	Establece taxativamente qué son los parques naturales, las tierras comunales de grupos étnicos, las tierras de resguardo, el patrimonio arqueológico de la nación.
Artículo 79	"Ambiente sano".	La ley consagra esta protección como un deber en cabeza del Estado, con el fin de mantener la integridad, la diversidad, la conservación de las áreas ecológicas.
Artículo 80	"Planificación del manejo y aprovechamiento de los recursos naturales".	Con el fin de garantizar el desarrollo sostenible, prevenir el deterioro ambiental y cooperar con otras naciones para la protección de ecosistemas en zonas fronterizas.
Artículo 88	"Acciones populares".	El medio ambiente es considerado un derecho colectivo y para su protección se consagran las acciones populares.
Artículo 95	"Protección de los recursos culturales y naturales".	La protección de los recursos naturales es un deber de la persona y del ciudadano con la finalidad de velar por la conservación de un ambiente sano.
Artículo 330	"Administración de los territorios indígenas".	Establece la administración autónoma de los territorios indígenas, con ámbitos de aplicación en los usos del suelo y la preservación de los recursos naturales, entre otros.

Fuente: elaboración propia.

TABLA 3.
TOTAL DE DELITOS PRESENTADOS ENTRE 2000 Y 2018 (ACTIVOS E INACTIVOS)

Tipo de delito	Activo	Inactivo
Caza ilegal, artículo 336	41	200
Contaminación ambiental, artículo 332 C.P.	1.846	4.020
Contaminación ambiental, artículo 332 C.P.; Modalidad culposa, artículo 339	14	8
Contaminación ambiental culposa por explotación de yacimiento minero o hidrocarburo, artículo 333 C.P.		148
Contaminación ambiental por explotación de yacimiento minero o hidrocarburo, artículo 333 C.P.	178	98
Contaminación ambiental por residuos sólidos peligrosos, artículo 332a C.P. y Ley 1453 de 2011.	75	60
Daño en los recursos naturales, artículo 331 C.P.	3.867	9.359
Daño en los recursos naturales, artículo 331 C.P.; Modalidad culposa, artículo 339	91	68
Experimentación ilegal en especies animales o vegetales, artículo 334 C.P.	4	35
Explotación ilícita de yacimiento minero y otros materiales, artículo 338 C.P.	3.911	5.725
Ilícito aprovechamiento de los recursos naturales renovables, artículo 328 C.P.	5.159	16.069
Invasión de áreas de especial importancia ecológica, artículo 337 C.P.	253	434
Manejo ilícito de especies exóticas, artículo 330a Ley 1453 de 2011 C.P.	14	20
Manejo ilícito de microorganismos nocivos, artículo 330 C.P.	4	26
Pesca ilegal, artículo 335 C.P.	121	342
Violación de fronteras para la explotación de recursos naturales, artículo 329 C.P.	34	111
Total	15.612	36.723

Fuente: elaboración propia con datos proporcionados por la Fiscalía General de la Nación.

TABLA 4.
PLANES NACIONALES DE DESARROLLO 1998-2022

Periodo	Plan Nacional de Desarrollo
1998-2002	"Cambio para construir la paz"
2002-2006	"Hacia un Estado comunitario"
2006-2010	"Estado comunitario: desarrollo para todos"
2010-2014	"Prosperidad para todos"
2014-2018	"Todos por un nuevo país"
2018-2022	"Pacto por Colombia, pacto por la equidad"

Fuente: elaboración propia.

GRÁFICA 1. OCURRENCIA DE DELITOS AMBIENTALES EN COLOMBIA (2000-2018)

A. Contaminación ambiental, artículo 332 C.P.

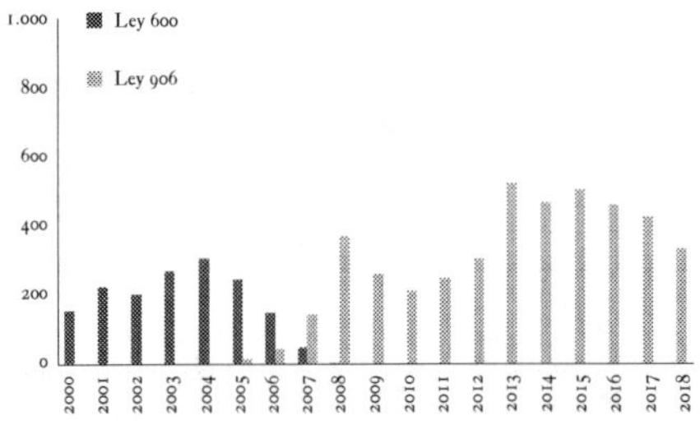

B. Daño en los recursos naturales, artículo 331 C.P.

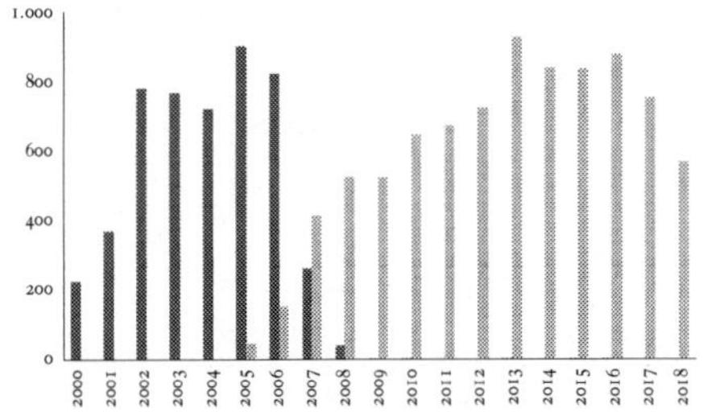

C. Explotación ilícita de yacimiento minero y otros materiales, artículo 338 C.P.

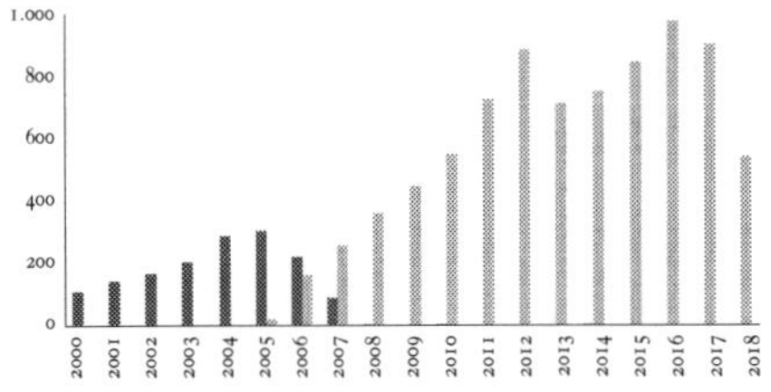

D. Ilícito aprovechamiento de los recursos naturales renovables, artículo 328 C.P.

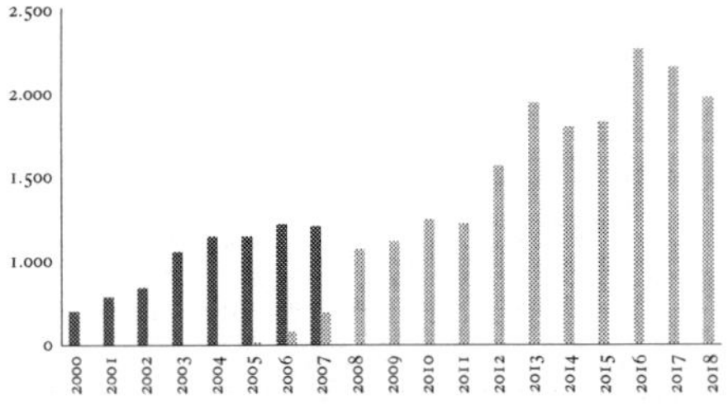

GRÁFICA 2.
TIPOS DE DELITOS AMBIENTALES (2000-2018) EN PORCENTAJE COMO OPERA EN EL EXPEDIENTE: CONEXO (NEGRO) O PRINCIPAL (GRIS).

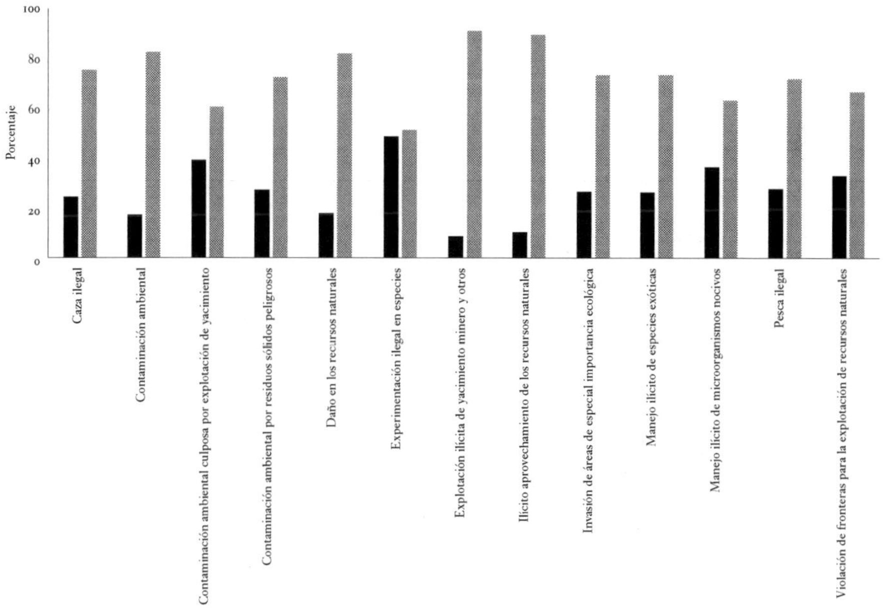

CONSTANZA BEJARANO RAMOS

Los océanos, un ecosistema vulnerable: ¿qué hace el derecho internacional frente a su manejo, conservación y cuidado?

SUMARIO

RESUMEN

Los océanos albergan una gran biodiversidad y prestan servicios ecosistémicos necesarios para la existencia del ser humano, pero a su vez son depositarios de la contaminación generada por el hombre. Una de las principales funciones del ecosistema marino es ser el mayor sumidero de carbono del planeta y un eficiente regulador climático. No obstante, en los últimos años se ha evidenciado una degradación del ecosistema marino debido al aumento de la temperatura y la contaminación, además de otros factores que lo están afectando negativamente, situación que ha llevado a unir esfuerzos a nivel internacional con el fin de protegerlo y recuperarlo. Ante este panorama, en el presente artículo se revisa la importancia del ecosistema marino, las afectaciones que lo afectan, y la regulación jurídica internacional que lo norma; para finalizar se presentan unas cortas consideraciones.

PALABRAS CLAVE

Océanos, gobernabilidad, desarrollo sostenible.

ABSTRACT

The oceans are home to a wide variety of biodiversity and provide the ecosystem services necessary for the existence of human beings and, in turn, receive the greatest pollution generated by man. On the other hand, one of the main functions of this ecosystem is to be the largest carbon sink on the planet and to help regulate its climate. However, in recent years, ecosystem degradation has been evidenced, such as an increase in the temperature of the oceans and contamination; in addition to other factors that are affecting them in a negative way, a situation that led to and leads to efforts being united at the international level in order to protect and recover them. Under the previous scenario, this article seeks to review the importance of this ecosystem, the effects it is suffering, as well as its international legal regulation, to end with a few brief considerations in this regard.

KEYWORDS

Oceans, governance, sustainable development.

INTRODUCCIÓN

El cambio climático es una realidad mundial, y ya no se puede negar su ocurrencia, por lo que la tarea es encontrar la forma de reducir la emisión de gases efecto invernadero y de adaptarse a sus efectos. Aunque los océanos son responsables de la estabilización del fenómeno gracias a que retienen cerca del 25% del dióxido de carbono generado por el hombre (Parmentier y De Águeda, 2016), también están siendo afectados por el calentamiento del planeta, además de ser objeto de contaminación y sobrexplotación, acciones que permiten establecer que el importante ecosistema que forman ha entrado en crisis.

Actualmente existe una creciente preocupación en la comunidad internacional en torno a la eficacia y alcance del marco legal e institucional de gobernanza de los océanos, debido a que no se evidencian los resultados propuestos en cada una de las normas acogidas.

Así las cosas, en el presente documento se analiza inicialmente la importancia de los océanos para la existencia humana, así como los factores que los están alterando. Posteriormente, se estudia el marco jurídico internacional que se ha establecido como respuesta al estado actual de los océanos, desde un enfoque ambiental, sin desconocer la existencia de un enfoque regulatorio en relación con la propiedad de los océanos y los mares; luego se revisa la institucionalidad existente referida a la gestión de los océanos, desde el enfoque ambiental, así como los esfuerzos internacionales para hacer frente al cambio climático, en especial, los efectos que este fenómeno genera en los océanos y mares. Por último se presentan unas breves conclusiones.

I. ¿QUÉ NOS OFRECEN LOS OCÉANOS?

El planeta está compuesto en su mayoría por agua. De acuerdo con la UNESCO (2006: 4):

> [...] tres cuartas partes de la Tierra están cubiertas por mares y océanos, lo que supone 361 millones de kilómetros cuadrados de agua salada. Los mares y océanos contienen prácticamente toda el agua del planeta, el resto es agua dulce de los ríos, los glaciares y los casquetes polares.

Conforme con lo anterior, es claro que los océanos son parte integral de la subsistencia del ser humano y, como consecuencia, es imperiosa la necesidad de utilizarlos y administrarlos a partir de una visión nacional e internacional de sostenibilidad.

En ese orden de ideas, en el mundo existen tres grandes océanos: el Índico, el Pacífico[1], y el Atlántico; y dos pequeños: el Ártico y el Antártico. Colombia tiene costas en dos océanos: el Pacífico y el Atlántico, y en este específicamente en la parte que llamamos mar Caribe[2].

---

1 "El Pacífico es el más grande de todos, contiene la mitad del volumen total de los océanos, seguido del Atlántico y el Índico" (UNESCO, 2006: 5).

2 "Los mares son de menor tamaño y forman enclaves más o menos separados de los océanos. Rodean a los continentes y pueden adentrarse en mayor o menor medida en las aguas oceánicas" (UNESCO, 2006).

Las funciones primordiales que prestan los océanos para la existencia del planeta y del ser humano son: regulan el clima; retienen el excedente de calor de la atmósfera; albergan gran cantidad de biodiversidad; sirven como medio de transporte, y almacenan minerales y dióxido de carbono.

A. REGULAN EL CLIMA[3]

Existe una estrecha relación entre el océano y la atmósfera, y de ella dependen los vientos y el clima del planeta. Esta interacción se presenta porque los océanos absorben parte del dióxido de carbono presente en la atmósfera, lo que contribuye directamente al descenso de los niveles de la temperatura. Por otra parte, durante la noche los océanos emiten el calor absorbido de la luz solar, aumentando los niveles de temperatura en las zonas circundantes, de forma que los ciclos de absorción y emisión de calor de los océanos son constantes y regulan de forma excepcional la temperatura del planeta: "El intercambio de calor entre el mar y la atmósfera ha provocado cambios en los vientos y en fenómenos tales como El Niño-Oscilación Austral, lo que afecta, a su vez, a las corrientes y las olas oceánicas" (Naciones Unidas, 2017: 1).

Así, una de las funciones principales de los océanos es ser parte de la regulación climática del planeta, tarea que a su vez conlleva que estén involucrados en el fenómeno del cambio climático; además, la función de regulación está directamente relacionada con la de ser uno de los mayores sumideros de Co_2 de la Tierra.

B. RETIENEN EL EXCEDENTE DE CALOR DE LA ATMÓSFERA

Los océanos absorben casi todo el calor adicional resultado del efecto invernadero ocasionado por los seres humanos y, en últimas, por el cambio climático.

3 En materia climática los océanos tienen las siguientes tareas: "[...] a. Almacena el calor en los periodos muy cálidos, ya sea en verano o durante el día, y lo libera después durante las estaciones más frías o por la noche; b. Traslada, gracias a sus corrientes, este calor en grandes cantidades de las regiones cálidas a las frías. Al regresar a la atmósfera, los vientos marinos empujan las corrientes a los continentes. Por este motivo, las temperaturas suelen ser más moderadas cerca del océano que en zonas del interior; c. Origina las nubes por la evaporación del agua" (UNESCO, 2006).

Se tienen datos de que en los últimos 40 años los océanos han absorbido cerca del 93% del calor excedente. Esto ha permitido que la temperatura del planeta se incremente solo en un 3% (Heinrich Böll Stiftung, 2017).

Hay datos de que la temperatura de la superficie de los océanos está aumentando en razón a este proceso de captura calórica. De acuerdo con Naciones Unidas (2017: 3): "Durante los últimos tres decenios, aproximadamente el 70% de las zonas costeras del mundo han experimentado una elevación apreciable de la temperatura de la superficie del mar".

C. ALBERGA GRAN CANTIDAD DE BIODIVERSIDAD COMO SOPORTE DE LA SEGURIDAD ALIMENTARIA MUNDIAL

En la adopción de los Objetivos de Desarrollo Sostenible (ODS) se revisó el estado de los océanos y se concluyó que cerca de 3.000 millones de personas dependen de la biodiversidad marina. De igual forma, se estableció que este ecosistema contiene casi 200.000 especies identificadas, sin contar aquellas que aún no se conocen.

Según la UNESCO (2006: 10) se estima que en los océanos

> ... existen unas 250.000 especies animales distintas. La mayoría de ellas se encuentran en la capa superior –hasta los cien metros de profundidad– y especialmente en las zonas del litoral y en aquellas donde las aguas frías suben desde las profundidades (efecto de *upwelling*). En estos lugares es donde las aguas contienen suficientes elementos nutritivos, como el plancton vegetal, por ejemplo, que prolifera en la superficie, y permite que se nutran todos los organismos que se encuentran en el origen de la cadena alimentaria marina: zooplancton, peces, moluscos, mamíferos marinos [...].

Al respecto, Thorson (1971) señaló que una medida de la importancia de la biodiversidad marina está en que, excluyendo a los insectos, el 65% de las especies del planeta son marinas, es así como los océanos son grandes contenedores de biodiversidad, y sustento de la seguridad alimentaria de muchas personas.

Según el informe de la FAO (2018: 4), en 2016 la producción de pesca de captura marina fue del 79,3% de un total de 90,9%, lo que permite apreciar la importancia del medio marino para la subsistencia humana.

D. Son un medio de transporte

Uno de los primeros medios que el ser humano utilizó para desplazarse fue el océano, y desde siempre ha servido para movilizar personas y mercancías, "Este es un sector estratégico para el comercio mundial ya que recordemos que nada menos que el 90% de las mercancías que consumimos nos llegan por mar" (Parmentier y De Águeda, 2016: 67).

El océano es un medio estratégico para el transporte de mercancías pues, según la Conferencia de las Naciones Unidas sobre Comercio y Desarrollo, cerca del 80% del comercio mundial se moviliza a través de él, debido al bajo costo y a la gran cantidad de bienes que pueden transportar los buques. En 2018 la flota comercial de buques sumaba 94.171 unidades, sin contar los barcos turísticos, que se movilizaban por los diferentes océanos y mares, generando grandes impactos en ellos.

E. Almacenan minerales y dióxido de carbono

Una de las funciones principales del océano, y que se ha hecho más evidente en los últimos años, es la de servir como uno de los principales sumideros de CO_2, al almacenar cerca del 25% del total emitido por las actividades del ser humano, contribuyendo así a la mitigación del cambio climático (Parmentier y De Águeda, 2016).

De acuerdo con Harrould-Kolieb y Savitz (2009: 6), desde el siglo XVIII los océanos han absorbido más de 460 mil millones de toneladas métricas de Co_2, es decir, cerca del 30% de todas las emisiones de dióxido de carbono producidas por el hombre durante este periodo de estudio.

Ahora bien, el informe "The High Seas and Us", encargado en 2014 por la Global Ocean Commission, estimó que el valor del servicio ecosistémico que prestan los océanos fluctúa entre US$74 y US$222 mil millones al año (Parmentier y De Águeda, 2016), lo que demuestra que los océanos son ecosistemas fundamentales para la existencia del planeta y del ser humano, pero que hasta la fecha no pagamos ningún valor económico por su función, a pesar de su gran valor monetario.

Si los océanos no cumplieran con esta labor los niveles de CO_2 serían más elevados y el fenómeno del cambio climático cada vez más catastrófico para el planeta; no obstante, y como se referenciará más adelante, esto conlleva que los océanos se vean afectados por el exceso de dióxido de carbono.

No obstante, al igual que la atmósfera, el océano tiene límites y otras cargas o impactos negativos que han provocado lo que se ha denominado "crisis climática oceánica", como se evidenciará en líneas siguientes.

II. ¿QUÉ ESTÁ AFECTANDO LOS OCÉANOS?

Actualmente, los ecosistemas marinos son objeto de enormes presiones debido a las afectaciones causadas por varios factores que interactúan de forma negativa, entre ellos los más importantes son, el cambio climático, la sobreexplotación de las especies marinas, y la contaminación.

A. CAMBIO CLIMÁTICO

El cambio climático ha generado muchos efectos negativos para el planeta, y los océanos no han escapado a ellos.

1. ELEVACIÓN DE LA TEMPERATURA

Con el incremento de la temperatura global debida al cambio climático, los océanos se han visto afectados pues el aumento de calor "[...] representa más del 90% de la energía acumulada entre 1971 y 2010" (IPCC, 2014: 1). Los expertos en el tema han identificado que el proceso de calentamiento del océano se debe a que "La Tierra está absorbiendo más calor del que emite de vuelta al espacio y prácticamente todo ese exceso de calor entra y se acumula en el mar" (Naciones Unidas, 2017: 3).

Asimismo, algunos estudios han señalado que "No solo se están calentando las capas superiores del mar, sino que también se ha registrado calentamiento en numerosos hábitats de aguas profundas, cambio particularmente importante en los mares marginales" (Naciones Unidas, 2017: 3).

Lo anterior evidencia que efectivamente el calor que recibe el océano es superior al que puede asimilar, lo cual necesariamente obliga a revisar las acciones que se adelantan para frenar el fenómeno, así como la forma de mitigar su impacto y adaptarse a él. Con el fin de estabilizar el clima del planeta es urgente que se dé estricto cumplimiento a las metas de mitigación adoptadas por cada uno de los países en el marco de la CMNUCC, como se revisará más adelante.

De otro lado, el calor del mar está afectando especies vegetales, como el plancton y las algas, alimento fundamental de animales como los krill (que se han reducido en más de un 80%), los que a su vez son alimento de otros más grandes, como las ballenas y las focas, de forma que si esas especies desaparecen se afecta la cadena trófica de los animales presentes en los océanos y que son soporte de la seguridad alimentaria del ser humano (Ferreirae, 2016).

Otra de las consecuencias del cambio climático sobre los océanos es que el acelerado proceso de calentamiento desde principios del siglo XX ha provocado una subida drástica del nivel del mar. No obstante, de acuerdo con Heinrich Böll Stiftung (2017: 29):

> [...] el nivel no sube al mismo ritmo en todas partes del mundo; hay variaciones regionales. La temperatura de la superficie del mar ha aumentado hasta 2 °C en algunos lugares, mientras que ha disminuido en otros. El aumento del nivel del mar en el mundo fue, en promedio, de 20 cm en un periodo de 100 años. No obstante, mediciones satelitales de los últimos 20 años muestran fuertes variaciones regionales en la subida del nivel del mar.

El calentamiento de las aguas tiene dos consecuencias: a) desestabiliza el ecosistema, en la medida en que hay especies que no logran adaptarse a la nueva temperatura, y b) está aumentando el nivel del mar, lo que conlleva que se generen afectaciones en los países insulares y costeros.

2. ACIDIFICACIÓN

Como se expuso atrás, los océanos absorben el dióxido de carbono lo que genera un efecto regulador en los impactos producidos por el cambio climático, razón por la cual se consideran importantes sumideros de carbono. Para los científicos es claro que de no ser por los océanos la concentración de dióxido de carbono sería un 55% superior a la de los últimos años (Harrould-Kolieb y Savitz, 2009).

Ahora bien, es importante reducir el CO_2 del planeta y estabilizar el clima, funciones en las que el océano es fundamental, también es evidente que esas tareas están afectando de forma contundente el ecosistema, uno de cuyos efectos es la acidificación que también puede afectar la vida tal como la conocemos.

Según (Harrould-Kolieb y Savitz, 2009: 2), lo que sucede es que “El aumento de la cantidad de dióxido de carbono en los océanos provoca reacciones que cambian la composición química de estos, a través de un proceso conocido como acidificación" que hace que el océano genere cambios con los consiguientes efectos: i) reducción del carbonato disponible, que es la sustancia que permite que los corales, entre otros, tengan su caparazón o dureza, por lo que se pone en peligro su existencia[4]; ii) el agua del mar se vuelve más corrosiva, afectando las especies que viven en él[5], y iii) disminuye la tasa de crecimiento de la Gran Barrera de Coral y causa el blanqueamiento masivo de corales en los trópicos (Harrould-Kolieb y Savitz, 2009). Estas son solo algunas de las consecuencias conocidas debido al proceso de acidificación, pues los científicos afirman que puede que se presenten más que aún no se conocen por la grandeza del ecosistema y la imposibilidad de su estudio integral y total.

Específicamente, la acidificación hace referencia al proceso por medio del cual los océanos se vuelven más ácidos, valga la redundancia, es decir, de acuerdo con Harrould-Kolieb y Savitz (2009: 6), "Cuando el dióxido de carbono entra en el océano, este reacciona con el agua de mar, aumentando la acidez del agua y bajando por tanto su pH. No obstante, es poco probable que el océano llegue a ser un ácido como tal (es decir, con un pH inferior a 7.0)"[6], pero eso no implica que no se presenten impactos negativos en razón al aumento de la acidez[7].

Finalmente, lo que cobra mayor importancia es la rapidez con que cambia la composición química de los océanos, pues según Harrould-Kolieb y Savitz (2009: 7): "La velocidad actual de acidificación es al menos 100 veces superior a la velocidad máxima de los últimos cientos de miles de años. El dióxido de

---

4 "Uno de los principales usos del carbonato en los océanos es la formación de carbonato cálcico o estructuras calcáreas como los esqueletos de coral, conchas y perlas, así como los creados por algunos tipos de plancton marino. La acidificación del océano tendrá un gran impacto en la capacidad de estos organismos para crear sus estructuras de carbonato cálcico, y probablemente altere algunas de las funciones químicas y biológicas más importantes de los océanos" (Harrould-Kolieb y Savitz, 2009).

5 Si el agua del mar se volviera corrosiva podría disolver las conchas o esqueletos que se encuentran en él afectando la vida marina (Harrould-Kolieb y Savitz, 2009).

6 "El pH de la superficie del océano ya ha caído 0,1 unidades, lo que representa un aumento del 30% en la acidez. A finales de este siglo, si las emisiones actuales continúan, el pH podría caer otras 0,3 unidades, lo cual significaría un aumento de acidez de casi el 100%. Los incrementos en el pH deben considerarse con cuidado ya que al ser logarítmicos, pequeños cambios en las unidades implican cambios importantes en el pH" (Harrould-Kolieb y Savitz, 2009: 8).

7 La acidez ha aumentado en un 30% desde el comienzo de la revolución industrial (Harrould-Kolieb y Savitz, 2009).

carbono se absorbe tan rápido que las aguas superficiales no serán capaces de prevenir y contrarrestar el importante descenso en el pH del océano". Esta situación pone de presente la necesidad de tomar medidas eficaces para que se neutralice o reduzca la acidificación de estos ecosistemas, pues sus impactos serán devastadores para su biodiversidad[8].

3. SALINIDAD

En el estudio desarrollado por Curry[9], Dickson[10] y Yashayaev[11] (2003) se resalta que la evaporación oceánica está aumentando al mismo tiempo que la temperatura del planeta, lo que conlleva que se presenten alteraciones sustanciales en la composición salina de los océanos tanto en las regiones tropicales y subtropicales, como en los polos norte y sur.

De igual forma, el citado estudio concluyó que entre más elevada sea la temperatura del planeta mayor será la evaporación del agua del mar, lo que a su vez aumentará las precipitaciones debido a que la atmósfera no puede almacenar tal cantidad de agua. De esa forma se altera el ciclo hidrológico y se generan impactos tanto en el océano como en los ecosistemas terrestres (Curry, Dickson y Yashayaev, 2003). Este proceso conlleva que si la evaporación ocurre en los trópicos el agua se vuelve más salada porque el mar pierde volumen y la sal no se evapora. Al mismo tiempo aumentan las precipitaciones en las latitudes polares, lo que significa que el agua será más dulce debido al deshielo de los glaciares. Esto es preocupante en la medida en que la modificación de la composición de los océanos debido a la evaporación está adquiriendo unas dimensiones que exceden la capacidad de circulación del agua impidiendo compensar los efectos del cambio climático, lo que los convierte en permanentes con graves consecuencias para el sistema global.

Por último, el estudio señaló que la salinidad de los océanos afecta el modelo de precipitaciones que regula la distribución, intensidad y frecuencia de las sequías, de las inundaciones y de las tormentas, lo cual quiere decir

---

8 Algunos de los efectos que se han evidenciado en relación con la acidificación es el blanqueamiento de los arrecifes coralinos; además, "El aumento en la acidez oceánica también afectará las tasas de crecimiento, reproducción, resistencia a la enfermedad y otros procesos biológicos y fisiológicos de muchas especies" (Harrould-Kolieb y Savitz, 2009: 4).

9 Woods Hole Oceanographic Institution (WHOI).

10 Centre for Environment, Fisheries, and Aquaculture Science de Lowestoft (U.K.).

11 Bedford Institute of Oceanography, Dartmouth (Canadá).

que la afectación de esos ecosistemas repercute en la Tierra y sus ciclos hidrológicos y climáticos.

4. DESOXIGENACIÓN O HIPOXIA

Otra de las consecuencias del calentamiento global es la disminución de la concentración de oxígeno atmosférico en el mar lo cual tiene dos consecuencias importantes: i) la solubilidad del oxígeno disminuye con el aumento de la temperatura, es decir, a medida que el agua del océano se calienta absorbe menos oxígeno de la atmósfera, y ii) el calentamiento es más rápido en la superficie del océano[12] donde está en contacto con la atmósfera, lo que lleva a una mayor flotabilidad de la capa superficial y, por tanto, a una mayor estratificación.

Lo anterior, significa que la capa superficial se vuelve más flotante y por lo mismo más estable, de modo que restringe la mezcla de las aguas superficiales bien ventiladas con las de las capas inferiores. "Estos cambios conducen a una reducción en el oxígeno disuelto en muchas regiones del océano. Aunque no se trata en este breve resumen, la estratificación también afecta la entrega de nutrientes a la superficie del océano, causando reducciones en la producción primaria" (Kleypas, 2019: 31).

El proceso de desoxigenación hace que mueran muchas áreas marinas, situación que impide el desarrollo de las especies[13] y afecta gravemente la biodiversidad presente en los ecosistemas. En ese orden de ideas, es evidente que este proceso afecta a los peces, debido a que dependen de ciertos niveles de oxigeno, y por lo tanto la seguridad alimentaria del planeta pues, como se reseñó, el océano es fuente primaria de alimentación para muchos países, en especial los insulares.

---

12 Al respecto se tiene que "las capas superficiales del Atlántico se han calentado entre 0,2 y 0,4 °C por década desde 1976 hasta ahora" (Irigoien, s.f.: 2).

13 "[...] la temperatura tiene un importante efecto sobre la distribución y reproducción de las especies. La temperatura influye en la abundancia y el reclutamiento de las especies. Todas las especies animales y vegetales tienen un rango de temperatura en el que viven y se reproducen [...] Es decir, poco a poco tendríamos un cambio en la distribución de especies, con más especies típicas de aguas templadas y cálidas y menos especies de aguas frías" (Irigoien, s.f.: 3).

B. SOBREEXPLOTACIÓN DE LAS ESPECIES DE PECES PRESENTES EN LOS OCÉANOS

Por años el océano ha sido explotado por el ser humano debido, básicamente, al principio de libertad de los mares que permite que cualquiera tenga acceso ilimitado a los recursos que provee (peces, algas, mariscos, entre otros). Aunado a ello, la demanda creciente de alimento para satisfacer el consumo mundial ha motivado la pesca excesiva, lo que se traduce en pérdida de biodiversidad y contaminación (Heinrich Böll Stiftung, 2017). La relación del hombre con los océanos se traduce en que trata de obtener de ellos más de los que pueden dar, generando extinción de especies y poniendo en riesgo la existencia del ecosistema marino, es decir, los está sobreexplotando.

Según la FAO (2018) cerca del 33,1% de las especies marinas está siendo sobreexplotada[14] o, incluso,, ya están agotadas debido a las capturas no sustentables, mientras que cerca del 59,9% de los peces está en el límite de su sustentabilidad, es decir que son poblaciones explotadas a un nivel de sustentabilidad máximo.

Actualmente algunas especies han visto reducida su población hasta en un 90%, como el pez vela, el pez espada, el tiburón y el bacalao. Además, el atún se está explotando una forma insostenible (Heinrich Böll Stiftung, 2017). Si se continúa con esta actividad de forma desordenada y sin revisar los niveles sostenibles de las especies, la seguridad alimentaria de la población mundial que depende de los océanos (30% aproximadamente) se verá seriamente afectada.

Es una constante que los pescadores (en especial los industriales) atrapan los peces sin respetar las normas que permiten que se reproduzcan y subsistan en el océano. A lo anterior se suma la pesca Ilícita, No Regulada e Indocumentada (IUU, por sus siglas en inglés), actividad en la que se utilizan dispositivos prohibidos, no se respetan las épocas de veda, se lleva a cabo en áreas protegidas, atrapa especies prohibidas y otras que no han alcanzado su pleno desarrollo. La pesca ilícita comprende cerca del 31% de la captura en el mundo, y se estima que anualmente circulan 500 mil toneladas de producto ilícito (Heinrich Böll Stiftung, 2017), lo que pone de presente el significativo porcentaje de esta actividad y la afectación que está generando

14 Para la FAO (2018) sobreexplotadas es una abundancia inferior al nivel necesario para producir el Máximo Rendimiento Sostenible (MRS).

en los océanos, que se traduce en la necesidad de crear compromisos entre los Estados y las organizaciones internacionales que permitan hacerle frente a esta actividad ilícita.

La pesca sin regulación y sin estricto cumplimiento de las normas que la regulan causa perjuicios a los océanos y a las especies que habitan en ellos, y eso se ve reflejado no solo en la cantidad sino en la calidad de las especies: anteriormente las poblaciones no solo eran enormes, sino que los peces eran mucho más grandes[15].

Es necesario que las autoridades de pesca de los países costeros establezcan normas claras y eficaces en relación con las poblaciones de peces que les permitan alcanzar el rendimiento máximo posible, y así los recursos pesqueros estarían en constante crecimiento. Además, se debe velar por un estricto cumplimiento de las citadas normas, de forma coherente y coordinada entre los diferentes países.

C. CONTAMINACIÓN

Los océanos también son victimas de la contaminación producida por el ser humano. Es un lugar común decir que la mayor parte de los deshechos que produce la civilización es volcada en el mar, entre ellos, en primer lugar, el plástico y el micro plástico que se depositan irresponsablemente en los océanos; se trata de uno de los graves problemas que deben afrontar el ecosistema marino y las especies que lo habitan.

El mundo produce anualmente cerca de 300 millones de toneladas de plástico de las cuales el 2% (cerca de 8 millones de toneladas) se deposita en los océanos; y de ese porcentaje, aproximadamente el 1% permanece en la superficie, y puede ser recuperado; sin embargo, ese no es el problema más urgente en relación con el plástico, pues según estudios recientes de la Heinrich Böll Stiftung (2017: 20),

> [...] el ochenta por ciento de los residuos plásticos termina en los océanos, generalmente a través de los ríos. Veinte por ciento lo arrojan por la borda de las

15 Al respecto se tiene que "Al inicio del siglo XX los pescadores atrapaban esturiones de más de tres metros de longitud en el río Elba, en Alemania. En el mismo periodo, en la Costa Este de Estados Unidos los pescadores atraparon una mantarraya de 2.200 kilogramos, sin embargo, en la actualidad quedan pocos peces grandes. La razón es la industria pesquera, que atrapa los peces antes de que hayan tenido oportunidad de desarrollarse" (HEINRICH BÖLL STIFTUNG, 2017: 34).

> embarcaciones. Una porción del plástico es arrastrada grandes distancias por las corrientes marítimas para acumularse en enormes vórtices de basura, como la gran mancha de basura en el remolino del Pacífico Norte[16].

En un proceso que dura cerca de diez años el plástico se descompone por la acción de los rayos solares, por la acción de la sal del mar o porque son devorados por bacterias, dando como resultado partículas muy pequeñas (menos de 5 milímetros) que lo convierten en el denominado micro plástico.

El micro plástico es sumamente peligroso porque su diminuta composición hace que su cantidad sea mil veces mayor que la del plástico que flota en la superficie, y porque al depositarse en el fondo marino se integra al sedimento conformando gradualmente una nueva capa geológica, de forma que al convertirse en parte del ecosistema los peces lo consumen, confundiéndolo con plancton; actualmente algunas zonas de los océanos contienen más micro plástico que plancton, situación que permite concluir que muchas de las especies marinas que consume el ser humano contienen este componente. No obstante, aún no se tiene certeza de lo que produce en el organismo y qué efectos podrá tener en el futuro.

En segundo lugar, los océanos se contaminan con los nitratos y fosfatos utilizados por la industria agrícola que los vierte directamente a los ríos o que se filtran a las aguas subterráneas que desembocan en los mares. Otros productos peligrosos incluyen químicos y metales pesados, como el cianuro o el mercurio, y también llegan a los océanos (circulando en ellos por años) a través de las aguas residuales industriales, del gas residual, de la minería y de los aceites quemados.

También los océanos son víctimas de contaminación debido al ruido producido por los medios de transporte marítimo que circulan por ellos (buques, cruceros), y por las actividades minera y de hidrocarburos (plataformas de exploración y explotación) cuyos niveles de ruido afectan las especies marinas, en especial las ballenas y los delfines, que se comunican mediante

---

16 Según la BBC (2019), "[...] esta área de residuos que se expande por 1,6 millones de Km^2 –es decir, casi tres veces el tamaño de Francia– contiene cerca de 80.000 toneladas de plástico [...] La basura se acumula en todos los océanos, pero la mancha más grande es la que está en el Pacífico, entre Hawái y California. Esta área de basura es descrita a menudo como una masa o una isla, aunque en realidad es una zona con una gran concentración de plástico que aumenta a medida que uno se aproxima a su centro".

sonidos que al mezclarse con los ruidos de las máquinas los confunden y desorientan, por lo que es cada vez más común verlos encallar en las playas.

En los últimos años el turismo se ha convertido una de las principales actividades que generan impactos negativos para los océanos, en especial por sus deshechos líquidos y sólidos. La huella que el turista deja en las playas y los mares es incalculable. Se ha evidenciado que mientras a nivel mundial se incrementa el número de turistas, el de los destinos permanece casi invariable. De acuerdo con Heinrich Böll Stiftung (2017: 43), "En 1980, 1.4 millones de personas viajaron en cruceros. Diez años después, esa cifra se incrementó a 15 millones y para 2016 la Asociación Internacional de Líneas de Cruceros (CLIA, por sus siglas en inglés) anunció que fueron 24 millones...". A partir de esos números es fácil imaginar la magnitud de los impactos que esta industria causa en los océanos.

III. REGULACIÓN JURÍDICA INTERNACIONAL DEL USO Y APROVECHAMIENTO DE LOS OCÉANOS DESDE UN ENFOQUE AMBIENTAL

Luego de una revisión de los servicios ecosistémicos que prestan los océanos, y de las afectaciones que sufren como consecuencia del desarrollo económico mundial, es conveniente revisar cuál ha sido la respuesta de la comunidad internacional para regular el uso y aprovechamiento de los mares en los Estados costeros así como en alta mar.

En el presente capítulo se evalúa la regulación internacional de los océanos, desde el enfoque medio ambiental (i), y desde la regulación medio ambiental que busca la conservación, protección y uso sostenible del ecosistema y los recursos naturales que se encuentran en él (ii), sin desconocer que existe un enfoque regulatorio que revisa la propiedad y el uso de los mares en cabeza de los Estados (iii), enmarcado en la Convención de Naciones Unidas sobre el Derecho del Mar, pero que no será revisada en este documento.

El primer instrumento internacional que se refirió a los océanos desde el enfoque ambiental fue la Declaración de Estocolmo de 1972, que estableció en el principio 7 la obligación de los Estados de "[...] tomar todas las medidas posibles para impedir la contaminación de los mares por sustancias que puedan poner en peligro la salud del hombre, dañar los recursos vivos y la vida marina [...]", esto con el fin de no entorpecer el uso legítimo que el hombre hace de ellos.

Aunque este compromiso de los Estados no era vinculante, permite evidenciar que ya desde ese año (1972) el hombre se había comenzado a preocupar por la contaminación que causaba a los mares, razón por la cual se plasmó esa obligación para cada uno de los países, con el fin de que voluntariamente tomarán las medidas adecuadas para contrarrestarla.

Posteriormente, en 1992 se adoptó la Declaración de Río sobre el Medio Ambiente y el Desarrollo, documento hito en el derecho ambiental, debido a que no fue resultado de una reunión de científicos, sino de una reunión política con contenido ambiental y económico, en la que se discutió la forma y el método para preservar el medio ambiente, así como los criterios para asegurar que todos los países participaran de los beneficios que racionalmente se pueden obtener de los recursos naturales, entre ellos, indudablemente, los océanos (Estrada Oyuela y Cevallos de Sisto, 1993).

Ahora bien, en la revisión que se hizo de los principios acogidos en Río no se encontró una referencia explícita a la protección y administración de los océanos; sin embargo, a través de estos principios se promueve la adopción y concreción de conceptos como el de desarrollo sostenible, que debe ser aplicado a ecosistemas como los océanos.

De igual forma, se estableció que internamente los países deberían promulgar leyes eficaces que sirvan para proteger el medio ambiente y regular su uso, entre las que se incluyan aquellas con fines de protección y conservación.

Por su parte, la agenda 21 dedica el capítulo 17 al desarrollo de estrategias y directrices para el manejo sostenible de los océanos como se observa en la tabla 1.

TABLA 1.
ESTRATEGIAS DE LA AGENDA 21 SOBRE OCÉANOS

Estrategia	Acción
Ordenación integrada y desarrollo sostenible de las zonas costeras y las zonas marinas (incluida la zona económica exclusiva).	Que los países adopten normas internas que permitan el manejo sostenible de los océanos a través de herramientas de planificación y ordenación de los océanos.
Protección del medio marino.	Que cada país establezca un marco normativo que promueva la protección marina.
	Implementación del criterio de prevención y precaución para evitar la degradación del medio marino.
	Valuación previa de las actividades que pueden tener impactos negativos sobre el océano.

Estrategia	Acción
	Mejorar la calidad de vida de la población que vive en las costas, debido a que esta situación promueve el uso irracional e insostenible del medio marino.
Aprovechamiento sostenible y conservación de los recursos marinos vivos sujetos a la jurisdicción nacional.	Los Estados deberán promover la creación y el uso de pesca sostenible para evitar la pérdida de peces y las capturas accidentales de otras especies.
	Promover la vigilancia e implementación de la normativa relativa a la ordenación de la actividad pesquera a nivel mundial, con el fin de combatir la sobreexplotación de especies.
Solución de las principales incertidumbres que se plantean respecto de la ordenación del medio marino y el cambio climático.	Los países deberán fomentar la investigación científica en el medio marino para verificar los efectos del cambio climático.
	Los Estados deberán promover el monitoreo y control de los océanos para conocer con exactitud su estado.
Fortalecimiento de la cooperación internacional y de la cooperación y la coordinación regionales.	Que los países con más recursos financieros apoyen los países en desarrollo para la protección y manejo sostenible de los océanos.
Desarrollo sostenible de las islas pequeñas.	Aprobar planes y programas para apoyar el desarrollo sostenible y la utilización de los recursos marinos y costeros de los países insulares.
	Tomar medidas para que los pequeños Estados insulares puedan hacer frente al cambio climático y los demás impactos que se presentan en los océanos.

Fuente: elaboración propia con base en la Agenda 21 (1992).

En la tabla 1 se establecen las acciones más relevantes de cada una de las estrategias. A partir de la anterior información es posible concluir que desde la década de los 90 se comenzó a observar que los océanos presentaban un marcado proceso de degradación, y que personas e instituciones de todo el mundo ya lo estaban verificando, razón por la cual se propusieron las citadas estrategias como medidas preventivas para su conservación, en especial, para hacerle frente al cambio climático y sus efectos en los mares y océanos.

A. El Convenio sobre la Diversidad Biológica, y la protección de los océanos y sus recursos naturales

Paralelamente, en la Conferencia Mundial sobre Medio Ambiente y Desarrollo se adoptó el Convenio sobre la Diversidad Biológica con el fin de promover medidas que conduzcan a un futuro sostenible, y para ello se establecieron tres objetivos específicos: i) la conservación de la diversidad biológica; ii) la utilización sostenible de sus componentes, y iii) la participación justa y equitativa en los beneficios que se deriven de la utilización de los recursos genéticos[17].

Ahora bien, en el marco del CDB de 1992 se adoptó el mandato de Yakarta, que estableció la urgencia de implementar el Programa de Acción sobre Biodiversidad Marina y Costera acogido en la COP2, decisión CII-V (1996). El mandato busca implementar cinco estrategias de acción para lograr el uso sostenible de los recursos costeros y marinos: a) ordenación integrada de las zonas marinas y costeras; b) recursos vivos marinos y costeros; c) las zonas marinas y costeras protegidas; d) la maricultura[18] y los genotipos, y e) las especies exóticas.

Con el cumplimiento de las anteriores estrategias, y mediante el uso de las herramientas establecidas en el plan de trabajo se lograría proteger, recuperar y rehabilitar los ecosistemas marinos y costeros. Como plazo para su cumplimiento se estableció el año 2000, sin embargo, en la COPVII-5 (2004) se amplió el término de cumplimiento del plan de trabajo para el año 2010, y en la decisión acogida en esa conferencia de las partes se determinó que el citado plan de trabajo se ha venido perfeccionando y que ha tenido en cuenta las nuevas realidades de la biodiversidad marina y costera.

De igual forma, en la COP VII se revisaron las áreas marinas y costeras protegidas, y se destacó su importancia y contribución en la protección de la biodiversidad, concluyendo que dicha medida (declaración de Áreas Protegidas –AP–) ha sido efectiva por cuanto se han ampliado las zonas protegidas, aunque no han cumplido con su objetivo de conservación debido a problemas con su ordenación, tamaño y cobertura de hábitats. En esa reunión también se estableció la necesidad de tomar medidas en relación con el blanqueamiento de los arrecifes de coral.

Posteriormente, en la decisión X-29 (2010) se observó con preocupación el lento progreso hacia el logro de la meta 11[19] para el año 2012 (establecimien-

---

17 Colombia ratificó este Convenio a través de la Ley 165 de 1994.

18 Según la RAE, la maricultura es el "Conjunto de técnicas y conocimientos relativos al cultivo de las plantas y animales marinos".

19 "[...] Para 2020, al menos el 17 por ciento de las zonas terrestres y de aguas continentales y el 10 por ciento de las zonas marinas y costeras, especialmente aquellas de particular importancia para la diversidad biológica y los servicios de los ecosistemas, se conservan por medio de sistemas de áreas protegidas administrados de manera eficaz y equitativa, ecológicamente representativos y

to de zonas marinas protegidas), por lo que se hizo un llamado a los Estados para que continúen con su labor y cumplan con las metas del programa de trabajo de áreas protegidas, en especial en zonas marinas y costeras. En relación con el plan de trabajo sobre la diversidad biológica marina y costera se estableció que el programa de trabajo ha sido revisado y construido con base en diferentes decisiones, sin embargo, no se está aplicando plenamente y por esa razón se alentó a los Estados parte para que continúen en la tarea de dar cumplimiento a las directrices del plan de trabajo, dentro de las que se encuentran: i) ampliar la representatividad y la cobertura de las Áreas Protegidas (AP) marinas y costeras; ii) garantizar la plena participación de las comunidades indígenas y locales; iii) abordar los temas relacionados con el cambio climático, y iv) adelantar la tarea de valoración de la diversidad biológica y los servicios ecosistémicos de las zonas marinas y costeras.

Asimismo, y en relación con las metas de Aichi, se acogieron dos metas más que buscan la promoción de la pesca sostenible (meta 6)[20] y la protección de los arrecifes de coral (meta 10)[21], y para este año se tiene previsto recibir el resultado de la evaluación del cumplimiento de esas metas, con el fin de verificar si los Estados parte han acogido plenamente las directrices plasmadas en el plan de trabajo y si se ha logrado cumplir con sus objetivos de conservación.

Ahora bien, en la decisión XI-18 de 2012 se socializó un estudio que señala que el ruido submarino antropogénico genera efectos adversos para la diversidad biológica marina y costera a corto y largo plazo, y destacó que si aumenta causará un nuevo impacto o presión en los océanos.

Finalmente, en las últimas tres conferencias de las partes en el marco del CDB (2014, 2016 y 2018) se revisó lo concerniente a la adopción de áreas marinas de importancia ecológica o biológica, las cuales se refieren a la

---

bien conectados y otras medidas de conservación eficaces basadas en áreas, y están integradas en los paisajes terrestres y marinos más amplios".

20 "[...] Para 2020, todas las reservas de peces e invertebrados y plantas acuáticas se gestionan y cultivan de manera sostenible y lícita y aplicando enfoques basados en los ecosistemas, de manera tal que se evite la pesca excesiva, se hayan establecido planes y medidas de recuperación para todas las especies agotadas, las actividades de pesca no tengan impactos perjudiciales importantes en las especies en peligro y los ecosistemas vulnerables, y los impactos de la pesca en las reservas, especies y ecosistemas se encuentren dentro de límites ecológicos seguros".

21 "[...] Para 2015, se habrán reducido al mínimo las múltiples presiones antropógenas sobre los arrecifes de coral y otros ecosistemas vulnerables afectados por el cambio climático o la acidificación de los océanos, a fin de mantener su integridad y funcionamiento".

conservación y utilización sostenible de la diversidad biológica en las áreas marinas que están fuera de la jurisdicción nacional[22].

B. LOS ACUERDOS ADOPTADOS EN EL MARCO DE LA ORGANIZACIÓN INTERNACIONAL MARÍTIMA (OMI)

Otro instrumento internacional es el Convenio Internacional para Prevenir la Contaminación por los Buques (MARPOL)[23], en el cual

> [...] figuran reglas encaminadas a prevenir y reducir al mínimo la contaminación ocasionada por los buques, tanto accidental como procedente de las operaciones normales, y actualmente incluye seis anexos técnicos. En la mayoría de tales anexos figuran zonas especiales en las que se realizan controles estrictos respecto de las descargas operacionales.

Para el cumplimiento de este acuerdo internacional se han adoptado seis anexos[24] en los cuales se reglamenta cada una de las actividades de los buques que pueden generar contaminación en los océanos, los cuales se han venido adoptando conforme se presentan evidencias de afectación marítima, y cada uno tiene una fecha diferente de vigencia.

En el marco del MARPOL se acogió el Convenio Internacional para el control y la gestión del agua de lastre y los sedimentos de los buques (BWM) de 2004 (entró en vigor 13 años después, en septiembre de 2017), con el que se busca "[...] evitar la propagación de organismos acuáticos perjudiciales de una región a otra, estableciendo normas y procedimientos para la gestión

---

22 Se estudiaron siete regiones: i) Océano Indico Meridional; ii) Pacífico tropical y templado; iii) Pacífico norte; iv) Atlántico Sudoriental; v) Ártico; vi) Atlántico Noroccidental, y vii) Mediterráneo.

23 Este Convenio fue adoptado en 1973, aunque no entró en vigor, y en relación con el aumento de los accidentes de los buques se adoptó un Protocolo en 1978, el cual absorbió el convenio original. Por lo tanto, el nuevo instrumento internacional entró en vigor en 1983 (OMI, s.f.).

24 Los seis anexos son: I. Reglas para prevenir la contaminación por hidrocarburos (en vigor desde 1983); II. Reglas para prevenir la contaminación por sustancias nocivas líquidas transportadas a granel (en vigor desde 1983); III. Reglas para prevenir la contaminación por sustancias perjudiciales transportadas por mar en bultos (en vigor desde 1992); IV. Reglas para prevenir la contaminación por las aguas sucias de los buques (en vigor desde 2003); V. Reglas para prevenir la contaminación ocasionada por las basuras de los buques (en vigor desde 1988); VI. Reglas para prevenir la contaminación atmosférica ocasionada por los buques (en vigor desde 2005).

y el control del agua de lastre y los sedimentos de los buques" (IMO, s.f.). Así, todos los buques dedicados al transporte marítimo internacional que se movilicen en los océanos deben llevar a cabo una gestión integral de su agua de lastre y sedimentos ajustada a una norma determinada[25], contar con un plan de gestión elaborado para cada buque, llevar un libro registro del agua de lastre y un certificado internacional de gestión del agua de lastre.

Esta convención cuenta con una serie de directrices que permiten cumplir a cabalidad con el objeto del convenio, entre ellas garantizar que los puertos y terminales en los que se efectúen trabajos de reparación o de limpieza de tanques de lastre dispongan de instalaciones adecuadas para la recepción de los sedimentos, y que el Estado rector del puerto revise y certifique los buques. A la fecha no hay cifras relacionadas con la eficacia de estas directrices, pero se pensaría que luego de tres años de vigencia, cada uno de los países partes cuenta al menos con la infraestructura necesaria en sus puertos, para dar cumplimiento a la norma internacional y prevenir tanto la movilización de especies invasivas como la contaminación entre los océanos a través de las aguas de lastre, toda vez que este es uno de los factores que impactan la biodiversidad.

En 1969, en el marco de la Organización Internacional Marítima (OMI), se adoptó el Convenio internacional relativo a la intervención en alta mar en casos de accidentes que causen contaminación por hidrocarburos (en vigor desde 1975), documento con el que se busca que las partes adopten medidas para prevenir, mitigar o eliminar todo peligro en contra de su litoral o intereses conexos, en razón de la contaminación o amenaza de contaminación por hidrocarburos, debido a un siniestro marítimo. Es decir, que este acuerdo contiene las reglas que debe seguir cada uno de los Estados parte en caso de que ocurra un siniestro marítimo donde haya de por medio hidrocarburos.

De igual forma, en 1972, en el marco de la Conferencia intergubernamental para el Convenio sobre la prevención de la contaminación del mar por vertimiento de desechos y otras materias, se acogió la Convención Park con el fin de prevenir la contaminación marina por el arrojo de desechos y otros materiales al mar (en vigor desde 1975); este acuerdo fue uno de los primeros documentos que se adoptaron para la protección de los océanos, y busca, principalmente, prevenir la contaminación del mar mediante la

25 Esta norma se irá introduciendo gradualmente; mientras tanto la solución intermedia es que los buques descarguen el agua de lastre en alta mar.

prohibición del vertimiento de determinados materiales potencialmente peligrosos. Por otra parte, cada buque debe solicitar un permiso especial previo al vertimiento de otros materiales identificados, así como un permiso general para el vertimiento de todos los demás desechos y materias[26].

En relación con las áreas protegidas marinas y costeras se tiene que de la sumatoria de cada tipo y categoría de área protegida declarada, tan solo el 3.5% corresponde al océano, y de ese porcentaje únicamente el 1.6% está estricta o plenamente protegido[27]. Ante esta realidad muchas organizaciones ambientalistas y científicas exigen que entre el 20 y el 50% de los océanos sean designados como áreas protegidas. "El objetivo no es conservar las cosas como están (considerando que incluso en las áreas protegidas tan solo vemos una pequeña fracción de la biodiversidad que en algún momento existió), sino permitir que la vida se recupere" (Heinrich Böll Stiftung, 2017: 34).

Esta breve revisión de las normas internacionales (*soft law*) que buscan regular, proteger y conservar los océanos desde un enfoque medio ambiental, permite destacar que desde la década de los años 70 los Estados se han comprometido en el objetivo primordial de proteger y salvaguardar los océanos. No obstante, las afectaciones continúan y se podría decir que se han incrementado, por lo que es urgente revisar la eficacia de estas normas internacionales y, de ser necesario, reformularlas y que se cumplan sus postulados a través de las legislaciones internas, es decir que la implementación de estas normas internacionales depende de la voluntad política de cada uno de los países.

---

26 Las sustancias o desechos permitidos para ser dispuestos en el mar son: i) materiales de dragado; ii) fangos cloacales; iii) desechos de pescado o materiales resultantes de las operaciones de elaboración del pescado; iv) buques y plataformas u otras construcciones en el mar; v) materiales geológicos inorgánicos inertes; vi) materiales orgánicos de origen natural; vii) objetos voluminosos constituidos principalmente por hierro, acero, hormigón y materiales igualmente no perjudiciales en relación con los cuales el impacto físico sea el motivo de preocupación, y solamente en aquellas circunstancias en que esos desechos se viertan en lugares como islas pequeñas con comunidades aisladas, en que no haya acceso práctico a otras opciones de evacuación que no sea el vertimiento, y viii) flujos de CO_2 procedentes del proceso de captura de CO_2.

27 Un ejemplo es "[…] el Mar de las Rosas. Designada en 2017 como una zona donde no se puede 'tomar o poseer' ningún recurso, a la fecha es la mayor área marina protegida en el mundo. Durante los próximos 35 años está prohibido cualquier tipo de explotación en más de 70% del área, mientras que en la porción restante solo se puede hacer actividad de investigación restringida" (Heinrich Böll Stiftung, 2017: 34).

C. LA INSTITUCIONALIDAD INTERNACIONAL CON ENFOQUE AMBIENTAL

El Programa de Naciones Unidas para el Medio Ambiente (PNUMA) es el portavoz del medio ambiente dentro del sistema de las Naciones Unidas; entre sus tareas está servir de catalizador, promotor, educador y facilitador para promover el uso racional y el desarrollo sostenible del medio ambiente mundial (PNUMA, s.f.).

En ese orden de ideas, desde 1974 el PNUMA desarrolla un programa sobre mares regionales a través del cual promueve un enfoque regional para el control de la contaminación marina y costera, además del manejo sostenible de los mares y océanos, y actualmente cuenta con 18 programas regionales. Su objetivo consiste en enfrentar los problemas relacionados con la degradación de los océanos y las zonas costeras del mundo a través de un enfoque de "mares compartidos", es decir, involucrando a los países en acciones integrales y específicas para proteger su entorno marino común.

La Comisión Oceanográfica Intergubernamental (COI) de la Organización de las Naciones Unidas para la Educación, la Ciencia y la Cultura (UNESCO), fue creada en 1960 para fomentar la promoción, la cooperación internacional y la investigación de los océanos y las zonas costeras.

Entre las temáticas que aborda esta comisión están los riesgos naturales, el cambio climático, la salud de los ecosistemas oceánicos y la sostenibilidad del medio y los recursos costeros oceánicos. La comisión está compuesta por 150 países miembros, tiene tres subcomités que se encargan de cada área geográfica y atiende once programas de trabajo, entre los que se destaca el Sistema Mundial de Observación de Océanos y el Programa de Intercambio Internacional de Datos e Información Oceanográfico (IODE).

La labor de esta comisión es fundamental para conocer el estado actual de los océanos y las afectaciones que se presentan como consecuencia de la actividad humana, con el fin de llevar a cabo acciones que permitan mitigar o corregir los impactos que los golpean. Sin embargo, aún no se han podido contrarrestar los efectos del cambio climático pues, como se señaló en la primera parte de este documento, los océanos ya están cambiando su estado.

IV. ¿QUÉ SE ESTA HACIENDO PARA PROTEGER LOS OCÉANOS FRENTE AL CAMBIO CLIMÁTICO?

Desde de la década de los 90 se evidenció la importancia de proteger los océanos y los mares contra el cambio climático, incluso sin haber verificado la importancia y magnitud de las afectaciones que este fenómeno originaría.

Con fundamento en ello se acogió la Convención Marco de Naciones Unidas para el Cambio Climático (CMNUCC), que alienta y promueve la lucha contra el calentamiento global en la que, indiscutiblemente, están involucrados los océanos y los mares.

A. CONVENCIÓN MARCO DE NACIONES UNIDAS PARA EL CAMBIO CLIMÁTICO (CMNUCC)

En su artículo 4.º, referente a los compromisos de las partes, la CMNUCC[28] señala la necesidad de:

> [...] d) Promover la gestión sostenible y promover y apoyar con su cooperación la conservación y el reforzamiento, según proceda, de los sumideros y depósitos de todos los gases de efecto invernadero no controlados por el Protocolo de Montreal, inclusive la biomasa, los bosques y *los océanos*, así como *otros ecosistemas* terrestres, *costeros y marinos*.

Con fundamento en el citado compromiso, se promovió el manejo sostenible y la conservación de los océanos y mares por ser uno de los principales sumideros de dióxido de carbono CO_2, que contribuye a estabilizar los Gases Efecto Invernadero (GEI).

Ahora bien, en 1995 se realizó la primera reunión de la Conferencia de las Partes (COP1) de esta Convención cuyo resultado fue el Mandato de Berlín, en el cual se estableció la urgencia de acoger un instrumento jurídico o un plan de acción que permitiera reforzar los compromisos de las partes del Anexo I (países desarrollados) para reducir la emisión de GEI. En esta primera reunión no se dio mayor importancia a la promoción y adopción de acciones de conservación de sumideros de carbono como los océanos, y solo se mencionó que el pretendido plan de acción debería comprender

28 En vigor desde 1994.

"[...] en sus primeras etapas una actividad de análisis y evaluación, a fin de determinar las políticas y medidas que podrían adoptar las Partes del anexo I para contribuir a limitar y reducir las emisiones por las fuentes y *proteger y mejorar los sumideros y depósitos de gases de efecto invernadero*", y se invitó a las organizaciones científicas a realizar un inventario de emisión y absorción de los sumideros de carbono, en el que indudablemente debían figurar los océanos.

En los primeros años de vigencia de la CMNUCC las partes se centraron en promover la mitigación de los GEI, y, en especial, se solicitó presentar la información necesaria para tener datos reales y veraces sobre la efectiva absorción de los gases por los sumideros antropógenos, sin revisar la tarea de los sumideros naturales. Además, luego del Mandato de Berlín las siguientes reuniones de la Conferencia de las Partes se centraron en elaborar y debatir el contenido del plan propuesto y evaluar la obligación en cabeza de los Estados partes de mejorar la capacidad de absorción de los sumideros antropógenos y su adaptación.

En 1997, en el marco de la Conferencia de las Partes (COP3) se acogió el Protocolo de Kioto[29], el cual centró los esfuerzos en la labor de mitigación en cabeza de los países del Anexo I[30], y en relación con los sumideros enfatizó la necesidad de que cada parte adelantara esfuerzos para protegerlos; asimismo, solicitó a las partes del Anexo I constituir un sistema que permitiera contabilizar el porcentaje de absorción de los GEI en cabeza de los sumideros antropógenos, pero no se dijo nada de la labor de los sumideros naturales.

En el artículo 6.° del Protocolo se estableció la posibilidad de que los Estados parte del Anexo I cumplieran sus compromisos transfiriendo a cualquiera otra de las partes, o adquiriendo de ellas, las unidades de reducción de emisiones resultantes de proyectos encaminados a incrementar la absorción antropógena por los sumideros de los GEI en cualquier sector de la economía. Valdría la pena revisar si esto permite que se desarrollen proyectos de

---

29 Como compromiso del Protocolo se estableció la reducción de emisión de GEI en un 5,2%, teniendo como base los niveles de 1990. Para facilitar el cumplimiento de estas acciones de mitigación se incluyeron tres mecanismos: 1. El desarrollo limpio; 2. El régimen de comercialización de emisiones, y 3. La implementación conjunta (Kioto, 1998). El primer período de compromiso del Protocolo comenzó en 2008 y finalizó en 2012; el segundo período de compromiso empezó el 1.° de enero de 2013 y termina en 2020.

30 Estados Unidos no ratificó este instrumento.

conservación y protección en los océanos, promoviendo así la absorción de GEI, o solo aplica para sumideros antropógenos.

En la COP4 de 1998 se acogió el Plan de Acción de Buenos Aires, y por primera vez se mencionaron expresamente los océanos, específicamente se alentó para que las partes del Anexo I prestaran

> [...] asistencia a las Partes que son países en desarrollo para crear una capacidad de gestión sostenible, conservación y mejora, según corresponda, de los depósitos y sumideros de todos los gases de efecto invernadero no controlados por el Protocolo de Montreal, en particular la biomasa, los bosques y *los océanos*, así como otros ecosistemas terrestres, costeros y marinos (CMNUCC, 1998: 12).

En las siguientes COP se revisó la implementación del Protocolo de Kioto y se insistió en la necesidad de que los Estados partes presentaran sus comunicaciones oficiales en las que se evidenciara la absorción de GEI por los sumideros, y se hizo énfasis en que esa información debía ser transparente, coherente, comparable, exhaustiva y precisa. Por su parte, en la COP7 de 2002 se establecieron los acuerdos de Marrackech, en los que se detallan las reglas que cada parte debe seguir para aplicar el Protocolo, y en relación con los sumideros se insistió en la necesidad de contar con información precisa sobre el porcentaje de absorción de GEI.

En la COP9 en 2003 se revisó el Sistema Mundial de Observación del Clima, y en esa tarea se solicito invitar a la Comisión Oceanográfica con el fin de verificar los resultados de los sistemas de observación del clima de los océanos y conocer el estado actual del sistema climático del mundo. En la COP10 de 2004, se instó a las partes a adelantar actividades de evaluación con el fin de establecer la vulnerabilidad de los sectores frente al cambio climático, pero no se revisó la vulnerabilidad de los ecosistemas marinos para, con fundamento en ello, tomar acciones encaminadas a su adaptación.

En la COP13 de 2007 se estableció la hoja de ruta de Bali, a través de la cual se examinó un plan de acción que contemplaba cuatro pilares: 1. Mitigación; 2. Adaptación; 3. Tecnologías y financiamiento, y 4. Reducción de emisiones provenientes de la deforestación y la degradación de bosques REDD+; asimismo, se comenzó a debatir y se estableció el proceso para la negociación de un acuerdo que regiría luego de Kioto; otro logro importante de esa reunión fue la adopción del concepto de Acciones de Mitigación Apropiadas por País (NAMA, por sus siglas en inglés), que debían ser comunicadas por cada uno.

En las COP siguientes se hizo una revisión general de la implementación del Convenio, y en 2009 (COP15) se acogió el acuerdo de Copenhague, en el que se promueve la cooperación internacional para hacer frente al cambio climático, facilitando y apoyando la ejecución de medidas de adaptación encaminadas a reducir la vulnerabilidad y a aumentar la resiliencia de los países en desarrollo, en especial los que son particularmente vulnerables. Nuevamente no se dijo nada respecto de la vulnerabiliad de los océanos y la necesidad de trabajar en su conservación y protección. En la COP16 celebrada en 2010 se establecieron los acuerdos de Cancún y se logró que todos los países rindieran cuentas de la emisión de GEI, y presentaran un calendario para que cada nación examine oportunamente su progreso hacia el objetivo de no aumentar la temperatura por encima de 2° C. En ese Acuerdo se "reconoce la necesidad de fortalecer la cooperación internacional y los conocimientos técnicos a fin de comprender y reducir las pérdidas y los daños asociados a los efectos adversos del cambio climático, incluidos los efectos relacionados tanto con fenómenos meteorológicos extremos como con fenómenos graduales", y se entiende que estos daños son:

> [l]a elevación del nivel del mar, el aumento de las temperaturas, la acidificación de los océanos, el retroceso de los glaciares y sus efectos conexos, la salinización, la degradación de los bosques y las tierras, la pérdida de biodiversidad y la desertificación (CMNUCC, 2010: 7).

Es así como se hace mención expresa de que los daños que generará el cambio climático comprenden la afectación a los océanos y mares, estableciendo la necesidad de que los países parte tomen medidas en el asunto. Las siguientes COP revisaron el tema de los sumideros de GEI pero se centraron en lo forestal (bosques y cambios en el uso de los suelos), y dejaron de lado los océanos. En 2012 se celebró la COP18 y culminó el primer período de cumplimiento del protocolo de Kioto verificando que no se habían cumplido las metas propuestas, razón por la cual se adoptó un nuevo periodo de cumplimiento.

En 2013 se adelantó la COP19 en la que se sentaron los cimientos para el Acuerdo de París señalando "[...] que el referido acuerdo tendrá un doble objetivo, primero unir a las naciones en un esfuerzo efectivo global para reducir las emisiones y a su vez desarrollar la capacidad para la adaptación y en segundo lugar se determinó que se debían tomar acciones más rápidas y más amplias para detener el Cambio Climático" (Bejarano Ramos, 2017: 266). Asimismo, en esa conferencia se adoptó el Mecanismo Internacional de Varsovia para las pérdidas y daños relacionados con las repercusiones del cambio climático, herramienta que permite solicitar a los países desarrollados fortalecimiento y apoyo, incluyendo tecnología y desarrollo de capacidades, para que los países vulnerables hagan frente a las pérdidas y daños que sufren como consecuencia del fenómeno climático.

Por último, y antes de la adopción del Acuerdo de París, se llevo a cabo la COP20 en la que se acogió el Llamado de Lima a la Acción Climática, que contenía el borrador de texto de la negociación que se revisó luego en París, y hasta aquí no se propusieron acciones concretas que promovieran la conservación y adaptación de los océanos y mares frente al cambio climático en cabeza de cada uno de los países partes.

B. EL ACUERDO DE PARÍS

Este acuerdo se acogió en la COP21 de 2015[31], y representa un hito para el mundo en relación con el cambio climático y, en especial, para los océanos, pues por primera vez se revisaron los océanos como ecosistemas que deben ser tenidos en cuenta para enfrentar el cambio climático. El documento señaló específicamente:

> Observando la importancia de garantizar *la integridad de todos los ecosistemas, incluidos los océanos*, y la protección de la biodiversidad, reconocida por algunas culturas como la Madre Tierra, y observando también la importancia que tiene para algunos el concepto de "justicia climática", al adoptar medidas para hacer frente al cambio climático...

Aunque esa es la única mención a los océanos que se hace en el documento, en general la reunión permitió que los países partes revisaran la necesidad de tomar medidas urgentes para que el ecosistema marino se adapte al cambio climático y se trabaje en su conservación.

De forma general, se reconoció que la adaptación es un desafío mundial y un componente fundamental de la respuesta a largo plazo frente al cambio climático, cuya finalidad es proteger a las personas, los medios de vida y los ecosistemas, en especial los más vulnerables, para lo cual se estableció que la tarea de adaptación debe tener en cuenta los ecosistemas vulnerables y

---

31 El Acuerdo de París entró en vigor el 4 de noviembre de 2016.

> [...] basarse e inspirarse en la mejor información científica disponible y, cuando corresponda, en los conocimientos tradicionales, los conocimientos de los pueblos indígenas y los sistemas de conocimientos locales, con miras a integrar la adaptación en las políticas y medidas socioeconómicas y ambientales pertinentes, cuando sea el caso.

Por último, el documento señala que cada parte debe emprender procesos de planificación para la adaptación, y adoptar las medidas necesarias que pueden incluir:

> [...] c) La evaluación de los efectos del cambio climático y de la vulnerabilidad a este, con miras a formular sus medidas prioritarias determinadas a nivel nacional, teniendo en cuenta a las personas, los lugares y los ecosistemas vulnerables.

De forma paralela a la Conferencia, 23 países[32] firmaron la declaración "Because the Ocean", mediante la cual se comprometieron a apoyar tres objetivos: i) elaborar un informe especial de la IPCC sobre los océanos; ii) llevar a cabo una conferencia de alto nivel de la ONU relativa a los océanos y mares en apoyo del Objetivo de Desarrollo Sostenible de la ONU para los océanos (ODS14), la cual será revisada posteriormente, y iii) adoptar un plan de acción para los océanos en el CMNUCC. Los dos primeros ítems se han logrado, el tercero se trabajó en la segunda declaración (Because the Ocean, 2015).

C. DESPUÉS DEL ACUERDO DE PARÍS

En la COP 22 de 2016 las partes revisaron los preparativos para la entrada en vigor del acuerdo. Asimismo, acogieron la segunda declaración Because the Ocean, pero esta vez fueron 33 los países firmantes[33]; el objetivo de esta nueva declaración fue alentar a las partes del CMNUCC a considerar la presentación de contribuciones determinadas a nivel nacional que promuevan una acción

---

32 Los países firmantes fueron: Aruba, Australia, Canadá, Chile, Colombia, Costa Rica, República Dominicana, Fiji, Francia, Guinea Bissau, Kiribati, Madagascar, México, Mónaco, Marruecos, Países Bajos, Nueva Zelanda, Palau, Perú, Senegal, Seychelles, España, y Suecia.

33 Los países firmantes de la segunda declaración son: Aruba, Australia, Bélgica, Canadá, Chile, Colombia, Costa Rica, República Dominicana, Fiji, Finlandia, Francia, Guatemala, Guinea Bissau, Haití, Honduras, Indonesia, Italia, Jordania, Kiribati, Luxemburgo, Madagascar, Islas Marshall, Malta, México, Mónaco, Marruecos, Países Bajos, Nueva Zelanda, Noruega, Palau, Perú, Rumanía, Senegal, Seychelles, Singapur, España, Suecia, Uruguay, Reino Unido.

climática que permita minimizar los efectos adversos del cambio climático en los océanos, y que a su vez coadyuve a su protección y conservación. En esta declaración también se señala la importancia de tener un mayor conocimiento científico para comprender mejor a) las interacciones biológicas de la biodiversidad marina y los ecosistemas con las emisiones de GEI y el sistema climático, particularmente con respecto a las oportunidades de mitigación, y b) las implicaciones socioeconómicas y ambientales de los impactos del cambio climático en el océano, con miras a la acción de adaptación (Because the Ocean, 2015).

En las siguientes Conferencias de las Partes de la CMNUCC se revisaron los mecanismos de implementación del Acuerdo de París, la financiación de la Convención y la revisión de los Planes Nacionales de Adaptación. No se estudiaron los efectos del cambio climático en los océanos y mares, y tampoco se revisaron las acciones para adaptar las zonas costeras y los ecosistemas marinos vulnerables al cambio climático.

En relación con la iniciativa de la declaración Because the Ocean, se continúa alentando a los países partes del CMNUCC para que incorporen a los océanos en sus políticas sobre cambio climático, en especial para que se incluya la acción oceánica en las contribuciones determinadas a nivel nacional en el marco del Acuerdo de París, y las estrategias climáticas, para lo cual han desarrollado diferentes talleres que permiten capacitar a los países respecto de la conexión entre el clima y los océanos, y en las acciones y medidas que se pueden tomar, en especial, los "Ocean NDC".

D. EL INFORME DEL IPCC SOBRE LOS OCÉANOS Y LA CRIÓSFERA[34]

Aprobado y presentado a la comunidad internacional el 24 de septiembre de 2019, en él se hace una revisión de los océanos, sus funciones y dinámicas frente al cambio climático, y en especial señala:

> Los océanos y la criósfera desempeñan una función decisiva en la Tierra. Un total de 670 millones de personas que viven en regiones de alta montaña y 680 millones de personas que habitan en zonas costeras de baja altitud dependen directamente de esos sistemas. Además, cuatro millones de personas viven permanentemente

34 Hace referencia a las zonas congeladas del planeta.

> en la región ártica, y los pequeños Estados insulares en desarrollo son el hogar de 65 millones de personas. El calentamiento global ya es de un 1 °C con respecto a los niveles preindustriales a causa de las emisiones de gases de efecto invernadero pasadas y presentes, y hay pruebas abrumadoras de que ello entraña consecuencias graves para los ecosistemas y las personas. Los océanos se han calentado, su acidez ha aumentado y su productividad ha menguado. La fusión de los glaciares y los mantos de hielo provoca la subida del nivel del mar, y los fenómenos extremos costeros son cada vez más violentos (IPCC, 2019: 3).

Estas cifras permiten dimensionar las afectaciones que sufren y que sufrirán los océanos como consecuencia del cambio climático, e indirectamente las personas que dependen de ellos. De acuerdo con esa información, se busca sensibilizar a los Estados para que tomen medidas eficaces en la lucha contra el cambio climático, enfocadas en la conservación y protección de los océanos.

Posteriormente, el informe destacó que "[...] los glaciares y los mantos de hielo de las regiones polares y de montaña pierden masa, y ello contribuye no solo a la aceleración de la subida del nivel del mar, sino también a la expansión de las aguas cálidas en los océanos" (IPCC, 2019: 6).

En relación con el aumento del nivel del mar destacó que a escala mundial ha sido de unos 15 cm para el siglo XX, pero esta cifra ha aumentado y se ha duplicado a 3,6 mm anuales sin dejar de aumentar, por lo que se estima que para 2100 el nivel del mar podría aumentar entre 30 y 60 cm aunque se logre una reducción drástica de las emisiones de GEI y el calentamiento global se mantenga muy por debajo de 2 °C. A su vez, el incremento del nivel del mar aumentará la frecuencia de los episodios de nivel del mar extremo que tienen lugar, por ejemplo, durante las mareas altas y las tormentas intensas, es decir, que "[...] aquellos fenómenos que en el pasado se producían una vez cada 100 años tendrán periodicidad anual a mediados de siglo en muchas regiones, agravando los riesgos a los que están expuestas muchas islas pequeñas y ciudades costeras de baja altitud" (IPCC, 2019: 7).

De igual forma, y como se expuso en la primera parte de este documento, el calentamiento de los océanos ha producido cambios en su química, situación que provoca alteraciones en las especies de todos los niveles de la trama alimentaria oceánica, y repercute en los ecosistemas marinos y las personas que dependen de ellos, por lo que los cambios en la distribución de las poblaciones de peces han reducido el potencial de capturas a nivel mundial, afectando la seguridad alimentaria de muchas poblaciones.

Para la elaboración del informe más de 100 autores de 36 países evaluaron la bibliografía científica más reciente referida a los océanos y la criósfera en un clima cambiante, y citaron aproximadamente 7.000 publicaciones científicas.

Por último, se destaca que el informe genera evidencia científica acerca de los beneficios de combinar la ciencia con el conocimiento local e indígena para gestionar los riesgos del cambio climático y mejorar la resiliencia de los ecosistemas y las poblaciones. De acuerdo con la información estudiada, el manejo sostenible de este ecosistema permitirá que las poblaciones se adapten eficazmente a los efectos del cambio climático.

V. AGENDA 2030. OBJETIVOS DE DESARROLLO SOSTENIBLE (ODS). OBJETIVO 14: VIDA SUBMARINA

En 2015 todos los Estados miembros de las Naciones Unidas acogieron 17 Objetivos de Desarrollo Sostenible (ODS) como una forma de dar continuidad a la tarea que se emprendió con los Objetivos del Milenio (ODM). Así, los ODS son la herramienta internacional que los Estados acogieron para finalizar lo que se inició en el año 2000 y hacer frente a los problemas urgentes del planeta. Una particularidad de estos objetivos es que están interrelacionados entre sí, lo que conlleva que el cumplimiento de uno afecta de forma directa a los otros; ejemplo de ello es que enfrentar el cambio climático repercute en la forma en que se administran los ecosistemas, y a su vez en la erradicación de la pobreza y el hambre.

Ahora bien, estos ODS acogieron un aspecto fundamental que no había sido revisado y adoptado en los ODM, la protección y manejo de los océanos y mares, lo cual quedó plasmado en el Objetivo 14: "Conservar y utilizar sosteniblemente los océanos, los mares y los recursos marinos para el desarrollo sostenible".

Para el cumplimiento del citado objetivo, se establecieron las siguientes metas con fechas específicas:

TABLA 2.
METAS DEL ODS 14

Meta	Fecha de cumplimiento
Prevenir y reducir la contaminación marina de todo tipo, en especial la producida por actividades en tierra (detritos marinos y polución por nutrientes).	2025
Gestionar y proteger sosteniblemente los ecosistemas marinos y costeros, fortaleciendo su resiliencia y adoptando medidas para restaurarlos.	2020
Minimizar y abordar los efectos de la acidificación de los océanos.	No hay fecha de cumplimiento
Reglamentar eficazmente la explotación pesquera, poniendo fin a la pesca excesiva, ilegal, no declarada y no reglamentada, y a las prácticas destructivas, y aplicar planes de gestión con fundamento científico para establecer las poblaciones de peces.	2020
Conservar al menos el 10% de las zonas costeras y marinas bajo protección, de conformidad con las leyes nacionales y el derecho internacional.	2020
Prohibir ciertas formas de subvención a la pesca.	2020
Aumentar los beneficios económicos que los pequeños Estados insulares en desarrollo y los países menos adelantados que obtienen del uso sostenible de los recursos marinos (mediante la pesca, la acuicultura y el turismo).	2030

Fuente: elaboración propia con base en Naciones Unidas (2015).

Este objetivo tiene siete metas, entre ellas, mitigar los impactos de la acidificación, proteger por lo menos el 10% de la superficie marítima mundial y eliminar los subsidios estatales a la pesca que pueden contribuir a la sobrepesca y a la pesca ilegal.

Para cumplir con las metas también se establecieron tres acciones: a) aumentar los conocimientos científicos y desarrollar la capacidad de investigación y la transferencia de tecnología marina; b) facilitar el acceso de los pescadores artesanales a los recursos marinos y los mercados, y c) mejorar la conservación y el uso sostenible de los océanos y sus recursos, aplicando el derecho internacional reflejado en la CNUDM (Naciones Unidas, 2015).

Conforme a la declaración Because the Ocean y al estado de los océanos, para el cumplimiento de este objetivo en 2017 se celebró la Primera Conferencia sobre Océanos y Mares con el fin de apoyar la Consecución del Objetivo de Desarrollo Sostenible 14. Esta conferencia pretendía generar cambios en las dinámicas actuales de uso y protección de los océanos que repercuten en la disminución de la salud de los océanos.

Como resultado de la Conferencia (integrada por todos los miembros de la Asamblea General de las Naciones Unidas) se acogió la Resolución

71/312, denominada "Nuestros océanos, nuestro futuro: llamamiento a la acción", mediante la cual se reconoció la afectación actual de los océanos en relación con el cambio climático, además de otros factores, y se señaló "la necesidad de aplicar un enfoque integrado, interdisciplinario e intersectorial, así como de mejorar la cooperación, la coordinación y la coherencia de las políticas, en todos los niveles", con el fin de generar acciones contundentes para recuperar y proteger esos ecosistemas.

Asimismo, se destacó la urgencia de que las medidas que adopten los países cuenten con la participación de todos los interesados, incluidas las autoridades nacionales y locales, las comunidades locales, los pueblos indígenas, las mujeres y los jóvenes, así como las comunidades académica y científica, el comercio y la industria. Se resaltó la necesidad de mejorar la investigación y los conocimientos científicos en beneficio de la gestión y el manejo de los ecosistemas marinos.

También se exhortó a las partes y a toda la población mundial para conservar y utilizar sosteniblemente los océanos, y para ello se resaltó la necesidad de adoptar con carácter urgente algunas medidas que permitan cumplir con el citado objetivo, entre las que se destacan:

1. Apoyar los planes orientados a fomentar la educación relacionada con los océanos.

2. Elaborar, en el marco de la Convención de las Naciones Unidas sobre el Derecho del Mar, un instrumento internacional jurídicamente vinculante relativo a la conservación y el uso sostenible de la diversidad biológica marina de las zonas situadas fuera de la jurisdicción nacional, a fin de que la Asamblea General pueda, antes de que finalice su septuagésimo segundo período de sesiones, y teniendo en cuenta el informe que le presente el Comité Preparatorio, adoptar una decisión sobre la convocación y la fecha de inicio de una conferencia intergubernamental.

3. Acelerar las medidas para prevenir y reducir significativamente todo tipo de contaminación marina.

4. Promover la prevención y la minimización de los desechos, y fomentar las modalidades de consumo y producción sostenibles.

5. Elaborar y aplicar medidas eficaces de adaptación y mitigación que contribuyan a aumentar y apoyar la resiliencia frente a la acidificación de los océanos y las zonas costeras, el aumento del nivel del mar y el aumento de la temperatura de los océanos, y a hacer frente a los demás efectos nocivos del cambio climático en los océanos.

Teniendo en cuenta los compromisos adquiridos en la citada conferencia, en 2019 se realizó la segunda Conferencia para apoyar el cumplimiento del objetivo 14, y se acogió la Resolución 73/292, la cual no fue tan completa como la revisada previamente en las intenciones de proteger y conservar los océanos; sin embargo, un aspecto que se debe destacar es que se decidió convocar la Conferencia de las Naciones Unidas de 2020 para Apoyar la Implementación del Objetivo de Desarrollo Sostenible 14, que se celebraría en Lisboa del 2 al 6 de junio de 2020, y para ello se acogió un programa provisional y un reglamento para llevar a cabo las reuniones, pero dadas las circunstancias de la pandemia de COVID-19, la reunión no se ha celebrado y aún hay una fecha establecida para su celebración. El objetivo general de la Conferencia será "Intensificar las acciones en pro de los océanos basadas en la ciencia y la innovación para implementar el Objetivo 14: balance, alianzas y soluciones".

En la revisión preliminar respecto del cumplimiento de los ODS, en especifico el ODS 14, se estableció que se siguen presentando la pesca excesiva y la acidificación de los océanos y que cada vez la situación empeora, por lo que se requieren estrategias y gestiones efectivas que permitan hacerle frente a estas acciones, entre ellas la expansión de las áreas marinas protegidas, el aumento de la investigación referida a los océanos y a los mares, y el incremento de los recursos financieros que se destinan a esta lucha.

Los datos señalan que:

1. La porción de poblaciones de peces marinos que están dentro de niveles biológicamente sostenibles cayó de 90% en 1974 a 69% en 2013.

2. La acidez marina aumentó en 26% desde el comienzo de la Revolución Industrial.

3. Las tendencias mundiales apuntan a un deterioro continuo de las aguas costeras debido a la contaminación y la eutrofización. Sin esfuerzos concertados, es de esperar que para 2050 la eutrofización costera se haya incrementado en el 20% de los grandes ecosistemas marinos.

4. Hasta enero de 2018, el 16% (más de 22 millones de kilómetros cuadrados) de las aguas marinas de jurisdicción nacional, o sea de 0 a 200 millas náuticas de la orilla, estaban cubiertas por zonas protegidas. Esto es más del doble de lo protegido en 2010. La cobertura marina promedio de áreas clave de biodiversidad protegidas también aumentó: de 30% en 2000 a 44% en 2018.

Es claro que el ODS-14 es clave para la protección y conservación de los océanos, pero carece de una institución rectora dentro del Sistema de Naciones Unidas[35] que se apropie de su cumplimiento y ejecute directrices que permitan una coordinación coherente y eficaz de las diferentes políticas nacionales, regionales y locales que buscan concretar el ODS, esto, acorde con el hecho de que no existe una gobernanza de los océanos y la poca que hay está fragmentada (Parmentier y De Águeda, 2016: 71).

Se suponía presupuestado que en 2020 se abrían cumplido algunas de las metas del ODS14, no obstante, en lugar de mejorar en 2018 la situación empeoró. La única meta cumplida hasta ahora es la ampliación de las áreas marinas protegidas para conservar mejor su diversidad biológica.

CONCLUSIONES

Los océanos son indispensables para la existencia del ser humano y le prestan servicios ecosistémicos, entre ellos servir de sumideros de carbono, proveer las especies necesarias para la seguridad alimentaria mundial y ser utilizado como medio de trasporte comercial. No obstante, los océanos y mares están siendo afectados por el cambio climático, la contaminación, la captura indiscriminada de sus especies y la degradación de sus aguas, por lo cual se han acogido diferentes herramientas jurídicas del orden internacional que buscan contrarrestar dichas afectaciones.

De la revisión normativa internacional se desprende que se han realizado gran cantidad de convenciones, acuerdos y protocolos que buscan regular, conservar y proteger los océanos y los mares; además, muchas instituciones intervienen en las tareas propuestas por los citados documentos, aunque no hay una gobernanza de los océanos, pues estos aún continúan siendo afectados por diferentes aspectos, pero en especial por el cambio climático. El resultado de esta proliferación normativa a nivel internacional y regional son jurisdicciones fragmentadas, inadecuada legislación y vacíos jurídicos.

Lo anterior pone de presente las falencias y vacíos que existen a nivel internacional y que no permiten dar cabal cumplimiento a los acuerdos propuestos, lo que permite extraer las siguientes conclusiones:

---

35 Como sucede con el Objetivo 2 referido a la lucha contra el hambre y a la seguridad alimentaria que cuenta con la FAO como institución responsable y coordinadora de las políticas públicas en la materia.

– De la revisión internacional se tiene que los Océanos cuentan con suficiente institucionalidad que permitiría protegerlos y conservarlos, no obstante, ello no ha sucedido porque, como se verificó en la primera parte de este documento, los océanos están siendo objeto de deterioro y pérdida de biodiversidad. Entonces, la cuestión no es la falta de institucionalidad, sino la falta de gobernanza oceánica, entendida como aquella que "[...] consiste en gestionar y utilizar los océanos del mundo y sus recursos, manteniéndolos sanos, productivos, seguros, protegidos y resilientes al mismo tiempo" (Comisión Europea, 2016). Lo que permite concluir que las acciones no coordinadas de estas instituciones han generado vacíos que contribuyen a la degradación y afectación que están enfrentando los océanos y mares del mundo.

– Uno de los vacíos que se destaca es la inexistencia de una autoridad marítima que regule los océanos como un todo, respetando la soberanía de los Estados, pero armonizando sus acciones para el beneficio del ecosistema y sus especies.

– Es necesario que una institución se apropie del ecosistema marino y vele por la conservación de todas sus zonas, especialmente la alta mar, pues actualmente, y territorialmente hablando, esta no pertenece a nadie, pero cuando se habla de explorar y explotar su fondo marino resulta ser de todos por su caracterización como patrimonio de la humanidad, lo que genera controversias. Esto es sumamente preocupante pues lo que se debe buscar es la conservación de los océanos y mares, y no la generación de nuevas presiones y afectaciones.

– Es claro que "Si queremos salvar nuestros arrecifes de coral y pesquerías, así como los ecosistemas que dependen de ellos y todos los procesos asociados a los mismos, debemos reducir nuestras emisiones entre un 25 y un 40% antes de 2020" (Harrould-Kolieb y Savitz, 2009: 5), y si ello no sucede, desconociendo por completo los postulados del desarrollo sostenible, uno de los primeros ecosistemas marinos que morirá será el de los arrecifes de coral, lo que supone una enorme pérdida de biodiversidad.

– El turismo es una de las actividades que más impactos genera en los océanos y mares, a la vez que provee gran cantidad de recursos económicos para los Estados, situación que pone de presente la necesidad de acoger conceptos como "turismo sostenible", donde se controle, entre otros aspectos, el flujo de turistas y las prácticas que ejecutan. Esto permitirá proteger y conservar los océanos y mares para las generaciones presentes y futuras.

– Con frecuencia los Estados incumplen la mayoría de las reglas y metas acordadas a nivel internacional, o no las aplican con eficacia.

– No existen mecanismos eficaces de sanción para responder ante el incumplimiento de los acuerdos estudiados. Aún falta desarrollar una estrategia mundial que permita concretar una gobernanza integrada que considere la complejidad de los ecosistemas oceánicos, por lo que se requiere propiciar urgentemente un cambio institucional que promueva la gobernanza internacional de los océanos y sus recursos, bajo un enfoque integral, respetando la soberanía de los países.

– Se debe acudir a conceptos que permitan cumplir con las metas propuestas, como la economía azul o el ODS 14; al respecto, el informe del Banco Mundial "Hacia una Economía Azul: una promesa para un crecimiento sostenible en el Caribe" estimó que el valor de la economía oceánica en el Caribe es de US$ 407 mil millones.

– Teniendo en cuenta las grandes afectaciones que los océanos ya han sufrido frente al cambio climático y los cambios que se han generado en el sistema climático mundial, es necesario que los Estados destinen grandes inversiones con fines de adaptación, debido a que estarán expuestos a riesgos no habituales, como las inundaciones y la pérdida de biodiversidad marina que afecta la seguridad alimentaria de las poblaciones.

BIBLIOGRAFÍA

BBC. "La Isla de Basura en el Pacífico ya es más grande que Francia y preocupa a la humanidad", *El Comercio*, 23 de octubre de 2019, disponible en [https://elcomercio.pe/tecnologia/ciencias/la-isla-de-basura-en-el-oceano-pacifico-ya-es-mas-grande-que-francia-y-preocupa-a-la-humanidad-noticia/].

Because the Ocean. *The Initiative*, 2015, disponible en [https://www.becausetheocean.org/the-initiative/].

Bejarano Ramos, C. "Agricultura climáticamente inteligente y cambio climático: desafíos y retos de Colombia para mitigar y adaptar el sector agropecuario", en M. D. García Pachón y Ó. D. Amaya Navas. *Retos y compromisos jurídicos de Colombia frente al cambio climático*, Bogotá, Universidad Externado de Colombia, 2017.

CMNUCC. *Decisión COP4*, Buenos Aires, 1998.

CMNUCC. *Convención Marco de Naciones Unidas para el Cambio Climático*, s.f., disponible en [http://unfccc.int/portal_espanol/informacion_basica/la_convencion/historia/items/6197.php], consultada el 17 de 3 de 2016.

CMNUCC. *COP16*, Cancún, 2010.

Comisión Europea. "Gobernanza internacional de los océanos: una agenda para el futuro de nuestros océanos, 10 de noviembre de 2016, disponible en [https://ec.europa.eu/maritimeaffairs/policy/ocean-governance_es].

COP13. *Hoja de Ruta de Bali*, Bali, CMNUCC, 2007.

COP15. Copenhaguen, 2009, disponible en [http://unfccc.int/resource/docs/2009/cop15/spa/11a01s.pdf#page=48].

COP17, Durban, 2011, disponible en [http://unfccc.int/resource/docs/2011/cop17/spa/09a01s.pdf].

Curry, R.; B. Dickson y I. Yashayaev. "A change in the freshwater balance of the Atlantic Ocean over the past four decades", *Nature*, 426, 2003, 826-829.

Estrada Oyuela, R. y M. C. Cevallos de Sisto. *Derecho Internacional Ambiental*, Buenos Aires, A-Z Editores, 1993.

Ferreira, A. "Por qué es importante el océano", 2016, disponible en [http://www.cambioclimatico.org], consultada en marzo de 2020.

Harrould-Kolieb, E. y J. Savitz. "Acidificación: ¿como afecta el CO_2 a los océanos?", 2009, disponible en [http://www.oceans.cat/cursos/files/Ocean%20acidification-1.pdf], consultada en mayo de 2018.

Heinrich Böll Stiftung. "Atlas de los océanos: hechos y cifras de las amenazas a nuestros ecosistemas marinos", 2017, disponible en [https://creativecommons.org/licenses/by/4.0/deed.de].

IPCC. *Cambio Climático 2013*, Suiza, 2014.

IPCC. "IPCC Special Report on the Ocean and Cryosphere in a Changing Climate (SROCC)", 2019, disponible en [https://report.ipcc.ch/srocc/pdf/SROCC_FinalDraft_FullReport.pdf].

Irigoien, X. "Cambio climático y ecosistema marino", s.f., disponible en [https://www.euskadi.eus/web01-a2elikal/es/contenidos/boletin_revista/sustrai_70/es_agripes/adjuntos/70_48_51_c.pdf].

Kleypas, J. "Climate change and tropical marine ecosystems: A review with an emphasis on coral reefs", *uned Research Journal*, 11 (1), 2019, 24-35.

Lodge, M. "La Autoridad Internacional de los Fondos Marinos y la explotación minera de los fondos marinos", s.f., disponible en [https://www.un.org/es/chronicle/article/la-autoridad-internacional-de-los-fondos-marinos-y-la-explotacion-minera-de-los-fondos-marinos], consultada en junio de 2020.

López, E. "Los océanos son el motor del clima mundial", 2 de octubre de 2008, disponible [https://www.dw.com/es/los-oc%C3%A9anos-son-el-motor-del-clima-mundial/a-3257655].

Morales, R. "Detectan masivos cambios en la salinidad de los océanos", *Tendencias 21*, 20 de diciembre de 2003, disponible en [https://www.tendencias21.net/Detectan-masivos-cambios-en-la-salinidad-de-los-oceanos_a254.html].

Naciones Unidas. Convención de Naciones Unidas sobre el Derecho del Mar. *Convención*, 1981.

Naciones Unidas. "Objetivos de Desarrollo Sostenible", 2015, disponible en [https://www.un.org/sustainabledevelopment/es/oceans/].

Naciones Unidas. *Los efectos del cambio climático y los cambios atmosféricos conexos en los océanos*, Nueva York, Naciones Unidas, 2017.

nu enviroment. "Los gobiernos de la Región del Gran Caribe se comprometen a mejorar la gestión de sus recursos marinos y costeros y fortalecer la cooperación regional", 17 de junio de 2019, disponible en [https://www.unenvironment.org/cep/es/news/editorial/los-gobiernos-de-la-region-del-gran-caribe-se-comprometen-mejorar-la-gestion-de-sus].

Naciones Unidas. "Conferencia de las Naciones Unidas de 2020 para Apoyar la Implementación del Objetivo de Desarrollo Sostenible 14: Conservar y Utilizar Sosteniblemente los Océanos, los Mares y los Recursos Marinos para el Desarrollo Sostenible", mayo de 2020, disponible en [https://undocs.org/pdf?symbol=es/a/res/73/292].

Organización Marítima Internacional (omi). "Convenio internacional para prevenir la contaminación por los buques (marpol)", s.f., disponible en [http://www.imo.org/es/About/Conventions/ListOfConventions/Paginas/International-Convention-for-the-Prevention-of-Pollution-from-Ships-(marpol).aspx#:~:text=%E2%80%8BEl%20Convenio%20internacional%20 para,factores%20de%20funcionamiento%20o%20accidentales], consultada en mayo de 2020.

Organización Marítima Internacional (omi). "Convenio internacional para el control y la gestión del agua de lastre y los sedimentos de los buques (bwm)", disponible en [http://www.imo.org/es/About/Conventions/ListOfConventions/Paginas/International-Convention-for-the-Control-and-Management-of-Ships'-Ballast-Water-and-Sediments-(bwm).aspx], consultada en mayo de 2020.

Organización Marítima Internacional (omi). "La omi -Organización Marítima Internacional- es el organismo especializado de las Naciones Unidas responsable de la seguridad y protección de la navegación y de prevenir la contaminación del mar por los buques", s.f., disponible en [http://www.imo.org/es/About/Paginas/Default.aspx], consultada en junio de 2020.

Organización de las Naciones Unidas para la Alimentación y la Agricultura (fao). *El estado mundial de la pesca y la acuicultura*, Roma, Naciones Unidas, 2018.

Parmentier, R. e I. De Águeda. "Océano y clima: dos caras de la misma moneda", *Tiempos de Paz*, 120, 2016, 66-71.

pnuma. "Programa de las Naciones Unidas para el Medio Ambiente", s.f., disponible en [https://www.un.org/ruleoflaw/es/un-and-the-rule-of-law/united-nations-environment-programme/].

Romero, M. C. "Algunas consideraciones en torno a las deficiencias de la Convención de las Naciones Unidas sobre el Derecho del Mar para contribuir a la gobernanza sostenible de los océanos", *Anuario Colombiano de Derecho Internacional (acdi)*, 2018, 131-158.

Sostenibilidad. "¿En que consiste la economía circular?", s.f., disponible en [https://www.sostenibilidad.com/desarrollo-sostenible/en-que-consiste-la-economia-circular/], consultada en junio de 2020.

Thorson, G. *La vida en el mar*, Madrid, Guadarrama, 1971.

unesco. "Hablemos de los Océanos", 2006, disponible en [http://www.unescoetxea.org/dokumentuak/Oceanos.pdf], consultada en mayo de 2018.

CAROLINA MONTES CORTÉS

Generación de residuos con riesgo biológico o infeccioso durante la pandemia de COVID-19 en Colombia: una consecuencia no dimensionada

SUMARIO

Introducción. I. Manejo de los residuos con riesgo biológico o infeccioso en la legislación ambiental colombiana. II. ¿Cómo gestionar adecuadamente los residuos con riesgo biológico o infeccioso? Directrices internacionales. A. El Convenio de Basilea, Ley 253 de 1996. B. Las directrices de la OMS/OPS. C. Colombia frente a la gestión de residuos con riesgo biológico o infeccioso. III. Medidas adoptadas por el gobierno colombiano para hacerle frente a la mayor generación de residuos biosanitarios. A. Lineamientos en torno a la separación, manejo, recolección en el servicio público de aseo y la gestión de los residuos sólidos en el estado de emergencia generado por el COVID-19. 1. Lineamientos en torno a la prestación del servicio de aseo. 2. Lineamientos en torno a la gestión de residuos con riesgo biológico o infeccioso. Conclusión. Bibliografía.

RESUMEN

La reciente pandemia de COVID-19 trajo consigo una situación inesperada: la generación exponencial de residuos con riesgo biológico o infeccioso tanto en centros de salud como al interior de los hogares de las personas infectas con el virus. El aumento en la generación de este tipo de residuos ha estado asociada a la fácil trasmisión del virus, situación que obliga a la población en general a utilizar algunos elementos de protección personal para realizar actividades cotidianas como la compra de alimentos o el uso del transporte público; de hecho, se estableció como obligación el uso de tapabocas para salir a la calle. También en los centros de atención médica el personal sanitario ha tenido que aumentar el uso de elementos de protección para prevenir contagios e intensificar los procesos de desinfección. Todo lo anterior incrementa la generación de residuos peligrosos con las dificultadas que su gestión representa cuando aumentan los volúmenes.

PALABRAS CLAVE

Residuos peligrosos, residuos con riesgo biológico o infeccioso, gestión de residuos peligrosos, pandemia COVID-19.

ABSTRACT

The recent COVID-19 pandemic brought an unexpected situation; the exponential generation of biohazard waste in health centers and inside the homes of people infected with the virus. The increase in the generation of waste has been associated with the easy virus transmission that makes the use of some elements of personal protection by the general population to carry out daily activities such as buying food or using public transport. In fact, the use of face masks is required as an obligation to go outside. Also, in medical care centers, health personnel have had to increase the use of protection elements to prevent infections and intensify disinfection processes. All the above impacts the generation of hazardous waste with the difficulties that its management represents when volumes increase.

KEYWORDS

Hazardous Waste, Biohazard Waste, Hazardous Waste Management, Pandemic COVID-19.

INTRODUCCIÓN

En la historia del siglo XXI el año 2020 será recordado como un año particular marcado desde sus inicios por la aparición de un nuevo coronavirus causante de un Síndrome Respiratorio Agudo Severo (SRAS), desconocido hasta el momento de su aparición a finales del año 2019 en la ciudad china de Wuhan; la nueva enfermedad fue denominada COVID-19[1] (who.int, 2020).

La enfermedad provocada por este nuevo virus no tardó en convertirse en pandemia debido a su forma de propagación a través de las gotículas respiratorias expelidas por las personas contagiadas; las secreciones de los infectados por el virus contaminan los objetos que entran en contacto con ellas y pueden ser inhaladas por las personas que se encuentran cerca, infectándolas (who.int, 2020). De ahí las múltiples medidas de protección recomendadas por la Organización Mundial de la Salud (OMS).

---

1 El nombre de la enfermedad resulta de la abreviatura de las palabras 'coronavirus disease' seguido del año de su aparición, el año 2019.

Con el fin de detener la propagación del virus y disminuir las tasas de contagio, la OMS recomendó a la comunidad en general el uso de tapabocas o mascarillas médicas. En especial, al personal sanitario se le recomendó reforzar el uso de los elementos de protección personal, por tener un mayor nivel de exposición al virus (who.int, 2020). Aunque la OMS afirma que solo una de cada cinco personas que contraen la enfermedad presentan un cuadro grave, y que la mayoría de los contagiados se recupera sin requerir tratamiento hospitalario (who.int, 2020), la evolución del virus ha presentado variaciones entre la población de los países afectados, llegando incluso a colapsar los sistemas de salud, presentado cifras récord de decesos diarios a causa de la enfermedad[2].

El uso obligatorio de tapabocas para la comunidad en general, y el uso reforzado de elementos de protección personal que deben hacer los profesionales sanitarios[3] ha tenido como lógica consecuencia el aumento en la generación de residuos biosanitarios, lo que supone un reto para los gestores de residuos peligrosos en torno a su adecuado manejo. Además, si se tiene en cuenta que un gran porcentaje de la población no requiere de hospitalización porque su sintomatología permite el cuidado en el hogar, habrá también una importante cantidad de residuos biosanitarios que no contarán con el debido tratamiento.

Como respuesta de los países frente a la pandemia del COVID-19 los esfuerzos se han centrado en aumentar la capacidad hospitalaria ampliando el número de respiradores y de camas en las Unidades de Cuidados Intensivos (UCI). Sin embargo, no se han reforzado las estrategias de gestión ambientalmente racional de los residuos con riesgo biológico o infeccioso, ni se ha aumentado la capacidad operativa de los gestores de residuos peligrosos, lo cual ha ocasionado problemas sanitarios en varios países.

En ese orden de ideas, es oportuno revisar cuáles son las medidas que ha adoptado el Gobierno para prevenir los riesgos sanitarios y ambienta-

---

2 Las tasas de mortalidad del COVID-19 pueden ser consultadas en los diarios de los diferentes países del mundo. Además, la OMS ha diseñado una herramienta que permite hacer seguimiento a la evolución de la enfermedad en todos los países afectados mostrando el número de casos confirmados y los decesos asociados a la enfermedad: [https://covid19.who.int/].

3 A los profesionales de la salud que entran en contacto con pacientes infectados se les exige el uso de respirador N95, visor, careta o monogafas, bata de manga larga antifluido, guantes estériles, vestido quirúrgico debajo de la bata y polainas (Ministerio de Salud y Protección Social [Minsalud], 2020a).

les derivados del considerable aumento de desechos peligrosos con riesgo biológico o infeccioso (entre ellos los residuos biosanitarios), y la capacidad del país para atender la mayor demanda de gestores autorizados para el manejo de ese tipo de residuos. Dicho de otro modo, la pretensión analítica de este escrito es determinar cuál ha sido la respuesta del Gobierno para hacer frente a la problemática sanitaria y ambiental de mayor generación de residuos biosanitarios en relación con la capacidad real de gestión existente en el territorio colombiano.

Para la elaboración de este escrito se recurrió al método deductivo de investigación documental. En desarrollo del estudio se seleccionó y clasificó la información oficial relacionada con el manejo de la pandemia del COVID-19, y las directrices dadas por organizaciones internacionales y entidades nacionales en torno al manejo de los residuos o desechos generados para, posteriormente, evaluar su alcance, analizar su conducencia y resaltar los aspectos más relevantes que permitan realizar un aporte al conocimiento de esta problemática. Lo anterior puso en evidencia que aunque las medidas de gestión adoptadas por las autoridades conducían a minimizar los riesgos derivados de la inadecuada gestión de los residuos sanitarios, la capacidad real del país resulta ineficiente para atender la magnitud del problema porque no existe, en todas las regiones del país, la misma posibilidad de gestión de los residuos biosanitarios.

Con base en lo anterior, el presente escrito está compuesto por tres partes; en primer lugar, se busca establecer el marco regulatorio de los residuos con riesgo biológico y su alcance en cuanto al origen de su generación; en segundo lugar, se analizan las directrices internacionales para el manejo de los residuos con riesgo biológico con el fin de determinar su aplicabilidad en el país, y finalmente, se presentarán los lineamientos y medidas adoptadas por el Gobierno Nacional para hacerle frente al aumento en la generación de residuos peligrosos.

I. MANEJO DE LOS RESIDUOS CON RIESGO BIOLÓGICO O INFECCIOSO EN LA LEGISLACIÓN AMBIENTAL COLOMBIANA

En Colombia, la reglamentación de los residuos con riesgo biológico o infeccioso está contenida en el Decreto 780 de 2016, reglamentario del Sector Salud y Protección Social, el cual acogió lo dispuesto por el Decreto 351 de

2014, norma que reglamenta la gestión integral de los residuos generados en la atención en salud y otras actividades como los servicios veterinarios y las peluquerías, entre otros.

Según la norma, los residuos con riesgo biológico o infeccioso son considerados peligrosos en atención a los agentes patógenos que contienen, como microorganismos u otros agentes, con la suficiente virulencia y concentración capaces de causar enfermedades en los seres humanos o en los animales. Los residuos con riesgo biológico o infeccioso se clasifican en: 1) residuos biosanitarios; 2) residuos anatomopatológicos; 3) residuos cortopunzantes, y 4) residuos de animales.

Los residuos biosanitarios están compuestos por todos aquellos elementos o instrumentos que han entrado en contacto con fluidos corporales de alto riesgo como "gasas, apósitos, aplicadores, algodones, drenes, vendajes, mechas, guantes, bolsas para transfusiones sanguíneas, catéteres, sondas, sistemas cerrados y abiertos de drenajes, medios de cultivo o cualquier otro elemento desechable que la tecnología médica introduzca" utilizados y descartados por los servicios de atención en salud (Dcto. 780 de 2016). Para la norma, los fluidos corporales se consideran de alto riesgo cuando constituyen fuente de infección al entrar en contacto "con piel no intacta, mucosas o exposición percutánea con elementos cortopunzantes contaminados con ellos" (Dcto. 780 de 2016). Es tal la virulencia del COVID-19 que los fluidos corporales de bajo riesgo[4] de un paciente infectado requieren ser tratados como fluidos de alto riesgo; de ahí la importancia del uso reforzado de los elementos de protección personal de los profesionales sanitarios expuestos.

Otros de los residuos con riesgo biológico o infeccioso lo constituyen los anatomopatológicos, denominados así por las partes del cuerpo: órganos, tejidos o líquidos que se generan en procedimientos médicos o quirúrgicos; residuos cortopunzantes que, como su nombre lo indica, tienen características cortantes o punzantes capaces de ocasionar una lesión, residuos de animales que provienen de "animales de experimentación, inoculados con

---

4 Según las definiciones contenidas en el artículo 2.8.10.4 del Decreto Único Reglamentario 780 de 2016 los fluidos corporales de alto riesgo son: "... la sangre y todos los fluidos que contengan sangre visible. Se incluyen además el semen, las secreciones vaginales, el líquido cefalorraquídeo y la leche materna". Por el contrario, son definidos como de bajo riesgo los siguientes fluidos corporales: "... secreciones nasales, transpiración, lágrimas, orina o vómito, a no ser que contengan sangre visible, caso en el cual serán considerados de alto riesgo".

microorganismos patógenos o de animales portadores de enfermedades infectocontagiosas" (Dcto. 780 de 2016).

Con ocasión de la pandemia del COVID-19 los diferentes tipos de residuos con riesgo biológico e infeccioso aumentaron considerablemente, tanto por el número de personas afectadas por la enfermedad como por el uso reforzado de los elementos de protección personal requerido para el cuidado de las personas contagiadas. Efectivamente, los "lineamientos para prevención control y reporte de accidente por exposición ocupacional al covid-19 en instituciones de salud" recomiendan que el personal de salud que está en contacto con pacientes infectados utilice como mínimo respirador N95, visor o careta, guantes, bata manga larga antifluido y gorro como EPP que deben desecharse después de su uso y ser gestionados como residuos biosanitarios (Minsalud, 2020c). Así, el mayor número de pacientes atendidos por personal que requiere del uso reforzado de elementos de protección personal genera un aumento exponencial en la cantidad de residuos que se deben gestionar.

A través de la norma se pretende garantizar que este tipo de residuos reciban una adecuada gestión sanitaria y ambiental previniendo riesgos a la salud humana y al medio ambiente. Una vez generados los residuos biosanitarios, son objeto de dos tipos de gestión: interna y externa. La gestión interna se realiza dentro de las instalaciones del centro médico, y con ella se busca que los residuos biosanitarios sean clasificados y separados con el fin de minimizar los riesgos; implica también la planificación de las actividades asociadas al movimiento interno, almacenamiento y/o tratamiento al interior de sus instalaciones. Por su parte, la gestión externa está a cargo de los gestores de residuos peligrosos, los cuales deben contar con la licencia ambiental expedida por la autoridad competente de la región donde llevan a cabo la recolección, el almacenamiento, el transporte, el tratamiento, el aprovechamiento y/o la disposición final de residuos biosanitarios, lo que se realiza fuera de las instalaciones del generador.

Otro aspecto a considerar son los procedimientos conexos a la atención de pacientes infectados. Para ello, los laboratorios también cuentan con lineamientos para la gestión de las muestras del COVID-19, las cuales deben cumplir con las recomendaciones de la OMS referentes al "triple empaque" para el transporte de muestras biológicas infecciosas, o las directrices establecidas por la Asociación Internacional del Transporte Aéreo (IATA) en caso de ser enviadas por vía aérea. Todo lo anterior impacta también la cantidad de los residuos con riesgo biológico o infeccioso que deben ser gestionados.

En la gráfica se ilustra la razón del aumento en la generación de los residuos con riesgo biológico, tanto por pacientes con manejo intrahospitalario, como para pacientes con manejo en casa.

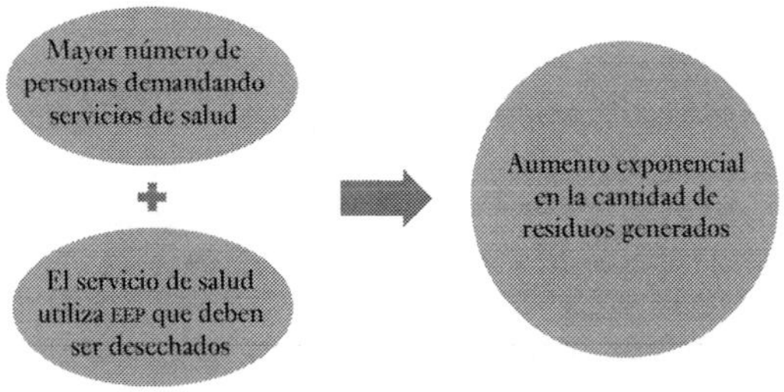

Fuente: elaboración propia.

Está claro que si una mayor cantidad de personas requiere los servicios de salud, y los profesionales sanitarios a cargo necesitan la utilización reforzada de elementos de protección personal se genera un aumento exponencial en la cantidad de residuos biosanitarios. Es importante gestionar adecuadamente los residuos con riesgo biológico o infeccioso porque pueden constituir una fuente secundaria de contagio de la enfermedad.

Si bien la gestión ambiental y sanitaria de los residuos generados en las instituciones de salud está garantizada, el verdadero problema lo constituye la gestión de los residuos biosanitarios (tapabocas, guantes u otros) de los pacientes que son tratados en sus hogares por no requerir atención médica. Para los residuos de ese tipo generados en los hogares con personas contagiadas no existe ningún protocolo más allá de los lineamientos emitidos conjuntamente por Minsalud, MVCT y MADS, como se verá más adelante.

II. ¿CÓMO GESTIONAR ADECUADAMENTE LOS RESIDUOS CON RIESGO BIOLÓGICO O INFECCIOSO? DIRECTRICES INTERNACIONALES

Existen varias directrices para el manejo de los residuos con riesgo biológico o infeccioso entre ellas las adoptadas por el Convenio de Basilea aprobado por Colombia mediante la Ley 253 de 1996. También la OMS ha emitido recomendaciones, presentadas para América Latina y el Caribe por la Organización Panamericana de la Salud (OPS) en atención a las características de la región que cuenta mayormente con países en vía de desarrollo. En consonancia con estas directrices internacionales, se encuentran los lineamientos que el país ha expedido durante la declaratoria del estado de emergencia sanitaria.

A. EL CONVENIO DE BASILEA, LEY 253 DE 1996

A través del Convenio de Basilea se pretende realizar controles a los movimientos transfronterizos de los desechos peligrosos y su eliminación. Esta norma internacional fue aprobada en Colombia mediante la Ley 253 de 1996, y su enmienda fue aprobada mediante la Ley 1623 de 2013. Con la adhesión a este tratado, el país asumió los compromisos de gestionar de manera ambientalmente adecuada los desechos peligrosos generados, entre ellos, los residuos con riesgo biológico o infeccioso.

En el Convenio de Basilea los residuos con riesgo biológico o infeccioso están incluidos en el Anexo III, que hace referencia a las corrientes de residuos Y1 y A4020, correspondientes a las categorías de desechos clínicos resultantes de la atención médica prestada en hospitales, centros médicos y clínicas. Para ese tipo de residuos la secretaría del Convenio fijó las "directrices técnicas sobre el manejo ambientalmente racional de desechos biomédicos y sanitarios" (PNUMA, 2003).

En cuanto a la gestión interna, se sugiere no acumular desechos y planificar las rutas de traslados para evitar riesgos con el personal o los visitantes, reduciendo al mínimo los tiempos de traslados y la posibilidad de exposición a estos desechos (PNUMA, 2003). En cuanto a los carros de recolección interna se fijan los siguientes requisitos: "a) Fácil carga y descarga. b) No deben tener bordes cortantes que puedan dañar las bolsas o recipientes de desechos durante la carga o descarga. c) Fácil limpieza", y además, contar con la correspondiente señalización; en especial, los desechos infecciosos deben ser manejados en bolsa doble o contenedores que eviten que se pierda la contención primaria (PNUMA, 2003).

Estos residuos se "deben recoger en contenedores resistentes a la rotura y a prueba de derrames, y transportarse a un lugar central de almacenaje o punto de entrega en condiciones cuidadosamente selladas y sin transferencia alguna a otros contenedores ni clasificación" (PNUMA, 2003); además, se deben marcar con símbolos y letras para identificar el tipo de residuos que contienen. Los contenedores y bolsas deben impedir el contacto directo con los residuos (PNUMA, 2003). El almacenamiento se debe realizar en un lugar al que solo tenga acceso personal capacitado, en contenedores herméticamente cerrados y contar con condiciones de enfriamiento cuando se almacenan por períodos prolongados o entregarse a un gestor autorizado dentro de un período razonable (PNUMA, 2003).

También establece la norma internacional que se debe procurar la pronta entrega de los residuos para reducir los tiempos de almacenamiento, en especial, en condiciones climáticas con temperaturas superiores a los 15 °C (PNUMA, 2003). En cuanto a su eliminación se sugiere que sean incinerados o, en su defecto, desinfectados antes de su disposición final; para los países en desarrollo se admite que los desechos sean eliminados en sitios de disposición final, como rellenos sanitarios, junto con los desechos domésticos, siempre que no existan riesgos de contaminación de aguas subterráneas y exista un procedimiento de cobertura adecuado (PNUMA, 2003).

La decisión de tratar los desechos biomédicos y sanitarios, y el método de tratamiento elegido se deben determinar en función de los siguientes criterios: a) tipo y características del material de desecho; b) peligro y viabilidad de los organismos que contengan los desechos; c) eficiencia del método de tratamiento, y d) condiciones operativas del método de tratamiento (PNUMA, 2003).

En cuanto a la incineración recomendada, se reconocen tanto beneficios como inconvenientes, en especial para los países en vía de desarrollo que no cuentan con tecnologías para garantizar el adecuado manejo de los residuos en todas las regiones de sus territorios. A continuación se presenta una breve descripción de los pros y contras del método de incineración recuperado de las directrices del Convenio:

Pros	Contras
Muy alta eficiencia de la desinfección; adecuada para todos los desechos infecciosos y la mayor parte de los desechos farmacéuticos y químicos.	Costos altos de inversión y operación. Además de la problemática asociada al adecuado manejo de las cenizas porque estas pueden presentar también características peligrosas.

Fuente: elaboración propia con base en PNUMA (2003).

B. Las directrices de la OMS/OPS

Según la OPS (2020), "... manejar residuos sólidos correctamente permite minimizar posibles impactos secundarios sobre la salud y el ambiente", razón por la cual se sugiere que las instituciones de salud suministren al personal operativo los Elementos de Protección Personal (EPP) según las labores a realizar. En especial, el personal a cargo del manejo de residuos peligrosos debe utilizar los elementos de protección suministrados en todas las etapas de gestión. Se debe siempre asegurar la disponibilidad de puntos de lavado y la desinfección de los elementos y la ropa de trabajo (OPS, 2020). Entre los lineamientos fijados se pueden distinguir directrices en torno a la gestión interna y la gestión externa de los residuos con riesgo biológico.

La gestión interna debe velar porque se realice una correcta separación con el fin de "manejar los residuos comunes en el sistema de residuos municipales" y verificar que se lleve a cabo correctamente; al personal a cargo de la gestión interna de los residuos se le recomienda realizar capacitaciones respecto del correcto manejo de los desechos, haciendo énfasis en la prohibición de abrir las bolsas que contengan residuos; también está prohibido consumir alimentos en las áreas de manejo de los residuos (OPS, 2020).

La OPS (2020) recomienda que el gestor externo verifique el estado de las bolsas que contienen residuos infecciosos, patológicos, químicos y radioactivos para que, en caso de rotura, se pueda reforzar con una bolsa adicional; también se aconseja el lavado diario de los vehículos y su posterior desinfección y, además, que sean de uso exclusivo para la actividad y tener caja cerrada no compactadora. Asimismo, se recomienda lavar continuamente el piso de las estaciones de transferencia, desinfectarlas y evitar el ingreso de animales (OPS, 2020).

En torno a la disposición final de los residuos con riesgo biológico o infeccioso la OPS (2020) contempla cuatro posibilidades, en atención a las características de los países de la región: 1. Autoclave; 2. Incineración; 3. Celda de seguridad en relleno sanitario, y 4. Vertedero a cielo abierto.

Para el proceso de autoclave se debe verificar la humedad, la temperatura y el tiempo de tratamiento; filtrar el aire y asegurase de la efectividad del proceso de descontaminación a través de "bandas de indicador de temperatura del proceso"; una vez finalizado el proceso se puede llevar a disposición en rellenos sanitarios (OPS, 2020). Por su parte, la incineración debe hacerse a una temperatura entre 850 y 1.100 °C, en un incinerador doble, "con un tiempo de quema de gases en la cámara secundaria de 2 segundos" controlando la emisión de dioxinas y furanos y evitando mezclas con residuos ordinarios (OPS, 2020).

La organización determina que las celdas de seguridad en rellenos sanitarios deben estar dentro de un área cercada y ser cubiertas diariamente con "lechada de cal o cal viva y luego cubrir con tierra antes de compactar" (OPS, 2020). Finalmente, los vertederos a cielo abierto deben contar con un área cercada siguiendo el procedimiento de las celdas de seguridad (OPS, 2020).

C. COLOMBIA FRENTE A LA GESTIÓN DE RESIDUOS CON RIESGO BIOLÓGICO O INFECCIOSO

Cuando se expidió la política para la gestión integral de residuos o desechos peligrosos en 2005 se determinó que la incineración era el proceso más utilizado por los gestores de RESPEL. Para esa fecha existían en el país 170 hornos incineradores, de los cuales el 11% prestaba servicios a terceros, el 32% se destinaba a uso interno de empresas privadas y el 57% se ubicaba en hospitales y clínicas para la gestión de los residuos de riesgo biológico o infeccioso (MAVCT, 2005).

GRÁFICA 1.
GESTIÓN DE RESIDUOS *VS.* NÚMERO DE USUARIOS

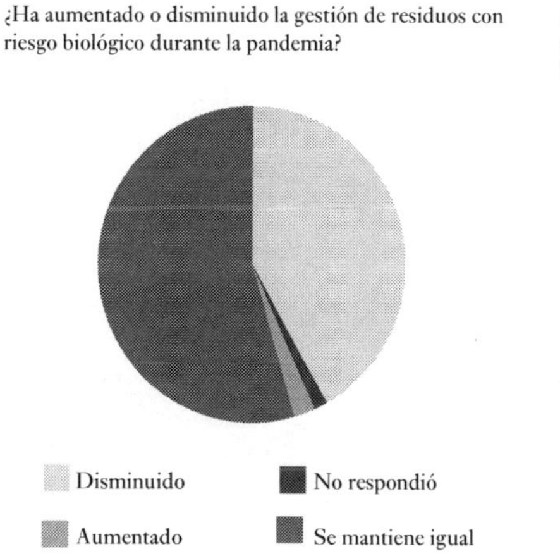

Condición	Número de empresas que manifiestan la condición	% de empresas que manifiestan la condición	Rango en %
Aumentado	2	5,5	2-50
Disminuido	33	91,6	5-80
Se mantiene igual	0	0	0
No respondió	1	2,77	NA

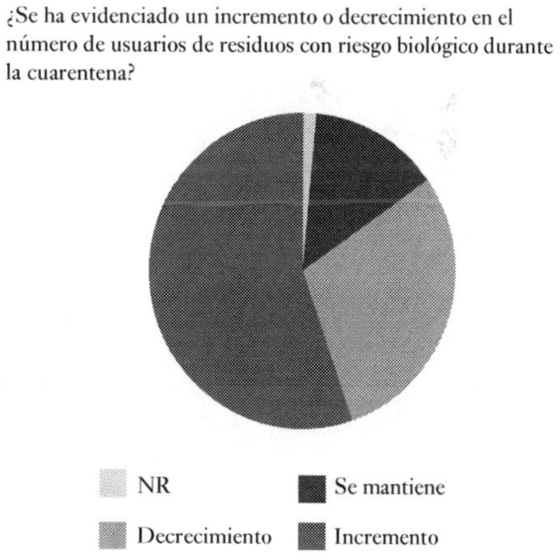

Condición	Número de instalaciones que manifiestan condición	% del total
Decrecimiento	23	63,9
Incremento	1	2,8
Se mantiene igual	11	30,6
No respondió	1	2,8

Fuente: MADS (2020).

A partir del año 2006, a raíz de la expedición de la política para la gestión integral de residuos o desechos peligrosos y del Decreto 4741 de 2005, aumentó la oferta de gestores; sin embargo, actualmente dicha oferta es limitada para cubrir la demanda pues existen aproximadamente 250 gestores de RESPEL y RAEE, aunque no todos están especializados en la gestión de residuos con riesgo biológico o infeccioso (datos.gov.co, 2020). Según el MADS (2020), el país tiene una capacidad estimada de gestión de 380,14 ton/día, pero la gestión de los residuos de riesgo biológico o infeccioso ha disminuido, lo cual puede obedecer a las restricciones de algunas de las fuentes generadoras como las peluquerías.

Como se señaló, en el país se recurre a la incineración para el manejo de los residuos con riesgo biológico o infeccioso, lo cual supone altas inversiones en instalación y operación; sin embargo, los costos se pueden amortizar gracias a los incentivos tributarios que permiten deducir el 25% del impuesto de renta y a la exclusión del Impuesto al Valor Agregado (IVA), de conformidad con el Decreto 2205 de 2017 del Ministerio de Hacienda y Crédito Público. A nivel nacional existen licenciadas varias empresas, de las cuales algunas desarrollan procesos de autoclave, según lo informa el MADS en la siguiente gráfica.

GRÁFICA 2.
GESTORES DE RESIDUOS PELIGROSOS (NIVEL NACIONAL)

Número de autorizaciones ambientales otorgadas por las autoridades ambientales para el manejo de residuos peligrosos con RBOI
Total 55 instalaciones de gestores a nivel nacional

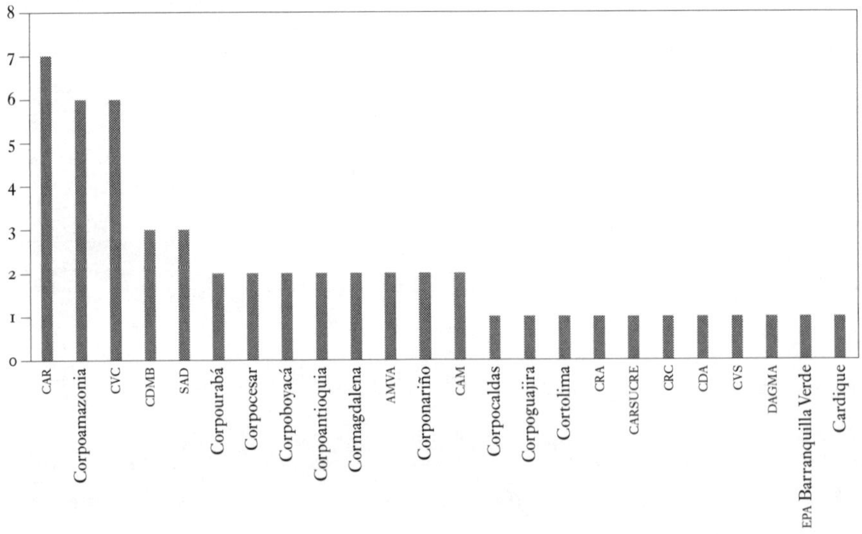

Fuente: MADS (2020).

Además, es claro que durante la pandemia las empresas gestoras han centrado su actividad en el manejo de residuos con riesgo biológico o infeccioso de pacientes infectados con el virus del COVID-19.

GRÁFICA 3.
RESULTADOS DE LAS ENCUESTAS REALIZADAS POR EL MADS

¿Han recibido residuos con riesgo biológico específicamente COVID-19?

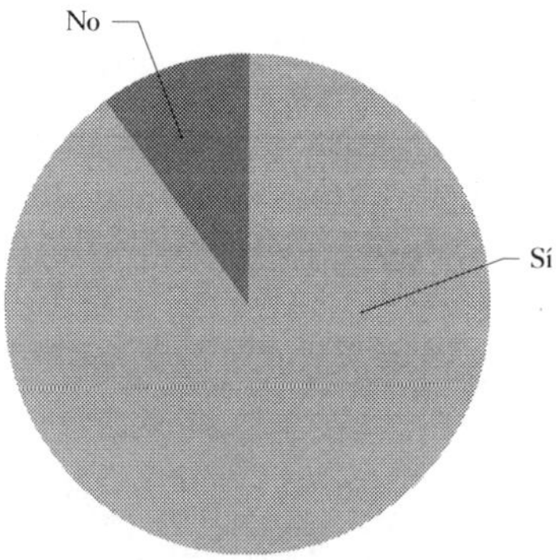

100% De los gestores indicaron que NO presentan trabajadores infectados a causa del COVID-2019.
100% De los gestores indicaron que SÍ tienen capacidad suficiente de gestión.
Fuente: MADS (2020).

Los resultados reportados demuestran que el país ha tenido avances importantes en el manejo ambientalmente adecuado de los residuos peligrosos, en especial de los residuos de riesgo biológico o infeccioso.

III. MEDIDAS ADOPTADAS POR EL GOBIERNO COLOMBIANO PARA HACERLE FRENTE A LA MAYOR GENERACIÓN DE RESIDUOS BIOSANITARIOS

Según la información reportada por Minsalud, el primer caso confirmado de COVID-19 en el territorio nacional se presentó el pasado 6 de junio en una paciente de 19 años procedente de Italia quien, al presentar síntomas de la enfermedad, fue atendida en un centro hospitalario que confirmó el diagnóstico (Minsalud, 2020b).

Desde entonces las autoridades nacionales y locales empezaron a tomar medidas para atender la inminente emergencia sanitaria. Así, mediante la expedición del Decreto 417 de 2020 fue declarado el estado de emergencia económico, social y ecológico con el fin de atender la pandemia del COVID-19.

En desarrollo del citado decreto fueron expedidas las siguientes normas: 1. El Decreto 441 del 20 marzo de 2020, a través del cual se tomaron medidas en materia de servicios públicos de acueducto, alcantarillado y aseo para hacer frente al estado de emergencia económica, social y ecológica declarado por el Decreto 417 de 2020; 2. El Decreto 457 del 20 de marzo de 2020, a través del cual se impartieron instrucciones para atender la emergencia sanitaria generada por la pandemia, y 3) El Decreto 531 del 8 de abril 2020, mediante el cual se impartieron instrucciones adicionales relacionadas con la atención a la pandemia. En las nomas señaladas se determinaron las acciones que las autoridades regionales deben llevar a cabo para evitar la propagación del virus en sus territorios.

Si bien el Decreto 441 de 2020 se expidió con el fin de tomar medidas relacionadas con los servicios públicos de acueducto, alcantarillado y aseo, sus disposiciones no se refieren a este último tipo de servicio, pues sus artículos se limitan a ordenar la reinstalación y/o reconexión inmediata del servicio de acueducto a los suscriptores residenciales a los que se les haya suspendido y/o cortado (art. 1.º).

Esencialmente la norma busca garantizar el acceso al servicio de agua potable mediante el uso de recursos del Sistema General de Participaciones para financiar medios alternos de aprovisionamiento; asimismo, suspende temporalmente los incrementos tarifarios de los servicios públicos domiciliarios de acueducto y alcantarillado sin hacer ningún tipo de mención al servicio público domiciliario de aseo.

Sin embargo, al establecer las garantías para el aislamiento preventivo obligatorio los decretos 457 y 531 de 2020 permitieron, por obvias razones, la continuidad de las actividades necesarias para garantizar la prestación de los servicios públicos domiciliarios, como el servicio de aseo consistente en la recolección y transporte de residuos principalmente sólidos, junto con sus actividades complementarias de aprovechamiento y disposición final, e incluyeron la gestión de los residuos con riesgo biológico. El Decreto 531 de 2020 incorporó el reciclaje dentro de las actividades complementarias del servicio de aseo, ignorando que el término "aprovechamiento" lo incluye, pues una forma de aprovechar los residuos consiste en reciclarlos.

Por su parte, el Decreto 465 de 2020, expedido por el Ministerio de Ambiente y Desarrollo Sostenible, adicionó el Decreto 1076 de 2015, adoptando medidas transitorias en materia de concesiones de agua para la prestación del servicio público esencial de acueducto, y en torno a la gestión de los residuos peligrosos con riesgo biológico generados durante la pandemia del COVID-19. Específicamente en su artículo 9.º determinó que si la generación de residuos peligrosos con riesgo biológico o infeccioso alcanzaba la máxima capacidad instalada para su gestión durante la emergencia sanitaria, las autoridades ambientales podrían autorizar la modificación transitoria de la correspondiente licencia ambiental para que otros gestores de residuos o desechos peligrosos gestionasen los residuos biosanitarios.

Según la norma, para proceder a la modificación excepcional y transitoria de la correspondiente licencia ambiental la autoridad debe evaluar que los gestores cumplan las condiciones y requisitos para garantizar el adecuado almacenamiento, tratamiento y/o disposición final de los residuos biosanitarios que buscan gestionar.

No se puede perder de vista que la norma mencionada tiene un carácter transitorio e incluye dos importantes condicionamientos para que proceda la modificación de la licencia ambiental para los gestores de residuos peligrosos no especializados en el manejo de los residuos con riesgo biológico o infeccioso: el primero es un condicionamiento de tiempo, pues está limitado a la duración del estado de emergencia sanitaria, y el segundo es un condicionamiento de modo, pues solo procede la modificación cuando la cantidad de los residuos biosanitarios generados se acerca a la capacidad instalada de gestión de las empresas autorizadas para tal fin.

Según datos de la misma norma, el Instituto de Estudios Ambientales y Meteorología (IDEAM) tiene registradas solo 26 instalaciones licenciadas ambientalmente para el almacenamiento, tratamiento, aprovechamiento, recuperación y/o disposición final de los residuos con riesgo biológico o infeccioso (MADS, 2020), razón por la cual, de presentarse un aumento súbito y exponencial de residuos biosanitarios capaz de exceder las posibilidades de manejo seguro, se debe recurrir a otros gestores de residuos o desechos peligrosos para que presten su apoyo, previa modificación temporal de la licencia ambiental otorgada.

Con base en lo anterior, el Ministerio de Vivienda, Ciudad y Territorio (MVCT), en su calidad de ente rector de las políticas del sector de agua potable y saneamiento; el Ministerio de Salud y Protección Social (Minsalud), en su calidad de ente rector de las políticas de salud, y el Ministerio de Ambiente y Desarrollo Sostenible (MADS), en su calidad de ente rector de las políticas ambientales, expidieron los lineamientos para el manejo de los residuos peligrosos con riesgo biológico o infeccioso generados durante el estado de emergencia económica, social y ecológica declarado a raíz de la pandemia COVID-19. A continuación se señalan los aspectos relevantes del documento que se deben tener en cuenta.

A. LINEAMIENTOS EN TORNO A LA SEPARACIÓN, MANEJO, RECOLECCIÓN EN EL SERVICIO PÚBLICO DE ASEO Y LA GESTIÓN DE LOS RESIDUOS SÓLIDOS EN EL ESTADO DE EMERGENCIA GENERADO POR EL COVID-19

Estos lineamientos contemplan los diferentes actores vinculados a la gestión de los residuos generados en tiempos de pandemia, y establecen directrices orientadas a minimizar los riesgos que la gestión de residuos supone, pues el manejo adecuado de los residuos es determinante para garantizar el bienestar de la sociedad. Entre esos lineamientos se pueden diferenciar dos tipos de medidas: unas dirigidas al manejo de los residuos domésticos y otras para el manejo de los residuos con riesgo biológico o infeccioso.

1. LINEAMIENTOS EN TORNO A LA PRESTACIÓN DEL SERVICIO DE ASEO

En primer lugar, se les recuerda a los alcaldes distritales y municipales la importancia de cumplir con la obligación de saneamiento ambiental incluida en el artículo 49 de la Constitución Política. Se les hace un llamado a las entidades territoriales para que, en cumplimiento de la normatividad, se garantice la prestación del servicio público de aseo y el manejo adecuado de los residuos sólidos generados, incluyendo las actividades complementarias al servicio de aseo, en especial la recolección, la disposición final, el aprovechamiento y la limpieza de áreas públicas, las cuales deben ser monitoreadas, con el fin de ejercer un mayor control y evitar la propagación de la pandemia (Minsalud, MADS y MVCT, 2020).

Con fundamento en lo establecido en el artículo 334 superior, el Estado podrá intervenir en los servicios públicos y privados con el fin de mejorar la calidad de vida de los habitantes y la preservación de un ambiente sano. Asimismo, al ser los servicios públicos inherentes a la finalidad social del

Estado, este tendrá el deber de asegurar su prestación eficiente a todos los habitantes del territorio nacional, como lo establece el artículo 365 superior.

Por esa razón el Gobierno les recuerda a las entidades territoriales la importancia de promover la adecuada separación en la fuente para continuar desarrollando la actividad de aprovechamiento de residuos sin afectar la labor que realizan los recicladores de oficio. También se les insta a apoyar, en el marco de sus competencias, las labores de coordinación para la adecuada gestión de los residuos con riesgo biológico o infeccioso (Minsalud, MADS y MVCT, 2020).

A las personas prestadoras del servicio público domiciliario de aseo se les obliga a garantizar la prestación de todas las actividades asociadas, entre ellas, la recolección, el transporte, la disposición final, el aprovechamiento, y el lavado de áreas públicas en las cuales se debe adoptar un procedimiento de desinfección cuando sean de alto tráfico peatonal. Lo anterior, conforme a lo establecido en la Resolución CRA 911 de 2020 (Minsalud, MADS y MVCT, 2020), norma que determina medidas regulatorias transitorias para el sector de agua potable y saneamiento básico, derivadas de la emergencia declarada por el Gobierno a causa del COVID-19.

Entre las disposiciones incluidas en la norma se destaca el incremento de la frecuencia en el lavado de áreas públicas de alto tráfico peatonal, el cual se deberá realizar como mínimo una vez a la semana, en articulación con el municipio y/o distrito respectivo; este lavado debe incorporar la desinfección de superficies previa limpieza del área con detergente o jabón (art. 7.º).

El costo de la limpieza y desinfección de las áreas públicas de alto tráfico será trasladado vía tarifa a los usuarios del servicio público de aseo; así, cada suscriptor debe pagar durante seis meses los costos de este nuevo servicio dentro del ítem "Costo de Limpieza Urbana por Suscriptor (CLUS)" (art. 8.º), costos que serán monitoreados por la Comisión de Regulación de Agua Potable y Saneamiento Básico (CRA) y la Superintendencia de Servicios Públicos Domiciliarios (SSPD) con base en la información remitida por las personas prestadoras del servicio público de aseo (art. 10.º). Los referidos cobros solo se podrán realizar una vez trascurridos tres meses de terminada la emergencia sanitaria. Además, previo análisis de conveniencia realizado por las entidades territoriales, se les podrá solicitar a las personas prestadoras del servicio público domiciliario de aseo el aumento en las frecuencias de recolección (art. 11).

Igualmente, les corresponderá a las empresas prestadoras del servicio de aseo actualizar sus planes de contingencia con el fin de asegurar que no se interrumpa su prestación, y adoptar medidas para garantizar la protección de sus trabajadores requiriendo y supervisando el uso de elementos de protección personal para el desarrollo de sus actividades (Minsalud, MADS y MVCT, 2020). Los recicladores de oficio deben contar con identificación de la organización de reciclaje que representan, estar debidamente carnetizados y atender la prohibición de abrir bolsas negras (Minsalud, MADS y MVCT, 2020).

Según la información oficial reportada por el Instituto Nacional de Salud (2020), cerca del 90% de la población contagiada con el virus se recupera en casa, pues la sintomatología (leve o moderada) no requiere de manejo intrahospitalario como se muestra en la siguiente gráfica 4.

GRÁFICA 4.
LUGAR DE ATENCIÓN DE PACIENTES CONFIRMADOS

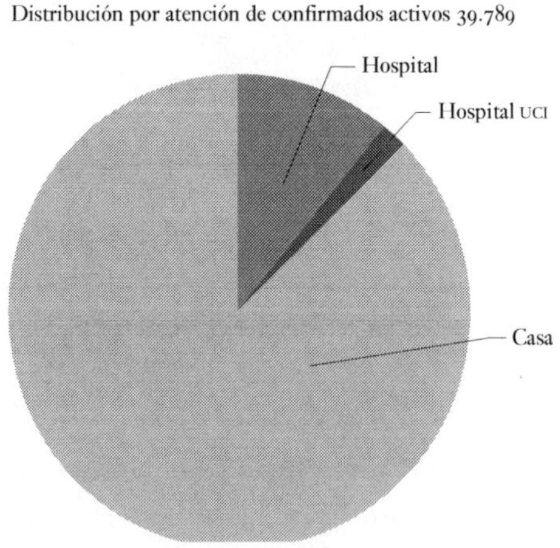

Fuente: [ins.gov.co] (2020).

Los datos anteriores permiten evidenciar que la gran mayoría de los residuos biosanitarios han sido generados en los hogares y, por tanto, gestionados como residuos domésticos no aprovechables. De ahí la importancia de establecer también lineamientos para los usuarios domiciliarios que tienen personas contagiadas en sus hogares. Así, en caso de presentarse aislamiento en casa por contagio o sintomatología, se deben atender los "Lineamientos para el manejo del aislamiento domiciliario frente la COVID-19" establecidos por

Minsalud, que acogen las recomendaciones de la OMS. Al respecto el Ministerio señala que "los residuos generados en el entorno del paciente y su cuidador tales como guantes, tapabocas y pañuelos desechables o de tela, entre otros se manejarán de manera diferenciada de los demás residuos del domicilio u hogar" (Minsalud, 2020e).

También ha determinado la OMS que los residuos infectados se deben mantener en recipientes con tapa de pedal dentro de la habitación del paciente, procurando limpiar todas las áreas que puedan resultar contaminadas, para lo cual fue expedido el protocolo para el manejo en casa de pacientes infectados (Who.int, 2020). Naciones Unidas ha sido enfática al recomendar el adecuado manejo de los residuos con riesgo biológico o infeccioso por considerar que "... el manejo inadecuado de estos desechos podría desencadenar un efecto de rebote y otras consecuencias en la salud humana y el medio ambiente, por lo que su gestión y disposición final de forma segura es vital como parte de una respuesta de emergencia efectiva" (PNUMA, 2020).

Finalmente, en caso de no tener personas contagiadas en casa se deben atender las directrices de separación selectiva de residuos conforme lo establece la Resolución 2184 de 2019; los residuos de gestión diferenciada como pilas, medicamentos, llantas o luminarias deben ser acopiados hasta tanto puedan ser entregados en los puntos de recolección posconsumo.

2. LINEAMIENTOS EN TORNO A LA GESTIÓN DE RESIDUOS CON RIESGO BIOLÓGICO O INFECCIOSO

Los lineamientos establecen que los prestadores del servicio de salud deben realizar una separación selectiva y una correcta clasificación de los residuos: aprovechables, no aprovechables y peligrosos. Para los residuos con riesgo biológico o infeccioso se deben cumplir las disposiciones del Decreto 780 de 2016 y el contenido del manual para la gestión de residuos hospitalarios reglamentado por la Resolución 1164 de 2002, así como a las orientaciones para el manejo de residuos generados en la atención en salud (Minsalud, MADS y MVCT, 2020). Estos generadores deben garantizar la gestión interna y las condiciones de manejo seguro de los residuos derivados de la atención de pacientes infectados con el fin de prevenir la contaminación cruzada.

Por otro lado, los gestores de los residuos peligrosos con riesgo biológico e infeccioso deben garantizar una adecuada gestión externa. Así, a quienes están vinculados a las actividades de recolección, transporte, tratamiento y disposición final de los residuos con riesgo biológico e infeccioso se les deben suministrar los elementos de protección personal que prevengan el contagio, e instruírseles en el manejo seguro de ese tipo de residuos peligrosos, tanto en la manipulación de los elementos que se deben desechar como en la desinfección de las áreas de trabajo (Minsalud, MADS y MVCT, 2020).

Al igual que las personas prestadoras del servicio de aseo, los gestores de residuos peligrosos deben tener sus planes de contingencia actualizados con el fin de garantizar la continuidad del servicio, incluyendo soluciones alternativas para su prestación. Es de vital importancia que los gestores informen a las entidades territoriales y a las autoridades ambientales los resultados del monitoreo de la capacidad instalada, con el fin de establecer si es necesario buscar alternativas de manejo con otros gestores de residuos peligrosos conforme lo establece el artículo 9.º del Decreto 465 de 2020 (Minsalud, MADS y MVCT, 2020).

De manera particular, se mantienen las obligaciones de los gestores incluidas en el artículo 2.8.10.8 del Decreto 780 de 2016 relativas a: 1. Obtener licencias, permisos u otras autorizaciones a que haya lugar; 2. Cumplir con la normatividad de seguridad y salud del trabajador; 3. Expedir el correspondiente certificado de eliminación al generador; 4. Formar y capacitar a los trabajadores en el manejo de los residuos o desechos peligrosos; 5. Formular y mantener actualizado el plan de contingencia; 6. Tomar medidas preventivas y planificar el cese, cierre, clausura o desmantelamiento de la actividad; 7. Indicar el tipo de residuos peligrosos que está autorizado a manejar en su publicidad, y 8. Dar cumplimiento al manual para la gestión integral de residuos hospitalarios.

CONCLUSIÓN

Durante una pandemia es evidente que puede aumentar la cantidad de residuos con riesgo biológico. Sin embargo, parece que la reciente pandemia de COVID-19 ha potencializado esta problemática por el aumento exponencial de los residuos con riesgo biológico o infeccioso. Si bien, los residuos que se generan en las instituciones de salud cuentan con una gestión ambiental y sanitaria adecuada, aquellos residuos biosanitarios que se generan en los hogares en los que hay personas infectadas que no requieren hospitalización, no son gestionados conforme lo establece la normatividad sanitaria y ambiental para evitar riesgos sobre la salud humana y el ambiente; este tipo de residuos deben ser dispuestos conforme lo establecen las normas para el manejo de los residuos no aprovechables (bolsa negra). Para prevenir que este aumento exponencial en la generación de los residuos pueda tener consecuencias sanitarias y ambientales, el Gobierno adoptó una serie de medidas tendientes a garantizar la continuidad en la prestación del servicio público de aseo y la gestión de los residuos peligrosos, contemplando la posibilidad de autorizar la eliminación de los residuos con riesgo biológico o infeccioso a través de gestores no especializados intentando con ello evitar un colapso en los sistemas de eliminación. No obstante, la gran mayoría de los residuos biosanitarios generados durante la pandemia del COVID-19 provienen de los hogares toda vez que en un 90% los infectados con el virus son tratados en su sitio de habitación sin garantía de adecuada gestión para los residuos que generan. Por esa razón, nunca en la historia de la gestión de los residuos había sido tan importante el compromiso de la ciudadanía en la correcta separación y clasificación de los residuos aprovechables y no aprovechables, pues de ello depende evitar que los residuos generados, entre ellos los biosanitarios, se conviertan en una fuente de contagio para el personal que apoya el servicio público de aseo con sus actividades complementarias de aprovechamiento y disposición final.

BIBLIOGRAFÍA

COMISIÓN DE REGULACIÓN DE AGUA POTABLE Y SANEAMIENTO BÁSICO (CRA). Resolución 911 de 2020.

DATOS ABIERTOS. "Gestores RESPEL y RAEE", actualizado el 22 de mayo de 2020, disponible en [https://www.datos.gov.co/Ambiente-y-Desarrollo-Sostenible/Gestores-RESPEL-y-RAEE/ttwq-2rvi].

INSTITUTO NACIONAL DE SALUD. "Coronavirus (COVID-2019) en Colombia", Reporte del 22 de junio de 2020 [https://www.ins.gov.co/Noticias/Paginas/Coronavirus.aspx].

MINISTERIO DE AMBIENTE Y DESARROLLO SOSTENIBLE. Dirección de Asuntos Ambientales, Sectorial y Urbana Grupo de Sustancias Químicas, Residuos Peligrosos y UTO, Presentación, "Capacidad Instalada Nacional para el tratamiento de RCRBOI y los efectos de la pandemia en la gestión externa de estos residuos", 2020.

MINISTERIO DE SALUD Y PROTECCIÓN SOCIAL y MINISTERIO DEL TRABAJO. "Lineamientos para prevención control y reporte de accidente por exposición ocupacional al COVID-19 en instituciones de salud", Bogotá, marzo de 2020, disponible en [https://www.minsalud.gov.co/].

Ministerio de Salud y Protección Social. "Recomendaciones de EPP para personal de salud según el área de atención para COVID-19", Consenso IETS-ACIN, 2020a, disponible en [https://www.minsalud.gov.co/].

Ministerio de Salud y Protección Social. Boletín de Prensa n.° 050 del 6 de marzo de 2020, 2020b, disponible en [https://www.minsalud.gov.co/Paginas/Colombia-confirma-su-primer-caso-de-COVID-19.aspx].

Ministerio de Salud y Protección Social. "Lineamientos para la gestión de muestras durante la pandemia del SARS-COV-2 (COVID-19) en Colombia", Bogotá, abril de 2020d, disponible en [https://www.minsalud.gov.co/RID/lineamiento-gestion-muestras-covid-19-t.pdf].

Ministerio de Salud y Protección Social. "Lineamientos para el manejo del aislamiento domiciliario, frente a la introducción del SARS-COV-2 (COVID-19) a Colombia", Bogotá, marzo 16 de 2020e, disponible en [https://www.minsalud.gov.co/].

Ministerio de Salud y Protección Social. Decreto Único Reglamentario 780 de 2016.

Ministerio de Vivienda, Ciudad y Territorio, Ministerio de Ambiente y Desarrollo Sostenible, y Ministerio de Salud y Protección Social. "Todo lo que debe saber sobre residuos en tiempo de SARS-COV-2 (COVID-19). Lineamientos a tener en cuenta para la separación, manejo, recolección en el servicio público de aseo y la gestión de los residuos sólidos en el estado de emergencia generado por el SARS-COV-2 (COVID-19)", 2020, disponible en [https://coronaviruscolombia.gov.co/].

Organización Mundial de la Salud (OMS). "Atención en el domicilio de pacientes presuntamente infectados por el nuevo coronavirus (nCoV) que tengan síntomas leves y gestión de los contactos: orientaciones provisionales", 20 de enero de 2020, disponible en [http://www.e-lactancia.org/media/papers/CORONAVIRUS-OMS-2020-01-20.pdf].

Organización Mundial de la Salud. "Preguntas y respuestas sobre la enfermedad por coronavirus (COVID-19)", 2020, disponible en [https://www.who.int/es/ emergencies/diseases/novel-coronavirus-2019/advice-for-public/q-a-coronaviruses].

Organización Panamericana de la Salud (OPS). "Recomendaciones para la gestión de residuos sólidos", 2020, disponible en [https://iris.paho.org/bitstream/handle/10665.2/52108/OPSCDECECOVID-19200018_spa.pdf?sequence=5&isAllowed=y].

PNUMA. Convenio de Basilea. "Directrices técnicas sobre el manejo ambientalmente racional de los desechos biomédicos y sanitarios", septiembre de 2003, disponible en [www.basel.int].

Programa de Naciones Unidad para el Medio Ambiente (pnuma). "La gestión de residuos es un servicio público esencial para superar la emergencia de covid-19", 24 de marzo de 2020, disponible en [https://www.unenvironment.org/es/noticias-y-reportajes/comunicado-de-prensa/la-gestion-de-residuos-es-un-servicio-publico-esencial].

JULIANA HURTADO RASSI

Conservación y uso sostenible de las zonas marinas situadas fuera de la jurisdicción nacional: un nuevo acuerdo internacional en negociación

Mencionemos también el sistema de gobernanza de los océanos. Pues, si bien hubo diversas convenciones internacionales y regionales, la fragmentación y la ausencia de severos mecanismos de reglamentación, control y sanción terminan minando todos los esfuerzos. El creciente problema de los residuos marinos y la protección de las áreas marinas más allá de las fronteras nacionales continúa planteando un desafío especial. En definitiva, necesitamos un acuerdo sobre los regímenes de gobernanza para toda la gama de los llamados "bienes comunes globales" (Párrafo 174).

Encíclica Laudato Si, sobre el cuidado de la casa común. S. S. Francisco.

SUMARIO

Introducción. I. Las zonas situadas fuera de la jurisdicción nacional: la importancia de su biodiversidad, la necesidad de su protección, y la realización de actividades antrópicas que afectan su adecuada conservación. A. Aspectos generales. B. La importancia de proteger su biodiversidad. C. Las actividades antrópicas y sus impactos II. La necesidad de un acuerdo en el marco de la Convención de las Naciones Unidas sobre el Derecho del Mar (CNUDM) que conduzca a la conservación y el uso sostenible de la diversidad marina de las zonas situadas fuera de la jurisdicción nacional. A. Algunos antecedentes. B. Desarrollo de las conferencias intergubernamentales para la negociación del instrumento. C. Algunos aspectos relacionados con el proyecto del acuerdo. D. La posición de Colombia en este proceso de negociación. Conclusiones. Bibliografía.

RESUMEN

La negociación de un instrumento internacional jurídicamente vinculante para la conservación y el uso sostenible de la diversidad biológica de las zonas situadas fuera de la jurisdicción nacional es un tema prioritario para su efectiva protección.

Las características ecosistémicas de estas zonas, así como los servicios ecosistémicos que de ellas se derivan no solo son incalculables, sino también imprescindibles para la supervivencia del ser humano. Sin embargo, el desarrollo de actividades antrópicas sin ningún tipo de control puede conducir al daño de los recursos naturales presentes en esas áreas. Por lo anterior es prioritario sellar un acuerdo internacional vinculante en el marco de la Convención de las Naciones Unidas sobre el Derecho del Mar que controle el desarrollo de estas actividades para la conservación y uso sostenible de los recursos naturales de los océanos.

PALABRAS CLAVE

Biodiversidad marina, zonas fuera de la jurisdicción nacional, áreas marinas protegidas, acuerdo jurídicamente vinculante.

ABSTRACT

The negotiation of an international legally binding instrument, for the conservation and sustainable use of marine biological diversity of areas beyond national jurisdiction, must be prioritize for the effective protection of these areas. The ecosystem characteristics of these areas, as all the services that derived from them are not only incalculable but indispensable for human survival. However, the lack of control in the development of anthropic activities could damage the natural resources found in these areas. Consequently, an international binding agreement within the framework of the international instrument under the United Nations Convention on the Law of the Sea, that controls the development of these activities results as a priority for the sustainable use and conservation of the natural resources of the oceans.

KEYWORDS

Marine biological diversity, Areas beyond national jurisdiction, Marine protected area, Legally binding instrument.

INTRODUCCIÓN

Los océanos comprenden un área inmensa con aproximadamente 360.132.000 km^2, lo cual representa cerca del 72% de la superficie terrestre, y contienen aproximadamente el 97% del agua del planeta. En ese sentido, controlan el estado del tiempo y el clima, regulan la temperatura, generan un gran porcentaje del oxígeno de la atmósfera, absorben gran parte del dióxido de carbono y reabastecen el agua dulce tanto en la tierra como en el mar a través de la formación de nubes (Day, Laffoley y Zischka, 2019).

La Agenda 2030 reconoce la importancia de este ecosistema al incorporar en el Objetivo de Desarrollo Sostenible (ODS) 14 la necesidad de conservar y utilizar sosteniblemente los océanos, los mares y los recursos marinos para el desarrollo. El valor de los océanos es incalculable pues suministran alimentos a un porcentaje muy grande de la población, representan más del 90% del hábitat biológicamente útil del planeta entre animales, plantas y microorganismos. En resumen: este sistema es fundamental para el funcionamiento de la Tierra.

Sin embargo, el principio de libertad de los mares puesto en práctica en el siglo XVI con la finalidad de limitar los derechos y la jurisdicción de las naciones sobre los océanos, y a su vez declarar el resto del mar como territorio libre y propiedad de todos, con el paso de los años comenzó a generar una gran preocupación respecto de la sobreexplotación a que se verían sometidos los recursos pesqueros, así como los impactos relacionados con la conservación del ecosistema marino.

Esta situación de constante preocupación, relacionada principalmente con la importancia de asegurar el uso pacífico, cooperativo y jurídicamente definido de los mares y océanos para beneficio de la humanidad, condujo a la comunidad internacional a trabajar articuladamente en ese sentido logrando como resultado de un trabajo de varios años la aprobación de la Convención de las Naciones Unidas sobre el Derecho del Mar en 1982.

No obstante, con el paso del tiempo, y en razón de la multiplicidad de actividades que se estaban realizando sin ningún tipo de control en las zonas situadas fuera de las jurisdicciones nacionales, y que de una u otra manera conducían al uso insostenible de los recursos pesqueros y de las diferentes formas de vida que coexisten en esos espacios, se acrecentó la discusión respecto de la necesidad de desarrollar un régimen jurídico internacional efectivo que garantizara la protección de los fondos marinos y los océanos.

La importancia de garantizar la protección de estas zonas radica especialmente en su variedad excepcional de biodiversidad, datos que se expondrán más adelante, así como en la dependencia del ser humano de los servicios ecosistémicos que proporcionan.

Así las cosas, en 2006 la Asamblea General de Naciones Unidas creó un grupo de trabajo que confirmara si existían o no deficiencias en la reglamentación de las actividades antrópicas que se realizan en esas áreas, y si realmente era necesario adoptar un nuevo instrumento para la conservación de su biodiversidad. Después de varias reuniones y discusiones el grupo de expertos recomendó elaborar un instrumento internacional jurídicamente vinculante para la conservación y el uso sostenible de la diversidad biológica marina fuera de las zonas de jurisdicción nacional en el marco de la CNUDM, pero que no socavara los instrumentos y marcos jurídicos existentes.

A grandes rasgos los aspectos por los que se recomendó negociar este nuevo instrumento internacional tienen que ver, entre otros, con la ausencia de un conjunto amplio de principios generales de gobernanza y cooperación internacional, de un marco internacional para la protección de las áreas marinas protegidas, y con el déficit de normas internacional para las EIA.

Después de una serie de recomendaciones de los expertos, la asamblea general decidió iniciar el proceso de negociación y establecer las fechas, de forma que la última sesión programada se realizaría en abril de 2020, pero por las circunstancias generadas por el COVID-19 tuvo que ser aplazada, y está a la espera de una nueva fecha.

A pesar de no ser parte de la CNUDM, Colombia ha catalogado este nuevo instrumento como crucial para la protección de los océanos y la biodiversidad (Ministerio de Relaciones Exteriores, 2019). De acuerdo con los objetivos, dicha herramienta debería responder a las presiones y amenazas que se generan en las áreas fuera de las jurisdicciones nacionales. Dada la creciente realización de nuevas actividades en esas zonas, es fundamental contar con un marco normativo que las regule, y que a su vez impida que su práctica genere un impacto ambiental negativo.

Este instrumento internacional jurídicamente vinculante, que se encuentra en proceso de negociación, resulta de gran trascendencia, pues el área marina y la biodiversidad que se pretende conservar y proteger parece infinita y difícil de degradar, de forma que en muchas ocasiones se olvida su importancia, así como la dependencia de los servicios ecosistémicos que provee.

I. LAS ZONAS SITUADAS FUERA DE LA JURISDICCIÓN NACIONAL: LA IMPORTANCIA DE SU BIODIVERSIDAD, LA NECESIDAD DE SU PROTECCIÓN Y LA REALIZACIÓN DE ACTIVIDADES ANTRÓPICAS QUE AFECTAN SU ADECUADA CONSERVACIÓN

A. ASPECTOS GENERALES

La expresión "zonas situadas fuera de la jurisdicción nacional" se refiere a la masa de agua más allá de las zonas económicas exclusivas, o del mar territorial donde no se ha declarado una zona económica exclusiva, así como al fondo marino más allá de los límites de la plataforma continental, la cual se conoce como *Zona*.

Para referirse a la Alta Mar es necesario traer a colación la Resolución 1105 (XI) de la Asamblea General de las Naciones Unidas realizada el 21 de febrero de 1957, en la que se convocó a la Primera Conferencia de las Naciones Unidas sobre el Derecho del Mar, la cual tuvo lugar en 1958 en Ginebra, Suiza. Como resultado de esa reunión se firmaron cuatro convenciones, entre las que se destaca la Convención sobre la Alta Mar[1], que definió esta área como la parte del mar que no pertenece al mar territorial ni a las aguas interiores de un Estado, y que reconoció las actividades que podían ejercer libremente los Estados, con o sin litoral, cuando se encontraran en alta mar, entre ellas, la navegación marítima y aérea, la pesca, y la instalación de cables y tuberías submarinas[2].

Sin embargo, la comunidad internacional continuaba interesada en un mayor desarrollo científico y jurídico de esos temas, razón por la cual se realizó una nueva conferencia en 1960 en Ginebra, Suiza, cuyos resultados, desafortunadamente, no fueron los esperados, y tampoco se llegó a un

---

1 Las otras tres convenciones que se firmaron durante esa reunión fueron: i) la Convención sobre el mar territorial y la zona contigua; ii) la Convención sobre pesca y conservación de los recursos vivos de la Alta Mar, y iii) la Convención sobre la plataforma continental; el protocolo firmado es el facultativo sobre la jurisdicción obligatoria en la solución de controversias.

2 De acuerdo con algunos autores esta Convención se quedó corta en reconocer los cambios tecnológicos de explotación de los recursos marítimos, además, persistió el problema relacionado con la anchura del mar territorial (MARTÍNEZ VARGAS y VEGA BARBOSA, 2016: 437).

consenso en la unificación de criterios, ni en cuanto a la anchura del mar territorial.

Durante la Tercera Conferencia sobre Derecho del Mar se aprobó la Convención del Mar el 30 de abril de 1982, se discutió lo dispuesto en la Convención de 1958 sobre la "alta mar", y se estableció que la zona económica exclusiva no forma parte de ella; además, se señaló que las libertades de los Estados se deben ejercer en las condiciones fijadas por la Convención y por otras normas de derecho internacional establecidas tanto para los Estados ribereños como para los que no tienen litoral[3].

En esa misma conferencia emergió el concepto de "La Zona" con la finalidad de designar las áreas del suelo marino oceánico fuera de los límites de la jurisdicción nacional, la cual se definió, de acuerdo con el artículo 1.º de la Convención, como: "... los fondos marinos y oceánicos y su subsuelo fuera de los límites de la jurisdicción nacional"; la Autoridad Internacional de los Fondos Marinos es la llamada a organizar y controlar las actividades de exploración y explotación de los recursos minerales de La Zona[4].

Así las cosas, esta área y sus recursos son patrimonio común de la humanidad, razón por la cual ningún Estado puede ejercer soberanía ni apropiarse de ellos recursos. En ese sentido "La Zona y sus recursos son Patrimonio de la humanidad" y "todos los derechos sobre los recursos se confieren a la humanidad en conjunto, en cuyo nombre actuará la Autoridad" (arts. 136

---

3 El artículo 87 de la Convención señala las libertades que pueden ser ejercidas por todos los Estados, teniendo en cuenta los intereses de otros Estados en su ejercicio de la libertad respecto de la alta mar, así como los derechos previstos en esta Convención para las actividades en la Zona: a) la libertad de navegación; b) la libertad de sobrevuelo; c) la libertad de tender cables y tuberías submarinas, con sujeción a las disposiciones de la Parte VI; d) la libertad de construir islas artificiales y otras instalaciones permitidas por el derecho internacional, con sujeción a las disposiciones de la Parte VI; e) la libertad de pesca, con sujeción a las condiciones establecidas en la sección 2, y f) la libertad de investigación científica, con sujeción a las disposiciones de las partes VI y XII.

4 De acuerdo con el régimen establecido en la parte XI de la Convención y el Acuerdo de 1994, la Autoridad Internacional de los Fondos Marinos es la encargada de organizar y controlar las diferentes actividades que se llevan a cabo en los fondos marinos y su subsuelo, considerados patrimonio común de la humanidad, particularmente el aprovechamiento y la administración de sus recursos. Esta autoridad debe tener en cuenta los daños que las actividades mineras pueden ocasionar a la biodiversidad, y en el mismo sentido garantizar la protección eficaz del medio marino dados los efectos nocivos que se pueden derivar de dichas actividades; también tiene entre sus funciones realizar investigaciones científicas marinas relativas a la zona y sus recursos. Una de sus tareas principales fue crear el Código de Minería, un amplio conjunto de normas para regular la prospección, exploración y explotación de minerales marinos en esa área.

y 137 de la Convención). Este principio jurídico excluye en primer lugar la posibilidad de apropiación unilateral o en grupo, y en segundo lugar el ejercicio de soberanía, así como el deber de abstenerse de explotar esa área.

La condición de lejanía de estas zonas que se sitúan fuera de la jurisdicción nacional fue considerada como posible garantía de protección frente a las actividades humanas, pero los diversos avances tecnológicos del siglo XX han posibilitado el frecuente acceso a ellas provocando un mayor impacto en el medio marino y su biodiversidad.

B. LA IMPORTANCIA DE PROTEGER SU BIODIVERSIDAD

A pesar de los innumerables estudios científicos respecto de la función que cumplen los océanos y los mares en la vida del planeta, la lejanía a la que se hizo referencia es quizá la razón del desconocimiento de la biodiversidad de esas zonas y de la importancia de su conservación.

En 2015 la Asamblea General aprobó la Agenda 2030 para el Desarrollo Sostenible, cuya finalidad es retomar los Objetivos de Desarrollo del Milenio y alcanzar los que no se lograron. Una diferencia entre estas dos agendas consiste en que la nueva incorpora los océanos en el Objetivo 14 ("Conservar y utilizar sosteniblemente los océanos, los mares y los recursos marinos para el desarrollo sostenible") que, además, contiene una serie de metas y fechas límite, entre ellas, prevenir y reducir la contaminación marina de todo tipo, en especial la producida por actividades llevadas a cabo en la tierra (detritos marinos y polución por nutrientes) en 2020, gestionar y proteger sosteniblemente los ecosistemas marinos y costeros, minimizar y abordar los efectos de acidificación de los océanos, reglamentar eficazmente la explotación pesquera, poniendo fin a la pesca excesiva, ilegal, no declarada y no reglamentada, y conservar al menos el 10% de las zonas costeras y marinas bajo protección, de conformidad con las leyes nacionales y el derecho internacional.

En ese sentido, es importante traer a colación algunos aspectos específicos y puntuales relacionados con las características de los océanos extraídas de la primera evaluación marina integrada a escala mundial, y desarrollada por el grupo de trabajo plenario especial de Naciones Unidas, pues la humanidad depende de los océanos:

– Tienen un tamaño ingente, pues cubren siete décimas partes del planeta. Su profundidad media es de unos 4.000 metros y contienen 1.300 millones de kilómetros cúbicos de agua, es decir el 97% del agua que cubre la superficie de la Tierra; constituyen el hábitat de una gran diversidad de animales, plantas, algas y microbios, desde los más grandes animales del planeta, como la ballena azul, hasta pequeñas bacterias que solo se pueden observar con potentes microscopios.

– Son considerados la mayor autopista del planeta, pues por ellos se transportan los bienes que producimos y consumimos.

– El fondo marino y los estratos debajo de él contienen gran variedad de minerales, petróleo y gas natural. Los cables submarinos que recorren el fondo de los océanos transportan el 90% del tráfico electrónico de nuestras comunicaciones, incluidas las transacciones financieras y los intercambios de información.

– Los océanos absorben aproximadamente el 26% del dióxido de carbono antropógeno que se libera en la atmósfera cada año, y que reacciona con el agua marina formando ácido carbónico que los acidifica (ONU, 2016).

Pero lo importante no es solo conocer las características descritas, ni las múltiples funciones que cumplen y de las cuales dependemos como humanidad, sino también entender los diferentes servicios ecosistémicos[5] que proveen, entre los que vale la pena resaltar: i) el uso directo o indirecto que hacemos de las formas de vida que los habitan; ii) la dependencia de los suministros energéticos del oleaje y las mareas de los océanos, y las turbinas de viento que se colocan en ellos; iii) sus diferentes productos, incluidos los peces de aleta, los invertebrados y las algas, son un componente importante de la seguridad alimentaria en todo el mundo. En general, los océanos proporcionan el 17% de la proteína animal que consume la población mundial y aportan más del 20% de la proteína animal a más de 3.000 millones de personas, y iv) los recursos genéticos marinos tienen importancia potencial para la economía y la sostenibilidad de muchos sectores, como las industrias farmacéutica (nuevos medicamentos), cosmética y nutracéutica (nuevos alimentos sanos, de alto valor nutritivo), la acuicultura y la biomedicina.

Otros beneficios derivados de la gran diversidad marina, y que pocas veces se tienen en cuenta al hacer su inventario, son los aspectos culturales, los lugares históricos y arqueológicos submarinos, así como los conocimientos derivados de la investigación científica marina.

---

5 Como servicios de los ecosistemas se entienden los procesos, productos y características de los ecosistemas naturales en que se sustenta el bienestar humano.

C. LAS ACTIVIDADES ANTRÓPICAS Y SUS IMPACTOS

Sin embargo, y como se mencionó, en las últimas décadas se ha incrementado exponencialmente la realización de actividades en esas zonas marinas que están fuera de las jurisdicciones nacionales, lo que ha causado enormes impactos y graves amenazas a su diversidad biológica.

En ese sentido, es importante referirnos a esas actividades antrópicas, así como a los impactos o presiones que cada una de ellas ejerce sobre la diversidad biológica marina de las zonas de alta mar.

Actividades	Afectaciones que se pueden derivar de estas actividades
Pesca	La pesca es considerada como una de las actividades que ejerce mayor presión específica sobre la biodiversidad pelágica de las zonas situadas fuera de la jurisdicción nacional. La pesca de captura afecta a los ecosistemas marinos pues puede reducir el tamaño de las poblaciones explotadas a niveles insostenibles, y llegar hasta a eliminar determinadas poblaciones locales; también puede afectar a poblaciones de especies que no son objeto de la pesca como resultado de la captura incidental o pesca fantasma (enredo de animales en redes abandonadas). Asimismo, afecta las relaciones depredador-presa, lo que puede dar lugar a cambios en la estructura de las comunidades que no vuelven a su estado original una vez desaparecida la presión de la pesca (fenómeno de los estados estables alternativos); por último, puede reducir la complejidad del hábitat, y la pesca de arrastre puede perturbar las comunidades de los fondos marinos (ONU, 2016, caps. 11 y 38).
Descarga y emisiones de sustancias peligrosas	Las sustancias peligrosas incluyen tanto los metales pesados como los contaminantes orgánicos persistentes y sus descargas en los cursos de agua generan aportes importantes al medio marino con efectos nocivos en la biota marina. Por otro lado, las emisiones de esas sustancias a la atmósfera pueden dar lugar a aportaciones perjudiciales o potencialmente perjudiciales para los océanos. El transporte desde tierra firme a través de la atmósfera es un factor más importante para las zonas situadas fuera de la jurisdicción nacional: algunas sustancias peligrosas pueden mantenerse suspendidas en el aire durante largo tiempo y recorrer así grandes distancias. Por ejemplo, la carga de mercurio en la atmósfera se triplicó en los últimos dos siglos, y hay una alta probabilidad de que haya dado lugar a una duplicación de su concentración en el mar. No obstante, algunos tipos de mariscos concentran el mercurio en sus tejidos en una cantidad que pone en riesgo la salud de los seres humanos que los consumen en grandes cantidades. Se estima que la concentración de contaminantes orgánicos persistentes (p. ej., mercurio) puede ser de magnitud mayor en los peces de aguas profundas que en los peces de aguas superficiales. La alta mar es el sumidero mundial último de los contaminantes orgánicos persistentes (cap. 20).

Actividades	Afectaciones que se puedan derivar de estas actividades
Eliminación de desechos sólidos	En el pasado, los residuos sólidos se vertían en zonas situadas fuera de la jurisdicción nacional. Hoy en día, en razón del Convenio sobre la Prevención de la Contaminación del Mar por Vertimiento de Desechos y Otras Materias de 1972, y su Protocolo de 1996, se realiza exclusivamente dentro de las zonas de jurisdicción nacional.
Detritos marinos	Todos los hábitats marinos contienen detritos. Se ha calculado que la densidad media de los detritos marinos varía entre 13.000 y 18.000 unidades por kilómetro cuadrado. No obstante, los datos que se conocen demuestran que la acumulación de desechos plásticos en la parte norte del Océano Atlántico está situada en zonas fuera de cualquier jurisdicción nacional. Los desechos plásticos son, con mucho, el tipo de detrito registrado con mayor frecuencia, y constituyen, según se calcula, entre el 60 y el 80% de todos los detritos marinos. Algunas unidades son de gran tamaño y pueden causar problemas para los animales que se enredan en ellos (redes, cuerdas, etc.). Sin embargo, las micropartículas plásticas, y aun las nanopartículas son motivo de mayor preocupación. Se considera que la mayor parte (aproximadamente el 80%) de los detritos que entran al mar proceden de la tierra. Las nanopartículas provienen de diversas fuentes, por ejemplo, de diversos procesos industriales y cosméticos, de fragmentos de telas eliminados en las aguas residuales y de la lixiviación realizada en vertederos de desechos de tierra firme. Las nanopartículas parecen reducir la producción primaria y la absorción de alimentos por el zooplancton y los animales que se alimentan por filtración.
Explotación de minerales	Actualmente la explotación de recursos minerales se lleva a cabo enteramente dentro de las zonas de jurisdicción nacional. Sin embargo, ya está en marcha la exploración de una amplia variedad de metales en zonas situadas fuera de la jurisdicción nacional, y es posible que pronto comience la explotación. Si bien todavía no ha comenzado la minería comercial en aguas profundas, los tres tipos principales de yacimientos minerales de aguas profundas –sulfuros masivos de los fondos marinos, nódulos polimetálicos y costras de ferromanganeso ricas en cobalto– son objeto de interés desde hace tiempo. La decisión de iniciar la minería de aguas profundas en La Zona depende en parte de la disponibilidad de metales procedentes de fuentes terrestres y sus precios en el mercado mundial, así como de consideraciones tecnológicas y económicas basadas en los costos de capital y de funcionamiento del sistema de explotación minera en aguas profundas, y en los costos del cumplimiento de las exigencias ambientales[6].

6 En ese sentido, el informe publicado por las asociaciones Deep Sea Mining Campaign y MiningWatch Canada, que compila más de 250 artículos científicos revisados por expertos, se refiere a la manera en que la extracción minera en los fondos de alta mar del Océano Pacífico producirá daños "amplios, graves y que perdurarán varias generaciones". El documento, titulado "Predecir los efectos de la extracción minera de nódulos polimetálicos en las aguas profundas del Océano Pacífico", advierte que la explotación trae como consecuencia la "pérdida irreversible de especies" y la "degradación de los ecosistemas" de las profundidades marinas, lo cual perjudicará

Actividades	Afectaciones que se puedan derivar de estas actividades
Transporte marítimo	Cuando los buques están en el mar se producen vertidos de petróleo y sus derivados, tanto por las descargas operacionales deliberadas, como por las accidentales, causadas por desastres marítimos. Estos vertidos también ocurren en zonas situadas fuera de la jurisdicción nacional. Los otros efectos importantes del transporte marítimo en el medio marino fuera de las zonas de jurisdicción nacional se deben al ruido que producen los buques. El transporte marítimo es la fuente más difundida de ruido artificial en el medio marino y la principal fuente en las zonas situadas fuera de la jurisdicción nacional. Las mediciones de largo plazo indican que el ruido antropógeno de baja frecuencia en los océanos ha aumentado, debido principalmente a la navegación comercial. Las investigaciones indican que gran variedad de animales marinos se ven afectados por el ruido antropógeno en los océanos (cap. 17).
Cables y conductos submarinos.	En los últimos 25 años los cables submarinos se han convertido en un elemento dominante de la economía mundial; en efecto, transmiten el 95% del tráfico intercontinental de datos, y buena parte del tráfico internacional de internet. Actualmente hay aproximadamente 1,3 millones de kilómetros de cables submarinos, en gran parte en zonas situadas fuera de la jurisdicción nacional. Los efectos son, empero, muy limitados debido a su pequeño diámetro y a que, en aguas de una profundidad superior a los 1.500 m, el cable normalmente se tiende simplemente sobre el fondo marino. Hoy en día no hay oleoductos ni gasoductos en zonas situadas fuera de las jurisdicciones nacionales. Con todo, parece inevitable que se volverán necesarios cuando comience la explotación minera de los fondos marinos. Los derrames de esos conductos, como consecuencia de rupturas o desastres naturales, podrían causar graves daños al medio marino.

Fuente: elaboración propia a partir de la información de la ONU (2017).

Las actividades antrópicas descritas están generando efectos negativos en la biodiversidad de las zonas fuera de la jurisdicción nacional. A continuación se exponen los cambios o presiones ya identificados que afectan dichas zonas.

– *Cambios en la temperatura del mar.* En su quinto informe el Grupo Intergubernamental de Expertos sobre el Cambio Climático reafirmó su conclusión de que la temperatura de la superficie del mar ha subido en todo el mundo desde finales del siglo XIX. También se sabe que la Tierra está absorbiendo más calor del que emite de vuelta al espacio y prácticamente todo ese exceso es absorbido por el mar y se almacena en él. Debido a lo anterior, los océanos han captado alrededor del 93% de todo el calor adicional acumulado por el calentamiento del aire, el mar, la tierra y el hielo derretido entre 1971 y 2010. El calentamiento consiguiente está dando lugar a una

"al resto del océano" y también a la población humana ya que forman un reino interconectado (Massachusetts Institute of Technology, 2019).

redistribución de muchas especies marinas, que cada vez llegan más cerca de los polos, y causando fenómenos climáticos extremos que provocan el blanquimiento de los corales[7].

– *Elevación del nivel del mar*. La elevación del nivel del mar se debe en parte al calentamiento, que causa la expansión térmica de los océanos, y al deshielo de los glaciares y del manto de hielo continental. Como resultado el nivel medio mundial del mar ha subido 3,2 mm por año durante los últimos dos decenios. El resto se debe a las corrientes de agua dulce procedentes de los continentes, que han aumentado a raíz del deshielo de los glaciares y el manto de hielo continentales. Estos cambios en las zonas situadas fuera de la jurisdicción nacional son de importancia principalmente para los montes submarinos y las formaciones de coral asociadas, ya que esos cambios afectan su relación con la superficie del agua.

– *Acidificación del mar*. El aumento de las concentraciones de dióxido de carbono en la atmósfera está causando un incremento en la absorción de ese gas por los océanos: aproximadamente el 26% de las emisiones de dióxido de carbono es captado por el mar, donde reacciona con el agua para formar ácido carbónico. Esta acidificación está disminuyendo la concentración del carbonato de cálcico disuelto en el agua, lo que reduce la disponibilidad de iones de carbonato, necesarios para que las especies marinas formen sus caparazones y esqueletos.

– *Salinidad*. Además del calentamiento del mar en gran escala, también se han producido cambios en su salinidad (contenido de sal).

– *Estratificación*. Las diferencias de salinidad y temperatura entre las masas de agua dan lugar a la estratificación, es decir que el agua forma estratos, y el intercambio entre ellos es limitado. Una mayor estratificación acarrea una disminución de la mezcla vertical, lo cual repercute en la cantidad de

---

7 En relación con los efectos del cambio climático en las profundidades de los océanos, es importante traer a colación el informe de un equipo internacional de científicos, dirigido por la Universidad de Queensland, en Australia, en el que se analizaron los patrones globales contemporáneos y futuros de la velocidad del cambio climático en las profundidades del océano. Este estudio arrojó que en las aguas con una profundidad de 200 a 1.000 metros, las velocidades climáticas se aceleraron once veces la tasa actual. Y en un giro interesante, no solamente la velocidad del clima se mueve a diferentes velocidades a diferentes profundidades en el océano, sino también en diferentes direcciones, lo que plantea grandes desafíos en cuanto a la forma en que diseñan las áreas protegidas. Una de las recomendaciones de los investigadores es tomar medidas para gestionar agresivamente las emisiones de carbono (Brito-Morales, Schoeman y Molinos, 2020).

nutrientes que ascienden de los estratos inferiores a la zona en que penetra la luz solar, con la consiguiente reducción de la productividad primaria

– *Circulación oceánica*. La circulación mundial a través del mar abierto tiene efectos potenciales en la distribución de las especies y otras consecuencias posibles, por ejemplo, en las características meteorológicas.

– *Cambios en la productividad oceánica*. El calentamiento climático intensifica la estratificación del agua en vastas zonas y reduce la producción primaria o causa un cambio de la productividad en favor de especies más pequeñas de fitoplancton (o produce ambos efectos).

– *Pérdida de hielo marino en latitudes altas*. Los ecosistemas cubiertos de hielo de latitudes altas albergan una variedad biológica de valor internacional, y sus dimensiones y naturaleza hacen que sean de importancia decisiva para el equilibrio biológico, químico y físico de la biosfera.

Como se explicó atrás, estas presiones están modificando importantes características del mar, lo que afecta su dinámica y consecuentemente la supervivencia de diversas especies que cumplen funciones que son imprescindibles para la estructura y el diseño ecosistémico de los océanos.

En ese sentido, es fundamental continuar investigando las repercusiones de las actividades antrópicas, e insistiendo en la necesidad de un régimen jurídico internacional que las controle, pues de no ser así su incremento sin ningún control ni protocolo ocasionará daños irreversibles en el ecosistema marino.

II. LA NECESIDAD DE UN ACUERDO EN EL MARCO DE LA CONVENCIÓN DE LAS NACIONES UNIDAS SOBRE EL DERECHO DEL MAR (CNUDM) QUE CONDUZCA A LA CONSERVACIÓN Y EL USO SOSTENIBLE DE LA DIVERSIDAD MARINA DE LAS ZONAS SITUADAS FUERA DE LA JURISDICCIÓN NACIONAL

A. ALGUNOS ANTECEDENTES

La CNUDM adoptada en 1982 se considera un hito en la gestión de los océanos[8]. Como señala su preámbulo, este instrumento internacional busca

8 La Convención de 1982 se ha robustecido con diferentes acuerdos, entre los que podemos destacar:

establecer, respetando la soberanía de los Estados, un orden jurídico para los mares y océanos que facilite la comunicación internacional y promueva sus usos con fines pacíficos, así como la utilización equitativa y eficiente de sus recursos, el estudio, protección preservación del medio marino y la conservación de sus recursos vivos, lo cual es, sin duda, un ostentoso objetivo que ha requerido un trabajo articulado, así como el diseño de estrategias que conduzcan a su efectiva gobernanza[9].

El preámbulo también se refiere a la importancia y necesidad de desarrollar los principios incorporados en la Resolución 2749 de 1970, en la que se declaró, entre otras cosas, que la zona de los fondos marinos y oceánicos, y su subsuelo fuera de los límites de la jurisdicción nacional, así como sus recursos, son patrimonio común de la humanidad, cuya exploración y explotación se deben realizar en beneficio de todos, independientemente de la situación geográfica de los Estados.

Sin embargo, a diferencia de los expuestos anteriormente, este tema ha sido uno de los que precisa un adecuado desarrollo, pues, como se expuso en el acápite anterior, el impacto que se está generando actualmente en esas zonas advierte la necesidad de un régimen jurídico consolidado que articule la protección de la diversidad biológica marina y de sus recursos genéticos, y no continúe siendo, como hasta hoy, una regulación que muchos conside-

---

i) el Acuerdo relativo a la aplicación de su Parte XI de 1994, y ii) el Acuerdo sobre la aplicación de las disposiciones de la Convención relativas a la conservación y ordenación de las poblaciones de peces transzonales y las poblaciones de peces altamente migratorios de 1995.

9 Una de las finalidades de la Convención consiste en regular los diferentes usos que se les da a los océanos, muchas veces "encontrados"; en ese sentido, los Estados deciden dictar normas y crear organizaciones internaciones que contribuyen a la regulación, toda vez que no existe una única organización que tenga como mandato exclusivo la gobernanza de esos ecosistemas. Entre las organizaciones internacionales competentes de mayor relevancia se puede mencionar la Organización Marítima Internacional (OMI), que regula el transporte marítimo internacional, desarrolla reglas y normas relativas al incremento de la seguridad marítima, la eficiencia de la navegación, la prevención y el control de la contaminación marina; también el Programa de las Naciones Unidas para el Medio Ambiente (PNUMA), el cuál, a través de su Programa de Mares Regionales promueve un enfoque regional para el control de la contaminación ambiental y el manejo sostenible de los recursos marinos y costeros. Por su parta, la Organización de las Naciones Unidas para la Alimentación y la Agricultura (FAO), tiene entre sus objetivos la ordenación y utilización sostenible de las pesquerías, y para ello desarrolló el Código de Conducta de la FAO para la Pesca Responsable; también la Comisión Oceanográfica Intergubernamental de la Organización de las Naciones Unidas para la Educación, la Ciencia y la Cultura (UNESCO) promueve la cooperación internacional y la investigación de los océanos y las zonas costeras.

ran sectorial y fragmentaria, y que está lejos de responder a las necesidades actuales.

Entendida esta problemática, y en razón de la variedad de actividades, tanto tradicionales como novedosas que se realizan en las zonas fuera de la jurisdicción nacional, así como de la importancia ya comentada de preservar el medio marino y conservar la biodiversidad, desde el año 2006 se ha estado reuniendo el Grupo de Trabajo Especial Oficioso de Composición Abierta (en adelante, Grupo de Trabajo), designado por la Asamblea General de Naciones Unidas (en adelante, Asamblea General) que ha centrado sus debates en la existencia o no de deficiencias en la reglamentación y gobernanza de esas zonas, así como en la necesidad de adoptar un nuevo instrumento para su conservación.

Asimismo, en diversos escenarios internacionales se expuso la preocupación de no contar con un marco jurídico para la protección de la diversidad; así, en su Decisión II de 2010 la Conferencia de las Partes del Convenio sobre la Diversidad Biológica solicitó un estudio que analizara la relación entre este Convenio y la CNUDM, en lo relativo a la conservación y el adecuado uso de los recursos genéticos que se encuentran en los fondos marinos profundos[10]. En esa misma línea, en 2004 la Asamblea General creó el Grupo de Trabajo *ad hoc*, *Biodiversity Beyond National Jurisdiction* (BBNJ) para que estudiara las cuestiones relativas a la conservación y usos sostenible de la biodiversidad de esta zona[11].

---

10 En el parágrafo 12 de la Decisión II/10 de la Conferencia de las Partes del Convenio sobre Diversidad Biológica, celebrada en Jakarta del 6 al 17 de noviembre (COP2), se "pide al Secretario Ejecutivo que, en consulta con la Oficina de las Naciones Unidas para Asuntos Oceánicos y del Derecho del Mar, estudie la relación entre el Convenio sobre la Diversidad Biológica y la Convención de las Naciones Unidas sobre el Derecho del Mar con respecto a la conservación y la utilización sostenible de los recursos genéticos en los fondos marinos profundos, a fin de que, en reuniones futuras, el Órgano Subsidiario de Asesoramiento Científico, Técnico y Tecnológico pueda ocuparse, si procede, de las cuestiones científicas, técnicas y tecnológicas relativas a la prospección biológica de recursos genéticos en los fondos marinos profundos". El Estudio resultante fue presentado en la Octava reunión del Órgano Subsidiario de Asesoramiento Científico, Técnico y Tecnológico en 2003.

11 El Parágrafo 73 de la Resolución de la Asamblea General A/RES/59/24 "Los océanos y el derecho del mar" del 17 de noviembre de 2004, señaló que el Grupo de Trabajo BBNJ tenía como finalidad: "[...] a) pasar revista a las actividades anteriores y presentes de las Naciones Unidas y de otras organizaciones internacionales competentes en lo relativo a la conservación y el uso sostenible de la diversidad biológica marina fuera de las zonas de jurisdicción nacional; b) Examinar los aspectos científicos, técnicos, económicos, jurídicos, ambientales, socioeconómicos y de otro tipo de estas cuestiones; c) Determinar las cuestiones y los elementos principales respecto de los

Pero fue hasta el año 2012 que se oficializó en el documento final de la Conferencia de la Naciones Unidas sobre Desarrollo Sostenible "El futuro que queremos"[12], la importancia de la conservación y el uso sostenible de la biodiversidad marina fuera de las zonas de jurisdicción nacional[13], necesidad que la Asamblea replicó en la Resolución 66/288 del 27 de julio de 2012, y abordó urgentemente, basándose en la labor del Grupo de Trabajo encargado de estudiar las cuestiones relativas a la conservación y uso sostenible de la diversidad biológica marina en esas zonas, particularmente en lo referente a adoptar una decisión respecto de la elaboración de un instrumento internacional en el marco de la CNUDM.

Otro antecedente que igualmente fortaleció la necesidad de diseñar este instrumento internacional fue la solicitud dirigida al Grupo de Trabajo para que formulara recomendaciones sobre el alcance, los parámetros y la viabilidad de este instrumento en el marco de la Convención[14].

---

cuales convendría hacer estudios de base más detallados para facilitar su examen por los Estados; d) Indicar, cuando proceda, opciones y enfoques posibles para promover la cooperación y la coordinación internacionales con miras a la conservación y el uso sostenible de la diversidad biológica fuera de las zonas de jurisdicción nacional".

12 En este documento los Estados reconocieron que "... los océanos, los mares y las zonas costeras constituyen un componente integrado y esencial del ecosistema terrestre y son fundamentales para mantenerlo, y que el Derecho internacional reflejado en la Convención constituye el marco jurídico de la conservación y el uso sostenible de los océanos y mares y sus recursos para el desarrollo sostenible, en particular [debido a] su contribución a la erradicación de la pobreza, al desarrollo económico sostenido, la seguridad alimentaria y la creación de medios de vida sostenibles y trabajo decente, así como a la protección de la diversidad biológica y el medio marino y a las medidas para hacer frente a los efectos del cambio climático": Rio+20. Conferencia de las Naciones Unidas sobre el Desarrollo Sostenible, Río de Janeiro 20 a 222 de junio de 2012, A/CONF.216/L.1 "El futuro que queremos", parágrafo 158. La Asamblea General de las Naciones Unidas hizo suyo este informe en su Resolución 66/288 del 27 de julio de 2012.

13 El párrafo 162 del documento "El futuro que queremos" señala: "Reconocemos la importancia de la conservación y el uso sostenible de la biodiversidad marina fuera de las zonas de jurisdicción nacional. Observamos la labor que está realizando en el marco de la Asamblea General un grupo de trabajo especial oficioso de composición abierta encargado de estudiar cuestiones relativas a la conservación y el uso sostenible de la biodiversidad marina fuera de las zonas de jurisdicción nacional. Basándose en la labor del grupo de trabajo especial, y antes de que finalice el sexagésimo noveno período de sesiones de la Asamblea General, nos comprometemos a abordar urgentemente el tema de la conservación y uso sostenible de la biodiversidad marina en las zonas fuera de la jurisdicción nacional, en particular, a tomar una decisión sobre el desarrollo de un instrumento internacional en el marco de la Convención de las Naciones Unidas sobre el Derecho del Mar" (ONU, 2012: 34).

14 Esta solicitud al Grupo de Trabajo Especial Oficioso de Composición Abierta se materializa en el

En ese sentido, podemos mencionar dos documentos que contienen las sugerencias hechas por este Grupo. El primero, del año 2011, expone la importancia de iniciar un proceso que asegure que el marco jurídico para la conservación y el uso sostenible de la diversidad biológica marina en esas zonas aborde eficazmente esas cuestiones identificando las deficiencias y los avances. Este documento, igualmente, hace énfasis en la importancia de asumir conjuntamente diversos aspectos, entre los que se destacan: i) los recursos genéticos marinos y las cuestiones relativas a la participación de los beneficios que se derivan de ellos; ii) los mecanismos de ordenación basados en zonas geográficas, incluidas las zonas marinas protegidas, y iii) las evaluaciones de impacto ambiental, así como la creación de capacidad y transferencia de tecnología marina (ONU, 2011).

En el mismo sentido se encaminan las sugerencias realizadas por este Grupo en el segundo documento: un informe del año 2015. Sin embargo, fueron más enfáticas en sus recomendaciones:

– Elaborar un instrumento internacional jurídicamente vinculante en el marco de la Convención sobre la conservación y el uso sostenible de la diversidad biológica marina fuera de las zonas de jurisdicción nacional;

– Establecer un comité preparatorio abierto a todos los Estados miembros de las Naciones Unidas, los miembros de los organismos especializados y las partes en la Convención, además de otros invitados en calidad de observadores, que formule recomendaciones de fondo respecto de los elementos de un proyecto de texto para desarrollar un instrumento internacional jurídicamente vinculante;

– Tener en cuenta durante las negociaciones los temas relacionados en el documento del año 2011;

– Que el proceso no socave los instrumentos y marcos jurídicos ni los órganos mundiales, regionales y sectoriales pertinentes que existen, y

– Que ni la participación en las negociaciones ni sus resultados afecten la situación jurídica de los Estados que no son partes en la Convención o en otros acuerdos conexos con respecto a esos instrumentos, ni la condición jurídica de las partes en la Convención o en otros acuerdos conexos con respecto a esos instrumentos (ONU, 2015).

---

párrafo 214 de la Resolución 69/245. En ese sentido, se puede consultar un informe preliminar del 30 de junio de 2011 y un documento final de febrero de 2015.

Así las cosas, y teniendo en cuenta estas recomendaciones, en junio de 2015 la Asamblea General decidió elaborar un instrumento jurídicamente vinculante y propuso conformar un comité preparatorio que eligiera dos miembros de cada grupo regional, y que fueran esas diez personas las que asistieran al presidente en las cuestiones de procedimiento. En el mismo sentido, señaló la importancia de establecer un fondo fiduciario especial de contribuciones voluntarias con el fin de ayudar a los países en desarrollo y los menos adelantados, así como a los pequeños Estados insulares para que asistieran a las reuniones del comité preparatorio y a la conferencia intergubernamental (ONU, 6 de julio de 2015).

Las diferentes discusiones y reuniones en torno a esta temática llevaron a establecer unos aspectos mínimos que se debían incluir en el texto del instrumento, toda vez que representaban desafíos para la gobernanza de esas zonas y para la efectiva protección de su biodiversidad, entre ellos: a) la ausencia de un conjunto amplio de principios generales de gobernanza y de cooperación internacional; b) la ausencia de un marco internacional para el establecimiento de AMP en ZFJN[15]; c) lagunas y falta de claridad jurídica en torno a la situación de los recursos genéticos marinos en ZFJN; d) el déficit de normas internacionales para las evaluaciones de impacto ambiental y las evaluaciones ambientales estratégicas en las ZFJN; e) las dificultades relativas al desarrollo de las capacidades de transferencia de tecnología marina; f) los obstáculos a los que se enfrenta la gestión sostenible de la pesca en alta mar, y g) la cuestión de la relación auténtica entre el Estado y el buque.

Entonces, después de haber obtenido la información se da inicio a la construcción del instrumento jurídicamente vinculante, identificando los aspectos fundamentales que debe contener, así como su proceso de negociación.

---

15 De acuerdo con el Convenio sobre la Diversidad Biológica, una zona protegida abarca "un área definida geográficamente que haya sido designada o regulada y administrada para alcanzar objetivos específicos de conservación". Las AMP pueden ser consideradas como un instrumento fundamental para la conservación de la biodiversidad marina en las ZFJN, pues pretenden garantizar un mayor nivel de protección en esas zonas. Lo anterior se pretende realizar regulando la actividad humana en las zonas protegidas y reduciendo con ello el impacto de ciertas presiones (Ariche, 2016: 10).

B. Desarrollo de las conferencias intergubernamentales para la negociación del instrumento

Bajo los auspicios de las Naciones Unidas la Asamblea General decidió convocar a una conferencia intergubernamental para examinar, en el marco de la CNUDM, las recomendaciones del Comité Preparatorio relacionadas con los elementos que contendría el texto de un instrumento internacional jurídicamente vinculante, relativo a la conservación y uso sostenible de la diversidad biológica marina de las zonas situadas fuera de la jurisdicción nacional, y a su vez redactar el texto con el fin de elaborar el instrumento lo antes posible.

En el mismo sentido se decidió también que: i) en las negociaciones se tratarían los temas establecidos en el paquete acordado en 2011, y que ii) inicialmente, en 2018, 2019 y el primer semestre de 2020, la conferencia se reuniría durante cuatro periodos de sesiones con una duración de diez días laborales cada uno, y que el primero de ellos se realizaría durante el segundo semestre de 2018, los dos siguientes en 2019 y el en el primer semestre de 2020.

Ahora bien, después de la reunión celebrada entre el 16 y el 18 de abril de 2018[16] la presidencia decidió redactar un documento en el que dio respuesta a la petición formulada por la Conferencia en la que se solicitaba preparar un documento conciso que contribuyera al desarrollo de los debates, y que tuviera como base la información del comité preparatorio, y en el que, a su vez, se analizaran las cuestiones relacionadas con los temas intersectoriales, y se abordaran los posibles interrogantes surgidos durante los debates relacionados con las cuestiones relativas a la distribución de los beneficios de los recursos genéticos marinos, así como a la creación de capacidad y transferencia de tecnología marina[17]. El documento fue presentado durante

16 Para más información en ese sentido cfr. el acta del primer periodo de sesiones realizado del 4 al 17 de septiembre de 2018, disponible en [https://undocs.org/sp/A/CONF.232/2018/3.

17 Para las negociaciones de este nuevo instrumento jurídico la tecnología marina comprende varios elementos presentados en un formato de fácil utilización, como la información y los datos referidos a las ciencias del mar, y a las operaciones y servicios marinos conexos; los manuales, directrices, criterios, normas y materiales de referencia; los equipos de muestreo y metodología; las instalaciones y los equipos de observación (p. ej., equipos de teledetección, boyas, mareógrafos y medios de observación de los océanos a bordo de buques y de otra índole); los equipos para

el primer periodo de sesiones realizado entre el 4 y el 17 de septiembre de 2018, aunque los elementos, las opciones y los interrogantes enumerados no eran necesariamente exhaustivos y no impedían el examen de los asuntos que no figuraban en ese análisis (ONU, 2018).

Durante el segundo período de sesiones de la conferencia, celebrado entre el 25 de marzo y el 5 de abril de 2019, las delegaciones debatieron las ideas y propuestas para las negociaciones que figuraban en un documento de ayuda de la presidencia, y que pretendían facilitar las negociaciones basadas en una propuesta de texto que contenía el articulado, así como las opciones relativas a cuestiones intersectoriales.

En el tercer período de sesiones de la conferencia, celebrado entre el 19 y el 30 de agosto de 2019, los participantes examinaron el proyecto de texto de un acuerdo elaborado por la presidencia de la conferencia, en el marco de la CNUDM, relativo a la conservación y uso sostenible de la diversidad biológica marina de las zonas situadas fuera de la jurisdicción nacional (A/CONF.232/2019/6); al concluir, se solicitó a la presidencia que preparara un proyecto de texto revisado en el que se tuvieran en cuenta las observaciones formuladas durante las deliberaciones del tercer período de sesiones, y en el que se examinaran las propuestas de texto formuladas por las delegaciones, contenidas en los distintos documentos de la sesión publicados en el tercer período de sesiones de la conferencia.

El cuarto periodo de sesiones de la conferencia intergubernamental a realizarse entre el 23 de marzo y el 3 de abril de 2020 fue aplazado dada la situación del COVID-19. Así las cosas, quedó pendiente la definición de una nueva fecha para su realización (ONU, 2020).

C. ALGUNOS ASPECTOS RELACIONADOS CON EL PROYECTO DEL ACUERDO

El documento a partir del cual se está llevando a cabo la actual discusión, denominado "Proyecto de texto revisado de un acuerdo en el marco de la Convención de las Naciones Unidas sobre el Derecho del Mar relativo a la

---

observaciones *in situ* y de laboratorio, análisis y experimentación; las computadoras y programas informáticos, incluidos los modelos y técnicas de modelización, así como la experiencia, los conocimientos, las aptitudes, los conocimientos técnicos, científicos y jurídicos, y los métodos analíticos relacionados con la investigación y la observación científicas marinas (ONU, 2019).

conservación y el uso sostenible de la diversidad biológica marina de las zonas situadas fuera de la jurisdicción nacional", compuesto por 70 artículos, plantea como objetivo general del acuerdo

> ... asegurar la conservación [a largo plazo] y el uso sostenible de la diversidad biológica marina de las zonas situadas fuera de la jurisdicción nacional mediante la aplicación efectiva de las disposiciones pertinentes de la Convención y la promoción de la cooperación y coordinación internacionales.

En el mismo sentido, el artículo 4.º se refiere a la relación entre este acuerdo, la convención, los instrumentos y marcos jurídicos pertinentes y los órganos mundiales, regionales, subregionales y sectoriales competentes, señalando que, en virtud de la Convención, ninguna disposición contenida en el documento puede menoscabar los derechos, la jurisdicción y los deberes que corresponden a los Estados, y plantea que se deben respetar los derechos y la jurisdicción de los Estados ribereños en todas las zonas bajo su jurisdicción nacional, incluida la plataforma continental dentro de las 200 millas marinas y más allá, y la zona económica exclusiva, de conformidad con la Convención.

Vale la pena mencionar los principios y enfoques generales contenidos en el artículo 5.º: a) el principio de no regresión; b) el principio de que quien contamina paga, como intento de fomentar la internalización de los costos ambientales y el uso de instrumentos económicos, teniendo en cuenta el enfoque de que quien contamina debe, en principio, cargar con los costos de la contaminación, tomando debidamente en consideración el interés público y sin distorsionar el comercio ni las inversiones internacionales; c) el principio del patrimonio común de la humanidad; d) el principio de equidad; e) el principio o enfoque de precaución; f) el enfoque ecosistémico; g) el enfoque integrado; h) el enfoque que fomenta la exposición de los ecosistemas a los efectos adversos del cambio climático y la acidificación del océano, y con el que se busca restaurar la integridad de los ecosistemas; i) el uso de la mejor información científica disponible y los conocimientos tradicionales pertinentes de los pueblos indígenas y las comunidades locales, y j) la no transferencia, directa o indirecta, de daños o peligros de una zona a otra, y la no transformación de un tipo de contaminación en otro.

La tercera parte de este proyecto de acuerdo desarrolla lo pertinente a los mecanismos de gestión basados en zonas geográficas, incluidas las áreas marinas protegidas, y otras medidas. En ese sentido, el principal objetivo de esa sesión plantea la necesidad de mejorar la cooperación y la coordinación en el uso de los mecanismos de gestión basados en zonas geográficas, incluidas las áreas marinas protegidas, entre los Estados, y los instrumentos y marcos jurídicos pertinentes, con los que se pretende promover un enfoque holístico e intersectorial de la gestión de los océanos, la conservación y el uso sostenible de la diversidad biológica marina de las zonas situadas fuera de la jurisdicción nacional (Naciones Unidas, 2019).

Vale la pena resaltar que este es un documento que está en discusión, lo que implica que puede llegar a tener modificaciones. Diferentes Estados y entidades internacionales, entre ellas, International Union for Conservation of Nature, International Cable Protection Committee, International Chamber of Shipping, y Ocean Care, realizaron comentarios que fueron compilados en un documento publicado el 15 de abril de 2020 (Naciones Unidas, 2020).

D. La posición de Colombia en este proceso de negociación

Para empezar, es importante aclarar que Colombia no es parte del CNUDM, sin embargo, ha logrado incidir en las negociaciones de este nuevo instrumento a través de grupos regionales y subregionales y ha participado activamente en la presentación de propuestas durante las sesiones de negociación, de una manera constructiva (Ministerio de Relaciones Exteriores de Colombia, s.f.).

En ese sentido el representante de Colombia durante el sexagésimo noveno periodo de sesiones de la Asamblea General de las Naciones Unidas, Luis Fernando Orozco Barrera, fue claro en reafirmar el compromiso del país de atender los asuntos relacionados con la conservación y el uso sostenible de los recursos marinos en alta mar, la protección de los océanos y la necesidad de garantizarlos integralmente. Destacó su condición de país megadiverso, y de limitar con el Océano Pacífico y Mar Caribe, lo que fortalece la relevancia del proceso que se adelanta en relación con la protección y conservación de la biodiversidad en estas zonas. En el mismo sentido señaló que Colombia posee dos de las áreas marinas de conservación y uso sustentable más grandes del mundo, y destacó que el desarrollo no se puede pagar a costa de sus recursos naturales (Naciones Unidas, 2015).

En su discurso también expresó que Colombia se ha sumado al consenso para la aprobación de la resolución que permita llevar a cabo la conferencia preparatoria con la que se busca desarrollar un instrumento internacional legalmente vinculante, bajo la Convención de las Naciones

Unidas sobre el Derecho del Mar para la conservación y el uso sostenible de la biodiversidad marina en las áreas de alta mar, y aclaró que el apoyo del país no implica la aceptación de las disposiciones ni las obligaciones contenidas en la Convención de las Naciones Unidas sobre el Derecho Mar del 10 de diciembre de 1982, de la cual la República de Colombia no es parte. En ese sentido, destacó que ni la participación en las negociaciones, consultas y discusiones, ni su resultado pueden afectar el estatus legal de Colombia con respecto a dicha Convención o a cualquier otro instrumento relacionado con ellos, como quedó establecido en el párrafo 4 del proyecto de resolución (ONU, 2015).

Por su parte, a la tercera sesión de la Conferencia Intergubernamental asistieron la Dirección de Asuntos Sociales, Económicos y Ambientales, junto con la Misión de Colombia ante Naciones Unidas en Nueva York y el Ministerio de Ambiente y Desarrollo Sostenible representado por la Dirección de Asuntos Marinos, Costeros y Recursos Acuáticos (DAMCRA) y la Dirección de Bosques, Biodiversidad y Servicios Ecosistémicos, delegación que se destacó por su carácter constructivo en la negociación de este instrumento crucial para la protección de los océanos y la biodiversidad, siempre defendiendo su estatus legal como Estado no Parte de la CNUDM (Ministerio de Relaciones Exteriores, 2019).

Vale la pena finalizar expresando que en diferentes escenarios Colombia ha expuesto que esta negociación es considerada la más significativa en materia de océanos pues debe responder a las presiones y amenazas que acechan a la biodiversidad en las áreas fuera de las jurisdicciones nacionales, además de la inexistencia de un marco normativo que las regule.

CONCLUSIONES

Es indiscutible lo importante que resulta proteger y conservar adecuadamente los recursos naturales y la biodiversidad de los océanos, pues los servicios ecosistémicos que proveen no solamente son incalculables, sino que también resultan imprescindibles para la vida humana.

Todos los países coinciden en señalar la importancia de conservar la riqueza que representa la diversidad biológica de las zonas fuera de la jurisdicción nacional, y la necesidad de mantener un desarrollo sostenible en ellas, por lo cual es increíble que no exista un instrumento jurídicamente vinculante que regule las actividades que se realizan sin control en esas áreas.

En ese sentido, es fundamental conocer la cantidad y variedad de alimentos que proporciona el mar, su capacidad para absorber el dióxido de carbono, los suministros energéticos que se derivan del oleaje y las mareas, así como los recursos genéticos marinos reconocidos por su importancia para la economía y la sostenibilidad de muchos sectores, que desafortunadamente son desconocidos por gran parte de la población.

Así las cosas, el desconocimiento conlleva que en algunas ocasiones no se reconozca la necesidad de protegerlo, o lo trascendental que resulta definir con claridad los protocolos de las actividades que se llevan a cabo en él, o lo fundamental que es incentivar su investigación, toda vez que el conocimiento científico de esas áreas debe servir para diseñar e implementar instrumentos que promuevan la conservación de la biodiversidad y el desarrollo sostenible del ecosistema.

A pesar de que en diferentes escenarios internacionales se ha expresado la necesidad de desarrollar un instrumento jurídicamente vinculante para su protección, la cantidad de actividades que se realizan en esas áreas ha venido aumentando descontroladamente. Fue apenas hasta 2018, después de innumerables reuniones de grupos expertos en el tema, cuando se iniciaron las negociaciones de este nuevo tratado en el marco de la CNUDM.

Entre los aspectos que se recomendó tener en cuenta en la construcción y discusión del instrumento, el grupo de expertos hizo énfasis especialmente en los temas relacionados con los recursos genéticos marinos y las cuestiones relativas a la participación en los beneficios que se derivan de ellos, los mecanismos de ordenación basados en zonas geográficas, incluidas las zonas marinas protegidas, así como las evaluaciones de impacto ambiental, y la creación de capacidad y transferencia de tecnología marina, entre otras.

En el mismo sentido, las diferentes discusiones que antecedieron el proceso de negociación identificaron una serie de desafíos en la gobernanza de dichas zonas y en la protección de su biodiversidad, por lo que recomendaron estudiar a fondo, entre otros asuntos, la ausencia de principios generales de gobernanza y cooperación internacional, la inexistencia de un marco internacional para el establecimiento de AMP en las zonas fuera de la jurisdicción nacional, las lagunas y la falta de claridad jurídica en torno a la situación de los recursos genéticos marinos, y los obstáculos que enfrenta la gestión sostenible de la pesca en alta mar.

Ahora bien, el último periodo de sesiones de negociación programado para el primer semestre de 2020 quedó aplazado por la crisis mundial ocasionada por la pandemia derivada del COVID-19; sin embargo, el proceso ha avanzado de manera acertada con una participación importante de los Estados.

A pesar de no ser parte de la CNUDM, Colombia ha incidido en las negociaciones a través de los grupos regionales, y ha enfatizado la importancia de la negociación de este instrumento jurídicamente vinculante, pues resulta fundamental responder a las presiones y amenazas que aquejan a la biodiversidad en las áreas fuera de las jurisdicciones nacionales.

Por último, es importante tener en cuenta que la ONU proclamó el periodo 2021-2030 como la "Década de las Ciencias Oceánicas para el Desarrollo Sostenible", cuyo objetivo es movilizar a la comunidad científica, pero también a los políticos, las empresas y la sociedad civil en torno a un programa común de investigación y de innovación tecnológica.

Para lograr la sostenibilidad de las zonas fuera de la jurisdicción nacional y proteger los hábitats vulnerables, conservar la diversidad biológica y garantizar un futuro sostenible, es fundamental la cooperación internacional. En el mismo sentido es necesario que los gobiernos establezcan sistemas de zonas protegidas integrales, eficaces y que garanticen una gestión equitativa.

A nivel local de debe incentivar la compra de productos, así como el consumo de alimentos procedentes de prácticas respetuosas con los océanos, en lo posible elegir productos certificados que lo garanticen. Y lo que es más importante: difundir el mensaje respecto de la importancia de la vida marina y la necesidad de su efectiva protección.

BIBLIOGRAFÍA

ARICHE, M. "La gobernanza de la biodiversidad marina en zonas fuera de la jurisdicción nacional: desafíos y perspectivas", *Revista de Estudios Jurídicos*, Universidad de Jaén (España), 2016.

BRITO-MORALES, L.; D. SCHOEMAN y J. MOLINOS. "Climate velocity reveals increasing exposure of deep-ocean biodiversity to future warming", *Nat. Clim. Chang*, 2020, disponible en [https://doi.org/10.1038/s41558-020-0773-5].

DAY, J.; D. LAFFOLEY y K. ZISCHKA. "Gestión y manejo de áreas marinas protegidas", en G. WORBOYS, M. LOCKWOOD, A. KOTHARI, S. FEARY y I. PULSFORD. *Gobernanza y manejo de áreas protegidas*, Bogotá, Universidad El Bosque y ANUS Press, 2019.

Martínez Vargas, J. R. y G. Vega Barbosa. *Tratado del Derecho del Mar*, Valencia, Universidad del Rosario, 2016.

Massachusetts Institute of Technology. "Understanding the impact of deep-sea mining", *Massachusetts Institute of Technology News*, 2019, disponible en [http://news.mit.edu/2019/understanding-impact-deep-sea-mining-1206].

Ministerio de Relaciones Exteriores. "Colombia realizó aportes en la III Sesión de la Conferencia Intergubernamental para el desarrollo de un instrumento que regule la biodiversidad en áreas fuera de la jurisdicción nacional", 2 de septiembre de 2019, disponible en [https://www.cancilleria.gov.co/en/newsroom/news/colombia-realizo-aportes-iii-sesion-conferencia-intergubernamental-desarrollo].

Ministerio de Relaciones Exteriores de Colombia. "Biodiversidad más allá de las áreas de jurisdicción nacional", s.f., disponible en [https://www.cancilleria.gov.co/biodiversidad-alla-areas-jurisdiccion-nacional-biological-diversity-areas-beyond-national].

ONU. "Los océanos y el derecho del mar", 2011, disponible en [file:///C:/Users/julia/Desktop/Tratado%20Biodiversidad%20Marina/Recomendaciones%20del%20Grupo%20b.pdf].

ONU. *El futuro que queremos*, 2012.

ONU. "Los océanos y el derecho del mar", 2015, disponible en [https://undocs.org/es/A/69/780

ONU. "Sixty-ninth session General Assembly", 2015, disponible en [https://undocs.org/en/A/69/PV.96].

ONU. "First Global Integrated Marine Assessment", 2016, disponible en [https://www.un.org/depts/los/global_reporting/WOA_RPROC/Chapter_36F.pdf].

ONU. "Resumen técnico de la Primera Evaluación Integrada del Medio Marino a Escala Mundial", 2017.

ONU. Primer Periodo de Sesiones, "Conferencia Intergubernamental sobre un instrumento internacional juridicamente vinculante en el marco de la CNUDM relativo a la conservación y el uso sostenible de la diversidad biológica marina de las ZFJN", 2018, disponible en [https://undocs.org/sp/A/CONF.232/2018/3].

ONU. Segundo periodo de sesiones "Documento de ayuda a la Presidencia para las negociaciones del Intrumento jurídicamente vinculante en el marco de la CNUDM", 2019, disponible en [https://undocs.org/sp/A/CONF.232/2019 /1].

ONU. "Los océanos y el derecho del mar", 2020, disponible en [https://undocs.org/es/a/74/l.41].

ONU. Resolución 69/292, 6 de julio de 2015, disponible en [https://undocs.org/sp/A/RES/69/292].

ONU. "La conservación y el uso sostenible de la diversidad biológica marina de las zonas situadas fuera de la jurisdicción nacional: resumen técnico de la Primera Evaluación Integrada del Medio Marino a Escala Mundial", 2017, disponible en [https://www.un.org/regularprocess/sites/www.un.org.regularprocess/files/17-05752-s-biological-diversity.pdf].

LUIS GUILLERMO ACERO GALLEGO

El posible responsable en las acciones colectivas en materia ambiental

SUMARIO

RESUMEN

En el presente trabajo se analizan las principales particularidades procesales de la figura del posible responsable en las Acciones Colectivas, y para ello se parte de la base de la especial importancia de estas últimas en materia ambiental. A lo largo del texto se resalta cómo esta figura rompe con los esquemas tradicionales de los procesos judiciales cotidianos, cuya aplicación genera en la práctica no pocas situaciones que resultan problemáticas. A pesar de que es entendible que en las acciones colectivas se pretenda establecer una vía alterna a los procesos cotidianos, algunos aspectos de la figura, particularmente la vinculación tardía del posible responsable, permiten plantear algunas discusiones en cuanto a su constitucionalidad.

PALABRAS CLAVE

Acciones Colectivas, temas ambientales, posible responsable.

ABSTRACT

This paper analyses the main procedural characteristics of the figure of the possible responsible party in the Collective Actions. This is based on the special importance of the latter in environmental matters. Throughout the text it is highlighted how this figure breaks with the traditional schemes of daily judicial processes, the application of which, from a practical perspective, generates many problematic situations. Although it is understandable that in Collective Actions the intention is to establish an alternative way to daily processes, some aspects of the figure, particularly the late involvement of the possible responsible party, give grounds to discuss its constitutionality.

KEYWORDS

Collective Actions, Environmental issues, Possible responsible.

INTRODUCCIÓN

A través de las acciones populares y de grupo (en adelante, conjuntamente, "Acciones Colectivas") (Hernández, 2005), reguladas en la Ley 472 de 1998 (LAPG) y, complementariamente, por las normas del Código General del Proceso (CGP) y el Código de Procedimiento Administrativo y de lo Contencioso Administrativo (CPACA), se suelen tramitar ante la jurisdicción asuntos de gran trascendencia social. Esta situación se ve reflejada, particularmente, en los casos que tienen origen, o que de alguna forma se relacionan, con los asuntos ambientales.

Teniendo en cuenta esta relevancia, es preciso señalar que, desde el punto de vista procesal, las Acciones Colectivas suponen una suerte de *vía alterna* a los procesos judiciales comunes previstos en el ordenamiento colombiano. Esta situación de alternatividad implica que varios de los cánones de los procesos comunes sufran alguna clase de variación.

Un ejemplo de esta situación se halla en la figura del posible responsable, propio de las Acciones Colectivas, que constituye una clara novedad frente a algunos de los cánones de los procesos comunes, particularmente en relación con la figura conocida como *libertad de demanda*.

Teniendo en cuenta lo anterior, en el presente trabajo se analiza la figura del posible responsable, específicamente en las Acciones Colectivas, para lo cual se presentan unas notas puntuales relativas a la importancia que estas últimas tienen en el campo ambiental; seguidamente se analiza cómo las Acciones Colectivas suponen la modificación de algunos de los cánones rígidos de los procesos tradicionales, y posteriormente se estudia la regulación legal de la figura, contenida en la LAPG, particularmente teniendo en cuenta los principales problemas que su aplicación práctica genera, algunos de ellos con repercusiones constitucionales.

I. LAS ACCIONES COLECTIVAS Y SU IMPORTANCIA EN LOS ASUNTOS AMBIENTALES

La LAPG fue promulgada el 6 de agosto de 1998 y entró en vigencia el 7 de agosto de 1999. Más de veinte años después se puede afirmar que su aparición en el ordenamiento colombiano constituyó una importante innovación en materia judicial, de alguna forma similar a lo que aconteció, en su momento, con la irrupción de la acción de tutela luego de la expedición de la Constitución Política del 1991. En lo que toca al área ambiental, vale señalar que en este lapso se han visto desfilar por los estrados judiciales, a través de las Acciones Colectivas, los más variados asuntos relacionados, de una manera u otra manera, con el medio ambiente, con hondas repercusiones e implicaciones sociales, bien por las materias en juego, bien por el número de personas que podrían verse afectadas o cobijadas por las decisiones correspondientes. En virtud de este panorama la acción popular se ha erigido en el instrumento más utilizado para discutir en sede judicial la posible ocurrencia del denominado daño puro ambiental, mientras que la acción de grupo lo ha sido en relación con el denominado daño impuro, cuando el mismo supone la afectación de múltiples intereses individuales homogéneos (Henao, 2003).

En este tipo de casos la realidad judicial muestra una situación de frecuente ocurrencia, consistente en que en la eventual o real afectación de los derechos o intereses en juego se suele hallar involucrada una pluralidad de sujetos. De igual manera, es frecuente que, por múltiples razones, el accionante o demandante no dirija sus pretensiones respecto de todos ellos.

Sea cual sea la razón de esta situación, lo cierto es que en la LAGP existe una singular regulación que supone un cambio de perspectiva frente a algunos de los cánones tradicionales de los procesos comunes, con base en la cual es factible que el juez vincule al proceso a otros sujetos que puedan estar involucrados en las circunstancias que han motivado la respectiva demanda que, en el área ambiental, será la potencial vulneración del derecho colectivo a un ambiente sano o la consecuente afectación de múltiples intereses individuales homogéneos. Para los efectos de este trabajo, esta figura será denominada como la del *posible responsable*.

II. EL CAMBIO DE PARADIGMA PROCESAL DE LAS ACCIONES COLECTIVAS

Las Acciones Colectivas suponen un cambio de paradigma en lo que hace a varios de los cánones procesales de los procesos comunes, lo cual tiene sentido si se las considera efectivamente como vías alternas a estos últimos. Vale señalar que los procesos que constituyen esta alternancia han sido llamados por algunos autores procesos con *tutela jurisdiccional diferenciada* (Hurtado Reyes, 2006).

Desde el propio trámite de la LAPG se sostuvo esta idea. En el texto del proyecto de ley 084 de 1995 el entonces Defensor del Pueblo señaló:

> El trámite de las acciones populares y de grupo debe responder a las características especiales de las acciones. Es por eso que en el procedimiento los Jueces deben dar efectividad una nueva discrecionalidad que se aparta por completo de la tradición judicial y asumir un nuevo papel en el ejercicio de la justicia colectiva (Defensoría del Pueblo, 1996: 6).

Así mismo, en la Sentencia C-215 de 1999, una de las primeras en revisar la constitucionalidad de algunas normas de la LAPG, la Corte Constitucional argumentó, en relación con las Acciones Populares, que "estas acciones tienen una estructura especial que las diferencia de los demás procesos litigiosos, en cuanto no son en estricto sentido una controversia entre partes que defienden intereses subjetivos".

Una idea similar la expresa Palacio Hincapié (2013: 604), "[T]al nota nos permite ver, como en muchos otros aspectos regulados por la ley (se refiere a la Ley 472 de 1998), que la teoría de los presupuestos procesales no tiene aplicación a estas acciones".

Vale señalar que esta noción no es, ni mucho menos, exclusiva del ámbito local. En la exposición de motivos del Código Modelo de Procesos Colectivos para Iberoamérica se reitera una idea similar: "... el proceso tradicional no se adecua a la defensa de los derechos e intereses transindividuales, cuyas características los colocan a mitad de camino entre el interés público y el privado, siendo propios de una sociedad globalizada y resultado de conflictos de masa" (Instituto Iberoamericano de Derecho Procesal, 2005: 1095).

Al respecto, sin duda la figura del posible responsable constituye una clara novedad frente a la regulación usual de los procesos comunes en Colombia. En particular, porque con ella se modifica el canon tradicional de *libertad de demanda*, según se explica en seguida. No obstante, se debe señalar un asunto paradójico que ocurre, al menos, en el caso colombiano: la LAPG no constituye un cuerpo normativo que reglamente en su integridad todo lo atinente a las acciones colectivas, pues muchos asuntos no cuentan con regulación específica, por lo que se debe acudir a las normas supletivas, que hoy en día son el CGP y el CPACA, según lo ordenan los artículos 44 y 68 de la LAPG. Por ello, en todo caso la figura del posible responsable se debe armonizar con la regulación de los procesos comunes, lo cual no deja de generar problemas prácticos de interpretación y aplicación.

De acuerdo con las nociones tradicionales, la libertad de demanda implica que, en principio, es la parte demandante la que decide quiénes conforman las partes del proceso, esto es, quiénes formulan las pretensiones y en contra de qué sujetos, sin que, en principio, pueda haber injerencias o imposiciones externas al respecto (Ramírez Arcila, 1978). No es una regla rígida, claro está, y tanto en el CGP como en el CPACA se regulan varias excepciones puntuales.

Así, por ejemplo, el artículo 61 del CGP alude a la figura del litisconsorcio necesario (Parra Quijano, 2006a) y, más específicamente, a la debida integración del contradictorio; según esta norma, es preciso que, en caso de existir un litisconsorcio necesario en alguna de las partes del proceso, o en ambas, estén presentes todos los sujetos que lo componen, el menos, antes de que se profiera sentencia de primera instancia, y en caso de que así no suceda, con la formulación de la demanda habrá una serie de *remedios* para lograr dicho objetivo, incluyendo la posibilidad de que el juez cite a los sujetos ausentes en el auto admisorio, que suceda lo propio en razón de que la parte demandada formule la excepción previa del numeral 9 del artículo 100 del CGP o, en últimas, que el juez efectúe dicha citación de oficio en cualquier momento del proceso. Como se advierte, esta figura entraña una excepción a la libertad de demanda pues no es por voluntad de la parte demandante que el contradictorio debe ser debidamente conformado, sino por ministerio de la ley, en razón de las situaciones absurdas que conllevaría no obrar de tal forma.

Otra clara excepción se encuentra en la norma que se desprende del artículo 67 del CGP, la cual establece que si se demanda a alguien en calidad de poseedor o de tenedor, y el demandado no ostenta en realidad esta condición debe manifestarlo, indicando quién la tiene, a quién debe citar el juez a efectos de que comparezca al proceso, y si en efecto es o no el verdadero poseedor o tenedor. Como se observa, de nuevo, la circunstancia anotada escapa a la voluntad de la parte demandante y opera por así ordenarlo la norma referida, respecto de la cual vale hacer otra anotación: en el fondo esta disposición, que solamente opera para los casos en ella señalados, pretende solucionar un caso de falta de legitimación en la causa por pasiva, en la medida en que supone que las pretensiones se han dirigido contra quien no tiene la habilitación legal para ser sujeto pasivo, situación que, de no corregirse, acarrearía forzosamente la expedición de una sentencia absolutoria, con la muy posible consecuente afectación de los intereses o derechos de la parte demandante.

Por su parte, el artículo 224 del CPACA establece, entre varias posibilidades, que sujetos diferentes de los demandantes originales piden intervenir como litisconsortes facultativos de estos últimos, en los casos en que se ejerzan pretensiones de nulidad y restablecimiento del derecho, contractuales y de reparación directa, antes de que se fije fecha para la audiencia inicial, siendo esta una figura similar a la acumulación de demandas prevista en el artículo 148 del CGP. En ambos casos, debe anotarse, la llegada de nuevos sujetos que entran a conformar la parte demandante, formulando una nueva demanda, no radica en la voluntad de quienes conforman la parte demandante sino en la de los sujetos que arriban al proceso en esa condición.

Vale señalar que, con excepción de los casos puntuales a los que se ha hecho alusión, un sujeto adquirirá la condición de demandado en un proceso judicial si el demandante, por medio de una demanda (o su reforma), incluye una o varias pretensiones en su contra (Parra Quijano, 2006b).

III. DEFINICIÓN DE LA FIGURA DEL POSIBLE RESPONSABLE

El posible responsable es una figura procesal, consagrada en la LAPG para las Acciones Colectivas, que consiste en la posibilidad de que el juez vincule al proceso, mediante su citación[1], en condición de integrante de la parte demandada, a sujetos que no fueron originalmente demandados, con el objeto de juzgar su posible participación y su eventual responsabilidad –o su ausencia– en las acciones u omisiones que dieron origen a la demanda. La figura tiene una regulación prácticamente igual, tanto para las acciones

1 Para efectos prácticos, en adelante los términos *citación* y *vinculación* del posible responsable se utilizarán indistintamente como sinónimos.

populares como para las de grupo, aunque con algunas diferencias para cada uno de dichos trámites.

Su consagración legal se encuentra en los artículos 18 y 52 de la LAPG. Según el primero, la demanda en la acción popular debe dirigirla el actor contra el presunto responsable de las circunstancias que la motivan, "si fuere conocido", lo cual implica que aquella podría no dirigirse contra un demandado conocido (Bejarano Guzmán, 2017a), cuando el actor desconozca por completo quién es el posible autor de las acciones u omisiones del caso, cuya individualización será uno de los fines del proceso y, específicamente, según el artículo 14 de la misma ley, una obligación del juez. Paso seguido, la disposición del artículo 18 señala que si en el curso del proceso se establece que existen otros "posibles responsables, el juez de primera instancia ordenará su citación en los términos en que aquí se prescribe para el demandado".

De forma equivalente, el parágrafo único del artículo 52 de la misma LAPG, dispone para las acciones de grupo que la demanda se debe dirigir contra quien sea el presunto responsable de los hechos o las omisiones que la fundamentan, el cual, a diferencia de lo que puede acontecer con las acciones populares, "debe ser determinado" (Bejarano Guzmán, 2017b). De igual forma, y a continuación en el mismo párrafo, se advierte que si en el curso del proceso se establece que existen otros posibles responsables de tales hechos u omisiones, "el juez de primera instancia, de oficio ordenará su citación".

Como se ve, la regulación de las dos normas es, en esencia, la misma. Hay, no obstante, una pequeña diferencia y es el tratamiento que se le da a la parte demandada en ambas clases de acciones. Dado que en las acciones de grupo la parte demandada debe ser determinada, ello implica que en todos los casos en esta se tiene que señalar, como mínimo, un demandado, por lo que, luego de su presentación y sin perjuicio que se acuda a su reforma, el juez puede vincular a nuevos sujetos a la parte demandada en calidad de posibles responsables. Empero, ello puede no suceder en las acciones populares, en el evento en que la demanda no se dirija contra un sujeto en particular, según lo permiten las normas de la LAPG. En esos casos puede no haber, hasta que el juez lo determine, un responsable. En esta hipótesis todos los sujetos que sean vinculados a la parte demandada luego de la presentación de la demanda tendrán la condición de posibles responsables. Sin embargo, para efectuar dicha vinculación se deben cumplir forzosamente los requisitos legales que, en realidad, no existen cuando se trata de sujetos demandados propiamente dichos, cuya condición surge por el solo hecho de ser incluidos como tales en la demanda. Ya se verá que para vincular al posible responsable, el juez debe expedir un auto interlocutorio debidamente motivado, en el cual se deben expresar los fundamentos fácticos y jurídicos, así como el sustento probatorio, en razón de los cuales se efectúa la vinculación de los nuevos sujetos, todo ello con el fin de garantizar la protección de su debido proceso y, particularmente, su derecho de contradicción.

IV. CARACTERÍSTICAS PROCESALES DE LA FIGURA DEL POSIBLE RESPONSABLE

De la redacción de las normas contenidas en los artículos 18 y 52 de la LAPG y del funcionamiento práctico de las Acciones Colectivas se pueden extraer varias características de la figura del posible responsable, que se explicarán a continuación.

A. PROCEDE SIEMPRE DE OFICIO

El primer punto que debe ser dilucidado es si la vinculación del posible responsable procede a solicitud de parte o de oficio. Al respecto, la redacción de las citadas normas no deja lugar a dudas en el sentido de que siempre tal vinculación procede de oficio. Es decir, se requiere siempre un pronunciamiento expreso del juez en el que haya una manifestación indubitable respecto de la citación a ese nuevo sujeto procesal. Sin embargo, ello no obsta para que los demás sujetos procesales, incluyendo los demandantes, indiquen al juez que existen suficientes elementos de juicio para proceder con dicha vinculación.

De hecho, en la práctica judicial es usual que los sujetos demandados, u otros posibles responsables vinculados previamente, propongan como argumento de defensa la necesidad de que se vincule a otros posibles responsables, a fin de sustentar una eventual falta de legitimación en la causa por pasiva o, a lo sumo, una disminución de la eventual condena que se profiera.

También es frecuente que en el curso del proceso la parte demandante manifieste que se debe vincular a cierto sujeto como posible responsable, buscando con ello evitar tener que acudir al mecanismo de la reforma de la demanda. Al respecto es importante que el juez tome con suma cautela una manifestación del demandante en ese sentido. En efecto, se tiene que tanto en las acciones populares, como en las de grupo, quien inicia el proceso actúa como un demandante común, debiendo cumplir, en consecuencia, con una serie de cargas elementales, entre ellas, identificar claramente la parte demandada. Así lo señala el artículo 18 de la LAPG, cuyo literal d ordena que quien formule la demanda debe señalar "la persona natural o jurídica, o la autoridad pública presuntamente responsable de la amenaza o del agravio, si fuere posible". En igual sentido, el artículo 52 de la misma ley hace una indicación similar en su numeral 5, según el cual en la demanda se debe proporcionar la "identificación del demandado".

Por lo que es un deber de la parte demandante identificar claramente en ambas acciones a todos los integrantes de la parte demandada, salvo que en verdad se desconozca quién puede tener esa condición, situación excepcional que solo es posible en las acciones populares. En tal medida, la parte demandante debe averiguar quiénes, eventualmente, son los responsables de los hechos u omisiones que motivan la demanda, y formular las pretensiones en su contra. A no dudarlo, constituiría una actuación claramente contraria a la lealtad procesal y a la buena fe el hecho de que el demandante oculte la existencia de uno o varios posibles responsables, y que luego de avanzado el proceso manifieste al juez la necesidad de que se ordene su vinculación, pese a que han podido ser demandados desde el inicio. En tal hipótesis, si quedara en evidencia el referido ocultamiento, con tal actuación el demandante habría contravenido el deber consagrado en el numeral 1 del artículo 78 del CGP, y podría verse abocado a afrontar diversas consecuencias patrimoniales, disciplinarias, o de otro tipo. Esta posición no tiene fundamento, en la medida en que no habría ninguna diferencia entre ser demandado y ser vinculado como posible responsable a una Acción Colectiva pues, a fin de cuentas, este último tendrá una condición similar a la de ser un demandado más. No obstante, es claro que hay una diferencia sustancial entre ambas condiciones: el posible responsable, especialmente cuando es vinculado al proceso durante la fase probatoria o una vez esta ha finalizado, se encuentra en una clara desventaja frente a los demandados iniciales en cuanto al ejercicio de su derecho de defensa y contradicción, como se explicará más adelante. Por tanto, frente a la manifestación del propio demandante el juez debe analizar si en verdad se atentó contra la lealtad y la buena fe y si, además hubo alguna clase de ocultamiento para, en caso positivo, proceder según lo establezcan las disposiciones aplicables. Iguales consideraciones se pueden hacer, cuando en una acción popular el demandante formule la demanda sin identificar un demandado en particular y que ello sea producto del ocultamiento de uno o varios posibles responsables.

En la práctica se suele presentar una particular situación relacionada con las acciones populares que amerita varios comentarios. Dado que, según el artículo 12 de la LAPG, en este tipo de acciones la demanda puede ser formulada por cualquier persona, sin tener que acudir a un abogado, no suele haber excesivas exigencias formales, como sí sucede con los procesos comunes regidos por el CGP o el CPACA. En tal medida, es frecuente que en el relato de las circunstancias fácticas acontecidas y que han originado la demanda, el demandante mencione a varios sujetos involucrados en aquellas pero que, por cualquier motivo, las pretensiones se dirijan solo contra alguno o algunos de ellos.

Frente a tal situación es común que la solución implementada sea la de admitir la demanda, teniendo como demandados aquellos sujetos en contra de los cuales se formularon concretamente las pretensiones, y que los demás sujetos sean vinculados como posibles responsables. No obstante, se debe resaltar que el hecho de que el demandante mencione en el fundamento fáctico de la demanda a varios sujetos eventualmente involucrados en las circunstancias que han dado origen a la acción revela, a no dudarlo, el conocimiento de los mismos y, por ello, el incumplimiento de del mandato consagrado en el literal d del artículo 18 de la LAPG, consistente en la "indicación de la personas natural o jurídica, o la autoridad pública presuntamente responsable de la amenaza o del agravio". Cuando menos, la situación descrita puede generar una inquietud: ¿la inclusión de un sujeto en los hechos de la demanda de una acción popular, así las pretensiones no se dirijan en su contra, quiere decir que el accionante lo considera como demandado? Por tal motivo, para que ese sujeto, apenas mencionado en los hechos de la demanda, tenga claridad de la condición en la cual es vinculado, y si las pretensiones se han dirigido en su contra, es aconsejable que el juez inadmita la demanda a efectos de que el demandante indique claramente si las pretensiones se dirigen, también y de forma expresa, respecto de los citados sujetos. Para ello se puede emplear como fundamento el artículo 82, numeral 4 del CGP (en los procesos que se tramiten ante los jueces civiles), o bien el artículo 162, numeral 2 del CPACA (en los procesos que se surtan ante la jurisdicción de lo contencioso administrativo) que, en suma, exigen lo mismo: que el demandante exprese con precisión y claridad lo que solicita.

De modo que frente a la situación planteada lo mejor es que el juez exija que se aclare la demanda, a efectos de que se establezca si las personas mencionadas en los hechos tienen efectivamente la calidad de demandados, pues es claro que esa sola mención haría surgir la duda sobre tal calidad.

Con alguna frecuencia se opta por aducir que las personas mencionadas en los hechos de la demanda deben ser vinculadas como posibles responsables, y sin más explicaciones se ordena su notificación personal del auto admisorio. Tal modo de obrar constituye un error, puesto que no basta con la sola mención del demandante para que alguien sea citado como posible responsable al proceso. Pero, además, es claro que el sujeto citado de la forma anotada verá limitado su derecho de defensa y contradicción, en la medida en que las pretensiones no se habrán dirigido expresamente en su contra, por lo que no sabrá cuáles son las imputaciones específicas de las cuales debe defenderse, siendo que la sola manifestación del juez de aparecer dicho sujeto mencionado en los hechos de la demanda, no da mayor claridad al respecto.

B. SE REQUIERE UN ANÁLISIS ESPECIAL DEL JUEZ

Corresponde analizar ahora cuál debe ser el contenido de la providencia que ordene la vinculación de un posible responsable en las Acciones Colectivas. Del texto de los artículos 18 y 52 de la LAPG surge que esa decisión tiene unas connotaciones particulares que la hacen diferente de la providencia en la cual se admite simplemente la demanda, o que acepta la intervención de otros sujetos procesales, como el llamado en garantía. En ambos artículos la ley establece que la vinculación procede siempre y cuando en el curso del proceso "se establezca" que en efecto puede haber otro u otros sujetos "posibles" responsables, diferentes de los demandados, regulación de la cual surgen varias consecuencias importantes que se analizan a continuación.

1. LA DEBIDA MOTIVACIÓN

Dada la naturaleza de la decisión, que no consiste en el simple impulso del proceso sino en la ampliación de la composición de los sujetos procesales, resulta claro que el auto que la contenga es de los que han sido catalogados como decisorios por la doctrina, o también llamados interlocutorios (Devis Echandía, 1996). En tal sentido, dicho auto debe estar debidamente motivado, tal como sucede con toda providencia, pero en especial con las interlocutorias, en la medida en que las de sustanciación o trámite lo único que hacen es ordenar el paso de una etapa procesal a otra. Este justamente es el sentido del artículo 279 del CGP según el cual "Salvo los autos que se limiten a disponer un trámite, las providencias serán motivadas de manera breve y precisa". En el caso que se analiza, la motivación debe consistir en las razones, de hecho y de derecho, con base en las cuales el juez considera que se debe citar al proceso a ese posible responsable.

Al respecto se tiene que, en general, la motivación de los autos interlocutorios resulta de vital importancia; pero en este evento lo es aún más. En efecto, téngase en cuenta que la situación del posible responsable es bastante crítica en relación con la de los originales demandados, puesto que resulta vinculado a un proceso cuya demanda y, particularmente, sus pretensiones, no se han dirigido en su contra. Incluso es posible que ni siquiera aparezca mencionado en los hechos de aquella. Por ello, la exposición de las razones que el juez tenga para ordenar su vinculación es trascendental, pues solo así ese nuevo sujeto tendrá oportunidad de conocer las imputaciones en su contra y, dado el caso, ejercer en debida forma el derecho de contradicción, bien contra la decisión como tal, bien respecto del fondo del asunto. De una opinión similar es Tamayo Jaramillo (2001: 272) quien señala: "[...] en la providencia que ordene la citación de esos terceros, el juez debe relatar los hechos y las consideraciones de derecho que le sirven de fundamento a la citación, pues no de otra forma se garantiza el derecho de defensa".

Por lo anterior, resultan completamente desacertados aquellos autos, tan frecuentes en la práctica judicial, en los cuales el juez simplemente se limita a ordenar la vinculación de un sujeto no demandado como posible responsable, sin dar mayores explicaciones al respecto. Del mismo modo constituye una actuación errónea ordenar en el auto admisorio de la demanda la notificación a un sujeto no demandado en calidad de posible responsable. Un auto o una actuación de tales características resultan lesivos de los derechos fundamentales del citado, particularmente los de defensa y contradicción. En tal sentido, es perfectamente posible solicitar oportunamente al juez la adición de la providencia correspondiente, en los términos del artículo 285 del CGP, pues claramente la motivación aludida constituye un asunto que ha debido ser objeto de pronunciamiento. De no proceder a efectuar la debida motivación, esta falencia podría ser puesta de presente inclusive a través de los medios de impugnación que resulten procedentes.

2. ¿QUÉ DEBERÍA ESTAR DEMOSTRADO PARA QUE PROCEDA LA VINCULACIÓN?

Otro de los aspectos importantes relacionados con la orden de vinculación del posible responsable, es el relativo a las pruebas que deben apoyar la decisión. Al respecto, se recuerda que el artículo 164 del CGP, contentivo del denominado principio de *necesidad de la prueba* (Parra Quijano, 1997), ordena que "Toda decisión judicial debe fundarse en las pruebas regular y oportunamente allegadas al proceso". En tal sentido, naturalmente las razones de hecho que el juez aduzca para citar a un posible responsable deben estar soportadas debidamente en algún tipo de prueba. No puede ser otra la conclusión si se observa el tenor de los artículos 18 y 52 de la LAPG, puesto que solamente mediante los medios de prueba se podrá "establecer" que existe mérito para efectuar la citación. Al respecto surgen dos interrogantes de interés, a saber: qué es lo que se debe probar y de qué pruebas se trata.

En cuanto al primer interrogante, no es necesario que esté completamente probada la responsabilidad del sujeto a ser citado, puesto que eso formará parte del objeto del proceso. Pero, además, no sería lógico que el juez llegara a la conclusión de la responsabilidad en una providencia diferente de la sentencia, pues ello constituiría un claro prejuzgamiento (Bermúdez Muñoz, 2007). Basta tan solo que se demuestre un grado importante o directo de participación de ese sujeto en las acciones u omisiones que constituyen la causa común de los daños individuales homogéneos (en el caso de las acciones de grupo), o en las circunstancias que motivaron la solicitud de protección de los derechos colectivos invocados (en el evento de las acciones populares) (Bejarano Guzmán, 2017c).

Vale resaltar que no se justifica la citación con base en un grado cualquiera de participación pues, de ser así, el número de citados sería muy difícil de determinar. Claro que no es posible dar una fórmula precisa para establecer *a priori* cuándo un posible responsable tiene una participación directa en los hechos o circunstancias que motivan la acción, asunto que debe ser estudiado por el juez en cada caso en concreto. Sin embargo, al respecto podría ser de utilidad la doctrina contenida en la jurisprudencia de la Sala de Casación Civil de la Corte Suprema de Justicia, relativa a cómo analizar si la participación de un sujeto en unos específicos hechos, es determinante o no en relación con un particular resultado.

A propósito de la reducción en la indemnización por concurrencia de culpas, prevista en el artículo 2357 del Código Civil, Corte Suprema de Justicia señaló:

> Analizadas en abstracto las circunstancias en que se produjo el daño, se determina en concreto cuál o cuáles de ellas, según el normal devenir de las cosas, fueron causa eficiente del daño, descartando aquellas que solo favorecieron la producción del resultado o que eliminaron un obstáculo para el mismo, denominadas [...] como condiciones u ocasionales[2].

Esta posición resume la teoría más aceptada a nivel judicial en materia de responsabilidad civil, denominada *causalidad adecuada* (Tamayo Jaramillo, 1999), de acuerdo con la cual, a la hora de asignar la responsabilidad el juez debe analizar las diferentes causas del resultado, para tener en cuenta solamente las que considere adecuadas, que no son necesariamente las que se encuentren cronológica y espacialmente más cerca del evento. Aplicando estos conceptos, se debe entender que existe participación directa del posible responsable en los hechos o circunstancias que motivan la acción, cuando su comportamiento constituye una causa adecuada del resultado que se enjuicia en el proceso, es decir, que constituye un requisito *sine qua non*, sin cuya existencia el resultado real o potencialmente dañoso no existiría o sería otro diferente.

C. ¿SE PUEDE VINCULAR A UN TERCERO CIVILMENTE RESPONSABLE COMO POSIBLE RESPONSABLE?

Existe un caso particular que podría dar lugar a la vinculación de un posible responsable y es el de la responsabilidad por el hecho de un tercero, también llamada responsabilidad indirecta, la cual está regulada en el artículo 2347 del Código Civil, según el cual "[T]oda persona es responsable, no solo de sus propias acciones para el efecto de indemnizar el daño, sino del hecho de aquellos que estuvieren a su cuidado". La norma menciona igualmente algunos ejemplos de personas que están bajo el cuidado de otras, como los "hijos menores que habiten la misma casa" de sus padres, el "pupilo que vive" bajo la dependencia y cuidado del tutor o curador, o los aprendices o

---

2 Corte Suprema de Justicia. Sala de Casación Civil. Sentencia del 30 de marzo de 1993.

dependientes en relación con los "artesanos y empresarios". Por lo tanto, se trata de una situación en la que quien responde por el daño no es el que directamente lo produjo. La razón de tal responsabilidad radica en la relación que ata al causante directo con el tercero civilmente responsable, en virtud de la cual este debía desplegar una especie de vigilancia sobre aquél. El juicio de responsabilidad se hace justamente sobre una conducta omisiva del tercero civilmente responsable en dicha labor de vigilancia (Tamayo Jaramillo, 1999).

Teniendo en cuenta lo anterior, surge la pregunta de si en las Acciones Colectivas es posible vincular al proceso, como posiblemente responsable, al tercero civilmente responsable. Se podría pensar que la respuesta debe ser negativa, en la medida en que al no ser tal sujeto causante directo del daño no habría motivo suficiente para su vinculación. Sin embargo, es claro que el juicio sobre la conducta del tercero civilmente responsable implica un análisis de su contribución a la producción del evento dañoso, por haber omitido un deber de vigilancia sobre la persona con la que tenía una particular vinculación. Dicho en otras palabras, a pesar de que el tercero civilmente responsable no produjo físicamente el daño, su actuación omisiva constituye una de las causas para su producción. Como lo explica Tamayo Jaramillo (1999: 82 y ss.):

> ... bien vistas las cosas, pese a que el daño en forma física es causado por un tercero, lo cierto del caso es que la responsabilidad civil extracontractual por el hecho ajeno, el legislador sanciona también el comportamiento presuntamente culposo del civilmente responsable, lo que finalmente desemboca en una responsabilidad por un hecho personal de naturaleza omisiva.

Por tal motivo, es claramente procedente la citación del tercero como posible responsable en las Acciones Colectivas, con la salvedad de que el juez debe referirse, en la providencia correspondiente, a las razones por las cuales ese tercero debe responder por los daños cometidos por otro u otros. Particularmente el juez tiene que exponer claramente qué tipo de vinculación ata al causante directo con el tercero civilmente responsable. Piénsese en el caso de los trabajadores que dependen de una persona natural, propietaria de una industria altamente contaminante de un cuerpo de agua. Puede suceder que la demanda de acción popular se dirija directamente contra ellos por cuanto, al no seguir los procedimientos industriales dejaron escapar una sustancia nociva para el medio ambiente, en cuyo caso el propietario de la industria puede ser vinculado como posible responsable. El tercero vinculado se puede defender desvirtuando la relación o explicando que la misma no suponía un deber especial de vigilancia y cuidado de su parte respecto de la actuación de quienes causaron el daño o que, en todo caso, desplegó una conducta diligente pese a lo cual el daño no se pudo evitar debido, por ejemplo, a una actuación dolosa de los causantes, según lo previsto por el ultimo inciso del artículo 2347 del Código Civil

D. EL JUEZ NO DEBE CITAR COMO POSIBLE RESPONSABLE A LOS TERCEROS INTERESADOS EN LAS RESULTAS DEL PROCESO

Es frecuente que en las Acciones Colectivas se cite al proceso, en calidad de posible responsable, a quien de alguna manera se ve afectado –para bien o para mal– con las resultas del proceso. Es el caso del beneficiario de una licencia ambiental cuestionada en sede de acción popular por ser presuntamente atentatoria del derecho colectivo a un medio ambiente sano. Si bien hoy en día, en virtud del artículo 144 del CPACA, no es posible que por medio de una acción popular se anulen los actos administrativos, como sucedía en vigencia del Código Contencioso Administrativo (CCA) (Botero Aristizábal, 2004), en todo caso en la sentencia el juez puede dictar una orden que de alguna manera afecte la licencia ambiental, pues la misma disposición señala que el juez puede "adoptar las medidas que sean necesarias para hacer cesar la amenaza o vulneración de los derechos colectivos". En ese evento el beneficiario de la licencia puede verse afectado con la sentencia a pesar de no haber participado en los hechos que han motivado la acción. En el ejemplo propuesto es claro que la responsabilidad derivada de los actos administrativos recae exclusivamente en la autoridad que los haya expedido. Esta afectación potencial de terceros, ha sido denominada por la doctrina como *efectos reflejos* de la decisión judicial, los cuales consisten en las modificaciones que los actos del juez –especialmente la sentencia– pueden producir en el mundo exterior respecto de sujetos diferentes de los que conforman los extremos de las pretensiones (Martínez, 1994; Devis Echandía, 1996).

Vale señalar que en el medio colombiano el legislador ha reconocido en varias normas la existencia de esta situación derivada de los mencionados *efectos reflejos*. En efecto, el artículo 71 del CGP establece la posibilidad de que en el proceso judicial pueda intervenir en calidad de coadyuvante, quien pueda verse afectado por la sentencia, a pesar de no ser parte en el mismo. De manera similar, el numeral 3 del artículo 171 del CPACA señala que el auto admisorio de la demanda se debe notificar "personalmente a los sujetos que, según la demanda o las actuaciones acusadas, tengan interés directo en el resultado del proceso". De acuerdo con lo anterior se tiene que si el juez, en una Acción Colectiva, se percata de que, ciertamente, hay un tercero con interés en las resultas del proceso, debe proceder a citarlo en tal calidad, y no en la de posible responsable. En efecto, si lo que los hechos acreditados arrojan es la existencia de ese interés y nada más, se tiene que el tercero no aparece como responsable de nada y, por el contrario, puede ser perjudicado con las acciones u omisiones de los demandados originales o los otros posibles responsables. En relación con el ejemplo propuesto líneas atrás, el beneficiario de una licencia ambiental que sea cuestionada en sede de acción popular, no debe ser citado en calidad de posible responsable solo por tener un interés evidente en las resultas del proceso, salvo que, de conformidad con las pruebas del proceso, exista algún mérito para vincularlo en tal condición.

E. LAS PRUEBAS EN LAS CUALES SE DEBE FUNDAMENTAR EL JUEZ

Otro aspecto importante son las pruebas que se deben tener en cuenta para demostrar las circunstancias que ameritan la vinculación de un posible responsable. En tal sentido, se tiene que las solas manifestaciones de los demás sujetos procesales, aunque importantes, no resultan en absoluto suficientes para tener una conclusión razonable. La sugerencia del demandante de citar a un posible responsable se debe acompasar con la carga que tenía de dirigir su demanda contra todos los sujetos conocidos, por lo que el juez debe analizar con cuidado cuál es la motivación que lo lleva a efectuar tal manifestación. De igual modo, en el caso de los demandados o de otros posibles responsables, el juez debe tener en cuenta que tales sujetos muy seguramente se encontrarán defendiendo su propia posición a la hora de sugerir la citación, por lo que la petición debe ser recibida con beneficio de inventario.

En todo caso, trátese de la "sugerencia" de algún sujeto procesal, o del examen autónomo del juez, lo realmente importante es que la decisión de vincular a un posible responsable debe estar sustentada en las pruebas que hasta ese momento estén en el expediente o se hayan practicado, a las cuales se debe aludir expresamente en la providencia correspondiente.

En adición se tiene que, en el caso de las acciones populares, el juez tiene la posibilidad de emplear la facultad contemplada en el literal d del artículo 25 de la LAPG, según el cual se puede decretar, como medida previa, la realización de los "estudios necesarios para establecer la naturaleza del daño y las medidas urgentes a tomar para mitigarlo", cuyo costo corre por cuenta del Fondo para la Defensa de los Derechos e Intereses Colectivos. La elaboración de tales estudios puede ser igualmente una buena oportunidad para que el juez determine quiénes pueden tener participación directa en los hechos materia del proceso. Piénsese en una acción popular con la cual se pretende proteger el derecho colectivo al goce de un ambiente sano, enunciado en el literal a del artículo 4.º de la LAPG, debido a la contaminación que está sufriendo un determinado cuerpo de agua. El estudio que el juez ordene puede incluir entre las cuestiones a resolver cuáles pueden ser las causas de la contaminación y sus eventuales causantes. De igual manera es viable acudir a la prueba indiciaria, evento en el cual, en todo caso, se debe explicar en detalle la inferencia de la que surja la conclusión de la participación en los hechos objeto del proceso del sujeto a ser citado (Parra Quijano, 1997).

F. OPORTUNIDAD Y FORMALIDADES DE LA CITACIÓN

Según el análisis que se realiza más adelante, el momento oportuno para que se produzca la citación del posible responsable es un asunto complejo, debido a las inquietudes que genera la regulación legal. En tal sentido las normas pertinentes de la LAPG, es decir, sus artículos 18 y 52, indican que para las acciones colectivas tal citación se debe hacer "en el transcurso del proceso" por el juez "de primera instancia". Según tales normas, la vinculación se puede efectuar en la etapa introductoria del proceso, en cualquier momento del período probatorio y, en todo caso, antes de que se dicte la sentencia de primera instancia. Para los efectos de este trabajo, se denomina vinculación tardía aquella que se produce luego de que se haya abierto el período probatorio en cualquiera de las acciones colectivas.

En estricto sentido la vinculación del posible responsable se puede efectuar antes de que se profiera el fallo correspondiente, pues hasta ese momento el juez de primera instancia conserva la competencia para ello. En teoría, una vez que el expediente entre al despacho para fallo, si el juez se percata de que existe un posible responsable, puede ordenar su vinculación, pues la instancia aún no ha finalizado. En tal evento, sin perjuicio de los problemas derivados de la vinculación que se produzca en la fase final del proceso, se debe no solo correr el correspondiente traslado para el sujeto vinculado conteste la demanda y solicite las pruebas que estime necesarias, sino también disponer de un nuevo período probatorio para practicarlas y correr nuevamente traslado para alegar de conclusión. En todo caso, es claro que una vez finalizada la primera instancia no se puede efectuar la vinculación, pues ya el superior funcional no tiene competencia para ordenarla, por expresa disposición de la LAPG (Tamayo Jaramillo, 2001).

La redacción de las normas genera un problema cuando es el juez de segunda instancia quien se percata que es preciso vincular a uno o varios posibles responsables, para lo cual, según lo explicado, carece de competencia. En tal sentido, la única solución posible, si se entiende que en virtud de las normas aludidas los posibles responsables deben estar presentes obligatoriamente en la primera instancia (generándose una suerte de litisconsorcio, sin cuya debida conformación no es viable proferir fallo de fondo) (Rojas Gómez, 2017), es que el *a quo* declare la nulidad de lo actuado, incluyendo la sentencia de primera instancia, y devuelva el expediente al inferior a efectos de que este proceda con la vinculación, para lo cual se debe aplicar el último inciso del artículo 134 del CGP.

G. NOTIFICACIÓN

El artículo 18 de la LAPG dispone que una vez establecida la existencia de un posible responsable en el curso de una acción popular el juez "ordenará su citación en los términos en que aquí se prescribe para el demandado". Si bien la redacción de la norma no es afortunada, se entiende claramente que en tal tipo de acción al posible responsable se le debe notificar como si fuera un demandado más. Por su parte, el artículo 52 de la misma ley no es tan explícito en relación con el mismo asunto, pues escuetamente dispone que en el caso de la acción de grupo una vez establecida la existencia del posible responsable, el juez "ordenará su citación", sin especificar la manera de hacerlo. Pese a ello, no habría ninguna razón para entender que en este último tipo de acción se debe obrar de una manera diferente al caso de la acción popular pues, a fin de cuentas, en ambos casos la situación de quien es convocado al proceso como posible responsable es prácticamente idéntica. Por ello, la forma de hacer la citación al posible responsable en ambas clases de Acciones Colectivas es por medio de la notificación empleada para los demandados originales.

Al respecto vale la pena hacer algunos comentarios adicionales, teniendo en cuenta la regulación contenida en la LAPG.

En el caso de las acciones populares el tema de la notificación se halla regulado en el artículo 21 de la LAPG. Su inciso 3.º señala que cuando la persona a notificar sea una entidad pública, la notificación se debe hacer personalmente "a su representante legal o a quien este haya delegado la facultad de recibir notificaciones, todo de acuerdo con lo dispuesto por el Código Contencioso Administrativo". Por su parte, el inciso 4.º señala la manera de obrar cuando el notificado sea un particular, evento en el que la notificación del auto admisorio "se practicará de acuerdo con lo dispuesto en el Código de Procedimiento Civil". Hoy en día estas referencias se deben entender hechas al CPACA y al CGP, respectivamente. Hasta aquí no hay ninguna duda de cómo se debe obrar en materia de notificaciones.

Sin embargo, el inciso 5.º ha generado cierto grado de confusión pues parece contradecir lo dispuesto en los incisos 3.º y 4.º. En efecto, en dicho aparte se dispone un trámite especial en caso de que la persona a quien se debe notificar, o su delegado, no se encuentra en el lugar o no puede recibir la notificación, lo que se debe efectuar mediante "entrega que el notificador haga al empleado que allí se encuentre de copia auténtica de la demanda y del auto admisorio y del aviso que enviará, por el mismo conducto, al notificado". Se debe entender que ese párrafo corresponde únicamente a la notificación de las entidades de derecho público, por lo que no se debe usar en tratándose de entidades de derecho privado. En efecto, frente a la duda acerca de si la notificación a la que se refiere el inciso 5º del artículo 21 de la LAPG resulta complementaria de la establecida en el CGP, la respuesta claramente es negativa, puesto que ambas formas de notificación son incompatibles. Esto en la medida en que, según los artículos 291 y 292 de este último código, al sujeto a notificar se le debe enviar previamente un citatorio para que comparezca al despacho judicial a notificarse y, si ello no sucede, se debe enviar un aviso a la misma dirección a la que se remitió el citatorio. Por ello, según esta regulación, no es posible que, respecto de los particulares, se presenten las situaciones a las que se refiere el comentado inciso 5.º del artículo 21 de la LAPG.

En suma, en materia de acciones populares, cuando el posible responsable es una entidad pública o que ejerza funciones públicas, la notificación se debe hacer conforme a las reglas contempladas en el CPACA. Pero cuando el posible responsable es un particular, la notificación se realiza mediante la aplicación en su integridad de las normas del CGP.

En el caso de las acciones de grupo el asunto parece ser un poco menos complejo. Aunque el artículo 52 de la LAPG no señala la forma en que se debe hacer la notificación al posible responsable, es claro que en virtud de la remisión contenida en el artículo 68 de la misma ley, según el cual "se aplicarán a las Acciones de Grupo las normas del Código de Procedimiento Civil" (hoy en día el CGP), tal notificación se debe surtir según las reglas contenidas en este último, indistintamente de la jurisdicción en la cual se esté adelantando el proceso.

Vale decir que en materia de notificaciones se deben tener en cuenta igualmente los lineamientos establecidos en el artículo 8.º del Decreto 806 de 2020, mientras esté vigente, en virtud de los cuales aquella se podrá llevar a cabo con el envío de la providencia a notificar (que según lo expuesto deben ser el auto que ordene la vinculación y el auto admisorio de la demanda) a la dirección electrónica del posible responsable.

H. TRASLADO

Un aspecto de gran importancia, y que tiene relación con las particulares características de la figura del posible responsable, es cómo se le debe surtir el traslado a fin de que pueda ejercer en debida forma su derecho de contradicción, asunto respecto del cual la LAPG guardó completo silencio. El primer punto a dilucidar es qué es lo que se le debe notificar. La lógica impone que, cuando menos, se le debe dar a conocer formalmente, de acuerdo con el mecanismo que corresponda, la providencia que ordenó su vinculación. Pero, además, dada su especial calidad de sujeto asimilable a un demandado, se le debe notificar también el auto admisorio de la demanda. Ello con el fin de que pueda ejercer su derecho de contradicción, en concreto, mediante el ejercicio de los recursos de ley respecto de tales providencias.

De igual manera, al posible responsable se le debe entregar una copia de la demanda y sus anexos, con el fin de que tenga la oportunidad, en debida forma, de ejercer las distintas posibilidades que brinda el derecho de contradicción, según se analiza en el apartado siguiente.

Hay un aspecto que no fue tratado por la LAPG y es qué ocurre con la actuación procesal mientras se surte el traslado. En tal sentido, nótese que el posible responsable usualmente se encuentra en desventaja en relación con los demás sujetos procesales, especialmente si es vinculado tardíamente, es decir, luego de haberse abierto el período probatorio. Una manera de atenuar esa clara desventaja es que, una vez ordene la vinculación, el juez decrete en la misma providencia la suspensión del proceso, desde que se notifica el auto respectivo hasta cuando vence el traslado, para que el posible responsable conteste la demanda. La razón para que el juez obre de tal manera es que así se logra, en alguna medida, garantizar el debido proceso de ese nuevo sujeto procesal, por cuanto con la suspensión se evita que haya alguna actuación judicial, como una diligencia probatoria, en la que muy seguramente el posible responsable tendrá interés de intervenir. Dado que existe un vacío al respecto en la LAPG, le basta al juez con invocar alguna de las normas que regulan figuras similares. En ese sentido, una buena opción es aplicar analógicamente el segundo inciso del artículo 61 del CGP, que ordena la suspensión del proceso durante el término de traslado otorgado al litisconsorte vinculado al proceso[3].

I. ALGUNAS CONDUCTAS DEL POSIBLE RESPONSABLE

Teóricamente el posible responsable puede desplegar todas las conductas de un demandado. Sin embargo, debido a las propias características de la figura, es evidente que en realidad el ejercicio de sus derechos de defensa y contradicción están claramente limitados. Por tanto, el juez debe propender porque esa limitación sea menos grave. A continuación se comentan las conductas que podría desplegar el posible responsable, junto con algunas propuestas orientadas a que el juez logre en algo ese objetivo, que ciertamente no es una facultad sino un deber, de acuerdo con el inciso 2.º del artículo 5.º de la LAPG, según el cual "el juez velará por el respeto al debido proceso, las garantías procesales y el equilibrio entre las partes".

3 Al respecto establece el artículo 8.º de la Ley 153 de 1887: "Cuando no haya una ley exactamente aplicable al caso controvertido, se aplicarán las leyes que regulen casos o materias semejantes, y en su defecto la doctrina constitucional y las reglas generales del derecho".

1. LA FORMULACIÓN DE LOS RECURSOS

En primer lugar, por medio de los recursos de ley el posible responsable debe poder ejercer la contradicción respecto de todas las providencias que sean de su interés. Ello es claro en relación con el auto que ordena su citación, y con el admisorio de la demanda, los cuales, según se dijo, forzosamente se le deben notificar. Sin embargo, no ocurre lo mismo con las providencias dictadas antes de su vinculación pues, como no se le han puesto formalmente en conocimiento, no es posible que respecto de ellas pueda formular los recursos que resulten procedentes, situación que naturalmente se complica a medida que avanza el proceso. Para solo citar dos casos: un posible responsable vinculado en una etapa avanzada del período probatorio no puede presentar recursos contra el auto de pruebas, así las decretadas sean manifiestamente impertinentes o ilegales, ni contra el auto que decrete medidas cautelares. Por lo demás, no hay manera de volver a dictar tales providencias en razón del principio de la preclusión o eventualidad, de acuerdo con el cual una vez superadas las etapas del proceso no es posible volver sobre ellas, y porque, además, se sabe que los sujetos que ingresan al proceso lo hacen en la etapa en que lo encuentran (López Blanco, 2016).

Frente a ese preocupante panorama hay dos posibles soluciones: la más obvia consiste en que el juez ordena notificar al posible responsable todas las providencias dictadas hasta el momento de su vinculación, lo cual, sin embargo, no deja de ser engorroso; la segunda posibilidad, más práctica, es aplicar debidamente inciso 2.º del artículo 301 del CGP respecto de notificación por conducta concluyente. Con base en esa disposición, una vez se le reconoce personería al abogado que designe el posible responsable se entiende notificado de todas las providencias dictadas en el proceso, momento a partir del cual puede formular en contra de las mismas los recursos procedentes.

2. FORMULAR EXCEPCIONES PREVIAS Y DE MÉRITO

Nada se opone a que el posible responsable formule excepciones previas, así el proceso esté muy avanzado. Si bien resulta un tanto extraño que excepciones de ese tipo no se tramiten y decidan en la etapa introductoria del proceso, lo cierto es que no dejan de tener el carácter de tales, en la medida en que, en todo caso, serán resueltas antes de la sentencia. Vale decir que la formulación y trámite de ese tipo de excepciones tan solo resulta procedente en las acciones de grupo, sin importar la jurisdicción ante la cual se tramiten. Ello debido a que la LAPG limitó en gran medida las excepciones previas en las acciones populares, desnaturalizando además las que consagró como tales. En tal sentido, su artículo 23 estableció que "En la contestación de la demanda solo podrá (sic) proponerse las excepciones de mérito y las previas de falta de jurisdicción y cosa juzgada, las cuales serán resueltas por el juez en la sentencia". Como se puede ver, así se formulen las excepciones de falta de jurisdicción y cosa juzgada, ellas serán decididas en el fallo, con lo cual pierden en la práctica la calidad de previas.

En relación con este tema surge una inquietud y es si las decisiones que se toman en el proceso, respecto de excepciones previas formuladas por otros de los sujetos del proceso, constituyen un asunto que no se puede volver a plantear por el posible responsable que ha sido vinculado. Al respecto, resulta, en primer lugar, que los autos proferidos sobre excepciones previas no constituyen cosa juzgada y los asuntos tratados en ellos pueden ser de nuevo estudiados por el juez, si se advierte que en la primera providencia se incurrió en alguna equivocación (Devis, 1996). Sin embargo, en la práctica no basta con que el posible responsable exponga el mismo motivo de excepción previa, puesto que muy seguramente la decisión será similar a la primera. Habrá que proponer hechos o cuando menos argumentos nuevos, que en verdad hagan que la causal de excepción previa se configure. Claro está que lo ideal es que el posible responsable alegue nuevas causales de excepción previa, a fin de que los demás sujetos o el juez no argumenten que el motivo correspondiente fue estudiado y decidido con anterioridad.

También el posible responsable puede formular excepciones de mérito. No obstante, ese es uno de los aspectos en los que más se nota la tensión entre lo particular de la figura y el debido proceso debido a una simple circunstancia: dado que la vinculación del posible responsable procede siempre de oficio, no existen pretensiones formuladas en su contra y respecto de las cuales sea posible proponer tales excepciones. Por lo anterior, el posible responsable no sabe de qué defenderse, pues en principio no suele haber imputaciones en su contra, ni siquiera en los hechos de la demanda. En razón de lo extraño de la figura, sucede que, en principio, aun siendo condenatoria la sentencia, no hay manera de que el juez acoja una declaración o una condena, cuyo sujeto pasivo es el posible responsable, dado que no existen pretensiones que así se lo indiquen.

En razón de lo expuesto, para proferir una decisión en contra del posible responsable literalmente el juez debe fabricar las pretensiones que el demandante habría formulado si la demanda inicialmente se hubiera dirigido contra ese sujeto. En el mismo sentido, otro tanto debe hacer el posible responsable al momento de contestar la demanda: imaginarse cuáles podrían ser las pretensiones que se habrían formulado en su contra, a fin de proponer las correspondientes excepciones. El asunto parece ser menos complejo en las acciones populares, en las que, al fin y al cabo, el juez debe verificar, simplemente, si el posible responsable ha violado o puesto en peligro el o los derechos colectivos invocados por el actor popular. Sin embargo, es crítico en las de grupo, en las que a la condena debe preceder una declaratoria expresa de responsabilidad en contra del posible responsable que, se insiste, nadie ha solicitado. Por tanto, el tipo y el régimen de responsabilidad por los que se juzga al posible responsable son una incógnita. La forma de obrar recomendable para el posible responsable consiste en oponer múltiples argumentos de defensa frente a todas las imputaciones posibles e imaginables.

3. LA VINCULACIÓN TARDÍA Y LA SOLICITUD DE PRUEBAS

El posible responsable también puede solicitar las pruebas que estime pertinentes para acreditar los fundamentos de sus excepciones o controvertir los supuestos de las pretensiones. No obstante, tal facultad tiene otra importante utilidad: servir de solución frente a algunos de los graves problemas que en materia probatoria conlleva la vinculación tardía del posible responsable y que implican, en la práctica, la disminución o anulación de la posibilidad de controvertir (Taruffo, 2002) las que se hayan decretado y practicado en el proceso, en últimas, una clara vulneración de su debido proceso.

En primer lugar, el posible responsable tardíamente vinculado ve seriamente limitada la denominada contradicción abstracta, esto es, la oposición al decreto de determinado medio de prueba ya practicado, y en tal caso solo le queda como alternativa alegar que es ilegal y que por tanto debe ser excluido del material probatorio.

En segundo lugar, no hay manera de que el posible responsable ejerza la contradicción concreta respecto de los medios de prueba ya practicados, o es un ejercicio que se dificulta en grado sumo. Así, adviértase que el posible responsable vinculado tardíamente, no tuvo la posibilidad de intervenir en las diligencias de recepción de testimonios o en las de declaración de parte ni, por obvias razones, de contrainterrogar a los declarantes, o de formular siquiera la tacha de sospecha en contra de los testigos. Tampoco tuvo oportunidad de asistir a las inspecciones judiciales ni a las exhibiciones de documentos ya practicadas. En el mismo sentido, el posible responsable no ha tenido oportunidad de conocer ni controvertir los dictámenes periciales ya rendidos; tampoco ha tenido manera de interrogar a los peritos, ni de ejercer la contradicción respecto de los documentos que obran en el expediente.

Si bien en relación con este preocupante panorama se pueden brindar algunas soluciones, es de advertir que su aplicación, o la de otras similares, quedan al albur de lo que cada juez considere apropiado. Por ejemplo, en relación con los testimonios o las declaraciones de parte, el posible responsable puede solicitar al juez que cite nuevamente a los declarantes para efectos de surtir el contrainterrogatorio, y aun cuando es dudoso que el juez acceda a dicha petición, es posible que la nueva citación enfrente problemas prácticos, siendo los más obvios la posible muerte de los declarantes, su ausencia o, en general, la imposibilidad de comparecer por cualquier razón. La misma consideración se puede hacer en relación con los peritos que ya hayan comparecido a explicar los dictámenes periciales.

Es una cuestión compleja establecer en qué momento se puede formular la tacha de falsedad de los documentos que obran en el expediente, a la que se refiere el artículo 269 del CGP. Parece que el momento oportuno es el término para contestar la demanda, caso en el cual, de todas maneras, se genera una carga excesiva en cabeza de ese nuevo sujeto procesal, que no han tenido los demandados originales, consistente en revisar y analizar no solo los documentos que acompañaron la demanda, sino todos los que obran en el expediente.

Esta preocupante situación, corroborada con la práctica judicial, ya había sido advertida hace tiempo por Tamayo Jaramillo (2001: 271) al señalar:

> ... sería inconstitucional condenar a esos nuevos demandados con base en pruebas practicadas antes de su citación al proceso y que, por lo tanto, no pudieron controvertir. En consecuencia, a menos que se trate de pruebas *erga omnes* [...] el juez deberá permitir que los nuevos demandados controviertan las pruebas que habrán de servir de soporte al fallador, así haya que practicarlas de nuevo.

En un sentido similar se ha expresado Bermúdez Muñoz (2007: 338 y ss.) quien considera que las pruebas deben poder ser controvertidas por los citados, aun si ello implica realizarlas de nuevo; sin embargo, se insiste, en algunos casos esta solución es, si no imposible, de difícil aplicación práctica.

De la posición expuesta por Tamayo surge una opción adicional, que infortunadamente tampoco puede ser aplicada, según la cual el posible responsable únicamente puede ser condenado (o absuelto) con base en las pruebas practicadas luego de su vinculación, pues solo esas permiten ser controvertidas. Ello no resulta procedente pues va en contra del principio de comunidad de la prueba, según el cual las pruebas que obren en el expediente deben ser analizadas y valoradas en conjunto, como un todo, sin que quepa hacer fraccionamientos arbitrarios del material probatorio (Devis Echandía, 1995). Por eso no es razonable, por ejemplo, que a un posible responsable lo condenen o lo absuelvan, con base en las declaraciones de unos testigos, llevadas a cabo luego de su vinculación, que se contradicen con unos documentos aportados con la demanda o con la contestación de alguno de los demandados originales. De hecho, en la práctica resulta bastante complejo que el juez separe las pruebas, pues las necesita todas para llegar a la conclusión de la ocurrencia o no de los hechos debatidos.

J. LA INCONSTITUCIONALIDAD DE LA VINCULACIÓN TARDÍA

Con base en lo anterior se puede concluir que la vinculación tardía del posible responsable supone, a no dudarlo, una vulneración de la Constitución Política por dos motivos: en primer lugar, la vinculación tardía no garantiza el debido proceso y/o los derechos de defensa y contradicción del posible responsable, sino que los afecta seriamente, como ha quedado visto, y en segundo lugar, la vinculación tardía implica una vulneración del derecho a la igualdad del posible responsable, pues lo sitúa en clara desventaja frente a los demás sujetos procesales que han conformado el extremo pasivo del proceso desde su inicio, sin que exista un motivo razonable o una justificación que amerite esa afectación. En síntesis, la vinculación tardía resulta claramente atentatoria de los artículos 29 y 13 de la Constitución Política.

En cuanto a la primera de las normas citadas es de advertir que su texto literal establece claramente que el debido proceso supone que quien es juzgado tiene necesariamente el derecho "a presentar pruebas y a controvertir las que se alleguen en su contra", que es la consagración constitucional del denominado *principio de contradicción* (Bernal Pulido, 2005), el cual, junto con el derecho de defensa, el derecho de ser asistido por un abogado, el derecho a impugnar la sentencia condenatoria y a no ser juzgado dos veces por el mismo hecho, se entiende contenido en aquello que la Corte Constitucional ha denominado *el núcleo esencial* del debido proceso (Ramírez Gómez, 1999). Al respecto es importante resaltar que, en términos de la Corte, el núcleo esencial de cualquier derecho fundamental, incluyendo naturalmente el debido proceso, se debe entender "como el reducto medular invulnerable que no puede ser puesto en peligro por autoridad o particular alguno"[4], y que como tal constituye un límite a la denominada *libertad de configuración legislativa*[5], en la medida en que no puede ser afectado por el legislador.

En adición, las comentadas restricciones a la contradicción están igualmente en contravía de la Convención Americana sobre Derechos Humanos y del Pacto Internacional de Derechos Políticos, ambos aprobados mediante las leyes 16 de 1972 y 74 de 1968, respectivamente. En el caso de la Convención, la figura comentada se halla en contradicción con su artículo 8.º, referente a las "Garantías judiciales", el cual dispone en su numeral 2 que "durante el proceso toda persona tiene derecho, en plena igualdad, a las siguientes garantías mínimas [...] f) Derecho de defenderse, de interrogar a los testigos presentes en el tribunal y de obtener la comparecencia, como testigos o peritos, de otras personas que puedan arrojar luz sobre el particular". En tratándose del Pacto, y por las razones ya anotadas, la vinculación tardía está en contradicción con el artículo 14-1, de acuerdo con el cual "[...] todas las personas son iguales ante los tribunales y cortes de justicia", y con el numeral 3, literal e del mismo artículo 14, que ordena que la persona que resulte "acusada" tiene derecho a "interrogar o hacer interrogar a los testigos de cargo o a obtener la comparecencia de los testigos de descargo y que estos sean interrogados en las mismas condiciones que los testigos de cargo".

En relación con el artículo 13 C.P., es claro que la figura de la vinculación tardía también propicia una vulneración del derecho a la igualdad del posible responsable, pues, como se ha visto, su situación dista mucho de asemejarse a la de los demás sujetos que conforman el extremo demandado del proceso, dadas las restricciones a su derecho de defensa y contradicción, originadas

---

4 Corte Constitucional. Sentencia T-799 del 14 de diciembre de 1998.
5 Corte Constitucional. Sentencia C-047 del 24 de enero de 2001.

en los artículos 18 y 52 de la LAPG, y las cargas adicionales que soporta para su ejercicio, sin que se vislumbre un motivo razonable que justifique ese trato diferenciado.

CONCLUSIONES

Sin lugar a dudas las acciones colectivas constituyen instrumentos procesales de gran relevancia, particularmente en aquellos asuntos que guardan relación con el medio ambiente. En Colombia estos mecanismos configuran una vía alterna frente a los procesos usuales o cotidianos. En tal medida, varios de sus aspectos más relevantes rompen o modifican los cánones tradicionales. La figura del posible responsable es un buen ejemplo de ello. Particularmente en materia ambiental es usual que las Acciones Colectivas no involucren desde el inicio del proceso a todos los sujetos relacionados con los hechos que han motivado la correspondiente demanda. En ese sentido, la regulación de la LAPG permite que el juez cite o vincule de oficio a otros posibles responsables, quienes adquieren, a pesar de no tenerla, la condición de demandados en el proceso, pues las pretensiones no se han dirigido en su contra. La regulación procesal de esta figura, contenida en la LAPG y en las normas supletivas incluidas en el CGP y en el CPACA, generan algunas dificultades derivadas de su aplicación práctica. La más evidente de ellas tiene que ver con la vinculación tardía del posible responsable, es decir, la acontecida luego de que se decretan y practican las pruebas del proceso. En tal evento, el posible responsable ve seriamente afectados sus derechos de defensa y contradicción, e igualmente su derecho a la igualdad, lo cual permite incluso poner de presente la inconstitucionalidad de la vinculación tardía, por la violación de los artículos 13 y 29 de la Constitución Política, así como de algunas disposiciones contenidas en la Convención Americana sobre Derechos Humanos y en el Pacto Internacional de derechos Políticos.

BIBLIOGRAFÍA

BEJARANO GUZMÁN, R. *Procesos declarativos, arbitrales y ejecutivos*, Bogotá, Temis, 2017.

BERMÚDEZ MUÑOZ, M. "La acción de grupo, normativa y aplicación en Colombia", Bogotá, Universidad del Rosario, 2007.

Bernal Pulido, C. *El derecho de los derechos*, Bogotá, Universidad Externado de Colombia, 2005.

Botero Aristizábal, L. F. *Acción popular y nulidad de actos administrativos, protección de derechos colectivos*, Bogotá, Legis, 2004.

Defensoría del Pueblo. *Gaceta del Congreso de Colombia*, n.º 498, 1996.

Devis Echandía, H. *Teoría general de la prueba judicial*, t. i, Bogotá, abc, 1995.

Devis Echandía, H. *Compendio de derecho procesal, teoría general del proceso*, t. i, Bogotá, Diké, 1996.

Henao, J. C. "Responsabilidad del Estado colombiano por daño ambiental", 2003, disponible en [http://www.mamacoca.org/fsmt_sept_2003/es/doc/henao_responsabilidad_ambiental_es.htm].

Hernández Enríquez, A. E. "Regulación de las acciones de grupo formuladas en contra de las entidades públicas en el derecho colombiano", en *Memorias del xxvi Congreso Colombiano de Derecho Procesal*, Bogotá, Universidad Libre, 2005.

Hurtado Reyes, M. *Tutela jurisdiccional diferenciada*, Lima, Palestra, 2006.

Instituto Colombiano de Derecho Procesal. *Código General del Proceso*, Bogotá, Panamericana Formas e Impresores, 2014.

Instituto Iberoamericano de Derecho Procesal [iidp]. "Código Modelo de Procesos Colectivos para Iberoamérica", en *Memorias del xxvi Congreso Colombiano de Derecho Procesal*, Bogotá, Universidad Libre, 2014.

López, H. F. *Código General del Proceso, Parte general*, Bogotá, Dupré, 2016.

Martínez, H. J. *Procesos con sujetos múltiples*, t. i. Buenos Aires, La Roca, 1994.

Mora, E. *Código de Procedimiento Administrativo y de lo Contencioso Administrativo*, Bogotá, Leyer, 2011.

Palacio Hincapié, J. A. *Derecho procesal administrativo*, Bogotá, Librería Jurídica Sánchez R., 2013.

Parra Quijano, J. *Manual de derecho probatorio*, Bogotá, Librería del Profesional, 1997.

Parra Quijano, J. *Los terceros en el proceso civil*, Bogotá, Librería Ediciones del Profesional, 2006.

Ramírez Gómez, J. F. *Principios constitucionales del derecho procesal colombiano*, Bogotá, Señal Editora, 1999.

Rojas, M. E. *Lecciones de derecho procesal*, t. II, Bogotá, Esaju, 2017.

Ramírez Arcila, C. *Acción y acumulación de pretensiones*, Bogotá, Temis, 1978.

Tamayo, J. *Las acciones populares y de grupo en la responsabilidad civil*, Bogotá, Baker y McKenzie, 2001.

Tamayo, J. *De la responsabilidad civil*, t. I, Bogotá, Temis, 2001.

Tamayo, J. *De la responsabilidad civil*, t. II, Bogotá, Temis, 2001.

Taruffo, M. *La prueba de los hechos*. Madrid, Trotta, 2002.

SENTENCIAS

Corte Suprema de Justicia. Sala de Casación Civil. Sentencia del 30 de marzo de 1993, M. P.: Alberto Ospina Botero.

Corte Constitucional

Sentencia C-215 del 14 de abril de 1999, M. P.: Martha Victoria Sáchica.

Sentencia T-799 del 14 de diciembre de 1998, M. P.: Vladimiro Naranjo Mesa.

Sentencia C-047 del 24 de enero de 2001, M. P.: Eduardo Montealegre Lynett.

JORGE IVÁN HURTADO MORA

Valoración jurisprudencial de los conflictos ambientales en Colombia: un estudio de caso comparado

SUMARIO

RESUMEN

La garantía del derecho a la participación ambiental incluye a todos los afectados en la decisión administrativa, pues solo mediante la apertura de verdaderos espacios de diálogo efectivo y significativo con la población se garantiza resolver e incluso evitar los conflictos ambientales. Bajo esta premisa, el propósito del presente artículo es delimitar los avances jurisprudenciales del derecho a la participación, identificando los precedentes aplicables en materia de solución de controversias ambientales que la Corte Constitucional ha desarrollado a lo largo de sus valoraciones y pronunciamientos, por medio de la técnica de estudio de casos comparados que recoge tres sentencias hito: la delimitación del páramo de Santurbán, el río Atrato como sujeto de derecho y el arroyo Bruno como garantía de participación.

PALABRAS CLAVE

Derecho a la participación, conflictos ambientales, páramo de Santurbán, río Atrato, arroyo Bruno, derecho de participación en materia ambiental, gestión ambiental.

ABSTRACT

The warranty to the right to participate on environmental issues involves all parties affected regarding an administrative decision, since is only within truly effective and meaningful dialogue spaces along with the community, the institutional discretion from the public administration is impeded assuring the proper way to solve environmental conflicts. In this respect, this paper is aimed at narrowing the jurisprudential developments in assuring the right to participating from the identification of the applicable precedents related to wane environmental matter that the Constitutional Court has issued throughout the legal evaluation, in the conflict resolution deepened by environmental matters, through a study technique of comparative cases that put together three key cases: the delimitation of Santurban's moorland, Atrato's river as a law subject and the Bruno's stream.

KEYWORDS

Delimitation of Santurban's moorland, Atrato's river as a law subject, Bruno's Stream; right to participation.

INTRODUCCIÓN

Los conflictos ambientales presentes en Colombia dan cuenta de la disputa entre los actores sociales por la apropiación de la naturaleza. De acuerdo con Rincón (2014), los países de renta media baja y renta baja han percibido las actividades extractivas como una oportunidad para generar crecimiento económico, retornando a modelos de desarrollo centrados en la explotación de recursos naturales, sin tener en cuenta los impactos ambientales y sociales de dichas actividades, cuya expansión ha generado conflictos ambientales entre los nuevos actores del ámbito empresarial que buscan obtener los recursos y las comunidades que habitan dichas zonas, que tienen otra forma de relacionarse con su entorno.

Por lo tanto, dichas actividades extractivas se

> ... encuentran frecuentemente con formas de producción campesina, con agricultura familiar, con sociedades híbridas que dependen en buena medida de los servicios ambientales provistos por la naturaleza, ausentes de políticas gubernamentales activas, comunidades con bajo nivel de organización empresarial y en general con poco respaldo institucional (Rincón, 2014).

El *Atlas Global de Justicia Ambiental* de la Universidad Autónoma de Barcelona (2020) reúne y sistematiza los conflictos ambientales más relevantes de los últimos años relacionados por académicos y activistas, constatando que aumentan a nivel mundial, llegando a cerca de 3.100, ubicados la mayoría de ellos en América Latina, el sur de Asia y las costas de África. Colombia ocupa el quinto puesto con mayor número de conflictos ambientales en el mundo con 129, después de China con 137, Estados Unidos 140, Brasil 155 e India 329.

De acuerdo con el ministro de Ambiente y Desarrollo Sostenible, Ricardo Lozano Picón, en noviembre de 2018 Colombia era el país con más conflictos socio-ambientales en América Latina contabilizando 128 (Blue Radio), y según Gloria Amparo Rodríguez, magistrada de la Justicia Especial para la Paz "Si hiciéramos un rastreo de todos los conflictos que se han dado y los que han terminado en acciones judiciales, encontramos que somos el primer país en conflictos ambientales en la región" (*El Espectador*, 2019).

Los conflictos socio-ambientales se presentan en todo el territorio nacional y se generan por las actividades económicas referidas a la extracción de recursos, y de acuerdo con el Observatorio de Conflictos Ambientales (OCA), están relacionados con las "... controversias frente al acceso, uso, aprovechamiento, distribución, control, disponibilidad y calidad de los recursos que provee el entorno natural" (Universidad Nacional, 2019).

Según Folchi (2001), el conflicto se produce cuando se tensiona la estabilidad histórica entre la comunidad y su hábitat:

> ... como consecuencia de la acción de un agente extraño que altera o pretende alterar las relaciones preexistentes entre una comunidad y su ambiente, o bien, a la inversa, cuando una comunidad decide modificar su vinculación con el ambiente afectando los intereses de alguien más.

En la mayoría de los conflictos ambientales los principales afectados son las comunidades, los campesinos, los indígenas y los afrocolombianos asentados en territorios de interés por sus recursos naturales. Para el Observatorio Latinoamericano de Conflictos Ambientales (1998), es indispensable que existan acciones de los afectados para estar ante un conflicto ambiental:

> Esas acciones pueden entenderse como manifestaciones del derecho a participar y permiten la calificación del conflicto, pues, si los grupos involucrados con sus gestiones logran captar la atención de la sociedad, el gobierno, los sectores industriales y los medios de comunicación, entre otros, este será un conflicto que adquirirá una gran trascendencia y tendrá mayores posibilidades de lograr una solución pacífica.

De hecho, la Constitución Política de 1991 señala que la participación ciudadana es un derecho y un deber que se sustenta "en el principio de solidaridad y en la unión de las comunidades" (Rodríguez, 2010), pues la garantía del derecho a la participación solo se materializa en ejercicio de la ciudadanía. En materia ambiental la acción del Estado debe estar guiada por la incidencia de la comunidad en la definición de las políticas de ordenamiento territorial, el control de la deforestación, la protección de los recursos hídricos, y el otorgamiento de licencias ambientales.

De acuerdo con la Corte Constitucional (2017), la participación ciudadana juega un rol supremo en la garantía de un orden justo como condición indispensable para alcanzar la protección, la sostenibilidad y la distribución equitativa de los recursos naturales. Como se argumenta en las sentencias T-348 de 2012 y T-660 de 2015 de la Corte Constitucional, la adecuada gestión de los asuntos ambientales incluye la participación de las comunidades afectadas.

La garantía del derecho a la participación ambiental debe incluir a todos los afectados con la decisión administrativa mediante un diálogo efectivo y significativo que impida que la administración pública abuse de su autoridad.

> Si este derecho así previsto no es monopolio de una persona individualmente considerada, la defensa que de él se haga cobijará no solo al accionante de su defensa sino a toda la comunidad, lo cual, adicionalmente, pone de presente que para participar no hay límites espaciales ni territoriales, atendiendo la naturaleza colectiva y global del ambiente (Hurtado, 2015: 2013).

En ese contexto, la pregunta de investigación que se plantea es: ¿cuáles han sido los avances jurídicos en materia de solución de conflictos ambientales que el Estado colombiano ha asumido en la garantía del derecho a la participación ciudadana?

I. METODOLOGÍA DE INVESTIGACIÓN

Este estudio es de naturaleza exploratoria, y se enmarca en la investigación cualitativa del derecho público. Se trata de un estudio de caso comparado (Yin, 1994), centrado en la garantía del derecho a la participación frente a los conflictos ambientales, a partir de la estructuración de una línea jurisprudencial de los fallos de la Corte Constitucional y la Corte Suprema de Justicia respecto de tres sentencias hito.

Para este cometido se tendrá en cuenta la metodología de Santaella[1] (2016), quien postula la necesidad de adquirir herramientas para entender al juez como creador de reglas jurídicas. El análisis jurisprudencial resulta de conocer el derecho tal cual lo aplican los jueces en la realidad (*law in action*), dejando de lado el dogma del liberalismo, según el cual el juez solo aplica la ley, para dar lugar a su intervención en el proceso, que lo lleva a asumir un rol de autoridad ante la cosa juzgada, creando un fallo o sentencia en un caso específico, pero además sienta una regla de derecho aplicable a casos similares futuros (precedentes).

De acuerdo con Santaella (2016), como técnica de análisis se parte de identificar un problema jurídico claramente establecido que haya sido re-

---

1 Docente del Departamento de Derecho Administrativo de la Universidad Externado de Colombia.

suelto por la jurisprudencia, se define un patrón fáctico que sirva de marco de referencia y se profundiza en los distintos pronunciamientos que se hayan ocupado del asunto, lo que permite identificar las principales sentencias hito. De esa manera se reflejan y abordan los diferentes debates internos que se han dado en la jurisprudencia. Entonces, a la hora de interpretar una decisión judicial es necesario trazar una línea jurisprudencial que debe contener por lo menos tres elementos:

1. *Ratio decidendi.* Principio, regla o argumento central de la decisión judicial que, por ende, responde a la(s) pregunta(s) jurídica(s) planteada(s) de cada caso.
2. *Obiter dictum.* Argumentos secundarios que se presentan en las consideraciones, las cuales no necesariamente están ligadas de manera esencial con la decisión adoptada.
3. *Decisum.* Se refiere a la parte resolutiva de la sentencia, lo que se dictamina y que tendrá fuerza *erga omnes* o efecto inter-partes, según lo previsto por la ley.

El presente artículo analiza el aporte que el juez ha desarrollado a lo largo de sus pronunciamientos e instrumentos jurídicos al abordar el derecho a la participación en la solución de controversias derivadas de conflictos ambientales. Para eso se inicia con un test de semejanza con el fin de identificar casos análogos, teniendo en cuenta criterios como: i) la protección del medio ambiente como un punto central; ii) la relación de derechos alegados y solicitados ante las Altas Cortes; iii) la naturaleza de los actores involucrados en el conflicto ambiental, y iv) los valores medulares propuestos por la AIPP.

De esa manera, la construcción de una línea jurisprudencial se convierte en un instrumento metodológico que permite agrupar de manera racional un conjunto de decisiones judiciales a partir de la identificación de un problema concreto: la garantía del derecho a la participación en la gestión ambiental. De acuerdo con lo anterior, esta investigación presenta un análisis de los estudios de casos seleccionados a través de una revisión bibliográfica de fuentes primarias y secundarias, que permite escoger casos de comparación para determinar el avance en la garantía del derecho a la participación pública desde el enfoque propuesto por John Rawls y el modelo de la Asociación Internacional.

II. CONCEPTUALIZACIÓN DE LA PARTICIPACIÓN CIUDADANA

Como referente teórico se aborda la propuesta de Sol Arriaza (2012), según la cual, la garantía del derecho de la participación ciudadana implica ver el reto desde la gestión de las políticas públicas en estados democráticos. Para evaluar los avances, el autor retoma el enfoque de John Rawls (1997: 18) a partir de la transición de los electores a ciudadanos en sociedades desiguales como las latinoamericanas, en las que la efectiva garantía del derecho a la participación se alcanza cuando la igualdad política de los individuos está acompañada de una mejor gestión de las desigualdades de la sociedad en dos frentes.

a) Las posiciones y cargos dentro de un sistema democrático se encuentren abiertos para todos en condiciones de igualdad efectiva a todos los individuos, y

b) Otorgar mayor beneficio al segmento más vulnerable de la sociedad.

De acuerdo con Sol Arriaza (2012: 20), en las últimas décadas del siglo XX hubo un avance en el sistema de garantías y derechos ofrecidos por la democracia, mediante el cual el Estado debe promover el bienestar no solamente político, sino económico y social. De ese contexto se derivaron los esfuerzos por trazar una "agenda legislativa que permita la creación de instituciones de participación ciudadana en asuntos públicos en el campo de la gestión ambiental y de los recursos naturales".

Dichas iniciativas fueron respaldadas en los compromisos de Río Janeiro como un esfuerzo global de la democratización, materializable por medio del Principio 10, "que establece que la mejor forma de abordar los asuntos o la gestión ambiental es, precisamente, con la participación de las y los ciudadanos" (Sol Arriaza, 2012: 21); la participación ciudadana desde la gestión ambiental responde a la necesidad de reducir los conflictos ambientales producto de la relación entre producción y consumo.

La defensa del medio ambiente y la gestión de recursos naturales ha llevado a incluir las consultas locales, y mecanismos como el plebiscito, en los que se considera imperativa la participación ciudadana y de las comunidades indígenas afectadas por proyectos de exploración y extracción de recursos naturales.

En América Latina esta transformación ha sido notoria, ya que se ha pasado de regímenes autoritarios, al desafío democrático de tener en cuenta la pluralidad en el debate, con actores de distintos orígenes cuyas consignas buscan ser escuchadas, discutidas y tratadas, liderada ahora por movimientos sociales que anteriormente, en el sistema político tradicional, carecían de interlocución.

Los gobiernos de la región han buscado formular e implementar políticas públicas con participación de la ciudadanía, y crear espacios y mecanismos de rendición de cuentas; sin embargo, se han presentado obstáculos para su implementación, pues a pesar de los aceptables niveles de estabilidad democrática de la región, el Estado es ineficiente al momento de hacer efectivos los derechos de la población, y la politización de algunos movimientos ciudadanos y de la sociedad civil en general impiden que dichas políticas tengan efecto.

Según Sol Arriaza (2012: 25), el modelo corporativista de participación tiene un efecto distinto y opuesto a las iniciativas subvaloradas de la propuesta ciudadana propiamente dicha, por políticas públicas que favorecen de manera especial a sectores y gremios de la sociedad que si poseen la capacidad de persuadir e incidir en la generación de políticas públicas donde los intereses de su conjunto se vean protegidos.

A. VALORES MEDULARES PARA LA PRÁCTICA DE LA PARTICIPACIÓN PÚBLICA

La Asociación Internacional para la Participación Pública (AIPP, 2017) propone que, para ser efectiva e integral, la participación ciudadana debe tener un enfoque complementario de los tres tiempos de la democracia: directa, representativa y participativa. Hay quienes se oponen a la ampliación de la participación ciudadana, en tanto "la democracia delegativa" entiende que la autoridad y la legitimidad de las decisiones en asuntos del Estado se delega en los líderes elegidos para ocupar cargos públicos.

En ese orden de ideas, la AIPP promueve siete valores medulares que sustentan las iniciativas para el fortalecimiento de la participación ciudadana (tabla 1).

TABLA 1.
VALORES MEDULARES PARA LA PRÁCTICA DE LA PARTICIPACIÓN PÚBLICA

a)	El público debe tener voz en las decisiones que afectan su vida.
b)	La participación pública incluye la promesa de que las contribuciones del público van a tener influencia en las decisiones.
c)	El proceso de participación pública comunica los intereses del público y cumple con la necesidad del proceso de ser participativo.
d)	El proceso busca y facilita la participación de aquellos potencialmente afectados.
e)	El proceso de participación pública involucra a los participantes en la definición de cómo van a participar.
f)	El proceso de participación pública brinda a los participantes toda la información que necesitan para participar de una forma significativa.
g)	El proceso de participación pública comunica a los participantes la forma en que sus opiniones han afectado la decisión.

Fuente: AIPP, disponible en [http://iap2.org/displaycommon.cfm?an=1&subarticlenbr=75].

B. EL TRÍPTICO AMBIENTAL Y SU RELACIÓN CON LA PARTICIPACIÓN CIUDADANA

A partir de la Constitución Política de 1991 en Colombia se avanzó en la construcción de una estructura de parámetros de conservación ambiental, y se sentaron las bases de la participación en defensa del entorno y los recursos naturales. Al respecto Hurtado (2015) señala que las percepciones de los actores que componen el tríptico ambiental se pueden describir de la siguiente manera:

a) Para la autoridad la participación constituye un elemento necesario de legitimación procesal de sus decisiones.

b) Para el sector económico la participación no es un factor con el que quiere contar en los trámites administrativos adelantados para obtener la viabilidad ambiental de sus proyectos, obras o actividades.

c) Para la comunidad la participación debe ser abordada en términos cuantitativos y no cualitativos, lo que implica que le corresponde tomar las decisiones pero no la administración.

Estas posiciones con evidentes distorsiones traen consigo las siguientes consecuencias (Hurtado, 2015):

a) Si la administración le da preponderancia a lo procesal puede omitir la evaluación de insumos sustanciales aportados por la comunidad en espacios democráticos, y que contribuyen a elaborar decisiones más democráticas y sostenibles.

b) Si el sector económico no percibe como válida la participación dentro de sus procesos pierde una oportunidad en esos espacios para explicar el proyecto a desarrollar, los impactos, las medidas de mitigación, la compensación y, sobre todo, los valores agregados para la comunidad asentada en ese específico territorio.

c) Si la comunidad percibe la participación en términos cuantitativos, le resta importancia a un discurso argumentativo y sólido que incida eficazmente en las decisiones adoptadas posteriormente por la autoridad.

Teniendo en cuenta los elementos teóricos respecto de la evolución de la participación ciudadana en la región y los valores medulares propuestos por la AIPP, en el siguiente apartado analiza la relación entre la participación ciudadana en la gestión ambiental, y las tensiones y/o conflictos ambientales derivados de los escenarios de intereses económicos, políticos, sociales por el uso de los recursos naturales. A partir de estas premisas, en el apartado III se aborda la construcción de una línea jurisprudencial que permita identificar los avances jurídicos del Estado colombiano en los diferentes escenarios sociales.

III. EL DERECHO A LA PARTICIPACIÓN CIUDADANA COMO ALTERNATIVA A LOS CONFLICTOS AMBIENTALES Y SUS TENSIONES

De acuerdo con Valencia (2010), los conflictos de carácter ambiental surgen a partir de una confrontación de intereses que terminan siendo de tipo colectivo, debido a que usualmente se reconoce que el ambiente y la tierra le corresponden a toda la comunidad. Según el Observatorio Latinoamericano de Conflictos Ambientales (1998): "... el conflicto comienza cuando los (potencialmente) afectados inician acciones con el objeto de evitar un daño ambiental...".

Por tanto, es necesario que los afectados tomen acciones para que se pueda hablar de un conflicto ambiental. Esas acciones se pueden entender como manifestaciones del derecho a participar,

> ... pues, si los grupos involucrados con sus gestiones logran captar la atención de la sociedad, el gobierno, los sectores industriales y los medios de comunicación,

entre otros, este será un conflicto que adquirirá una gran trascendencia y tendrá mayores posibilidades de lograr una solución pacífica (Observatorio Latinoamericano de Conflictos Ambientales, 1998).

La Corte Constitucional ha exaltado el avance jurídico del Estado colombiano que cuenta con un sistema normativo robusto en el que se prevé una serie de escenarios y de mecanismos de participación, garantizados como derechos fundamentales de orden constitucional desde 1991. La Iniciativa de Acceso para América Latina y el Caribe señala que algunos Estados, como Colombia, se caracterizado por tener un ordenamiento jurídico robusto en materia de acceso a la participación ciudadana en asuntos ambientales, como se puede observar en la tabla 2.

TABLA 2.
PARTICIPACIÓN CIUDADANA EN ASUNTOS AMBIENTALES

Marco legal	MEX	CR	SAL	CHILE	PERÚ	BRA	COL	VEN
La Constitución garantiza el acceso a la participación	75	100	50	50	100	50	100	75
Existencia de leyes especiales sobre acceso a la participación	50	75	50	50	100	75	100	87
Existencia de legislación especial sobre acceso a la participación en materia ambiental	75	75	38	100	100	75	87	75

Fuente: Iniciativa de Acceso en América Latina.

El estudio revela que en una escala de 1 a 100 (fuerte) en materia de pronunciamientos legales y jurisprudenciales, Colombia garantiza el acceso a la participación, y cuenta con leyes especiales al respecto.

En el artículo 79 de la Carta Política el constituyente buscó garantizar que los ciudadanos puedan participar en las decisiones que afectan su derecho a gozar de un medio ambiente sano, lo cual se vio reforzado por instrumentos internacionales vinculantes como la Conferencia de las Naciones Unidas sobre el Medio Ambiente y el Desarrollo, realizada en Río de Janeiro en 1992, en la cual, desde el punto de vista constitucional, se planteó la necesidad de incorporar los derechos de tercera generación, reconocidos como uno de los pilares para el desarrollo sostenible y garantía de una mayor participación ciudadana.

El Convenio sobre la Diversidad Biológica (1992), ratificado por el Estado colombiano mediante la Ley 165 de 1994, aborda no solo los derechos bioculturales, sino que le da cabida a la participación ciudadana como un derecho que garantiza la relación con la población que interactúa en la gestión del medio ambiente.

> [...] De igual forma, el convenio persigue consolidar la conservación y uso sostenible de la diversidad biológica, y la participación justa y equitativa de las comunidades en los beneficios derivados de la investigación y desarrollo de la misma (CDB, 1992).

El Estado colombiano cuenta con varios mecanismos tanto administrativos, como judiciales y políticos de participación, que son utilizados ampliamente, como se puede evidenciar en la siguiente tabla.

TABLA 3.
PRINCIPALES MECANISMOS DE PARTICIPACIÓN CIUDADANA

Administrativos	Judiciales	Políticos
En los órganos de la administración	Acción de tutela	Iniciativa popular legislativa
Audiencias públicas ambientales	Acción de cumplimiento	Referendo
Veedurías ciudadanas	Acción popular	Revocatoria del mandato
Intervención en procedimientos administrativos	Acción de grupo	Plebiscito
En los procesos de planificación ambiental	Acción de nulidad	Consulta popular
Derecho de petición	Acción de inconstitucionalidad	Cabildo abierto
Consulta previa	Acción de inconstitucionalidad	Voto

Fuente: A. Lora, L. Muñoz y G. Rodríguez (2008).

Al respecto Londoño (2012) señala:

> El interés ciudadano centrado por lo general en derechos de petición, quejas, reclamos, tutelas, audiencias o mecanismos exclusivamente jurídicos, es la interlocución permanente de las autoridades con las organizaciones sociales representativas, autónomas y legítimas donde se puede lograr madurar los acuerdos o consensos de intereses sociales hacia los intereses públicos (Londoño, 2012).

De igual forma, el autor indica que la participación es un elemento fundamental para la resolución de los conflictos ambientales pues representa una oportunidad única para el diálogo de los diferentes actores en el que se ponen sobre la mesa sus necesidades, preocupaciones y aspiraciones, y se busca entre todos la mejor forma de llegar a un acuerdo.

Sin embargo, en ocasiones las comunidades (posiblemente) afectadas por proyectos en sus territorios no pueden participar de forma efectiva y previa al conflicto ambiental debido a varias razones.

– En primer lugar, por la falta de información de las comunidades sobre los problemas que los pueden afectar,

> ... es común encontrar poblaciones desinformadas, solo con conocimiento parcial de las diversas afectaciones regionales o nacionales de los proyectos de desarrollo que se han realizado o se proyectan para sus localidades o regiones, que reaccionan solamente cuando existen impactos ambientales serios o incluso por informaciones fragmentadas de prensa (Londoño, 2012).

– En segundo lugar, porque en ocasiones las comunidades no conocen cuáles son los mecanismos de participación idóneos para que sus reclamos, preocupaciones y puntos de vista sean tenidos en cuenta por las autoridades locales o nacionales, e incluso por las empresas o actores empresariales que están interesados en desarrollar actividades en sus territorios. Esto sumado a que las instituciones públicas no gozan de confianza y legitimidad en las comunidades pues estas no han visto resueltos algunos de sus problemas, o se han realizado los proyectos en contra de sus intereses y preocupaciones.

De igual forma, existe una baja capacidad local de las instituciones públicas de incluir a las comunidades en los procesos previos al proyecto, sumada a la falta de coordinación de las decisiones del Gobierno Nacional con los gobiernos locales. "Se apela al centralismo político insistentemente como solución de la inadecuada o equivocada resolución de conflictos regionales persistentes o crónicos, donde existe baja capacidad de incidir en ellos desde una perspectiva regional" (Londoño, 2012). En ocasiones las entidades del gobierno nacional o local no saben mediar o llegar a acuerdos entre los diferentes grupos de interés de forma previa al conflicto, y deciden tomar medidas que pueden ir en contravía de alguna de las partes.

La falta de participación de las comunidades en el desarrollo de los proyectos en sus territorios ha aumentado la judicialización de los conflictos ambientales o la búsqueda de resoluciones por la fuerza: "En una cultura autoritaria donde poco peso han tenido históricamente las razones, la deliberación o la búsqueda de consensos, se recurre de manera permanente a la judicialización de conflictos como única salida de resolver las controversias o, peor aún, a las vías de la violencia" (Londoño, 2012).

La participación ciudadana en asuntos ambientales es un elemento central para materializar el desarrollo sostenible, la adecuada distribución de cargas del ecosistema y el efectivo goce de los derechos fundamentales. La intervención de la comunidad se ha transformado en un derecho en cabeza de las personas, y en una obligación de los Estados para la gestión de los ecosistemas, como lo expresa la Corte en la Sentencia del Río Atrato en la que establece:

> [...] 4.4. [...] El ordenamiento jurídico ha reconocido el derecho a la participación en asuntos relacionados con el medio biótico, garantía que se erige como la manera más adecuada de resolver los conflictos ambientales y generar consensos en las políticas públicas sobre la conservación de los ecosistemas. La Constitución y diversos documentos internacionales han otorgado a los miembros de la sociedad la facultad de hacer parte de las decisiones ambientales que los perturba, escenario que incluye varias formas de participación, como son política, judicial y administrativa (Sent. T-622 de 2016).

Por lo tanto, el principal reto para las autoridades ambientales es prevenir los conflictos ambientales, lograr la participación efectiva de las comunidades y los grupos de interés garantizando su derecho a la participación, llegar de forma rápida a acuerdos y tomar decisiones en pro del desarrollo sostenible de los territorios: "Es muy importante fortalecer la democracia participativa en materia ambiental, porque con el concurso de todos los actores se puede aportar, de manera más eficiente, en las decisiones públicas" (Valencia, 2007).

Bajo este escenario, cuando el Estado falla y no cumple los imperativos que le son asignados por el orden constitucional, "... es el juez el que, con su racionalidad, interviene abogando por que no queden en ciernes los sistemas de protección de los ciudadanos individualmente considerados, o en comunidad" (Hurtado, 2018).

Actualmente el dinamismo de la participación ciudadana en la gestión ambiental se transfiere a la instancia judicial, buscando específicamente obtener un grado mayor de eficacia. De acuerdo con Genz Bölter y Derani (2018), en el caso de los conflictos ambientales la judicialización ha servido especialmente para dar visibilidad a los conflictos, presentar socialmente situaciones en que la legislación no es cumplida o, cuando hay divergencias respecto de la interpretación o los procedimientos de aplicación de las leyes, defender aquellos derechos que pueden ser garantizados formalmente, pero que carecen de eficacia.

Según Javier Molina (2017), la implementación de los tribunales ambientales ha mejorado la aplicación de la legislación ambiental, la participación pública para la defensa de derechos y el acceso a mecanismos jurídicos, evidenciando una rápida tendencia mundial a solucionar los conflictos ambientales bajo diversas sistemas jurídicos, como el derecho civil, el *common law*, el derecho asiático y el derecho islámico (Pring y Pring, 2015).

IV. VALORACIONES JURISPRUDENCIALES RESPECTO DEL DERECHO A LA PARTICIPACIÓN EN MATERIA AMBIENTAL EN TRES CASOS DE ESTUDIO

Para realizar el análisis jurisprudencial de los aportes generados por la participación ciudadana en Colombia, se parte de construir una línea jurisprudencial a partir de tres sentencias hito en la materia: el páramo de Santurbán, la desviación del arroyo Bruno y la declaración del río Atrato como sujetos de derechos, lo cual permite entender y delimitar los escenarios, procesos y mecanismos que propenden por la participación ciudadana.

Aplicando la metodología y el test de semejanza con el fin de identificar casos análogos, y teniendo en cuenta criterios como: a) la protección del medio ambiente como un punto central; ii) la relación entre los derechos alegados y los solicitados ante las Altas Cortes; iii) la naturaleza de los actores involucrados en el conflicto ambiental, y iv) los valores medulares propuestos por la AIPP, se puede evidenciar que la Corte ha hecho especial énfasis en la relación que debe existir entre la participación ciudadana como derecho y deber, y la responsabilidad de los entes nacionales y territoriales en su garantía y protección.

A. PRIMER CASO DE ESTUDIO: SENTENCIA T-361 2017, "DERECHO DE PARTICIPACIÓN EN MATERIA AMBIENTAL EN EL MARCO DE LA EXPEDICIÓN DE RESOLUCIÓN QUE DELIMITÓ EL PÁRAMO DE SANTURBÁN"

1. HECHOS QUE ORIGINAN EL AMPARO

El Ministerio de Ambiente y Desarrollo Sostenible (Minambiente) inició el proceso de delimitación del páramo de Santurbán en desarrollo de la Resolución 2090 de 2014. El macizo del páramo se ubica en los departamentos de Santander y Norte de Santander, y es la principal fuente de agua de los habitantes de dichos territorios.

En noviembre de 2013 los accionantes presentaron un derecho de petición ante el Ministerio de Ambiente y Desarrollo Sostenible (Minambiente) con el fin de solicitar que se decreten y practiquen audiencias públicas reconocidas en el Código de Procedimiento Administrativo y de lo Contencioso Administrativo (CPACA), con el propósito de que participen todos los sujetos afectados con la regulación del páramo. Además, solicitaron que el Minambiente suministrara los estudios y documentos con los que se sustenta la delimitación del páramo; no obstante, la autoridad no respondió dicha petición. En respuesta, los demandantes promovieron una acción de tutela contra el Ministerio argumentando que se desconoció el derecho de petición, y el Tribunal Administrativo de Cundinamarca ordenó a la entidad que respondiera la solicitud.

En cumplimiento del fallo, la entidad respondió el derecho de petición y negó la realización de audiencias públicas en el proceso de delimitación al considerar que dichas actuaciones no eran procedentes por tratarse de una normatividad especial que excluía tales diligencias. El 30 de noviembre de 2013, el Ministerio anunció a la comunidad y a la prensa que la resolución de clasificación del ecosistema de páramo ya estaba concluida.

2. *RATIO DECIDENDI*: PROBLEMA JURÍDICO

El 10 de diciembre el representante legal de la Corporación Colectivo de Abogados Luis Carlos Pérez (CCALCP) y miembros del Comité por la Defensa del Páramo de Santurbán (CODEPAS), formularon un derecho de petición solicitando a la entidad que se dieran a conocer las etapas y el desarrollo de las etapas de concertación, solicitaron los datos de las áreas reconocidas y la clarificación de la situación de los títulos mineros de la zona. En diciembre de 2013, el Minambiente realizó reuniones de concertación con los afectados en Bucaramanga y el municipio de Tona, y repitieron las mesas en enero de 2014 en la capital santandereana.

En diciembre de 2013 los tutelantes presentaron un escrito al Ministerio expresando su desacuerdo con el procedimiento de delimitación del páramo por considerarlo un trámite impuesto para legitimar una participación inexistente de la comunidad, expresaron su preocupación por declaraciones de la ministra en las que indicaba que "la decisión ya había sido tomada", exigiendo que se adelantara un proceso de delimitación amplio con participación de toda la comunidad. Pese a que el Minambiente respondió que tardaría 60 días en absolver preguntas por la complejidad de los temas, el plazo no se cumplió. En respuesta, los accionantes promovieron otra acción de tutela.

En abril de 2014 Minambiente entregó la información solicitada y advirtió que el procedimiento de delimitación del páramo ya había concluido, señalando que las mesas de concertación no eran instancias vinculantes, sino que tenían como propósito conocer las expectativas de la comunidad y construir una estrategia de conservación del páramo. El Ministerio señaló que la Gobernación de Santander era la entidad encargada de convocar a los actores a nivel regional y local, y aunque se referenció la normatividad que regula el proceso de delimitación, no se suministró copia del proyecto de resolución y el 19 de diciembre de 2014 expidió la Resolución 2090 mediante la cual se delimita el páramo de Santurbán.

Frente a lo anterior, en julio de 2015 se instauró una acción de tutela[2] contra el Ministerio por vulnerar los derechos del debido proceso, de participación, de la igualdad, de petición, de información, de salud, de consumo de agua potable y de vida digna por conexidad con el ambiente sano y el derecho de participación. Los tutelantes solicitaron evitar la ejecución de la Resolución con la que se autorizaba realizar actividades mineras en zonas consideradas por los accionantes prohibidas y se argumentó que Minam-

---

2 Tutelantes: Julia Adriana Figueroa a nombre propio, y en calidad de representante legal de la Corporación Colectivo de Abogados Luís Carlos Pérez, Alix Mancilla Moreno, Dadan Amaya, Luís Jesús Gamboa y Erwin Rodríguez-Sala a nombre propio y en representación de los miembros del Comité por la Defensa del Páramo de Santurbán.

biente había vulnerado el derecho fundamental al debido proceso pues no decretó audiencias públicas en el proceso de delimitación.

3. *OBITER DICTUM*

Los accionantes señalaron que se había desconocido el derecho de participación de las comunidades que podrían verse afectadas por la expedición de la Resolución 2090 en tanto no fueron tenidas en cuenta durante la clasificación del territorio, participación que se encuentra reconocida en la Constitución y considerada en la Corte Constitucional como un derecho fundamental que se extiende a temas ambientales. La discusión de la sociedad civil se concentró en las empresas mineras, mientras que no se invitó a las ONG ambientalistas. Adicionalmente, las mesas no tuvieron ninguna incidencia en la delimitación del páramo, teniendo en cuenta que la decisión "ya estaba tomada" cuando se iniciaron las mesas, y por tanto no podría considerarse como una fase en la que se agotara el principio de participación.

Por último, los accionantes señalaron que fueron afectados sus derechos a la vida en conexión con el consumo de agua potable, a la salud y el ambiente sano pues el acto administrativo autorizó la continuación de actividades mineras que se estaban desarrollando en el páramo siempre y cuando tuvieran sustento en títulos mineros, licencias ambientales, contratos de concesión, o equivalentes, solicitando nueve pretensiones[3].

---

3 1. La tutela directa de los derechos fundamentales al debido proceso, a la información y al agua potable; 2. El amparo de los derechos al ambiente sano y a la participación en materia ambiental en conexidad con el derecho a la vida en condiciones dignas; 3. La suspensión provisional de los efectos de la Resolución 2090 hasta que el Ministerio garantice la participación de la comunidad afectada por el acto administrativo; 4. Ordenar que las autoridades competentes dispongan el cese de actividades de explotación y exploración minera en el páramo hasta que se realice un proceso de delimitación acorde a la normatividad nacional con respeto al derecho a la participación de las comunidades, 5. Ordenar a MinAmbiente reglamentar el procedimiento administrativo para la delimitación de páramos que incluya la participación efectiva de la comunidad; 6. Ordenar a las entidades accionadas que adopten medidas que garanticen la participación ciudadana en la delimitación del Páramo Santurbán; 7. Disponer que el Ministerio decrete audiencias públicas en el marco del proceso de clasificación del Páramo; 8. Crear una comisión veedora que vigile la ejecución de los títulos mineros otorgados en el páramo, y 9. Compulsar copias a la Fiscalía, la Procuraduría, la Contraloría, la Cámara de Representantes y el Senado para que investiguen las irregularidades informadas en la tutela.

Corponor[4] solicitó que la entidad fuese desvinculada del trámite de tutela dado que carecía de competencia para revocar o modificar la Resolución 2090 de 2014 cuya facultad está en cabeza de Minambiente. Sostuvo la Corporación que había cumplido con las funciones asignadas en la delimitación del páramo, al remitir a la autoridad ambiental los estudios técnicos, económicos, sociales y ambientales respectivos. CDMB solicitó que la acción de tutela fuese declarada improcedente para cuestionar actos administrativos proferidos por las autoridades, y subrayó que durante el proyecto de declaratoria del páramo se habían desarrollado diversas reuniones de socialización[5], eventos en los que se recibieron observaciones.

De igual forma, Minambiente solicitó que fuese negada la demanda, argumentando que la acción de tutela no era el medio judicial idóneo para proteger los derechos fundamentales, en tanto existen otras herramientas procesales para tal fin, como el control de nulidad simple, la suspensión provisional de la resolución y mecanismos de protección de derechos colectivos para salvaguardar garantías quebrantadas, como la acción popular.

Minambiente adelantó el proceso de delimitación teniendo en cuenta los estudios elaborados por Corponor, la CDMB y el Instituto de Investigación de recursos Biológicos Alexander von Humboldt, reconociendo la protección a otras zonas que no hacen parte del ecosistema de alta montaña. Con respecto a la realización de audiencias públicas, el Ministerio manifestó que estas solo procedían en el trámite de licenciamiento ambiental y no en el procedimiento de delimitación del páramo, y que los actores tenían la opción de pedir audiencias al interior de las licencias que autorizan las actividades mineras en la zona objeto de estudio.

Asimismo, el Ministerio señaló que con la expedición de la resolución se habría cumplido con la obligación fijada en la ley del Plan de Desarrollo, de modo que no podían aplicarse los mismos procedimientos de participación usados frente a procedimientos administrativos. Es decir, la entidad no tiene la obligación de acudir a una convocatoria de consulta de participación ciudadana en la delimitación. Pese a ello, la autoridad utilizó mecanismos

---

4 El Tribunal Administrativo de Santander admitió la demanda y notificó al MADS. Además, ordenó vincular a la Corporación Autónoma Regional para la Defensa de la Meseta de Bucaramanga (CDMB) y a la Corporación Regional para la Frontera Nororiental (Corponor).

5 Entre ellas: treinta reuniones con comunidades e instituciones locales, diez en el municipio de Suratá, cuatro en la ciudad de California, cinco en Vetas, tres institucionales, una con el Gobernador de Santander, y una con el alcalde de California.

de concertación y diálogo con la comunidad para conocer las inquietudes y expectativas de los habitantes con el fin de elaborar políticas de protección para el páramo, aunque las mesas no tuvieron como finalidad la concertación del límite del páramo.

En síntesis, Corponor, la CDMB y Minambiente manifestaron que no habían infringido los derechos fundamentales del debido proceso y de la participación, pues la delimitación de los páramos es una actividad reglamentaria diferente en un proceso administrativo, por lo que las autoridades no están obligadas a aplicar los mismos estadios de los trámites.

4. *DECISUM*

La Corte Constitucional concluyó que Minambiente vulneró el derecho a la participación ambiental de los peticionarios y de toda la comunidad de la zona de influencia del páramo de Santurbán al expedir la Resolución 2090 de 2014. Lo anterior, por desconocer las facetas esenciales de ese principio: 1. El acceso a la información, pues no facilitó ni divulgó el proyecto de acto administrativo cuestionado; 2. La participación pública y deliberativa de la población en tanto la intervención ciudadana no incluyó a todos los afectados por la delimitación, y Minambiente no efectuó una convocatoria pública y abierta para entablar un diálogo con la comunidad, y 3. El procedimiento de expedición de la resolución careció de espacios de participación previos eficaces y efectivos.

La ciudadanía no tuvo acceso a un escenario para debatir la regulación y lograr un consenso razonado, pues la administración ya había tomado una decisión. Minambiente desatendió aspectos fundamentales del derecho a la participación ambiental de los accionantes y de la comunidad general de la zona de influencia del páramo en el trámite se delimitación: 1. Al no convocar a todas las personas que podían ser afectadas con esa decisión, ni efectuar convocatoria pública y abierta para mantener un diálogo con los afectados, y 2. Al no generar espacios de participación en los que se buscara el consentimiento libre y razonado de la comunidad, por lo que las mesas jamás se definieron como escenarios deliberativos en los que los actores pudieran efectivamente incidir en la decisión.

B. SEGUNDO CASO DE ESTUDIO: SENTENCIA SU-698 DE 2017, "DERECHO A LA SALUD, AL AGUA Y A LA SEGURIDAD ALIMENTARIA DE COMUNIDADES INDÍGENAS: CASO EN QUE ACCIONANTES CONSIDERAN VULNERADOS SUS DERECHOS FUNDAMENTALES CON OCASIÓN DEL PROYECTO DE DESVÍO DEL CAUCE DEL ARROYO BRUNO QUE ADELANTA EL CERREJÓN".

1. HECHOS QUE ORIGINAN EL AMPARO

Según informe de la Contraloría General de la Nación, el departamento de La Guajira se ha desertificado en más del 75%, de forma que su oferta hídrica de aguas superficiales es limitada, adquiriendo las aguas subterráneas especial importancia para el abastecimiento del recurso en zonas rurales y urbanas. Para suplir la carencia de agua potable se ha optado por construir pozos profundos, pero con limitaciones como la sequía o la salubridad del agua que se almacena.

A pesar de la existencia de estos acuíferos, su deterioro, así como la disminución de su capacidad de abastecimiento de las comunidades, ha generado grandes dificultades a la población en desarrollo de actividades como la cría y el pastoreo. Esta problemática se presenta especialmente en uno de los municipios que hacen parte del área de influencia del arroyo Bruno, el municipio de Albania, el cual, pese a ser un municipio vulnerable a los fenómenos mencionados, no cuenta con un plan integral de cambio climático y, por tanto, no ha desarrollado los mecanismos para hacer frente a la escasez de agua. Es por ese motivo que Albania es considerado por las autoridades como uno de los municipios con mayor vulnerabilidad en materia ambiental teniendo en cuenta, entre otros factores, su condición de territorio minero.

2. *RATIO DECIDENDI*: PROBLEMA JURÍDICO

La controversia constitucional se dio respecto de la desviación parcial del arroyo Bruno, el cual se comporta como corredor biológico entre la Serranía del Perijá y la Sierra Nevada de Santa Marta. La desviación del cuerpo de agua se dio en el marco de la ampliación territorial del proyecto de explotación carbonífera adelantado por la empresa Carbones del Cerrejón (Cerrejón), por considerarla una intervención indispensable para avanzar en el proyecto minero previamente autorizado por el Estado en las denominadas Nuevas Áreas de Minería. Para tal fin, en 2013 la empresa presentó una solicitud de modificación del Plan de Manejo Ambiental Integral (PMAI) establecido mediante la Resolución n.° 2097 del 16 de diciembre de 2005, para que se le autorizara aumentar la producción de carbón por año.

La Autoridad Nacional de Licencias Ambientales (ANLA) autorizó dicha solicitud mediante la Resolución n.° 1386 de 2014 con la ampliación del PMAI, y concretó la desviación del arroyo Bruno. La empresa estructuró el proyecto de desviación tras analizar diferentes alternativas y elaborar estrategias para minimizar los impactos ambientales. Frente a la intervención se produjeron debates de tipo ambiental en relación con las comunidades indígenas susceptibles de ser consultadas y sobre los usos del suelo.

3. *OBITER DICTUM*

Representantes de algunas comunidades indígenas de Paradero, la Gran Parada y La Horqueta, todas de la etnia wayú, se opusieron al proyecto de desviación argumentando que tal intervención tendría graves consecuencias ambientales y sociales, amenazando y vulnerando derechos como el derecho al agua, a la identidad, a la integridad y la diversidad cultural, a la seguridad y soberanía alimentaria, a la participación ciudadana, a la consulta previa y a la igualdad respecto de otros grupos que sí fueron consultados durante la estructuración del proyecto de desviación del arroyo.

En ese contexto, los representantes indígenas presentaron la acción de tutela contra el Cerrejón y las entidades gubernamentales que lo habían avalado (Ministerio del Interior, Corpoguajira, la Autoridad Nacional de Licencias Ambientales y el Ministerio del Medio Ambiente), por no existir mecanismos efectivos de participación en el proceso de estructuración y ejecución del proyecto, y por los graves efectos ambientales que tendría la desviación del arroyo en el ecosistema, así como la amenaza de los derechos al agua, la seguridad alimentaria y la salud.

Los demandantes presentaron dos tipos de requerimientos: primero solicitaron la suspensión de todas las obras y actividades encaminadas a la desviación del arroyo Bruno como medida provisional mientras se surtía el proceso judicial, y segundo, solicitaron como medida definitiva la apertura del cercado existente en la zona de obras para poder acceder a la parte baja del arrojo donde solían realizar sus actividades antes de que se iniciara el proyecto.

Por su parte, la empresa argumentó que había llevado a cabo todos los trámites necesarios para desarrollar el proyecto y que estaba completamente ajustado a la normatividad aplicable. Se presentó el Plan de Manejo Ambiental Integral con sus ajustes y modificaciones según las exigencias hechas por Ministerio de Ambiente, la ANLA, Corpoguajira, y los requerimientos de orden social del Ministerio del Interior. Además, la compañía resaltó que las comunidades accionantes se encontraban a más de 4 km de la obra de desvío. Así mismo, en la revisión de la acción de tutela se argumentó que la empresa había reproducido las condiciones físicas originales del arroyo para garantizar la mejor conservación de sus factores bióticos y abióticos.

El Ministerio del Interior aclaró que la Dirección de Consulta Previa no determina los límites ni el polígono de influencia directa o indirecta de ningún proyecto, pues esta información es allegada por el solicitante o beneficiario de la obra. Es decir, que el análisis es únicamente cartográfico sobre el área de afectación directa entregada por el que ejecuta la obra. Así mismo, el Ministerio informó que, en atención a las órdenes dadas por el Tribunal Administrativo de La Guajira y el Consejo de Estado, la comunidad de La Horqueta ya había sido consultada.

Minambiente precisó la falta de legitimación porque no tenía competencia frente a la realización de la consulta previa y las funciones de otorgamiento y seguimiento de licencias y planes de manejo ambiental por cuanto corresponden a la ANLA. Posteriormente, el Ministerio se pronunció indicando que, si bien no era la entidad competente para la evaluación o el control ambiental respecto del plan de mano del proyecto, consideraba que los impactos del desvío solo se generarían a nivel local y dentro de los límites de influencia indicados por el Cerrejón.

ANLA argumentó que la acción de tutela era improcedente debido a que la autoridad encargada de certificar la presencia de comunidades indígenas en un determinado territorio era el Ministerio del Interior. Se indicó que, al contar con un plan de manejo ambiental, los permisos, obligaciones y concesiones necesarios para el uso, aprovechamiento y afectación de los recursos renovables no hacían parte de dicho plan y eran competencia exclusiva de la autoridad ambiental regional, es decir Corpoguajira.

Corpoguajira se opuso a la petición constitucional indicando que la responsabilidad de adelantar los procesos que garantizan el derecho a la consulta previa está encabezada por el Ministerio de Interior y no por las autoridades ambientales. Posteriormente, en la revisión de la acción de tutela, la Corporación remitió el expediente relacionado con la evaluación de la solicitud de permisos ambientales para llevar a cabo la implementación de la modificación parcial del cauce del arroyo Bruno.

4. *DECISUM*

La Corte estimó que el debate debía enfocarse en el análisis del impacto ambiental y no en la ausencia de mecanismos de participación de comunidades. Lo anterior, considerando que este tema ya había sido evaluado y enfrentado en el marco de otro proceso de tutela en el que se habían diseñado dispositivos especiales para preservar y garantizar los derechos de participación de todas las comunidades que pudiesen verse afectadas por la obra.

La Corte estableció dos hechos constitucionalmente relevantes: primero, que desde un punto de vista jurídico no era necesario contar con la licencia ambiental sino con un plan de manejo ambiental elaborado por la empresa, y segundo, que existía incertidumbre[6] respecto de si el proyecto de desviación ofrecía garantías de preservación de los servicios ecosistémicos, porque en la evaluación de los efectos del proyecto, tanto la empresa como autoridades se habían concentrado en determinar los efectos sobre la oferta hídrica a partir de información con una fiabilidad y pertinencia cuestionadas, y se habría subestimado la importancia de otras variables pertinentes para determinar el impacto de la obra.

---

6 La Corte Constitucional (2017) señaló que había dos tipos de incertidumbres. Por un lado, las asociadas a los *elementos del contexto ecosistémicos*: i) las características y el estado del ecosistema en el que se inscribe la desviación del arroyo Bruno; ii) el impacto del fenómeno del cambio climático y del calentamiento global en el departamento de La Guajira; iii) las intervenciones que históricamente ha efectuado Cerrejón en el territorio en el que se propone la desviación del arroyo, así como las que tiene proyectado realizar, teniendo en cuenta los efectos acumulativos y residuales que todas estas producen; y por otro, las asociadas a los *impactos ecosistémicos* que se generarían con la desviación parcial del cauce del arroyo: iv) la garantía de las funciones culturales, de abastecimiento, regulación y mantenimiento que cumple el arroyo; v) el impacto aguas arriba que podría tener la desviación del arroyo; vi) el impacto a la oferta hídrica que generaría la remoción de los acuíferos en los que reposa el cauce actual, y vii) el valor biológico de la cuenca del Arroyo Bruno tanto en el contexto del Plan de Ordenación y Manejo de Cuenca Hidrográfica del Río Ranchería como del Esquema de Ordenamiento Territorial del municipio de Albania.

Considerando lo anterior, la Corte concluyó que era necesario generar un escenario participativo en el que se pudieran expresar las incertidumbres, con el propósito de establecer la viabilidad del proyecto de desviación del arroyo Bruno, y las medidas que se debían adoptar frente al impacto ambiental, así como las repercusiones para los derechos fundamentales de las comunidades accionantes. Por lo tanto, la Corte señaló que la mesa interinstitucional integrada por distintas agencias gubernamentales, y creada para garantizar la participación de las comunidades potencialmente afectadas con el proyecto de desviación del arroyo, era el escenario pertinente para abordar esa nueva problemática.

C. TERCER CASO DE ESTUDIO: SENTENCIA T-622 DE 2016. "PRINCIPIO DE PRECAUCIÓN AMBIENTAL Y SU APLICACIÓN PARA PROTEGER EL DERECHO A LA SALUD DE LAS PERSONAS. CASO DE LAS COMUNIDADES ÉTNICAS QUE HABITAN LA CUENCA DEL RÍO ATRATO Y MANIFIESTAN AFECTACIONES A LA SALUD COMO CONSECUENCIA DE LAS ACTIVIDADES MINERAS ILEGALES"

1. HECHOS QUE ORIGINAN EL PROBLEMA JURÍDICO

Las comunidades asentadas a lo largo del río Atrato han establecido sus formas tradicionales de vida mediante la agricultura, la caza, la pesca y la minería ancestrales. La acción de tutela se interpuso para detener el uso intensivo y a gran escala de los métodos de extracción minera y de explotación forestal ilegales que incluyen maquinaria pesada y vertimiento de sustancias altamente tóxicas, como el mercurio, en el río Atrato, sus cuencas, ciénagas, humedales y afluentes, y que están generando consecuencias nocivas e irreversibles en el medio ambiente, afectando con ello los derechos fundamentales de las comunidades étnicas así como el equilibrio natural del territorio.

2. *RATIO DECIDENDI*

La representante de las comunidades étnicas demandantes señaló que desde finales de los noventa se venía desarrollando la explotación minera mecanizada ilegal, afectando fundamentalmente las cuencas alta y media del río

Atrato, así como sus afluentes principales. Además, indicó que no solo el uso de maquinaria destruye el cauce del río, sino los vertimientos indiscriminados de mercurio y otras sustancias que lo afectan. Por un lado, la *minería aluvial* usa dragas de succión y aplica mercurio, y por otro la *minería de veta*s a cielo abierto usa retroexcavadoras abriendo perforaciones profundas en las que también se usa ese metal para separar el material.

Se demandó el uso del mercurio, y el vertimiento de otras sustancias tóxicas, como el cianuro, con alto riesgo para la vida y la salud de las comunidades que toman directamente del río el agua para su consumo, y el cual es la fuente principal para el desarrollo de actividades como la pesca y agricultura. Igualmente, se resaltó que la crisis ambiental producto de las actividades ilegales ha afectado gravemente a la población indígena, pues muchos de sus miembros han sufrido intoxicación, e incluso se han dado casos en que ha causado la muerte de menores por la ingesta del agua contaminada, situación agravada por el hecho de que la región no cuenta con un sistema de salud adecuado para atender a los colectivos étnicos y remediar dichas enfermedades.

En la acción de tutela se denunció el abandono del Estado colombiano en materia de infraestructura básica y de provisión de sistemas de acueducto, alcantarillado o disposición final de residuos, lo que aumenta las consecuencias de las actividades extractivas pues, al no contar con rellenos sanitarios ni tratamiento de basuras, los desechos son arrojados al río. Se enfatiza que desde hace varios años las colectividades y sus representantes han alertado respecto de la necesidad de proteger y garantizar la vida digna de las comunidades que habitan la cuenca del Atrato sin recibir respuesta de las autoridades.

Pese a la existencia de espacios de concertación, como la Mesa Minera Interinstitucional, no se han implementado las políticas estructurales que requiere el departamento para superar la crisis socioambiental generada por la minería, ni las medidas de protección para las comunidades afectadas. Finalmente, los accionantes destacan la presentación de varias acciones populares en curso desde hace varios años, y otras que han sido falladas a favor de las comunidades; sin embargo, no ha habido una articulación estatal para proteger las comunidades y recuperar los ríos, y las medidas no han sido efectivas para proteger sus derechos.

3. *OBITER DICTUM*

En este contexto, el 27 de enero de 2015 se instauró una acción de tutela ante el Tribunal Administrativo de Cundinamarca para solicitar que: 1. Sean protegidos los derechos fundamentales a la vida, la salud, al agua, a la seguridad alimentaria, al medio ambiente sano, a la cultura y al territorio de las comunidades étnicas accionantes, y 2. Se emitan órdenes y medidas que permitan articular soluciones estructuradas ante la crisis en materia de salud, socioambiental, humanitaria y ecológica que se vive en la cuenca del río Atrato.

El Ministerio de Ambiente solicitó denegar el amparo por considerar que carece de legitimación, pues no tiene como función expedir licencias ambientales. Señaló que la competencia para tomar acciones correspondían a entidades como el Ministerio de Vivienda en materia de servicio públicos domiciliarios, la ANLA en materia de licencias para actividades mineras, las CAR con jurisdicción en la zona, en materia de aprovechamiento forestal, y las autoridades territoriales que ejercen facultades de policía.

Por su parte, el Ministerio de Vivienda argumentó que solo le corresponde brindar apoyo financiero, técnico y administrativo a las entidades prestadoras; mientras que a los departamentos les corresponden las funciones de apoyo y coordinación; y a nivel municipal la formulación y ejecución de proyectos en la medida en que son los responsables de asegurar la prestación efectiva a sus habitantes.

El Ministerio de Agricultura y Desarrollo Rural solicitó se desvinculara del trámite pues, aunque en efecto es de su competencia trazar políticas públicas en materia de seguridad alimentaria, su ejecución le corresponde a las entidades gubernamentales adscritas, como el Instituto Colombiano de Desarrollo Rural (INCODER), y el Departamento de las Prosperidad Social (DPS) adscrito a la Presidencia de la República.

El Ministerio de Minas y Energía argumentó que la Agencia Nacional de Minería es la autoridad competente para suspender los títulos mineros y que, en cumplimiento de los acuerdos del paro minero del Chocó de 2013, se están adelantando continuamente mesas de trabajo a través de la Dirección de Formalización Minera. Destacó que dichas mesas han traído buenos resultados en el periodo 2013-2014 demostrando el trabajo del ministerio como garante de la formulación de políticas serias de minería para todas las comunidades.

El Ministerio de Salud y Protección Social solicitó que se declarara improcedente el amparo debido a que el modelo de salud en el Chocó se fundamenta en estrategias de atención primaria, y que se ha fortalecido la estructura física y dotación de puestos de control.

La alcaldía de Carmen de Atrato solicitó no se diera trámite a la acción de tutela, argumentando que la ciudad es pionera en la prestación de servicios de acueducto y alcantarillado, que no existen entables mineros ilegales que afecten el ambiente ni hay extracción de maderas de forma indiscriminada, y aquellas destinadas a otros usos son reguladas por Codechocó.

4. *DECISUM*: RESPUESTA AL PROBLEMA JURÍDICO

La Corte resolvió conceder a los actores el amparo de sus derechos fundamentales a la vida, a la salud, al agua, a la seguridad alimentaria, al medio ambiente sano, a la cultura y al territorio; declarar la existencia de una grave vulneración de los derechos fundamentales de las comunidades étnicas que habitan la cuenca del río Atrato y sus afluentes, imputable a las entidades colombianas accionadas por su conducta omisiva y no proveer una respuesta institucional articulada, idónea y efectiva para enfrentar los problemas que aquejan a la región, y que se han visto agravados por la actividad minera ilegal.

La Corte resolvió reconocer al río Atrato, su cuenca y afluentes como una entidad sujeta de derechos a la protección, conservación, mantenimiento y restauración a cargo del Estado y las comunidades étnicas. En virtud de lo anterior, la Corte ordenó al Gobierno Nacional que ejerza la tutoría y representación legal de los derechos del río, en conjunto con las comunidades que habitan en la cuenca. Para asegurar la protección, recuperación y debida conservación del río, sus representantes legales deben conformar una Comisión de Guardianes del Río Atrato integrada por los dos guardianes designados (un miembro de las comunidades accionantes y un delegado del Gobierno), y un equipo asesor conformado por entidades públicas y privadas, instituciones académicas, organizaciones ambientales, comunitarias y de la sociedad civil. Dicho panel de expertos se debe encargar de verificar el cumplimiento de las órdenes.

Se resolvió ordenar a Minambiente, Minhacienda, Mindefensa, Codechocó y Corpourabá, las gobernaciones de Chocó y Antioquia, y a los municipios demandados con el apoyo del Instituto Humboldt, las Universidades de Antioquia y Cartagena, el Instituto de Investigaciones Ambientales del

Pacífico, WWF y las demás organizaciones que determine la Procuraduría General de la Nación, que en conjunto con las comunidades étnicas accionantes se diseñe y ponga en marcha un plan para descontaminar la cuenca del río Atrato y afluentes.

Se ordenó al Ministerio de Defensa, la Policía Nacional, el Ejército Nacional, la Fiscalía General de la Nación, a las gobernaciones de Chocó y Antioquia, y a los municipios demandados, que en conjunto con las comunidades étnicas accionantes y con acompañamiento del Ministerio de Relaciones Exteriores, diseñen e implementen, dentro de los seis meses siguientes a la notificación de la sentencia, un plan de acción conjunto para neutralizar y erradicar definitivamente las actividades de minería ilegal en el departamento de Chocó; ordenar al Ministerio de Ambiente, Ministerio de Salud, a Codechocó y a Corpourabá, con el apoyo de expertos, realizar estudios toxicológicos y epidemiológicos del río Atrato, sus afluentes y comunidades.

Asimismo, ordenó a los ministerios de Ambiente, del Interior, de Hacienda, a la DNP, la DPS y las gobernaciones de Chocó y Antioquia, y a los municipios accionados, que de manera concertada con las comunidades étnicas accionantes, diseñen e implementen un plan de acción integral que permita recuperar las formas tradicionales de subsistencia y alimentación en el marco del concepto de etnodesarrollo para garantizar la soberanía alimentaria de las comunidades y prevenir sus desplazamiento involuntario por las actividades y daños ambientales.

Finalmente, ordenó a la Procuraduría General de la Nación, la Defensoría del Pueblo y la Contraloría General de la República realizar un proceso de acompañamiento y seguimiento al cumplimiento y ejecución de las órdenes dadas.

Se exhortó al Gobierno Nacional a cumplir con las recomendaciones contenidas en la resolución 64 de 2014 y conformar la Comisión Interinstitucional para el Chocó. Así mismo, el Gobierno, a través de presidente de la República, junto con el Ministerio de Hacienda y el Departamento Nacional de Planeación deben adoptar medidas para asegurar los recursos necesarios con el fin de garantizar la sostenibilidad y progresividad de todas las medidas a implementar para dar cumplimiento a lo ordenado, y otorgar efectos *inter comunis* para aquellas comunidades étnicas del Chocó que se encuentren en igual situación fáctica y jurídica que las accionantes.

D. CRITERIOS DE COMPARACIÓN DE TRES CASOS ANÁLOGOS

De acuerdo con la línea jurisprudencial construida para los casos análogos de estudio, a continuación se hace una comparación con base en los criterios establecidos en el apartado metodológico, lo que permite delimitar los aportes jurisprudenciales leídos en clave de la garantía del derecho a la participación *ex ante* y *ex post*, lo cual será abordado en el capítulo final de análisis de este escrito. Para el efecto se estableció el test de semejanza legal.

Criterios de comparación	Sentencia T-361 de 2017, Delimitación del páramo Santurbán	Sentencia SU-698 de 2017, Desvío del cauce del arroyo Bruno	Sentencia T-622 de 2016, Declaración del río Atrato como sujeto de derechos
Derechos que se consideraban vulnerados	Derechos al debido proceso. Derecho a la participación. Derecho a la igualdad. Derecho de petición. Derecho de información. Derecho a la salud. Derecho de consumo de agua potable y de vida digna por conexidad con el ambiente sano y el derecho de participación.	Derecho a la salud. Derecho al agua. Derecho a la seguridad alimentaria. Derecho a la identidad. Derecho a la integridad. Derecho a la diversidad cultural. Derecho a la participación ciudadana y a la consulta previa. Derecho a la igualdad respecto de otros grupos.	Derecho a la vida. Derecho a la salud. Derecho al agua. Derecho a la seguridad alimentaria. Derecho al medio ambiente sano. Derecho a la cultura y al territorio de las comunidades étnicas accionantes.
Demandantes	Comunidad de la zona de influencia del páramo de Santurbán. Corporación Colectivo de Abogados Luis Carlos Pérez (CCALCP) y miembros del Comité por la Defensa del Páramo de Santurbán (CODEPAS).	Comunidades indígenas de Paradero, la Gran Parada y La Horqueta, y de la etnia wayú.	Comunidades étnicas que habitan la cuenca del río Atrato. Centro de Estudios para la Justicia Social "Tierra Digna", en representación del Consejo Comunitario Mayor de la Organización Popular Campesina del Alto Atrato (Cocomopoca), el Consejo Comunitario Mayor de la Asociación Campesina Integral del Atrato (Cocomacia), la Asociación de Consejos Comunitarios del Bajo Atrato (Asocoba), el Foro Interétnico Solidaridad Chocó (FISCH).
Demandados	Entidades del Gobierno Nacional: Ministerio de Ambiente y Desarrollo Sostenible.	Entidades del Gobierno Nacional: Ministerio del Interior, Autoridad Nacional de Licencias Ambientales y Ministerio del Medio Ambiente.	Entidades del Gobierno Nacional: Presidencia de la República, Ministerio de Interior, Ministerio de Ambiente y Desarrollo

Criterios de comparación	Sentencia T-361 de 2017, Delimitación del páramo Santurbán	Sentencia SU-698 de 2017, Desvío del cauce del arroyo Bruno	Sentencia T-622 de 2016, Declaración del río Atrato como sujeto de derechos
		Entidades locales: Corporación Autónoma Regional de La Guajira (Corpoguajira). Sector privado: Empresa Carbones del Cerrejón (Cerrejón).	Sostenible, Ministerio de Minas y Energía, Ministerio de Defensa Nacional, Departamento para la Prosperidad Social, Departamento Nacional de Planeación, Agencia Nacional de Minería, Agencia Nacional de Licencias Ambientales. Entidades locales: Departamentos de Chocó y Antioquia, Corporación Autónoma Regional para el Desarrollo Sostenible del Chocó (Codechocó), Corporación para el Desarrollo Sostenible del Urabá (Corpourabá), Municipios de Acandí, Bojayá, Lloró, Medio Atrato, Riosucio, Quibdó, Río Quito, Unguía, Carmen del Darién, Bagadó, Carmen de Atrato y Yuto (Chocó), y Murindó, Vigía del Fuerte y Turbo (Antioquia).
Mecanismo de participación judicial	Acción de tutela	Acción de tutela	Acción de tutela
Afectaciones y soluciones en el derecho de participación	La Corte señaló que el Ministerio de Ambiente vulnera el derecho a la participación ambiental de los peticionarios y de la comunidad de la zona de influencia del páramo de Santurbán, al expedir la Resolución 2090 de 2014. El Ministerio de Ambiente no divulgó el proyecto de expedición de la resolución y careció de espacios de participación previos eficaces y efectivos antes de su emisión. La intervención ciudadana no incluyó a todos los afectados por la delimitación. El ministerio no efectuó una convocatoria pública y abierta para entablar un diálogo con la comunidad.	La Corte estimó que se debía dar continuidad a la mesa de trabajo interinstitucional integrada por las entidades del Gobierno Nacional relacionadas con la problemática, y que ya existía. La mesa debe abrir espacios de participación suficientes a los representantes de las comunidades accionantes, así como a las instituciones y al personal técnico que intervino en el presente trámite. La mesa debe realizar un estudio técnico completo que ofrezca una respuesta informada a las incertidumbres de manera que se pueda valorar su viabilidad ambiental.	La Corte señaló la importancia de extender la participación de las comunidades étnicas en la definición de políticas públicas con el fin de garantizar las condiciones de conservación y renovación de sus territorios. Ordenó al Gobierno la representación legal de los derechos del río (a través de la institución que el presidente de la República designe) en conjunto con las comunidades étnicas que habitan en la cuenca del río Atrato en Chocó. Solicitó a los representantes legales del río diseñar y conformar una comisión de guardianes del río Atrato, con el propósito de asegurar la protección, recuperación y debida conservación del río.

Mecanismo de participación judicial	Acción de tutela	Acción de tutela	Acción de tutela
	Ordenó que el ministerio emita una nueva resolución para delimitar el páramo en el marco de un procedimiento previo, amplio, participativo, eficaz y deliberativo.	Cerrejón debe informar a la mesa interinstitucional, una vez ajustado el Plan de Manejo Ambiental Integral, las acciones de prevención, mitigación, control, y compensación de los impactos sociales y ambientales del proyecto.	Dicha comisión podrá estar conformada y recibir acompañamiento de todas las entidades públicas y privadas, universidades, centros académicos y de investigación en recursos naturales y organizaciones ambientales, comunitarias y de la sociedad civil que deseen vincularse. Conformar una comisión interinstitucional para el Chocó que se encargue de verificar y hacer seguimiento a las recomendaciones.
Bases jurisprudenciales	Sentencias C-593 de 1995; C-328 de 2000; T-1337 de 2001; C-491 de 2007; T-291, T-411 y T-872 de 2009; T-047 de 2011; T-348 de 2012; C-274 de 2013; T-294 y T-577 de 2014; T-660, T-605 y T-622 de 2015; T-379 y C-389 de 2016.	Sentencias T-411, T-426 y T-505 de 1992; SU-747 de 1998; T-574 de 1996; C-1064 de 2001; C-434 de 2010.	Sentencias T-574 de 1996; SU-039 de 1997; C-1064 de 2001; T-955 de 2003; C-434 de 2010 y T-204 de 2014.

Fuente: elaboración propia (2020).

En las sentencias presentadas se pueden evidenciar algunos factores comunes: las comunidades pertenecientes a cada ecosistema consideraron que la puesta en marcha de actividades o proyectos de actividades extractivas, amenazaba y vulneraba algunos derechos fundamentales establecidos en la Constitución Política de 1991, como el derecho a la salud, a la vida, a la seguridad alimentario, a gozar de un ambiente sano, al no participar de forma efectiva ni ser consultadas durante la estructuración y diseño de los proyectos y las políticas públicas de las entidades del Gobierno Nacional respecto de su territorio, lo que generó graves consecuencias ambientales y sociales.

Por lo tanto, las comunidades decidieron utilizar el mecanismo de la acción de tutela, como una de las herramientas de participación ciudadana judicial dispuesta para solicitar la reivindicación de sus derechos fundamentales. En las tres sentencias se reconoció la vulneración de dichos derechos fundamentales y se exigió que las entidades, tanto del Gobierno Nacional como local, realizarán acciones para reivindicar los derechos afectados, sobre todo, resaltando la importancia de la participación de las comunidades, para lograr la sostenibilidad de los ecosistemas y la distribución equitativa de recursos naturales, al mantener, crear o establecer espacios de concertación, en los cuales puedan participar los representantes de las comunidades, las entidades públicas, las empresas y la sociedad civil.

En el caso del páramo de Santurbán se decidió dejar sin efecto la resolución en la que se había delimitado el páramo y ordenar al Ministerio emitir una nueva resolución, acto administrativo que debería expedirse en el marco de un procedimiento previo, amplio, participativo, eficaz y deliberativo con las comunidades del páramo, incluso con acompañamiento de la Defensoría del Pueblo, la Procuraduría General de la Nación y la veeduría de gobernaciones, alcaldías y corporaciones autónomas relacionadas.

En el caso del arroyo Bruno se decidió dar continuidad a la mesa interinstitucional creada con anterioridad, en la que haya una participación realmente activa de las comunidades, con el fin de realizar un estudio técnico que responda a las incertidumbres del proyecto, y mantener la suspensión de las obras materiales de desviación del cauce del río.

Por último, en el caso del río Atrato se rechazó la conducta omisiva de las entidades, y se ordenó al Gobierno Nacional ejercer la tutoría y representación legal de los derechos del río en conjunto con las comunidades étnicas, conformar una comisión de guardianes del río Atrato y una comisión interinstitucional para el Chocó que se encarguen de la verificación y seguimiento de las recomendaciones.

V. ANÁLISIS JURISPRUDENCIAL DE CASOS COMPARADOS: TRES HITOS EN EL DERECHO A LA PARTICIPACIÓN

A continuación se analizan las tres sentencias emitidas por la Corte Constitucional respecto de los casos comparados del presente artículo (el caso de la delimitación del páramo de Santurbán, la desviación del cauce del arroyo Bruno y la declaración del río Atrato como sujeto de derechos) a partir de un enfoque jurisprudencial, sobre todo resaltando los retos, inquietudes y decisiones futuras que deben tomar los jueces constitucionales frente a los derechos de participación en la gestión ambiental y que se deben abordar con mayor detalle en futuros documentos.

A. EL CASO DE LA DELIMITACIÓN DEL PÁRAMO DE SANTURBÁN

El contenido de la Sentencia T-361 de 2017 podría catalogarse, si se quiere, como un tratado de lo que en esencia debería ser, en términos de eficacia y salvaguarda, la participación ciudadana en la gestión ambiental. Sin embargo, toda en su integralidad, resulta también el ejemplo concreto de cómo, no necesariamente, las órdenes judiciales son por sí solas, la garantía para armonizar la gestión ya referida.

En efecto, aunque el fallo del tribunal de cierre constitucional tiene muchos vértices procesales y sustanciales, entre otros, la procedencia de la acción de tutela como mecanismo capaz, por sí solo, de derribar el acto administrativo que delimita un ecosistema y el reclamo al derecho colectivo de un ambiente sano ante el posible menoscabo del recurso hídrico, lo cierto es que el valor fundamental de su análisis se centra en toda la postura doctrinante acerca de los parámetros, criterios y etapas que se deben surtir para lograr que la participación de la comunidad respecto de la delimitación del páramo responda a los lineamientos trazados por la Constitución en cuanto a la necesidad de garantizar que los ciudadanos puedan intervenir en las decisiones públicas que adopte el Estado, y que pueden afectar sus intereses. En otras palabras, que conceptos como *Estado social de derecho* y *democracia participativa* trasciendan la retorica política y se conviertan en elementos que contribuyan a la dinamización del relacionamiento de la administración pública y los individuos.

De otra parte, también se resalta este proveído porque reivindica el papel de impulso y dinamismo que la jurisprudencia le debe imprimir al derecho ambiental, sobre todo en un tema, hasta hace poco inexplorado, como es la participación democrática para la defensa de la oferta ambiental. En su rol de fuente, dicha jurisprudencia se percibía bastante somnolienta y repetitiva de análisis ya hechos por otro juez, lo que se traducía en aportes muy livianos a la necesidad urgente de darle el dinamismo, la progresividad y la interdisciplinariedad que requería este derecho.

El anterior planteamiento se ve fácilmente reflejado en la adopción de este modelo de participación para el mismo ejercicio delimitativo que demandan otros ecosistemas de igual naturaleza, como los páramos de Pisba, Almorzadero y Sumapaz.

Ahora bien, como ya se advirtió, el otro hemisferio de la acción permite también identificar con claridad que no basta con ese raciocinio juicioso del deber ser participativo, si después los mandatos y plazos impartidos no son precisamente la coherencia exacta de esa inicial motivación doctrinaria.

En general, los fallos proferidos para restablecer el equilibrio ambiental sugieren una seria complejidad en su aplicación y en la puesta en marcha de las acciones que de ellos se derivan, pues el juez *dicta justicia y ordena*, pero seguidamente omite la observancia de otros elementos, que si bien no son jurídicos, sí son necesarios para hablar de una justicia eficaz. Es decir, el juez estudia las realidades y hechos que le permiten llegar a una convicción de lo que debe decidir, pero después renuncia a ellos, para que lo fallado tenga eficacia y realmente cambie un estado de cosas poco armónicas respecto al buen manejo ambiental en un territorio.

Lo anterior lleva también a la necesidad de propender, no solo por el derecho de acceso a la justicia, sino por un derecho en una escala superior, y es el referido a una justicia eficaz, entendida como aquella donde el juez estructura de tal manera su racionalidad que permite una perfecta simetría y sincronización entre el resuelve del operador judicial y la concreción de esas ordenes por el destinatario público.

Así, entonces, debe ser de buen recibo plantear que, a pesar de la autonomía e independencia del juez, este tiene una especie de responsabilidad social con el ciudadano e ir mas allá de un simple fallo declarativo, y, de otra parte, una responsabilidad con la concepción de un Estado cimentado en la redivisión del poder, pero cohesionado políticamente, de donde este también hace parte.

En resumen, el juez no puede fallar sustrayéndose de un contexto donde recrea sus decisiones, argumentando que su actuar se reduce simplemente a fallar en derecho, como un actor ajeno e independiente a la realidad fáctica del país.

Como se consignó en líneas precedentes, la Sentencia T-361 de 2017 encuentra su génesis en la delimitación del páramo en las jurisdicciones de Berlín y Santurbán realizada por el Ministerio de Ambiente y Desarrollo Sostenible mediante la Resolución 2090 de 2014. Dicho sea de paso, delimitar un ecosistema significa la necesidad de protegerlo, pero además planificarlo de tal manera que claramente se determinen las restricciones, las prohibiciones y las actividades permitidas a su interior.

Los accionantes de la tutela consideraron menoscabados y amenazados algunos derechos cobijados con el garantismo constitucional, especialmente el derecho fundamental a la participación, pues a su parecer nunca se involucró a la ciudadanía en el ejercicio propio de la delimitación, y esa omisión dio al traste con todo lo clamado en pro de una intervención plena de las comunidades respecto de la toma de decisiones sobre sus territorios, de forma que lo único que se dio fue un proceso tenue de socialización, entendida como aquel ejercicio en el que a los individuos se les da a conocer un proceso terminado sin que se los hubiera involucrado, y no una verdadera participación acorde con la obligación de la administración de establecer etapas que le permitieran recoger, analizar, tabular y finalmente tener en cuenta la información, las quejas, las inquietudes y demás insumos aportados por la gente.

Es importante este punto de análisis respecto de la participación y socialización, pues los dos términos son legítimos y procedentes; sin embargo, es claro que la médula de un proceso democrático encierra con mayor énfasis una verdadera participación que le permita al ciudadano sentirse empoderado y protagonista de la gestión ambiental en su territorio, y no simplemente un actor pasivo que recibe lo ya decidido.

Comentario aparte merecen los criterios disímiles de interpretación a lo largo de los filtros judiciales que tuvo la acción; así, los fallos de primera y segunda instancia no tutelaron los derechos clamados en protección, básicamente al determinar la no idoneidad de la tutela para tal pedimento; siendo entonces otra la posición de la Corte Constitucional, como ya lo hemos referido. Sin embargo, también se produjo un salvamento de voto, lo cual significa que la posición al interior del alto tribunal tuvo otras vertientes valorativas.

Otro aspecto tratado en la acción es el referido al derecho de acceso a la información, en este caso, la que debió proveérsele con plenitud a las comunidades dentro del proceso de delimitación ya que, a partir de su conocimiento, simultáneamente se garantiza la intervención, aportando análisis, propuestas e insumos, no solo por estar asentadas en el territorio sino, y mas importante, por ser conocedoras de la maniobrabilidad del mismo ecosistema.

Entonces, como ya se consignó, la Corte dejó sin efectos el acto administrativo mediante el cual, la autoridad ambiental había delimitado el sistema paramuno y le ordenó, pero involucrando en las responsabilidades a otras autoridades del orden nacional, regional y local, una nueva delimitación que garantice la participación amplia, suficiente y eficaz, atendiendo a los parámetros y criterios que se consignaron en el fallo. Dos órdenes adicionales aludieron a la necesidad de diferir en el tiempo los efectos respecto del acto administrativo mencionado y, finalmente, la imposición de plazos específicos para el cumplimiento del nuevo proceso delimitatorio.

Proferido el fallo y sentadas las órdenes a los obligados, se inició entonces la faceta de la sentencia, que ya se planteó en líneas anteriores, y es la complejidad para su cumplimiento material. Baste decir que los plazos perentorios no se han cumplido, no necesariamente por la negligencia o renuencia de la autoridad, sino porque traducir la teorización judicial en el territorio con unas mecánicas y realidades que trascienden el derecho, no es tan fácil como quizás lo había previsto el juez. Las siguientes son algunas de las razones que sustentarían esta afirmación:

1. La zona de páramo es, en su mayoría, un territorio social y económicamente intervenido.

2. Las expectativas e intereses de las comunidades no son las mismas; existen asentamientos a los que solo los motiva la defensa del páramo como dispensario de agua, pero también otros han tenido por épocas una vocación minera y ese es su interés directo en el proceso de delimitación.

3. La traducción de las órdenes en esquemas de sostenibilidad es muy compleja, pues no se supedita el ejercicio de delimitación solo a marcar una especie de línea donde a su interior no se pueda generar actividad alguna. Se desequilibraría cualquier ecuación si al campesino, habitante del páramo por muchos años, simplemente se le *desarraigara* de su entorno.

4. El relacionamiento entre los niveles central, regional y local no es lo suficientemente sólido como para sincronizar e identificar responsabilidades y una sola línea de ejecución pública, es decir, también al interior de la administración existen expectativas e intereses diversos.

5. Los intereses políticos no han sido ajenos al interior de algunas comunidades, y la defensa de lo ambiental simplemente ha dado paso a una pugna frente a las entidades involucradas, traducida en episodios de desinformación y desestabilización.

Al momento de escribir este documento el proceso iba a iniciar la etapa de concertación con las comunidades, de acuerdo con los pasos ordenados por la Corte Constitucional, sin embargo, debido a la pandemia y a las restricciones de presencialidad en los territorios, esta fase –una de las últimas para culminar el ejercicio– ha quedado suspendida, hasta tanto se vuelvan a dar las condiciones, pues de continuarse con un proceso virtual nuevamente se pondría en serio riesgo la participación ciudadana, toda vez que el acceso a internet, las plataformas y, en general, a la tecnología, no está del todo cubierto para todas las personas interesadas.

B. EL CASO DEL DESVÍO DEL CAUCE DEL ARROYO BRUNO: LA GARANTÍA DE LA PARTICIPACIÓN ANTE UN ESCENARIO DE INCERTIDUMBRE

En la Sentencia SU 698-17 de la Corte Constitucional referida al proyecto de desvío del cauce del arroyo Bruno que adelantaba el Cerrejón, las comunidades accionantes adujeron la vulneración de algunos derechos fundamentales como la consulta previa, el agua, la salud y la seguridad alimentaria. Sin embargo, el alto tribunal determinó que su decisión no versaría sobre el derecho de consulta previa, sino sobre la participación de las comunidades en la solución de incertidumbres en el transcurso del proceso de desviación de cauce del arroyo y que, en consideración de la Corte, debían ser resueltas en espacios de participación suficientes, en los que se diera una discusión que permitiera abordar de manera integral todas las apreciaciones, no solo con una visión técnica, sino también desde el diálogo intercultural como garantía de atención a las necesidades reales de las comunidades accionantes.

La Corte determinó que el mecanismo adecuado para atender las situaciones es la Mesa Interinstitucional como órgano creado a partir de la Sentencia de tutela 2016-00079, y cuya continuidad fue ordenada en la sentencia y ratificada en el Auto 523 de 2019, en el que se determinó que esta instancia es la encargada de garantizar el cumplimiento de las órdenes de la sentencia y la participación de las comunidades accionantes y los intervinientes en la discusión de las incertidumbres (Corte Constitucional, 2017):

> La participación de estas instancias es indispensable para garantizar la existencia de un auténtico debate abierto, amplio y diverso sobre la viabilidad ambiental del arroyo, en el que se supere una visión unidimensional de la problemática. Así las cosas, la Mesa Interinstitucional deberá dar participación a las comunidades y a los demás intervinientes en el proceso judicial, para que hagan parte activa del debate que debe estructurarse en su interior sobre las incertidumbres ambientales identificadas en este proceso judicial.

Sin embargo, esta mesa no es solo de carácter institucional, sino que por disposición judicial también pertenece a la empresa Cerrejón, titular del proyecto minero, lo que ha generado discusión respecto de las asimetrías de poder que se dan en relación con las comunidades accionantes y los intervinientes –denominación que le otorgó el juez constitucional a las entidades y/o personas que participaron como coadyuvantes de la acción, peritos técnicos y *amicus curiae*[7]–, quienes tienen un rol importante en la discusión de las incertidumbres, pero que no pertenecen a la mesa interinstitucional.

Ahora bien, los espacios de participación ordenados por la Corte Constitucional están debidamente delimitados, es decir, no es posible argumentar que, bajo la interpretación de las comunidades accionantes y algunos de los intervinientes, se puedan extender los efectos de la participación a las órdenes que dio la Corte de manera específica y puntual a la mesa interinstitucional, como la decisión de adoptar una medida provisional de mantener las aguas del arroyo desviadas o regresarlas a su curso, toda vez que no puede haber interpretación o modulación de la sentencia sin su estricto acatamiento.

Por lo tanto, los espacios destinados a la participación de las comunidades y de los intervinientes están delimitados para discutir las diez incertidumbres de la sentencia (señaladas anteriormente), bajo la metodología acordada en la mesa y el acompañamiento de las entidades garantes desde sus competencias constitucionales y legales: la Defensoría del Pueblo, la Procuraduría General de la Nación y la Contraloría General de la República.

Sin embargo, la participación de las comunidades y de los intervinientes no ha sido la esperada debido a que la discusión se centró inicialmente en su forma de intervenir en la mesa interinstitucional y, posteriormente, en la expedición del Auto 523 de 2019 de la Corte Constitucional, en el que se señaló que

> … no es viable que, en los términos que lo pidió la parte demandante, esta Corporación asegure la presencia y garantice la participación de las comunidades, pues más allá de las órdenes que justamente dictó disponiendo la apertura de espacios de participación suficientes, es la mesa interinstitucional –y no la Corte– la encargada de materializar dicho mandato.

---

7 *Amicus curiae*, expresión latina que se traduce como “amigo de la corte”.

Por lo tanto, surge de esta sentencia un interrogante estructural referido a la importancia de definir los alcances de la participación de las comunidades en las decisiones ambientales, en este caso en particular, en la resolución de las incertidumbres planteadas por la Corte sobre la desviación del cauce del arroyo Bruno; por ejemplo, se debería determinar si esta participación tiene un límite establecido por la dualidad de ser un derecho y a la vez un deber, en tanto que las entidades requeridas a participar de la mesa han otorgado las garantías de suficiencia en estos espacios y no han sido debidamente recibidas por los accionantes.

En ese sentido, se debería definir si el derecho de participación es permanente e ilimitado, porque de ser así, las decisiones del órgano participativo quedarían a merced de la disposición y voluntad de una parte de participar en la decisión, lo que posiblemente limitaría los derechos que le fueron otorgados por las autoridades ambientales y los altos tribunales, o es deber del juez de seguimiento ordenar y conminar a una participación efectiva de las comunidades, so pena de que sean las autoridades que hacen parte de la mesa las que adopten la decisión final y los interesados acudan a la jurisdicción administrativa en defensa de sus intereses, de los cuales no decidieron participar.

Por tanto, si bien el juez realizó correcciones al proceso participativo, este debe tener un límite que dé cuenta del principio de seguridad jurídica, al garantizarle a la parte afectada que en algún momento, si la voluntad de las comunidades accionantes, de sus apoderados y de los intervinientes –quienes en la sentencia de arroyo Bruno adquirieron una calidad de actores principales– no determina el avance de la discusión de las incertidumbres, estas deben adoptar la decisión y garantizar la vía administrativa y judicial para sus reclamaciones.

Ahora bien, pese a que la sentencia constituye una novedad judicial al haber incluido en la mesa de decisión al demandado, también se debe considerar que empoderó a una serie de individuos que actuaron como peritos en una inspección judicial, o que se pronunciaron en el curso del proceso, sentando un importante precedente en la gestión ambiental, pues en el futuro se podrá solicitar que las decisiones, o el cumplimiento de los fallos judiciales, estén sometidas a consensos con quienes de una u otra manera se vinculen al proceso, abriendo el debate judicial a intereses que pueden estar marcados por fuertes diferencias estructurales respecto de cómo se conciben el Estado y las decisiones sobre el medio ambiente.

Por lo tanto, en un futuro cercano el deber del juez de seguimiento o del juez constitucional seguramente será determinar la participación, y si la decisión tomada es permanecer en el tiempo de manera indefinida o si debe ser modulada para que se garantice la seguridad y la estabilidad jurídica y el Estado colombiano tome las decisiones. Si bien la participación es un derecho, no puede ser indeterminado e indefinido, de suerte que el deber del juez será modularlo desde el inicio, estableciendo plazos y obligaciones específicas para las partes, ya que al no estar estructurado adecuadamente podrá ser interpretado por las partes a su bien.

C. EL CASO DEL RÍO ATRATO: LA GESTIÓN AMBIENTAL Y LA CONSTRUCCIÓN CONCERTADA CON LOS GUARDIANES DEL RÍO

La Sentencia T-622 de 2016 de la Corte Constitucional se ha convertido en una providencia icónica debido a que, por primera vez, declaró un río como sujeto de derechos, en particular al río Atrato, lo que generó cuatro escenarios de la personalidad jurídica desde el punto de vista de los derechos: derecho a la conservación, derecho a la protección, derecho a la restauración y derecho a la recuperación.

El reto fundamental después de tres años de notificada la sentencia que buscó ayudar a resolver la situación de violación masiva de derechos individuales y colectivos (ambiente, salud, vida, seguridad alimentaria, territorio, participación), a partir del cumplimiento de trece instrucciones constitucionales, encontró su base en el diseño y satisfacción de las mismas pero atadas a un condicionante: *la construcción concertada con los guardianes del río* de una nueva instancia de gestión pública a favor del río Atrato desde las fases de planificación, diseño y futura implementación de las respuestas.

De acuerdo con los informes de seguimiento generados por la instancia autorizada, conformada por la Procuraduría General de la Nación, la Defensoría del Pueblo y la Contraloría General de la República, la respuesta institucional frente a las instrucciones dadas por la Corte ha sido lenta e ineficiente. Por ejemplo, en el último informe de seguimiento realizado por la Contraloría General de la República al cumplimiento de la Sentencia T-622 de 2016, en relación con los aspectos ambientales de la actividad minera en la cuenca del río Atrato, no resultó conforme y se emitió un concepto de “incumplimiento material adverso” debido a que:

> ... en materia de la descontaminación, recuperación y prevención de daños adicionales a los ecosistemas de la cuenca del río Atrato, sus afluentes y territorios ribereños, a pesar de los términos establecidos, a la fecha aún no se ha puesto en marcha el Plan de Acción de que trata la Orden Quinta, que incluye el restablecimiento del cauce, la eliminación de los bancos de arena y la reforestación de las zonas afectadas por la minería legal e ilegal. Por otra parte, aún es incipiente el avance en el cumplimiento de la Orden Octava sobre la realización de estudios toxicológicos y epidemiológicos en la cuenca del río Atrato, sus afluentes y las comunidades, en los cuales se determine el grado de contaminación por mercurio y otras sustancias tóxicas, así como las afectaciones en la salud (Contraloría General de la República, 2019).

Ante estos resultados se vuelve aún más relevante la figura los "Guardianes del río Atrato", creada por la Corte Constitucional en la sentencia, y que puede contener un doble carácter: el guardián comunitario y el guardián del Estado, ejercicio fundamental para una gestión pública más incluyente y participativa entre las entidades del gobierno y las comunidades; con ello la sentencia del río Atrato representó, sin duda, una apuesta importante por la ruptura de las asimetrías prevalentes entre estos actores.

En la práctica el Ministerio de Ambiente y Desarrollo Sostenible lideraría la articulación, y sería el vocero de las demás carteras ministeriales con un nuevo "cuerpo ciudadano" que debería contar con la mayor representatividad de las comunidades asentadas a lo largo del río Atrato, principalmente en los departamentos de Chocó y Antioquia.

La figura "Guardianes del río Atrato" ha requerido esfuerzos de ambas partes (tanto de las entidades estatales como de las comunidades), en primer lugar, para equilibrar la voz de las diferentes etnicidades en un mismo cuerpo representativo, entre consejos comunitarios y resguardos indígenas; en segundo lugar, para definir los modos de interlocución y de comunicación con el Estado y las diferentes entidades que fueron llamadas a realizar acciones en favor del río, y, finalmente, para superar el desbalance de recursos con el fin de soportar la "nueva construcción colectiva" de las políticas para el río Atrato.

Con respecto al desbalance, el Informe del Comité de Seguimiento que vigila el cumplimiento de la sentencia da cuenta de la asignación de $1.055.008.972 destinados por el presupuesto ministerial para desarrollar procesos de participación, socialización y concertación del plan de acción de la Orden Quinta (de 13) en el marco de la Sentencia T-622 de 2016, tan solo en el último semestre del año 2019. Sin embargo, en su último informe de seguimiento a la Sentencia T-622 de 2016 la Procuraduría General de la Nación hizo un llamado a las entidades del Gobierno Nacional y las demás entidades instadas por la Corte Constitucional para que destinen un mayor presupuesto para la protección y defensa de los derechos del río Atrato, puesto que una de las principales limitaciones y dificultades en el cumplimiento de las órdenes ha sido la ausencia de recursos logísticos y económicos (Procuraduría General de la Nación, 2018).

La Corte Constitucional señaló que el Plan de Acción Integral que permita recuperar las formas tradicionales de subsistencia y alimentación debería estar dirigido a "restablecer los derechos de las comunidades étnicas que habitan la cuenca del río Atrato, especialmente en lo que tiene que ver con la recuperación de su cultura, participación, territorio, identidad, modo de vida y actividades productivas" (Corte Constitucional, 2016), lo que demuestra que la participación pública en materia ambiental es un mecanismo primordial, y se puede incluso denominar gestión ambiental, pues si las comunidades hacen parte de los procesos en los que se toman decisiones sobre su territorio, las soluciones pueden ser más adecuadas a sus necesidades.

Respecto de la participación en la gestión ambiental, uno de los elementos más importantes y de aplicación transversal en la Sentencia T-622 de 2016 es el Principio de Bioculturalidad, al convertirse las comunidades en sus principales voceras, y el Estado garante de ello.

> Lo primero que debe señalarse es que los denominados derechos bioculturales, en su definición más simple, hacen referencia a los derechos que tienen las comunidades étnicas a administrar y a ejercer tutela de manera autónoma sobre sus territorios –de acuerdo con sus propias leyes, costumbres– y los recursos naturales que conforman su hábitat, en donde se desarrolla su cultura, sus tradiciones y su forma de vida con base en la especial relación que tienen con el medio ambiente y la biodiversidad (Corte Constitucional, 2016).

Este principio se asocia a la protección de la identidad cultural y del territorio y a la interlocución entre ellos. Al tener en cuenta este lineamiento y los demás derechos de las comunidades, como los mecanismos de consulta previa y concertación, se plantea un nuevo reto de representatividad tal vez muy poco analizado, sin lograr dar una única respuesta; así, el tiempo de implementación y seguimiento de la vigencia de la sentencia ha permitido balancear los hechos hacia la insistencia de las comunidades por contar con una vocería directa en la toma de decisiones, resaltando los métodos de grupos étnicos protegidos por el Convenio 169 de la OIT y la Ley 21 de 1991, cuya garantía más puntual, de acuerdo con la sentencia, impedía el ejercicio constante de relacionamiento con el Estado.

Los lineamientos brindados en la Sentencia respecto de la participación ciudadana se pueden considerar elementos fundamentales de una nueva gestión ambiental debido, en primer lugar, a que las actividades señaladas por la Corte deben tener un monitoreo constante (p. ej., de organismos de control como la Contraloría, la Procuraduría y la Defensoría del Pueblo); y en segundo lugar, al acompañamiento "pro bono" de grupos de expertos, asesores, académicos, organizaciones no gubernamentales y centros de pensamiento facultados por la sentencia, que da fortaleza técnica a las intervenciones de la Comisión de Guardianes, sobre todo en el diseño de los planes dispuestos por la sentencia: descontaminación del río, recuperación de las formas de vida y seguridad alimentaria, neutralización de la maquinaria y valoración de los estudios toxicológicos del mercurio en la salud humana.

Este panorama presenta retos aún más importantes pues, luego de superar la fase de concertación y diseño de los planes requeridos por la sentencia en el primer año de trabajo de las autoridades nacionales, con participación real y efectiva de las comunidades, se debe dar paso a la fase de implementación apoyada también en un esquema institucional y administrativo débil, como las unidades municipales a cargo del cumplimiento de la sentencia.

Se debe seguir fortaleciendo la participación como modelo para la gestión ambiental de los territorios; no obstante, en este caso, dado que quienes están llamados a participar y concertar son los voceros de los territorios colectivos de las comunidades indígenas y negras que habitan en un territorio permeado por crisis humanitarias, se requiere complementar esta fase con herramientas de innovación pública, recursos y compromisos sectoriales, con el fin de mantener los logros de la fase de diseño y planificación, y lograr una consolidación del territorio, como prerrequisito para aplicar la sentencia, pues de lo contrario tanto las comunidades, como ahora el río, como sujetos de derechos seguirán siendo desplazadas y confinadas en su propio territorio, escenario de las nuevas disputas territoriales entre los grupos al margen de la ley que buscan explotar sus recursos naturales.

CONCLUSIONES

Los grupos colectivos han decidido utilizar cada vez más acciones judiciales para defender sus intereses relacionados con la sostenibilidad y protección de la oferta ambiental, y su derecho fundamental a participar en la construcción de las decisiones públicas relacionadas que, de acuerdo con La Silla Vacía (2018), son

> Específicamente las acciones constitucionales, dentro de las cuales se destacan: acción de tutela, acción popular, acción de cumplimiento y acción de inconstitucionalidad, lo cual ha originado que las Altas Cortes (Corte Constitucional y Consejo de Estado) intervengan en los conflictos ambientales, en algunos de ellos asumiendo posturas activistas y en otras no.

Bajo este contexto, el ordenamiento jurídico ha reconocido el derecho a la participación en asuntos ambientales como la garantía más adecuada de resolver los conflictos ambientales, y el medio para "generar consensos en las políticas públicas sobre la conservación de los ecosistemas. "La Constitución y diversos documentos internacionales han otorgado a los miembros de la sociedad la facultad de hacer parte de las decisiones ambientales que los perturba, escenario que incluye varias formas de participación, como son política, judicial y administrativa" (Sent. T-361 de 2017).

La intervención ciudadana en la gestión ambiental encuentra su legitimidad al ser reconocido el derecho colectivo a gozar de un medio ambiente sano como un derecho superior que debe permanecer y prevalecer en caso de cualquier confrontación con otra clase de derechos "igualmente protegidos por el orden constitucional, previos los correspondientes ejercicios constitucionales de ponderación" (Hurtado, 2015: 213).

Como resultado del estudio de caso comparado, referido más exactamente a la delimitación del ecosistema, con todo y las complejidades planteadas, la autoridad responsable de los procesos de gestión y solución de conflictos ambientales ha observado y aplicado los parámetros y etapas delineadas por la Corte Constitucional en aras de garantizar la participación amplia, y de contera, el acceso a los sistemas de información, en una interacción con todos y cada uno de los municipios involucrados. Si el ejercicio llega a buen término, sin duda podría convertirse en un modelo participativo de construcción colectiva entre Estado y sociedad.

Las tres sentencias hito le dan importancia a la participación ciudadana dentro del ámbito estatal, y más específicamente en la gestión ambiental que hasta la fecha no habían realizado las altas Cortes, o por lo menos no con mayor ímpetu. El reto es que esas tensiones ambientales no lleguen al juez, porque todo puede pasar, como en estos casos.

Sin duda, no es menos importante consignar que, no solo en términos de cumplimiento constitucional, sino de costos financieros, es mucho mas favorable cumplir con los estándares de una participación eficaz, sin que tenga que mediar la orden perentoria de un juez. Es decir, el Estado debe ser garante de los derechos porque esa es su vocación y el imperativo que le demanda la Constitución y la ley, y no porque un operador judicial tenga que intervenir.

BIBLIOGRAFÍA

Atlas de Justicia Ambiental. Universidad Autónoma de Barcelona, 2020, disponible en: [https://ejatlas.org/].

Bluradio. "Colombia es el país con más conflicto socioambiental en Latinoamérica", MinAmbiente, 2018, disponible en [https://www.bluradio.com/bucaramanga/colombia-es-el-pais-con-mas-conflicto-socioambiental-en-latinoamerica-minambiente-195671-ie3509886].

Corte Constitucional. Auto 523 de 2019, disponible en [https://www.corteconstitucional.gov.co/relatoria/autos/2019/a523-19.htm].

Contraloría General de la República. "Informe de Auditoría de Cumplimiento de las Sentencias T-622 y T-445 de 2016 en relación con los aspectos ambientales de la actividad minera en el río Atrato", 2019, disponible en [https://www.contraloria.gov.co/documents/20181/1478524/038+Informe+Auditoria+Cumplimiento+MADS+Rio+Atrato+a+30+de+junio+2019+ls.pdf].

El Espectador. "Guardianes del río Atrato: amenazados e ignorados", 2018, disponible en [https://www.elespectador.com/colombia2020/territorio/guardianes-del-rio-atrato-amenazados-e-ignorados-articulo-856577/].

Fernández, D. y M. Puchulu. "Aplicación de la Evaluación de Impacto Ambiental (EIA) como herramienta de la gestión ambiental", en Bosio, González, Albornoz Colomo, Bollero y Montalván (eds.). *Manual de Políticas Públicas Ambientales para la Provincia de Tucumán*, Universidad del Norte Santo Tomás de Aquino, 2017.

Folchi, M. "Conflictos de contenido ambiental y ecologismo de los pobres: no siempre pobres, ni siempre ecologistas", *Ecología Política*, vol. 22, 2001.

Genz Bölter, S. y C. Derani. "Derecho ambiental y desarrollo sostenible: un análisis de la judicialización de las relaciones sociales", *Veredas do Direito*, vol. 15, n.º 33, Belo Horizonte, 2018, disponible en [http://revista.domhelder.edu.br/index.php/veredas/article/viewFile/1242/24713].

Hurtado Mora, J. I. "El debate sobre la judicialización ambiental", Bogotá, Universidad Externado de Colombia, 2018, disponible en [https://medioambiente.uexternado.edu.co/el-debate-sobre-la-judicializacion-ambiental/].

Hurtado Mora, J. I. "Derecho a la participación y rol de la sociedad civil y del conocimiento tradicional en la implementación de medidas de mitigación y adaptación al cambio climático", 2015, disponible en [https://bdigital.uexternado.edu.co/bitstream/001/2372/1/MKA-spa-2017-Derecho_a_la_participacion_y_rol_de_la_sociedad_civil_y_del_conocimiento_tradicional].

La Silla Vacía. "5 ideas clave sobre los conflictos ambientales, judicialización y activismo judicial en Colombia", 2018, disponible en [https://lasillavacia.com/silla-llena/red-social/historia/5-ideas-clave-sobre-los-conflictos-ambientales-judicializacion-y].

Londoño Toro, B.; L. Güiza Suárez y L. M. Muñoz Ávila. "Conflictos ambientales en Colombia: retos y perspectivas desde el enfoque de DDHH y la participación ciudadana", Bogotá, Editorial Universidad del Rosario, Facultad de Jurisprudencia, Ministerio de Ambiente y Desarrollo Sostenible. 2012, disponible en [https://repository.urosario.edu.co/flexpaper/handle/10336/8893/La%20participacion%20en%20la%20gestion_final_completo.pdf?sequence=1&isAllowed=y].

Molina Roa, J. "¿La hora de los tribunales ambientales en Colombia?", Bogotá, Universidad Externado de Colombia, 2017, disponible en [https://medioambiente.uexternado.edu.co/la-hora-de-los-tribunales-ambientales-en-colombia/].

Observatorio Latinoamericano de Conflictos Ambientales. "Guía metodológica para la gestión comunitaria de conflictos ambientales", Santiago de Chile, 1998, disponible en [http://www.olca.cl/oca/informes/texto008.htm], consultada el 26 de agosto de 2012.

Pring, G. y C. Pring. "Specialized Environmental Courts and Tribunals (ECT). Improved Access Rights in Latin America and the Caribbean and the World", *Inter-American Congress of Environmental Rule of Law*, Selected Essays, Washington, Organization of American States-OEA, 2015.

Procuraduría General de la Nación. "Procuraduría aboga por presupuesto para cumplir fallo que protege el río Atrato", 2018, disponible en [https://www.procuraduria.gov.co/portal/aboga-cumplir-fallo-protege-rio-Atrato.news].

Rincón, M. "Conflictos ambientales en Colombia: inventario, caracterización y análisis en minería en Colombia: control público, memoria y justicia socio-ecológica, movimientos sociales y posconflicto", 2014, dispoible en [https://www.researchgate.net/publication/273381264_Conflictos_ambientales_en_Colombia_inventario_caracterizacion_y_analisis

Rodríguez, G. A. "La consulta previa con pueblos indígenas y comunidades afrodescendientes en colombia", Bogotá, Facultad de Jurisprudencia, Universidad del Rosario, 2010, disponible en [https://www.urosario.edu.co/urosario_files/1f/1fd9b49f-b717-4dc1-8875-657612776cff.pdf].

Rodríguez, G. A. y L. M. Muñoz Ávila. "La participación en la gestión ambiental",–Facultad de Jurisprudencia, Bogotá, Editorial Universidad del Rosario, 2009, Colección Textos de Jurisprudencia, disponible en [https://editorial.urosario.edu.co/pageflip/acceso-abierto/la-participacion-en-la-gestion-ambiental.pdf].

Rodríguez, G. A. "Colombia es el país con más conflictos ambientales del mundo", *El Espectador*, 2019, disponible en [https://www.elespectador.com/noticias/medio-ambiente/colombia-es-el-pais-con-mas-conflictos-ambientales-del-mundo-gloria-amparo-rodriguez/].

Santaella Quintero, H. "La línea jurisprudencial como instrumento esencial para conocer el derecho", *Docencia y Derecho*, *Revista para la docencia jurídica universitaria*, n.º 10, 2016.

Sol Arriaza, R. "El Desafío de la participación ciudadana en el estado democrático de derecho y retos de la participación ciudadana en la gestión de políticas públicas, en espacios institucionales de los estados centroamericanos", San José, flacso, 2012.

Rawls, J. *Teoría de la justicia*, México, Fondo de Cultura Económica, 1997.

Tercera información. "La pandemia destruye economías en desarrollo mientras se frenan proyectos de desarrollo sostenible", 21 de abril de 2020, disponible en [https://www.tercerainformacion.es/articulo/internacional/2020/04/21/la-pandemia-destruye-economias-en-desarrollo-mientras-se-frenan-proyectos-de-desarrollo-sostenible].

Universidad Nacional de Colombia. Observatorio de Conflictos Sociales. "Presentación", 2020, disponible en [http://oca.unal.edu.co/oca_qs/oca.html].

Valencia Hernández, J. "Estado ambiental, democracia y participación ciudadana en Colombia a partir de la Constitución de 1991", Universidad de Caldas, 2007, disponible en [http://juridicas.ucaldas.edu.co/downloads/Juridicas4-2_10.pdf].

Valencia, J. "Resolución de los conflictos ambientales en el marco del estado social de derecho", en *Revista Ideas Ambientales*, ed. 2, 2010.

Walter, M. "Conflictos ambientales, socioambientales, ecológico distributivos, de contenido ambiental... Reflexionando sobre enfoques y definiciones", Centro de Investigación para la Paz (cip-Ecosocial). Universitat Autónoma de Barcelona, 2009, disponible en [https://www.fuhem.es/media/ecosocial/File/Boletin%20ecos/Boletin%206/Conflictos%20ambientales_M.walter_mar09_final.pdf].

JORGE ANDRÉS OBANDO MORENO

Seguridad y soberanía alimentaria en los conflictos ambientales colombianos. Análisis de los conflictos actuales y la jurisprudencia de la Corte Constitucional

SUMARIO

RESUMEN

El presente capítulo tiene por objeto presentar el impacto que generan los conflictos socioambientales sobre la seguridad, la soberanía y la autonomía alimentaria de las comunidades étnicas, campesinas y de economía tradicional en Colombia. De esta premisa se deriva el estudio de los conflictos socioambientales que actualmente se presentan en el país, así como el análisis de los casos de tutela fallados por la Corte Constitucional que tratan de conflictos ambientales y en los cuales se ha reconocido, desarrollado o protegido la seguridad y la soberanía alimentaria.

PALABRAS CLAVE

Conflicto ambiental, seguridad alimentaria, soberanía alimentaria, medio ambiente, derecho a la alimentación, Corte Constitucional colombiana.

ABSTRACT

The following chapter's main objective is to present the impact on food security, sovereignty, and autonomy generated by socio-environmental conflicts in Colombia, within ethnic, farmer and traditional economy communities. Stemming from this, we find the study of socio-environmental conflicts that have risen in the country, as well as the analysis of case studies of appeal for protection held by the Constitutional Court; in which food security and sovereignty has been acknowledged, developed and protected.

KEYWORDS

Environmental conflict, food security, food sovereignty, environment, right to food, Colombian Constitutional Court.

INTRODUCCIÓN

El derecho a la alimentación, así como los conceptos de seguridad y soberanía alimentaria tienen gran importancia en el derecho nacional e internacional. Reducir el hambre y garantizar la seguridad alimentaria de la población ha estado dentro de los más importantes y ambiciosos acuerdos, convenios, tratados, y demás instrumentos internacionales. Ejemplos de lo anterior son la Declaración Universal de los Derechos Humanos, el Pacto Internacional de Derechos Económicos, Sociales y Culturales, el Protocolo de San Salvador, y los Objetivos de Desarrollo Sostenible, entre otros. En el ordenamiento jurídico colombiano se ha exaltado la importancia de garantizar los derechos a la alimentación y a la seguridad alimentaria por medio de las ratificaciones de los anteriores tratados internacionales, el reconocimiento expreso y tácito de estos derechos en la Constitución Política de 1991, el documento CONPES 113 de 2008, relativo a la Política Nacional de Seguridad Alimentaria y Nutricional, los diferentes planes nacionales de desarrollo que los incluyen, el Acuerdo Final para la Terminación del Conflicto y la Construcción de una Paz Estable y Duradera, celebrado entre el Estado colombiano y las FARC, y la jurisprudencia de la Corte Constitucional, entre otros.

Sin embargo, en Colombia la situación de hambre e inseguridad alimentaria parece prolongarse en el tiempo; en efecto, según el informe sobre "El estado de la seguridad alimentaria y la nutrición en el mundo" (SOFI por sus siglas en inglés), en Colombia actualmente 2,4 millones de personas padecen hambre.

Por otra parte, con el paso del tiempo parece aumentar el número de conflictos ambientales. En 2014 Colombia ocupó el primer puesto en América Latina con 72 conflictos reconocidos por el mapa de conflictos ambientales del Instituto de Ciencia y Tecnología Ambiental de la Universidad Autónoma de Barcelona. Hoy este número asciende a 129.

En virtud de lo anterior, es menester analizar los diferentes factores que generan estados de inseguridad alimentaria en Colombia, entre ellos el conflicto, la violencia, los desastres naturales y los conflictos ambientales. En este trabajo se abordan estos últimos como causa de inseguridad alimentaria en comunidades vulnerables. En ese sentido, se determina la relación entre los conflictos ambientales en los cuales se ven involucradas comunidades étnicas, campesinas y de economía tradicional, y los problemas de abastecimiento y subsistencia que generan en ellas y que terminan impidiendo el disfrute del derecho a la alimentación y el goce de condiciones de seguridad y soberanía alimentaria.

Para ello, y como punto de partida, se analiza la manera en que los diversos instrumentos, acuerdos, políticas y fuentes de derecho nacionales e internacionales, abordan los conceptos de derecho a la alimentación y de seguridad y soberanía alimentaria. Así mismo, se determinan su naturaleza jurídica, su contenido y sus titulares a partir de ellos.

Posteriormente se elabora un trabajo estadístico respecto de los actuales conflictos ambientales del país y aquellos fallados por la Corte Constitucional en sede de tutela, para establecer su impacto, visible o potencial, sobre la seguridad alimentaria de las comunidades involucradas. Finalmente se analizan las sentencias de tutela proferidas por la Corte Constitucional que resuelven conflictos ambientales, y en las cuales se menciona, se desarrolla o se tutela el derecho a la seguridad alimentaria de las comunidades vulnerables mencionadas.

I. CONCEPTO DE DERECHO A LA ALIMENTACIÓN, LA SEGURIDAD, LA SOBERANÍA Y LA AUTONOMÍA ALIMENTARIA

A. EN EL DERECHO INTERNACIONAL

1. DERECHO A LA ALIMENTACIÓN: NATURALEZA JURÍDICA, CONTENIDO Y TITULARES

a. NATURALEZA JURÍDICA DEL DERECHO A LA ALIMENTACIÓN

El derecho a la alimentación ha sido incluido en diferentes instrumentos normativos de carácter internacional, entre ellos, la Declaración Universal de Derechos Humanos de 1948 que consagra el derecho a la alimentación de la siguiente manera: "Artículo 25. Toda persona tiene derecho a un nivel de vida adecuado que le asegure, así como a su familia, la salud y el bienestar y especialmente la alimentación".

La declaración fue desarrollada en el Pacto de los Derechos Económicos, Sociales y Culturales (PIDESC), cuyos efectos son vinculantes para Colombia en virtud de su ratificación.

En ese sentido, en sus artículos 2.º y 11 el PIDESC de 1996 menciona la alimentación como el derecho de toda persona a un nivel de vida adecuado para sí y para su familia y a estar protegida contra el hambre, e impone el deber de adoptar todas las medidas necesarias para utilizar de manera eficaz los recursos naturales, así como distribuir de manera equitativa los alimentos mundiales.

En dicho instrumento normativo se mencionan tanto el derecho a una alimentación adecuada, como el derecho a estar protegido contra el hambre. Según la FAO estos derechos se diferencian en los siguientes términos:

> [...] El derecho a estar protegido contra el hambre, íntimamente vinculado al derecho a la vida, se considera una norma absoluta, el nivel mínimo que debe garantizarse a todas las personas, independientemente del nivel de desarrollo alcanzado por el Estado.

> [...] El derecho a una alimentación adecuada abarca mucho más, ya que conlleva la necesidad de constituir un entorno económico, político y social que permita a las personas alcanzar la seguridad alimentaria por sus propios medios (FAO, 2013).

Por otra parte, para el relator especial de las Naciones Unidas el derecho a la alimentación consiste en:

> [...] tener acceso, de manera regular, permanente y libre, sea directamente, sea mediante compra por dinero, a una alimentación cuantitativa y cualitativamente adecuada y suficiente, que corresponda a las tradiciones culturales de la población a la que pertenece el consumidor y garantice una vida psíquica y física, individual y colectiva, libre de angustias, satisfactoria y digna (Schutter, 2011).

Así mismo el Comité de Derechos económicos, sociales y culturales precisó el concepto del derecho a una alimentación adecuada en su comentario general número 12 de la siguiente manera:

> El derecho a la alimentación adecuada se ejerce cuando todo hombre, mujer o niño, ya sea solo o en común con otros, tiene acceso físico y económico, en todo momento, a una alimentación adecuada o a medios para obtenerla.

En su artículo 12 el Protocolo de San Salvador de 1988[1] consagra el derecho a una nutrición adecuada, así como el deber de los estados de cooperar y perfeccionar los métodos de producción, aprovisionamiento y distribución de alimentos, para garantizarlo. En el artículo 15.3 se incluye el deber de los Estados de garantizar una alimentación adecuada a los niños y niñas. De igual modo, en el artículo 17 menciona el derecho de las personas de edad avanzada a contar con una alimentación adecuada cuando carezcan o no puedan acceder a ella.

El PIDESC fue incorporado al ordenamiento jurídico nacional mediante la ley aprobatoria número 074 del 26 de diciembre de 1968, y el Protocolo de San Salvador fue incorporado mediante la ley aprobatoria 319 de 1996. Al tratarse de tratados internacionales que versan sobre derechos humanos y están ratificados por Colombia hacen parte del bloque de constitucionalidad.

---

1 Protocolo Adicional a la Convención Americana sobre Derechos Humanos en materia de Derechos Económicos, Sociales y Culturales, también llamado Protocolo de San Salvador.

De la lectura de los anteriores instrumentos internacionales se puede afirmar que el derecho a la alimentación tiene la naturaleza jurídica de derecho humano a nivel internacional, y su importancia radica en su estrecha relación con el derecho a la vida digna. Más adelante se verá cómo la Corte Constitucional colombiana reconoce el carácter fundamental de los derechos a la alimentación y a la seguridad alimentaria en nuestro ordenamiento jurídico.

Con respecto al contenido sustancial del derecho a la alimentación, Restrepo Yepes (2009) considera que en los instrumentos internacionales se pueden identificar tres elementos o componentes esenciales del derecho alimentario: la disponibilidad de alimentos en calidad y cantidad suficientes para satisfacer las necesidades alimentarias de los individuos; la accesibilidad a los alimentos, y la adecuada utilización biológica de los alimentos. Como se verá, estos elementos coinciden con el contenido de la seguridad alimentaria por lo que serán desarrollados en ese punto del presente escrito.

Por lo pronto, de la definición del derecho a la alimentación, y con respecto a su contenido sustancial, se puede concluir que es un derecho humano que consiste en la garantía que goza toda persona, por el hecho de serlo, de acceso, protección, respeto y disfrute permanente de una alimentación adecuada y sostenible a través de medidas implementadas para ello, y que privilegien a las comunidades y poblaciones vulnerables, como los niños, los ancianos y todos los que se encuentren en imposibilidad de acceder a los alimentos.

b. CONTENIDO OBLIGACIONAL DEL DERECHO A LA ALIMENTACIÓN

El contenido obligacional del derecho a la alimentación ha sido desarrollado mayormente por el Comité de Derechos Económicos, Sociales y Culturales (Comité DESC), órgano encargado de monitorear el cumplimiento del PIDESC por los Estados parte.

El derecho a la alimentación, como todos los derechos, tiene un contenido obligacional determinado por todas las obligaciones y responsabilidades correlativas encargadas a determinados sujetos para asegurar su satisfacción. En ese sentido, los titulares de las obligaciones son todos los Estados que hayan ratificado los tratados que contienen el derecho a la alimentación, así como los que no los hayan ratificado según la obligación internacional de actuar de buena fe. Los titulares de las distintas responsabilidades surgidas del derecho a la alimentación están determinados por un criterio más amplio, pues son aquellas organizaciones a las que los instrumentos internacionales, como la FAO, les han otorgado responsabilidades accesorias o complementarias a las obligaciones otorgadas a los Estados. Los titulares de los derechos correlativos a dichas obligaciones y responsabilidades son todos los seres humanos por la naturaleza jurídica de derecho humano que tiene el derecho a la alimentación.

– *Obligaciones surgidas del derecho a la alimentación*

Entre las obligaciones a cargo de los Estados podemos identificar unas de carácter positivo y otras de carácter negativo. Las obligaciones positivas consisten en la adopción de las medidas necesarias para el ejercicio progresivo de este derecho, sin incurrir en discriminaciones, protegiendo y garantizando su disfrute, así como su protección de la influencia de terceros. Por otra parte, las obligaciones negativas consisten en el respeto al acceso y disfrute de la alimentación.

Asimismo, las obligaciones internacionales incluyen la cooperación y la asistencia internacional (Comité DESC, 1999).

En desarrollo de lo anterior, debemos decir en primer lugar, que por su naturaleza de derecho humano al derecho a la alimentación lo cobija la obligación general emanada del artículo 2.° del PIDESC, consistente en el compromiso de los Estados de adoptar las medidas necesarias para garantizar los derechos contenidos en el Pacto[2].

En segundo lugar, existen obligaciones concretas con respecto al derecho a la alimentación, las cuales fueron precisadas por la observación general número 12 del Comité DESC (1999):

> 1. *Adoptar medidas deliberadas y concretas orientadas a lograr la realización del derecho humano a la alimentación.* Dichas medidas deben caracterizarse por (i) ser progresivas[3], (ii) ser plenas, (iii) asegurar los niveles mínimos para que las personas

---

2 PIDESC. "Artículo 2.°. […] 1. Cada uno de los Estados Parte en el presente Pacto se compromete a adoptar medidas, tanto por separado como mediante la asistencia y la cooperación internacionales, especialmente económicas y técnicas, hasta el máximo de los recursos de que disponga, para lograr progresivamente, por todos los medios apropiados, inclusive en particular la adopción de medidas legislativas, la plena efectividad de los derechos aquí reconocidos".

3 Comité PIDESC. Observación General 12, Párrafo 6: "El derecho a una alimentación adecuada (art.

estén protegidas contra el hambre, (iv) y en uso de todos los recursos disponibles en su consecución.

2. *Aplicar el Principio de No Regresión*, en el sentido de que, si bien los Estados pueden avanzar progresivamente en la protección del derecho humano a la alimentación, los Estados no pueden reducir el nivel de protección ya alcanzado.

3. *Obligación de no discriminar*[4]. Todas las personas deben ser beneficiarias de las medidas adoptadas por los Estados sin que se puedan establecer condiciones o limitaciones de ningún tipo[5].

4. *Obligación de respetar, proteger y realizar*. La obligación de respetar exige que los Estados no adopten medidas que impidan, limiten o priven a las personas de alimentarse por sus propios medios. La de proteger requiere que los Estados impidan que terceros cercenen el ejercicio del derecho a la alimentación. La de realizar contiene todas las medidas positivas para facilitar y garantizar el acceso a una alimentación adecuada a toda la población.

5. *Obligación de cooperar y prestar asistencia internacional*. Incluye las obligaciones de pedir y prestar asistencia internacional, así como la proscripción de medidas económicas como embargos o bloqueos comerciales que impidan el acceso a la alimentación en otros países[6].

Con respecto a las anteriores obligaciones, algunos autores sostienen que el concepto de derecho a la alimentación tiene dos dimensiones: la primera corresponde al derecho a una alimentación adecuada para toda la humanidad, que es de difícil realización y en consecuencia está supeditado a una aplicación progresiva; y la segunda corresponde a estar libre de hambre, la

---

11): El derecho a la alimentación adecuada tendrá que alcanzarse progresivamente. No obstante, los Estados tienen la obligación básica de adoptar las medidas necesarias para mitigar y aliviar el hambre tal como se dispone en el párrafo 2 del artículo 11 del PIDESC, incluso en caso de desastre natural o de otra índole".

4 PIDESC. "Artículo 2.º. Los Estados Parte en el presente Pacto se comprometen a garantizar el ejercicio de los derechos que en él se enuncian, sin discriminación alguna por motivos de raza, color, sexo, idioma, religión, opinión política o de otra índole, origen nacional o social, posición económica, nacimiento o cualquier otra condición social".

5 La obligación de no discriminación no admite aplicación progresiva (FAO, 2013).

6 En ese sentido, el Comité DESC (1999) proscribe el uso de los alimentos como instrumento de presión política o económica, y otras actividades como condicionar la ayuda alimentaria a decisiones económicas o políticas, e imponer sanciones con el objetivo y/o la consecuencia de afectar el abastecimiento de alimentos de la población.

cual es de aplicación inmediata y solo para un sector de la población: aquellos que padecen hambre[7] (Vivero Pol, 2014).

– *Responsabilidades surgidas del derecho a la alimentación*

Aunque la titularidad de las obligaciones emanadas de los derechos humanos corresponde a los Estados, las organizaciones que hacen parte de las Naciones Unidas tienen una responsabilidad de cooperación con ellos (FAO, 2013b).

2. SEGURIDAD ALIMENTARIA

a. NATURALEZA JURÍDICA

Como sucede con el derecho a la alimentación, hay varias apreciaciones sobre el concepto de seguridad alimentaria, sin embargo, en este caso no hay consenso sobre su naturaleza jurídica, por lo que proponemos categorizarlo de acuerdo con lo planteado por las diferentes organizaciones internacionales y nacionales, algunas de las cuales han tipificado la seguridad alimentaria como un estado que permite medir la satisfacción respecto del derecho a la alimentación, otras como un derecho autónomo, y aun otras como un medio o una herramienta para garantizar el derecho a la alimentación.

En primer lugar, el Instituto de Nutrición para Centroamérica y Panamá (INCAP, 1999) ha identificado la seguridad alimentaria nutricional como

> ... un estado en el cual todas las personas gozan, en forma oportuna y permanente, de acceso físico, económico y social a los alimentos que necesitan, en cantidad y calidad, para su adecuado consumo y utilización biológica, garantizándoles un estado de bienestar general que coadyuve al logro de su desarrollo.

Para la FAO (1996) la seguridad alimentaria es el estado que "existe cuando todas las personas tienen, en todo momento, acceso físico, social y económico a alimentos suficientes, inocuos y nutritivos que satisfacen sus necesidades

---

7 En este grupo entrarían todas las personas que la ONU (2016) ha identificado que padecen hambre en el mundo. Concretamente, se estima que en Estados Unidos y Europa 14, 7 millones de personas padecen hambre, en África 232,5 millones, en América Latina y el Caribe 34,3 millones, y en Oceanía 1,4 millones.

energéticas diarias y preferencias alimentarias para llevar una vida activa y sana".

En esa corriente, la Política Nacional de Seguridad Alimentaria que fue introducida al CONPES Social 113 de 2008[8] define la seguridad alimentaria y nutricional como el estado de "disponibilidad suficiente y estable de alimentos, el acceso y el consumo oportuno y permanente de los mismos, en cantidad, calidad e inocuidad por parte de todas las personas, bajo condiciones que permitan su adecuada utilización biológica, para llevar una vida saludable y activa" (Alfonso y Alfonso, 2016: 166).

Vivero Pol (2014) considera que otras organizaciones que conciben a la seguridad alimentaria como estado son la UNICEF (1998) y la OPS (2007).

En segundo lugar, la seguridad alimentaria surgió como derecho autónomo en el marco de la celebración de la Cumbre Mundial por la Alimentación (CMA) en 1996, en la cual se estableció "erradicar el hambre en todos los países, con el objetivo inmediato de reducir el número de personas desnutridas a la mitad de su nivel actual no más tarde del año 2015" (Declaración de Roma, 1996).

En la Declaración de Roma sobre la Seguridad Alimentaria Mundial (1996) se la consagró como "el derecho de toda persona a tener acceso a alimentos sanos y nutritivos, en consonancia con el derecho a una alimentación apropiada y con el derecho fundamental de toda persona a no padecer hambre".

En ese mismo sentido, para el Observatorio de Seguridad Alimentaria y Nutricional de la Universidad Nacional de Colombia (OBSAN-UN, 2010), la seguridad alimentaria es "El derecho que tienen todas las personas de gozar, en forma oportuna y permanente, de acceso a los alimentos que necesita en cantidad y calidad para su adecuado consumo y utilización biológica, garantizándoles un estado de nutrición, salud y bienestar que coadyuven con un desarrollo humano que les permita realizarse y ser felices".

La OBSAN le da a la seguridad alimentaria la naturaleza de derecho, justificándose en que "así se recoge no solo el derecho a la alimentación, sino

---

8 Para R. CADAVID y S. MOLINA (2014) el documento CONPES 113 da los lineamientos para Colombia en materia pública de seguridad alimentaria y nutricional, cuyos principios están enmarcados en los derechos fundamentales establecidos en la Declaración Universal de los Derechos Humanos, en la Constitución Política de 1991, y en los pactos y convenios pertinentes que ha aprobado el Estado colombiano.

todos los derechos fundamentales que intervienen en la calidad de vida del ser humano, integrando dimensiones que van más allá de lo alimentario y nutricional, contemplado variables económicas, políticas y culturales" (Universidad Nacional de Colombia, 2014).

Finalmente, la seguridad alimentaria como instrumento también ha sido decantada por varias organizaciones internacionales, entre ellas la FAO (2013), que además de concebir la seguridad alimentaria como un estado en el cual las personas tienen plena satisfacción del derecho a la alimentación, también la define como un mecanismo para lograrla: "la seguridad alimentaria es un concepto basado en necesidades que establece una meta que debe ser alcanzada a través de políticas y programas. El derecho a la alimentación es un concepto de naturaleza jurídica, en el que hay unos titulares de derechos (las personas) y unos titulares de obligaciones (*los Estados*)" (cursiva fuera de texto).

En ese sentido, es importante resaltar la existencia de una relación instrumental entre el derecho a la alimentación y la seguridad alimentaria, en la que esta última está compuesta por todas las políticas y programas dispuestos para alcanzar la satisfacción del derecho a la alimentación.

En nuestra opinión, restringir la naturaleza del concepto de seguridad alimentaria a una de estas categorías podría generar un riesgo en la satisfacción del derecho a la alimentación, puesto que cada una de ellas permite abordar el problema del hambre y la desnutrición desde diferentes perspectivas para, asimismo, combatirlo.

Proponemos concebir el concepto de seguridad alimentaria en una categoría amplia y general que incluya, por un lado, el contenido sustancial del derecho a la alimentación y, por otro, todas las herramientas jurídicas, políticas, económicas, sociales, sociológicas que existen para cumplir con el contenido obligacional del mencionado derecho.

En ese sentido, se puede concluir que la seguridad alimentaria es el conjunto de medidas y herramientas que adoptan los titulares de obligaciones y responsabilidades del derecho a la alimentación para su satisfacción, así como el derecho a que se implementen dichas medidas en aras de garantizar el disfrute del derecho a la alimentación. Finalmente, la seguridad alimentaria es un estado que permite medir el grado de satisfacción del derecho a la alimentación en la población.

b. CONTENIDO

Como se vio, el derecho a la seguridad alimentaria incluye la implementación de medidas que garanticen el derecho a la alimentación, por lo que su contenido coincide con el del derecho a la alimentación.

El Comité DESC (1999) desarrolló el contenido de la seguridad alimentaria, precisando sus componentes:

1. *Adecuación.* El alimento disponible para el consumo debe ser apropiado, nutritivo y saludable en el contexto social, económico, cultural y medioambiental prevalente.

2. *Disponibilidad.* Las personas deben tener la posibilidad de alimentarse por sí mismas, ya sea directamente explotando las fuentes naturales de alimentos, o mediante sistemas de distribución y comercialización que puedan trasladar los alimentos hasta donde sea necesario.

3. *Estabilidad.* Es necesario contar con una estabilidad en la oferta de alimentos; la disponibilidad de alimentos debe ser estable en el tiempo en todos los territorios.

4. *Accesibilidad.* Todas las personas deben tener acceso, tanto en términos económicos como físicos, a alimentos suficientes y adecuados[9]. En este punto, el Comité DESC reconoce la vulnerabilidad de los pueblos indígenas, cuyo acceso a las tierras ancestrales puede verse amenazado.

5. *Sostenibilidad.* Los Estados deben garantizar que todas las actividades que generen un impacto en la alimentación, la tierra o los recursos naturales, garanticen la disponibilidad de los alimentos a largo plazo y su accesibilidad para las generaciones futuras.

---

9 La accesibilidad económica implica que los costos de adquisición de los alimentos necesarios para una alimentación adecuada deben estar a un nivel tal que no pongan en peligro la satisfacción de otras necesidades básicas. Esto puede requerir programas especiales para los grupos vulnerables, lo cual supondría una discriminación positiva para garantizar la alimentación a las poblaciones que tienen mayor índice de hambruna. La accesibilidad física significa que todas las personas deben tener acceso a los alimentos, en particular los grupos de especial protección, como los niños, las personas con discapacidad, los adultos mayores y las personas afectadas por un desastre natural o un conflicto, a los cuales les supone una dificultad física acceder al mercado de producción como consumidores (FAO, 2013).

Al respecto, Vivero Pol (2014) considera que la seguridad alimentaria contiene cuatro pilares relacionados con la cadena agroalimentaria y nutricional: a) la disponibilidad de alimentos; b) la accesibilidad a los mismos; c) el consumo, y d) la utilización o aprovechamiento óptimo de sus nutrientes.

C. TITULARES

Los titulares del derecho a la seguridad alimentaria serán los mismos del derecho a la alimentación, por ser la seguridad alimentaria la herramienta por medio de la cual se satisface el derecho a la alimentación. En ese sentido, serán titulares de las obligaciones los Estados, y de los derechos todas las personas.

3. CONCEPTOS DERIVADOS DE LA SEGURIDAD ALIMENTARIA

A. SOBERANÍA ALIMENTARIA

El concepto de soberanía alimentaria fue impulsado en la Conferencia Internacional de la Vía Campesina en Tlaxcala, México, en abril de 1996, para después ser definido en 2003 por la misma organización como "el derecho de los pueblos, las naciones o las uniones de países a definir sus políticas agrícolas y de alimentos, sin ningún *dumping*[10] frente a países terceros".

También fue definido por el Foro para la Soberanía Alimentaria como

> ... el derecho de los pueblos, comunidades y países a definir sus propias políticas agrícolas, laborales, pesqueras, alimentarias y de tierra de forma que sean ecológica, social, económica y culturalmente apropiadas a sus circunstancias únicas [...] Todos los pueblos tienen el derecho a una alimentación inocua, nutritiva y culturalmente apropiada, y a los recursos para la producción de alimentos y a la capacidad para mantenerse a sí mismos y a sus sociedades (ONG/OSC, 2002).

Según la Vía Campesina, la soberanía alimentaria contiene los siguientes elementos:

---

10 Según el Decreto 1750 de 2015, se considera que un producto es objeto de *dumping* cuando "se importa en el mercado colombiano a un precio inferior a su valor normal, cuando su precio de exportación al exportarse hacia Colombia es menor que el precio comparable, en el curso de operaciones comerciales normales, de un producto similar destinado al consumo en el país de origen".

> – La priorización de producción agrícola local para alimentar a la población sobre la importada, así como el acceso de los campesinos a la tierra, al agua, a las semillas y al crédito para autoabastecerse y abastecer a su región.
>
> – El derecho de los campesinos a producir alimentos y el derecho de los consumidores a poder decidir lo que quieren consumir, cómo y quién lo produce.
>
> – El derecho de los países a protegerse de las importaciones agrícolas y alimentarias demasiado baratas que implican un escenario de desigualdad material que perjudica a los productores locales.
>
> – La participación de los pueblos en la definición de política agraria y alimentaria.

Así mismo, la Declaración de las Naciones Unidas sobre los derechos de los pueblos indígenas, adoptada en Nueva York en 2007, prescribe dentro de los principios que contempla el derecho que gozan los pueblos indígenas de "determinar y elaborar las prioridades y estrategias para el desarrollo o la utilización de sus tierras, territorios y otros recursos".

No obstante lo anterior, Collart (2019) establece que existen dos poblaciones particularmente vulnerables al acceso a las tierras: los indígenas y los campesinos de países en desarrollo. Esto es problemático respecto de la seguridad alimentaria puesto que de la tierra y de los recursos naturales que esta provee, se abastecen directamente y obtienen su sustento esas comunidades.

Al respecto, Monsalve (2004), citado en Betancourt (2015: 217) asegura, que "la tierra es un recurso vital para la mayoría de las comunidades rurales [...] para la realización de sus derechos económicos, sociales y culturales como la alimentación, vivienda, trabajo, y vida cultural".

De la misma manera, Camacho, Morales y Rodríguez (2017), afirman que

> Las poblaciones rurales se enfrentan a un escenario global en el que sus recursos, incluida la tierra, son usurpados sistemáticamente mediante mecanismos legales e ilegales que incluyen violencia armada, normativa y económica. Tal situación los despoja no solo de esos recursos sino de la posibilidad misma de realizar su derecho a la alimentación, lo cual de paso genera las condiciones para que el resto de las poblaciones que no producen sus propios alimentos se vean poco a poco privados de ellos.

En síntesis, la soberanía alimentaria tiene como meta permitir a los pueblos y a las comunidades locales, regionales y nacionales contar con todos los mecanismos necesarios para definir sus propias políticas agrícolas, laborales, pesqueras, alimentarias y de tierra para autoabastecerse y satisfacer sus necesidades alimentarias desde escenarios locales. La soberanía alimentaria busca equilibrar el modelo de comercio internacional de alimentos, de manera que se proteja la producción local y campesina frente a los escenarios de desventaja que pueden suponer importaciones de alimentos a un precio mucho más bajo.

Como se puede ver, la soberanía alimentaria está estrechamente relacionada con el concepto de seguridad alimentaria, siendo la primera una forma de abordar la segunda. A través de la soberanía alimentaria se materializa el elemento de disponibilidad del derecho a la alimentación consistente en la facultad de toda persona, pueblo, o nación de satisfacer su necesidad alimentaria por sus propios medios, así como la obligación de los Estados de construir un entorno económico, político y social que permita a las comunidades alcanzar la seguridad alimentaria por sus propios medios, y de no adoptar medidas que tengan como resultado impedir, limitar o privar a las comunidades de la posibilidad de autoabastecerse.

Más adelante se verá cómo la Corte Constitucional desarrolla el concepto de soberanía alimentaria para solucionar los conflictos ambientales relacionados con la seguridad alimentaria de las comunidades étnicas y campesinas.

b. AUTONOMÍA ALIMENTARIA

Se denomina autonomía alimentaria a todos los mecanismos que los pueblos adoptan en busca de garantizar las formas de producción local y alimentaria, primando su decisión al respecto, sin intromisiones del poder político, ni de organismos multilaterales o corporaciones, que intenten interferir en este proceso de autonomía territorial de las poblaciones (Rueda, 2012).

La autonomía alimentaria es el componente esencial de la soberanía alimentaria, y debe ser visto como un hecho de autodeterminación y permanencia cultural de las comunidades. Para el grupo de investigación en gestión y desarrollo rural de la Universidad Nacional de Colombia (2014) "La autonomía alimentaria es una estrategia que surge desde las experiencias locales y regionales, desde las que se potencia, afianza y avanza en la construcción de abajo hacia arriba de las estrategias de seguridad y soberanía alimentaria".

Al respecto podemos concluir que los conceptos de autonomía, soberanía y seguridad alimentaria están interrelacionados, siendo la autonomía el hecho de autodeterminación que da lugar a que un pueblo o lugar goce de soberanía alimentaria mediante instrumentos económicos, sociales y políticas que se lo permitan, para satisfacer de esa manera el derecho a la soberanía alimentaria.

B. DERECHO A LA ALIMENTACIÓN Y SEGURIDAD ALIMENTARIA EN LA CONSTITUCIÓN POLÍTICA COLOMBIANA

Como se vio, el derecho a la alimentación es fuente, contenido y finalidad de la seguridad alimentaria. Es fuente, en tanto el derecho a la alimentación da lugar a la seguridad alimentaria como mecanismo para su satisfacción; es contenido, en la medida en que todas las políticas de seguridad alimentaria son definidas, guiadas, nutridas e interpretadas a partir del contenido sustancial y obligacional del derecho a la alimentación, y es finalidad, porque lo que busca la seguridad alimentaria es satisfacer el derecho humano a la alimentación en todas las personas del mundo.

La seguridad alimentaria se consagró en la Constitución Política colombiana en los siguientes artículos:

– El artículo 43, que dispone el subsidio a la alimentación al que tiene derecho la mujer que acaba a dar a luz si se encuentra desempleada o desamparada.

– El artículo 44, que señala los derechos fundamentales de los niños y niñas a: i) tener una alimentación equilibrada; ii) la vida y la salud; iii) la protección contra el abandono, y iv) la obligación del Estado de asistirlos y protegerlos para garantizar su desarrollo armónico e integral, y el ejercicio pleno de sus derechos. En este caso, la seguridad alimentaria actúa para satisfacer parcial o totalmente todos los derechos mencionados.

– El artículo 46, que expresa la obligación del Estado, la sociedad y la familia de proteger y asistir a las personas de la tercera edad, así como el derecho a un subsidio alimentario en caso de indigencia.

– El artículo 65, que puntualiza de manera expresa que el Estado debe otorgarle una protección especial a las actividades agropecuarias, forestales y agroindustriales relacionadas con la seguridad alimentaria[11].

---

11 Constitución Política. "Artículo 65. La producción de alimentos gozará de la especial protección del Estado. Para tal efecto, se otorgará prioridad al desarrollo integral de las actividades agrícolas, pecuarias, pesqueras, forestales y agroindustriales, así como también a la construcción de obras

– Finalmente, el artículo 66 consagra la importancia de los ciclos de cosechas y de los precios de los alimentos, así como de tener en cuenta los riesgos para la producción de alimentos y las calamidades ambientales en materia crediticia.

La Constitución Política de Colombia no hace un reconocimiento explícito general del derecho a la alimentación, sino que lo reconoce en casos concretos como i) el de los niños y niñas, para los cuales dispone expresamente su derecho fundamental a "tener una alimentación equilibrada"; ii) el de las mujeres que dieron a luz y se encuentran desempleadas o desamparadas, y iii) el de los adultos mayores en condición de indigencia.

No obstante, la Constitución reconoce el derecho a la alimentación de manera implícita i) mediante la interpretación de otros derechos fundamentales como la vida, la salud, el medio ambiente sano, que son generales, y ii) a través del reconocimiento expreso de la seguridad alimentaria en el artículo 65 de la carta.

En conclusión, la Constitución hace un reconocimiento explícito al derecho a la alimentación para casos concretos, y a la vez con un reconocimiento implícito en general a través de la interpretación de otros derechos[12].

II. ESTADO DE LOS CONFLICTOS AMBIENTALES EN COLOMBIA Y SU IMPACTO EN LA SEGURIDAD ALIMENTARIA

En este acápite se revisan los conflictos socioambientales y se verifica cómo se generan impactos negativos visibles o potenciales para la inseguridad alimentaria de las comunidades afectadas.

En primer lugar, los conflictos socioambientales se pueden definir como:

> Movilizaciones de las comunidades locales, movimientos sociales, que también pueden incluir el apoyo de redes nacionales o internacionales contra actividades

---

de infraestructura física y adecuación de tierras. // De igual manera, el Estado promoverá la investigación y la transferencia de tecnología para la producción de alimentos y materias primas de origen agropecuario, con el propósito de incrementar la productividad".

12 Respecto de las formas de reconocimiento constitucional del derecho a la alimentación se puede consultar el Cuaderno de Trabajo de la FAO "El derecho a la alimentación en el marco internacional de los derechos humanos y en las constituciones", disponible en: [http://www.fao.org/3/a-i3448s.pdf].

económicas particulares, construcción de infraestructura o eliminación de desechos/contaminación por los cuales los impactos ambientales son un elemento clave de sus quejas (*Atlas de Justicia Ambiental*, s.f.).

De los 129 conflictos socioambientales[13] identificados en Colombia por el *Atlas de Justicia Ambiental* del Instituto de Ciencia y Tecnología Ambiental (ICTA) de la Universitat Autónoma de Barcelona, tomamos 126 y los sistematizamos a partir de su tipo, de su impacto negativo sobre la seguridad alimentaria de las comunidades afectadas, y de su causa, y encontramos que el 84% de los conflictos ambientales actuales reconocidos por la mencionada base de datos, genera impactos ambientales, visibles o potenciales, así como estados de inseguridad alimentaria.

GRÁFICA 1.
IMPACTO DE LOS CONFLICTOS AMBIENTALES EN LA SEGURIDAD ALIMENTARIA

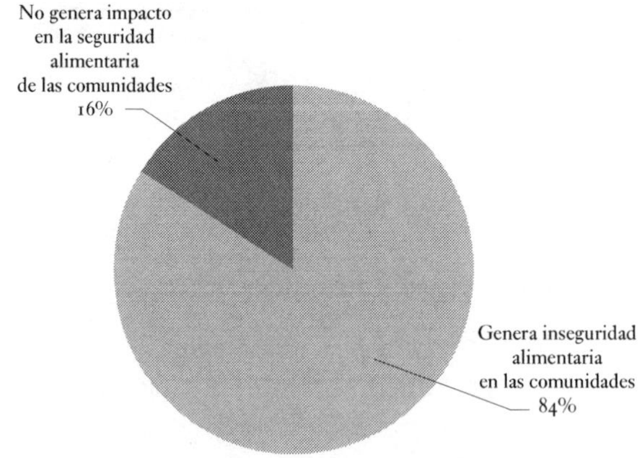

Fuente: elaboración propia.

En el 49% de los casos los estados de inseguridad alimentaria generados por los conflictos ambientales son visibles y verificables, mientras que en el 51% de los casos el impacto en la seguridad alimentaria de las comunidades del conflicto es potencial.

Existe un impacto visible sobre la seguridad alimentaria en los conflictos en que hay una afectación directa e inmediata en los recursos naturales de

13 No fue posible consultar los otros tres casos restantes por falta de información.

abastecimiento directo, o en las actividades económicas de subsistencia, por ejemplo cuando se desvían los ríos para desarrollar obras de infraestructura que entorpecen el acceso de las comunidades al recurso hídrico del que se abastecen directamente[14], o cuando se contaminan los cuerpos hídricos por derrames de crudo, o vertimiento de desechos tóxicos producto de actividades mineras que imposibilitan a las comunidades, por una parte, seguir abasteciéndose de ellos, y por otra, continuar desarrollando actividades económicas, como la pesca artesanal, de las cuales subsisten[15].

Se habla de impacto potencial cuando no hay una afectación directa o inmediata sobre los recursos naturales o las actividades económicas de subsistencia, pero se pueden generar impactos de manera indirecta o a largo plazo, por ejemplo, en los casos en que la contaminación del aire afecta los cultivos o las fuentes hídricas[16], o en los cuales hay proyectos mineros o petroleros que aún no se han empezado a ejecutar, pero que cuando empiecen su impacto pasará de potencial a visible[17].

Por otra parte, el 42% de los conflictos que generan estados de inseguridad alimentaria son causados por actividades de minería, el 18% por actividades relativas a combustibles fósiles y energía, el 14% son conflictos de biomasa y tierra, el 14% de administración de fuentes hídricas, el 6% son causados por obras de infraestructura, el 2% por actividades industriales, otro 2% por pérdida de biodiversidad, y otro 2% por inadecuada gestión de residuos.

---

14 Este es el caso de la construcción de la represa Urrá en el río Sinú, que implicó una desviación del río imposibilitando el acceso de las comunidades indígenas que se abastecen directamente del recurso hídrico.

15 Este es el caso de los derrames de crudo en el Golfo de Morrosquillo, que contaminan los cuerpos hídricos de los cuales las comunidades que ocupan el litoral costero del golfo se abastecen directamente y desarrollan la actividad pesquera como método de subsistencia.

16 Este es el caso de la producción de cal en Nobsa, que genera una contaminación grave del aire, lo cual termina afectando los cultivos y los ríos de los que se abastece la comunidad.

17 Este es el caso de los proyectos mineros en Jardín (Antioquia) que han sido rechazados por la comunidad que defiende sus métodos tradicionales de subsistencia, a saber, la agricultura y el turismo.

GRÁFICA 2.
TIPOS DE CONFLICTOS AMBIENTALES QUE GENERAN INSEGURIDAD ALIMENTARIA EN COLOMBIA

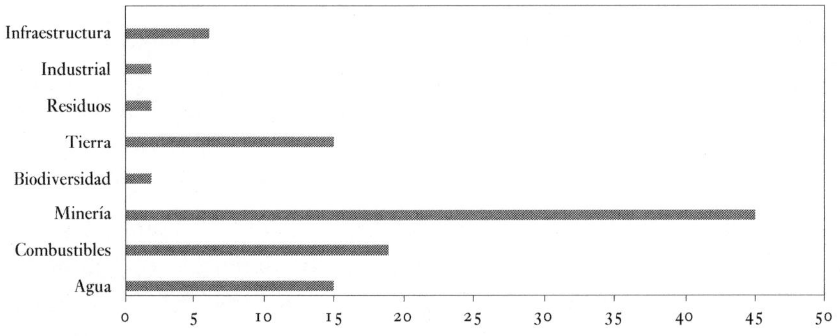

Fuente: elaboración propia.

GRÁFICA 3.
TIPO DE IMPACTO SOBRE LA SEGURIDAD ALIMENTARIA SEGÚN LA CAUSA DEL CONFLICTO

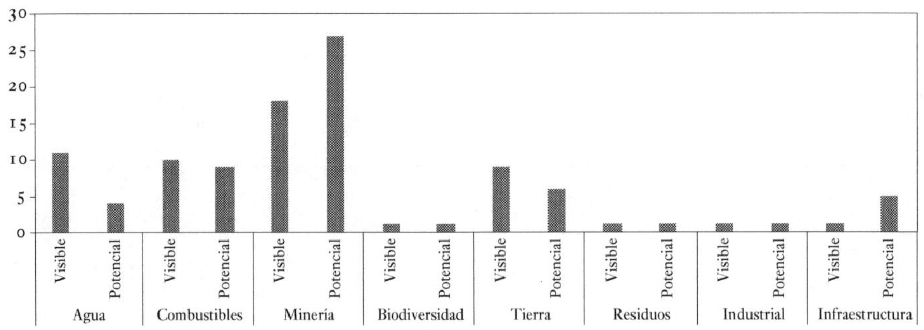

Fuente: elaboración propia.

De lo anterior podemos concluir que la mayoría de los conflictos ambientales en el país tienen impactos negativos sobre la seguridad alimentaria de las comunidades, lo que causa estados de inseguridad alimentaria. Asimismo, aunque hay una prevalencia de los impactos de carácter potencial, es preocupante que casi la mitad de los conflictos estén actualmente perjudicando el derecho a la alimentación de las comunidades, de los cuales, los que más impactan su seguridad alimentaria son aquellos que provienen de las actividades mineras, de la extracción de combustibles fósiles y de la producción energética, de la distribución de las tierras, y de la administración o contaminación de las fuentes hídricas.

Ahora pasaremos a revisar el estado de los conflictos ambientales en la jurisprudencia de la Corte Constitucional colombiana, y cómo la corporación ha desarrollado los conceptos de seguridad alimentaria y derecho a la alimentación, y resuelto algunos conflictos ambientales en los que hay estados de inseguridad alimentaria.

III. LA SEGURIDAD ALIMENTARIA EN LOS CONFLICTOS AMBIENTALES DE LA JURISPRUDENCIA DE LA CORTE CONSTITUCIONAL COLOMBIANA

A. ESTADO DE LOS CONFLICTOS AMBIENTALES QUE CAUSAN INSEGURIDAD ALIMENTARIA EN LA JURISPRUDENCIA DE LA CORTE CONSTITUCIONAL COLOMBIANA

Para el análisis de la jurisprudencia de la Corte Constitucional en torno a la inseguridad alimentaria se analizaron 44 sentencias de tutela proferidas entre 2000 y 2020 que contienen conflictos ambientales, generados principalmente por la contaminación o la inadecuada gestión de varios recursos naturales.

Los recursos naturales más contaminados son los cuerpos de agua y las fuentes hídricas, y el aire y la tierra, en ese orden. Así mismo, también se presentan casos de contaminación auditiva[18] y electromagnética[19].

En el marco de los conflictos ambientales la Corte ha asumido varias posturas con respecto al reconocimiento y la tutela del derecho a la seguridad alimentaria. En efecto, aunque en algunas sentencias ha reconocido y tutelado expresamente el derecho a la seguridad alimentaria, en otras si bien no los ha reconocido expresamente, los ha tutelado a partir de otros derechos fundamentales como el mínimo vital, el trabajo, la vida digna, y el medio ambiente sano.

---

18 Sentencias T-672 de 2014 y T-660 de 2015.

19 Sentencias T-1077 de 2012 y T-824 de 2007.

Por otra parte, en la mayoría de los casos fallados por la Corte, los accionantes y afectados son comunidades étnicas, de campesinos, o grupos de personas dedicadas a las economías tradicionales de subsistencia en zonas rurales del país.

Lo anterior supone una gran relevancia en nuestro estudio, pues Monsalve (2004) afirma que la mayoría de las vulneraciones a la seguridad alimentaria y al derecho a la alimentación en el mundo se dan en las zonas rurales, en los siguientes términos:

> [...] cerca del 80 % de las personas que han padecido hambre o desnutrición en todo el mundo vive en zonas rurales. Los pequeños y las pequeñas agricultoras en tierras marginales, las familias sin tierra y los jornaleros y jornaleras constituyen los grupos sociales más afectados por el hambre en el mundo entero (citado en Betancourt, 2005: 230).

En virtud de lo anterior, se procede a analizar la jurisprudencia de la Corte Constitucional en dos sentidos: en primer lugar, se analiza el reconocimiento y el alcance que le ha dado la jurisprudencia de la Corte a la seguridad alimentaria en nuestro ordenamiento jurídico, y en segundo lugar, se analizan las sentencias falladas por la Corte para determinar cómo abordó la corporación las afectaciones a la seguridad alimentaria de las comunidades étnicas, campesinas y de economía tradicional causadas por los conflictos ambientales.

B. RECONOCIMIENTO DE LA SEGURIDAD ALIMENTARIA EN LA JURISPRUDENCIA DE LA CORTE CONSTITUCIONAL

La Corte Constitucional ha reconocido el derecho a la seguridad alimentaria y su relación con el medio ambiente en diferentes oportunidades y desde varios puntos de vista.

En primer lugar, para la Corte Constitucional es claro que la seguridad alimentaria es un derecho, reconocido en la Constitución de 1991 a través de los artículos 44 y 43, así como su protección y su contenido obligacional a cargo del Estado está contenido en los artículos 64, 65, 66, 78 y 81 (Sent. T-325 de 2017).

De igual forma, la Corporación reconoce los conceptos de seguridad y soberanía alimentaria en varios instrumentos internacionales como el Pacto

Internacional de Derechos Sociales y Culturales y la Observación General n.º 12 del Comité PIDESC, incluyéndola dentro de los derechos contenidos en el bloque de constitucionalidad (Sent. T-325 de 2017).

De la misma manera, la Corte ha reconocido el carácter de fundamental del derecho a la seguridad alimentaria, y uno de los casos más emblemáticos en los que tuteló el derecho fundamental de la seguridad alimentaria de las comunidades étnicas fue en la Sentencia T-622 de 2016, relevante a su vez por concederle personería jurídica al río Atrato[20].

En la Sentencia T-302 de 2017 la Corte precisó el contenido obligacional de la seguridad alimentaria y del derecho a la alimentación decantado en varias obligaciones a cargo del Estado consistentes en los deberes de: i) adoptar las medidas necesarias para garantizar la satisfacción del contenido sustancial del derecho a la alimentación; ii) abstenerse de adelantar actuaciones que impidan el acceso libre y adecuado a la alimentación; iii) vigilar que los terceros no cercenen el disfrute del derecho a la alimentación, y iv) facilitar y garantizar el acceso a la alimentación a aquellas personas que sean incapaces de autoabastecerse.

La Corte también ha establecido algunos parámetros que deben guiar al Estado al diseñar políticas de seguridad alimentaria para las comunidades étnicas, campesinas y de economía tradicional, señalando que deben: i) contemplarse a nivel nacional y local; ii) respetar y fortalecer lo que llama la Corte "las tradiciones culturales alimenticias", las cuales son todas las prácticas tradicionales y los alimentos que acostumbran a consumir las comunidades de acuerdo con sus propias actividades de subsistencia, y iii) identificar las causas de la escasez de alimentos, para no caer en políticas asistencialistas, sino "en soluciones de largo plazo que aseguren a las comunidades la disponibilidad, la accesibilidad y la calidad alimentaria" (Sent. T-302 de 2017).

Asimismo, en las sentencias C-864 de 2006[21] y T-325 de 2017 señaló que se vulnera el deber de seguridad alimentaria reconocido en la Constitución Política, cuando

---

20 Otra sentencia en la que reconoce el carácter ius fundamental del derecho a la seguridad alimentaria es la T-325 de 2017.

21 En esta sentencia la Corte estudió la constitucionalidad de la Ley 1000 de 2005 sobre la celebración del Primer Protocolo Adicional Régimen de Solución de Controversias entre los Estados de Mercosur y los Estados de la Comunidad Andina.

> ... se desconoce el grado de garantía que debe tener toda la población, de poder disponer y tener acceso oportuno y permanente a los alimentos que cubran sus requerimientos nutricionales, tratando de reducir la dependencia externa y tomando en consideración la conservación y equilibrio del ecosistema para beneficio de las generaciones futuras.

De acuerdo con lo anterior, la Corte está en armonía con el concepto de seguridad alimentaria que han dado los organismos internacionales, pues pone de presente los elementos de adecuación, disponibilidad, estabilidad, accesibilidad y sostenibilidad explicados anteriormente, así como el enfoque diferencial para las comunidades en imposibilidad de acceder a sus alimentos.

Por otra parte, la Corte ha mencionado la soberanía alimentaria en diferentes oportunidades, una de ellas en la Sentencia C-644 de 2012 para valorar la constitucionalidad de la Ley 1450 de 2011 "Por la cual se expide el Plan Nacional de Desarrollo 2010-2014". La norma censurada permitía la venta de tierras originalmente baldías y facultaba su aporte a sociedades comerciales autorizando la posibilidad de consolidar una propiedad con áreas superiores a las fijadas para la Unidad Agrícola Familiar, pese a que ello está prohibido en el artículo 72 de la Ley 160 de 1994.

Entre los varios argumentos utilizados para declarar la inexequibilidad de las normas demandadas, la Corte acogió el concepto de soberanía alimentaria del Foro Mundial para la Soberanía Alimentaria que la consagra

> ... como el derecho de cada pueblo a definir sus propias políticas y estrategias sustentables de producción, distribución y consumo de los alimentos que garanticen una alimentación sana. Lo anterior, con base en la pequeña y mediana producción, respetando sus propias culturas y la diversidad de los medios campesinos, pesqueros, étnicos e indígenas de producción agropecuaria, comercialización y gestión de recursos (ONG/OSC, 2002).

Otra oportunidad en que la Corte hizo referencia a la soberanía alimentaria fue la Sentencia C-262 de 1996[22], en la cual estudió la constitucionalidad de la Ley 243 de 1995 "Por medio de la cual se aprueba el Convenio Internacional para la Protección de las Obtenciones Vegetales (UPOV)". En esa ocasión la Corte resaltó la importancia de las prácticas tradicionales de las comunidades étnicas en los siguientes términos:

---

22 Corte Constitucional. Sentencia C-262 de 1996, M. P.: Eduardo Cifuentes Muñoz.

> La importancia de estas prácticas autóctonas es de tal grado que se ha afirmado que las necesidades de un 80% de la población del mundo, así como el suministro de alimentos de cerca de la mitad de los habitantes de la Tierra, depende del conocimiento y plantaciones indígenas. Lo anterior ha determinado la necesidad de relacionar la noción de desarrollo sostenible con el reconocimiento y la importancia de la diversidad cultural especialmente en cuanto se refiere a las diversas formas de relación entre el hombre y la naturaleza. De este modo, se concluye que la protección de la biodiversidad depende, en gran medida, de la preservación de las prácticas tradicionales a través de las cuales una determinada cultura se relaciona con los recursos biológicos a los que accede[23].

En virtud de lo anterior se puede ver cómo la Corte ha reconocido la soberanía alimentaria, exaltando la relación entre las comunidades étnicas y los recursos naturales. Además, precisó la importancia de preservar dichas prácticas autóctonas en virtud de la relación de subsistencia entre las comunidades y los recursos a los cuales acceden, garantizando de la misma manera la protección del medio ambiente.

A continuación se hace un breve recuento de los conflictos en los cuales hubo una afectación a la seguridad alimentaria por la vulneración de los elementos de disponibilidad, acceso, adecuación, y sostenibilidad de los alimentos, y se resaltan dos momentos en la jurisprudencia de la Corte: en el primero se observa cómo la Corte no reconoció el derecho autónomo a la seguridad alimentaria, y por ende no lo tuteló de manera expresa, y en el segundo, se observa el reconocimiento de la seguridad alimentaria como derecho autónomo y como derecho fundamental, y consecuentemente, su tutela expresa.

C. ANÁLISIS DE ALGUNOS CONFLICTOS AMBIENTALES GENERADORES DE INSEGURIDAD ALIMENTARIA FALLADOS POR LA CORTE CONSTITUCIONAL

1. SENTENCIA T-574 DE 1996

En este caso los accionantes eran pescadores que entablaron una demanda contra Ecopetrol por la vulneración de sus derechos fundamentales a la

23 Ibíd., Sentencia C-137 de 1996, M. P.: Eduardo Cifuentes Muñoz.

libertad de oficio y a la ecología marítima, en virtud del derramamiento de crudo en los afluentes hídricos del sector La Playa, en Nariño, el cual ocurrió por la falta de mantenimiento de unas mangueras submarinas de propiedad de la empresa, e imposibilitó a los pescadores para desarrollar la pesca artesanal, actividad de la cual ellos y sus familias subsistían única y exclusivamente.

El derramamiento de crudo en la fuente hídrica no solo trajo consecuencias ambientales para los cuerpos hídricos y el entorno del municipio, sino que también puso en peligro la subsistencia de las comunidades étnicas que habitan en la zona, puesto que estas derivan su sustento del consumo y la comercialización de lo obtenido de las actividades pesqueras.

En esa sentencia, aunque hubo una afectación directa a la seguridad alimentaria de las comunidades que derivan su sustento de las actividades pesqueras, la Corte no tuteló expresamente el derecho a la seguridad alimentaria, sino que la protegió a partir del derecho de libertad de oficio de la comunidad.

En ese sentido, la Corte tuteló los derechos a la libertad de oficio y ordenó a Ecopetrol efectuar un monitoreo en el sector del vertimiento para superar la contaminación, exigiendo que dicho monitoreo fuera realizado por una "comisión interinstitucional" en la que estuvieran los representantes de los pescadores.

Consideramos desafortunado el resuelve de esta sentencia, puesto que no da una solución práctica y real a la comunidad, en la medida en que durante el tiempo de descontaminación del río el monitoreo no va a aliviar el hambre, la escasez de alimentos, y la pobreza que dejó la contaminación de la fuente hídrica en la comunidad.

A continuación se verá el desarrollo que le dio la Corte a la seguridad alimentaria como derecho fundamental.

2. SENTENCIA T-348 DE 2012

En este caso, una asociación de pescadores de Cartagena presentó una acción de tutela por la vulneración de los derechos al trabajo, a la vida digna, a la libre elección de profesión u oficio, a los derechos de los adultos mayores, a la participación, a la protección de la diversidad cultural, entre otros, contra varias entidades del Estado por la construcción del "Anillo Vial Malecón de Crespo", a partir del cual se les impidió seguir desarrollando la pesca artesanal en las playas que se ubican frente a la obra. En esa zona la comunidad realizaba actividades como comercializar los frutos del mar, llevar a cabo las reuniones de la asociación, y la utilizar el espacio para amarrar sus botes mientras pescaban, lo cual no pudieron seguir haciendo por la construcción.

Al revisar la tutela, la Corte encontró que se estaban vulnerando los derechos a la libertad de oficio, al trabajo, a la consulta previa y a la seguridad alimentaria. Sobre esto último, la Corte aludió a la especial importancia de proteger las economías tradicionales de subsistencia, en la medida en que son empleadas por grupos vulnerables que con su oficio artesanal garantizan su derecho a la alimentación y a su mínimo vital. Es decir que en la medida en que se proteja el oficio de las comunidades con economías tradicionales de subsistencia, se protege su seguridad alimentaria.

Con respecto a la seguridad y soberanía alimentaria, la Corte recalcó la importancia de esta última para proteger los métodos tradicionales y autóctonos de subsistencia. En ese sentido reconoció la soberanía alimentaria como "el respeto de la producción a pequeña escala de alimentos y la diversidad de su producción, en reconocimiento de los modelos campesinos tradicionales y artesanales"[24].

La Corte precisó que actualmente dichas prácticas tradicionales se ven amenazadas por i) el crecimiento y tecnificación de la industria de producción de alimentos, y ii) la exploración y explotación de recursos naturales para la realización de macroproyectos sin la participación de las comunidades.

En virtud de lo anterior, la Corte exaltó el deber a cargo del Estado de garantizar la soberanía alimentaria a través de la preservación de las formas de producción autóctona de alimentos de las comunidades, para que de esta manera se proteja i) su seguridad alimentaria, y ii) la identidad cultural que las comunidades étnicas han construido a partir de ellas.

En este caso precisó que a estas comunidades de economía tradicional se les debe garantizar su derecho a la participación, toda vez que se trata de la realización de grandes proyectos de infraestructura que conllevan una afectación directa al ambiente en que habitan las comunidades que derivan su subsistencia directamente de los ecosistemas y recursos naturales.

La Corte introdujo un elemento interesante para proteger el oficio y la seguridad alimentaria de los pescadores, el *espacio vital*, constituido por

---

24 Ibíd., Sentencia T-348 de 2012, M. P.: Jorge Ignacio Pretelt Chaljub.

el mar, y mediante el cual garantizan la seguridad alimentaria y el mínimo vital para su comunidad. Se entendió que son espacios vitales aquellos que contienen los recursos naturales y los ecosistemas de los que dependen las comunidades para asegurar su alimentación y bienestar, así como para expresar su identidad cultural y sus valores espirituales (Declaración de Bangkok, 2008).

En este caso, y en virtud de lo anterior, la Corte ordenó i) realizar las reuniones que sean necesarias para garantizar el derecho a la participación de la Asociación de Pescadores; ii) diseñar en conjunto con la comunidad las medidas de compensación necesarias, de acuerdo con las características del ejercicio de la pesca artesanal como actividad de sustento (en la parte motiva la Corte precisó que dichas medidas no deben ser necesariamente económicas), y iii) que, en el futuro, en aquellas obras que afecten o puedan presentar una afectación a las zonas marítimas o playas en las que las comunidades dependen de la actividad pesquera, se garanticen espacios de concertación en los que se acuerden medidas de compensación y no una mera información y socialización.

En la presente sentencia es posible observar cómo la Corte brindó soluciones con efectos prácticos para las comunidades afectadas al ordenar su compensación por el daño sufrido por la vulneración de sus derechos al trabajo y a la seguridad alimentaria. Si bien dicha compensación quedó supeditada a que se den los espacios de concertación y se diseñen las medidas adecuadas, supone una garantía diferente de la mera declaratoria de derechos vulnerados a la que se ha limitado la Corte en otros casos.

Con respecto a la soberanía alimentaria, en este caso la Corte confirmó lo señalado en la Sentencia C-644 de 2012, y resaltó la importancia de este concepto en las comunidades étnicas, dirigida a conservar aquellas prácticas tradicionales de producción alimentaria, las cuales tienen varias implicaciones positivas para sus derechos fundamentales: en primer lugar, le garantizan a la población rural el acceso oportuno y permanente a los recursos que ofrece el ambiente donde se encuentran, del cual obtienen los alimentos que cubren sus requerimientos nutricionales; en segundo lugar, protegen los recursos naturales y la biodiversidad de sus territorios a través de actividades de bajo impacto que fomentan la conservación y el equilibrio del ecosistema para beneficio propio y de las generaciones futuras, y en tercer lugar, conservan la identidad cultural de las comunidades construida a partir de sus métodos autóctonos de subsistencia.

3. SENTENCIA T-622 DE 2016

En este caso, ampliamente conocido por la doctrina jurídico ambiental colombiana, los accionantes son las comunidades étnicas que viven y se abastecen del río Atrato. La contaminación del recurso hídrico, debida a las actividades de minería ilegal e irregular, y a la deforestación a gran escala que se practican a lo largo de su cuenca, provocó un estado de inseguridad alimentaria, en el sentido de que el consumo directo del líquido contaminado era causa de múltiples enfermedades en los miembros de la comunidad y hasta murieron por intoxicación niños, niñas y mujeres.

En cuanto a la seguridad alimentaria, la Corte reiteró toda la jurisprudencia mencionada, y estableció el nexo de causalidad entre el daño ambiental y la inseguridad alimentaria que presentan las comunidades.

En ese sentido consideró que:

> ... las actividades de minería ilegal en tanto contaminan y amenazan gravemente las fuentes hídricas y los bosques, vulneran directamente la disponibilidad, acceso y sostenibilidad de los alimentos y las formas tradicionales de producción de alimentos de las comunidades étnicas de la cuenca del río Atrato lo que implica una afectación de todos los componentes del derecho a la alimentación y las distintas etapas del proceso alimentario.

Por otra parte, la Corte también estableció la relación entre el daño ambiental y la soberanía alimentaria, pues sostuvo que

> ... las actividades mineras ilegales han desplazado por completo las formas tradicionales de producción de alimentos de las comunidades étnicas y en su lugar, han impuesto un modelo de vida y de desarrollo que no es compatible con las prácticas ancestrales y que está afectando gravemente el tejido social y las costumbres de las mismas.

De igual forma, la Corte Constitucional (2016) armonizó los conceptos de medio ambiente y seguridad alimentaria bajo los parámetros del desarrollo sostenible en los siguientes términos:

> El derecho al ambiente sano, los derechos bioculturales y el desarrollo sostenible están atados al reconocimiento y a la protección especial de los derechos de las comunidades agrícolas, sean indígenas, étnicas o campesinas, a trabajar y subsistir de los recursos que les ofrece el entorno donde se encuentran, y sobre el que

> garantizan su derecho a la alimentación. Las prácticas y actividades que desarrollan tradicionalmente hacen parte de su desarrollo de vida y, de alguna manera, esa relación entre el oficio, las tradiciones y el espacio en el que lo desarrollan y subsisten, los constituyen como comunidades con una misma identidad cultural.

Una de las órdenes que se impartieron en dicha sentencia fue diseñar e implementar un plan de acción integral que permita

> ... recuperar las formas tradicionales de subsistencia y alimentación [...] que aseguren mínimos de seguridad alimentaria en la zona, que han dejado de realizarse por la contaminación de las aguas del río Atrato y por el desarrollo intensivo de la actividad minera ilegal.

Vemos cómo en esta sentencia la Corte relacionó los daños ambientales con el estado de inseguridad alimentaria de las comunidades que se abastecen directamente del río, desarrolló los conceptos de soberanía y seguridad alimentaria, y le dio al último de ellos el carácter de derecho fundamental.

En este caso la Corte tuteló los derechos fundamentales a la vida, la salud, el agua, la seguridad alimentaria, el medio ambiente sano, la cultura y el territorio, e impartió una serie de órdenes para remediar el daño ambiental.

Por otra parte, como es conocido, en esa sentencia la Corte reconoció al río Atrato como sujeto de derechos, y tuteló los derechos de protección, conservación, mantenimiento y restauración del río a cargo del Estado y de las comunidades étnicas. Nos podríamos preguntar si a la luz de dicha declaratoria resulta contradictorio tutelar, por un lado, la seguridad alimentaria de las comunidades derivada de las actividades económicas de subsistencia desarrolladas en el río, y por otro, reconocer al río como sujeto de derechos, en virtud del énfasis que la Corte hizo para adoptar una visión ecocéntrica de la naturaleza[25]. Sin embargo, al analizar la sentencia, coincidimos con Guzmán y Ubajoa (2020) quienes afirman que los argumentos de la Corte para reconocerle personalidad jurídica al río Atrato tienen fuerte influencia del antropocentrismo, pues se tutela la protección del río con base en los derechos y la subsistencia de las actuales comunidades que se abastecen de

---

25 Para la Corte, la visión ecocéntrica implica que la importancia que se le da a la naturaleza no deriva de la utilidad que suponen los recursos naturales para el ser humano, sino de la protección que la naturaleza merece en sí misma (Sent. T-622 de 2016).

este, así como de las futuras generaciones[26]. En ese sentido, la protección del medio ambiente se armoniza con la seguridad alimentaria de las comunidades que subsisten directamente de los recursos naturales.

Lo anterior lo confirma la Sentencia T-606 de 2015, de la cual la Corte no se apartó para fallar el caso del río Atrato. En este caso, las autoridades ambientales le prohibieron a una comunidad de pescadores artesanales ejercer su actividad en una playa del Parque Nacional Tayrona y ordenaron decomisar sus redes por razones de protección ambiental. Los accionantes alegaron la vulneración de sus derechos fundamentales al trabajo, la soberanía alimentaria, la participación, el mínimo vital y la dignidad humana, al no implementar medidas de compensación que mitigaran los perjuicios causados por la prohibición.

En este caso la Corte tuteló el derecho a la seguridad alimentaria de estas comunidades, y para hacerlo destacó la importancia de conservar los ecosistemas y la actividad de pesca tradicional como medio de producción que genera bajo impacto en el ambiente, y que permite el sostenimiento de decenas de grupos sociales vulnerables, y para ello usó los conceptos de desarrollo sostenible y de espacio vital mencionados en los siguientes términos:

> [...] (i) el desarrollo sostenible es un proceso que exige proteger los ecosistemas en los cuales las comunidades pesqueras ejercen su actividad, en especial cuando de la intervención estatal o particular puedan afectarse las prácticas tradicionales de subsistencia. Así, en caso de intervenciones en su medio de trabajo debe garantizarse la "sostenibilidad social", en el sentido de elevar el control que la gente tiene sobre sus vidas y mantener la identidad y cultura de cada comunidad; (ii) es una obligación del Estado proteger el "espacio vital", como una ubicación laboral, en donde la comunidad pesquera ejerce su oficio tradicional; y (iii) existe el deber de las autoridades de fomentar y proteger especialmente la actividad pesquera, acorde con el artículo 65 de la Constitución Política.

---

26 Respecto de la sentencia que declaró a la naturaleza como sujeto de derechos, Ubajoa Osso (2018) asegura que aunque la Corte afirma que para proteger la naturaleza es indispensable acoger la posición ecocéntrica, los argumentos usados para otorgar personería jurídica a la naturaleza tienen rasgos antropocéntricos debido a que lo que termina defendiendo es la protección del medio ambiente para garantizar el futuro de la vida humana. De igual forma, Guzmán y Ubajoa (2020) afirman que otorgarle personalidad jurídica a la naturaleza no supone una mayor protección, puesto que en Colombia no hacen falta figuras y categorías proteccionistas, sino su auténtico cumplimiento.

Como vemos, la Corte tuteló la soberanía alimentaria de las comunidades mediante la protección del oficio y la actividad pesquera.

En ese sentido, la Corte mantiene una visión con rasgos antropocéntricos pues, en primer lugar, considera que los ecosistemas marinos deben ser protegidos en la medida en que los recursos obtenidos de la actividad pesquera son el medio de sustento directo de comunidades vulnerables, y en segundo lugar, que la explotación irracional y desmedida de los recursos puede llevar a que amplios sectores de la población resulten perjudicados y se genere un alto costo ambiental y social que redunde en un deterioro de la calidad de vida de los grupos sociales más vulnerables.

Con base en lo anterior, creemos que la Corte armoniza la protección del medio ambiente y el derecho de las comunidades a garantizar su seguridad alimentaria a través de los recursos naturales que les ofrece directamente la naturaleza, teniendo en cuenta que la protección que merece el medio ambiente es fundamental para asegurar la subsistencia de las generaciones presentes y futuras.

4. SENTENCIA T-325 DE 2017

En este caso los accionantes son los miembros de una comunidad dedicada a la pesca artesanal en la región Salinas del Municipio de Rionegro, en Santander, conformada por 67 familias, integradas en su mayoría por niños y adultos mayores, que derivan su subsistencia de la pesca artesanal en los ríos del Magdalena Medio, pero que se vio enfrentada a la imposibilidad de acceder a riachuelos, ciénagas y, en general, a afluentes para desempeñar su actividad, en virtud de la manipulación ejercida por algunos propietarios de latifundios en la zona.

Las acciones adelantadas por los particulares consistían en: i) desviar el cauce natural de los ríos, dejando extensas zonas secas para ampliar los terrenos mediante el traslado de cercas; ii) desecar, mediante el uso de maquinaria especializada, las pequeñas fuentes hídricas dejadas por el paso de los ríos, con el propósito de ampliar las fronteras de sus propiedades y cultivar dichas zonas, y iii) construir murallas o jarillones y cercar con alambre eléctrico las orillas del río para "evitar inundaciones". Todas estas acciones impidieron a los pescadores de la zona continuar accediendo a las fuentes hídricas para realizar sus actividades de pesca y abastecimiento de agua, las cuales ejercían habitualmente para su subsistencia y la de sus familias.

En este caso la Corte hizo especial alusión a la Constitución Ecológica, el derecho fundamental al agua, y el derecho fundamental a la seguridad alimentaria de la cual señala que es "el derecho al reconocimiento y a la protección especial de los derechos de las comunidades agrícolas a trabajar y subsistir de los recursos que les ofrece el ambiente donde se encuentran, y sobre el que garantizan su derecho a la alimentación"[27].

En ese sentido, la Corte reconoció la relación de los grupos minoritarios con los recursos naturales de los cuales derivan su subsistencia. Así mismo, definió la soberanía alimentaria como el derecho de las comunidades étnicas y campesinas a conservar sus prácticas tradicionales de autoabastecimiento con el fin de garantizar la conservación de su cultura y subsistencia. De la misma manera, hizo énfasis en la sostenibilidad ambiental que suponen los métodos de producción de alimentos a través de prácticas artesanales con bajo impacto ambiental.

La Corte concluyó que los grupos minoritarios gozan de una protección especial en cuanto a la producción y obtención de alimentos, no solamente por su supervivencia, sino también por la relación entre ellos y los recursos naturales pues, según la Corte, a través de esta relación las comunidades cumplen con el deber constitucional de resguardar y preservar la diversidad cultural y biológica de la Nación.

La Corte precisó que en virtud de esa especial protección constitucional a estas comunidades se les permite participar y concertar las decisiones y medidas que impliquen una afectación al medio en el que habitan.

De acuerdo con ello, la Corte tuteló los derechos vulnerados, al constatar la manipulación de los cuerpos de agua que componen el sistema de humedales del Magdalena Medio por los particulares que se niegan a aceptar las características geográficas propias de esta cuenca aluvial, o que simplemente no están interesados en su conservación, degradando no solo el ambiente, sino afectando también a la población que habita la zona, que antes completaba su dieta de subsistencia con el consumo de la pesca que le brindaba el río y ejercía su derecho al trabajo mediante la venta de los recursos de dicha fuente hídrica.

Como solución la Corte impartió una serie de órdenes tendientes a: i) identificar a los actores del daño ambiental; ii) identificar el daño ambiental

---

27 Acogiendo lo dispuesto en la Sentencia T-325 de 2017.

y social causado; iii) realizar de estudios técnicos especializados para determinar la necesidad de los muros de contención para evitar inundaciones; iv) determinar las posibles medidas de reversión del daño ambiental, y v) adelantar procesos de concertación en que participen todos los afectados (dueños de fincas y comunidad afectada), a fin de tomar medidas con el menor impacto ambiental posible.

Desafortunadamente, aunque la sentencia solventa el problema jurídico, no ofrece soluciones específicas para resolver el conflicto ambiental, toda vez que solo imparte órdenes para adelantar trámites administrativos de investigación y no de cesación del daño ambiental. Asimismo, las órdenes impartidas carecen de garantías para que la comunidad pueda desarrollar la pesca mientras se adelantan todas las actuaciones administrativas. Aunque la Corte ordena evaluar la necesidad de los jarillones para que, en caso de que sean necesarios, se creen políticas que protejan los derechos de los finqueros y la comunidad, no se pronuncia en relación con la posibilidad de que no sean necesarios, caso en lo cual hubiera sido lógico que ordenara su destrucción.

5. SENTENCIA T-302 DE 2017

La Sentencia T-302 de 2017, que declaró el estado de cosas inconstitucional en relación con el goce efectivo de los derechos fundamentales a la alimentación, a la salud, al agua potable y a la participación de los niños y niñas del pueblo wayú, y que tuteló sus derechos fundamentales a la salud, al agua potable, a la alimentación y a la seguridad alimentaria trae una reiteración de jurisprudencia referida a la seguridad alimentaria.

Consideramos que esta, al igual que la mayoría de las sentencias de la Corte Constitucional examinadas, brindan soluciones de índole administrativa, investigativa y procedimental, consistentes en elaborar planes, estudios, proyectos, acuerdos, concertaciones, que al final no se traducen en una cesación efectiva del daño ambiental su reparación integral. La muestra es que hoy en día, al igual que pasa con la comunidad del río Atrato, los derechos tutelados de los niños, niñas e infancia del pueblo wayú siguen siendo vulnerados, a pesar de las múltiples órdenes y las novedosas figuras jurídicas utilizadas. Por eso consideramos que, en estos casos, la Corte Constitucional debería dirigirse no solamente a solucionar los problemas jurídicos, sino a dar soluciones que se traduzcan en un bienestar material de las víctimas del daño ambiental.

En conclusión, podemos decir que la jurisprudencia de la Corte Constitucional se ha caracterizado por tutelar los derechos fundamentales a la alimentación y la seguridad alimentaria desde la protección del oficio, de la participación y de la soberanía alimentaria de los grupos étnicos, los campesinos, o los grupos vulnerables que derivan su subsistencia de los recursos naturales. No obstante, las órdenes que imparte la Corte para dar solución a los conflictos ambientales que conoce no se materializan en soluciones inmediatas para las comunidades, sino que se limitan a ordenar que las autoridades pertinentes realicen procesos administrativos que pueden demorar el goce de los derechos fundamentales de los grupos afectados por el daño ambiental.

CONCLUSIONES

La alimentación y la seguridad alimentaria son derechos fundamentales en nuestro ordenamiento jurídico, consistentes en la garantía que gozan todas las personas, por el hecho de serlo, de acceder permanentemente a una alimentación adecuada y sostenible a través de las medidas implementadas por los Estados, y que privilegien a las comunidades y poblaciones que se encuentren en imposibilidad de acceder a los alimentos.

En el país los conflictos ambientales son una causa de la inseguridad alimentaria que padecen principalmente las comunidades étnicas, campesinas y de economía tradicional, por cuanto el daño ambiental las priva de acceder a los recursos naturales de los que derivan directamente su subsistencia. De igual manera, la implementación de proyectos de minería, infraestructura y gestión de recursos hídricos sin la participación de las comunidades, además de poner en riesgo su seguridad alimentaria, vulnera su soberanía alimentaria por cuanto las obliga a cambiar sus formas de tradicionales de alimentación. En ese sentido, la participación de estas comunidades en las decisiones relacionadas con sus territorios es clave para garantizar su soberanía alimentaria, entendida como la facultad que tienen de preservar su identidad cultural a través de la autodeterminación y ejecución de sus métodos autóctonos y tradicionales de alimentación.

La jurisprudencia de la Corte Constitucional ha reconocido y tutelado el derecho a la seguridad alimentaria de las comunidades étnicas, campesinas y de economía tradicional, armonizando la protección del medio ambiente con el uso que le dan a los recursos naturales para abastecerse. No obstante, la

Corte Constitucional se ha limitado a reconocer la vulneración del derecho a la seguridad alimentaria e impartir una serie de órdenes administrativas que no suponen una cesación del daño ambiental ni una reparación integral para las comunidades. Los fallos abstractos de las sentencias impiden una protección práctica y efectiva de los derechos a la seguridad alimentaria y al medio ambiente sano de estas comunidades.

Aunque en el ordenamiento jurídico colombiano se reconoce y se exalta el derecho fundamental a la seguridad alimentaria para protegerlo en caso de conflictos ambientales, es necesario imponer medidas prácticas, efectivas y reales de cesación y mitigación del daño ambiental, pues este último es el que les impide a las comunidades vulnerables acceder a los recursos de los cuales derivan su subsistencia. Ejemplos de estas medidas pueden ser: garantizar la participación de las comunidades afectadas por el daño ambiental, establecer la vinculatoriedad de sus decisiones, ejecutar obras de descontaminación y recuperación de los ecosistemas de manera inmediata y paralela a los procedimientos administrativos ordenados, y que el Estado establezca medidas de compensación económica de forma que propicie para las comunidades afectadas el acceso a una alimentación adecuada hasta que puedan volver a desarrollar sus actividades económicas de subsistencia. De igual forma, es fundamental recuperar y proteger los ecosistemas de los territorios de los cuales las comunidades étnicas, campesinas y de economía tradicional se abastecen a fin de garantizar el derecho a la seguridad alimentaria de sus futuras generaciones.

BIBLIOGRAFÍA

Alfonso, M. y Alfonso, R.. *Alimentación para las metrópolis colombianas: fragilidad territorial, vulnerabilidad a las anomalías del clima y circulación de agroalimentos*, Bogotá, Universidad Externado de Colombia, 2016.

Atlas de Justicia Ambiental, Instituto de Ciencia y Tecnología Ambiental (icta) de la Universitat Autónoma de Barcelona, s.f., disponible en [https://ejatlas.org/].

Betancourt, G. "Condiciones para el desarrollo del derecho a la alimentación como derecho fundamental", *Derecho y Realidad*. 26 (13), 2015, disponible en [https://doi.org/10.19053/16923936.v13.n26.2015.7846].

Cadavid, R. y S. Molina. "La política pública de seguridad alimentaria y su articulación con las políticas de regularización de asentamientos humanos de desarrollo incompleto en el barrio Moravia de la ciudad de Medellín", en S. Molina y Y. Restrepo. *Derecho a la alimentación: aproximaciones teóricas y prácticas para su debate*, Medellín, Universidad de Medellín, 2014.

Camacho, J.; J. Morales y F. Rodríguez. *Concentración, acaparamiento de tierras, desarrollo rural y derecho a la alimentación*, Bogotá, Universidad Externado de Colombia, 2017.

Collart, D. "Las inversiones internacionales en la tierra productiva. ¿Acaparamiento de la tierra o inversión en la agricultura?, En F. Riem, D. Collart, V. Pironon, S. Turbeaux y E. Sarmiento. *Estudios jurídicos sobre aprovechamiento sustentable de los recursos naturales*, Barranquilla, Universidad del Norte, 2019.

Consejo Nacional de Política Económica Social, Departamento Nacional de Planeación. Conpes 113 de 2008. "Política Nacional de Seguridad Alimentaria y Nutricional (psan), 2008, disponible en [https://www.minsalud.gov.co/Documentos%20y%20Publicaciones/pol%C3%8dtica%20nacional%20de%20seguridad%20alimentaria%20y%20nutricional.pdf].

"Declaración de Roma sobre la Seguridad Alimentaria Mundial", *Cumbre Mundial Sobre la Alimentación*, 13 a 17 de noviembre, Roma, Declaración de Roma, 1996, disponible en [http://www.fao.org/3/w3613s/w3613s00.htm].

"Declaración del Milenio", Asamblea General de las Naciones Unidas, A/res/55/2, 13 de septiembre de 2000, disponible en [https://www.un.org/spanish/milenio/ares552.pdf].

El Espectador. "En Colombia, 2,4 millones de personas padecen hambre: onu", 15 de julio de 2019, disponible en [https://www.elespectador.com/noticias/economia/en-colombia-24-millones-de-personas-padecen-hambre-onu/].

fao. "Concepto de seguridad alimentaria desde la Cumbre Mundial por la Alimentación", Guía Práctica "Seguridad alimentaria: información para la toma de decisiones", 1996, disponible en [http://www.fao.org/3/al936s/al936s00.pdf].

fao. "El derecho a la alimentación en el marco internacional de los derechos humanos y las constituciones", Cuaderno de Trabajo sobre el Derecho a la Alimentación, 2013a, disponible en [http://www.fao.org/3/a-i3448s.pdf].

fao. "Quién es quién en el derecho a la alimentación", Cuaderno de Trabajo sobre el Derecho a la Alimentación, 2013b, disponible en [http://www.fao.org/3/a-i3456s.pdf].

Guzmán, J. y O. Ubajoa. "Ideas en torno a la supuesta personalidad jurídica de la naturaleza", 2020, disponible en [https://medioambiente.uexternado.edu.co/algunas-consideraciones-respecto-a-unos-de-los-argumentos-a-favor-de-la-supuesta-personalidad-juridica-de-la-naturaleza-en-general-y-de-los-elementos-de-esta-en-particular/].

Instituto de Nutrición de Centroamérica y Panamá (incap). "Seguridad alimentaria y nutricional", 1999, disponible en [http://www.incap.int/sisvan/index.php/es/acerca-de-san/conceptos/marco-referencial-de-la-san].

La Vía Campesina. "¿Qué es la soberanía alimentaria?" , 2003, disponible en [https://viacampesina.org/es/que-es-la-soberania-alimentaria/].

Monsalve, S. *Derecho a la tierra y derechos humanos. El otro derecho. Derecho a la tierra Conceptos, experiencias y desafíos*, Bogotá, Instituto Latinoamericano de Servicios Sociales Alternativos (ilsa) y Ediciones Antropos, 2004.

obsan-UN. "5 años de trayectoria. Reflexiones", Observatorio de Seguridad Alimentaria y Nutricional en Colombia, 2010.

ong/osc. Foro para la Soberanía Alimentaria, Roma, 2002, disponible en [https://nyeleni.org/spip.php?article178].

Organización de las Naciones Unidas (onu). "Objetivos de desarrollo sostenible. Hambre Cero: por qué es importante", 2016, disponible en [https://www.un.org/sustainabledevelopment/es/wp-content/uploads/sites/3/2016/10/2_Spanish_Why_it_Matters.pdf].

Parrado-Barbosa, Á y J. P. Molina. "Mercados campesinos: modelo de acceso a mercados y seguridad alimentaria en la región central de Colombia", Proyecto de Investigación, Universidad Nacional de Colombia, oxfam, Comité de Interlocución Campesino y Comunal (cicc), Instituto Latinoamericano para una Sociedad y un Derecho Alternativos (ilsa), Alianza Campesina y Comunal, 2014.

Programa Especial para la Seguridad Alimentaria en Centroamérica (pesa), "Seguridad alimentaria nutricional", Proyecto Food Facility Honduras, 2011, disponible en [http://www.fao.org/3/a-at772s.pdf].

Restrepo. Y. "El derecho alimentario como derecho constitucional. Una pregunta por el concepto y estructura del derecho constitucional alimentario", *Opinión Jurídica*, vol. 8, n.º 16, 2009, disponible en [http://www.scielo.org.co/pdf/ojum/v8n16/v8n16a07.pdf].

Rueda, I. *Caracterización de la situación alimentaria y nutricional de las familias campesinas de la región central de Colombia (estudios de caso)*, tesis, Bogotá, Universidad Nacional de Colombia, 2012.

Schuter. "Informe del Relator Especial sobre el derecho a la alimentación, Sr. Olivier de Schutter", Consejo de Derechos Humanos, 2011, disponible en [https://www.ohchr.org/Documents/Issues/Food/A.hrc.19.59.Add.5_SP.pdf].

Ubajoa, O. "Breve reflexión en torno al reconocimiento de la naturaleza y de sus elementos como sujetos de derechos", 2018, disponible en [https://medioambiente.uexternado.edu.co/breve-reflexion-en-torno-al-reconocimiento-de-la-naturaleza-y-de-sus-elementos-como-sujetos-de-derechos/].

Vivero Pol. "Los alimentos como un bien común y la soberanía alimentaria: una posible narrativa para un sistema alimentario más justo", en X. Erazo, R. Méndez, L. Monterroso y C. Siu. *Seguridad alimentaria, derecho a la alimentación y políticas públicas contra el hambre en América Central*, Santiago de Chile, lom, 2014.

JURISPRUDENCIA

CORTE ONSTITUCIONAL

Sentencia C-262 de 1996, M. P.: Eduardo Cifuentes Muñoz.

Sentencia T-574 de 1996, M. P.: Alejandro Martínez Caballero.

Sentencia C-864 de 2006, M. P.: Rodrigo Escobar Gil.

Sentencia C-644 de 2012, M. P.: Adriana María Guillen Arango.

Sentencia T-348 de 2012, M. P.: Jorge Ignacio Pretelt Chaljub.

Sentencia T-256 de 2015, M. P.: Martha Victoria Sáchica Méndez.

Sentencia T-606 de 2015, M. P.: Jorge Iván Palacio Palacio.

Sentencia T-445 de 2016, M. P.: Jorge Iván Palacio Palacio.

Sentencia T-730 de 2016, M. P.: Gabriel Eduardo Mendoza Martelo.

Sentencia T-622 de 2016, M. P.: Jorge Iván Palacio Palacio.

Sentencia T-325 de 2017, M. P.: Aquiles Arrieta Gómez.

Sentencia T-302 de 2017, M. P.: Aquiles Arrieta Gómez.

Sentencia T-080 de 2017, M. P.: Jorge Iván Palacio Palacio.

Luis Guillermo Acero Gallego. Abogado y especialista en Derecho Procesal Civil de la Universidad Externado de Colombia; máster en Razonamiento Probatorio de la Universidad de Girona y la Università degli Studi di Genova; candidato a magíster de la Universidad Nacional de Colombia; profesor titular de la Universidad Externado de Colombia; miembro de los institutos Colombiano e Iberoamericano de Derecho Procesal, y Colombiano de Responsabilidad Civil y del Estado; abogado litigante y consultor; autor de varios libros, artículos y capítulos de libros colectivos sobre diversos temas procesales y probatorios; miembro de la lista A de árbitros de la Cámara de Comercio de Bogotá. Correo electrónico: luis.acero@uexternado.edu.co.

Ángela María Amaya Arias. Abogada de la Universidad Externado de Colombia, máster en Especialización e Investigación en Derecho con énfasis en Derecho de Aguas, Medio Ambiente y Recursos Naturales, y doctora en Derecho de la Universidad de Zaragoza (España). Su tesis doctoral, titulada "El Principio de No Regresión en el Derecho Ambiental", obtuvo la calificación sobresaliente *cum laude* del jurado, y fue ganadora del Premio Josep Miquel Prats Canut a la Mejor Tesis Doctoral en derecho ambiental 2015 otorgado por el Centre D'Estudis de Dret Ambiental de Tarragona (CEDAT) de la Universitat Rovira i Virgili y la Diputació de Barcelona. Fue becaria de la Fundación Carolina y de la Universidad Externado de Colombia para el adelanto de sus estudios de maestría y doctorado. Autora de diferentes artículos sobre temas de Derecho del Medio Ambiente. Actualmente es docente investigadora del Departamento de Derecho del Medio Ambiente de la Universidad Externado de Colombia, consultora independiente y miembro de la Environmental Peacebuilding Association y de la Comisión Mundial de derecho ambiental (WCEL) de la UICN. Correo electrónico: angela.amaya@uexternado.edu.co.

Óscar Darío Amaya Navas. Abogado, doctor en Derecho de las universidades Externado de Colombia, Pontificia Universidad Javeriana y del Rosario, con estudios posdoctorales en la Universidad de Zaragoza, España; docente investigador del Departamento de Derecho del Medio Ambiente de la Universidad Externado de Colombia. Correo: oscard_amaya@hotmail.com

Constanza Bejarano Ramos. Abogada de la Universidad de los Andes, especialista en derecho ambiental de la Universidad del Rosario; magíster en Derecho con énfasis en Derecho de los Recursos Naturales de la Universidad Externado de Colombia y candidata a Doctor de la Universidad de Zaragoza, España. Investigadora del Departamento de Derecho del Medio Ambiente de la Universidad Externado de Colombia. Actualmente se desempeña como asesora de la Sala de Consulta y Servicio Civil del Consejo de Estado. Correo electrónico: bejaranoconstanza@hotmail.com.

Lorena Elizabeth Cabrera Izquierdo. Doctora en Derecho Penal y Procesal Penal y diplomada de Estudios Avanzados en Suficiencia Investigadora por la Universidad de Sevilla (España); experta universitaria en Justicia de Menores; Juez de la República en el Municipio de Cali, y Personera delegada en lo Penal en la ciudad de Pasto. Actualmente es docente investigadora de la Universidad del Atlántico en las áreas de Derecho Penal, Criminología y Penología. Correo electrónico: lorenacabrera@mail.uniatlantico.edu.co.

Álvaro Hernando Cardona González. Abogado magíster en Derecho de los Recursos Naturales, especializado en Derecho Minero Energético, diplomado en Conciliación y Docencia Universitaria. Se ha desempeñado como Secretario de Fomento Agropecuario y Minero del Huila, Director Seccional de Cormagdalena, Subcontralor del Huila, Director de Justicia y Secretario de Gobierno de Neiva, Superintendente de Puertos y Transporte de Colombia, Procurador Regional de Boyacá y La Guajira, y Director Ejecutivo de la Cámara Sectorial del Transporte de la andi. Fue miembro del Comité Jurídico del sina, de la Comisión Interamericana de Puertos de la oea y del Consejo Directivo del icontec. Coautor de veintiséis libros sobre Derecho del Ambiente, dos sobre Derecho de Tierras, todos publicados por la Universidad Externado de Colombia, y columnista del *Diario del Huila* desde 1999. Actualmente es docente y miembro del Grupo de Investigación del Departamento de Derecho Ambiental de la Universidad Externado de Colombia y Procurador Agrario y Ambiental de Boyacá. Correo electrónico: alvarohcardona@hotmail.com.

Eduardo del Valle Mora. Abogado e Historiador graduado con honores de ambas carreras de la Pontificia Universidad Javeriana; especialista en Derecho Administrativo y Derecho Ambiental de la Universidad del Rosario, con título de LLM de la Universidad de McGill (Montreal, Canadá). Fue becario Colfuturo y becario de la Universidad de McGill, y obtuvo la Orden al Mérito Académico Javeriano. Ha sido catedrático de la Pontificia Universidad Javeriana, de la Universidad Externado de Colombia, de la Universidad del Rosario y de la Universidad Jorge Tadeo Lozano. Es miembro del Consejo Directivo del Instituto Colombiano de Derecho Ambiental y Desarrollo Sostenible. Investigador del Departamento de Derecho del Medio Ambiente de la Universidad Externado de Colombia. Autor de libros y artículos a nivel nacional e internacional sobre derecho ambiental, derecho minero y derecho de los recursos naturales. Correo electrónico: edelvalle@delvallemora.com.

CLAUDIA GAFNER-ROJAS. Abogada especialista en Derecho Ambiental Internacional y Colombiano, Derechos Humanos y Derechos de los Pueblos Indígenas. Recibió el título de máster en Estudios Internacionales por la Universidad de Barcelona (1996), el de doctor en Derecho Internacional por la Universidad de St. Gallen (2012). Es abogada colegiada y ejerciente en Colombia, España y Suiza. Ha sido docente en las universidades de Barcelona, St. Gallen (Suiza), Rovira i Virgili de Tarragona. Desde 1998 es profesora e investigadora del Departamento de Derecho del Medio Ambiente de la Universidad Externado de Colombia, al tiempo que ejerce como abogada independiente en Suiza. Ha tenido experiencia como consultora externa de bufetes internacionales para asuntos ante el Tribunal Internacional de Justicia en conflictos de temática ambiental y ha llevado a cabo múltiples publicaciones en las materias de su especialidad. Correo electrónico: c.gafner-rojas@aequolex.com.

WILLIAM IVÁN GALLO APONTE. Abogado por la Universidad Externado de Colombia; maestrando en Derecho Económico y Socioambiental por la Pontificia Universidad Católica del Paraná (PUCPR); investigador del Grupo de Derecho del Medio Ambiente de la Universidad Externado de Colombia, del Grupo de Investigación en Políticas Públicas y Desarrollo Humano (NUPED) de la PUCPR; es profesor en calidad de becario, y profesor invitado en la Universidad Santo Tomás de Chile; miembro de la Asociación Iberoamericana de la Regulación y vicepresidente de la Red Iberoamericana Juvenil de Derecho Administrativo; se desempeña como editor Adjunto de la

Revista Eurolatinoamericana de Derecho Administrativo. Correo electrónico: williamg.aponte@gmail.com / william.gallo@uexternado.edu.co

María del Pilar García Pachón. Abogada de la Universidad Externado de Colombia, doctora en Derecho en el programa Propiedades Públicas y Medio Ambiente por la Universidad de Zaragoza (España); diplomada en Estudios Avanzados (dea) en Derecho Administrativo; máster en Política y Gestión Medioambiental de la Universidad Carlos iii de Madrid (España) y especialista en Derecho Minero Energético de la Universidad Externado de Colombia; es autora de diferentes artículos sobre temas de Derecho del Medio Ambiente y compiladora y editora de múltiples publicaciones. Actualmente es directora del Departamento de Derecho del Medio Ambiente de la Universidad Externado de Colombia y consultora para entidades públicas y privadas en asuntos relacionados con el derecho ambiental y el derecho de aguas. Correo electrónico: cima@uexternado.edu.co.

Luis Felipe Guzmán Jiménez. Abogado y magíster en Derecho con énfasis en Derecho de los Recursos Naturales de la Universidad Externado de Colombia, donde se desempeña como docente e investigador del Departamento de Derecho del Medio Ambiente; doctor en Derecho con mención internacional, su tesis doctoral recibió la calificación sobresaliente *cum laude* en la Universidad Carlos iii de Madrid; es miembro del Semillero de Talentos de Colfuturo y autor de artículos y libros de investigación, entre los que se destacan: *Las aguas residuales en la jurisprudencia del Consejo de Estado: periodo 2003-2014* y *El activismo judicial y su impacto en la construcción de políticas públicas ambientales. Análisis de caso en el derecho jurisprudencial de la Corte Constitucional y el Consejo de Estado*; ha recibido diversos reconocimientos académicos: fue honrado con matrícula de honor por promedio académico (2012), quedó eximido de presentar preparatorios por desempeño académico durante la carrera (2014), su tesis de pregrado recibió aclamación del Consejo Directivo de la Universidad, y para el desarrollo de sus estudios doctorales obtuvo una beca integral durante tres años; es columnista y consultor independiente. Correo electrónico: luis.guzman@uexternado.edu.co.

Jorge Iván Hurtado Mora. Abogado de la Universidad Externado de Colombia y especialista en Gestión Pública e Instituciones Administrativas de la Universidad de los Andes. Ha sido coordinador del Área Ambiental de

Legis Editores, Procurador Delegado para Asuntos Ambientales y Agrarios (E) de la Procuraduría General de la Nación, y Fiscal Especializado en Delitos contra el Medio Ambiente. Actualmente es Subdirector de Educación y Participación del Ministerio de Ambiente y Desarrollo Sostenible, y profesor e investigador del Departamento de Derecho del Medio Ambiente, y candidato a doctor de la Universidad Externado de Colombia. Correo electrónico: jorge.hurtado@uexternado.edu.co.

Juliana Hurtado Rassi. Bióloga de la Universidad de los Andes; especialista en Manejo Integrado del Medio Ambiente de la misma Casa de Estudios; magíster en Derecho con énfasis en Derecho de los Recursos Naturales de la Universidad Externado de Colombia; especialista en Gerencia del Medio Ambiente y Prevención de Desastres, y magíster en Gestión y Evaluación Ambiental de la Universidad Sergio Arboleda; doctora en Derecho de la Universidad de Zaragoza, España. Su tesis doctoral, titulada Estrategias para la Gestión Conjunta de Ecosistemas Transfronterizos "Especial atención al caso de la Reserva de Biosfera Seaflower" obtuvo la calificación sobresaliente *cum laude* por el jurado. Desde el año 2011 se ha desempeñado como Asesora de la Procuraduría General de la Nación, primero en la Procuraduría Delegada para Asuntos Ambientales y Agrarios, y actualmente en el Grupo de Cooperación Internacional de esa entidad. Correo electrónico: juliana_hurtadorassi@hotmail.com.

Roberto Enrique Lastra Mier. Abogado por la Corporación Universitaria de la Costa (cuc), magíster en Proyectos de Desarrollo Social por la Universidad del Norte (Barranquilla), con postgrado en Planificación Rural Urbano Regional por el Cetro de Estudios Rurales Urbano Regionales de Israel (cerur) y doctor en Historia por la Universidad de Vigo (España). Ha trabajado en el sector público ambiental con la Corporación Autónoma Regional del Magdalena (Corpamag) y con el Instituto de Investigaciones Marinas y Costeras (invemar); fue miembro del Comité Jurídico del Sistema Nacional Ambiental (sina); ha participado en diversos proyectos dentro del Grupo de Investigación en Evaluación Ambiental Estratégica adscrito al Departamento de Geociencias Marinas y Ordenación del Territorio de la Universidad de Vigo (España) y en el Istituto per l'Ambiente Marino Costiero del Consiglio Nazionale delle Richerche en Sicilia, Italia; dirigió el Centro de Investigaciones Jurídicas y Socio-Jurídicas "Luis Eduardo

Nieto Arteta" de la Universidad del Atlántico entre 2017-2019; actualmente se desempeña como docente de tiempo completo en el área de Legislación Ambiental de la Facultad de Ciencias Jurídicas y como profesor invitado para el programa de especialización y maestría en Derecho del Medio Ambiente de la Universidad Externado de Colombia. Correo electrónico: robertolastra@uniatlantico.edu.co.

Rodrigo Maciel Cabral. Bachiller en Derecho por la Pontificia Universidad Católica de Paraná (pucpr); investigador del Núcleo de Investigaciones en Políticas Públicas y Desarrollo Humano (NUPED), con posgrado en Derecho Administrativo en el Instituto de Derecho Romeu Felipe Bacellar, y con especialización en Licitaciones y Contractos Administrativos en la PUCPR; es abogado y consultor. Correo electrónico: rmacielcabral@gmail.com.

Javier Alfredo Molina Roa. Abogado de la Universidad Católica de Colombia, especialista en Derecho Ambiental de la Universidad del Rosario, en Gestión Ambiental de la Universidad de Boyacá y magíster en Derecho de los Recursos Naturales y miembro del grupo de investigación del Departamento de Derecho del Medio Ambiente de la Universidad Externado de Colombia; ha trabajado en el sector estatal en entidades como Corpochivor, Corpoboyacá, MAVDT, CAR y ANLA, en permisos y autorizaciones y licenciamiento ambiental, procedimiento sancionatorio ambiental, gestión de áreas protegidas y ordenamiento ambiental territorial. Ha sido consultor legal ambiental para proyectos mineros, de hidrocarburos y servicios públicos, y asesor externo de empresas del sector minero-energético. Actualmente trabaja para la Autoridad Nacional de Licencias Ambientales (ANLA). Correo electrónico: javierm1272@yahoo.es.

Carolina Montes Cortés. Abogada, especialista en Derecho del Medio Ambiente y Doctora en Derecho de la Universidad Externado de Colombia con tesis doctoral en Derecho Ambiental (*cum laude*). Investigadora y docente de Derecho Ambiental, autora de numerosos escritos en la materia. Ha apoyado al Gobierno Nacional en la elaboración de guías ambientales relacionadas con los residuos y desechos peligrosos y en la evaluación de convenios internacionales sobre la materia, especialmente la elaboración del Plan Nacional de Aplicación del Convenio de Estocolmo sobre contaminantes orgánicos persistentes (COP). También ha apoyado al Gobierno en el análisis de las prioridades ambientales en las agendas del sector minero energético para el Ministerio de Minas y Energía. Como asesora legal de la Organización de las Naciones Unidas para el Desarrollo Industrial (ONUDI) apoyó la elaboración del Perfil Nacional de Sustancias Químicas para Colombia. Asimismo, apoyó al Ministerio de Ambiente en la evaluación legal del país para el ingreso a la OECD en materia de sustancias químicas y residuos peligrosos, como también en la evaluación y reglamentación de la ley de RAEE. Contralora delegada para el Medio Ambiente de la Contraloría General de la República (2014-2016). Abogada litigante, consultora y asesora en materia ambiental. Correo electrónico: carolina.montes@uexternado.edu.co

JORGE ANDRÉS OBANDO MORENO. Estudiante de pregrado de Derecho y monitor del Departamento de Derecho Constitucional y del Departamento de Derecho del Medio Ambiente de la Universidad Externado de Colombia; ocupó el cargó de pasante nacional en la línea de Justicia Ambiental del Centro de Estudios de Derecho, Justicia y Sociedad (Dejusticia). Correo electrónico: jorge.obando@est.uexternado.edu.co.

DIANA GERALDINE QUEVEDO NIÑO. Abogada y candidata a magíster en Derecho del Estado con énfasis en Derecho de los Recursos Naturales de la Universidad Externado de Colombia; durante sus estudios de pregrado (2014-2015) obtuvo matrícula de honor por excelencia académica; participó en el Concurso de Derechos Humanos "Yachay", donde obtuvo el segundo lugar y el premio al mejor memorial, y en el Concurso de litigio ante el sistema interamericano de derechos humanos organizado por la American University, donde llegó a instancias semifinales. Actualmente es becaria y asistente de investigación en el Departamento de Derecho del Medio Ambiente de la Universidad Externado de Colombia. Correo electrónico: diana.quevedo@uexternado.edu.co.

ALBA R. VERGARA. Bióloga Marina de la Universidad Jorge Tadeo Lozano; Magister Science de la Universidad Nacional de Colombia y doctora en Biología de la Universidad de Vigo (España). La mayor parte de su experiencia pre y postdoctoral se ha centrado en varias áreas de investigación: oceanografía, ecología marina, biología y ecología larvaria, pesquerías, biología reproductiva de peces y zooplancton, entre otras. Ha participado en el desarrollo de varios proyectos interdisciplinares financiados por organismos nacionales y europeos (España, Italia e Inglaterra), a partir de su vinculación con diferentes universidades e institutos de investigación: el Istituto per l'Ambiente Marino Costiero del Consiglio Nazionale delle Richerche en Sicilia, Italia; el Instituto de Investigaciones Marinas del Consejo Superior de Investigaciones Científicas de España; la Universidad de Vigo, y la Universidad de East Anglia, Norwich UK; actualmente se desempeña como docente del Departamento de Biología en la Facultad de Ciencias Básicas de la Universidad del Atlántico. Correo electrónico: albavergara@uniatlantico.edu.co.

Editado por el Departamento de Publicaciones
de la Universidad Externado de Colombia
en octubre de 2020

Se compuso en caracteres Ehrhardt Regular de 12 puntos
y se imprimió sobre Holmen Book Cream de 60 gramos
Bogotá - Colombia

Post tenebras spero lucem

LECTURAS SOBRE DERECHO DEL MEDIO AMBIENTE

ÍNDICE DE LA COLECCIÓN TOMOS I A XX

UNIVERSIDAD EXTERNADO DE COLOMBIA

Calle 12 n.º 1-17 Este, Bogotá
Teléfono (57 1) 342 0288
publicaciones@uexternado.edu.co
www.uexternado.edu.co

Primera edición: octubre de 2020

Diseño de carátula: Departamento de Publicaciones
Corrección de estilo: José Ignacio Curcio Penen
Composición: Marco Robayo
Impresión y encuadernación: DGP Editores S.A.S.
Tiraje: de 1 a 1.000 ejemplares

Impreso en Colombia
Printed in Colombia

CONTENIDO

LECTURAS TOMO I (1999)[1]

1. Ecología: origen, evolución y conceptos. *Jorge Alberto Gil*
2. Nociones fundamentales sobre derecho del medio ambiente. *Sandra Elizabeth Casabene de Luna*
3. Poder sancionatorio y el derecho ambiental. *Elsy Henny Viveros Gaviria*
4. Apuntes sobre el derecho al ambiente sano. *Óscar Darío Amaya Navas*
5. Política, legislación y gestión ambiental en Colombia. *Ana Rocío Sabogal*
6. Naturaleza jurídica de las áreas del sistema nacional de parques nacionales naturales de Colombia. *José Yunis Mebarak y Marcela Jiménez Larrarte*
7. Comentarios a la Ley 491 de seguro ecológico expedida el 13 de enero de 1999. *Hilda Esperanza Zornoza Prieto*
8. ¿Tienen derecho los animales? *Emilio Latorre Estrada*
9. La reforma y la gestión ambiental en Colombia, balance y perspectivas. *Julio César Rudas Monsalve*
10. Aproximación al papel de la economía como instrumento de gestión ambiental y para el desarrollo sostenido. *Álvaro Hernando Cardona*
11. Los servicios públicos domiciliarios y su contenido ambiental. *María Victoria Morales Quijano*
12. Contaminación visual, un problema de todos. *Margarita Rosa Santodomingo*
13. Política ambiental y sistema internacional. *César Castillo*
14. Régimen jurídico internacional aplicable a las zonas costeras. *Álvaro José Rodríguez*
15. El tratamiento de los residuos en el marco de la libre circulación de mercancías y de la normativa comunitaria medioambiental. *Frank Verschuur*
16. El efecto directo de las directivas comunitarias del medio ambiente. *Claudia Rojas*
17. Régimen constitucional de la propiedad. *Eugenia Ponce de León*

---

1 Índice de la colección elaborado por Ángela María Amaya Arias, Departamento de Derecho del Medio Ambiente, Universidad Externado de Colombia, octubre de 2020.

18. Reducción de la movilidad y su enorme daño ambiental. *Carlos Augusto Giraldo*

LECTURAS TOMO II (2001)

1. Régimen de bosques. *Guillermo Gómez Canales*
2. El cobro del servicio de evaluación y seguimiento de la licencia y demás permisos, concesiones y autorizaciones ambientales. *Álvaro Osorio Sierra*
3. La vía gubernativa dentro del sistema nacional ambiental colombiano. *Julio E. González Villa*
4. La función social y ecológica de la propiedad. *Reynaldo Muñoz Cabrera*
5. La protección al medio ambiente en la Constitución Política de 1991. *Óscar Darío Amaya Navas*
6. La responsabilidad ambiental en los contratos petroleros. *Carlos Mantilla De Aparicio*
7. Derecho agrario y medio ambiente. *José M. Martínez McCormick*
8. Algunas incidencias de la calificación de servicio público en la protección del medio ambiente. *Alberto Montaña Plata*
9 Análisis de la legislación vigente en los países de la Cuenca Amazónica relativa a la prevención, el control y el combate a la contaminación hídrica y sus implicaciones en cuencas hidrográficas compartidas. *Alberto Blanco-Uribe*
10. La especial forma de prevaricación de los delitos contra la ordenación del territorio en el Código Penal español de 1995. *Antonio Vercher Noguera*
11. Comercio y medio ambiente en el orden mundial contemporáneo: ¿cuál globalización?, ¿de quién? *José M. Álvarez Zárate*
12. Evolución del derecho penal frente a la ecología en Colombia. *Álvaro Cardona González*

LECTURAS TOMO III (2002)

1. El ruido: normas de emisión, contenido ambiental de los derechos fundamentales afectados y responsabilidad patrimonial de la Administración. *Andrés Betancor*

LECTURAS TOMO IV (2003)

LECTURAS TOMO V (2004)

LECTURAS TOMO VI (2005)

1. La legitimación procesal en el derecho ambiental. *Lilliana Arrieta Quesada*
2. La clarificación de la propiedad, acción para la defensa de los bienes públicos y el medio ambiente. *Filipo Ernesto Burgos Guzmán*
3. Fundamentos, historia y normatividad de la educación ambiental. *Álvaro Hernando Cardona González*
4. Los parques nacionales en derecho colombiano y en derecho francés: estudio de derecho comparado sobre la legitimidad de las áreas protegidas a través de su proceso de creación. *Adriana Corzo Virviescas*
5. Las servidumbres ambientales. *Julio Enrique González Villa*
6. Apuntes sobre la evolución del Convenio de Diversidad Biológica y su implementación en Colombia. *Patricia Guzmán Aguilera*
7. Audiencias públicas y licencias ambientales: nuevas reglamentaciones. *Jorge Iván Hurtado*
8. La protección legal de los derechos ambientales: papel y experiencias de la Corte Internacional de Arbitraje y Conciliación Ambiental. *Eckard Rehbinder y Demetrio Loperena*
9. Plaguicidas catalogados como Contaminantes Orgánicos Persistentes (COP) y su reglamentación jurídica. *María del Pilar García Pachón y Carolina Montes Cortés*
10. El mercado español de derechos de emisión y el sector eléctrico. *Milton Fernando Montoya Pardo*
11. Régimen sancionatorio en materia ambiental. *Rodrigo E. Negrete Montes*
12. La legitimación en materia ambiental. *Álvaro Osorio Sierra*
13. Contaminación ambiental en general e industrias: conflictos y armonías. *Mariano Ramírez*
14. Biopiratería. *Carlos Ernesto Restrepo Orrego*
15. Algunas consideraciones acerca de los principios generales del derecho internacional ambiental. *Álvaro J. Rodríguez*
16. Reflexiones sobre el ordenamiento territorial de dos municipios del Vaupés. *Margarita Rosa Santodomingo Lopera y Pedro P. Menéndez Pla*

LECTURAS TOMO VII (2007)

LECTURAS TOMO VIII (2008)

2. Introducción al sello ambiental en Colombia. El sello ambiental colombiano como modelo de etiqueta para un Estado en desarrollo. *Andrés Mauricio Briceño Chaves*
3. La industria de la construcción y la crisis ambiental que pueden causar los conflictos relacionados con la explotación minera. *David Buitrago*
4. Entre la justicia indígena y la ordinaria, dilema aún por resolver. *Filipo Ernesto Burgos Guzmán*
5. Pasivos ambientales: una deuda acumulada. *Manuel Santiago Burgos*
6. La consulta previa como requisito obligatorio dentro de trámites legislativos cuyo contenido pueda afectar en forma directa a comunidades indígenas. *Jorge Iván Hurtado Mora*
7. Fiscalidad sobre la energía y el transporte en España. *Ismael Jiménez Compaired*
8. Algunas consideraciones sobre el transporte de mercancías peligrosas por carretera en Colombia. *Carolina Montes Cortés*
9. Gestión ambiental: una propuesta de modelo desde la bioética. *Carlos Mario Montoya Díaz*
10. Prohibiciones ambientales y libertad económica. *Álvaro Osorio Sierra*
11. Licencias ambientales y de construcción: ¿instrumentos excluyentes o concurrentes? *Álvaro Osorio Sierra.*
12. La apertura del derecho ambiental a los instrumentos de mercado. *Héctor Santaella Quintero*

LECTURAS TOMO IX (2009)

1. La función administrativa de protección del medio ambiente. *Álvaro Osorio Sierra*
2. Hacia la efectividad de la protección del ambiente o la invocación de la responsabilidad de la administración pública. *Andrés Mauricio Briceño Chaves*
3. Algunas reflexiones sobre el principio de precaución y su fuerza vinculante. *Manuel Santiago Burgos Navarro*
4. El acceso a la información como presupuesto de eficacia de la participación ciudadana. *Jorge Iván Hurtado Mora*

LECTURAS TOMO X (2010)

12. La tutela civil del ambiente y la responsabilidad por daños ecológicos y ambientales. Su reconocimiento jurídico y sus limitaciones en el derecho europeo y comunitario europeo (especial referencia a la jurisprudencia española). *Andrés Mauricio Briceño Chaves*

LECTURAS TOMO XI (2011)

1. Nuevas visiones y prospecciones sobre el Sistema Nacional Ambiental colombiano. *Álvaro Hernando Cardona González*
2. La protección jurídica del paisaje. *Álvaro Osorio Sierra*
3. Riesgo ambiental en el sector financiero. *Ángela María Amaya Arias*
4. La jurisprudencia del Tribunal de Justicia de la Unión Europea sobre evaluación de impacto ambiental. *Antonio Embid Irujo*
5. La responsabilidad del generador de residuos peligrosos: un análisis de la normatividad colombiana a la luz del principio de responsabilidad extendida del productor de Thomas Lindhqvist. *Carolina Montes Cortés*
6. El urbanismo ambiental sostenible en el Plan Nacional de Desarrollo 2010-2014, prosperidad para todos. *David Buitrago Caicedo*
7. Comentarios sobre el cambio climático desde la perspectiva del derecho ambiental: efectos económicos y eventos internacionales. *Jorge Iván Hurtado Mora*
8. Estado social de derecho: ¿ejercicio retórico o avance en la construcción de una sociedad más justa y en el uso sostenido de la diversidad biológica? *Manuel Santiago Burgos*
9. El manejo del riesgo: una asignatura pendiente. *Manuel Santiago Burgos*
10. La gestión de la huella de carbono como una herramienta para la reducción de costos organizacionales. *Henry Alterio González*
11. El Sistema Nacional de Áreas Protegidas de Colombia. *Julia Miranda Londoño*
12. La reparación de los daños al medio ambiente a través de los seguros ambientales: ventajas y desventajas. *Leticia Quiñones Valadez*
13. Las acciones populares: ¿mecanismo efectivo de solución a reales problemas ambientales? Un intento de reflexión filosófica. *Luis Fernando Macías Gómez*

LECTURAS TOMO XII (2012)

LECTURAS TOMO XIII (2013)

LECTURAS TOMO XIV (2014)

10. La gestión ambiental en las E.S.P. a veinte años de vigencia de la Ley 142 de 1994. *Álvaro Osorio Sierra*
11. Algunas consideraciones ambientales de la Ley 1448 de 2011 de Restitución de Tierras. *Héctor Guzmán Luján*
12. Apuntes relacionados con el concepto de la calidad en lo referente a la información ambiental en Colombia. *Katrin Lemberg*

LECTURAS TOMO XV (2015)

1. Línea jurisprudencial sobre el derecho a gozar de un ambiente sano. Especial referencia a dos tesis de la Corte Constitucional. *Luis Felipe Guzmán Jiménez y Juan David Ubajoa Osso*
2. Aplicación práctica del principio de no regresión en el derecho ambiental colombiano: especial referencia a la protección de los páramos Y las zonas de reserva forestal. *Ángela María Amaya Arias*
3. Seguridad alimentaria y cambio climático. *Constanza Bejarano Ramos y Juliana Hurtado Rassi*
4. El papel del juez contencioso administrativo en la protección del río Bogotá. *Angélica Rangel Amado*
5. Una introducción al régimen jurídico de la fauna terrestre en Colombia. *Álvaro Hernando Cardona González*
6. El régimen de transición normativa ambiental y su aplicación a proyectos de minería. *Adriana Martínez Villegas*
7. Responsabilidad extendida del productor. Una introducción con enfoque en el manejo de residuos sólidos. *Augusto Hernández Vidal*
8. La fiscalización ambiental en residuos sólidos domésticos: aproximaciones a un estudio legislativo comparado Perú-Colombia. *Mauricio Augusto Cuadra Moreno y Erika Claudia Bedoya Chirinos*
9. Institucionalidad ambiental en el marco de la Ley de Víctimas y Restitución de Tierras, Ley 1448 de 2011. *Héctor Guzmán*
10. Medidas preventivas, sancionatorias y compensatorias en los procesos administrativos contenciosos ambientales. Aspectos críticos. *Marcos Quiroz Gutiérrez*

LECTURAS TOMO XVI (2016)

LECTURAS TOMO XVII (2017)

LECTURAS TOMO XVIII (2018)

LECTURAS TOMO XIX (2019)

LECTURAS TOMO XX (2020)

A

ACCIONES CONSTITUCIONALES

ACUERDO DE PAZ

AGUA

- La gestión integral del agua en el Estado español: organización administrativa, competencias y servicios de las entidades locales de Cataluña. *Josep Ramón Fuentes i Gasó* (tomo XVI)
- Luces y sombras de la "iusfundamentalización" del derecho al agua en la jurisprudencia constitucional. *Richard S. Ramírez Grisales* (tomo XIX)

ARBITRAJE Y CONCILIACIÓN

- Arbitraje ambiental: instrumento para la solución de conflictos. *Luis Fernando Gaitán Ochoa* (tomo III)
- La protección legal de los derechos ambientales: papel y experiencias de la Corte Internacional de Arbitraje y Conciliación Ambiental. *Eckard Rehbinder y Demetrio Loperena* (tomo VI)

ÁREAS PROTEGIDAS

- Naturaleza jurídica de las áreas del Sistema Nacional de Parques Nacionales Naturales de Colombia. *José Yunis Mebarak y Marcela Jiménez Larrarte* (tomo I)
- El comanejo de áreas públicas protegidas: aproximación al marco conceptual y legal. *Arturo Jiménez Rojas* (tomo III)
- Marco legal de las áreas de manejo especial y otras áreas protegidas en la legislación nacional. *Eugenia Ponce de León Chaux* (tomo III)
- Los parques nacionales en derecho colombiano y en derecho francés: estudio de derecho comparado sobre la legitimidad de las áreas protegidas a través de su proceso de creación. *Adriana Corzo Virviescas* (tomo VI)
- El Sistema Nacional de Áreas Protegidas de Colombia. *Julia Miranda Londoño* (tomo XI)
- El principio de la confianza legítima y la responsabilidad del Estado por la declaración de áreas protegidas. Caso particular: la reserva forestal regional productora del norte de Bogotá. *Mónica Rocío Fonseca Páez* (tomo XVIII)
- Las incertidumbres de la evaluación de impacto ambiental en las áreas protegidas de Colombia. *Javier Molina Roa* (tomo XX)

ASPECTOS CONSTITUCIONALES

ASPECTOS ECONÓMICOS

ASPECTOS PENALES

ASPECTOS PROCESALES

ASPECTOS TRIBUTARIOS Y FISCALES

ATMÓSFERA

B

BIODIVERSIDAD

- Competencias de los municipios en materia de conservación de la biodiversidad. *Ángela María Amaya Arias* (tomo XIX)
- Sistemas de información catastral y registral, herramientas para la protección de la naturaleza y el medio ambiente. *Iván Eduardo Matiz Sánchez* (tomo XIX)
- Agenda gubernamental de acceso a recursos genéticos en Colombia. Desprotección del conocimiento tradicional. *Martha Isabel Gómez-Lee* (tomo XIX)

BIOTECNOLOGÍA

- La prohibición del comercio internacional en el protocolo de Cartagena sobre seguridad de la biotecnología: ¿un desafío a la organización mundial del comercio? *Francisco Sindico* (tomo V)
- Evaluación de riesgo ambiental por posible flujo de genes de especies introducidas transgénicas de clavel, rosa y crisantemo a ecosistemas circundantes. Estudio de caso. *Iván Rodrigo Artunduaga Salas y Sandra Liliana Ardila* (tomo XVI)
- Evaluación de riesgo ambiental por la introducción en el agroecosistema de la Sabana de Bogotá de variedades de ornamentales modificados genéticamente por biotecnología: caso clavel. *Iván Rodrigo Artunduaga Salas y Stephen F. Chandler* (tomo XVI)

C

CAMBIO CLIMÁTICO

- El mercado español de derechos de emisión y el sector eléctrico. *Milton Fernando Montoya Pardo* (tomo VI)
- La gestión de la huella de carbono como una herramienta para la reducción de costos organizacionales. *Henry Alterio González* (tomo XI)
- Comentarios sobre el cambio climático desde la perspectiva del derecho ambiental: efectos económicos y eventos internacionales. *Jorge Iván Hurtado Mora* (tomo XI)

- La consulta previa en la adopción de medidas legislativas a la luz de la jurisprudencia constitucional. *Juan Sebastián Bermúdez Garzón* (tomo XVII)
- La consulta previa en el sector minero: del reconocimiento al desconocimiento de los derechos indígenas y campesinos en el Perú. *Armando Guevara Gil y Carla Cabanillas Linares* (tomo XVIII)

CONTAMINACIÓN AMBIENTAL

- Contaminación visual, un problema de todos. *Margarita Rosa Santodomingo* (tomo I)
- Antenas de telecomunicaciones en la ciudad. *Margarita Rosa Santodomingo Lopera* (tomo IV)
- Contaminación ambiental en general e industrias: conflictos y armonías. *Mariano Ramírez* (tomo VI)
- Consideraciones sobre la protección ambiental frente a la contaminación difusa de origen agrario. Situación en la Comunidad Autónoma de Aragón. *José Luis Castellano Prats* (tomo VII)
- El golfo de México en caso de un derrame petrolero: sus implicaciones jurídicas internacionales. *Antonio Olguín Torres* (tomo XIX)

CONTRATACIÓN PÚBLICA VERDE

- El esquema de contratación estatal ambiental y los negocios verdes: herramientas de crecimiento económico y desarrollo sostenible. *María Daniela de la Rosa Calderón y Diego Felipe Contreras Pantoja* (tomo XIX)
- ¿Licitaciones públicas sostenibles? Presupuestos para la implementación de los Objetivos de Desarrollo Sostenible (ODS). *William Iván Gallo Aponte y Rodrigo Maciel Cabral* (tomo XX)

D

DERECHO AGRARIO

DERECHO AL AMBIENTE SANO

DERECHO AMBIENTAL

- La preservación del entorno como germen del derecho ambiental en Hispanoamérica y, en especial, en Colombia. Una "relectura" de los interdictos posesorios y las acciones populares desde las Siete Partidas hasta el Código Civil de la Nación de 1873. *Luis Fernando Hernández Betancur* (tomo XIV)
- Algunas consideraciones en torno a la historia del derecho ambiental colombiano. *Luis Fernando Macías Gómez* (tomo XIV)
- Una Encíclica ecológica: 'Laudato Si'. *Álvaro Hernando Cardona González* (tomo XVI)
- Algunas instituciones de derecho civil para la protección ambiental. *Claudia Gafner Rojas* (tomo XVII)
- Las falencias del derecho ambiental en Colombia y su repercusión en los recursos naturales de la Nación. *Juan Felipe Rodríguez Vargas* (tomo XVIII)
- Análisis del decreto único reglamentario del sector ambiente y desarrollo sostenible. *Álvaro Hernando Cardona González* (tomo XIX)
- Gobernanza pública y ambiental para la protección de la naturaleza y el medio ambiente. *Iván Eduardo Matiz Sánchez* (tomo XIX)
- El efecto de las recientes decisiones de la Corte Constitucional y de la Corte Suprema de Justicia en la industria de los hidrocarburos y el papel del derecho ambiental. *Santiago Ochoa Rojas* (tomo XIX)
- Historia y evaluación de las celebraciones ambientales. *Álvaro Hernando Cardona González* (tomo XX)
- Nuevas tendencias en el derecho ambiental: avances y desafíos. *Ángela María Amaya Arias* (tomo XX)

DERECHO COMUNITARIO AMBIENTAL

- El efecto directo de las directivas comunitarias del medio ambiente. *Claudia Gafner Rojas* (tomo I)
- La protección del medio ambiente y la libre circulación de mercancías en el derecho comunitario. Análisis a partir de algunos pronunciamientos del Tribunal de Justicia de las Comunidades Europeas. *Magdalena Correa Henao* (tomo IV)

DERECHO DE LOS ANIMALES

E

ECOLOGÍA

EDUCACIÓN AMBIENTAL

ENERGÍA Y MEDIO AMBIENTE

- La transformación energética: energías renovables y eficiencia energética como instrumentos. Su desarrollo legal en la República Federal de Alemania. *Ines Härtel* (tomo XII)
- Aspectos jurídicos y ambientales de la generación de energía geotérmica. *Álvaro Osorio Sierra* (tomo XIX)

EVALUACIONES AMBIENTALES

- La regulación jurídica de la evaluación ambiental en Venezuela. *Alberto Blanco-Uribe* (tomo III)
- Evaluaciones ambientales estratégicas o cómo lograr la incorporación efectiva de la dimensión ambiental en las políticas públicas. *Diego Alejandro Martínez Ballesteros* (tomo IX)
- Fundamentos jurídicos de la evaluación del impacto ambiental. *Álvaro Osorio Sierra* (tomo X)
- La jurisprudencia del Tribunal de Justicia de la Unión Europea sobre evaluación de impacto ambiental. *Antonio Embid Irujo* (tomo XI)

G

GESTIÓN AMBIENTAL

- Política, legislación y gestión ambiental en Colombia. *Ana Rocío Sabogal* (tomo I)
- La reforma y la gestión ambiental en Colombia, balance y perspectivas. *Julio César Rodas Monsalve* (tomo I)
- Descentralización de la gestión ambiental. *Julia Miranda Londoño* (tomo IV)
- Gestión ambiental: una propuesta de modelo desde la bioética. *Carlos Mario Montoya Díaz* (tomo VIII)
- Consideraciones a la gestión ambiental a partir del análisis sobre la operatividad y eficacia del sistema nacional ambiental. *Jorge Iván Hurtado Mora* (tomo XVII)

I

INSTRUMENTOS DE COMANDO Y CONTROL

J

JUSTICIA AMBIENTAL

M

MINERÍA Y MEDIO AMBIENTE

O

ORDENAMIENTO TERRITORIAL AMBIENTAL

P

PAISAJE

PARTICIPACIÓN CIUDADANA

PRINCIPIOS JURÍDICOS AMBIENTALES

- Nociones fundamentales sobre derecho del medio ambiente. *Sandra Elizabeth Casabene de Luna* (tomo I)
- Del desarrollo sostenible al desarrollo humano sostenible. *Claudia Gafner Rojas* (tomo IV)
- Algunas consideraciones acerca de los principios generales del derecho internacional ambiental. *Álvaro José Rodríguez* (tomo VI)
- Principio de precaución: límites en la adopción de medidas precautorias. *Carlos Ricardo Mendieta Pineda* (tomo VII)
- El principio del *non bis in idem* en el sistema de imputación jurídico-penal y en el sistema de imputación jurídico-administrativo sancionador. Aproximación teórica a una solución. *Ángel Fernando Castro Gutiérrez y Laura Tatiana Zambrano Ochoa* (tomo IX)
- Algunas reflexiones sobre el principio de precaución y su fuerza vinculante. *Manuel Santiago Burgos Navarro* (tomo IX)
- El Comité Jurídico del SINA. Un instrumento de interrelación y puesta en marcha de los principios generales ambientales para Colombia. *Álvaro Hernando Cardona González* (tomo XII)
- Evolución del concepto de desarrollo sostenible a través del análisis de las resoluciones de la Asamblea General de Naciones Unidas. *María del Pilar García Pachón* (tomo XII)
- El Estado social y la protección del medio ambiente: los límites del bienestar, la justicia ambiental y el principio de precaución. *Álvaro Osorio Sierra* (tomo XIII)
- Mirada sobre la efectividad del principio de precaución. Nivel internacional y nivel nacional. *Patricia Guzmán Aguilera* (tomo XIII)
- Aplicación práctica del principio de no regresión en el derecho ambiental colombiano: especial referencia a la protección de los páramos y las zonas de reserva forestal. *Ángela María Amaya Arias* (tomo XV)
- El principio de precaución en la jurisprudencia constitucional colombiana: incertidumbre científica y omisiones selectivas. *Daniel Alejandro Monroy Cely y Camilo E. Ossa B.* (tomo XVI)

PRODUCCIÓN Y CONSUMO SOSTENIBLE

PROPIEDAD

R

RECURSOS FORESTALES

RÉGIMEN SANCIONATORIO AMBIENTAL

RESIDUOS SÓLIDOS

RESPONSABILIDAD Y DAÑO AMBIENTAL

RESTITUCIÓN DE TIERRAS

RIESGO AMBIENTAL

S

SEGURIDAD ALIMENTARIA

SEGUROS AMBIENTALES

SERVICIOS PÚBLICOS

SINA

SUSTANCIAS PELIGROSAS

Z

ZONAS MARINAS, INSULARES Y COSTERAS

ÍNDICE DE AUTORES

A

Q

R

Editado por el Departamento de Publicaciones
de la Universidad Externado de Colombia
en octubre de 2020

Se compuso en caracteres Ehrhardt MT de 12 puntos
y se imprimió sobre Holmen Book Cream de 60 gramos
Bogotá (Colombia)

Post tenebras spero lucem